TEOLOGÍA SISTEMÁTICA

Desde una perspectiva latinoamericana

TEOLOGÍA SISTEMÁTICA

Desde una perspectiva latinoamericana

Prólogo de
Emilio Antonio Nuñez

editorial clie

RAÚL ZALDÍVAR

EDITORIAL CLIE
M.C.E. Horeb, E.R. n.º 2.910-SE/A
C/ Ramón Llull, 20
08232 VILADECAVALLS (Barcelona) ESPAÑA
E-mail: libros@clie.es
Internet: http:// www.clie.es

TEOLOGÍA SISTEMÁTICA:
Desde una perspectiva latinoamericana

© 2006 por el autor Raúl Zaldívar

Depósito Legal: B-29259-2006 Unión Europea
ISBN 10: 84-8267-468-4
ISBN 13: 978-84-8267-468-1

Printed by Publidisa

Printed in Spain

Clasifíquese: 4 TEOLOGÍA:
Teología Sistemática
C.T.C. 01-01-0004-09
Referencia: 22.46.36

A MIS DISCIPULOS
Quienes me dieron la oportunidad de formarlos
para servir al Dios Altísimo

Dra. Iris Barrientos
Lic. Pedro Reyes
Lic. Ignacio Alonzo
Lic. Miriam Bermúdez
Lic. Josué Oses
Juan Carlos Valladares

CONTENIDO

PRÓLOGO

El Dr. Raúl Zaldívar quien ha sido Rector y Profesor de Teología Sistemática en el Seminario Teológico de Honduras, nos ha honrado con la petición de escribir un prólogo a este libro que él ha escrito movido por el deseo de contribuir al esfuerzo de escribir y publicar literatura evangélica forjada por latinoamericanos para los latinoamericanos y para el público lector de habla española en otras latitudes.

En la década de los sesenta, en el siglo veinte, se comentaba mucho el fenómeno de la dependencia económica que sufrían los pueblos no desarrollados en su relación con las naciones más ricas y poderosas. El presidente John F. Kennedy propuso la Alianza para el Progreso con la esperanza que los ricos y poderosos del Nuevo Mundo ayudaran a combatir el flagelo de la probreza en nuestros países. Observadores de la escena económica continental dijeron que la Alianza había parado el progreso, y que los ricos se habían hecho más ricos y los pobres, más pobres. Un día de tantos se nos dijo que los cristianos evangélicos latinoamericanos dependíamos también del Primer Mundo en lo teológico; es decir, que éramos centros de distribución de un teología traducida del inglés al español, y empacada en una cultura que no era la nuestra.

En el Primer Congreso Latinoamericano de Evangelización (CLADE I, 1969) celebrado en Santa de Fe de Bogotá, Colombia, circuló un libro que revelaba la carencia de literatura teológica escrita por evangélicos latinoamericanos. Varios de los asistentes a dicho Congreso nos sentimos estimulados a cambiar esa situación. La conferencia plenaria del Dr. Samuel Escobar sobre "*La Responsabilidad Social de los cristianos* fue recibida con mucho entusiasmo. Su contenido marcó un nuevo rumbo para el pensamiento evangélico latinoamericano.

En diciembre de 1970 fundamos la Fraternidad Teológica Latinoamericana, una asociación de profesores de teología, pastores, predicadores, evangelistas, y otros líderes evangélicos latinoamericanos dispuestos a profundizar en el significado del Evangelio y expresarse bíblicamente sobre la problemática de nuestros pueblos. La FTL se ha dado a conocer por su interés en la reflexión teológica, la evangelización, la educación teológica, la formación de líderes. Ha publicado un boletín teológico en español e inglés, y varios de sus miembros han tenido la oportunidad de escribir y publicar temas bíblicos y teológicos.

El Dr. Raúl Zaldivar, viene ahora a ofrecernos su *Teología Sistemática. Desde una Perspectiva Latinoamericana.* Es posible decir que las teologías sistemáticas han sido generalmente hablando una bendición para la vida de la Iglesia. Hace muchos años el Dr. Luis Berkhof escribió un libro valioso abogando por la recuperación de la Teología Sistemática en Seminarios y Facultades de Teología. Varios de nosotros tuvimos mentores que usaban un texto de teología sistemática en sus clases. Los maestros exigentes nos guiaban a comenzar la investigación en las páginas de las Sagradas Escrituras. Descubrimos que Teología Sistemática podía abarcar bastante conocimiento. Incluía la Teología Bíblica, la Teología Histórica, la Teología Apologética, la Teología Pastoral, la Teología Contemporánea. Décadas después nos dimos cuenta que la Teología Sistemática estaba volviéndose en cosa del pasado. La estrella de la Teología Bíblica iba en ascenso como fundamento de los estudios teológicos en general. Reconocemos que este énfasis es valiosísimo especialmente en el estudio del desarrollo histórico de la teología en la Biblia misma, en las distintas etapas de la historia de la salvación. Arraigar nuestra teología en las Sagradas Escrituras es lo mejor que podemos hacer para aprender y enseñar una teología eminentemente bíblica. La Teología Sistemática del Dr. Zaldivar, con sus profundas raíces en el Texto Sagrado, puede ser muy útil como libro de texto en un curso de introducción al pensamiento cristiano.

Cuando llegamos a la discusión de temas doctrinales en particular percibimos que el autor quiso escribir una Teología Sistemática no denominacional – que no representara tan sólo el punto de vista de una denominación o (asociación de iglesias) – y que circulara en el ámbito interdenominacional e internacional. El pluralismo teológico de la comunidad evangélica es un hecho que no podemos negar. También sigue en pie el pluralismo litúrgico distintivamente evangélico. Es más, no pocos de nuestros hermanos en Cristo prefieren declaraciones tajantes y dogmáticas sobre asuntos de controversia doctrinal. El Dr. Zaldivar conoce a su audiencia potencial, pero opta por el dialogo no por la polémica. Su estilo es conciliatorio cuando se trata de diferencias doctrinales entre evangélicos. La polémica puede volverse en su grado ofensiva y ahondar las discrepancias; el diálogo puede ser tranquilo abierto a escuchar y a responder con humildad y respeto las preguntas del interlocutor. Se sobreentiende que la actitud conciliadora del Dr. Zaldivar no significa que él carezca de convicciones bíblicas y teológicas. Desde la primera etapa de su formación para el ministerio él tuvo mentores que amaban al Señor y su Palabra y le guiaron a una vida de firmeza doctrinal e integridad ética. Por otra parte, él sabe escudriñar *las señales de los tiempos* y ve la posibilidad de que el pluralismo religioso vaya en aumento como expresión de la posmodernidad, la cual llega al extremo de negar los absolutos en el credo y en la conducta.

La teología del Dr. Zaldivar aspira a ser evangélica, y lo es: pero también desea ser *latinoamericana.* Esto último le daría un sello distintivo en la comunidad teológica continental y mundial. Los criterios para determinar la latinidad de una obra incluirían, entre otros, la contextualización de nuestra realidad (historia, cultura latinoamericanas), el énfasis en la misión integral (la cual significa el interés salvífico de Dios en la salvación de todos los seres humanos y en la salvación de todo el ser humano), la opción por los pobres, según el desafío de la teología contemporánea, y el compromiso personal y vocacional del autor con el pueblo latinoamericano. Con todo, nadie puede negarle a un autor su derecho a describir su obra como una *perspectiva latinoamericana,* especialmente si él es latinoamericano por nacimiento, formación, cultura y vocación cristiana.

Felicitamos al Dr. Raúl Zaldivar por el tiempo y esfuerzo invertidos en la realización de esta obra, la cual esperamos que sea de bendición para la Iglesia en América Latina y en otras latitudes, al servicio del Reino de Dios.

EMILIO ANTONIO NÚÑEZ
Catedrático de Teología Contemporánea
Seminario Teológico Centroamericano

Guatemala, Septiembre del 2004

INTRODUCCIÓN

Los primeros misioneros protestantes penetraron América Latina a finales del siglo XIX y principios del S XX, de ahí que, la teología que se enseñaba y se practicaba en esta área geográfica era una teología enlatada proveniente ya sea de Europa o de los Estados Unidos. Tardó unos 60 años antes que se comenzaran a publicar reflexiones teológicas "Made in Latin America." En los años 60 fue en realidad cuando surgen los primeros congresos latinoamericanos, tanto por el lado de la Iglesia Católica como Protestante, en los cuales nos atrevemos a expresar nuestro pensamiento teológico. Es allí cuando la Iglesia latinoamericana se dio cuenta que la reflexión teológica nunca se da en un vacío cultural sino que está siempre condicionada a la realidad socio - económica del teólogo que la fabrica.

En el año 1970 surge la Fraternidad Teológica Latinoamericana como un foro de reflexión teológica de acuerdo con el principio de la contextualización. La FTL ha efectuado una contribución muy importante en el análisis del Texto Sagrado desde América Latina. Años antes había nacido en el seno de la Iglesia Católica la Teología de la Liberación, una teología netamente latinoamericana, que en realidad tuvo su auge en la segunda mitad de los años 70 y principios de los 80 en el S XX, cuando América Latina era un polvorín producto de guerras fratricidas animadas por dos potencias en el marco de la guerra fría.

Como corolario de lo anteriormente afirmado, se estima que el estudio de la Teología Sistemática en Latinoamérica se debe efectuar a la luz de la realidad socio - económica que viven sus habitantes. En definitiva, no podemos formar pastores o docentes alejados de la realidad donde van a ir a servir, es necesario contextualizar el Texto Sagrado a nuestra realidad sin vulnerar ni en un punto o una iota las doctrinas pétreas del cristianismo, de manera que el estudio de la Palabra de Dios debe ser a luz de nuestra realidad y nuestra reflexión deberá tomar en cuenta los factores que la condicionan.

A. La teoría evangélica en Latinoamérica

América Latina ha estado en el foco del mundo debido a la inestabilidad política que la ha caracterizado, los conflictos bélicos que ha enfrentado y los problemas sociales que la acosan. Bajo estos parámetros, en más de cien años de presencia evangélica en Ibero América carecemos todavía de una teología bíblica, sistemática y contextualizada que pueda llamarse evangélica y latinoamericana. En otras palabras una teología evangélica expresada por latinoamericanos para latinoamericanos, y para todos aquellos que deseen analizarla y juzgarla.

Debido al delirio numerológico en que han caído las megas iglesias, éstas no se han dado cuenta de la existencia de la necesidad de una teología "made in Latin America", y otros alegan que no es necesario, diciendo que la teología es universal y que el intento de darle un color regional o cultural significaría desfigurarla o corromperla.

Sobre este particular el Prof. Emilio Núñez se ha expresado en los siguientes términos:

> "Es curioso que estas mismas personas que se horrorizan ante la posibilidad de formular una teología latinoamericana, se sienten muy cómodas hablando de la teología germana, la teología europea continental o la teología norteamericana. Uno se pregunta si la oposición a una posible teología evangélica latinoamericana no es un resabio de la actitud paternalista que algunos líderes han asumido ante la Iglesia Evangélica Latinoamericana. Es decir, la idea de que los evangélicos de estos países somos todavía niños incapaces de pensar por nosotros mismos y darle expresión a la fe cristiana dentro del contexto de nuestra propia cultura. El fenómeno de la dependencia se da también en el campo teológico. Padecemos de un subdesarrollo teológico que es en gran parte el producto de nuestra dependencia teológica. Muchos de nosotros hemos estado satisfechos con recibir una teología importada, la cual no siempre hemos evaluado a la luz de la Escritura y de nuestros imperativos culturales y sociales. Esto no significa de manera alguna que menospreciemos el tesoro doctrinal que ha acumulado la Iglesia Universal a través de los siglos, o que pretendamos originar lo que ya está originado, creyendo insensata-

mente que el Espíritu Santo comenzará a hablar por medio nuestro, después de casi veinte siglos de absoluto silencio. Tenemos ya una teología evangélica de índole universal. Somos cristianos como resultado del ministerio docente de la iglesia. Somos un fruto del gran movimiento misionero que por la gracia de Dios llegó un día a nuestras tierras con el mensaje del Evangelio. Sea bienvenida, por lo tanto, la teología producida en otras latitudes por pensadores que son también miembros del Cuerpo de Cristo. Pero no debemos ser tan sólo un eco de lo que otros dicen, sin preocuparnos por expresar la verdad inmutable del Evangelio en respuesta directa a la realidad latinoamericana."

La sensata acotación del Prof. Núñez ha sido una exhortación que nos ha desafiado hoy a dar una respuesta y lanzar una Teología Sistemática "Made in Latin America." La reflexión que se efectúa esta totalmente basada en la revelación escrita de Dios. Los problemas socio - económicos que abaten nuestro continente son periféricos y giran alrededor de la revelación especial de Dios.

B. Características de esta Teología sistemática latinoamericana

La Teología Sistemática como un plan humanamente trazado aborda las verdades más importantes encontradas en la Biblia siendo Dios el centro del universo, alrededor del cual giran todas las cosas, de ahí que la Teología aquí propuesta tenga las siguientes características:

1. Es una Teología Bíblica. Una reflexión que tiene su origen en el Texto Sagrado, nunca de la realidad socio - económica del continente como ha ocurrido con otros pensamientos originados en Latinoamérica. El no hacerlo de esta manera significa poner al hombre en centro del universo y a Dios en la circunferencia y esto es a todas luces, contraproducente.

2. Es una Teología Cristológica. Si vamos a enseñar una teología bíblica, Cristo tiene que ser el centro de la misma. Cristo es Dios y también es hombre, una hipóstasis incomprensible a la mente humana se encarna y efectúa la obra cósmica más grande, la redención de la criatura caída. La teología debe girar al rededor de estos hechos, los cuales deben servir como norte de cualquier reflexión.

3. Es una Teología donde la realidad socio económica es periférica.

El pensamiento teológico de este milenio no puede ser el mismo de hace 50 años. La teología no es estática, sino dinámica, la misma Biblia nos exhorta a crecer en el conocimiento. La naturaleza de nuestro contexto latinoamericano nos obliga a escudriñar de nuevo las escrituras y reorientar el contenido bíblico. Este es precisamente el reto que intentamos encarar en este trabajo. Pues como señala el Prof. Núñez:

> *"La hermenéutica ha dejado de ser el conjunto de reglas para interpretar correctamente el Texto Sagrado, independientemente de su contexto socio - cultural. Es necesario tomar en cuenta la realidad en la cual vive nuestro continente."*

En este trabajo, se abordan temas como la deuda externa, la corrupción, los problemas de violencia, el ajuste estructural económico al que nos han sometido los organismos de crédito internacional, *inter alia* partiendo de la revelación divina. Nuestra tarea es establecer un puente entre esta realidad y el Texto Bíblico, esto es crucial para hacer viva y eficaz la Palabra de Dios.

En resumen, no podemos darnos el lujo de cerrar los ojos ante lo que sucede a nuestro al rededor, en la Iglesia y fuera de ella. Vivimos en una situación cambiante que nos es imposible ignorar porque de alguna manera influye en nuestra vida y en el cumplimiento de nuestra misión cristiana. De ahí que sea fundamental contextualizar la reflexión teológica para que la misma tenga mejor validez y credibilidad.

RAÚL ZALDIVAR
2 de Diciembre del año 2004

Capítulo I

Introducción al estudio de la Teología

La Teología es la madre de todas las ciencias y el estudio más digno de cualquier ser humano; y lo es porque la verdad dignifica al hombre y lo hace libre de todas las cadenas que lo atan. El conocimiento verdadero de Dios equivale a la transformación integral del individuo, de la familia y por ende de la sociedad.

A diferencia de cualquier otra ciencia, la teología, requiere además de una base académica sólida, una inquebrantable fe en las realidades espirituales. A todo esto hay que sumarle el antagonismo de fuerzas malignas que intentaran evitar por todos los medios que el hombre adquiera el verdadero conocimiento de Dios, pues entiende muy bien las palabras de Jesús cuando expresa: "Conoceréis la verdad y la verdad os hará libres". Y más adelante asevera: "Yo soy la Verdad". De manera que el estudio de la teología implica una serie de dificultades que hay que superar, pero que una vez que se logra esta superación, la recompensa es extraordinaria.

Existen diferentes niveles en la reflexión teológica en los cuales el teólogo puede moverse en su intento por conocer a Dios y su universo. Sin duda que el nivel de conocimiento estará supeditada siempre al contexto social, político, económico y cultural del teólogo, pues no puede conocerse a Dios lejos de la realidad de donde se vive.

Son aplicables a la reflexión teológica los tres niveles del conocimiento, es a saber, el conocimiento *teológico vulgar* que es manejado por todas aquellas personas que no poseen estudios teológicos formales, incluso, aquellos que sostienen posturas ateístas y que tienen conocimientos teológicos elementales. En segundo término, la reflexión *teológica a nivel científico*, que es efectuada por personas entrenadas en esta disciplina y que poseen un conocimiento estructurado y sistemático. En la mayoría de los casos se trata de individuos comprometidos con el cristianismo, aunque puede darse el caso contrario. Finalmente, la reflexión *teológica en el plano filosófico*, que implica un trabajo delicado que va más allá de la ordenación, clasificación y valoración de conocimientos, pues intenta buscar respuestas a las grandes incógnitas del ser humano y si bien es cierto, al final no se podrá dar respuestas contundentes, si se expresaran soluciones confiables debido al exhausto trabajo científico. Este último nivel debe ser la más cara aspiración de cualquier ser humano.

En este capítulo se efectuará una introducción que servirá de base al lector para el estudio de las diez ramas en que hemos dividido la Teología Sistemática. En este sentido el capítulo consta de dos secciones: Propedéutica Teológica (Sección I) y el Dogma Como Base de la Religión. (Sección II).

SECCIÓN I

PROPEDEUTICA TEOLOGICA

Como corresponde al inicio de todo estudio, se dedicará esta sección a establecer los fundamentos de la Teología Cristiana, lo cual que nos permitirá una comprensión adecuada de la materia. No sin antes abordar aspectos que nos muestran el origen y el desarrollo de una teología no cristiana que ha atrapado a millones en un error nefasto.

Para su estudio, esta sección se dividirá en dos partes: Teología no cristiana (A), Teología cristiana (B) y Teología Sistemática (C).

A. La Teología no cristiana

La teología no cristiana es toda aquella reflexión teológica en la cual Jesucristo no es el centro del universo sino una persona o un simple filósofo que vivió en este planeta.

1. Religiones Misioneras

Se considerará en este apartado dos religiones que tienen dentro de sus fines el proclamar sus doctrinas peculiares por todo el mundo. Nos referimos al Budismo y el Islamismo (Mahometanismo).

a. El Budismo

Tuvo su origen en la India, seis siglos antes de Cristo cuando SIDARTA GAUTAMA («BUDA») (567-487) protestó contra el régimen de castas y el exceso de los Eremitas. Buda fue contemporáneo de Pitágoras y Nehemías. El budismo ha evolucionado y hoy se le considera como una familia de religiones. El Anuario Budista de Ceilán lo define así:

> «Esa religión que sin comenzar con ningún dios, conduce al hombre a una esfera en que la ayuda de Dios ya no es necesaria»

El budismo es una religión de renunciación, de abandono de toda aspiración, de toda vida individual. Entre sus enseñanzas principales se pueden citar: 1) Los sufrimientos físicos y mentales son inseparables de toda forma de existencia individual. El deseo es la causa de todo sufrimiento. El sufrimiento acaba cuando acaba el deseo. 2) El Óctuplo Sendero (Camino Intermedio), cuya meta es el estado de iluminación total, el mayor estado posible de la perfección. Su meta es el *Nirvana*, alcanzado solo por aquellos ascéticos, mendigos y célibes que consagran todo el tiempo a la meditación y a los hábitos. 3) El Karma es el catalizador de otras existencias. Establece el elemento de continuidad entre una encarnación y otra.

En sumario, Nirvana es la meta de todas las aspiraciones del budismo, la cesación de la cadena de reencarnaciones, la terminación de todo deseo, una conciencia suprema de paz y descanso, una felicidad perfecta y sin pasiones.

b. El Islam

Fue fundada por Mahoma en el año 600 A.C., y se constituyó desde el principio como la religión de los pueblos árabes. Cuando niño Mahoma quedó huérfano por lo que se crió con un tío. Se casó joven y comenzó a tener visiones, según él dadas por el Ángel Gabriel, a los 40 años de edad. Entonces empezó a escribir un libro sagrado que se conocería como El Corán. Es una religión monoteísta cuyo dios es llamado Alá, donde se permite el esclavismo benigno, la poligamia (hasta 4 mujeres), se prohíbe el vino, la carne de cerdo, la usura y la idolatría. Cinco veces al día, mirando hacia La Meca, se debe recitar la profesión de fe. Además, una vez al año se debe ayunar en el mes de Ramadán, se debe dar limosna, se deben practicar abluciones y por lo menos una vez en la vida se debe peregrinar a la ciudad de La Meca.

2. Religiones no misioneras

Algunas religiones, no cristianas, que no pretenden extender sus enseñanzas a otras partes del mundo son las siguientes: Taoísmo, Confucionismo, Shintoismo e Hinduismo.

a. El Taoísmo

Es una religión filosófica. En el año 604 A.C. nace en China Lao Tsé (el viejo filósofo, contemporáneo de Confucio) quien escribe, posteriormente, el Tao Tekin (El Camino que Origina Todo). No se presenta una base doctrinal dogmática definida por razonamiento, sino por éxtasis. Como religión surge en el siglo I, con otro líder carismático que dirigía analfabetas. Actualmente ha producido varias sectas mezcladas con ideas budistas, magia, superstición, prosperidad y larga vida.

b. El Confucionismo

Nace en China con Kun Fu Seu (Kun el Sabio), alrededor del año 500 A.C. Fue contemporáneo de Gautama y justo antes de los grandes filósofos griegos. Enseña que el hombre puede ser bueno si se lo propone. Rinde reverencia a los muertos.

c. El Shintoismo

Es un término japonés que significa «Camino de los dioses». Es un movimiento religioso nacionalista con dos corrientes: la gubernamental (emperador, héroes) y la popular (sectaria). El emperador Iroito rechazó en 1945 su divinización, por lo que desde entonces se ha dado una explosión sorprendente de religiones en ese país.

d. El Hinduismo

Es una de las religiones más antiguas del mundo que predomina, principalmente, en la India. Los hindúes son llamados, en algunas ocasiones, brahamitas debido a que ellos creen que «El Brahmán» que es la suprema alma universal, la única, la absoluta, la infinita, la eterna, la indescriptible, el ser neutro. Ellos afirman que solo lo permanente es real, solo Brahmán no cambia, pues es la esencia de todas las cosas. El hinduismo permite la adoración de cientos de dioses, los cuales, según ellos, son distintos aspectos del único brahmán, pasos intermedios para llegar al pleno entendimiento del brahmán. Se destacan como dioses: Brama (el creador), Siva (el destructor), Vishnu (el preservador o renovador) y Rama y Krishna (reencarnaciones de Vishnu).

La esencia de cada cosa viviente es su «atman», es decir, su espíritu o alma. Dicha esencia proviene de Brahman, por lo tanto, todo ser viviente posee un carácter digno de ser reverenciado. Así, los hindúes son vegetarianos y consideran a la vaca como un ser sagrado.

La meta final del ser es unirse a Brahmán, el que está más allá del cambio y el dolor. Se cree en la reencarnación o trasmigración del alma; pues, esta nunca nace y nunca muere. Sino que pasa de cuerpo en cuerpo hasta alcanzar su purificación total al lado de brahmán. La ley del Karma (la ley de los hechos o actos del ser) regula la forma en que esta alma se mueve.

Entre los escritos más reconocidos mencionamos: Los Cuatro Vedas (1000 A.C.), Los Brahmanes (800-600 A.C.) y Las Leyes del Manu (250 A.C.); elaborados por los «rishis»(hombres espirituales de la antigüedad), por los profetas y por los filósofos.

B. La Teología cristiana

Cuando se habla de teología cristiana, hay una expresa referencia a una reflexión que se centra en la personalidad de Jesucristo. Este es el requisito *sine qua non* para situarnos dentro de esta categoría, la cual es sumamente amplia, porque dentro de la misma existen una serie de corrientes y sub corrientes. Entre las corrientes más importantes destacan la teología católica, ortodoxa y protestante. Cada una estas grandes corrientes de la teología cristiana tiene sus propias subdivisiones.

La Teología cristiana no está diciendo que es una reflexión exenta de error sino que reconoce la deidad de Jesucristo y su ministerio como el Salvador del mundo, constituyéndose de esta manera en el centro de la reflexión.

1. Definición de la Teología

La palabra teología tiene su raíz en el idioma griego: *theos* que equivale a Dios, *logos* que equivale a expresión de; por lo tanto, podemos afirmar de la manera más simple posible que la teología es la expresión o el estudio que el hombre realiza de Dios. Teología es una palabra griega que hemos castellanizado. Lo correcto sería que sí el nombre de Dios es YHWH o YAWE. Se hablara de Yawehlogía y no de Teología. Sin embargo, la tradición consagró Teología no Yawehlogía como indica la razón.

2. División de la Teología Cristiana

La teología cristiana puede dividirse de diferentes formas, y de hecho cada autor la ha dividido como ha considerado más correcto.

B. La Teología cristiana

De ahí que, después de un análisis de la materia, se estime que la división que aquí se efectúa presenta dos ventajas: es breve y es fácil de entender.

a. Teología Exegética

Es aquella ciencia que nos proporciona las herramientas para estudiar el Texto Sagrado, permitiéndonos utilizar los distintos métodos de interpretación para intentar obtener su mensaje original en el contexto cultural y socio económico en el cual vivimos.

b. Teología Bíblica

Es la que efectúa un estudio exegético de cada versículo de la Palabra de Dios, aplicando las reglas de hermenéutica y que analiza cada libro, desde el Génesis hasta el Apocalipsis, extrayendo verdades para aplicarlas a las situaciones de la vida diaria.

c. Teología Sistemática

Es sistematizar o estructurar los hechos de la Biblia y examinar sus verdades fundamentales. También se puede señalar que es una discusión racional acerca de la deidad o coleccionar científicamente, ordenar, comparar, exhibir, y defender todas las verdades de todas y cada una de las fuentes con relación a Dios y sus obras.

d. Teología Histórica

Es la ciencia que realiza un análisis histórico de como se origina y desarrolla en el tiempo una doctrina determinada con el objeto de tener un mejor entendimiento de la dogmática que hoy defiende la Iglesia.

e. Teología Práctica

La teología práctica es la aplicación eficaz de los conocimientos obtenidos en la teología exegética, bíblica, sistemática e histórica con el objeto de invitar al mundo no convertido a conocer al único Dios verdadero y para edificar a los santos de la Iglesia a fin de presentarlos sin mancha y sin arruga.

3. Requisitos para el Estudio de Teología desde una perspectiva Latinoamericana

Una de las características de la teología es su humanidad. Es un intento del hombre por estudiar a Dios. De ahí que la Biblia no tenga teología, es decir, no es premileniaslista o amilenialista, sin embargo, es la fuente principal de la Teología. Cualquier persona puede hacer teología, tratar de entender a Dios; pero, para realizar un buen trabajo, desde el punto de vista científico, será imprescindible seguir los siguientes principios.

a. Admitir de antemano la Inspiración de las Sagradas Escrituras.

Este requisito presenta la imposibilidad que un ateo haga un trabajo digno de confianza o un no convertido. Si se va hacer teología se debe aceptar que la fuente principal, es decir el Texto Sagrado, está exento de error en sus manuscritos originales.

b. Estar dispuesto a invertir el tiempo necesario en el estudio.

De la misma manera que la formación de un médico o astronauta toma años, también la formación de un teólogo. Es una disciplina que requiere una inversión de tiempo muy importante.

c. Dicho estudio debe hacerse con fe.

Toda la revelación de Dios es sobrenatural y fantástica a los simples ojos del humano, de manera que se requiere que el teólogo tenga la certeza de lo que lee y a convicción de lo que no se ve.

d. Se deberá tomar en cuenta el contexto socio-económico

La reflexión teológica nunca se da en un vacío cultural, el teólogo siempre tomará en cuenta los elementos culturales así como la realidad socio – económica desde donde efectúa el trabajo, con el objeto de que el mismo sea pertinente a las personas a quienes va dirigido.

e. Utilizar un método.

No existe, un método universalmente reconocido en teología. Los métodos varían de teólogo en teólogo y eso dependerá del grado de importancia que se le den a las diferentes fuentes de hacer teología.

La inducción es de manera distintiva en método teológico. Las inducciones pueden ser imperfectas o perfectas. Las inducciones imperfectas resultan cuando algunas, pero no todas las enseñanzas de las Escrituras se toman como base para una declaración doctrinal. Una inducción perfecta se forma cuando todas las enseñanzas de las Escrituras, de acuerdo a su significado preciso, son hechas en base de una declaración doctrinal.

f. Debe haber Iluminación del Espíritu Santo.

Un aspecto que debe quedar claro es que el Espíritu Santo no inspira al teólogo, empero lo ilumina. Para que un hombre reciba esta gracia, debe ser regenerado por el Espíritu, para que sea sensible a El y su trabajo sea digno de crédito.

C. La Teología Sistemática Latinoamericana

Como se ha afirmado anteriormente, no podemos interpretar el Texto Sagrado independientemente de la realidad en la que vivimos, en ese sentido, la reflexión teológica debe estrictamente tomar en cuenta aquellos aspectos culturales, propios de la realidad e idiosincrasia del latinoamericano al momento de construir un sistema de pensamiento que sea pertinente y tenga sentido a millones de seres humanos que habitan en Latinoamérica. Es de suma importancia aclarar, que la realidad del continente, nunca será el punto de partida de la reflexión, empero si será el punto de llegada. La Biblia, la Palabra de Dios es la fuente de la reflexión. Tomando como base la explicación anterior, se procederá a desarrollar este epígrafe.

1. Definición de Teología Sistemática Latinoamericana

Es una ciencia que sigue un plan humanamente trazado, que se propone incorporar en su sistema, toda la verdad acerca de Dios y su universo, partiendo del Texto Sagrado y haciendo uso de las fuentes disponibles con el objeto de establecer correctamente el puente entre la Palabra de Dios y el contexto socio – económico y cultural de Latinoamérica.

El primer elemento de la definición es: Ciencia. La Teología Sistemática es una ciencia porque para su subsistencia necesita establecer relaciones lógicas con otros conocimientos afines, su materia puede conceptualizarse, es como su nombre lo indica, un sistema correctamente estructurado y sigue un método. En este caso el inductivo.

El segundo elemento enfatiza la humanidad de la teología. En consecuencia, al no ser divina esta sujeta a inexactitudes y errores, empero representa el mejor esfuerzo de la persona que la construye.

El tercer punto es que el sistema o la estructura esta fabricada con todo aquello que se relaciona con Dios.

El quinto aspecto señalado son los materiales con que elabora la estructura, que en este caso el principal de todos es la Biblia, luego la revelación general y finalmente los escritos humanos.

Finalmente, la contextualización de la reflexión. Poco valor representa para un latinoamericano una reflexión teológica que ignora su cultura y realidad socio - económica. La Teología debe ser contextualizada para que sea pertinente y tenga vigencia efectiva en la persona que la lee.

2. División de la Teología Sistemática

La siguiente división no es la ley de Media ni de Persia, es simplemente una opinión. Existen autores que han divido de la Teología Sistemática de otras maneras.

Bibliología: Es la parte de la Teología Sistemática que estudia todo lo relacionado a la Biblia e incluye materias como la Revelación, Canonicidad, Inspiración, Iluminación, Vitalidad, Composición, Preservación y Autoridad de La Escritura.

Teología Propia: Es la parte de la Teología Sistemática que estudia a Dios Padre, Dios Hijo y Dios Espíritu Santo aparte de sus obras.

Angelología: Es la parte de la Teología Sistemática que estudia todo lo relacionado a los ángeles e incluye temas como: los ángeles buenos, a Satanás y los demonios.

Antropología: Es la parte de la Teología Sistemática que estudia todo lo referente al hombre y comprende temas como su origen, la psiquis, elementos que relacionan al hombre con Dios, su naturaleza, su caída, *Inter alia*.

Hamarteología: Es la parte de la Teología Sistemática que estudia todo lo referente al pecado y comprende temas como origen, consecuencias, desarrollo, y remedio del pecado.

Eclesiología: Es la parte de la Teología Sistemática que estudia todo lo relacionado con la Iglesia, su origen, propósito, historia, crecimiento, estatutos, forma de gobierno, sacramentos, *Inter alia*.

Soteriología: Es la parte de la Teología Sistemática que estudia aquello que se relaciona con la Salvación, su necesidad, naturaleza, requisitos para ser salvo, alcance, condiciones, *Inter alia*.

Cristología: Es la parte de la Teología Sistemática que estudia las obras de Jesucristo y todo lo relacionado a su nacimiento, bautismo, vida, ministerio, muerte, resurrección y su segunda venida de Cristo.

Escatología: Es la parte de la Teología Sistemática que aborda temas acerca de las cosas del fin como ser Rapto de la Iglesia, Gran Tribulación, Milenio, Resurrección, Juicios de Dios, Segunda Venida de Cristo, todo esto desde las ópticas teológicas más importantes.

Pneumatología: Es la parte de la Teología Sistemática que estudia las obras del Espíritu Santo (Sello, Unción, Bautismo, su papel en la Redención, su ministerio presente, *inter alia*.

D. El propósito y la heurística de la Teología Sistemática

Ha existido un debate acerca de cual debe ser el propósito de la Teología Sistemática y la función que la misma debe cumplir en las personas a quienes va dirigida. En este sentido, se han expuesto una serie de opiniones que serán objeto de una breve consideración y llegar de esta manera a aquella síntesis que en nuestra opinión es la más adecuada.

1. El propósito de la Teología Sistemática

Sobre este tema, ha habido escuelas que han dado sus respectivas opiniones sobre cual es el propósito de la Teología Sistemática, como es obvio, ninguna de ellas estaba pensando en el contexto Latinoamericano, en ese sentido se toman aquellos elementos que son útiles y se expone la postura que se considera la más pertinente sobre este tema.

a. El subjetivismo de SCHLEIRMACHER

F. SCHLEIRMACHER aseveró que la tarea de la dogmática es descubrir los sentimientos de la Iglesia. En otras palabras, afirma que la fuente de la doctrina de la Iglesia no es la Biblia sino lo que alguna persona se le ocurre pensar. Esto, suena muy brusco de entrada, sin embargo, existen muchas iglesias en Latinoamérica cuya fuente doctrinal es eminentemente sentimental y por ende subjetiva. Doctrinas que no pueden probarse con el Texto Sagrado.

Para RITCHL, La tarea de la dogmática es simplemente la exposición científica de la fe cristiana. En resumen, es la misma postura subjetiva de SCHLEIRMACHER. Para RITCHL el origen de la dogmática no es la Revelación de Dios sino el corazón del hombre. La Teología Sistemática lo único que hace es darle un carácter científico a esa fe.

b. La postura de Karl BARTH

BARTH, reaccionó contra el subjetivismo de SCHLEIRMACHER publicando en 1919 su famoso «Comentario a los Romanos». Él creyó que la Biblia era solamente el testimonio de la Palabra de Dios, pero no la Palabra Divina. Él afirmó que, La dogmática es la prueba científica a la cual la Iglesia cristiana se sujeta de acuerdo a las expresiones acerca de Dios. La dogmática debe sujetar a prueba el dogma. La dogmática debe interpretar los dogmas. Al afirmar que la Biblia no es la Palabra de Dios sino el testimonio referente a Dios sustrae del Texto Divino la autoridad suprema que debe tener sobre cualquier humano.

c. Teólogos Reformados:

Su premisa fue que la fuente primaria de la Teología era la Palabra de Dios. Para los reformados la dogmática tiene una triple tarea: 1) Tarea constructiva. Construir declaraciones doctrinales. 2) Tarea demostrativa y defensiva. Estructurar el pensamiento teológico y demostrar esas verdades que sostenemos y 3) Tarea Crítica. Juzgar, opinar, tener nuestros propios pensamientos.

d. Desde la perspectiva Latinoamericana

Para llegar a una síntesis en este sentido, tomaremos como base la opinión vertida por los reformadores. La Teología Sistemática Latinoamericana tiene una triple tarea o propósito:

1) Una tarea constructiva: Formula declaraciones doctrinales. A nuestro criterio, las declaraciones que tengan que ver con las doctrinas cardinales o pétreas del cristianismo deben ser presentadas con una autoridad tal que no admitan cuestionamiento alguno. Aquellas doctrinas que no afectan la esencia misma del cristianismo o que son periféricas, deben ser presentadas en forma contrastadas, reconociendo la posibilidad de error, pues lo contrario a esto le estaría dando a nuestra opinión el carácter de infalibilidad, lo cual a todas luces no es ni puede ser cierto. En este sentido, la función de una Teología Sistemática Latinoamericana tendría una naturaleza neutral en aquellas doctrinas, periféricas, negociables o no pétreas.

2) Una tarea demostrativa y defensiva: esta función es doble, por un lado es demostrar la veracidad de las doctrinas pétreas del cristianismo y luego la posibilidad de verdad de las doctrinas periféricas y por otro lado es defender tales posturas con argumentaciones lógicas y válidas en la medida de nuestra posibilidad humana.

3) Tarea Crítica: Exceptuando las doctrinas pétreas del cristianismo, todas las demás doctrinas pueden ser puestas en el tapete de la crítica. Solo por decir algo, el dispensacionalismo, es una doctrina lógicamente estructurada, tiene mucho sentido y sus presupuestos ideológicos pueden ser ciertos, sin embargo, puede ser objeto de crítica, puesto que a pesar de su carácter científico, la misma tiene lagunas y presupuestos no clarificados, en cambio, la doctrina de la Trinidad o de la inspiración bíblica son incuestionables. Son verdaderas y punto.

4) La tarea contextualizadora: No es posible hacer Teología en un vacío cultural, obviando la realidad del pueblo desde donde se reflexiona. En este sentido, la Teología esta envuelta en una caparazón cultural que la marca y la caracteriza, diferenciándola de cualquier otra. En el caso que nos ocupa, ese caparazón es la realidad de Latinoamérica.

2. La Heurística de la Teología Sistemática

Desde el Peri Archon de ORÍGENES hasta la fecha han existido diferentes formas como se han sistematizado las teologías. Los planteamientos heurísticos han cambiado según la época y el contexto donde se han realizado. A continuación se verá algunos criterios utilizados: a) *Método Trinitario*. Este método fue utilizado por CALVINO, y ZWINGLIO. Ellos dividieron y desarrollaron la Teología según el Credo de los Apóstoles. b) *Método Analítico*. El antiguo teólogo CALISTO reflexionó a partir de las bienaventuranzas, y su teología se desarrolló sobre la base de las mismas. c) *Método del Pacto*. El teólogo COCCEJUS construyó su plan heurístico partiendo de los pactos que Dios hizo con Adán, Noé, Abraham, Moisés, David, etc. d) *Método Cristológico*. Uno de los métodos más populares ha sido el cristológico, utilizado por teólogos de renombre como HASE, THOMASIUS, STRONG, FULLER, SCHULTZ. Ellos estructuraron su trabajo partiendo de las obras de Cristo. e) *Método Sintético*. Parte de Dios y trata las diversas doctrinas en su orden lógico, es decir, en el orden en que surgen en el pensamiento, lo cual hace que se preste a un tratamiento más inteligible. Sus divisiones son: La Biblia, la Trinidad, los ángeles, el hombre, el pecado, la iglesia, la salvación, Cristo, el futuro, el Espíritu Santo, etc. Este es el método seguido por los teólogos modernos como CHAFER, BERKHOF y el que nosotros seguimos en el desarrollo de esta obra.

Sección II

EL DOGMA COMO BASE DE LA RELIGION

Con esta sección llegamos a uno de los puntos claves de la Teología Sistemática; Su formación, es decir, como se construye un sistema de pensamiento que es pertinente a una cultura, a una realidad particular. El elemento mínimo para su formación es el dogma y este sistema que crea el dogma da como resultado una religión; que es precisamente el fenómeno que se esta estudiando.

No es correcta la afirmación que a menudo se efectúa en Latinoamérica en el sentido que el cristianismo no es una religión, todo lo contrario, es una religión bien definida y Jesucristo es el centro de la misma. Ahora, es oportuno señalar que, según el área geográfica donde el hombre practique el cristianismo, éste va a tener variaciones religiosas importantes. La religión cristiana en el África va a tener variaciones respecto a la oriental o la Latinoamericana. En esencia será lo mismo, Jesucristo es el centro, de ahí cristianismo, sin embargo los aspectos culturales de cada región lo caracterizarán de tal manera que se diferenciará de los demás. Esto lo veremos en aspectos litúrgicos, categorías teológicas que tendrán más sentido para unos que para otros.

Para la realización de este estudio la sección se dividirá en los siguientes apartados: La Naturaleza y Alcance del Dogma (A), La Idea de la Teología Dogmática (B), Historia de la Dogmática (C) y La Religión (D).

A. Naturaleza y alcance del Dogma

Dogma, es precisamente la autorizada formulación de una declaración de una doctrina religiosa que se ha adoptado no por discusión sino por creencia. Para admitir un dogma, la fórmula debe reunir dos condiciones: Debe derivar de la revelación y debe ser promulgada por un cuerpo eclesiástico investido de tal autoridad.

Los Dogmas usualmente han sido formulados en tiempos de controversia teológicas a fin de clarificar las enseñanzas ortodoxas frente a las heréticas aberraciones.

1. Definición

La palabra dogma, proviene del griego *dokeim*, que significa: «me parece» u «opino». Los reformadores y los teólogos Protestantes la definen como: «verdades divinas, reveladas claramente en la Palabra de Dios, formulados por algún cuerpo eclesiástico competente, y de reconocida autoridad porque se derivan de la Escritura.»

El primer elemento de esta definición es *Verdades divinas* Esto debe entenderse en el contexto. Los dogmas pétreos son verdades divinas, pues con el cuestionamiento de uno de estos dogmas ya no existe cristianismo. Empero existen *verdades divinas* no pétreas. Estas son las verdades que diferencian a una denominación de otra. Estas son verdades periféricas que giran alrededor de las verdades pétreas.

El segundo aspecto es que los dogmas deben ser derivados estrictamente de la Revelación divina, de otra forma perdería cualquier autoridad. Uno de los graves problemas que enfrenta la Iglesia en la actualidad es la adopción de dogmas que no pueden ser probados por las Escrituras.

El tercer elemento es que dicha formulación debe efectuarla un cuerpo de teólogos autorizados para tal efecto. El único cuerpo autorizado para formular las verdades pétreas son los concilios ecuménicos como los de Nicea, Efeso, Calcedonia, Constantinopla en la antigüedad o aquellos que sean representativos del cuerpo de Cristo en la actualidad. Los dogmas no pétreos, también llamados denominacionales, son enunciados o deberían serlo por un cuerpo de teólogos de la denominación.

2. La Naturaleza de los Dogmas

Todos los seres humanos tenemos dogmas de una u otra clase. La Iglesia Cristiana no es la excepción. Dentro del cuerpo de la dogmática cristiana existen dogmas pétreos o no negociables y los dogmas no pétreos o negociables. El primer tipo se refiere a aquellos que le brindan a la Iglesia una unidad doctrinal indispensable, *v.g.* Cristo es Dios, la salvación es por fe, la Biblia es inspirada, la Trinidad, etc. Este tipo de dogmas nunca entra en el tapete de discusión, si se niega uno de ellos se desnaturaliza la fe cristiana.

Por otro lado, están los dogmas negociables, cuya discusión, desafortunadamente, ha dividido a la Iglesia causando un gran daño. Algunos de esos dogmas son: El don de lenguas como evidencia del bautismo del Espíritu Santo, la seguridad de la salvación o la posibilidad de su perdida, la existencia de un milenio literal o mero simbolismo. *inter alia.* La negación o afirmación de estos dogmas no afectan la naturaleza de la fe cristiana.

Es absurdo que en América Latina no hemos sido capaces de ver que es lo que nos une, que en realidad son los dogmas pétreos del cristianismo, sino que hemos puesto nuestra mirada en aquellos que nos dividen, en fundamentalistas, pentecostales o carismáticos, creando barreras denominaciones de orgullo que han impedido que aunemos esfuerzos para hacer un frente común al enemigo para atacarlo.

3. Características Formales de los Dogmas

Para que un dogma se considere como tal, deberá reunir las siguientes características:

a. El dogma debe ser derivado de la Biblia.

La experiencia Latinoamericana nos enseña que un gran número de los dogmas que se enseñan no son derivados del Texto Sagrado directamente, sino de interpretaciones distorsionadas de alguna persona con cierto carisma. La norma pétrea es: no se debe aceptar como dogma aquello que no pueda probarse en la Biblia, y probar con la Biblia implica hacer una responsable exégesis del Texto Sagrado.

b. El dogma debe ser fruto de la reflexión teológica seria y responsable.

En América Latina existen todavía países con un alto índice de iletrados. La educación universitaria sigue siendo un privilegio y de un bajo nivel académico en muchas áreas. La Iglesia ha crecido extraordinariamente, pero en su mayoría, son personas·con estas características, que no están entrenadas a efectuar reflexiones teológicas serias y responsables para crear una declaración de fe. Lo más fácil ha sido adoptar prácticas popularizadas por un líder de mucho carisma y elevar esto a la categoría de dogma. De ahí que en la dogmática de muchas iglesias encontremos dogmas no bíblicos, pero que las personas los creen sin discusión alguna.

La doctrina de la Iglesia debe ser formulada después de mucha reflexión y estudio del Texto Sagrado. Esto tiene una importancia capital.

c. El dogma debe ser formulado por un cuerpo oficial, autorizado por la Iglesia.

La Iglesia que desea escribir su declaración de fe o dogmática, deberá nombrar una comisión de eruditos que trabajarán en equipo, para luego presentar a la Asamblea General las nuevas doctrinas para su debida aprobación. Si la Iglesia tiene una forma de gobierno piramidal, el pastor deberá nombrar la comisión de eruditos, empero la decisión final debe efectuarse en el seno de un cuerpo de ancianos o líderes *ad hoc*. No es aconsejable que una sola persona tome una decisión que va afectar tantas vidas.

Las iglesias que se encuentren en el área rural o aquellas que no cuenten en su membresía con personas calificadas para esta tarea, deberán buscar asesoría de quienes son capaces de ayudarles, pero nunca atreverse hacer algo que se desconoce.

4. Necesidad de los Dogmas

No se puede vivir sin dogmas. La Iglesia precisa tener y creer en los dogmas, y tener un cuerpo dogmático que le de identidad y dirección en su forma de pensar y actuar.

En Latinoamérica se ha levantado una oposición a la formulación escrita de los dogmas por razones como la interpretación incorrecta del pasaje «la letra mata» o porque es más fácil criticar que aprender y dominar el dogma, o por no querer pensar, o por pereza a investigar. La ignorancia y el poco bagaje cultural y académico tienen que ver en esto también. A continuación se explica por qué son necesarios los dogmas.

a. Los dogmas son esenciales para el cristianismo.

La Verdad es esencial al cristianismo y ésta solo la encontramos en la Palabra de Dios. Así, la doctrina y el conocimiento teológico (producto del estudio diligente de las Escrituras) constituyen el fundamento de nuestra Fe. La práctica de los dogmas (nuestro testimonio público) le da un sentido vivencial al Evangelio.

b. Provee unidad interna a la Iglesia.

La iglesia tiene un marco referencial de pensamiento. El mismo no debe ser estrecho ni presentarse como la ley de Media o Persia. Es prudente que la declaración de fe de la Iglesia permita espacios de movimiento doctrinal, sin alterar la esencia misma del cristianismo, para que exista pluralidad de ideas, que en definitiva enriquecen a la Iglesia.

c. Presenta un testimonio de unidad al mundo

Si hay algo que va a impactar al mundo, es la unidad de la Iglesia de Cristo. Trabajando en una sola dirección y con un solo objetivo.

5. Elementos Incluidos en los Dogmas

Como se ha afirmado al inicio de este trabajo, la Teología Sistemática o dogmática cristiana no se da en un vacío cultural, sino que incluye una seria de factores que a continuación se mencionan.

a. Elemento Social

Los dogmas son producto de la Iglesia como cuerpo (como un todo) y no de individuos en particular. Se da en la comunión de los santos, en una comunidad de fe.

b. Elemento Tradicional

El dogma descansa sobre una herencia histórica de veinte siglos. Las verdades teológicas han sido elaboradas con el aporte de cada generación, que ha tratado de entender e interpretar esta tradición en oración, meditación y lucha contra todos los opositores al Evangelio.

c. Elemento Autoritativo

Cuando la Iglesia define y acepta un nuevo dogma como tal, este adquiere inmediatamente autoridad. A pesar de esto, debido a que han sido formulados por hombres (falibles por naturaleza), los dogmas se ven manchados por tal falibilidad (tienen errores).

d. Elemento Contextual

El contexto socio-económico y cultural definitivamente juega un papel preponderante en la formulación de los dogmas.

B. Historia de la Dogmática

Aunque la Biblia es la fuente del material teológico, ésta no es teología *per se*. La Epístola de Pablo a los Romanos es quizás la mejor aproximación a un tratado de teología del Nuevo Testamento, comenzado con la naturaleza pecaminosa del hombre para la luego avanzar a otros temas como la justificación, la santificación y la elección. La teología comenzó con los griegos como una disciplina científica y fue la convergencia de la filosofía griega y la fe bíblica que dio lugar a la Patrística. Aunque el teólogo alemán Adolf VON HARNACK lamentó la "Helenización" del evangelio, muchos teólogos están de acuerdo con TILLICH cuando afirma que la fe bíblica tiene que responder al desafío intelectual de la filosofía griega.

A continuación se efectuará un recorrido en el tiempo en relación con la evolución del pensamiento dogmático cristiano.

1. Período Primitivo (Antigua Iglesia Católica)

En los primeros siglos de la Iglesia circuló una serie de literatura que fue incluida posteriormente en el Canon del Nuevo Testamento, así como otra literatura que no fue incluida. La Iglesia estaba padeciendo una cruenta persecución por parte del imperio, lo que hizo que los cristianos centraran su atención en otras cosas. En ciertos períodos de paz surgieron filósofos y críticos que cuestionaron al cristianismo, de ahí que surgiera la imperiosa necesidad contestar tales ataques y de esta manera se publican los primeros tratados de la fe cristiana.

a. Orígenes de Alejandría.

Fue en el tercer siglo que, ORÍGENES, de la Escuela de Alejandría y quizás el teólogo más influyente de aquel momento, escribió: *De Principis* (Lat) o *Peri Archon* (Gr) cubre los principales temas de la Teología. Es considerada como la primera obra escrita sobre Teología Sistemática en el 218 d.C. Algunos críticos aseveran que Orígenes sacrifica la teología en aras de la filosofía en esta obra. Posteriormente escribió *Contra Celsum*, que es un trabajo en el cual ORÍGENES contesta la crítica de filósofos paganos y es considerado un notable ejemplo de un trabajo apologético.

b. Agustín de Hipona

El gran teólogo de la patrística se llamó AGUSTÍN. Su obra principal se llama *La Ciudad de Dios*. Este trabajo es un vasto estudio donde la historia del hombre se presenta como una lucha entre las fuerzas del bien y del mal. Otro de los profundos trabajos de San Agustín es su tratado *Sobre la Trinidad*. Este gigante del África se constituyó en el más grande pensador occidental y el primero en tratar temas como la depravación total del hombre y la imposibilidad de éste en buscar de Dios. Enunció la doctrina de la gracia irresistible y creó la base de todo un sistema teológico que el mundo conoce hoy en día como el calvinismo.

c. Juan de Damasco (700-760 d.C.)

CONSTANTINO había construido Constantinopla, ciudad que se había convertido en la capital del Imperio de Oriente y que iba a permanecer mil años más después que los Bárbaros tomaron Roma, la capital del Imperio de Occidente. También en esta área geográfica hubo teólogos importantes. Uno de los que sistematizó el pensamiento cristiano fue Juan DE DAMASCO. Escribió «*Una Cuidadosa Exposición de la Fe Ortodoxa*»: *tratando* temas como Dios, la Trinidad, la Encarnación de Cristo, su Muerte y su Resurrección, *inter alia*.

2. La Edad Media

La Edad media es el período comprendido entre la caída del Imperio Romano de Occidente en el 473 DC a la caída del Imperio Romano de Oriente en el año 1473 DC. En otras palabras, un período de mil años. Es durante este tiempo que la Iglesia de Roma y su obispo alcanzan su máximo esplendor y llegan a ejercer una influencia en la vida política, económica y social del pueblo de una forma casi total. El poder del pontífice romano era tal que en la Bula *inter coetera* determinó que todos los territorios al Oeste de las Islas Azores eran propiedad de España y los territorios al Oriente eran propiedad de Portugal. Uno de los sectores en los cuales tuvo una influencia decisiva fue en la educación, de ahí que en el seno de la Iglesia surjan las primeras universidades donde el estudio de la teología era fundamental. En este período se dan una serie de teologías sistemáticas siendo la más importante de todas la Suma Teológica de Tomás de AQUINO, a continuación se reañiza un sucinto estudio.

a. Anselmo de Canterbury (1033-1109 d.C.)

ANSELMO escribió "*La Fe Trinitaria y la Encarnación del Verbo*": Los temas principales en esta obra son la Trinidad y la Encarnación de Cristo.

b. Pedro Lombardo

Este teólogo escribió "*Las Sentencias*" iniciando el período escolástico. Este tratado aborda temas como Dios, las Criaturas, la Redención, los Sacramentos y las cosas finales.

c. Alejandro de Hales

ALEJANDRO escribió "*La Suma*" que en realidad es un comentario a la obra de Pedro LOMBARDO.

d. Tomas de Aquino

Algunas veces llamado el príncipe de los escolásticos (1225-74), fue un teólogo y filósofo cuya obra lo convirtió en la principal figura del escolasticismo y en uno de los teólogos más importantes de la Iglesia Católica. Tomás era hijo de nobles y se educó en un Monasterio Benedictino y en la Universidad de Nápoles. En el año 1243 se convirtió en un monje dominico. Realizó estudios en Paris bajo la tutela del gran filósofo Alemán ALBERTUS, a quien siguió a Colonia

El pensamiento occidental estaba dominado por la filosofía de San AGUSTÍN, quien enseñó que en la búsqueda de la verdad la gente debe depender de la experiencia de los sentidos. A principios del S XIII las obras más importantes de Aristóteles fueron traducidas al latín acompañado de comentarios de y otros eruditos del Islam. El vigor, autoridad de las enseñanzas de Aristóteles restauró la confianza en el conocimiento empírico y dio lugar a la escuela filosófica conocida como Averroístas.

El averroísmo amenazó la integridad y la supremacía de la doctrina de la Iglesia Católica y alarmó a los pensadores ortodoxos. Ignorar a Aristóteles como lo interpretaban los averroístas era imposible, condenar sus enseñanzas era ineficaz, de ahí que el desafío para Tomas de AQUINO era grande.

Tomás de AQUINO tuvo éxito en organizar el conocimiento de su tiempo para el servicio de la fe. Su esfuerzo fue reconciliar la fe con el intelectualismo. El creó una síntesis filosófica de obras y enseñanzas de Aristóteles y otros clásicos así como de AGUSTÍN y de otros padres de la Iglesia, así como de AVERROES y AVICINIA y otros eruditos árabes. También utilizó eruditos judíos como MAIMONIDES y Salomón BEN YEHUDA *Inter. alia.*

Su primera gran obra fue *Scripta Super Libros Sententiarum* que en realidad es un comentario sobre los cuatro libros de las sentencias del teólogo italiano Pedro Lombardo. Aunque las dos obras más importantes son: *Summa Contra Gentiles* (1261-64) un tratado que intentaba persuadir a los intelectuales musulmanes sobre el cristianismo y *Summa Theologica* (1265-73), Un obra monumental de Teología Sistemática en tres partes (Sobre Dios, la moral, la vida del hombre y Cristo.), De las cuales las últimas dos no fueron terminadas.

3. Período de la Reforma

La revolución religiosa del S XVI puso fin a la supremacía eclesial del Papa sobre el cristianismo occidental y trajo como resultado el establecimiento de iglesias protestantes. Con el Renacimiento, que precedió a la Revolución Francesa, la Reforma alteró completamente la forma de vida de la Edad Media en el occidente de Europa y consolidó la era moderna que había comenzado con la caída del Imperio Romano de Oriente en 1473 que también había puesto fin a la Edad Media. Esta época se caracteriza por la importancia especial concedida a la absoluta autoridad normativa de la Escritura y por el intenso énfasis en la doctrina de la justificación mediante la fe. Esto trajo como consecuencia lógica un cambio sustancial en el pensamiento teológico desarrollado en la Teología Sistemática.

a. Melanchton

MELANCHTHON (1497-1560), Teólogo alemán educado en Heidelberg y Tübingen. Su discurso *La Reforma de estudios de la Juventud*, atrajo la atención de Martín Lutero. En 1521 escribió una teología sistemática *Loci Communes Rerum Theologicarum* que le dio la base científica a todo el pensamiento de la Reforma. Este teólogo reemplazó a LUTERO en Wittenberg cuando se encontraba confinado traduciendo la Biblia al alemán. Fue MELANCHTON, como representante de la Reforma quien en la Dieta de Augsburgo en 1530, presentó la Confesión de Augsburgo consistente en 21 artículos.

b. Zwinglio

ZWINGLIO, Ulrico (1484-1531), fue un teólogo Suizo, líder de la reforma protestante. Zürich era el centro del pensamiento humanista y Zwinglio estaba totalmente influenciado por esto. Un día decidió leer las Escrituras y predicarlas en sus idiomas originales, esto rápidamente atrajo grandes audiencias a su catedral donde las exponía en griego y hebreo, capítulo por capítulo y libro por libro comenzando con St. Mateo. En esa misma época comenzó a leer los escritos de LUTERO y se identificó con ellos. En 1520 persuadió al Concilio de Zürich a prohibir cualquier práctica que no tuviera base bíblica. El Cantón de Zurich decidió emanciparse del de Constancia y esta pequeña parcela de tierra se convirtió en una teocracia inspirada por la reforma y apartada de los otros cinco cantones o regiones del territorio suizo.

Se cree que fue el primero en escribir en forma sistemática la fe Reformada (todo lo que no es católico). Su obra más famosa fue: "*Comentario de la Verdadera religión y la Falsa*".

c. Juan Calvino:

Juan CALVINO (1509-64), abogado y teólogo francés, reformador, humanista, y pastor, a quien las denominaciones protestantes de la tradición Reformada consideran el formulador de sus creencias y el más grande teólogo después de AGUSTÍN de Hipona.

En el año de 1536 público la primera edición de su monumental obra de teología Sistemática *Institución de la Religión Cristiana*. Además escribió comentarios sobre la mayor parte de libros del Nuevo Testamento.

4. Período del Escolasticismo Protestante

Se intenta demostrar que la iglesia jerarquizada de la Edad Media se había alejado del sendero marcado por la iglesia primitiva y se entra, lamentablemente, en muchas discusiones infructuosas que condujeron al formalismo e intelectualismo. Aquí surgen las más famosas escuelas, universidades y seminarios. Se destacan entre los *Luteranos*, HUTTER, Juan GEHARD (el más sobresaliente) y CALIXTO (quien insistió en volver al Credo de los Apóstoles); entre los *Reformados*, CALVINO, Teodoro DE BEZA (supralapsariano, sucesor de CALVINO en Ginebra), COCEEJUS (distribuyó el material teológico de acuerdo a los pactos, teniendo su método un énfasis antropológico) y los Arminianos (una separación radical del calvinismo: Arminio, Episcopio, Grocio y Limborgh); y entre los *Católicos*, BELARNINO y los sacerdotes jesuitas (que intentaron contrarrestar el protestantismo creciente).

5. Periodo de la Teología Liberal Alemana

Este período esta marcado por el desprecio de los teólogos en reconocer las doctrinas que tradicionalmente la Iglesia había recibido, así como explicar la verdad de Dios mediante la razón. De esta manera quedó evidenciado como estos teólogos heterodoxos del siglo XVIII fueron influenciados por el renacimiento y posteriormente por la filosofía racionalista. A esta época también se le conoce como la época del humanismo, porque es aquí cuando el hombre se convierte en el centro del universo y todo gira alrededor de él incluso Dios mismo. A los teólogos de esta época se les conoce en la historia con el nombre de *liberales*. De ahí que ellos hallaran verdades en la filosofía de KANT, en las conclusiones de los racionalistas de la Alta Crítica, que negaron el origen divino de las escrituras, en la teoría darviniana del origen del hombre, a la que le dieron una connotación teísta, y la dialéctica propuesta por HEGEL, que fue adoptada como una de las piedras angulares de su pensamiento. Los teólogos más destacados de este período fueron: Federico SCHLEIERMACHER y Alberto RITSCHL entre otros.

6. El Fundamentalismo

Es un movimiento que surge como una reacción a la teología liberal de los teólogos de origen alemán, de ahí que en la conferencia celebrada en Niagara, Estados Unidos en el año de 1885 las personas allí reunidas lanzaran al mundo su pensamiento teológico basado en los siguientes principios: El nacimiento virginal del Señor, la divinidad de Cristo, el sacrificio expiatorio en la cruz, la resurrección, la segunda venida y la autoridad e infalibilidad de la Biblia.

En el año de 1910 se publicaron una serie de doce libros que se denominaron LOS FUNDAMENTOS. Estos libros fueron escritos por notables eruditos y se enviaron 3 millones de copias a pastores, seminaristas y diferentes personalidades del mundo evangélico.

En este contexto surgieron eminentes teólogos como Carlos HODGE, SCOFIELD, B.B. WARFIELD, Louis BERKHOF, CHAFER, RYRIE, WOOLWORD, ALVA MC CLAIN (Calvinistas) WILEY y PURKISER (Arminianos).

7. Período de la Nueva Ortodoxia

Este período tiene su inicio en el año de 1919 cuando Karl BARTH publica su célebre comentario sobre la epístola a los Romanos, que como se dice en el argot de los teólogos, cayó como una bomba en el patio trasero. Este trabajo no solamente impactó en el mundo de la teología de aquel entonces sino que también siguió jugando un papel de gran importancia ya bien entrado el Siglo XX.

La esencia de este movimiento era un retorno a la ortodoxia, el problema que era a una ortodoxia desconocida manteniendo un antagonismo recio contra los fundamentalistas. El principal esfuerzo de la teología de BARTH radica sobre la pecaminosidad del ser humano, la absoluta trascendencia de Dios y la inhabilidad humana de conocer a Dios excepto a través de su revelación. Su objetivo era eliminar de la teología toda influencia de la filosofía con énfasis en los sentimientos y el humanismo y de esta manera regresar a los principios de la reforma y de las enseñanzas proféticas de las escrituras.

Hasta aquí todo parece bien, pero uno de los puntos de la teología bartiana imposible de aceptar es que para él la Biblia no es la revelación actual de Dios sino un testimonio tocante a esa revelación. Dicho en otros términos, no es la Palabra de Dios sino el testimonio de la Palabra. Para BARTH, la única revelación de Dios es Jesucristo. Dios es totalmente diferente a la humanidad, la cual depende de un encuentro con lo divino para cualquier entendimiento de la realidad última. BARTH vio que la tarea de la Iglesia era proclamar la *buena palabra* de Dios y servir de "lugar de encuentro" entre Dios y la humanidad.

8. El Neo Liberalismo

Una vez terminada la Segunda Guerra Mundial aumento el escepticismo de los no conservadores en cuanto al valor histórico de la Biblia y el concepto ortodoxo de Dios. La Neo Ortodoxia fue desplazada por el pensamiento de teólogos como Rudolf Karl BULTMANN y Paul TILLICH que representan el pensamiento de lo que se llama el neo liberalismo.

BULTMANN, un escéptico con relación a los elementos históricos de la Biblia, creía que las escrituras, especialmente los Evangelios debían ser desmitologizados o reinterpretados, de aquellos elementos míticos que no tienen aplicación o relevancia en los asuntos contemporáneos. Su teología fue influenciada por el filósofo existencialista Martin HEIDEGGER.

BULTMANN se dio a conocer como un crítico radical cuando público su obra *History of the Synoptic Tradition (1921)* su conclusión fue que los evangelios no eran biografías de Jesucristo (aunque no negó que Jesucristo fuera una figura histórica) El aseveró que los evangelios son devocionales y apologéticos de la Iglesia primitiva, que fueron reunidos y que pueden ser clasificados según sus formas literarias. En su libro *Jesus and the Word* (1926) escandalizó a muchos cuando le dijo al mundo que poco es lo que puede saberse de la vida y personalidad de Jesucristo y lo que es importante es el llamado de Jesucristo a los creyentes a hacer una decisión para aceptar el mensaje del evangelio, al cual BULTMANN llama *kerygma* y a obedecer sus mandamientos. Su trabajo más importante fue *Theology of the New Testament* (1948-53).

Como puede observarse, la sinopsis histórica termina en la primera mitad del Siglo XX. Lo que se sigue tiene que ver directamente con la teología latinoamericana, su origen y evolución en el tiempo, lo que será objeto de estudio en el capítulo II de este trabajo.

C. La Religión

La Religión es un fenómeno que ha jugado un papel fundamental en la cultura humana, de ahí que sea más amplia, más compleja que un conjunto de creencias o prácticas encontradas en una única tradición religiosa. Un adecuado entendimiento de la Religión debe tomar en cuenta sus cualidades distintivas y modelos como una forma de experiencias humanas así como las similitudes y diferencias de las diferentes religiones a través de las culturas.

En todas las culturas, los seres humanos hacen una práctica de interacción con poderes espirituales. Estos poderes pueden ser en forma de dioses, espíritus, ancestros o cualquier clase de realidad sagrada en la cual los humanos creen que están conectados. Algunas veces un poder espiritual es entendido como toda una realidad (Panteísmo) otras veces se acerca a través de sus manifestaciones con sus símbolos.

La experiencia religiosa puede ser expresada en símbolos visuales, danzas, actuaciones, sistemas filosóficos elaborados, historias legendarias e imaginativas, ceremonias formales, técnicas meditativas, reglas detalladas de conducta ética. Cada uno de estos elementos asume innumerables formas culturales. En alguna forma existen tantas formas de expresiones religiosas como existen ambientes culturales.

1. Definición

La palabra religión se deriva de Lat. *religio*, que denota, ambos, observancia de obligaciones rituales y un espíritu interno de reverencia. En el uso moderno, religión cubre un amplio *spectrum* de significados que reflejan una enorme variedad de formas que pueden ser interpretadas. En un extremo, muchos creyentes comprometidos reconocen solamente su tradición como una religión, entendiendo que expresiones como adoración y oración son prácticas exclusivas de su tradición.

Al definir religión como un compromiso sagrado con lo que es tomado de la realidad espiritual, es posible considerar la importancia de la religión en la vida humana sin hacer aseveraciones acerca de lo que realmente es o debería ser. Religión no es un objeto con un solo significado o aun, una zona con límites claros. Es un aspecto de la experiencia humana que puede ser interceptado, incorporado o trascender otros aspectos de la vida y sociedad.

El hombre es un ser religioso por naturaleza, sea que adore al Dios verdadero o cualquier otro dios fabricado. La religión cristiana, es aquella que se fundamenta en principios estrictamente bíblicos y algunas veces tradicionales. Puede ser definida como: "Una relación verdadera, viva y consciente entre un hombre y su Dios, determinada por la relación que de sí mismo ha hecho Dios y expresada en una vida de adoración, comunión y servicio."

Efectuando un sucinto análisis de los elementos que conforman esta definición se observa los siguientes elementos: a) Relación verdadera: no está fundamentada en falsedad o hipocresía por ninguna de las partes involucradas. b) Determinada por la Revelación. Se encuentra con Dios a través de su Palabra escrita, iluminada por su Espíritu Santo. c) Es expresada en adoración, comunión y servicio. La adoración nacerá del corazón, no será obligada; la comunión con los creyentes será para mutua edificación y el servicio beneficiará a la iglesia y al prójimo. Todo esto engrandecerá el Reino de Dios.

2. La Esencia de la Religión

El concepto "religión", no tiene una raíz bien definida, pero la palabra latina *re-ligere* ("volver a leer, una observación cuidadosa") tiene una connotación bastante cercana del concepto que manejamos.

CICERÓN definió la religión como *"Una observación consciente y diligente de todo lo que pertenece a los dioses"*. La religión puede ser: a) Objetiva: Se refiere a la religión cristiana que está fuera del hombre, la que manifiesta públicamente. b) Subjetiva: La observancia íntima que sostengo con mi Dios, es particularista e individual. c) Cósmica: Toda la que no es Bíblica ni cristiana. d.) cristiana: La que se fundamenta en principios bíblico-cristianos.

A través del tiempo se han manejado varios conceptos históricos de la esencia de la religión. a) La Iglesia Primitiva sostiene que la Biblia no habla nada de religión, lo cual es veraz. Los primeros cristianos crearon sus propias observancias y manejaban un concepto interno de lo que es religión. b) En la Edad Media. La religión bajo el dominio de la Iglesia Católica se volvió una observancia externa. c) En el período de la Reforma. Rompieron con el concepto externo de la Edad Media. d) El Racionalismo Alemán. Divorciaron la religión objetiva de la subjetiva, le dieron un enfoque moral en el cumplimiento de los deberes (no matar, no mentir, etc.). Karl Barth, abogaba por una religión espontánea, libre, argumentaba que "aquellas cosas que hacemos consciente y premeditadamente para conseguir un favor de Dios se convierten en un ídolo". e) Concepto latinoamericano. El teólogo guatemalteco Rigoberto Gálvez presenta las prácticas que caracterizan la religiosidad de Latinoamérica en su libro *Prácticas dudosas, en el ejercicio de nuestra fe*. En este trabajo presenta una lista de prácticas como el movimiento de la risa, la danza hebrea, las caídas *Inter alia*. Que denota el énfasis en los sentimientos, en lo espectacular. Este tema será retomado con mayor propiedad en la sección que corresponde a la Eclesiología.

3. El Asiento de la Religión

El alma del ser humano es tripartita (sentimientos, voluntad e intelecto). Dada que la religiosidad es propia del hombre, se ha intentado buscar en cual de estas partes inherentes al hombre descansa la religión. Se llegó a las siguientes conclusiones: a) Si no hay conocimiento no hay religión (intelecto). b) La religión es una acción moral y todo depende de la voluntad (voluntad) y c) Los sentimientos juegan un papel importante en la religión. En conclusión podemos afirmar que el verdadero asiento de la religión está en el hombre integral: intelecto, voluntad y emociones.

4. Origen de la Religión

Buscando el origen de la religiosidad en el hombre se han establecido tres métodos para ayudar a esclarecer esta cuestión: ¿Cómo se origina la religiosidad? Existen tres teorías sobre el origen de la religión: a) Método Histórico. Estudia la religiosidad de las diferentes culturas, haciendo uso de la antropología. Se basa en las manifestaciones externas que se han obtenido de los diferentes descubrimientos arqueológicos. b) Método Psicológico. Critica al método histórico, sostiene que el hombre es religioso por instinto, que el hombre ya nace con esa cualidad y que la desarrolla al ponerse en contacto con las cosas inexplicables para él. c) Método Teológico. Nos hace retroceder hasta una primitiva revelación especial y divina. Afirma que sólo en Dios se puede encontrar esa explicación; pues, fue Dios quien creó al hombre con un carácter religioso.

5. La Vida Religiosa

La vida religiosa es un intento de vivir según los preceptos de una tradición religiosa. Los budistas imitarán a Buda, los cristianos se esforzaran por tener la imagen de cristo. La experiencia religiosa también refleja la variedad de expresiones culturales.

En este apartado, será objeto de estudio tres aspectos que tienen que ver con la vida religiosa.

a. Religión como una función de la sociedad.

En muchos casos, las cosas que las personas consideran sagradas son determinadas por la comunidad a la cual pertenecen. Las cosas santas para un grupo, como ser: sus dioses, salvadores, escrituras o sacramentos no son necesariamente vistas como sagradas por otro grupo. La noción de sagrado es un valor que una sociedad pone sobre un objeto, y que ese objeto da forma o genera los sentimientos religiosos de sus miembros y que esa religiosidad es por lo tanto una función social. Esto fue sugerido por el sociólogo francés Émile DURKHEIM. Para DURKHEIM la religión se entiende mejor no como el resultado de una revelación sobrenatural o un conjunto de ideas equivocadas sino como el poder de una sociedad de hacer las cosas sagradas o profanas en la vida de sus miembros.

b. Religión como una experiencia Numinosa.

Un acercamiento diferente lo realizó el teólogo alemán Rudolf OTTO. En *Das Heilige* (*La idea de Santo*), OTTO señala que la experiencia numinosa (Del Latín *numen*, "poder espiritual") es el elemento distintivo de la religiosidad. Lo numinoso puede ser experimentado como algo temible y alienante pero como algo confortante que uno siente. Ideas como la ira de Dios o la Paz de Dios expresan estos diferentes aspectos de la experiencia numinosa. Friedrich SCHLEIERMACHER. argumentó que la religiosidad es solamente un asunto de doctrina o moralidad y aseveró que es un asunto de sentimiento intuitivo, una experiencia inmediata que fue anterior al lenguaje mismo.

c. Aspectos claves de la religión

Cuando la religión se observa a través de diferentes culturas, ciertos modelos o temas de actividad aparecen iguales así como diferentes. *1) Historias sagradas*. La mayoría de sistemas religiosos están organizados alrededor de ciertos eventos y modelos. Cada religión tiene su propio registró de la historia del mundo. Estas memorias son preservadas cuidadosamente en tradición oral o registros clásicos como escrituras sagradas. Para los cristianos el evento clave es la encarnación de Dios, cuyas enseñanzas, muerte y resurrección es un modelo para la vida cristiana. Para el Judaísmo el momento más importante es el Éxodo y la ley mosaica. La iluminación de Buda para el budismo y la revelación del Coran a Mahoma para el Islam, y así sucesivamente. *2) Días festivos*. La Religiones proveen tiempos de renovación para sus adherentes. Esto puede ocurrir anualmente, semanalmente, etc. Ramadan–honra el mes en que el Coran fue dado - Ellos deben ayunar durante este tiempo...Para los judíos uno de los días más importantes es el Yom Kippur (Día de la expiación) la Pascua es otro de los tiempos especiales para los judíos. *3) Espacios sagrados*. Las religiones no solamente establecen tiempos especiales sino lugares especiales, como ser montañas, cuevas o ríos. *v.g.* el lugar de la iluminación de Buda, el Monte Sinaí, la cueva de la revelación de San Juan, el lugar de la aparición de Maria en Lourdes, Francia. *4) Ritos y símbolos*. Un Rito es una forma de comunicar o expresarse a la divinidad. Los rituales envuelven acciones corporales, los rituales pueden ser simples como bajar la cabeza para orar o complicado como fiestas de sacerdotes que puede durar varios días. *5) Santidad y transformación*. La mayoría de religiones proveen caminos que liberan al individuo de la esclavitud del pecado, la inmoralidad, la ignorancia la impureza y que guía el alma a la pureza. Las Religiones sostienen que los seres humanos tienen una naturaleza superior que existe en tensión con una naturaleza inferior.

Con este capítulo se ha puesto el fundamento para el estudio de la Teología Sistemática. Se ha establecido un marco teórico fundamental que permitirá al estudiante de Teología comprender mejor cada uno de los aspectos que serán tratados en los capítulos siguientes. Otro de los puntos importantes de este capítulo es que se establece una línea histórica del pensamiento cristiano que constituye la base de lo que llamamos Teología Sistemática Latinoamericana.

Capítulo II

Historia del pensamiento teológico en Latinoamérica

En la segunda mitad del Siglo XX la Iglesia Latinoamericana comenzó a tener conciencia de la necesidad de reflexionar teológicamente a partir de dos realidades que la Iglesia esta experimentando, una tiene que ver con el ámbito espiritual exclusivamente y la otra efectúa una mezcla de espiritual con social y en algunos casos particulares social solamente. La primera realidad que vive la Iglesia Latinoamericana es el pentecostalismo, una perspectiva de hacer teología, de interpretar el Texto Sagrado y sobre todas las cosas una forma nueva de adorar a Dios. La segunda realidad del continente fue la realidad socio – económica y cultural. De ahí que se inició una etapa de conciencia a través de una serie de conferencias y congresos que fijan en la mente de la Iglesia esa necesidad.

En lo que se refiere a la realidad espiritual del continente, el pentecostalismo cumplió su función espiritual y dio paso a un nuevo movimiento que se ha levantado con fuerza y que ha sido acompañado de un crecimiento espectacular de la Iglesia nunca antes visto, el Neo Pentecostalismo y con el una serie de señales y de formas litúrgicas que han escandalizado a los círculos más tradicionales de la Iglesia.

En lo que se refiere a la realidad social, la Fraternidad Teológica Latinoamericana ha jugado y sigue jugando un papel preponderante en el afán de reflexionar desde la perspectiva socio – cultural de Latinoamérica. Este hecho ha sido de gran valía para la Iglesia, puesto que le ha permitido estudiar y comprender el Texto Sagrado en el contexto cultural en el que vive el hombre latinoamericano. En este mismo ámbito la Teología de la Liberación surgió como una panacea en los años 80 del Siglo XX, empero así como llegó así también perdió su influencia, hoy solo quedan reminiscencias. Esta reflexión hizo aportes muy importantes a la Teología e introdujo elementos claves al quehacer teológico, quizás su impacto mayor fue hacer que los teólogos latinoamericanos pusieran las barbas en remojo y vieran una serie de categorías teológicas nunca antes vista como lo relacionado al pecado social.

Este capítulo pretende trazar ese hilo histórico desde los inicios de esas dos realidades anteriormente indicadas y destacar los grandes aportes que han realizados al pensamiento teológico latinoamericano.

Para su estudio, el mismo será dividido de la siguiente manera: El movimiento pentecostal y neo pentecostal en Latinoamérica (Sección I), La Teología de la Liberación (Sección II) y Conferencias e Instituciones Latinoamericanas (Sección III).

EL MOVIMIENTO PENTECOSTAL
Y NEO PENTECOSTAL EN LATINOAMERICA

Aunque el pentecostalismo no tiene su origen en Latinoamérica, el éxito que el mismo ha tenido en el continente es algo que no es posible pasar por alto, por otro lado, en Latinoamérica, debido a la explosión demográfica de las Iglesias, este movimiento alcanzó rasgos bien peculiares pues conectó de una forma sorprendente con la cultura y la idiosincrasia de millones de seres humanos en casi todos los países latinoamericanos.

El movimiento pentecostal es una reacción a la Iglesia tradicional que entró en un conformismo y apatía espiritual abrumadora. Esta era la época en que afloraban una serie de herejías, de manera que las condiciones estaban dadas para el surgimiento de un movimiento del cual se ha dicho que, le lavó la cara a un cristianismo que estaba salpicada de herejías y prácticas contrarias a la Palabra de Dios. El fundamentalismo también fue una reacción a esta situación imperante, pero no tuvo la fuerza extraordinaria que el Pentecostalismo tuvo, pues presentaba, no solamente doctrinas que la Iglesia desconocía, sino una nueva forma de adorar a Dios que daba vida a una liturgia pasiva de influencia medieval.

Sin duda, el pentecostalismo fue una bomba que cayó en el patio de enfrente de la Iglesia y que provoca una revolución nunca vista desde los tiempos de la Reforma Religiosa del Siglo XVI. Si bien es cierto, la iglesia tradicional y fundamentalista reaccionó en su contra, esto no sirvió sino como caldo de cultivo para que el movimiento se expandiera y tuviera el éxito que tuvo. Lo curioso de todo esto, es que aún después de 100 años, cuando el pentecostalismo ha cedido su hegemonía al neo pentecostalismo, todavía existen reductos de fundamentalistas que se oponen al pentecostalismo.

Al momento de escribir este tratado, el Neo Pentecostalismo ha desplazado al pentecostalismo tradicional y se ha convertido en la corriente teológica que ha invadido el continente. Una de las características innegables es el espectacular crecimiento que estas Iglesias han experimentado. Sus congregaciones son mega iglesias de diez, veinte mil y más miembros. Su liturgia es completamente *sui generis* y muchas veces escandaliza a aquellas personas que vienen de círculos tradicionales o iglesias pentecostales clásicas. No podemos decir que carecen de reflexión teológica seria, existen teólogos como Rigoberto Gálvez, Rector del Seminario Panamericano de Guatemala, que ha reflexionado de una forma responsable desde esta perspectiva teológica.

En esta sección será objeto de estudio: Historia el movimiento pentecostal (A), El movimiento carismático o Neo pentecostal (B).

A. Historia del movimiento pentecostal

Algunos historiadores señalan como precursor del Pentecostalismo al movimiento de santidad que promovió el metodismo de WESLEY en el Siglo XVIII. De Juan WESLEY, los Pentecostales heredaron la idea de una experiencia de crisis subsiguiente a la conversión llamada *entera santificación, perfecto amor, pureza de corazón*. Fue Juan WESLEY quien posicionó tal posibilidad en su tratado, *Una cuenta Plena de Perfección Cristiana* en 1766. Fue de WESLEY que el Movimiento de Santidad desarrolló la teología de una *«segunda bendición»*. Pero fue el colega de WESLEY, Juan FLETCHER, quien llamó esta segunda bendición un *bautismo en el Espíritu Santo*.

En el siglo siguiente, Edward IRVING y sus amigos en Londres sugirieron la posibilidad de una restauración de los dones en la iglesia moderna. IRVING, un popular pastor presbiteriano en Londres, dirigió el primer intento de una «restauración de dones» en su Iglesia Presbiteriana Regents Square in 1831. Aunque lenguas y profecías fueron experimentadas en su iglesia, Irving no fue exitoso en su búsqueda por una restauración de la cristiandad Neo Testamentaria. Al final, la Iglesia Apostólica Católica, la cual fue fundada por sus seguidores, intentó restaurar los «cinco-ministerios» (de apóstoles, profetas, evangelistas, pastores y maestros) en adición a los dones. Aunque su movimiento en Inglaterra fracasó, IRVING tuvo éxito en señalar a la *glossolalia* como «la señal» del bautismo en el Espíritu Santo, una faceta importante en la futura teología de los Pentecostales.

Otro predecesor al Pentecostalismo lo fue El movimiento de «vida superior» de Keskwick el cual floreció en Inglaterra después del 1875. Dirigido al principio por los maestros de Santidad Americanos tales como Hannah WHITALL SMITH y William E. BOARDMAN, los maestros de Keskwich seguidamente cambiaron la meta y contenido de la *segunda bendición* del énfasis Wesleyano de un *corazón puro* a uno de *recibimiento de poder espiritual para servir*. De tal manera que para el tiempo del despliegue Pentecostal en América en 1901, ya había casi un siglo de movimientos enfatizando una segunda bendición llamada *bautismo en el Espíritu Santo* con variadas interpretaciones concernientes al contenido y resultado de esta experiencia.

En este apartado será objeto de estudio dos aspectos del pentecostalismo: El surgimiento del movimiento (1) y las prácticas que lo caracterizan (2).

1. Surgimiento del Movimiento

El movimiento Pentecostal tiene sus orígenes a principios del Siglo XX con dos eventos históricos. El primero ocurrido en Topeka, Kansas iniciado por Agnes OZMAN, una mujer de humilde condición. Se le considera la primera mujer que habló Lenguas en el Bethel Bible Collage. El segundo evento se desarrolló en la calle Azuza donde Carlos F. PARHAM y William J. SEYMOUR fueron los dos instrumentos que sirvieron como líderes carismáticos del movimiento. A continuación será objeto de estudio ambos eventos.

a. Primer evento: Lenguas en Topeka, Kansas

Los primeros «Pentecostales» en el sentido moderno aparecieron en la escena en 1901 en la ciudad de Topeka, Kansas en una escuela Bíblica conducida por Carlos FOX PARHAM, un maestro de Santidad y ex pastor Metodista. A pesar de la controversia acerca de los orígenes y el tiempo del énfasis de PARHAM en la *glossolalia*, todos los historiadores están de acuerdo en que el movimiento comenzó en los primeros días de 1901, cuando el mundo entraba en el siglo veinte. La primera persona en ser bautizada por el Espíritu Santo fue Agnes OZMAN, una de las estudiantes de la Escuela Bíblica de PARHAM , quien habló en lenguas el primer dia del nuevo siglo, Enero 1, 1901. De acuerdo a J. ROSWELL FLOWER, el secretario fundador de las Asambleas de Dios, la experiencia de OZMAN fue *«el toque que se sintió alrededor del mundo»*, un evento el cual *«creó el movimiento pentecostal del siglo veinte»*.

Como resultado de este Pentecostés en Topeka, Parham formuló la doctrina de que las lenguas eran la *evidencia bíblica* del bautismo en el

Espíritu Santo. Él, además enseñó que las lenguas eran un don supernatural con el propósito de evangelizar el mundo. Por lo que enseñó que los misioneros no tenían que estudiar idiomas extranjeros ya que iban a poder predicar por todo el mundo. Armado con esta nueva teología, PARHAM fundó un movimiento eclesiástico al cual llamó «Fe Apostólica» y comenzó un torbellino de avivamientos a través del Medio Oeste americano para promover esta nueva experiencia.

b. Segundo evento: Avivamiento de Azusa

No fue hasta 1906, cuando el Pentecostalismo consiguió atención mundial a través del avivamiento en la Calle Azusa en Los Angeles, dirigidos por el predicador Africo-Americano William Joseph SEYMOUR. El aprendió acerca del bautismo con lenguas en una escuela Bíblica que PARHAN condujo en Houston, Texas en 1905. Invitado a pastorear una congregación negra de Santidad en Los Angeles en 1906, SEYMOUR abrió su histórica reunión en Abril de 1906, en un edificio de una antigua Iglesia Africana Metodista Episcopal en el 312 de la Calle Azusa en el centro de Los Angeles. Lo que pasó en la calle Azusa ha fascinado a los historiadores de la iglesia por décadas y todavía no ha sido completamente entendido y explicado. Por más de tres años, *La Misión Apostólica de Fe* de la calle Azusa, condujo tres servicios al día, siete días a la semana, donde miles de seguidores recibieron el bautismo en lenguas. Lo que se hablaba de este avivamiento se propagó por medio de *La Fe Apostólica*, un periódico que SEYMOUR enviaba gratuitamente a 50,000 subscriptores. De la calle Azusa, el pentecostalismo se propagó rápidamente alrededor del mundo y comenzó a adelantar hasta convertirse en una de las mayores fuerzas del cristianismo.

El movimiento de la calle Azusa parece haber sido la unión de la religión de santidad de los anglos con los estilos de adoración derivados de la tradición cristiana africo-americana la cual se había desarrollado desde los días de la esclavitud en el Sur de Estados Unidos. La mezcla de las lenguas y otros dones con la música y estilo de adoración negros crearon una nueva fe indígena de Pentecostalismo que probó ser extremadamente atractiva para los pobres y la gente sin Dios.

América Latina fue influenciada por el pentecostalismo como resultado de los movimientos misioneros iniciados desde EUA Se considera que Brasil y Chile fueron los primeros países en ser receptores de este espectacular movimiento que sorprendió al mundo.

El primer brote de pentecostalismo registrado en la iglesia de Latinoamérica, ocurrió en la iglesia Metodista Episcopal en Valparaíso, Chile entre 1907 y 1909. El Misionero Willis C. HOOVER inició un movimiento de vigilias, oración y fervor religioso. Este movimiento se extiende hasta Santiago llegando a tener proporciones extraordinarias. De allí surge la Iglesia Metodista Pentecostal como resultado de la separación de ambas denominaciones.

La historia en Brasil es similar y tiene su origen en tres hombres importantes Luigi FRANCESCON de origen italiano-estadounidense quien recibió el bautismo del Espíritu Santo en Chicago bajo el ministerio de William DURHAM. Este último influenciado poderosamente por los eventos de Azusa.

Gunnar VINGREN y Daniel BERG, inmigrantes suecos de tradición bautista quienes entraron también en contacto con William DURHAM en Chicago. Habiendo recibido una profecía para ir al Brasil se radicaron en Belén do Pará en 1910 donde iniciaron un movimiento misionero. Mas tarde este movimiento se unió al movimiento de las Asambleas de Dios.

Los movimientos pentecostales se expandieron a toda América Latina y se extendió por todo el continente adquiriendo diversos matices. Algunos de los grupos más importantes son las Asambleas de Dios, Iglesia Cuadrangular, Iglesia de Dios de la Profecía y una gama enorme de denominaciones y pequeñas iglesias independientes con o sin ninguna afiliación denominacional.

2. Prácticas que caracterizan al movimiento pentecostal

El teólogo latinoamericano Carlos JIMÉNEZ, en su libro *Crisis en la Teología Contemporánea*, señala cuales son las prácticas que caracterizan al movimiento pentecostal en Latinoamérica, entre las más importantes cita las siguientes: Énfasis en lo sobrenatural, experiencia que trasciende a las denominaciones, el entusiasmo y la espontaneidad, los cultos cargados de participación, el gozo, la manifestación de los dones del Espíritu Santo, Ministración a las necesidades del pueblo, el espíritu misionero, el fervor de ser investidos de poder de lo alto, el recurso divino y el evangelio como praxis.

Sin duda, todas estas prácticas le han granjeado a los pentecostales mucha popularidad, han logrado conectar con las masas, especialmente aquellas de escasos recursos económicos en Latinoamérica y esto ha sido fundamental para que haya experimentado un crecimiento espectacular en países como Chile, Brasil y Guatemala.

Ahora, la práctica central, que también es una doctrina dentro del movimiento pentecostal es el *hablar en lenguas* como una evidencia del bautismo *del* Espíritu Santo. Este punto es una doctrina cardinal para ellos, aunque cabe hacer notar que no todas las iglesias pentecostales harán énfasis en estas doctrinas, algunas organizaciones lo harán más que otras.

B. El movimiento carismático o Neo Pentecostalismo

Como la sociedad en la que vivimos es dinámica, los movimientos que un día ocuparon un sitial de honor, han tenido que dar lugar a otros que surgieron y que se ganaron el respeto de las masas, es así como el pentecostalismo, que marcó un hito histórico en el cristianismo, cedió su lugar de privilegio y tuvo que dar paso al movimiento carismático conocido también como movimiento Neo Pentecostal, con la curiosidad que este movimiento se da tanto en la Iglesia Católica como Protestante.

La Renovación Carismática Católica como Protestante, llamada también Renovación en el Espíritu o Renovación Cristiana en el Espíritu, no nació como la realización de un proyecto, sino como consecuencia de un acontecimiento o de una serie de acontecimientos que cambiaron la vida de unas personas, las cuales se juntaron en comunidad de oración. Según el teólogo Yves CONGAR:

> «la *Renovación en el Espíritu no es simplemente una moda, sus frutos se perciben inmediatamente: se trata de una fuerza espiritual que cambia vidas. No es una mero avivamiento, sino una verdadera renovación, un rejuvenecimiento, un frescor, una actualización de posibilidades nuevas que surgen de la Iglesia Católica siempre antigua y siempre nueva».

El mismo teólogo, que no desconoce la preponderancia del carisma que se manifiesta en ella, asevera sobre este punto:

> «la *Renovación lleva la vitalidad de los carismas al corazón de la Iglesia. No tiene desde luego, el monopolio de los carismas, pero eleva muy alto su bandera y contribuye a dar publicidad al tema».

En resumen: los cambios evidentes de vida experimentados como resultado de la acción del Espíritu y las múltiples manifestaciones carismáticas en favor de la comunidad y de la evangelización han dado nacimiento a la Renovación Carismática Católica y aseguran su crecimiento constante. A continuación será objeto de estudio el movimiento carismático tanto de la Iglesia Católica como de la Protestante.

1. El Movimiento carismático en la Iglesia Católica

La Iglesia Católica rompe los moldes tradicionales y comienza a experimentar una renovación espiritual que deja perplejos a propios y extraños. En Latinoamérica, este movimiento cobra auge y se observa como incorporan elementos litúrgicos propios de la Iglesia Protestante Pentecostal, aunque conservando las doctrinas cardinales de la fe Católica.

Este hecho provocó el crecimiento espectacular de la Iglesia y el surgimiento de predicadores católicos, no necesariamente sacerdotes, que emularon a los predicadores Protestantes renovados. Sobre este movimiento en la Iglesia Católica, el sacerdote Miquel Peix nos muestra como surge:

Leyendo el Evangelio y los Hechos de los Apóstoles, comprenden la importancia de la acción del espíritu en el cambio de vida de los apóstoles y de los primeros cristianos. ¿No radicará aquí la base de la renovación eclesial querida por el Concilio? Los dos profesores se comprometieron en pedir el Espíritu uno por uno recitando diariamente la secuencia de su fiesta:» Ven espíritu santo, y envía.....» Se les añaden algunos amigos.

Después de un año el pastor episcopal William lewis los pone en contacto con la señora Florence Dodge, también episcopal, y su grupo de oración. El 20 de enero de 1967 Ralph Keifer y Patrick Bourgeois piden al mencionado grupo que ore con ellos para implorar el «Bautismo en el Espíritu». Sus ruegos se ven escuchados y el vacío y la debilidad de sus vidas quedan llenos de la presencia poderosa del señor resucitado. Se repite la experiencia cuando dos amigos piden a Keifer y Patrick que les imponga las manos. El 17 de febrero de 1967 estos cuatro católicos se reúnen un fin de semana con treinta personas, profesores y estudiantes universitarios.

Durante la noche del sábado quisieron dedicar unas horas en la celebración del cumpleaños de una de las chicas. Inesperadamente uno tras otro subieron a la capilla donde todos tuvieron una experiencia Pentecostal muy fuerte, cuyo rasgo fundamental fue un contacto íntimo con Cristo. Según sus descripciones, al menos en muchos de ellos, en este contacto recibieron dones carismáticos, como la glosolalia y la profecía.

Esta experiencia cambió sus vidas, lo cual condujo a otras personas a juntarse al grupo. Dichas personas fueron recibiendo también la experiencia del espíritu y sus dones. El fuego se propagó rápidamente y en pocas semanas llegó a la Universidad de Notre Dame en Indiana y a la de East Lausing, en Michigan.

Del 8 al 9 de Abril de 1967 noventa personas, entre ellas algunos sacerdotes, se congregaron en la Universidad de Notre Dame para reflexionar sobre los acontecimientos. Había nacido la primera asamblea Carismática Católica.

Los efectos que este movimiento ha producido se pueden enumerar como siguen: a) Un encuentro personal con Jesús. La persona se siente invadida por su amor y su señorío, en un nuevo nivel de relación con Él. b) Una conciencia más viva del sentido trinitario de la vida del creyente. c) Dios habla a la persona, la cual recibe una sensibilidad especial para conocer la «voz del Buen Pastor» y sentir las mociones del Espíritu. d) Un don de oración personal que brota del centro de nuestro ser con predominio de la alabanza. e) Un amor por la Sagrada Escritura como Palabra de Dios, la cual recobra actualidad, llega hasta el fondo y alimenta el corazón y la mente. f) Una nueva fuerza para proclamar la salvación en Jesucristo, sin complejos, con convicción y sencillez. g) Una liberación del pecado. Desaparecen Hábitos inveterados, dependencias y miedos. h) Dones, como los que nombra Pablo en 1Corintios 12,8-10. h) El deseo del Reino, con una nueva manera de mirar las postrimerías del hombre. Se encuentra gozo en decir «Maranatha», «ven, Señor Jesús», (1Co 16,22; Ap22, 20).

2. El Movimiento Carismático o Neopentecostal en la Iglesia Protestante

Uno de los motores que impulsa a la sociedad es la innovación, el cambio. Las nuevas generaciones descubren, inventan o simplemente experimentan acontecimientos que las marcan. El pentecostalismo, cumplió su función social y religiosa y la nueva generación necesita dar un paso más adelante. Ese paso se llama Neo Pentecostalismo, un movimiento nunca antes visto y que señala el paso de la Iglesia cristiana en Latinoamérica. Va más allá en lo doctrinal y litúrgico en relación a los pentecostales y surge el fenómeno de las mega iglesias. No necesariamente de *pobres*, aquí ya tenemos gente de clase media y pudiente. El énfasis en el diezmo es bien marcado, y como resultado, genera cantidades extraordinarias. La Iglesia no solamente está presente en los medios de comunicación seculares y religiosos sino que controla muchos de ellos. Otro aspecto que los caracteriza es que su liderazgo usa títulos que dan estatus al líder como doctor o apóstol poniéndolos en un lugar privilegiado. Sus fotografías aparecen en vallas publicitarias en las avenidas principales de las grandes ciudades y hacen sentir al mundo secular su presencia. Un aspecto digno de señalar es la influencia en la vida pública del Estado como nunca antes. Ahora la Iglesia Protestante ha llegado a estadios que antes hubieran sido considerados diabólicos. Nos referimos a la formación de partidos políticos y la participación en la política a través de los partidos ya constituidos. Ese ha sido el caso de la Iglesia en Guatemala, Venezuela, Colombia. Todo este poderío ha llevado a sus líderes a ejercer una influencia sobre la sociedad realmente espectacular, a tal grado que son capaces de levantar millones de dólares para sus mega proyectos de comunicación o de infraestructura. Hablando de otro tema, la liturgia es un verdadero show, todo esta perfectamente sincronizado y realizado con un profesionalismo que el mundo secular tendría que aprender de ellos, también huelga señalar que existen prácticas litúrgicas *sui generis* que algunos ven con recelo o sospecha de un sincretismo religioso, es decir, una mezcla de los profano con lo sagrado.

Lo anteriormente expresado, no significa en ningún momento una opinión desfavorable a este fenómeno, sino lo que realmente es, una radiografía del mover de la Iglesia en este siglo y como muy bien señala el teólogo Neo Pentecostal, Rigoberto GÁLVEZ:

> *... para algunos ha significado un avivamiento especial y un retorno a la vida llena del Espíritu, como la de la Iglesia primitiva. Para otros, se trata de un movimiento sospechoso. De cualquier manera, el hecho está allí. No podemos, sin embargo, enmarcar a todas las iglesias Neopentecostales como las mismas. Existe un amplio y variado espectro de éstas. Las hay desde el tipo un tanto conservador, hasta otras que parecen rayar en la herejía.*

Como corolario de lo anterior se puede afirmar que el neo pentecostalismo ha sido verdaderamente explosivo porque ha producido
transformaciones profundas en todos los sentidos en el seno de la Iglesia. Cuando se aborde el tema la eclesiología en este tratado, se hablara
más sobre este mover de la Iglesia.

SECCIÓN II

LA TEOLOGIA DE LA LIBERACIÓN

La Teología de la Liberación, si bien es cierto tiene su génesis en el
seno de la Iglesia Católica, también tuvo repercusiones importantes
en los círculos evangélicos del continente, quienes adoptaron los
postulados de la misma y desarrollaron una serie de reflexiones
teológicas.

Hablando específicamente de la Iglesia Católica Romana, se puede
asegurar que se ha caracterizado en los tiempos modernos por adoptar
fuertes posiciones en temas controversiales denunciando las injusticias
de las condiciones económicas y sociales creadas por las modernas sociedades industriales proponiendo soluciones para la misma. La Iglesia
ha denunciado también los combates nucleares y repetidamente ha llamado a las naciones ricas a no explotar a las naciones pobres, a la protección y promoción de los derechos humanos.

La Teología de la Liberación creada por el sacerdote peruano, Gustavo GUTIERREZ intenta encajar estas preocupaciones en una estructura poco tradicional de especulación utilizando conceptos encontra-
dos en la filosofía marxista. Su obra teológica que enciende la mecha de
todo un movimiento continental se llama Teología de la Liberación,
Perspectivas.

Por más de 20 años la meta principal de la Teología de la Liberación ha
sido hacer de la religión y de las iglesias, agentes activos para el cambio en
América Latina. Dándole poder a gente ordinaria y promoviendo nuevos movimientos sociales. Los resultados no han sido los mejores y se
han formulado interrogantes acerca de la validez de este proyecto
liberacionista, pues tanto el ala conservadora de la Iglesia Católica
como Protestante han atacado frontalmente este movimiento.

Con la caída del Socialismo, la izquierda ha sido debilitada y el retorno de políticas pluralistas y neo liberales parece marcar un futuro sombrío a este movimiento que tuvo su mejor auge en la década de los 80 del Siglo XX, mejor conocida como la década perdida.

Para una comprensión más exacta de la Teología de la Liberación, es fundamental abordar el tema de la *opción por los pobres*, antes de estudiar qué es la Teología de Liberación *per se*. En definitiva, es la realidad de pobreza del continente, el caldo del cultivo que llevó a Gustavo GUTIERREZ a dar origen a la Teología de la Liberación y acuñar frases como la *pobreza tiene olor*. En ese sentido abordaremos los aspectos más importantes de esta postura de pensamiento.

A. La opción por los pobres

Las frías estadísticas nos muestran la dramática situación de Latinoamérica y como las grandes masas viven en condiciones verdaderamente infrahumanas y deplorables, mientras insignificantes minorías viven en la opulencia, cometiendo cualquier suerte de injusticias para obtener el mayor beneficio de su influencia política y económica en detrimento de esa gran masa de personas.

Tomando como base esta realidad, los teólogos de la liberación creen en Dios cómo una solución contra la pobreza y esa injusticia del sistema social que impera. Todo el andamiaje teológico e ideológico lo construyen desde una plataforma que ellos llaman «La Opción por los Pobres».

«… *es opción de Dios, pero asimismo opción de los seres humanos en cuanto se quieran liberar. La liberación, por lo tanto, es liberación del pobre… El pobre es presencia del Dios ausente… La presencia de Dios está en la relación social entre los seres humanos. Al ser reconocimiento mutuo entre sujetos que no excluyen a nadie, Dios está presente y su ausencia se supera. Pero su ausencia retorna en cuanto este reconocimiento se pierde… La voluntad de Dios es liberar al pobre, pero el camino de la liberación hay que buscarlo haciendo una análisis de la realidad»* HINKELAMMERT, Franz J., Por una Sociedad Donde Todos Quepan., Edit. DEI, San José, Costa Rica, 1996., Págs.55-56

Esta teología condiciona la trascendencia del Dios Único, pues solamente puede ser real en el hombre cuando éste, socialmente da y recibe un trato justo. En contraposición, la Palabra de Dios manifiesta que la trascendencia de Dios está «condicionada» únicamente por la respuesta espiritual que el hombre dé a Dios, lo cual no niega que al tener una estrecha relación con Dios el hombre recibirá beneficios en las demás áreas de su vida. Siendo más específicos, estudiaremos, en una forma breve, dos realidades: Los pobres y la pobreza.

1. Los Pobres

Los pobres son aquellas grandes masas de personas que viven, usualmente, en las grandes capitales de Latinoamérica, masas que han tenido que desplazarse del campo a las grandes urbes, engrosando las megapolis a números realmente sorprendentes. Este hecho trae como aparejada consecuencia una serie de flagelos como son el tráfico de drogas, la prostitución, los robos a mano armada y últimamente, una de las empresas más lucrativas, el secuestro. Esto es una reacción, dicen los sociólogos, a esa realidad de pobreza y miseria en la que viven las personas. Ahora, no todos los pobres reaccionan de esta manera, existe una inmensa mayoría que han adoptado una conducta pasiva y se han resignado a vivir en hacinamiento, sin salubridad, educación, oportunidad, en fin, en una situación muy triste y lamentable. Es precisamente esto lo que llevo a Gustavo GUTIERREZ a expresarse en los siguientes términos:

> «*La Teología de la Liberación insiste, que para ser fiel a la fe y para verificar el amor, la iglesia debe identificarse con este Señor que libera y debe solidarizarse con los pobres marginados y explotados por otros hombres*» GUTIÉRREZ, Gustavo. Teología de Liberación. *Ediciones Sígueme. Salamanca.*

De allí que su modelo de evangelización implica la liberación de un modelo político, el cual se puede lograr por la fuerza bruta. Al hacer evangelismo entre los pobres, se les debe dar una buena noticia «de vida». Distinta a la que ofrece el capitalismo, pues éste es una mala noticia para los pobres.

Uno de los problemas de esta perspectiva es que ignora que el problema fundamental de los pobres, no es la pobreza, sino su corazón no arrepentido, que se traduce en una serie de actos que deshonran a Dios. Esta aseveración, no minimiza la maldad de la injusticia social y la voracidad de un pequeño sector de la sociedad que ha actuado a su antojo pisoteando dignidades y vejando a poblaciones enteras.

2. La Pobreza

Retomando el tema central de esta teología, no se puede negar la existencia del «pobre», al realizar estudios se ha comprobado que el problema fundamental del Tercer Mundo es la pobreza, que alcanza proporciones abrumadoras, entre el 35% y el 75% de la población urbana. Pero, ¿Cómo concibe la pobreza la TL? Victorio ARAYA, la definió como:

«... un hecho histórico, social y económico que tiene su origen y causalidad objetiva, tiene mecanismos económicos, sujetos sociales. Responde objetivamente a un proceso determinado por «la razón» y la voluntad de los seres humanos, a un proceso complejo que se fue desarrollando desde la expansión mercantil del Renacimiento (Siglo XVI) hasta la versión actual del capitalismo internacional neo-liberal. En este proceso unos países, gracias al intercambio desigual, se especializaron en ganar y otros en perder» ARAYA, Guillén, Victorio., «El Evangelio de la Vida: Buenas Noticias para los Pobres»

El hecho histórico, punto de partida de esta afirmación es la muerte de los Pobres, la cual supuestamente, inició el 12 de Octubre de 1492 con la conquista del continente Abya-Yala, haciéndose evidente el dilema histórico vida-muerte. Abya-Yala, es el nombre con que los indios kunas (Panamá) denominaban el continente americano. En el idioma kuna «Yala», significa tierra o territorio. «Abya», significa agujero de la sangre, madre madura, virgen madura, tierra en plena madurez. El Consejo Mundial de Pueblos Indígenas admitió este nombre para nuestro continente en 1977 como afirmación de las raíces de su identidad india.

Al hablar de pobreza se debe diferenciar el concepto ordinario y el esencial, esencialmente la pobreza no es la falta de dinero o propiedad, sino la falta de poder (capacidad para cambiar la situación personal) y de acceso. Las personas creen que no poseen los ingredientes esenciales para darle orden, dimensión y estructura a sus vidas. Esta pobreza es causada en mayor parte por la inmigración del campo a la ciudad y por el crecimiento demográfico. En este sentido Victorio ARAYA se ha pronunciado:

Pobres son los que tienen una necesidad real (hambre, sed), todos los que están bajo el peso de una dura carga. Los que son excluidos socialmente, los pecadores, publícanos y prostitutas, los pequeños para los que la religión oficial no ofrece esperanza de salvación sino de exclusión y condenación.

La Iglesia como depositaria de la verdad debe tomar un papel preponderante ante esta situación innegable, según la TL el papel de la Iglesia en relación con los pobres debe manifestarse de tres formas: (1). Escuchar a los pobres, oír su clamor, el escuchar es un signo de solidaridad. (2). Acogerlos, es decir, aceptarlos como personas no como estadística, lo cual implica un desafío para cambiar nuestra visión al respecto. (3). Servirlos, con gestos concretos de compasión y misericordia, es decir, ser solidarios.

Otra postura es la que sostiene el Pastor PERKINS al enunciar sus tres principios

(1) Reubicación, *Para servir de manera efectiva a los pobres -dice- debo reubicarme, es decir, integrarme a la comunidad. Al ser vecino de los pobres, las necesidades de la comunidad se convierten en mis necesidades.* (2). Reconciliación, *El evangelio tiene poder para reconciliar a las personas tanto con Dios como con los demás…La reconciliación que atraviesa barreras raciales, culturales y económicas no es un aspecto optativo del evangelio.* (3). Redistribución, *Dios nos llama a compartir con aquellos que sufren necesidad… Significa compartir nuestras capacidades, nuestro tiempo, nuestras energías y nuestro evangelio en modos que capaciten a las personas para interrumpir el círculo de la pobreza y asumir su propia responsabilidad frente a sus necesidades.* PERKINS, John., Justicia para Todos., Edit. *Nueva Creación, Buenos Aires, Argentina, 1988.*

Al hacer «teología de los pobres» se desencadenan otros problemas sociales estrechamente relacionados, pues al querer salvarlos de la muerte se les ofrece vida y esa vida es trabajo, tierra, casa, pan salud, educación y medio ambiente *inter alia*, problemas de tipo social convertidos en el núcleo de la Teología Liberal y el Ecumenismo.

B. La Teología de la Liberación

La Teología de la Liberación es definitivamente una reacción a la realidad socio-económica de Latinoamérica. Es una respuesta a una situación ignominiosa que denigra la dignidad del ser humano.

B. La Teología de la Liberación

Siendo la *Teología* la ciencia que estudia «*las cosas de Dios*» y la *Liberación* uno de los anhelos más preciados para el hombre, parecería que las dos palabras juntas significarían algo bello, sumamente bueno y deseable, pero veremos cómo la realidad de esta expresión es muy diferente.

Se ha afirmado que la Teología de la Liberación es una reflexión teológica latinoamericana, sin embargo, encontramos sus raíces en Europa. Desde 1917 Walter RAUSCHEMBUSCH, teólogo alemán con fuerte influencia marxista, lanzó las ideas iniciales en su libro «*Una Teología para el Evangelio Social*». Después otros teólogos principalmente protestantes, alemanes y holandeses, desarrollaron la «Teología de la Esperanza».

Pero es realmente en América Latina en donde la Teología de la Liberación adquirió verdadera fuerza, debido principalmente a misioneros holandeses y españoles y de una manera muy especial al sacerdote peruano Gustavo GUTIÉRREZ y a sus seguidores CLODOVIS y Leonardo BOFF, sacerdotes brasileños. Las principales obras de BOFF son «*Eclesionesis, las comunidades de base reinventan la Iglesia*» y «*Teología de lo Político*». Leonardo fue condenado al silencio en mayo de 1985 por el Vaticano, prohibiéndole toda enseñanza sea oral o escrita. Otro sacerdote radicalizado fue Hugo ASSMAN, que no solamente abandonó el sacerdocio sino que se hizo protestante y en la república de San Salvador jugó un papel importante el sacerdote jesuita español Jon SOBRINO.

Hija legítima de la Teología de la Liberación, es la llamada «Iglesia Popular» muy activa en Nicaragua y condenada extensamente por la Conferencia Episcopal de América Central en el libro titulado «*Juan Pablo II en América Central; balance de una visita*».

Es indudable que las conclusiones a las que llegaron las conferencias episcopales de Medellín, Colombia, en 1968 y de Puebla, México, en 1979, fueron fuertemente influenciadas por los teólogos de la liberación acerca de la «opción por los pobres y jóvenes», dando así un fuerte impulso a sus seguidores. Algunos califican a Medellín como la «matriz» de este movimiento (Vicente Mariano en su libro «Continuidad y Evolución del Magisterio en torno al comunismo, socialismo y marxismo).

Algunos esperaban que la conferencia de Puebla fuera más allá de Medellín, pero Juan Pablo II, buen conocedor y víctima del marxismo, se encargó de poner las cosas en su sitio cuando en su discurso en la Basílica de Guadalupe dijo con fuerte voz a obispos y sacerdotes que abarrotaban el Santuario:

«sois sacerdotes y religiosos, no sois dirigentes sociales, líderes políticos o funcionarios del poder temporal»,

La opción de la Iglesia por los pobres fue matizada con la palabra «preferencial», cosa que decepcionó a los teólogos de la liberación ya que la «opción preferencial» ya no es exclusiva ni excluyente. A los radicales, por definición, no les gustan los matices.

En el desarrollo de este apartado, será objeto de estudio una serie de aspectos que caracterizan este pensamiento teológico, que sin duda, movió el tapete de la Iglesia Latinoamericana en su momento.

1. El lenguaje ambiguo

Al estudiar la Teología de la Liberación, hay que tener mucho cuidado con el significado que se quiere dar a las palabras, ya que usando términos cristianos, se expresan conceptos enteramente distintos y hasta contradictorios. Es toda una estrategia que hay que discernir para no verse envuelto cándidamente en ideologías equivocadas.

Ejemplo de esto es precisamente la palabra «liberación» que usan como sinónimo de «salvación» al mismo tiempo que distorsionan el concepto. La salvación del hombre ya no es como la Iglesia nos ha enseñado, el triunfo final del hombre sobre el pecado y el hecho de entrar al cielo, sino la liberación de la clase oprimida al vencer a los opresores, o sea, los ricos.

Al hablar de *«Cristo Liberador»* ya no están hablando de nada trascendente, sino de Jesús como un caudillo temporal, algo así como un Simón Bolívar con pelo largo. Consecuentemente, la palabra tan importante *«Redención»*, pierde su significado espiritual para ser un hecho sociopolítico; un proceso político al que la filosofía marxista proporciona las líneas esenciales. La fe se transforma en «praxis», acción «redentora» en el proceso de la liberación.

2. Una «re-lectura» de la Biblia

Aquel dicho de que «Nada es verdad ni mentira, todo depende del color del cristal con que se mira», es una de las fallas de la Teología de la Liberación, porque presionados emocionalmente por la pobreza y las injusticias y animados por las teorías marxistas, se recurre a la Sagrada Escritura pero oyéndola «desde los pobres». Así entresacan e interpretan todos los pasajes bíblicos relacionados con el binomio «opresión-liberación» para darle a su ideología tintes cristianos. Del Antiguo Testamento hacen mucho hincapié en la liberación del pueblo elegido de la opresión faraónica en el libro del Éxodo. Es cierto que Dios liberó a Israel de una servidumbre política, pero no para un fin político, sino para que libres y sin impedimento político alguno, se unieran más a Dios por una alianza sellada en el Sinaí para servir a Yahvé y merecer la tierra prometida.

La palabra liberación aparece en muchos Salmos, pero ya se trate de enfermedades, de males materiales, espirituales o de enemigos físicos, siempre el trasfondo es espiritual.

Por lo que se refiere a los profetas, es cierto que en muchos lugares de la Biblia, los pobres claman justicia en contra de los ricos, los opresores y explotadores, pero siempre en relación con Dios. La justicia humana es inseparable de la justicia Divina. Dios, tanto en los Salmos como en los profetas, es quien se muestra defensor y liberador de los pobres. *«Ni de la izquierda, ni de la derecha me vendrá la salvación, sino de lo alto»*.

Las Bienaventuranzas no tienen ningún sabor político. No contraponen a pobres y ricos; por el contrario, suponen un cambio, una renovación interior, una conversión del corazón. La dicha es proclamada para los pobres con tal de que la pobreza brote del espíritu. La liberación más profunda, más urgente, aquella del mal mayor que es el pecado, no exige ningún cambio político.

El campo del pecado no se limita a estrecheses económicas o a estructuras sociales. Sus raíces están en el corazón del hombre que libremente debe cambiar no por medios violentos sino por una transformación interior por medio de la gracia.

Con esa «re-lectura» de la palabra de Dios y un atrevimiento insólito, se replantea una nueva religión: *la «religión del pueblo»*, profesada por otra nueva iglesia, la «Iglesia Popular». Aquí nada más recordaremos dos puntos consecuencia de esa interpretación.

La Redención obrada por Jesucristo pierde su fin principal que es la salvación de las almas y pasa a ser una salvación meramente terrenal: la liberación de los pobres de las opresiones políticas y económicas.

El Evangelio pierde su carácter espiritual y sobrenatural para convertirse en algo puramente mundano. Con razón la Santa Sede en su documento *«instrucción sobre algunos aspectos de la Teología de la Liberación»* concluye drásticamente diciendo:

"La Teología de la Liberación propone una interpretación nueva del contenido de la fe y del verdadero cristianismo. Se aparta gravemente de la fe y de la Iglesia; aún más, constituye la negación práctica de la misma».

3. La Teología de la Liberación y el Marxismo

En el materialismo histórico como un dogma, Carlos MARX decide que Dios no existe, niega la inmortalidad del alma y en consecuencia todas las religiones deben ser abolidas. La historia de la humanidad se desarrolla ciegamente por causas económicas y estructuras opresivas. La propiedad privada de los medios de producción es un robo, por lo que se impone el «comunismo» o sea la propiedad comunitaria de tierras y fábricas. Lucha de Clases: la única manera de cambiar las estructuras injustas es la lucha de clases: *proletariado contra capitalistas.*

Con los eventos políticos de 1989 (derrumbe del muro de Berlín, desmembramiento de la Unión Soviética), cambió igualmente el escenario teológico. Hasta entonces el marxismo había sido considerado como una fórmula aparentemente válida para la correcta configuración de la acción histórica. Presuntamente poseían el método estrictamente científico que sustituía la fe con la ciencia y la praxis. Todas las promesas de la religión podían llegar a ser una realidad con una praxis política científica.

Pero la aplicación de estos métodos no había conducido a la Unión Soviética y países de la Cortina de Hierro sino a una pérdida radical de libertad y al empobrecimiento dramático de aquellos que se intentaba «redimir». Apareció ante el mundo el fracaso científico, político, económico y social del marxismo.

Evidentemente, el ateísmo de MARX no es compatible con ninguna teología, pero habiendo aceptado como un hecho científico el análisis histórico de Carlos MARX, los teólogos de la liberación, adoptan la lucha de clases para obtener sus fines. Para ellos la doctrina social de la Iglesia es tan solo «reformista y no revolucionaria» y por lo tanto la desprecian por inadecuada e ineficaz. La única solución viable es la lucha de clases.

Ya dentro del pensamiento marxista, la Teología de la Liberación se ve forzada a aceptar posiciones y situaciones incompatibles con la visión cristiana del hombre, porque el que admite una parte del sistema, tiene que admitir la base en que este sistema se funda y *el marxismo se apoya en los siguientes principios o normas:*

B. La Teología de la Liberación

Su doctrina es inseparable de la práctica, de la acción y de la historia, que está unida a la práctica. La doctrina y la práctica son un instrumento de combate revolucionario. Este combate es cabalmente la lucha del proletariado contra los capitalistas. Sólo así cumplirán su misión histórica. Este pensamiento marxista puede ser claramente observado en la siguiente declaración de GUTIÉRREZ:

> La lucha es una «necesidad objetiva». Negarse a participar o permanecer neutral, es ser cómplice de la opresión. En este punto su pensamiento es clarísimo: «Forjar una sociedad justa, pasa necesariamente por la participación constante y activa en la lucha de clases que se opera ante nuestros ojos» (Gustavo GUTIÉRREZ, «teología de la liberación» Pág.355). «La neutralidad es imposible» (Pág.355).

Como la ley fundamental de la historia es la lucha de clases, es una ley universal y aplicable a todos los campos: político, social, religioso, cultural, ético, etc.

4. Consecuencias inadmisibles en la sociedad y en la Iglesia

La Teología de la Liberación pervierte, anula, el mensaje y la misión que Dios ha confiado a la Iglesia: la salvación para la vida eterna de la humanidad. La Liturgia se convierte en una celebración de un pueblo en lucha, fomentando el odio y la desunión. Toma como base no el hecho de las diversas clases sociales, con sus desigualdades e injusticias, sino la teoría de la lucha de clases como ley fundamental.

La historia de la salvación operada por Dios en la humanidad, se reduce a la liberación de toda opresión, aún a costa de la supresión del opresor. De ahí el apoyo a las guerrillas y al terrorismo. El Reino de Dios consistiría en la liberación humana que se realiza dentro de la historia y produciría la redención del hombre por la lucha de clases.

Las virtudes teologales toman otros significados: La fe sería «fidelidad a la historia»; la esperanza vendría a ser «la confianza en el futuro» y la caridad es la «opción por los pobres». De esta manera, se priva a estas virtudes de su carácter teologal (su relación directa con Dios) y se convierten en supuestas virtudes meramente humanas.

Si la caridad se identifica con una radical «opción por los pobres», exige automáticamente la lucha de clases y por tanto ya no se puede amar a todo hombre sin importar su clase social ni se puede uno acercar a un rico por el camino del diálogo, de la persuasión en la paz. Los ricos son enemigos de clase a los cuales hay que destruir. El precepto universal del amor, solo existirá al fin en la «nueva humanidad», la que surgirá de la «revolución triunfante».

Consecuencia lógica de esta manera de pensar es la puesta en acción de la lucha de clases por medio de guerrillas y terrorismo, azote de muchos países latinoamericanos, que ha costado tantas vidas. A la Iglesia se le considera simplemente como una realidad histórica, resultado de fuerzas socio-económicas, sin carácter sobrenatural. La verdadera iglesia, según ellos, es la *Iglesia de los Pobres*. Es una Iglesia de clase, en oposición con la institución que conocemos.

Tanto la jerarquía como el magisterio son colocados con la clase opresora y dominante a la que hay que combatir. Llegan a decir que es el pueblo la fuente de los ministerios sagrados y que puede nombrar a sus ministros por elección popular, según las necesidades de la misión revolucionaria. ¡Nada menos que un sindicato más!

Dan a la muerte de Jesucristo una interpretación exclusivamente política, viéndola como el resultado de la lucha liberadora de Jesús contra la clase opresora. Pierde así la redención, su valor salvífico sobrenatural. Los símbolos se interpretan de una manera diferente. Por ejemplo, mientras San Pablo ve en el Éxodo la figura del bautismo que libera del pecado, los teólogos liberacionistas lo interpretan como un símbolo de la liberación política.

La escatología, el fin de los tiempos, es sustituida por el futuro de una sociedad sin «clases» como meta de la liberación en la que se habrá hecho verdad el amor cristiano, la fraternidad universal.

5. La verdadera solución al problema social

El fundamento de la justicia radica en reconocer las relaciones del hombre con Dios, las que regulan las relaciones de los hombres entre sí. La lucha por la justicia y los derechos humanos, tienen como base la dignidad de cada hombre como hijo de Dios y por tanto los medios empleados deben respetar esa excelsa dignidad.

La iglesia rechazará siempre la violencia ciega y sistemática, venga de donde venga. Es una ilusión creer (en contra de lo que la historia misma demuestra) que de la violencia surgirá la paz y la justicia. El cambio anhelado de la sociedad no se ha producido ni se producirá por la violencia exterior, sino por el cambio del corazón del hombre, por una conversión interior. El cambio de estructuras, sin el cambio de los corazones, no producirá el «hombre nuevo.»

Los hechos contemporáneos (y contra los hechos no hay argumentos) nos muestran la verdad de la inutilidad de la violencia para lograr la libertad y la justicia social. En Colombia, en el Perú, en Argentina, en Centro América se generó una situación peor que lo que se quería remediar.

La lucha de clases como camino a la justicia es simplemente una tremenda falsedad, un mito que de aplicarse lo que hace es impedir la verdadera solución al problema de la miseria e injusticia.

¿Cuál es entonces el verdadero camino hacia la justicia? El que se ha descuidado o despreciado hasta ahora: el arrepentimiento para con Dios, la confesión de nuestros pecados, el cambio de dirección. No solamente los teólogos, sino todo el mundo, todos los que tienen que ver con asuntos laborales, económicos, políticos y sociales, deben proceder al arrepentimiento, que tiene sus fundamentos en el pensamiento ya antiguo del pueblo de Israel, en las enseñanzas de Jesucristo y del magisterio de la Iglesia desde los primeros siglos de su existencia.

C. El Movimiento apostólico y profético

Este es un nuevo movimiento que ha surgido y que está teniendo un impacto muy grande en América Latina. Sus adeptos hablan de la restauración de los cinco ministerios, haciendo una alusión clara a Efesios 4:11. Lo correcto sería hablar de la restauración de los dos ministerios, es decir *apóstoles* y *profetas* porque los otros tres nunca han suscitado controversia, es decir, *pastores*, *maestros* y *evangelistas*. La controversia con los ministerios de *apóstoles* y *profetas* surge por la doctrina y práctica que ellos sostienen.

Es importante señalar que este es un nuevo movimiento dentro de la Iglesia, por lo tanto, no se ha articulado una teología, de ahí que nos limitaremos a mencionar las características que hemos observado en nuestro peregrinaje por el continente y luego efectuar una reflexión crítica a la luz de la Palabra.

1. Los apóstoles

El apóstol es un pastor de pastores. Es decir, un hombre que es pastor de una iglesia, generalmente grande, con cierto prestigio, que da *cobertura,* para usar una expresión de ellos, a otros pastores que están en un nivel más bajo, al menos teóricamente. La *cobertura* tiene varias implicaciones espirituales y financieras. Espirituales, porque los pastores bajo cobertura están siempre consultando temas de su vida y ministerio con su apóstol, quien tiene autoridad espiritual sobre su pastor y financiera, porque el pastor, usualmente diezma a su apóstol no a su iglesia local.

Otro de los aspectos interesantes de este movimiento es que este ministerio no está sujeto a espacio. Lo que quiere decir es que hay apóstoles dando cobertura a pastores en diferentes países del continente. Tienen la costumbre de reunirse una o dos veces al año en reuniones internacionales que ellos mismos organizan. También el apóstol visita iglesia por iglesia para tener contacto no solamente con el pastor de forma más personal sino con la congregación.

Uno de los aspectos que señalan los apóstoles es que apóstol no es estatus sino relación. Lo que esto significa es que el apóstol no es mayor que los pastores, esto al menos en la teoría. Una curiosidad de su organización es que un apóstol puede estar bajo cobertura de otro apóstol y así sucesivamente, formando una pirámide. También formando lo que ellos llaman redes apostólicas en las que los apóstoles hacen sus reuniones para fortalecerse y cumplir con la misión de la Iglesia.

En relación con la forma de predicar las personas que están dentro de este movimiento manejan una jerga que los identifica en el acto, usando expresiones como *hello* u *hola* después de la declaración de un pensamiento. En la época de los pentecostales el estribillo era: ¿Quién Vive? Y la gente respondía Cristo... Su predicación es fervorosa y va dirigida al corazón apelando a los sentimientos más que otra cosa. La respuesta de la audiencia es levantarse y caminar hacia el altar con las manos levantadas y regresar a sus asientos. Al final de sus servicios hay un llamado en el cual hay una *ministración* como dirían ellos. En esta ministración imponen manos, la gente usualmente cae al suelo y se miran manifestaciones muy peculiares. En algunas ministraciones el apóstol profetiza con las manos impuestas sobre un parroquiano a quien le dice cosas extraordinarias y grandes que Dios va a ser a través de él en el mundo entero. Algunas de las fórmulas que usa es: Yo te transfiero mi visión... y para hacer más real esta ministración pone su chaqueta al parroquiano a quien ministra, emulando a Elías y Eliseo cuando le transfiere el manto.

2. Los profetas

Esta es otra categoría de personas dentro de este movimiento. Los profetas son aquellas personas que se paran ante la congregación o ante una persona particular y comienzan a decirle cosas que van a ocurrir en sus vidas. En América Latina se escucha cada historia acerca de estas profecías, desde el sexo del niño que a nacer hasta quien va a ser presidente de un país. El mayor número de veces estas profecías tienen una nota de positivismo, exaltando el ego de las personas y anunciándoles grandes acontecimientos financieros en sus vidas. Este es un tema predilecto de los profetas de América Latina, la prosperidad financiera.

No sería justo obviar señalar que la práctica de esta nueva costumbre ha provocado cualquier cantidad de abusos y se han dicho cualquier cantidad de mentiras en el nombre de Dios. Lo triste de todo esto es ver la ingenuidad de la gente al creer una serie de cosas que son completamente absurdas y que lo único que producen son rabia cuando se oyen. Muchas de las cosas que se dicen son acontecimientos obvios que todos sabemos que van a ocurrir para lo cual no se necesita tener un don especial.

A pesar de lo señalado anteriormente, existe un ministerio de profecía y la Biblia claramente señala como se ejerce este oficio. En su momento este tema será tratado.

A manera de conclusión, resta decir que este es un movimiento muy nuevo que todavía no tiene una teología articulada, pero sí es un movimiento fuerte que está creciendo a pasos agigantados, ya cuenta con mega iglesias y están ejerciendo una influencia enorme en la comunidad cristiana del continente. Es muy cierto que han experimentado mucha resistencia de un segmento de la Iglesia quien en muchos casos los ha condenado de herejes. Pero ocurre lo mismo con cada movimiento que se levanta. No es correcto juzgar en este momento al movimiento apostólico con todo el peso de la erudición teológica. Ellos están comenzando y en el principio siempre hay exabruptos, errores, en fin, entuertos que se van enderezando en el camino. De la misma manera no podemos juzgar a un niño o adolescente desde la perspectiva de un adulto que pertenece a otra generación. Lo cierto es que hasta el momento, lo que he logrado observar en el continente, es que el movimiento apostólico se adhiere a las doctrinas pétreas de la Iglesia, pero también es cierto que adopta doctrinas periféricas que mueven el tapete a la Iglesia entera.

Sección III

CONFERENCIAS E INSTITUCIONES LATINOAMERICANAS

En Latinoamérica se han desarrollado una serie de conferencias e instituciones que con el decurso de las décadas han ido moldeando el pensamiento teológico del continente. En todos estos años se ha tomado conciencia de la realidad socio-económica y cultural del continente y se ha reflexionado teológicamente tomando en cuenta este hecho.

Ha sido un largo camino, y como es obvio en todos los procesos, ha habido enfrentamiento entre los diferentes sectores involucrados.

En medio de estas tensiones teológicas y de las crisis sociales y políticas, varios movimientos arremetieron con sus programas evangelísticos: Juventud para Cristo, Comunidad Internacional de Estudiantes Evangélicos; Cruzada Estudiantil y Profesional para Cristo y Evangelismo a Fondo (EVAF) que convocó a un congreso continental en San José, Costa Rica 1966, el cual inspiró a los líderes evangélicos del continente a cumplir la gran comisión. En forma paralela, se realizó en México (1966), una reunión auspiciado por el Consejo Mundial de Iglesias bajo el lema: «Los cristianos y la lucha para un nuevo orden social en América Latina». También surgieron conferencias y congresos como CELAM, CLADE, CONELA, *inter alia*.

El corolario de todo lo anterior, es que tanto las conferencias o congresos continentales así como las instituciones que fueron creadas, tanto protestantes como católicas, fueron creando las reflexiones y los elementos necesarios para construir un pensamiento teológico latinoamericano científico ya sea que ponga al Texto Sagrado como el centro del universo o no. Como es obvio, en el caso nuestro, el centro de la reflexión teológica es la Palabra de Dios y todo gira alrededor de su majestad. Lo significativo de todo esto, es el entendimiento de la Escritura a partir del contexto en que vivimos, esto es clave. Hasta entonces solo teníamos reflexiones europeas, o norteamericanas alejadas de nuestra realidad.

Nuestra historia y desarrollo nos da una serie de elementos de suma importancia para entender de una mejor manera los presupuestos bíblicos. En ese sentido las conferencias, congresos e instituciones formadas en Latinoamérica, sean católicas o protestantes han hecho un aporte invaluable, señalando categorías y aspectos que siempre fueron ignorados.

Este capítulo pretende efectuar un estudio en ese sentido, señalar las síntesis reflexivas más importantes de cada congreso o conferencia así como destacar la orientación de las instituciones más importantes que se formaron.

A. Iglesia y Sociedad en América Latina (ISAL)

La formación de *Iglesia y Sociedad en América Latina* (ISAL) ha sido un gran paso en busca del ecumenismo, usando el término en el sentido que le da el Consejo Mundial de Iglesias. ISAL da cabida tanto al católico como al protestante, lo cual ha provocado que su trabajo no sea aceptado por la ortodoxia tanto evangélica como católica. En este apartado se abordará en dos aspectos, Origen de ISAL (1) y Asambleas de ISAL (2).

1. Origen de ISAL

ISAL se desarrolló como un grupo integrado por protestantes y católicos interesados en reflexionar sobre la problemática de la sociedad latinoamericana. Como un movimiento con fines ecuménicos, ISAL ha propiciado desde sus inicios un acercamiento entre los bandos católicos y protestantes, lo que ha permitido configurar el enfoque isalino a partir de la realidad L.A., y en base a su participación cristiana sin distingos religiosos.

Los temas de reflexión teológica han versado sobre: La historia de A.L. y la forma en que Dios interviene en ella; La humanización, es decir el camino que el hombre debe seguir hacia la revolución; La eclesiología, desde una perspectiva de involucramiento en las luchas populares revolucionarias. El trasfondo marxista se evidencia en cada una de sus reuniones y consultas lo que le ha granjeado críticas de los católicos y protestantes tradicionales.

2. Asambleas Realizadas por ISAL

En diez años, ISAL ha realizado cuatro asambleas, todas ellas con un marcado tinte social más que espiritual. En este numeral se hará una sucinta exposición de los temas de las Conferencias tratadas en las Asambleas de ISAL.

a. Guampas, Perú. 1961

«La Responsabilidad Social de la Iglesia Evangélica Frente a los Cambios Sociales». El estudio de varios temas demostró que la Iglesia y la Sociedad no son dos realidades ajenas entre sí; y que la revolución es el factor predominante en AL y envuelve y condiciona totalmente a la iglesia.

b. El Tabo, Chile, 1966

«La Contribución y Tarea de la Teología». Durante esta consulta se había llegado a la conclusión que lo necesario no era una respuesta cristiana a la revolución, sino la integración en el proceso revolucionario. Estas convicciones eran fruto del cambio radical en la Teología, de esta manera la «humanización del hombre», se convirtió en el concepto fundamental que rige la acción de los cristianos en la sociedad.

c. Piriápolis, Uruguay, 1967

«La Acción Liberadora». Aquí ISAL se define como un grupo «intermediario» dedicado a la formación para la revolución, y asumirá plenamente la Teología de la Liberación.

d. Ñaña, Perú, 1971

«Evaluación de los Logros Alcanzados por ISAL y la Orientación Futura del Movimiento». Se tomó la decisión de ocupar un puesto y tomar y desarrollar una lucha consecuente en las huestes de la «iglesia revolucionaria»

La Teología manejada por los isalinos es totalmente transformada y enfocada en la lucha revolucionaria. La revelación está supeditada a la revolución, lo importante para rescatar al hombre de la miseria en que vive es apoyarlo en su lucha revolucionara, es preciso tomar las armas para hacer de la contextualiazación del evangelio una realidad.

B. Conferencia Evangélica Latinoamericana (CELA)

Hasta 1969 se habían realizado tres CELAs, el primero en 1949 en Buenos Aires, Argentina; el segundo en 1961 en Lima, Perú; y el terce-

B. Conferencia Evangélica Latinoamericana (CELA)

ro en 1969 nuevamente en Buenos Aires, Argentina. El evangelismo era su preocupación fundamental como lo expresan sus temas centrales «Nuestro Mensaje» y «Nuestra Tarea Inconclusa».

1. Cela I, Buenos Aires, Argentina 1949

Se realizó del 18-30 de Julio de 1949, el tema central fue «El Cristianismo Evangélico en América Latina». La conferencia se desarrolló en medio de un clima apologético y controversial; se denunciaron las limitaciones de libertad de cultos y se expresó la satisfacción por el crecimiento numérico. Las conferencias versaron sobre «La realidad Latinoamericana y la Presencia de las Iglesias Evangélicas», «Mensaje y Misión del Cristianismo Evangélico para América Latina», «El Evangelismo y la Creación de Iglesias en América Latina». En este congreso se afirmó el derecho pleno del movimiento evangélico de ser parte integrante de AL y no un elemento extranjero. Se recomendó que las iglesias intensificaran su campaña contra el alcoholismo, los juegos de azar y otros males semejantes lo cual pone de manifiesto la postura ecuménica de dar solución a los problemas que aquejan a la sociedad.

2. Cela II, Lima, Perú, 1961

Se realizó del 20 de Julio al 06 de Agosto de 1961. El tema fue: «Cristo la Esperanza para América Latina». El propósito era evangelizar toda América Latina, tomando en cuenta la condición social del hombre lo cual queda de manifiesto en el mensaje del CELA II:

> «... Debemos preocuparnos seriamente por todo lo que ocurre en esta tierra donde Dios nos ha colocado.... La justicia y la libertad son consecuencias innegables del evangelio, dones que Dios da al hombre y por los cuales debemos luchar.»

En el CELA II se deja establecido que la evangelización debe estar íntimamente ligada con la realidad socioeconómica y política del ser humano. El evangelio queda en segundo lugar, dependiendo de la realidad Latinoamericana así debe ser la proclamación, se acomoda la Palabra a la necesidad humana.

Entre la realización de CELA II y CELA III se va dando una ruptura en la Teología Latinoamericana, la cual se patentizó con dos líneas de pensamiento plasmadas en las revistas «Cuadernos Teológicos» y «Pensamiento Cristiano»

3. Cela III, Buenos Aires, Argentina 1969

Los cambios sociales y la realización del Concilio Vaticano II, contribuyen a aclarar las diferencias entre el protestantismo; El acercamiento mayor hacia Roma y el aparecimiento de sectores radicales como Iglesia y Sociedad (ISAL), alejan a muchos de la empresa ecuménica representada por los CELAs. En 1969, se realizaron simultáneamente dos importantes encuentros protestantes: La CELA III, en Argentina y el CLADE I en Bogotá. Los temas del CELA III estuvieron relacionados con el lema «Deudores al Mundo», nuevamente se sostiene la tesis de la primacía de la realidad latinoamericana:

> «Consideramos nuestra tarea esencial el predicar un mensaje de reconciliación. Esta reconciliación implica arrepentimiento, reordenamiento de nuestros caminos, redistribución de los bienes de la tierra. Reconciliados con Dios somos convocados al amor y a la justicia para con nuestro prójimo»

Es real que una persona que ama a Dios, amará también a su prójimo, pero la implicación social tan marcada hace que se pierda de vista el verdadero propósito del evangelio. CELA III, reveló un protestantismo con nueva visión y preocupación social, que nunca había sido planteada con tal intensidad. En ese encuentro se dio énfasis a la misionología encarnacional, una eclesiología diaconal, una cristología autóctona, una antropología liberadora y una neumatología renovada. CELA III reconoce que:

> «Nuestra deuda es con el mundo al cual debemos la proclamación de la Palabra y la participación en la creación de una sociedad justa»

Es cierto que el amor que Dios nos manifiesta nos impele a amar a otros y buscar su bienestar, pero ¿Estamos en la capacidad de crear una sociedad justa?, el cosmos está en poder de Satanás y mientras él gobierne no podrá existir justicia en la sociedad, esto no implica que no debamos luchar por que nuestros hermanos latinoamericanos vivan mejor, sin olvidar que «nuestra lucha no es contra carne ni sangre...»

C. La Fraternidad Teológica Latinoamericana

Los historiadores de la FTL apuntan a CLADE I (1969) como el momento gestador. Allí se conocieron personas que tenían inquietudes similares a nivel ministerial y teológico. En los pasillos y sobremesas del congreso comenzaron las conversaciones que un año más tarde se cuajarían en la formación de la *Fraternidad de Teólogos Latinoamericanos*. Si bien, el libro de Peter WAGNER , *Teología Latinoamericana ¿Izquierdista o Evangélica?* sirvió como detonador de la inquietud de organizarse, no podemos atribuir al libro una causalidad total. Lo que encontraron los participantes de CLADE es que tenían inquietudes similares que ya se venían dando en los diferentes ambientes ministeriales en que se movían.

Cuando la FTL comenzó en 1970 había una clara consciencia de que se debía responder al desafío que WAGNER describió en su libro. No todos estaban de acuerdo con el análisis de WAGNER, pero sí había acuerdo en que se debía hacer algo. Inicialmente no se tenía una idea clara de hacia donde se quería ir o de que se podría hacer. Lo que había era un deseo profundo de responder teológicamente y en forma organizada a los desafíos que estaban presentando en ese momento el movimiento de la ISAL. Hasta ese entonces los precedentes de reflexión teológica eran escasos, aunque importantes. Estos incluyen las revistas Cuadernos Teológicos (1950), Pensamiento Cristiano (1953) y Certeza (1959). Había entonces antecedentes preparatorios para que en la reunión de Cochabamba, se pudiera elaborar un plan de acción.

Podemos entender el desarrollo de la teología evangélica latinoamericana en el contexto de una corriente independentista que se estaba dando a nivel general en el medio intelectual del continente. Este es un movimiento como un descubrimiento de la identidad latina en nuestros pueblos y como una reacción a los nuevos colonizadores. Los gestores de la FTL fueron personas que habían salido de las fronteras lingüísticas y geográficas y por lo tanto tenían experiencias que ahondaban lo que se describe.

Al revisar los datos personales de los que participaron de la reunión en Cochabamba, podemos ver que la mayoría tenían experiencia internacional y preparación académica en países noratlánticos. Este elemento le dio a esa reunión un matiz claramente igualitario frente a la presencia extranjera en la misma. Los latinoamericanos tenían credenciales reconocidas para participar hombro a hombro con los extranjeros. Este factor hizo posible que se dejara a un lado el miedo a la reacción de los misioneros anglosajones e incluso que se les enfrentara con firmeza cuando fue necesario. El elemento latinoamericano en esta reunión dejó de esta manera un precedente que marcó desde el comienzo la identidad de la FTL.

En sus comienzos, había consenso entre los participantes en la FTL de que era necesario hacer algo para resolver el vacío teológico en el continente. Lo que no está claro es si tenían una estrategia definida. Comenzaron con mucho entusiasmo y dedicación aunque no tenían una visión clara de lo que estaba pasando. La definición de la visión y de la identidad de lo que hoy conocemos como la FTL fue un proceso gradual y aleatorio. Esto no desmerita de ninguna manera el esfuerzo de la primera generación. Ellos estaban abiertos al mover del Espíritu y se dejaron llevar por sendas desconocidas.

Leyendo la literatura y la correspondencia de sus inicios, es casi un milagro que la FTL despegara. Los obstáculos que se les presentaron parecían insalvables. Las presiones tanto internas como externas amenazaban por acabarla. Las críticas fueron inmisericordes. Los recursos escaseaban. Los conflictos interpersonales estaban al orden del día. Las peleas denominacionales y\o institucionales recrudecieron. Fue la labor de Pedro SAVAGE como mediador, negociador, pacificador y promotor lo que ayudó a que la FTL despegara. Cuando llegó la oportunidad de proponer expositores para las presentaciones de Lausana'74 ya había una lista de nombres conocidos a nivel continental.

Desde sus comienzos, la FTL ha mantenido cuatro énfasis importantes: 1) La centralidad de la Palabra de Dios, 2) Esfuerzo intencional por la relevancia, 3) Compromiso con la iglesia evangélica latinoamericana, y 4) un compromiso de encarnación de los principios bíblicos apuntando hacia la transformación integral de la sociedad.

Estos cuatro énfasis nos ayudan a definir lo que nos corresponde hacer para el futuro. Hoy debemos recuperar la centralidad de la Palabra en la vida cristiana y sobre todo en la reflexión teológica. En este sentido reflexiona el teólogo de origen haitiano NOELLISTE:

> *"Mientras los teólogos liberacioncitas entienden la teología como un proceso continuo de reflexión cuyo punto primario de partida es el contexto sociopolítico, los pensadores de la Fraternidad la entienden como una actividad contextualizada fundamentada primordialmente en la revelación bíblica."*

C. La Fraternidad Teológica Latinoamericana

Esto sigue siendo así hoy. Uno de los problemas más graves con las teologías populares que se promueven en la televisión, los libros más vendidos y la música actual es que su punto de partida es la experiencia personal y luego se busca apoyo bíblico citando una cadena de textos con tal fin. La Palabra debe evaluar y juzgar si las experiencias personales son legítimas y válidas. Pero en la labor teológica, la experiencia personal pierde prioridad. Otros puntos de partida que se han usado son las ciencias sociales, las técnicas de mercadeo y modelos transplantados.

"Los movimientos que exaltan desmedidamente la experiencia tienen que preocuparnos porque ellos pueden fomentar el desinterés que tradicionalmente ha caracterizado a los evangélicos latinoamericanos, en general, con respecto a la teología. A nadie se le escapa que nuestros héroes han sido generalmente los hombres de pasión y acción, no los hombres de reflexión. En la práctica hemos olvidado que desde un principio la iglesia ha necesitado de los unos y los otros, de los que piensan y de los que actúan, de los que escrutan las señales de los tiempos y advierten a la iglesia de los peligros que acechan en el camino, y de los que se lanzan con santo atrevimiento a proclamar la antigua buena nueva al hombre contemporáneo; de los que analizan e interpretan el mensaje, y de los que lo llevan en triunfo hasta lo último de la tierra. En este sentido Emilio NÚÑEZ señala:

> «¡Se necesitan hombres de pasión y acción!, es el clamor. La realidad del caso es que los hombres de pasión y acción necesitan ser sustentados por los hombres de reflexión… el verdadero teólogo y el verdadero evangelista no se excluyen el uno al otro, se necesitan mutuamente, y se complementan en el desempeño de sus respectivas funciones.» Teólogos Latinoamericanos para la América Latina.

El segundo énfasis es que esta reflexión teológica intencional nace desde Latinoamérica. Hasta entonces la agenda teológica para América Latina la definieron principalmente instituciones y/o personas desde afuera. Nuestra historia muestra que se aceptaron sin reserva ni crítica alguna lo que producían en Norte América y Europa. Nos llegaron sistemas hermenéuticos que impusieron esquemas ajenos a la Palabra en nuestras tierras. Hoy vemos la invasión televisiva de programas traducidos, la invasión de canciones y músicas traducidas y la invasión de modelos de liderazgo eclesial desarrollados para otras latitudes. Podríamos decir que nuestra iglesia sigue siendo teológicamente ingenua sin los elementos de juicio y discernimiento necesarios para evaluar y adaptar críticamente todas esta invasiones. Esto ha sido motivo de varios estudiosos.

Otro elemento importante en la reunión de Cochabamba fue la presencia de pastores. Desde el comienzo la FTL reconoció que ella no podía representar a la iglesia latinoamericana ni ser su vocero. Pero esto no le apartó de la iglesia. Los fundadores de la FTL reconocieron la importancia de mantener fuertes lazos con la iglesia evangélica latinoamericana. Por ejemplo, las cuatro consultas de 1971 (Brasil, Argentina, Perú y México) se concentraron en temas eclesiásticos como la naturaleza y autoridad de la iglesia, el reino y la iglesia, la iglesia y la sociedad, los ministerios y la obra del Espíritu Santo, entre otros. Estaba claro desde el comienzo que la FTL buscó intencionalmente una participación activa con la iglesia evangélica en Latinoamérica. La FTL definió a la iglesia como la manifestación visible del reino hasta la consumación final. En este sentido, René PADILLA señaló:

> "Después de la segunda consulta en Lima (1971) es posible afirmar con evidencia sólida de que definitivamente en América Latina está apareciendo lentamente una teología evangélica en el mejor sentido de la palabra: una teología que quiere se forjada en un contexto histórico definido, moldeada por la Palabra de Dios, y puesta al servicio en la misión de la iglesia."

La responsabilidad social del creyente y la misión integral llegaron a ser directivas para la misión de la FTL. Los participantes de la la FTL rechazaron todo dualismo entre la evangelización y la responsabilidad social. Para ellos, los dos van juntos y son áreas legítimas del Evangelio. Ellos fueron críticos de las definiciones de evangelización que no incluyera las dos. Por un lado las teologías "dispensacionalistas" y "espirituales" que sólo buscaban "salvar almas." Por otro lado, las teologías "políticas" que ignoraban la condición pecaminosa y proponían solamente la transformación sociopolítica.

Hemos comprado una definición incompleta e inadecuada de lo que se entiende por evangelismo o evangelización. Hemos usado una definición que disecta al ser humano y se dirije a él en términos espirituales y nada más. Es una definición que los especialistas han promulgado y que nos ha hecho olvidar que el evangelio es buenas nuevas a los pobres no por el hecho de ofrecerles una mansión en el cielo, sino porque el Evangelio les devuelve su dignidad como personas y como comunidad. Debemos recuperar la definición que algunos latinoamericanos estaban proponiendo en la cual el Evangelio incluye la participación activa en todos los aspectos de la vida humana.

D. Congreso Latinoamericano de Evangelismo (CLADE)

Los CLADEs son la línea conservadora del protestantismo, su objetivo fundamental es la evangelización pero sin descuidar las cuestiones sociales. Estos Congresos han sido auspiciados por la Fraternidad Teológica Latinoamericana (FTL), excepto CLADE I que fue auspiciado por la Asociación Billy Graham como un seguimiento de la conferencia de evangelización de Berlín en 1966.

1. Clade I, Bogotá, 1969

Como una consecuencia del Congreso Mundial de Berlín '66, en Noviembre de 1969, se convocó en Bogotá, Colombia a cerca de mil líderes al "Primer Congreso Latinoamericano de Evangelización", CLADE I, se destacaron varios expositores entre ellos Mario MULKI, Samuel ESCOBAR, Rubén LORES. El tema del Congreso fue "Acción en Cristo para un Continente en Crisis." Según René PADILLA:

> CLADE I propuso una ambiciosa "estrategia de evangelización" continental "Made in USA". Tal estrategia jamás ganó simpatías en las Iglesias. Lo que quedó de ese encuentro fue la profunda preocupación por una evangelización más bíblica y contextual. Preocupación que llevó a un grupo de pastores, evangelistas, misioneros y profesores de instituciones teológicas a formar la FTL. PADILLA, René., El Pacto de Lausana y el Documento de CLADE III., Pág. 24

La declaración resume lo que fue la temática y el sentir general del Congreso, por un lado la reafirmación de la identidad evangélica y su vocación evangelizadora, al afirmar que "el evangelismo no es optativo, es la esencia misma del ser de la iglesia, su tarea suprema". Y por otro, la toma de conciencia de la crisis latinoamericana. Estableciéndose que para llevar a cabo el proceso evangelizador, se hace imperativa la acción social de la iglesia. Según el Profesor Emilio NÚÑEZ, la ponencia que marcó un hito histórico en esta conferencia fue la que expusiera el teólogo peruano Samuel ESCOBAR sobre la responsabilidad social de la Iglesia. Esta conferencia hizo que el liderazgo del continente pusiera las barbas en remojo y pensara con seriedad en un aspecto de la evangelización que hasta ese momento era una especie de Tabú. Sin duda esto contribuyó enormemente para la formación de la FTL, que después iba a ser la patrocinadora de los CLADEs siguientes.

2. Clade II, Perú, 1979

Diez años después del CLADE I, la FTL auspició el segundo CLADE, el cual se realizó en Huampaní, Perú del 31 de Octubre al 08 de Noviembre de 1,979. Asistieron cerca de 300 líderes identificados con la obra evangélica en el continente. El lema fue "Que América Latina Escuche la Voz de Dios"

El enfoque eminentemente misionero fue el punto central de esta reunión. No obstante, la acción misionera, fue propuesta tomando como base de análisis, los sufrimientos y dolores de los pueblos de AL. El objetivo fue deliberar sobre la *misión* de la Iglesia, agradeciendo el trabajo de los pioneros cristianos, pero buscando ahora evangelizar desde el contexto del pueblo latinoamericano.

> *"Porque hemos vuelto los ojos y vimos la realidad del pueblo su inquietud espiritual, confusión religiosa, corrupción moral y convulsiones sociales y políticas, esto es la expresión del pecado que afecta la relación del hombre con Dios, con su prójimo y con la creación."*

CLADE II se transformó en un gran culto de alabanza y en una manifestación pública para festejar el día de la Reforma. El sermón de apertura enfatizó los tres pilares de nuestra herencia de la Reforma: "una sola fe, una sola gracia y una sola Escritura"; a la que se agregó el fundamento evangélico: "un solo Cristo".

La exposición de ponencias teológicas constituyó la médula del encuentro. Al finalizar CLADE II se elaboraron dos documentos básicos: Las "Proyecciones" para la unidad y evangelización, y la "Carta al pueblo evangélico de América Latina".

3. Clade III, Ecuador, 1992

El tercer Congreso Latinoamericano de Evangelización, auspiciado por la FTL, se llevó a cabo en Quito, Ecuador entre el 24 de Agosto y el 04 de Septiembre de 1,992. Su lema fue *"Todo el Evangelio para todos los Pueblos de América Latina"*, en el cual se reafirmó la trascendencia de llevar el mensaje de la Palabra del Señor a todos los pueblos del subcontinente, es decir, desde América Latina para América Latina, por lo cual se hace menester traducir y reproducir la Biblia en todos los idiomas y lenguas, siendo éste uno de los aportes más significativos del CLADE III. Otro objetivo fue buscar el acercamiento con organizaciones y movimientos de corte protestante, a fin de unir esfuerzos, recursos y voluntades en pro de la evangelización.

En este Congreso se abordaron tres temas importantes, el primero relacionado con la unidad de la Iglesia; por dos semanas miembros de diferentes denominaciones se juntaron para orar, adorar, aprender y aunar criterios para responder a los desafíos de la misión cristiana, apuntando lo anterior a la unidad de la Iglesia y su declaración lo confirma

"No es honesto de nuestra parte proclamar el evangelio que reconcilia al mundo si todavía no nos hemos reconciliado entre nosotros".

El segundo tema trató sobre la misión integral; este aspecto fue propuesto y rechazado, por algunos participantes del CLADE II, pero en el CLADE III la semilla germinó y un amplio sector de la iglesia cree que "la proclamación de todo el Evangelio nos compromete a un trabajo creativo para desarrollar más y mejores medios de participación en la sociedad". El tercer tema versó acerca del sacerdocio de todos los creyentes, vinculando la misión de la Iglesia con el sacerdocio universal de los creyentes, dando apertura a aquellos sectores que hasta ahora habían permanecido en el anonimato.

4. Clade IV, Ecuador

CLADE IV fue convocado por la Fraternidad Teológica Latinoamericana (FTL) y sus objetivos eran los siguientes:

1) Reafirmar el lugar esencial de las Escrituras en la formación del pensamiento, vivencia y misión de la comunidad cristiana.

2) Destacar el rol, la presencia y el poder del Espíritu Santo en la misión de la Iglesia de América Latina.

3) Reflexionar sobre las distintas expresiones teológicas, misiológicas y litúrgicas de la Iglesia Evangélica del continente.

4) Desafiar a la Iglesia Evangélica a ser un agente de cambio para esta sociedad, que se caracteriza por la violencia, corrupción, pobreza e injusticia.

5) Dar testimonio público del poder de Dios en el crecimiento de la Iglesia Evangélica en América Latina a lo largo del siglo que termina.

Al comenzar el nuevo milenio, anota la Declaración, América Latina enfrenta una crítica situación, marcada por la adopción de modelos económicos deshumanizantes, incremento de "una deuda externa abusiva", corrupción generalizada, acceso restringido a la educación y salud, pauperización y amenaza de intervención militar extranjera en algunos países.

En la última década, señala, el panorama religioso ha variado sustancialmente. Todo indica que marchamos hacia un pluralismo religioso, dentro del cual muchas iglesias evangélicas han experimentado un acelerado crecimiento numérico. Hay también mayor presencia evangélica en la sociedad civil y en la política.

Aun así, anota, "se percibe todavía cierto déficit en la reflexión teológica". Esto se refleja, en la adopción de propuestas ajenas al marco bíblico, como el llamado "Evangelio de la Prosperidad", la presentación del Evangelio como artículo de consumo, estructuras eclesiales en que prima la ambición al poder, carencias en la espiritualidad, activismo, misticismo y dogmatismo.

Después de admitir errores, como la adopción de una forma de liderazgo pastoral inspirado en el modelo empresarial, haber fomentado la división y la discriminación de la mujer, los indígenas y negros, los inmigrantes, los niños y otros grupos, CLADE IV reconoce que "nuestro culto comunitario tiene que ser gozoso, espontáneo y contextualizado".

Finalmente, los participantes en CLADE IV se comprometieron, entre otras cosas, a promover en las congregaciones oportunidades de formación integral y a ser "una comunidad encarnada en la sociedad", que participe "activamente en los procesos de la sociedad civil que promuevan y defiendan la vida y la dignidad humana" en la sufriente América Latina de hoy.

E. Conferencia Episcopal Latinoamericana

El Consejo Episcopal Latinoamericano (CELAM), es un organismo de la Iglesia Católica que fue fundado en 1955 por el Papa Pío XII a solicitud de los Obispos de América Latina y el Caribe. Su función principal es prestar servicio de contacto, comunión, formación, investigación y reflexión a las 22 Conferencias Episcopales que se sitúan desde México hasta el Cabo de Hornos, incluyendo el Caribe y las Antillas. Desde su creación, fue considerado pionero en su género por su dimensión continental y porque en ese momento las Conferencias Episcopales no se habían consolidado todavía.

Este Consejo ha jugado un papel decisivo en la integración de la Iglesia en América Latina. Su aporte ha sido invalorable, permitiendo dar continuidad a un rico proceso de intercambio y unidad de las Iglesias particulares del Continente. El CELAM ayudó también a que la Iglesia en América Latina tomara conciencia de su fisonomía propia y su vocación particular dentro de la universalidad de la Iglesia. Su acción permitió además articular una línea de continuidad en la acción de las Iglesias que ha dado como frutos fecundos las siguientes tres Conferencias Generales del Episcopado Latinoamericano celebradas en Río de Janeiro, Medellín, Puebla y Santo Domingo.

La Iglesia Católica no ha sido ajena a los grandes problemas que enfrenta Latinoamérica, sino todo lo contrario, se ha pronunciado al respecto y publicado sendos documentos. Sin lugar a dudas, el hito histórico que cambia la mentalidad de la Iglesia Católica es el Concilio Vaticano II y que sin lugar a dudas sirve como base ideológica a las sucesivas Conferencias Episcopales conocidas como CELAM.

Es menester apuntar que los cambios propuestos en el Vaticano II, no fueron bien vistos por la comunidad general del catolicismo, especialmente por aquellos de corte conservador. Huelga señalar que dicho movimiento volvió a provocar severas críticas por parte de algunos bandos dentro de la Iglesia Católica, quienes estaban totalmente en contra del nuevo rumbo teológico de la Iglesia, lo que hasta cierto punto hizo peligrar su aparente unidad. En ese entonces, los teólogos y obispos tradicionalistas, afirmaban que "la iglesia romana se ha corrompido en los últimos doce años, principalmente por los marxistas cristianos y por los nuevos teólogos. Insisten en revocar todos los cambios efectuados en la Iglesia, desde los años sesenta. Se consideran traicionados, y sienten que han sido engañados y embaucados por la astucia de Satanás.

En este apartado será objeto de estudio las cuatro conferencias episcopales resaltando los aportes fundamentales de cada una de ellas.

1. CELAM I

El CELAM, Conferencia Episcopal Latinoamericana, nació en 1955 en Río de Janeiro, convocada por el Papa Pío XII, los temas tratados eran de interés para los obispos católicos. CELAM se creó para estudiar los asuntos que interesan a la Iglesia en AL, coordinar las actividades pastorales, y preparar nuevas Conferencias del Episcopado Latinoamericano, convocadas por la Santa Sede.

Los temas que allí se trataron pusieron de relieve lo que era el campo de mayor interés para los obispos católicos latinoamericanos en aquella época preconciliar: el clero, los religiosos y las religiosas, los seminarios, la masonería, el desarrollo del protestantismo en la A.L., diversas formas del laicismo, la superstición, el espiritismo, el comunismo, el problema de los inmigrantes. El énfasis cae en la defensa de la fe católica y en los problemas clericales.

2. CELAM II

Previo a la realización de esta Conferencia, se dieron eventos mundiales trascendentes. Uno de ellos fue el asesinato de Martín Luther King (05 de Abril de 1968), su muerte impactó en la conciencia latinoamericana que reclamaba los derechos humanos con base en la justicia. En medio de tensiones socio-políticas y en una atmósfera de crisis religiosa, el 22 de Agosto de 1968, el Papa Pablo VI besó tierra colombiana; por primera vez en la historia de la humanidad un Papa visitaba AL. En esta ocasión, y en su afán de identificarse con el "desarrollo" de los pueblos del continente, denunció las "injustas desigualdades económicas existentes entre ricos y pobres", e inauguró el CELAM.

La Segunda Conferencia se celebró en Medellín, Colombia en 1968. Miguez Bonino la llamó " El Vaticano II de AL". Lo cual se manifiesta, además, en el tema de la Conferencia "La Iglesia en la Actual Transformación de América Latina a la Luz del Concilio", se llegó a cinco conclusiones importantes: (1). Se condenó al colonialismo que había mantenido a América Latina como región subdesarrollada. (2). Se opuso al capitalismo Liberal con sus conceptos equivocados que había propuesto que el derecho de ser propietarios era la motivación para la producción. (3). Se puso en contra del poder autoritario actual, porque generalmente favorecía a los privilegiados y era contrario al bien común. (4). Se condenó la tergiversación del comercio internacional que funcionaba por monopolios y el imperialismo monetario internacional. (5). Se condenó la violencia que era provocada por los privilegiados.

Un punto sobresaliente en esta Conferencia fue la definición de la misión de la iglesia, la cual es de carácter religioso y no de orden económico, político y social.

3. CELAM III ˅

Se desarrolló en Puebla, México del 22 de Enero al 13 de Febrero de 1979. El tema fue: *"La Evangelización en el Presente y Futuro de la Iglesia en América Latina"*. Aquí se discutió las repercusiones socio-políticas de la Teología de la Liberación. El Papa Juan Pablo II, en su discurso inaugural de la III Conferencia en Puebla, dio la impresión de estar rechazando por completo la Teología de la Liberación y condenando todo activismo político de los sacerdotes. Pero a su regreso a Roma, declaró que esa teología es necesaria no sólo para la AL sino para todo el mundo. Francisco INTERDONATO, sacerdote adverso a la TL valoriza la reunión de Puebla:

> *"Puebla no condena ni canoniza la Teología de la Liberación; lo que hace es completarla, integrándola a la Tradición viva de la Iglesia, a su Magisterio, como liberación integral'*

Al final no se condenó la TL, sino que en cierta medida se le apoyó, como se evidenció en las conferencias de los CELAM, cuyos temas eran de índole socio-político. Los temas abordados fueron "Evangelización en AL"; "Visión Pastoral de la Realidad"; "El designio de Dios de Sufrir con los Pobres y Denunciar las Injusticias". En esta Conferencia se lanzó un desafío a cumplir la gran comisión, se definió la evangelización como una tarea cimentada en la fe y no en opiniones humanas.

El Papa y la Conferencia misma fueron elementos moderadores en el campo ideológico, y si no le dieron un gran impulso al liberalismo, tampoco lo condenaron. Los teólogos de la liberación no fueron invitados a participar oficial y directamente en la Conferencia, pero hicieron sentir su presencia en Puebla como asesores de varios obispos. El documento final no aprueba el capitalismo ni el marxismo, y ofrece una apertura amplia para otras alternativas históricas a favor de los pobres. NÚÑEZ, Emilio A., *Teología de la Liberación.*, *Op.Cit.*, Pág.106-107. Sobre este tema también es útil la tesis doctoral del sacerdote salesiano Félix SERRANO, quien ha fungido como Rector de la Universidad Mesoamericana de ciudad Guatemala.

4. CELAM IV

El 12 de octubre de 1992, 13 años después de Puebla y 500 después de la llegada de la fe al continente, el Papa Juan Pablo II inauguró la IV Conferencia General del Episcopado Latinoamericano en Santo Domingo, capital de la República Dominicana. La ocasión y el lugar tenían una clara intención: celebrar el V Centenario del inicio de la evangelización e impulsar desde allí una nueva evangelización, de ahí que su tema fuera: *"Nueva Evangelización, promoción humana, cultura cristiana"*, y en la que se trataron los grandes desafíos de la Iglesia ante las nuevas situaciones que emergían en Latinoamérica y en el mundo y esto marcó los derroteros de acción pastoral cimentados en francos y valientes capítulos de análisis y discernimiento para destacar los "nuevos signos de los tiempos en el campo de la promoción humana".

Después de Puebla muchos pensaban que aún no era necesaria una nueva Conferencia Latinoamericana. Pero en 1983, en Haití, el Papa Juan Pablo II lanzó el reto de una *"nueva evangelización" para América Latina* en ocasión del quinto centenario de su primera evangelización. Esta propuesta papal fue recogida por los episcopados.

En Santo Domingo hubo una fuerte gravitación del Vaticano y eso se notó desde el comienzo cuando la presidencia de la Asamblea la asumió el secretario de Estado del Vaticano. Una primera fuente de desavenencias surgió por el problema de la dinámica de trabajo. La dinámica preparada por la secretaría del CELAM, basada en el esquema ya tradicional del "ver, juzgar, obrar", fue dejada de lado sin pedir la opinión de los obispos presentes.

El p. Joaquín ALLENDE, uno de los 20 peritos oficiales de la Asamblea, recuerda en su libro *"Santo Domingo: una moción del Espíritu para América Latina"* (Pág. 71) las intervenciones del obispo argentino Carmelo Giaquinta pidiendo que se sometiese a análisis y a votación la metodología.

Hubo dos sensibilidades y posturas iniciales que al final fueron convergiendo en un consenso, pero que marcaron profundamente las discusiones. La primera, avalada sobre todo por los brasileños, que promovía la continuidad con Medellín y Puebla subrayando la opción preferencial por los pobres y las comunidades eclesiales de base, apoyada en la Teología de la Liberación. La segunda que, sin renegar de Medellín y Puebla, quería poner el acento sobre una Nueva Evangelización centrada en el anuncio de Cristo. Según el p. ALLENDE, el líder de esta corriente fue el cardenal argentino Francisco Raúl PRIMATESTA, arzobispo de Córdoba. El cardenal propuso los textos bíblicos para que el documento final quedara formulado desde la centralidad de Cristo y todos los temas llevaran una conexión explícita con la cristología; pidió además centrar todo el documento en una plegaria dirigida al Señor Jesús.

Al centrar y relanzar la pastoral desde la persona de Cristo, el método del "ver, juzgar, obrar" fue parcialmente dejado de lado pero no abandonado ya que ese esquema se encontraba presente en la casi totalidad de los temas tratados. Quedó en pie la opción preferencial por los pobres como principal opción pastoral, pero que a su vez se apoya en una opción anterior: la opción por Cristo. Evidentemente, dicha opción, en continuidad con Medellín y Puebla, es la gran opción de Santo Domingo.

Y con la opción por los pobres también se encaró el discernimiento de los signos de los tiempos, el fundamental tema de la enculturación, etc... El p. Egidio VIGANÓ resumió diciendo: "Se evangeliza no sólo catequizando, sino promoviendo al hombre e inculturando el Evangelio".

F. Consejo Latinoamericano de Iglesias (CLAI)

Varios organismos de cooperación nacional del protestantismo ecuménico realizaron una reunión denominada "Asamblea de Iglesias" en Oaxtepec, México, en Septiembre de 1978, con la participación de 144 iglesias de todo el continente. Allí se sentaron las bases para la creación del Consejo Latinoamericano de Iglesias (CLAI) cuya constitución se daría cuatro años más tarde. Al constituirse el CLAI, la Unidad Evangélica Latinoamericana (UNELAM) que había venido trabajando desde 1964 se disolvió para dar paso al CLAI

La Asamblea constitutiva del CLAI se realizó en Huampaní, Perú, del 22 al 18 de Noviembre de 1982, con la participación de 141 delegados, procedentes de 18 países y representando a 95 iglesias evangélicas y organismos de diversas naturalezas. La Segunda Asamblea General de CLAI se realizó en Sao Paulo, Brasil del 28 de Octubre al 02 de Noviembre de 1988, *Vide.*, INDAIATUBA, *Celebrando la Esperanza*, Consejo Latinoamericano de iglesias, Quito, Ecuador., 1988.

Su Constitución estipula que CLAI tiene compromisos con la Palabra de Dios, con la Iglesia y con América Latina, su fin es acentuar la unidad y derrocar el divisionismo.

"Confesamos que hemos deshonrado a Dios con nuestras divisiones. Confesamos que nuestra indiferencia ante el clamor de los sectores más olvidados, oprimidos y necesitados de nuestros países contradice las exigencias del Evangelio"

En el camino, el CLAI ha promovido proyectos en relación con la pastoral indígena, acción social y desarrollo, misión y evangelización, promoción y mayordomía y comunicación y consolidación. Es importante destacar que debido a sus presupuestos ideológicos ha mantenido confrontaciones contra varios sectores evangélicos conservadores. Muchos líderes ecuménicos se radicalizaron con la izquierda revolucionaria, provocando que algunos líderes latinoamericanos expresaran su disconformidad con los principios del CLAI y propusieran realizar un encuentro continental de evangélicos, dando paso dos años después a la formación de CONELA. Es menester señalar, que existe una sector de la iglesia Latinoamericana que no comparte el criterio que CONELA sea una reacción o la *competencia* de CLAI.

G. Confraternidad Evangélica Latinoamericana, (CONELA)

La Consulta Evangélica Latinoamericana (CONELA) se reunió en Panamá (Del 19 - 23 de Abril de 1982) con más de 200 líderes evangélicos de 23 países, en una celebración que subrayó la postura evangélica conservadora de gran parte del movimiento protestante del continente. Estuvieron presentes delegados oficiales de 90 denominaciones, representantes de 73 agencias de servicio cristiano, 16 dedicados a los medios masivos de comunicación, 11 grupos ecuménicos, entre alianzas evangélicas nacionales y asociaciones locales. Se calcula que CONELA representaba unas 17,000 iglesias con una membresía de más de cuatro

G. Confraternidad Evangélica Latinoamericana, (CONELA)

millones de creyentes y con una presencia pentecostal masiva, especialmente de las Asambleas de Dios. El concepto de unidad de la Consulta se limitó al "campo espiritual". La acción social se presentó como un ministerio secundario. CONELA señaló como sus enemigos al liberalismo y el ecumenismo. Para más información *Vide.* ZAPATA, Rodrigo., *La Iglesia del Kyrios*. Págs. 90-95.

Estuvieron presentes reconocidos líderes como Samuel LIBERT (Argentina); Bruno FRIGIOLI (Perú); David MORALES (Bolivia); Emilio NÚÑEZ (Guatemala); Luis PALAU y otros. La base de CONELA es el Pacto de Lausana. Persigue objetivos similares que el CMI pero desde una perspectiva netamente bíblica. La nueva organización de corte fundamentalista declaró expresamente que:

> "CONELA, no tiene ni tendrá relaciones con el Concilio Mundial de Iglesias con sede en Ginebra, Suiza, ni con el Concilio Latinoamericano de Iglesias (CLAI)... Pretendemos mantener relaciones con todas las iglesias Cristianas Evangélicas, fieles a la autoridad de la Biblia, sin distinción denominacional, y cuyos principios estén en armonía con los postulados que emanan de la Reforma Protestante del siglo XVI"

CONELA a pesar de tener un fundamento bíblico-teológico fundamentalista no logró efectos significativos sobre la vida de las iglesias y la misión que éstas tiene que llevar a cabo en AL.

De esta manera quedo polarizada la iglesia Latinomaricana, tanto ideológica como relacionalmente. Levantando un muro entre los que se llaman conservadores y liberales y presentando un testimonio confuso a un mundo que necesitaba ver la realidad de la Palabra de Dios en nuestras vidas... *en esto conocerán que son mis discípulos, en que os amáis los unos con los otros*... En realidad, poca o casi ninguna diferencia han existido con los partidos políticos vernáculos y sus líneas de pensamiento. Aunque algunos miembros de CONELA han señalado que este movimiento no es la contraparte del CLAI, lo cierto es que existe un abismo entre ambos. Y el hecho fue evidente cuando en una de los CLADEs celebrados en Ecuador, los líderes de estos movimientos se pidieron perdón.

Con este capítulo se pone el fundamento histórico al pensamiento teológico hecho de esta latitud del planeta. Presenta en una forma breve, empero puntual, sus presupuestos más importantes en el decurso del tiempo, específicamente, a partir de la segunda mitad del Siglo XX, cuando surgen las primeras inquietudes, hasta este momento. Los miembros de la Iglesia Latinomaricana comienzan a adquirir cierta madurez y ven la necesidad de reflexionar teologicamente en el contexto cultural y socio – político de su área geográfica. Se dan cuenta que las reflexiones del primer mundo, estaban cargadas de intelectualismo empero desprovistas de sensibilidad y de respuestas concretas a los problemas que enfrentaban sus lectores. En otras palabras, esta teología no era pertinente, era necesario darle sentido a la Palabra reflexionando de acuerdo a la idiosincrasia del Latinoamericano. Este capítulo, presenta el origen y evolución de este movimiento. Representado esta Teología Sistemática, un trabajo pionero y completo que ordena y reflexiona, por primera vez, a partir de las diferentes ramas de esta ciencia y desde una perspectiva Latinoamericana.

Capítulo III

Bibliología

Siguiendo el orden lógico de la Teología Sistemática, la Bibliología debe ser la primera materia objeto de estudio. Si el Dogma tiene en la Biblia su fuente principal, ésta debe estudiarse primero. Al realizarlo de esta manera se pone la base estructural desde la cual se va a lanzar todo un pensamiento acerca de la verdad de Dios y su universo.

Latino América ha sido un hervidero de doctrinas y practicas extra bíblicas. La proliferación del cristianismo en todos los estratos sociales, el levantamiento de un liderazgo con escasa o ninguna preparación teológica ha sido una causa fundamental. Luego, la idiosincrasia de un pueblo que es tierra fértil al misticismo y creencia de cosas fantásticas es otra causa de esa actitud humana de dejar de lado la revelación especial de Dios y dar lugar a la palabra del "profeta," que equivale a decir, del hombre, que ignorantemente usurpa funciones que no le corresponden, causando una gran confusión en medio de un pueblo que muchas veces no sabe distinguir entre su izquierda y su derecha.

Si vamos a ser justo con la Palabra de Dios, tenemos que afirmar que todo aquello que nosotros creemos, enseñamos y practicamos que no podemos apoyar bíblicamente, lo consideramos como erróneo y que generalmente nos conduce a una confusión gratuita que no tiene razón de ser. Cuando observamos modas en las prácticas litúrgicas de la Iglesia, vemos la veracidad del pensamiento de SCHELEIRMACHER cuando afirma que el origen del dogma son los sentimientos, y aunque esto no debe ser así, es precisamente lo que ocurre.

El estudio de la bibliología debe abrirnos los ojos para dejar de lado pensamientos y prácticas que no tienen sustento bíblico y aprendamos de una vez por todas a fundamentar y girar nuestra existencia alrededor de la Palabra revelada. Latino América ha crecido vertiginosamente en número, empero en ese mismo sentido, debe crecer en conocimiento.

Es fundamental señalar que el Texto Sagrado es la Palabra de Dios en las palabras del hombre, este axioma nos debe llevar a la conclusión que no podemos leer la Biblia y entenderla literalmente según nuestro propio entendimiento, requiere un trabajo hermenéutico en el contexto de la personalidad de Dios y todos sus atributos aplicados al contexto socio-económico y político en el cual nos desenvolvemos. Esto tiene que ser así, porque la Palabra de Dios es pertinente para el hombre en cualquier cultura o contexto en el que se encuentre. La verdad es inherente a la Palabra y es válida sin distinciones de ninguna categoría.

Este capítulo sienta las bases teóricas de esta ciencia, aplicada a la realidad contextual latinoamericana, de ahí que para su estudio, este capítulo se ha dividido en tres secciones principales, es a saber, La bibliología desde una perspectiva Latinoamericana (Sección I), Introducción a la bibliología (Sección II) y Las divisiones de la bibliología (Sección III).

LA BIBLIOLOGIA DESDE UNA PERSPECTIVA LATINOAMERICANA

Uno de los objetivos fundamentales de este libro es efectuar un enfoque regional a la reflexión teológica. En este caso, latinoamericano. El estudio de la Biblia en este continente no puede llevarse acabo ignorando la realidad socio - económica en que viven más de 700 millones de seres humanos. Es menester comprender el sufrimiento y los problemas que abaten nuestra sociedad para que el estudio del Texto Sagrado tenga mejor sabor en el paladar espiritual. En este sentido el teólogo Emilio NUÑEZ se ha expresado:

> *Puede haber una teología latinoamericana que sea al mismo tiempo evangélica, así como existe una teología evangélica producida en otras partes del mundo. Esta teología no deberá ser tan solo una reproducción hecha por latinoamericanos del pensamiento evangélico elaborado en otras latitudes. Esto nos lleva inexorablemente al terreno hermenéutico. Para la hermenéutica evangélica tradicional, el Texto Bíblico tiene la supremacía, en tanto que ahora el contexto social va adquiriendo tal preponderancia que en algunos casos se impone en forma arrogante al texto de las escrituras. Los evangélicos latinoamericanos no podemos soslayar este problema que se halla en la base misma del quehacer teológico en nuestros países. Querámoslo o no, la hermenéutica ha dejado de ser un conjunto de reglas para la correcta interpretación del Texto Bíblico, independientemente del contexto cultural y social del intérprete. Se niega ahora que pueda existir tal independencia, o que el intérprete pueda llegar de manera totalmente imparcial al texto, sin inyectarle algo de si mismo o de su bagaje cultural y social. NÚÑEZ, Emilio. Teología y Misión: Perspectivas desde América Latina. P. 207*

El pensamiento de NÚÑEZ constituye el principal desafío del autor, en el sentido de exponer en una forma estructurada y sistemática el pensamiento teológico desde una perspectiva eminentemente latinoamericana partiendo del Texto Sagrado. Sin duda que para efectuar esta tarea es necesario tomar como base las reflexiones teológicas de todos los tiempos, obviar esto, equivaldría a construir un edificio sin base. La responsabilidad nuestra, será que la arquitectura de este edificio sea eminentemente latinoamericana.

Esta sección se desarrollará de la siguiente manera: la primacía de la Biblia (A) y El contexto Latinoamericano (B).

A. La primacía de la Biblia

De nadie es desconocido los ataques que la erudición heterodoxa ha descargado contra el Texto Sagrado. Primero fue la hipótesis documental del Pentateuco, luego el enfoque racionalista al problema sinóptico con la Crítica de Formas o la negación de la historicidad de los milagros de Jesucristo por la Crítica Histórica o la manipulación tendenciosa del Texto según los eruditos de la Crítica de Redacción y finalmente la servidumbre de la Biblia a la realidad de Latinoamérica efectuado por los teólogos de la liberación.

Se reconoce la cientificidad de la erudición heterodoxa, sin embargo, se consideran síntesis erróneas por partir de premisas equivocadas. Es correcto que existan variantes en el Texto, que el problema sinóptico es real y que la realidad socio - económica de Latinoamérica no la podemos obviar, pero todo eso tiene una explicación lógica y científica y que sobre todas las cosas, la Biblia esta sobre cualquier pensamiento humano. La Palabra de Dios prima sobre la del hombre. De lo anteriormente afirmado, debe quedar claro que toda reflexión debe tener su punto de partida en la Palabra revelada y que ésta debe siempre prevalecer ante la palabra del hombre.

1. Solo Scritura

La reflexión teológica debe efectuarse partiendo del Texto Sagrado, reconociéndolo como autoridad máxima en las relaciones de los hombres. Este argumento no excluye los peligros en los que incurre el teólogo, como ver la Biblia bajo el prisma de un prejuicio teológico o defender una postura por simple lealtad denominacional. Los peligros existen y hay que superarlos. El teólogo debe tener una mente abierta al cambio siempre y cuando éste no destruya los postulados pétreos del Evangelio.

Debemos dejar claro que los postulados pétreos del cristianismo son aquellos que constituyen la base del cristianismo, como Cristo es Dios,

La Biblia es inspirada, Cristo murió por nuestros pecados, la salvación es por la fe, la segunda venida de Cristo, el castigo eterno a los impíos y la recompensa de los justos. Estas, *inter alia*, verdades pétreas constituyen el centro del pensamiento cristiano. Los demás son pensamientos periféricos como, la seguridad de la salvación, los dones espirituales, prácticas litúrgicas, posturas escatológicas, etc. Inclinaciones teológicas que no dañan la esencia misma del cristianismo.

El teólogo es un científico humano, cuyas conclusiones están sujetas a error, su teología no es inspirada por el Espíritu Santo, de ahí que, tanto el calvinismo o el arminianismo podrían ser ciertas, ambas parten de una reflexión responsable del Texto Sagrado, incluso, es muy posible que ambas posturas no sean excluyentes como tradicionalmente se ha creído, sino más bien incluyentes. Empero el ser arminiano o calvinista, no daña las verdades pétreas del cristianismo.

Nunca debemos ver a aquellas personas que sostienen una postura diferente a la nuestra, como enemigos o personas *non gratas*, sino que debemos respetarles y reconocer que pueden tener razón, el ser humano, no es Dios, por lo tanto, nuestros pensamientos, son y serán siempre, imperfectos y fallos.

El Quid de nuestro éxito será en aceptar el Texto Sagrado como la Palabra de Dios y nunca apartarse de las verdades pétreas que constituyen la esencia misma del cristianismo.

2. Posturas Erróneas

Como siempre ocurre, existen pensamientos erróneos de cómo el ser humano recibe e interpreta la Palabra de Dios, a continuación se efectúa una sucinta acotación al respecto.

a. Enfoque antropocéntrico

Esta fue la postura adoptada por muchos de los teólogos de la liberación. Estos vivieron en un contexto de opresión militar, que sufrieron casi todo los países del continente, su reacción no se dejo esperar a través de levantamientos armados en el marco de una guerra fría sin sentido, entre los Estados Unidos y la Ex Unión Soviética. También ocurrió en otros contextos como fue el caso de la guerrilla de Colombia o la insurgencia en el Perú con el grupo guerrillero del Sendero Luminoso.

El centro de la reflexión teológica, para estos pensadores era la *liberación* del hombre de las cadenas de opresión de pobreza, ignorancia, insalubridad, y sobre todo, del poder abusivo de los militares, quienes avasallaron a la sociedad sin misericordia, quienes aplicando la doctrina de la seguridad nacional, asesinaron a miles de personas como fue el caso de la Argentina, Paraguay, Chile, Nicaragua, *inter alia*. De ahí que a este enfoque antropocéntrico de la Teología se le llamara Teología de la Liberación.

b. Praxis Latinoamericana como punto de partida de la reflexión

Quienes esgrimieron esta postura, aseguraron que; No existe un camino que conduzca directamente de la Revelación a la Teología. La razón de esta imposibilidad es que la teología es humana, no puede comprender a priori el Texto Sagrado. Es entonces que la praxis histórica se convierte en el camino expedito que une la Revelación con la Teología.

Tal aserto es erróneo pues en una forma solapada pone al hombre en el centro de la escena. Sujeta el conocimiento de Dios a acontecimientos humanos que varían según cada región del planeta y es en el fondo otro enfoque antropocéntrico del Texto.

B. El contexto latinoamericano

Latinoamérica, un continente desconocido para el hombre europeo hasta el año de 1492 cuando Cristóbal Colon, en representación de la corona española, hace acto de presencia en este territorio y pone punto final a la época pre colombina, como llaman los historiadores, y comienza la conquista, el saqueo, el sometimiento, el genocidio, luego surge la colonia, la población ha sido avasallada, una cultura, una religión, una lengua se ha impuesto. La colonia termina con los movimientos de independencia, 1810 en México, 1821 en Centro América y por ese mismo orden.

Los criollos, o hijos de españoles nacidos en Latinoamérica constituyen la aristocracia, y por lo tanto el poder político y económico de la sociedad. Las guerras intestinas por el poder surgen y el continente se desangra.

Las grandes masas de personas son representadas por los indios y los mestizos, éstos últimos una mezcla de europeo con indio y que muy pronto constituyeron la mayoría en la diferentes sociedades del continente.

La iglesia romana aliada con los militares conservadores dominan el panorama político de la región hasta que surge el liberalismo político, que es una corriente de pensamiento que viene de Francia y que halla cabida en la mente de hombres que luego fueron considerados como héroes, tal es el caso de Francisco MORAZÁN en Centro América o Simón BOLÍVAR en América del Sur.

Con el liberalismo llegan las primeras transnacionales norteamericanas y una nueva forma de dependencia surge en la región. La explotación de las grandes compañías de los Estados Unidos, que pagaban salarios miserables a individuos que trabajaban de sol a sol sin ninguna clase de beneficios sociales. Fue así como el sudor de estos infelices mojó las tierras de las grandes compañías bananeras y de las empresas mineras que vinieron a llevarse aquello que los europeos habían dejado.

Esto ha ido cambiando con los años, la creación de las Naciones Unidas en 1948, la declaración de los derechos universales del hombre, el cambio paulatino de las dictaduras militares a gobiernos de representación popular han marcado diferencias sustanciales.

Lo anteriormente expuesto es un muy sucinto relato del contexto socio-económico de Latinoamérica. El pueblo de este continente leerá y entenderá la Palabra de Dios en este contexto, he ahí la pertinencia de una reflexión teológica que tiene como punto de partida esta realidad y lo impráctico que muchas veces resulta leer teologías etiquetadas en Alemania, Inglaterra o los Estados Unidos.

1. La importancia del contexto

Es innegable que la mayoría de los tratados de hermenéutica bíblica desconocen la importancia de la interpretación bíblica tomando en cuenta la realidad en que vive el lector. Si bien es cierto, algunos lo mencionan brevemente, no han desarrollado toda una teoría general sobre el tema.

No existe una hermenéutica bíblica, evangélica, que desarrolle principios de interpretación en el contexto socio - económico latinoamericano. Entonces surge el imperativo insoslayable de realizarlo.

Las reglas del Dr. LUND nos señalan principios de interpretación como los siguientes: 1) La Biblia interpreta a la Biblia 2) Entender las palabras en su sentido usual y ordinario, no necesariamente en su sentido literal. 3) Entender la palabra en el conjunto de la frase 4) Entender la frase en el contexto bíblico 5) Interpretar la Biblia según los pasajes paralelos, sea de palabras, enseñanzas, etc.

Nadie va a discutir que dichos principios son correctos y válidos en cualquier tiempo y cultura, sin embargo se quedan cortos si es que vamos a entender la realidad que vive un continente como América Latina. Hay otros principios que deben ser tomados en cuenta: 1) Hay pueblos bajo maldición. La Biblia habla de la maldición a los descendientes de Cam y la exaltación a los hijos de Sem, empero también enseña que el propósito salvífico de Dios de Dios es universal. 2) Que el politeísmo y los sacrificios humanos son prácticas abominables ante los ojos de Dios. Esta era una práctica muy común entre los pueblos indígenas de América. 3) Que cuando el pecado de un pueblo colma la paciencia de Dios, Él envía un juicio de destrucción como ocurrió con los pueblos de Canaán. 4) Que aquellas sociedades que fueron fundamentadas en la adoración a otros dioses son sociedad bajo maldición.

Estos principios hermenéuticos son muy útiles para entender muchos de los episodios tanto de la historia lejana como cercana de América Latina.

2. Dialogo entre el hagiógrafo y Latinoamérica

Para que la Palabra de Dios sea viva y eficaz en Latinoamérica, no es suficiente entender el mundo del hagiógrafo y la realidad que lo rodeo a él. Es fundamental pavimentar un puente en el tiempo y en el espacio para que el mensaje de Dios cobre vida tanto para aquellas grandes mayorías como para nosotros.

Es cierto que hay verdades pétreas que atañen al hombre de cualquier tiempo y espacio, pero hay otras que tienen aplicaciones específicas según el contexto donde el individuo se desenvuelve.

Ese dialogo es imperativo si queremos que las diferentes clases sociales entiendan el mensaje poderoso de Dios. El desconocer eso sería un irrespeto imperdonable a unos y a otros, de ahí que el teólogo latinoamericano, debe también conocer otras disciplinas científicas en el área social como es la Sociología, la Historia, la Economía, *inter alia* para relacionarlas con la Biblia y construir ese puente que permita entender la Palabra de Dios en la situación especifica en que viven millones de seres humanos.

La realización de este cometido va a dar como resultado individuos comprometidos con Dios de una manera responsable que serán capaces de orientar a las personas con mayor propiedad y objetividad.

Sección II

FUNDAMENTOS DE LA BIBLIOLOGIA

Habiendo efectuado el enfoque latinoamericano a la bibliología, es prudente considerar aquel conocimiento básico que nos introduce a esta ciencia y que es fundamental entender y practicar para enseñar y vivir la clase de vida que Dios demanda de nosotros en el contexto socio – económico 'donde Él mismo nos ha ubicado. Esta sección será desarrollada de la siguiente manera: Consideraciones propedéuticas (A) y taxonomias de la Biblia (B)

A. Consideraciones propedéuticas

Cuando se habla del origen sobrenatural de la Biblia nos referimos a una intervención totalmente divina. La Biblia es el Libro de Dios, es teocéntrico, gira alrededor de YWHW, es de carácter monoteísta y trinitario. Trata temas trascendentales como: la creación, el pecado y su cura (la salvación del hombre), dicta normas de conducta y de ética para guiarnos, y contiene una gran cantidad de profecías y su cumplimiento.

La Biblia es la fuente de la ciencia, define el poder temporal del hombre (político delegado). Presenta una continuidad sobrenatural, ofrece tipos y sus respectivos antitipos. La Biblia es una pieza literaria inigualable, es el Libro Divino puesto en las manos de los hombres. Mantiene una frescura perdurable, no aburre al lector y siempre tiene algo nuevo que enseñar. Para comprender algo de su origen es menester efectuar una breve sinopsis de las fuentes primarias de la Escritura, es a saber, los Manuscritos (MSS), las versiones y las citas patrísticas en el caso del Nuevo Testamento.

1. Los Manuscritos

Así como en el A.T. los MSS hebreos tienen la supremacía, en el N.T. lo tienen los MSS griegos, quienes sufren una evolución hasta llegar al «Textus Receptus». A partir del T.R. se inicia un período de investigación y descubrimiento de textos más antiguos que iban a ser la base de una nueva ciencia: «La Crítica Textual», con enfoques racionalistas y bíblicos y de una serie de ediciones del texto Gr. En éstas se destacan las ediciones de LACHMANN (Berlín 1831); WESCOTT Y HORT (1881 Londres); ediciones Nestle usada por Sociedades Bíblicas desde 1898 y otros.

Los profesores WESCOTT y HORT establecieron una clasificación de textos, que después de un siglo aún tiene vigencia. En primer lugar hablaron del *Texto Sirio*: Los editores de este texto en el Siglo IV, queriendo producir un texto de estilo suave, fácil y completo, combinaron las lecturas variantes que encontraron en textos más tempranos que les era conocido; variantes que no son halladas en las fuentes más antiguas. De ahí que el TR, de donde derivan las versiones clásicas de la Biblia, representa a una de las más pobres familias de textos. En segundo lugar está el *Texto Occidental*: Detrás del texto sirio se puede detectar varias familias o grupos de texto. WESCOTT y HORT encontraron en el Códice de Beza (Siglo V), en los MSS de la Latina Antigua, en la traducción siríaca de los evangelios y en los antiguos padres latinos un grupo de lecturas comunes que surgieron en la parte occidental del imperio, de ahí la razón porque se le llamo Texto Occidental. En tercer lugar el *Texto Alejandrino*: WESCOTT y HORT descubrieron un texto cuyas variantes reflejaban el intento de producir un texto más pulido y gramatical. A este texto le llamaron alejandrino. Finalmente el *Texto Neutro*: se refiere a una familia de textos en que se habían evitado los refinamientos y corrupciones que nos presentan los textos de la familia alejandrina y occidental. El texto neutral está compuesto del Códice Sinaítico y Vaticano.

2. Versiones

Las Versiones ya sean en Latín, Siríaco o Cóptico presentan ventajas y desventajas. Por un lado, dichas traducciones tienen cierta antigüedad y su ubicación geográfica es la misma que la del escenario de los hechos, y esto es importante para la recuperación del texto original. Pero por otro lado, el idioma bíblico y su vocabulario son difíciles y hasta cierto punto imposible de traducir en su sentido literal. A pesar de estas complicaciones, las antiguas versiones son una fuente muy valiosa para determinar la variante más correcta y para trazar la historia de la transmisión textual y su corrupción.

A. Consideraciones propedéuticas

a. Versiones Griegas

Sin lugar a dudas, la septuaginta constituye la versión más importante de las griegas, considerándose las tres restantes de menor importancia aunque muy valiosas al momento de realizar el trabajo de la Crítica Textual.

La Versión Septuaginta (LXX) Varía notoriamente tanto en calidad como en mérito de libro en libro. El Pentateuco fue traducido con mayor precisión, en gran parte, en relación con los demás libros del A.T. Los Profetas Posteriores presentan una forma de paráfrasis y el resto de los Poéticos, exceptuando los Salmos que muestran una tendencia a la traducción libre. Para William LASOR y compañía:

> «*La versión de los LXX no puede ser aceptada a la ligera, no obstante es muy significativa en estudios textuales, ya que representan un forma del texto hebreo previo a la estandarización y en conexión con el Pentateuco samaritano y los DSS es uno de los textos de mayor valor a la forma premasorética del texto Hb. Sanford Lasor, William y otros. Old Testament Survey. William B. Eerdmans publishing Co. USA. 1983. p.37.*

Existen más de 11 manuscritos o fragmentos antiguos que atestiguan la existencia de esta versión, cuyo valor estriba en que presenta diferencias a la Masorética, por el mismo hecho de ser anterior a ésta.

Versión de Aquila. Escrita por un hombre originario de Ponto llamado AQUILA en el 130 dC. Esta versión tuvo un carácter estrictamente literal, intentando ceñirse a un equivalente griego por cada vocablo hebreo. En la actualidad solamente existen fragmentos especialmente en Reyes y algunos Salmos.

En virtud de lo anteriormente expuesto, es una versión de menor importancia, no solamente porque sólo existen fragmentos sino porque es a veces muy difícil traducir literalmente de un idioma a otro como hiciera AQUILA, pues no siempre se logra transmitir el verdadero concepto.

Versión de Simaco. Es una versión del AT del año 170 dJ aprox. que contiene un buen griego idiomático ceñida a elevadas normas de exactitud del que sólo se conservan algunos fragmentos. De manera que el análisis crítico anterior se aplica a esta versión por igual.

Versión de Teodoción. Esta es una versión probablemente del año 180 o 190, que en realidad es una revisión ya sea de la versión de Simaco o de la Septuaginta.

Uno de los aspectos más importantes de esta revisión es el desplazamiento que Teodoción efectuó del libro de Daniel por no apegarse este a la forma original del griego.

b. Los Targúmenes Arameos

En la literatura judía recibe el nombre de Tárgum la versión del AT en el idioma Arameo, exceptuando libros como Daniel y Esdras - Nehemias ya que ciertas porciones de ellos fueron escritos en este idioma. El origen de los tárgumenes se remonta a la época del cautiverio, cuando los judíos se vieron en la necesidad de constituir la Sinagoga, para cuyo culto fue indispensable efectuar una paráfrasis del Texto del AT y cortas notas explicativas a las cuales se les llamo Tárgumenes.

Después de varios años en Babilonia fue necesario traducir oralmente la *Torah* al arameo, efectuando explicaciones a los oyentes ignorantes de la geografía e historia, así como de ciertas costumbres de los judíos de la antigüedad. Más tarde esto quedaría cristalizado como un escrito, junto con ampliaciones legendarias en muchos casos. A este se le conoce con el nombre de Targumenes.

Los Tárgumenes más importantes del Pentateuco son el de ONKELOS que se ciñe estrictamente al original Hb en casi todos los pasajes, excepto en los pasajes poéticos del Pentateuco.

Sobre los profetas se destaca el *Targum de Jonathan* que es mucho más parafraseado en su interpretación al texto Hb que el de ONKELOS. En resumen, los Tárgumenes tienen un valor muy reducido frente a los MSS y las Versiones.

c. Las Versiones Latinas

Cerca del año 200 dC, el latín comenzó a figurar seriamente en la iglesia occidental, en la que había predominado el griego. Es posible que aun antes de esta fecha ya se hubiese hecho alguna traducción aquel idioma. África del Norte, Italia y el sur de Galia eran las áreas que necesitaban una versión latina (más tarde también España). Lo habitual es dividir la Antigua Versión Latina en la africana y la europea, identificándolas por medio de letras minúsculas: a, b, k, etc.

La Versión Itala. Que no presenta mayor importancia por no ser una traducción directa del Hb sino de la versión de los LXX, por lo tanto su valor es el de una traducción hija.

A. Consideraciones propedéuticas

La Vulgata Latina. Ya para el año 400 el hecho repetido de copiar había corrompido tanto los manuscritos de esta versión que DÁMASO, obispo de Roma, comisionó a JERÓNIMO con la tarea de editar un texto normativo (tanto del Antiguo Testamento como del Nuevo Testamento) de la Biblia latina. Para el Nuevo Testamento JERÓNIMO dependió considerablemente de la Antigua Versión Latina. El resultado de su obra es la Vulgata, que llegó a ser el texto de la Iglesia occidental en la Edad Media y que fue oficializada en el Concilio de Trento. La Versión Antigua continuó en uso durante algún tiempo, pero fue gradualmente suplantada. Su valor es mucho mayor que la anterior, pues Jerónimo además de traducirla de los idiomas originales se trasladó a Jerusalén para realizar su trabajo.

Esta obra, que aún hoy es muy utilizada, se convirtió en la versión oficial de la Iglesia Católica. Es importante señalar que contiene los apócrifos o deuterocanónicos como prefieren otros, empero con la salvedad que Jerónimo señala el carácter dudoso tanto de los libros como de los agregados. Su traducción es muy confiable aún en el castellano y debe considerarse como una de las más importantes herramientas para la crítica textual actual.

d. Versiones usadas en Latinoamérica

El idioma castellano es una lengua románica que surge en Castilla la Vieja, España y que adquiere preponderancia a raíz del poder de la dinastía católica castellana que después financia la conquista y colonización de Latinoamérica. De esta manera el Castellano se convierte en el idioma oficial en casi todos los países de Latinoamérica, surgiendo de esta manera la necesidad de tener una versión en el nuevo idioma.

La Versión del Oso. Es la traducción de los originales tanto hebreos como griegos al idioma castellano, hecha por Casiodoro DE REINA en el año 1569 en la ciudad de Basilea, donde se imprimieron 2,603 copias. Una de las características de esta versión es que contenía los apócrifos y una seria de notas marginales.

Es importante destacar que la versión del Oso, es la culminación de una serie de esfuerzos que se habían efectuado con anterioridad, como ser las Biblias, *Prealfonsina, Alfonsina, Postalfonsina, Biblia de Alba, Biblia de Ferrara, El Nuevo Testamento de Francisco de Encina* y el de *Juan Pérez de Pineda inter alia*.

La Biblia de Cipriano de Valera. En el año de 1602, Criapiano DE VALERA efectúa durante 20 años una revisión a la versión del Oso, eliminando las notas marginales de Casiodoro DE REINA y agrupando a los apócrifos en medio de los dos testamentos.

En los primeros años de su circulación, se le conoció a esta versión como la Biblia de Cipriano de VALERA. Después se le llamó la *versión Reina – Valera* en honor a los personajes que participaron en la versión más conocida y de mayor prestigio en lengua castellana utilizada en el mundo protestante de Ibero América. Esta versión ha sido revisada en 1862, 1909, 1960, 1977 y 1995 respectivamente. Cabe destacar que el pueblo evangélico de Latinoamérica sigue prefiriendo la versión revisada de 1960. Por alguna razón las versiones posteriores no han adquirido el prestigio de esta, aunque el aporte de las versiones posteriores es muy importante. V.g. la versión de 1995 tiene notas marginales y comentarios de crítica bíblica que son sumamente valiosos. Otra curiosidad es que la Sociedad Bíblica Unida sigue distribuyendo la versión de 1909, en virtud que esta es la Biblia usada por los Adventistas, ya que usa términos como *sábado* en lugar de día de reposo.

Biblia de Torres Amat. Es una versión usada por la Iglesia Católica. Es una traducción de la *Vulgata Latina* publicada en 1823 – 1825 por Félix TORRES AMAT, Obispo de Astorga.

Versión Nacar – Colunga. Esta es la primera versión católica traducida de los textos originales por los obispos de Salamanca: Eloíno NACAR y Alberto COLUNGA. Posteriores versiones han mejorado el estilo y ocupa un lugar muy importante entre las versiones de la Biblia en lengua castellana de circulación en Latinoamérica.

Otras versiones católicas de amplia circulación en Latinoamérica son la *Bover – Cantera* con aparato crítico de 1947, *La Biblia de Jerusalén* que es una traducción del francés en 1971 *inter alia.*

La Versión Popular a la que también se le llamó *Dios habla al hombre* o *Dios llega al Hombre.* Ha sido un intento por traducir la Biblia en un lenguaje para el *hombre de la calle.* Cabe destacar que en Latinoamérica esta versión no causó mayor impresión y la Iglesia nunca la adoptó como una de sus preferidas.

La Biblia de las Américas. Es una traducción efectuada en 1973 de la versión en inglés *New American Standard.* Esta versión fue cotejada con los idiomas originales.

La Nueva Versión Internacional. Este es un proyecto de la Sociedad Bíblica Internacional publicado en 1999. Una de las características de esta Biblia es que el equipo de eruditos que participó en este proyecto es completamente latinoamericano y el castellano que se utiliza es el castellano de Latinoamérica. Elimina todas aquellas expresiones propias de España, *v.g.* el uso de *vosotros*. Por esta razón se considera a esta versión como una *versión latinoamericana*.

Finalmente, aclarar que el tema de las versiones en Latinoamérica no se agota aquí, sin embargo, las versiones aquí mencionadas son las que se consideran de mayor relevancia en relación con la Iglesia del continente.

3. Citas Patrísticas

Son aquellas alusiones que los padres de la iglesia efectuaron al N.T. en sus escritos y que son muy importantes para el trabajo de crítica textual. Para objetivar su importancia se transcribe una anécdota que narra José FLORES:

"En una cena de eruditos alguien hizo una buena pregunta: Supongamos que el texto del N.T. hubiera sido destruido y todas las copias perdidas, ¿Podría recuperarse basándose en las citas de los padres del segundo y tercer siglo? -todo el mundo guardó silencio, y dos meses después Sir David Dalrymple, que asistió a aquella cena, presentó a los eruditos un grupo de libros de los padres con estas palabras: Poseo ahora todas las obras que existen de los padres del segundo y tercer siglo; las he investigado todas y he encontrado que en ellas se haya citado todo el N.T. menos once versículos». Flores, José. El Texto del Nuevo Testamento.

Lo anterior deja claro que los padres de la Iglesia acostumbraron a efectuar citas de los escritos novo testamentarios en sus propios escritos; costumbre que sin lugar a dudas vindica la autenticidad del texto que se posee actualmente.

4. Errores de Transmisión Textual

Después de ver la evolución del Texto Sagrado y la diversidad de versiones y el hecho de acomodar la Palabra de Dios en los diferentes idiomas de los hombres, es lógico que se encuentren variantes de idioma a idioma, de ahí que, Los errores de transmisión textual en la Biblia son una verdad indubitada, pero esto nunca significa error en la autógrafa original.

De manera que sería poco ortodoxo el negar la inspiración e inerrancia de la Biblia por poseer actualmente textos sujetos a contradicciones y a veces hasta herejías. El problema tiene una solución, y esta solución se llama «Crítica Textual;» ciencia que nos da una serie de principios técnicos para restaurar la corrupción de las traducciones actuales.

En breves palabras, es normal que existan variantes en el Texto y errores de transmisión, no es correcto negar la inspiración por este hecho, y lo único que cabe es que el interprete de la Palabra haga el trabajo de Crítica Textual correspondiente para tratar de recuperar el sentido original del Texto en conflicto.

B. Taxonomía de la Biblia

Refiriéndose al AT, el famoso historiador Josefo, escribiendo hacia el año 95 dC por el tiempo en que el Sínodo de YABNEH había decidido o estaba próximo a decidir que libros sagrados formarían el canon y de todos modos cuando ya sin duda habría un consenso general y más o menos oficial sobre el punto, dio la lista de 22 libros aunque no los enumera por nombre.

No es seguro cual fue la manera como el Concilio de Yabneh numeró y agrupó los libros canónicos judíos. Lo que se ha considerado más probable es que eran 24, pero que después escritores como Josefo los reagruparon en 22.

La clasificación de los libros del AT después del Concilio de Yanebh son los siguientes: La Torah (Pentateuco), Los Nebeiim (Profetas) subdivididos en Anteriores (Josué, Jueces, Samuel, Reyes) Los posteriores (Isaías, Jeremías, Ezequiel y los doce menores) y los Ketuvim (Escritos) Salmos, Job, Proverbios y los meguillot (rollos) Cantares, Eclesiastés, Lamentaciones, Ester, Daniel, Esdras, Nehemías y Crónicas.

Para una mejor comprensión de que es la Biblia, es prudente verla desde diferentes ángulos, es por eso, que trataremos de dividirla en tantas formas como sea posible para tener una mejor comprensión de la misma.

1. Según las materias que trata

EL ANTIGUO TESTAMENTO
El Pentateuco: Génesis, Éxodo, Levíticos, Números y Deuteronomio.
Libros Históricos: Josué, Jueces, Rut, I y II Samuel, I y II de los Reyes, I

y II de Crónicas, Esdras, Nehemías, Ester. *Libros Poéticos y Sapienciales*: Job, Salmos, Proverbios, Eclesiastés, Cantares. *Profetas Mayores*: Isaías, Jeremías, Lamentaciones, Ezequiel, Daniel. *Profetas Menores*: Óseas, Joel, Amós, Abdías, Jonás, Miqueas, Nahum, Habacub, Sofonías, Hageo, Zacarías y Malaquías.

El Nuevo Testamento

Evangelios: Mateo, Marcos, Lucas, Juan. *Libro Histórico*: Hechos de los Apóstoles. *Epístolas Paulinas*: Romanos, I y II de Corintios, Gálatas, Efesios, Filipenses, Colosenses, I y II Tesalonicenses, I y II Timoteo, Tito, Filemón. *Epístolas Universales*: Hebreos, Santiago, I y II de San Pedro; I, II y III de San Juan, Judas. *Epístola Escatológica*: Apocalipsis.

Esta en una división meramente pedagógica y no obedece a criterios ni cronológicos ni temáticos.

2. Según las épocas que señala la Biblia

Desde Adán hasta Abraham (2,000 años). Desde Abraham hasta Cristo (2,000 años) Desde Cristo hasta nuestros días (2,000 años) Desde la Segunda Venida hasta el fin del milenio. Esta división esta fundamentada en la cronología bíblica tradicional, que enseña que la humanidad tiene una existencia de seis mil años.

3. Según las Dispensaciones propuestas por C.I. SCOFIELD

Una dispensación es un período de tiempo determinado, en el cual Dios trata con el ser humano de una forma determinada. Del estudio de la Palabra de Dios se han distinguido siete períodos, los cuales se mencionan a continuación.

La Inocencia (en el Edén) La Conciencia (de la Caída hasta Noé) El Gobierno Humano (desde Noé hasta Abraham) La Promesa (desde Abraham hasta Moisés) La Ley (desde Moisés hasta Cristo) La Gracia (desde Cristo hasta su segunda venida) El Reino (después de la Segunda Venida).

La teoría de las dispensaciones fue desarrollada por una serie de teólogos, sin embargo, fue C.I. SCOFIELD, quien popularizó esta enseñanza y le dio la estructura que actualmente tiene.

4. Según Los Pactos

Nuestro Dios es un Dios de pactos, y pacta con el hombre a nivel individual y a nivel general. Es una forma de poner las reglas del juego por decirlo de otra manera. Según el derecho civil romano, un pacto *es un acuerdo de voluntades de donde emanan responsabilidades y privilegios de las partes envueltas.*

En relación con esta definición del Derecho Romano y los pactos divinos se puede afirmar que no hay acuerdo de voluntades, porque aquí actúa solamente la voluntad soberana de Dios, mediante un decreto divino y punto, el hombre solo puede adherirse. Respecto a la segunda parte de la definición, la cual es completamente correcta, Dios se compromete siempre a algo y espera el compromiso del hombre también sí ese es el caso, y por lo tanto hay responsabilidades y también hay privilegios. El célebre profesor C.I. SCOFIELD definió lo que era un pacto de la siguiente manera:

> *Un pronunciamiento soberano de Dios a través del cual Él establece una relación de responsabilidad: 1) Entre Él mismo y un individuo, por ejemplo el pacto que hace con Adán en el Edén. Gen 2:16 2) Entre Él mismo y la humanidad en general, por ejemplo el pacto que hace de no volver a destruir la tierra con agua. Gen 9:9 3) Entre Él mismo y una nación como el caso del pueblo de Israel. Ex. 19:3 y ss 4) Él mismo y una familia humana específica, como la casa de David. II Sam 7:16 y ss...*

Queda pues suficientemente claro que los pactos o alianzas, como se dice en el idioma portugués, son decretos soberanos y eternos de Dios, que obedecen a un plan perfecto y maravilloso que procura la salvación del hombre.

Los teólogos no se han puesto de acuerdo respecto al número exacto de pactos en la Biblia y no vamos a entrar en esa discusión aquí, simplemente vamos a seguir la enumeración que efectúa el Prof. SCOFIELD por considerarla una de las más acertadas y completas.

a. Pacto Edénico. Gen. 2:16

Este Pacto exigía las siguientes responsabilidades de Adán: 1) Propagar la raza humana, 2) Sujetar la tierra al hombre, 3) Dominar el mundo animal, 4) Cuidar del jardín y comer de sus frutos y de sus hiervas y 5)

Abstenerse de comer de un único fruto del jardín, el fruto que representaba el conocer el bien y el mal, so pena de recibir un castigo por la desobediencia.

b. Pacto Adánico. 3:15

Este es el pacto que condiciona la vida del hombre que ha caído en el pecado. Los elementos de este pacto son los siguientes: 1) La maldición sobre la serpiente, uno de los animales más atractivos se convirtió en uno de los más repugnantes, 2) En Gen. 3:15 se le da al hombre la primera promesa de redención, 3) La condición de la mujer cambió dramáticamente, en el sentido de dar a luz con dolor, el señorío del hombre sobre ella, 4) El trabajo leve del Edén se vuelve en un trabajo que implica un gran esfuerzo y ganarse el sustento con el sudor de la frente, a causa de la maldición de la tierra, 5) El sufrimiento es inevitable para la vida, 6) La muerte física fue uno de los terribles resultados.

c. Pacto de Noé. Gen 9:16

Reafirma las condiciones de vida del hombre caído según había sido anunciado en el pacto adámico. Los elementos de este pacto son los siguientes: 1) El hombre es responsable por la protección de la santidad de la vida humana a través de un gobierno sobre el hombre individual, 2) El orden de la naturaleza es confirmada Gen 8:22, 9:2, 3) La carne de los animales es agregada a la dieta del hombre Gen 9:3-4, 4) Una declaración profética es enunciada sobre los descendientes de Canaán, uno de los dos hijos de Cam, de que serían siervos de sus hermanos Gen 9:25-26, 5) Un profecía respecto a una relación cercana de Sem con Dios Gen. 9:26-27, 6) Un declaración en el sentido que Dios hará de Jafet pueblos grandes Gen: 9:27

d. Pacto de Abraham. Gen. 12:2

Aquí Dios hace un pacto muy importante con Abraham, fundamentado de la siguiente manera: 1) Las estipulaciones afectan directamente a Abraham y su descendencia, 2) Dios hace una promesa de bendición a través de la simiente de Abraham, para que el pueblo de Israel herede un territorio especifico para siempre, 3) Había una bendición para aquellas naciones que bendijeren a Abraham y una maldición para aquellos que los persiguieren.

e. Pacto Mosaico. Ex 19:5

Es el pacto que Dios hace con Moisés en tres divisiones principales: 1) Los mandamientos expresando la justa voluntad de Dios Ex 20:1-26, 2) Los juicios regulando la vida del pueblo Ex 21:1 – 24:11, 3) Las ordenanzas, gobernando la vida religiosa de Israel Ex 24: 12- 31:18.

f. Pacto de la tierra. Dt. 30:3

Presenta las condiciones especiales por las cuales los israelitas entran a la tierra prometida. Las condiciones son las siguientes: 1) La dispersión por causa de la desobediencia, 2) El futuro arrepentimiento cuando estuviera en la dispersión, 3) La venida del Señor, 4) La restauración de la tierra, 5) La conversión nacional, 6) El juicio contra los opresores de Israel y 7) La prosperidad nacional.

g. Pacto Davídico. II Sam 7:16

Este es el pacto sobre cual se fundamenta el reino de Cristo según la carne. Rom 1:3. Aquí encontramos: 1) Una promesa a la posteridad de David, 2) Un trono simbólico de autoridad real, 3) Un reino o gobierno sobre la tierra, 4) La seguridad del cumplimiento de las promesas a David son para siempre.

h. El Nuevo Pacto. Heb 8:8

Esta es el último de los ocho grandes pactos que Dios establece con el hombre: 1) Una Mejor alianza que la mosaica, no en el aspecto moral más sí en la eficacia, 2) Está establecida sobre promesas mejores, 3) En el pacto con Moisés, la obediencia es producto del temor, en el nuevo pacto la obediencia es producto de un corazón y una mente dispuesta, 4) Es garante de una revelación especial a cada creyente, 5) Asegura el olvido completo de los pecados, 6) Descansa sobre una redención consumada, 7) Garantiza la restauración completa de Israel en el futuro.

5 Según Los Reinos

Otra forma de efectuar la división de la Biblia es a través de los reinos, ángulo que nos permite ver áreas muy importantes del Texto.

a. Reino Teocrático

Como su nombre mismo lo indica, es aquel gobierno realizado por Dios a través de hombres. La historia del pueblo de Dios comienza con el patriarca Abraham, y es allí cuando Dios comienza a gobernar a su pueblo a través de diferentes hombres como los patriarcas, Moisés, Josué, los jueces hasta Samuel, cuando el pueblo pide a éste último, un rey.

Los demás pueblos de la tierra no tuvieron este privilegio, fueron gobernados por hombres inicuos que nunca conocieron a Dios y que fueron victimas del engaño y la crueldad de Satanás. Israel cae en el error de los demás pueblos y desecha a Dios, pidiendo un rey.

b. Reino Monárquico

El gobierno monárquico es aquel que ejerce un rey. En esta época, de una manera absoluta, es decir, que en la figura del rey residía el ejercicio del poder ejecutivo, legislativo y judicial.

Saúl, de la tribu de Benjamín fue el primer monarca de Israel, luego Dios cambió la dinastía y la dio a David y su descendencia mediante una promesa extraordinaria. En la época de Roboam la monarquía de divide y surge el Reino de Israel y el de Judá. El primero sufre una serie de cambios dinásticos hasta su desaparición en el año 721 aC. En cambio en el reino de Judá la dinastía se mantuvo siempre en casa de David como Dios lo había prometido hasta su desaparición en el 587 aC con la última deportación de judíos a Babilonia efectuada por Nabucodonosor.

Según la tesis pre milenialista, el milenio representa el resurgimiento de la dinastía davídica y la consumación de la promesa efectuada a David.

c. Reino Anunciado

En la teología dispensacionalista se habla de un Reino literal de Jesucristo y se asegura que en su primera venida, Jesús venía a fundar este gobierno y es precisamente Juan el Bautista quien lo anuncia, sin embargo, el pueblo judío, lo rechazó y el proyecto del reino tiene que ser pospuesto hasta el milenio. Esta tesis encuentra su asidero en el pasaje de Mateo 10 cuando Jesús hablándoles a sus discípulos les advierte:

> *Por camino de gentiles no vayáis, y en ciudad de samaritanos no entréis, sino id antes a las ovejas perdidas de la casa de Israel... Mt 10:5 y ss.*

Con este Texto se intenta demostrar que la misión de Jesucristo era fundar el reino, empero cuando sus súbditos lo rechazan, Dios crea un intervalo, al cual se le llama el intervalo de la Iglesia o de la Gracia que trae la salvación al mundo gentil. De ahí que el verso de la oración del Padre Nuestro que dice *Venga tu reino* nunca ha sido contestada, pero cuando Jesucristo funde el milenio, esa oración será contestada en su plenitud.

Como es lógico, la doctrina no dispensacionalista interpreta el Texto de una forma totalmente diferente. Para ellos no existe ningún intervalo a era intercalada, pues para ellos la Iglesia no surge en el Pentecostés sino que siempre ha existido.

d. El Misterio del Reino

El apóstol Pablo nos habla de un misterio escondido del reino de Dios, empero esta referencia tiene que ver a la unión en Cristo Jesús de los judíos y de los gentiles, que ambos pueblos iban a ser un solo pueblo, este era un misterio escondido empero ahora ha sido revelado en Efesios·3.1 y ss.

En otras palabras, el resultado de ese misterio es la Iglesia, que es el reino de Dios en la actualidad, el reino a través del cual Dios se manifiesta al mundo no convertido, aunque los dispensacionalistas señalan que la Iglesia es solamente el agente del Reino, pero que no equivale al Reino de Dios.

e. Reino del Milenio

En la teología premilenialista se cree en el gobierno político y literal de Jesucristo por espacio de mil años como señala el Apocalipsis 20. A este período el Prof. SCOFIELD le llama la séptima dispensación y la última en su clasificación.

Según esta teología, este es reino al que se refería Juan Bautista y el mismo Jesús cuando anunciaba que el Reino de Dios se había acercado y más aún cuando ordenó a sus discípulos a ir solamente a los hijos perdidos de la casa de Israel, porque el reino tiene que ver con judíos, no con gentiles. El rechazo de los judíos hace que inicie el intervalo de la Iglesia y el proyecto del reino queda en suspenso hasta la segunda venida de Cristo y que se materializará con la fundación del milenio.

Según esta tesis, este reino se funda inmediatamente después de la segunda venida y el juicio de las naciones. La Iglesia, actuará como la esposa del rey y gobernará a todas aquellas personas que estén al lado derecho en el juicio de Mateo 25.

En contraposición a esta tesis, los amilenialistas han sostenido que el reino de Jesucristo no es futuro, sino que existe en la actualidad y que los mil años de Apocalipsis 20 no deben interpretarse en forma literal. En el apartado correspondiente a la Escatología, este tema será abordado con mayor profundidad.

Como se afirmó anteriormente, éstos son solamente ángulos que nos permiten ver parte de la verdad. Cuando dividimos la Biblia y la estudiamos desde todas estas perspectivas, encontramos hechos, verdades, que de otra forma nunca lo hubiéramos logrado, de manera que después de efectuar esta síntesis obligada nuestra cosmovisión del Texto, es diferente, más completa, responsable, he ahí su importancia.

Sección III

DIVISIONES DE LA BIBLIOLOGÍA

La Bibliología es una de las ramas de la Teología Sistemática. Su estudio requiere un análisis profundo y serio, de ahí la necesidad de dividir esta rama, en tantas partes como sea necesario para su estudio y al final, su mejor comprensión. Es en este sentido, que se ha procedido a dividir la Bibliología en ocho partes principales, que serán objeto de estudio a continuación.

A. La Revelación

Revelación viene de la palabra gr. *apokalifis* que significa revelar, descubrir algo que estaba encubierto o dar a conocer algo que estaba en la oscuridad. La palabra Revelación es una palabra con la que debe tenerse mucho cuidado, pues su mala utilización puede dar lugar a deshonrar su significado sagrado.

En América Latina ha sido muy común, en un sector del cristianismo, el abuso de esta palabra. Personas de poca educación o fanáticos religiosos han aseverado haber recibido Revelación de Dios y han hablado en ese sentido. Las raíces del pueblo Latino están en la superstición, de ahí que, encuentre tierra fértil en las "revelaciones" modernas.

La Revelación es una comunicación o el descubrimiento que Dios hace de Sí mismo para dar a conocer su divina voluntad a los seres humanos. El problema de esto es que las principales religiones del mundo afirman haber recibido una revelación de Dios. La Revelación puede ser en la forma de una visión, algunas veces acompañadas de palabras o puede consistir solamente de palabras. Moisés vio un arbusto ardiendo y Dios le habló, Mahoma escuchó un sonido como una campana que se volvieron palabras y el profeta obtuvo el Corán. Y en ese mismo sentido, Carlos T. RUSSELL, fundador de los Testigos de Jehová, José SMITH, fundador de los Mormones y cientos más que podríamos enumerar.

Es verídico que todas estas revelaciones tienen como denominador común Dios, empero se contradicen una con la otra. De ahí surge la pregunta: ¿Cuál revelación es verdadera? En todo esto hay un axioma: Dios no se contradice. Las revelaciones que tenemos son contradictorias, por lo tanto las revelaciones que tenemos, excepto una, no proviene de Dios. La pregunta obvia es: ¿Cuál? La Revelación judeo-cristiana.

Dios se revela de diferentes maneras: La Creación (Revelación General), La Biblia (Revelación Especial), Jesucristo, Revelación Encarnada y la más grande de todas y finalmente las teofanías.

1. A través de la Naturaleza o Revelación General

Tal y como lo afirma el salmista: *Los cielos cuentan la gloria de Dios y el firmamento anuncia la obra de tus manos...* El sistema galáctico e interplanetario, la naturaleza de nuestro planeta, es una evidencia irrefutable de la existencia de un ser supremo, infinitamente inteligente. A través de la creación Dios revela su omnipotencia y algo muy importante, que Él esta al control de todos los acontecimientos del universo.

La creación de Dios es un testigo elocuente de lo que en Teología Sistemática se llama, la revelación general de Dios. Muestra palmariamente la existencia de un arquitecto infinitamente sabio, de un administrador que supo distribuir elementos, en fin, es obvio que detrás del universo hay una inteligencia suprema que conduce a Dios.

2. A través de la Palabra o revelación especial

La revelación especial es la Palabra escrita que se comienza a escribir en épocas inmemoriales como es el caso del libro de Job, que algunos consideran anterior a Moisés, hasta el último de los apóstoles, San Juan, el discípulo amado.

La Escritura constituye, la revelación especial de Dios. Dios habla a través de ella. Ella misma atestigua que es la Palabra de Dios viva y eficaz. Si Dios nos va a decir algo en la hora en que vivimos, va a ser a través de su Palabra, la revelación especial.

A pesar de haber sido escrita hace miles de años, la Biblia tiene un mensaje pertinente para el hombre de todas las edades, por lo tanto su validez trasciende las edades y en lugar de perder vigencia, se consolida en las edades pues su cumplimiento es simplemente perfecto.

3. A través de Jesucristo

Jesucristo mismo es la más grande revelación de Dios al hombre. El hecho de haberse humanado y el haber vivido en medio de nosotros, constituye la más extraordinaria de las revelaciones de Dios. Esta revelación fue efímera, la vida de Jesús en la tierra, de ahí la necesidad de las escrituras.

Pero sin duda, cuando Jesús le afirma a Tomás, *quien me ha visto a mí, ha visto al padre* le está diciendo que El es Dios y que con su vida, ministerio, sermones, parábolas, milagros, ellos están conociendo de Dios como nunca antes el ser humano lo había hecho. Verdaderamente esta generación y los discípulos escogidos por Jesucristo eran personas muy privilegiadas, ellos vieron a Dios, hablaron con Dios y fueron testigos del derramamiento de la sangre de Dios para perdón de nuestros pecados.

Este significativo hecho es el que traza una línea divisoria irreconciliable entre la verdadera religión y las falsas. Jesucristo es el Dios hecho carne que se revela al hombre por amor y para salvarlo de la condenación y del pecado.

4. A través de actos individuales

Tanto en el A.T. como en N.T. encontramos una serie de revelaciones divinas, a las cuales se les llama en la Teología Sistemática, revelaciones individuales. Partiendo de esto, se pude afirmar que existen tres formas de revelación individual: Teofanías, Comunicaciones individuales y comunitarias y finalmente los milagros.

a. Las teofanías

La Teofanías son simplemente las apariciones de la deidad a la criatura con el objeto de comunicar algo. El AT es rico en esta clase de figuras. Este es el caso de los tres personajes que se le aparecen a Abraham para comunicarle la destrucción de Sodoma y Gomorra. En el AT Dios se manifiesta a los patriarcas de una manera intermitente, a través del Ángel de Jehová. Desde el Éxodo esas apariciones fueron reemplazadas por la presencia permanente de Dios, que residía entre los querubines, primero en el tabernáculo y después en el templo. El siguiente estadio en este tipo de revelaciones fue la encarnación de Dios, siendo ésta la más grande revelación de Dios.

En el contexto latinoamericano, esto de las teofanías se ha puesto muy de moda, con el surgimiento de ministros o de miembros de las iglesias que aseguran haber recibido una revelación directa de Dios. Esto como es obvio ha conducido a abusos y malas interpretaciones, que lejos de honrar el nombre de Dios, ha traído vergüenza y descrédito.

b. Las comunicaciones

Este es un acto de doble vía. Por un lado el Dios que habla y por el otro el hombre que escucha. Desde la perspectiva divina, Dios quiere transmitir un mensaje a la criatura sea en forma individual como lo hizo con Moisés en el Monte del Sinaí o de una forma comunitaria como en la ocasión del Bautismo de Jesús donde todas las personas oyeron la voz de Dios.

Dentro de esta categoría encontramos las *visiones*, como en el caso de los profetas Daniel, Ezequiel o del Apóstol Juan en la Isla de

Patmos. Los *sueños*, como en el caso de José cuando Dios le da testimonio de María y luego le ordena que huya a Egipto. Las *comunicaciones boca a boca*. Como en los casos cuando Dios habló directamente con el hombre como con Adán, Enoc, Moisés, Pablo camino a Damasco.

c. Los milagros

Jesucristo presentó la realización de milagros como el medio para que la gente creyera en su mesianidad. Es obvio que las cosas maravillosas que realizaba no podían ni pueden ser efectuados por ningún ser humano, excepto por Dios mismo.

La realización de milagros por parte de Jesucristo, son una forma de revelación de parte de Dios de la deidad y mesianidad de su Hijo, quien es el mismo Dios encarnado que se manifiesta y se revela para que el hombre crea y sea salvo.

B. La inspiración de la Biblia

Inspiración es una doctrina cardinal no discutible del cristianismo. Para los cristianos la doctrina de la inspiración no es una hipótesis, una teoría o un pensamiento exótico sino un hecho innegociable. Viene de la palabra Gr. Pneistos que significa viento o soplo, de ahí que la traducción literal de II Timoteo 3:16 sea *Soplado por Dios* dando a entender que la Palabra Escrita tiene un origen divino no humano, empero como Dios respeta el contexto socio-cultural del hagiógrafo, su personalidad, sus virtudes y sus defectos, la definición esencial más plausible de inspiración es: La capacidad que Dios dio al hagiógrafo para escribir sin error.

Al igual que la revelación, inspiración es una palabra muy delicada y que debe ser utilizada con mucha cautela. Dios no inspira a nadie en la actualidad, por lo tanto nadie puede arrogarse la capacidad de hablar o escribir sin error.

En América Latina es muy utilizado el termino *Dios me inspiró* para referirse a un sermón, un canto o una enseñanza. El problema radica en que muchas personas no entienden el uso semántico de la palabra inspiración en ese contexto, por lo tanto, no se recomienda utilizarlo, excepto para afirmar la inerrancia e infalibilidad del Texto.

1. La Doctrina de la Inspiración en la Historia

La historia siempre es el fundamento que nos permite entender el objeto de conocimiento de una mejor manera. En este caso específico, la inspiración bíblica, para lo cual trazaremos un hilo desde su inicio hasta nuestros días.

a. El origen

En lo que respecta al AT, los rabinos ya habían determinado cuales eran los libros sagrados y cuales no lo eran. Las discusiones fueron muchas y unos libros dieron más problemas que otros, tal es el caso de Ester, Cantar de los Cantares y el mismo libro de Daniel; libros que suscitaron dudas en los rabinos judíos.

Ya en la época del N.T. y específicamente, después de la muerte de Cristo, hubo una proliferación de escritos impresionante, biografías de Jesús, cartas a Iglesias escritas por los apóstoles, en fin, una muy nutrida literatura. Esto como es obvio creó no solamente una confusión sino la necesidad de crear el canon del N.T. y es en este momento cuando comienza a discutirse el tema de la inspiración de los escritos que en ese momento la Iglesia esta leyendo.

Los doctores de la Iglesia se reunieron y fijaron las reglas del canon para reconocer la inspiración de los libros que iban a formar parte del N.T. Una de esas reglas era el idioma. En ese caso fue el griego Koiné. Otra de las reglas es que el escrito tuviera la paternidad literaria de una persona reconocida y respetada por la Iglesia. Por eso la aceptación de la Epístola a los Hebreos dio problemas, porque su paternidad es anónima. Esa fue una excepción a la regla. Otra regla fundamental, fue la no contradicción con las doctrinas que la Iglesia había entendido del mensaje de Jesucristo. Por esta razón dio problemas la Epístola de Santiago, que parecía favorecer la justificación por las obras de la ley. Claro, una regla lógica, era la aceptación de la Iglesia de aquel escrito como sagrado. El severo escrutinio llevo a los eruditos a la conclusión de que solamente 27 libros reunían ese requisito. Esto constituyó el canon del N.T. que unido con el del A.T. forman 66 libros.

b. La inspiración en la Edad Media

Aunque en esta época nunca se cuestionó la inspiración de los libros de la Biblia. La Iglesia romana se encargó de crear una dogmática a la cual, *de facto*, le dieron el carácter de inspirada. Además de la dogmática se formó una tradición, que con el decurso de los siglos llegó a tener más peso que la Biblia misma. De esta manera se lesionó hasta el día de hoy la pureza del Evangelio, creando mitos como el purgatorio, clasificación de pecados, el poder humano en la absolución de pecados, la asunción de María, en fin, una serie de doctrinas y tradiciones que lesionan la santidad y majestuosidad de la inspiración de las escrituras.

c. El Renacimiento de las artes

Con el renacimiento de las artes, surge en la humanidad una nueva era, la Edad Moderna, y con ella el racionalismo que pavimentó con su filosofía el camino de la hipótesis documental del AT, que fue el primer intento científico de desacreditar la inspiración de la Biblia. Ellos redujeron el Texto a un capricho humano que obedeció a intereses políticos y económicos de los judíos.

d. La Escuela de Tubinga

Esta es la escuela de teología alemana que parió una generación de científicos eruditos que detonó una bomba en el patio trasero de la Iglesia y que obligó a ésta a poner las barbas en remojo y obligó a estudiar el Texto Sagrado con mayor responsabilidad. Así surgió el movimiento liberal que negó la inspiración del Texto Sagrado.

e. La Teología de la Liberación

La Teología de la Liberación habla de una relectura del Texto Sagrado, de un nuevo círculo hermenéutico, que equivale a interpretar el Texto de una manera antropocéntrica. De esta forma se desecha la inspiración divina dándole una interpretación meramente humana a la Palabra.

f. La Práctica Latinoamericana

La Iglesia de la actualidad reconoce en su declaración doctrinal la inspiración del Texto y lo presenta como la Palabra de Dios. Sin embargo, hay una serie de prácticas que pone en duda dicho reconocimiento. Por ejemplo, palabras de hombres, reconocidos o auto proclamados como profetas o apóstoles, afirmando que reciben revelación de Dios y que dan al pueblo Palabra profética al estilo de los profetas del Antiguo Testamento.

Esta práctica crea una confusión en la gente, pues existen dos fuentes de revelación, la Biblia y la palabra del profeta. Algunas veces existen contradicción en las fuentes, y desafortunadamente en algunos casos, el pueblo adopta la palabra del profeta o apóstol y desecha la Biblia. Esta es una forma *de facto* de negar la inspiración del Texto Sagrado.

2. Pruebas Bíblicas de la Inspiración de la Escritura

La primera prueba de la inspiración de las Sagradas Escrituras la encontramos en la Escritura misma. Esto aunque parezca tautológico es el argumento toral sobre el cual se levanta el edificio de la inspiración. En el Texto Sagrado se puede distinguir la inspiración profética de la inspiración apostólica. En el primer caso se considera la naturaleza del ministerio profético, su conciencia, su fórmula (*cfr*. Éxodo 7:1; Deuteronomio 18:18). En el segundo caso, el Espíritu Santo actuó de manera diferente con los Apóstoles.

a. Autores secundarios aparte de sus escritos

Los hagiógrafos recibieron órdenes directas de Dios para escribir. Existió una supresión del factor humano, primero hablan en tercera persona y luego en primera para hacernos ver que es el mismo Dios el que habla. Este es el caso de Moisés, Daniel y Juan.

b. Afirmaciones directas

En el Texto se encuentran pasajes que afirman la inspiración. II Timoteo 3:16 «*Toda la Escritura es inspirada por Dios...*» en el idioma griego se lee *soplado por Dios* dando a entender que el origen está en Dios, no en el hombre. Otro ejemplo es el II Pedro 1:21 «*Porque nunca la profecía fue traída por voluntad humana,... hablaron siendo inspirados por el Espíritu Santo*» Este pasaje confirma el anterior y ratifica el origen divino de la Palabra. Clarifica que la autoría pertenece a la tercera persona de la trinidad, quien opera en el hagiógrafo para la escritura del Texto.

Ahora las implicaciones de estos versículos son realmente colosales para la humanidad. Si es Dios quien habla, entonces lo que allí encontramos, es sin error, es la respuesta al dilema del género humano, es la ética que el hombre debe observar durante su existencia. La doctrina de la recompensa y de la retribución no son cuentos de hadas inventados por dramaturgos, sino realidades axiomáticas que llevarán al hombre o a la gloria o al infierno, en esta vida y en la otra.

3. Teorías sobre la inspiración bíblica

La controversia acerca de como la Biblia fue inspirada se remonta a tiempos inmemoriales. Los teólogos que han reflexionado sobre este asunto han expuesto una serie de tesis, que si bien es cierto, son esfuerzos por encontrar una razón útil, algunas se salen de la tangente.

La Iglesia adoptó desde un período temprano la tesis de la inspiración plenaria y verbal en oposición a todas las demás que se han esgrimido. Sin embargo, para conocimiento del lector se abordaran de una manera sucinta las otras teorías.

a. Mecánica

Los abogados de este pensamiento señalan que Dios dictó directamente al hombre su pensamiento. Sí el Espíritu escoge las palabras, los escritores como Pablo o Jeremías debieron haber recibido la revelación en un trance y su actuación fue exclusivamente como taquígrafos.

El problema con esta teoría es que destruye la real humanidad de los hagiógrafos y se concentra más en la forma que en el contenido. Un versículo como I Cor. 7: 7 deja muy mal parada a esta tesis: *quisiera más bien que todos los hombres fueran como yo...* aquí vemos a Pablo en todo el esplendor de su humanidad no como un simple taquígrafo. En resumen, este pensamiento tiene muchas debilidades tanto teóricas como prácticas por el simple hecho que desnaturaliza al hombre.

b. Parcial

Esta teoría asegura que lo importante es lo que se dice no como se dice. El contenido de las Escrituras, sus hechos, pensamientos, esto es lo inspirado. En el resto, los hagiógrafos tienen la libertad para exponer según su contexto literario y lingüístico. Las palabras no son inspiradas sino lo que ellas expresan.

Esta tesis, como es obvio, esta en contraposición con la declaración que *toda palabra es soplada por Dios* esto no puede entenderse sino literalmente. Esta sola declaración, hecha por tierra semejante argumento.

c. Conceptos y no palabras:

Acepta la inspiración de los diferentes conceptos que aparecen en la Biblia (Salvación por la fe, la Gracia, la Redención, etc.), pero rechaza la inspiración de cada versículo.

Esta tesis tiene un fundamento muy débil pues al rechazar la inspiración de cada versículo ¿Cómo podemos aceptar las doctrinas como la salvación por la fe, la Gracia o la Redención como inspirada? ¿Si la fuente es corrupta, como el producto puede ser limpio? Es simplemente absurdo.

d. Inspiración natural

Este argumento es de carácter antropocéntrico, puesto que exalta la actitud personal, el talento propio del hagiógrafo.

En otras palabras, esta tesis hace a un lado el elemento divino y exalta el humano, la capacidad del hombre, su inteligencia, su brillantez, en fin su talento. No negamos la intelectualidad de Pablo, Moisés o de los mismos discípulos, que erróneamente muchas veces son considerados como *humildes pescadores* pero el talento humano nunca produciría un libro como la Biblia, se necesita mucho más que eso, se necesita la intervención de Dios mismo. Y éste es precisamente el caso.

e. Inspiración mística

Este tipo de inspiración fue defendida por F. SCHLEIRMACHER, según él, los autores fueron capacitados para escribir la Biblia, y esto, aún puede suceder. Debemos recordar que el fundamento de la teología de SCHLEIRMACHER es la subjetividad.

Si los dogmas son producto de los sentimientos del pueblo, que equivale a enaltecer el elemento subjetivo, entonces lo que sostiene SCHLEIRMACHER tiene sentido. Aún ahora existen personas que pueden escribir o hablar bajo la inspiración del Espíritu Santo.

A *prima facie* lo que sostiene SCHLEIRMACHER es simplemente absurdo. Sin embargo en el ambiente latinoamericano muchas veces esto es una realidad, no que esto sea correcto, sino que se levantan hombres afirmando ser voceros de Dios y el pueblo llama a éstos, profetas o apóstoles.

j. Inspiración plenaria y verbal

El Espíritu Santo dirigió al escritor en la elección de las palabras, respetando su propia personalidad. Se le llama plenaria porque es infalible en cuanto a verdad y autoridad divina. Este tipo de inspiración es la que ha recibido más acogida por parte del pueblo cristiano.

La inspiración verbal es muy importante porque nos recuerda que estamos tratando con la Palabra de Dios. Nos lleva a reconocer la humanidad de los hagiógrafos, su estilo, la época en que escribieron y nos ata *ipso facto* a efectuar un trabajo no solamente de exposición sino de estudio lingüístico, exégesis, traducción e interpretación.

Finalmente es importante señalar que la inspiración verbal no se extiende a los eruditos o traductores de la Biblia, pertenece exclusivamente a los hombres que Dios utilizó para Escribir su Palabra.

Existen muchas otras teorías acerca de la inspiración del Texto Sagrado, empero para efecto de este trabajo hemos seleccionado las anteriores, dejando por última aquella que la Iglesia tradicionalmente ha aceptado como la correcta por apegarse más tanto al espíritu como la letra de la Biblia.

C. La canonicidad

A mediados del Siglo III el mundo comenzó a referirse al Canon como aquellas doctrinas reconocidas como ortodoxas por la Iglesia cristiana. Fue después que se utilizó para designar la lista de libros aceptados como inspirados, de ahí surge la definición: *Conjunto de libros que han sido considerados por la Iglesia como divinamente inspirados y que deben ser tomados como norma de fe y conducta.*

Existen dos tipos de cánones: *El Canon Palestino o judío*: llamado así porque fue elaborado en la región de Palestina como usualmente se le llama en épocas modernas en el mundo occidental. En él se encuentran todos aquellos libros que el pueblo judío consideró siempre como sagrados. Este es el canon que acepta la Iglesia Protestante y que consta de 66 libros.

El *Canon Alejandrino*: se compuso debido a una orden emanada de Ptolomeo FILADELFO, rey de Egipto. Para tal fin se hizo venir de Palestina a 72 eruditos para que realizaran la traducción de las Sagradas Escrituras hebreas al idioma griego (dado el número de los ancianos, esta versión se le conoce con el nombre de la Versión de los 70). Para algunos eruditos, la historia de la septuaginta entra en la categoría de leyenda.

El Canon Alejandrino, además de los libros que contenía el canon Palestino, se agregaron otros libros, llamados apócrifos o deuterocanónicos. Esta versión es la que utiliza la Iglesia Católica.

En la época de la Iglesia primitiva hubo una proliferación de escritos que provocaron una confusión entre los creyentes, a esto hay que sumar los diferentes idiomas en que fueron escritos testimonios considerados por algunos como sagrados. Fue necesario que los doctores de la Iglesia se reunieran y decidieran cuales eran los libros inspirados que debían ser considerados como sagrados. De ahí surge el canon, de una necesidad de la Iglesia primitiva.

D. La autoridad de las Escrituras

El Texto Sagrado reclama autoridad por sí mismo *v.g.* cuando expresiones como *esta escrito*, *según las escrituras*, *como dijo el profeta*... expresiones de esta naturaleza revelan claramente el carácter de la Biblia. El desconocer las Escrituras es la causa de un error en la vida de cualquier persona. Las epístolas fueron escritas no como una expresión de opiniones, empero como normas y principios autoritativos que deben ser sabidos y practicados. La Iglesia ha reconocido desde su inicio la autoridad suprema de las escrituras en materia de fe y práctica.

Cabe hacer notar que ha habido un sector de académicos que no siempre ha reconocido la autoridad de las escrituras. A partir del Renacimiento, surge un desprecio manifiesto por todo aquello relacionado como la metafísica y la fe y de esa misma manera los primeros zarpazos contra la autoridad de las Escrituras. Jullius WELHAUSEN esgrime su tristemente célebre teoría de la Hipótesis Documental del Génesis y toda escuela de la Alta Crítica, abanderados por los teólogos de la escuela de Tubinga.

En América Latina surge el movimiento de la Teología de la Liberación que ataca precisamente esto, la autoridad de las Escrituras, efectuando un interpretación tendenciosa a partir de la triste realidad socio-económica del sub continente, que sirvió como caldo de cultivo para que un sector de la Iglesia tanto Católica como Protestante se viera inmiscuida en guerrillas en El Salvador, Nicaragua, Colombia, etc.

Finalmente aseverar que las Escrituras son autoritativas porque: 1) Son Inspiradas, es decir, no contienen error. 2) Están acreditadas por aquellos que la recibieron. El Apóstol Pablo escribió: Palabra fiel y digna... 3) Están atestiguadas por Jesucristo. El verbo encarnado hizo alusiones directas a Moisés, Daniel, Isaías, los Salmistas y profetas en general, atestiguando la veracidad del A.T. 4) Tienen un mensaje para nosotros, satisfacen las necesidades más profundas.

Esto es clave tomarlo en cuenta, porque a diferencia de cualquier otro libro, la Biblia tiene un mensaje renovador y transformador para la vida del hombre de cualquier época.

E. Iluminación

A diferencia de los términos Revelación e Inspiración, Iluminación, si es un término que se relaciona más con el hombre, de ahí que definamos este concepto como: El acto divino mediante el cual Dios ayuda al hombre a entender aquellas cosas que él mismo ha revelado anteriormente.

La persona que ha sido regenerada es efectivamente iluminada para entender las Sagradas Escrituras, tomar una decisión en un momento determinado de la vida, predicar un sermón, escribir un libro, etc. De ahí que muchas veces las personas utilicen el término *inspiración* en lugar de utilizar el término *iluminación*. El primero es divino e incorrecto de usar en ese contexto, el segundo es humano y correcto de usar. Dios inspiró, no inspira más. Dios iluminó, pero sigue y seguirá iluminando a su pueblo. La efectividad y la eficacia de esta obra del Espíritu Santo esta supeditada al grado de espiritualidad del individuo. Esto significa que a mayor espiritualidad, mayor efectividad y mayor iluminación recibirá de la tercera persona de la Trinidad, quien es la persona que ejecuta este oficio.

Para la mejor comprensión de este tema, se ha dividido en dos partes principales, es a saber la oscuridad espiritual (1) y la obra iluminadora del Espíritu Santo. (2)

1. La oscuridad espiritual

La oscuridad espiritual es el término antagónico a iluminación. Una definición sustancial podría ser: *El acto realizado por Satanás, con el permiso de Dios, para entorpecer el entendimiento del hombre, valiéndose de cualquier medio a su alcance con el objeto que éste no entienda el plan de Dios para su vida.*

El análisis de esta definición nos lleva a diferentes hechos: El primero de ellos es que se trata de un *acto de Satanás*. Queda claro entonces que quien oscurece el entendimiento, que quien actúa para que el hombre no entienda el plan de salvación de Dios es Satanás.

El segundo elemento es el *permiso de Dios*. Esta declaración siempre suscita interrogante: ¿Cómo es posible que Dios permita esto? El negarlo sí sería una verdadera herejía y deshonraría a Dios. La razón es muy sencilla. Dios es soberano y el controla todas las cosas que ocurren. Además, todas los acontecimientos cósmicos, sean aquellos que Él directamente ejecuta, o aquellos que Él permite al maligno que ejecute, obedecen a un plan predeterminado por Él.

El tercer elemento de la definición es el *entorpecimiento* de la inteligencia del entendimiento del hombre. Cuando vemos en México millones de seres humanos adorando una imagen y rindiéndole tributo, vemos la forma como su entendimiento ha sido distorsionado. La existencia de pandillas en El Salvador, integradas por jovencitos, que se dedican al crimen, violación, drogas y demás aberraciones, nos muestra de una forma palmaría como Satanás ha entenebrecido su entendimiento. Pero también una forma sofisticada de ceguera espiritual, es aquella que se encuentra barnizada de intelectualidad. Uruguay es el país de América Latina con el mayor índice de ateos en el continente o el caso de España, un país con un alto nivel de educación, empero también con una creciente población agnóstica, hijos del post modernismo. (Para más información sobre este tema Vide. CRUZ Antonio, *Post Modernismo*. Edit Clie.)

El cuarto elemento de la definición es que Satanás se vale de cualquier medio para lograr su objetivo. Una filosofía, el legalismo, la superstición, la religión misma. Un paradigma de esto es la epístola de Pablo escrita a los Colosenses, donde combate cuatro herejías que estaban afectando a la Iglesia. Y la forma como él combatió este fenómeno fue presentando la preeminencia de Jesucristo en todo. Jesucristo está sobre la Filosofía, sobre el legalismo, sobre el misticismo y sobre el ascetismo.

E. Iluminación

Finalmente, el objeto de Satanás es que el hombre no entienda el plan de salvación que Dios tiene para él. El hombre al desconocer ésto, observará una conducta como la vemos en los noticieros de nuestro continente. Satanás utilizará toda su experiencia y poder para evitar la salvación del hombre, de ahí que el método preferido es mentir, engañar a la criatura y esta manera le lleva a la perdición.

2. La obra iluminadora del Espíritu Santo

Este es el otro lado de la moneda. Esta es la obra del Espíritu Santo para que el hombre conozca el plan de salvación de Dios. Es la fuerza antagónica al mal, es el contra peso. Ahora la pregunta es obvia, Si el Espíritu Santo es Dios ¿Por qué no derrota a las fuerzas del mal ahora mismo?

El problema del ser humano es querer juzgar las empresas divinas con criterios humanos. Eso, es simplemente absurdo. Todo obedece a un plan trazado por Dios desde antes de la fundación del mundo. Recordemos que Dios no improvisa nada. La parábola de la viña es un ejemplo palmario de esto. El reino de los cielos es semejante... y nos cuenta la historia de jornaleros que trabajaron todo un día, otros unas horas y unos solamente una hora y todos recibieron la misma paga. Esto levanto una murmuración. Muy sencillo, ellos estaban juzgando la empresa de Dios con criterios humanos. Esto no funciona así.

Hay un axioma en todo esto: El Espíritu Santo puede pulverizar la obra de entenebrecimiento de Satanás. Pero no lo hace. Porque la obra de entenebrecimiento obedece a un plan de Dios. Esto no es una contradicción. Humanamente podría ser. Pero reitero, Dios es soberano y no podemos juzgar sus actuaciones bajo nuestros criterios humanos y perversos.

Lo cierto es que en la actualidad el Espíritu Santo ejerce una influencia poderosa en las personas que escuchan el mensaje de la Palabra y abren su corazón a ese mensaje y permiten a Dios obrar en sus vidas. Es de capital importancia dejar claro que el ser humano, por su propia iniciativa, no puede encontrar la salvación, es necesaria la obra de iluminación del Espíritu Santo. Otro hecho a ser tomado en cuenta, es que esta obra de iluminación es un proceso. No es un fenómeno que ocurre de la noche a la mañana.

Teológicamente hay una controversia, desde la óptica calvinista, la obra de iluminación solamente es efectuada con aquellas personas predestinadas a la salvación. Para el arminiano, todos los hombres pueden ser influenciados y ellos tomaran la decisión. Más adelante, en este trabajo se expondrá nuestra tesis sobre las circunstancias que operan y que determinan el futuro del hombre.

F. Interpretación

La hermenéutica es una herramienta fundamental para el estudio del Texto Sagrado y para lograr desentrañar el significado correcto al Texto. Esta es una tarea verdaderamente titánica si consideramos las circunstancias del caso. Un Texto escrito en idiomas diferentes, en un espacio de tiempo de dos mil años, por individuos de diferentes antecedentes culturales, sociales, lingüísticos, etc. La tarea de hacer pertinente ese mensaje a nuestros días es una tarea de mucha responsabilidad y es ahí donde entra en juego esta ciencia.

1. La hermenéutica latinoamericana

En la teología tradicional, el punto de partida para la interpretación del Texto es la Biblia, empero para la Teología de la Liberación la hermenéutica parte de una base diferente: La realidad socio-económica del continente, de ahí que las conclusiones exegéticas son diferentes. Las diferencias fundamentales son las siguientes:

– El punto de partida de la explicación del Texto por parte de la TL son·postulados filosóficos y científicos que son corroborados por la Palabra, es decir, parte de lo concreto a lo abstracto, en cambio, la Teología tradicional parte del Texto, auxiliándose de alguna manera de algunos principios filosóficos y científicos para llegar a estudiar la realidad, es decir, parte de lo abstracto para llegar a lo concreto.

– La TL pretende a toda costa, convertirse en la voz de Dios por medio del pueblo oprimido. En este sentido, los TL hacen suya la afirmación que *la voz del pueblo es la voz de Dios* Reflexionar, interpretar y cambiar la realidad solo puede ser posible escuchando a Dios en labios del pueblo.

En concreto, la nueva hermenéutica propuesta trata de interpretar los males del tercer mundo no tomando como base el Texto, sino a partir de categorías suplidas por el análisis marxista de la sociedad. Una hermenéutica sensitiva a la historia y a nuestra gente es la única que puede interpretar la violencia, la situación política y económica.

El principio de hacer hermenéutica de la TL está fuera de toda concepción bíblica, porque la interpretación de la Palabra de Dios, solo puede realizarse en el marco de ella misma. En definitiva, el problema que se observa es una flagrante violación a los principios hermenéuticos para la interpretación de la Biblia, pues se trata de adaptar la realidad del latinoamericano a la verdad de la Biblia, cuando lo lógico sería adaptar la verdad de Dios a la realidad del hombre latinoamericano.

2. Método Gramático-Histórico

Aquí llegamos a un aspecto práctico de la hermenéutica como es el camino o método a seguir para hacer el trabajo de interpretación. Existen diferentes métodos, o mecanismos o formas de efectuar la interpretación, empero aquí nos centraremos en el Método Gramático Histórico.

a. Estudio del fondo histórico

Este es el primer paso que el exegeta debe dar al momento hacer el trabajo de interpretación, hacer un estudio del fondo histórico del pasaje que es objeto de estudio. Los elementos a considerar son los siguientes: 1) *Circunstancias generales*: Esto determina quien lo escribió, dónde, en que época, aspectos culturales que deben ser tomados en cuenta. 2) *Circunstancias especiales*: Esto determina la razón por la que fue escrito, las circunstancias especiales que lo motivaron, aspectos espirituales que deben ser tomados en cuenta. Una vez realizado este trabajo se procede al aspecto gramatical o lingüístico.

b. Análisis lingüístico del Texto y contexto.

Este es el segundo paso que el exegeta debe dar, analizar el aspecto gramatical del pasaje objeto de estudio. Como es obvio, el exegeta debe tener conocimientos elementales de gramática castellana. Los pasos a seguir son los siguientes: 1) *Estudio de las palabras*: Debe definir y entender el significado exacto de cada palabra objeto de estudio. 2) *Estudio gramatical*: Es fundamental saber si se trata de un verbo, sustantivo, adverbio, etc. El conocimiento de la sintaxis y la morfología es importante. 3) *Modismos y Figuras del Lenguaje*: El exegeta debe tener la capacidad de identificar modismos o figuras del lenguaje. Esto es clave para no caer en el error de la interpretación literal que conduce a errores graves. 4) *Contexto*: El siguiente aspecto gramatical es el estudio del contexto, tanto el próximo como el remoto. El entendimiento del contexto es de capital importancia para la interpretación de un Texto. Una interpretación fuera de contexto siempre conduce a una herejía. En el estudio del contexto, el exegeta debe tener la capacidad de identificar paréntesis o irregularidades, lo que también es de suma importancia a la hora de interpretar el Texto objeto de estudio. 5) Pasajes paralelos. Este es el último elemento a tomar en cuenta. Comparar, observar, interpretar a la luz de otros pasajes que tratan el mismo tema, porque esto nos permitirá tener una visión más clara y completa del pasaje objeto de estudio.

c. La actualización del mensaje

Todo lo anterior pierde sentido sino se efectúa esta parte. *La actualización del mensaje es el procedimiento que realiza el exegeta para hacer pertinente el mensaje bíblico a la necesidad del hombre de una cultura determinada.*

De ahí el problema de las teologías y exégesis europeas y norteamericanas en relación con el hombre y mujer de Latinoamérica. Sus reflexiones e interpretaciones se quedan cortas. El exegeta tiene la sagrada responsabilidad de hacer que el Texto Sagrado, escrito por judíos hace miles de años, tenga vigencia para la comunidad latinoamericana que ha experimentado la devaluación de su moneda, o que vive a diario el flagelo del secuestro, el éxodo masivo de sus habitantes a los países del primer mundo por lo infrahumano de las condiciones de vida, en fin, todo aquello que es propio de su entorno.

Todo esto nos muestra la realidad que un mismo Texto puede significar una cosa para una europeo y otra cosa para un latinoamericano. Esto visto a simple vista, parece aberrante, sin embargo, vale la pena pensarlo dos veces. Sin entrar en detalles y a manera de enunciar simples temas que tienen significados diferentes según que cultura, se pueden mencionar los siguientes: La piratería en todas sus dimensiones, el vivir en un país en forma indocumentada y trabajar con papeles falsos, tráfico en la adopción de menores *Inter alia*. Tenga UD. la plena seguridad, que las conclusiones exégeticas sobre estos temas serán diferentes según la cultura desde donde se analicen y a quien vayan dirigidas. Un norteamericano u europeo simplemente puede encasillar estas conductas dentro de la categoría de pecado. Pero una persona que nunca ha experimentado la devaluación de su dinero, o ha tenido que emigrar ilegalmente para buscar el sustento de su familia ¿Con que autoridad puede hablar? es más sabio que guarde silencio.

Es en ese sentido, la interpretación del Texto Sagrado dirigido a un latinoamericano debe ser efectuado por un latinoamericano, para que la actualización tenga la pertinencia del caso.

Con esto no queremos menospreciar la hermenéutica de los exegetas del primer mundo, en ninguna manera. Solo que hay áreas donde es mejor que guarden silencio, pues como decía el profesor Scott GARBER, *es mejor el oscurantismo privado que la necedad pública.*

G. Vitalidad

Cuando se habla de vitalidad se habla de poder. La Palabra de Dios no tiene poder, es el poder mismo. El centurión entendió a la perfección el poder de la Palabra cuando le dijo a Jesús: *No soy digno que entres bajo mi techo pero di la Palabra...* y Jesús quedo maravillado de la fe de este hombre. Por la Palabra de Dios fueron hechos los cielos y la tierra, por la Palabra de Dios Lázaro resucito de los muertos y el ladrón en la cruz fue salvo. La Biblia es la Palabra de Dios, por lo tanto es poder, tiene espíritu y vida y es el instrumento para traer al no convertido a un arrepentimiento genuino. Este interesante tema lo estudiaremos en dos partes: El poder de la Palabra de Dios sobre los inconversos (1) y El Poder de la Palabra de Dios Sobre los cristianos (2)

1. El Poder de la Palabra de Dios sobre los inconversos

La Biblia no contiene la Palabra de Dios como sostenía BARTH es la Palabra de Dios mismo y por lo tanto es poder, como lo asegurara Pablo en Romanos 1:16. El Evangelio es poder de Dios. Cuando esta Palabra es predicada o enseñada produce efectos extraordinarios por ese poder implícito.

Las palabras de los hombres pueden edificar o destruir vidas sin ningún problema, imaginase UD. el poder de la Palabra de Dios. El inconverso, a quien Dios le ha puesto fe en su corazón para creer, éste es completamente quebrantado por este poder. Solamente para dar un pequeño ejemplo se puede citar el caso, de aquella turba que vino a capturar a Jesús, cuando ellos preguntaron *quien es Jesús* y el contestó *Yo soy* aquella turba cayó y esto ocurrió dos veces. La Palabra de Dios tiene un poder inusitado sobre el inconverso.

2. El Poder de la Palabra de Dios sobre los cristianos

El poder de edificación que tiene la Palabra sobre la Iglesia es simplemente impresionante, produce resultados maravillosos, desde un grande avivamiento espiritual hasta manifestaciones espirituales grandiosas.

En el AT vemos los grandes avivamientos en la época del rey Josías, siendo sumo sacerdote Hilcias. El pueblo procedió a un arrepentimiento genuino. Lo mismo ocurrió en la época de Esdras, el gran sacerdote de Dios, que cuando leyó la ley, produjo un arrepentimiento genuino en el pueblo.

H. Preservación

La Biblia es el libro que ha pasado la prueba del tiempo. Su preservación es una prueba indubitada que este Escrito es la Palabra de Dios. El libro de Isaías que se leía en el año 500 AC es el mismo que se lee hoy.

Los descubrimientos de los Rollos del Mar Muerto son una demostración palmaría de esto. Los códices tanto Sinaítico como Vaticano también dan testimonio de esta preservación. Las variantes que se encuentran son mínimas y mediante un trabajo de crítica textual, puede recuperarse en sentido original en algunos casos aislados.

En resumen, ningún avatar, político, militar o de la naturaleza ha podido acabar con el testimonio de la Palabra, y hoy por hoy, la Biblia es el libro más vendido y con mayor vigencia en la historia de la humanidad.

Con este capítulo quedó fundamentado el axioma que la Biblia es la Palabra de Dios y que las enseñanzas que ella contiene son dignas de todo crédito y respeto, de manera que el estudio que sigue a continuación es una reflexión fundamentada en verdad, no en filosofías humanas o religiones cósmicas, sino en la Revelación misma de Dios. El origen de las doctrinas que serán objeto de estudio en los capítulos que siguen son dignas de estudio y de reflexión por el hecho mismo de su origen y este capítulo sirve para legitimar este extremo.

Capítulo IV

Teología Propia

La Teología Propia es, en el orden lógico, la segunda rama de la Teología Sistemática para estudiar. Aquí nos focalizamos en la personalidad de Dios mismo, cuando decimos Dios, nos referimos a la trinidad como tal: Padre, Hijo y Espíritu Santo.

Se estudia la personalidad de Dios, completamente aparte de sus obras, en sus tres manifestaciones diferentes, y esto nos permite tener una concepción más acertada de quien es Dios.

En la Teología Latinoamericana, esto ha provocado una serie de reacciones motivadas por las condiciones socio-económicas del continente y se ha hablado del Dios de los pobres. Porque ser rico es sinónimo de corrupción, de injusticia, de explotación de deshonestidad en las esferas de poder de la sociedad y Dios como tal no puede ser el Dios de esta clase de personas. Por el otro lado, mira al pobre como al objeto de la injusticia, de la humillación, de la pobreza e identifican a ellos con Dios y hablan del Dios de los pobres, de los oprimidos.

Sus presupuestos tanto teológicos como ideológicos encuentran asidero en las Escrituras, pues hay muchos textos que hablan contra las injusticias y los ricos y sus conclusiones finales son muy claras y convincentes, sin embargo, hay un problema, tropiezan con el hecho de que el problema del hombre radica en su corazón, o mejor dicho, allí donde está el asiento de su intelecto, sensibilidad y voluntad. No hay Dios de pobres ni de ricos, hay un Dios, bueno, amoroso, soberano, que recompensa el bien, empero que retribuye el mal, por eso El es un Dios justo.

Este capítulo pretende reflexionar sobre este Dios maravilloso, su persona, sus atributos, sus cualidades en sus tres manifestaciones divinas: Padre, Hijo y Espíritu Santo. Para su estudio se ha dividido en las siguientes secciones: Consideraciones propedéuticas a la Teología Propia (Sección I), El Teísmo: sus argumentos (Sección II), El Teísmo: la personalidad de Dios (Sección III), Teísmo: los nombres de Dios (Sección IV), El trinitarismo (Sección V) El trinitarismo: Dios el Padre, el Hijo y Espíritu Santo (Sección VI).

FUNDAMENTOS DE LA TEOLOGÍA PROPIA

Es paradójico, porque al mismo tiempo que afirmamos que Dios no puede ser estudiado lo estamos estudiando. El asunto es el siguiente, Dios no es un objeto que se pone en un laboratorio y mediante el uso del método científico, utilizando cualquier cantidad de materiales comenzamos su estudio para sacar conclusiones y poner etiqueta a nuestros descubrimientos. Por otro lado, de la Palabra revelada en el Texto Sagrado, reconociendo nuestras limitaciones y la imposibilidad de entender al creador en toda su dimensión, con temor y temblor reflexionamos en aquellas cosas que nos son reveladas, para tener una comprensión, según las circunstancias donde nos desenvolvemos.

Efectuadas las consideraciones anteriores, en esta sección se realizará un estudio en dos apartados principales, es a saber, Orientación Latinoamericana a la Teología Propia (A) y generalidades a la Teología Propia (B).

A. Orientación latinoamericana a la Teología Propia

A simple vista este tema no presentaría mayores dificultades, porque no deberían existir diferencias sobre la concepción de Dios. Pero la realidad nos muestra que esto no es así, sino que según sea el área donde nos ubicamos, el concepto de Dios varía, de ahí que haya que tomar en cuenta una serie de factores. En este apartado se verá el concepto de Dios según la teología Latinoamericana y la Teología de la Liberación.

1. El Concepto de Dios en la Teología Latinoamericana

En la época precolombina, los pobladores del continente eran politeístas y adoraban a un sin número de dioses. Fueron los conquistadores quienes introdujeron el monoteísmo al nuevo mundo.

Desafortunadamente, en la mayoría de los casos, la religión solamente sirvió para legitimar una masacre de poblaciones enteras o la reducción de miles de personas a la esclavitud. La creación de instituciones nefastas como la inquisición, causaron repulsión por el cristianismo en lugar de alentarlo.

Con el correr de los siglos surgieron los mestizos, una mezcla de indio con europeo, a éstos se les llamó criollos. Ellos adoptaron el catolicismo, al grado que cuando los países del continente se independizaron de la corona española, adoptaron al catolicismo como la religión oficial del Estado en sus constituciones políticas. También es admirable como los indígenas adoptaron el catolicismo romano, después de adoptar leyendas como dogmas. El Profesor Justo GONZALEZ explica en su Historia de la Iglesia como el mito de la virgen de Guadalupe en México tiene como origen una leyenda indígena. (Vide. González, Justo., *Historia de la Iglesia*. Tomo II)

En resumen, el concepto que se tenía de Dios era el que la Iglesia Católica Romana había implantado por más de 300 años. La salvación tiene que ver directamente con los sacramentos de la Iglesia, la aceptación de los dogmas esgrimidos en los diferentes concilios, las buenas obras, la confesión, la penitencia, en fin, las típicas creencias.

En Latinoamérica el concepto de Dios comienza a cambiar con las incursiones misioneras de los protestantes a finales del S. XIX. Misioneros de los Estados Unidos y Europa hacen acto de presencia por primera vez en el continente y predican la Biblia con una interpretación diferente. Se presenta por primera vez a un Dios que ofrece una salvación por fe, y sobre todas las cosas, un Dios que quiere tener una relación personal con la criatura humana, sin intermediarios de ninguna clase. Este concepto era definitivamente revolucionario para aquella época, de ahí que los misioneros fueron recibidos con piedras, amenazas, encarcelamiento y vejaciones de todo tipo.

2. El Concepto de Dios en la Teología de la Liberación

Los teólogos de la liberación hablan por ejemplo del Dios de los pobres que castiga a los opresores, que en este caso son aquellos que detentan el poder político y económico de la sociedad. El paradigma favorito de ellos ha sido la historia de liberación del pueblo de Israel de Egipto. Donde el Faraón representa a los potentados económicos y políticos, mientras que el pueblo de Israel representa al pueblo del tercer mundo oprimido.

Los grupos más radicales de la Teología de la Liberación promovieron la violencia y animaron a sus seguidores a tomar las armas para liberar al pueblo de la opresión. En este sentido se pronuncio Julio LOIS:

> *El Dios que se revela con los pobres y desde ellos se conoce, es en primer lugar un Dios de los pobres, distinto del Dios de los señores, es decir, un Dios que se manifiesta como padre amoroso de todos a través de su parcialidad solidaria hacia los pobres y su causa.* Vide. *Lois, Julio.*, Teología de la Liberación. Opción por los pobres. P. 305

Esta cita muestra palmariamente el concepto de Dios que tenían los teólogos de la liberación.

Como puede observarse, este concepto de Dios que la sociedad tenía y tiene aún, no obedece a la verdad revelada en la Biblia. Existe, sin duda, una distorsión mal intencionada del arcángel de maldad que impide ver la majestuosidad de Dios en toda su dimensión. Esta ha sido precisamente la contribución de la Iglesia Evangélica en el continente, mostrar al Dios de la Biblia.

B. Generalidades de la Teología Propia

Una vez establecido el concepto de Dios en Latinoamérica, es fundamental abordar aquellos aspectos que forman la teoría general de esta rama de la teología sistemática. Estas generalidades son el marco teórico que nos permite entender con mayor propiedad la Teología Propia. Para su estudio, este apartado abordará los siguientes puntos: Definición y División de la Teología Propia (1) y Formas Para Conocer a Dios (2).

1. Definición y división de la Teología Propia

El principio de nuestro estudio será definir esta ciencia y luego establecer su estructura anatómica que nos permitirá una idea clara de la misma.

a. Definición

La Teología Propia estudia a Dios Padre, Dios Hijo y Dios Espíritu Santo, aparte de sus obras. Dicho en otras palabras, estudia la personalidad de la deidad, la que está constituida de intelecto, sentimientos y voluntad. Posteriormente se estudiaran las obras de la Segunda Persona de la Trinidad en la Cristología y las obras de la Tercera Persona en la Pneumatología.

b. División

La Teología Propia se divide en dos partes principales: El Teísmo: que trata de la existencia y carácter de Dios y El Trinitarismo: que tiene que ver con las funciones, características y relaciones dentro de la Deidad.

2. Formas para conocer a Dios

Es muy importante tener claro que, a pesar de la infinidad de Dios, el hombre puede conocerlo, a través de las diferentes formas en que Dios se ha revelado, su Palabra, la naturaleza, Jesucristo, las Teofanías. Tomando lo anterior como punto de partida, existen cuatro formas básicas que nos permitirán conocer algo de Dios:

a. Intuición:

Sigmund FREUD –padre del psicoanálisis–, cita el caso de una paciente checa refugiada en los Estados Unidos durante la Segunda Guerra Mundial y nos muestra exactamente que es la intuición. Cierto día de 1939, la mujer se sintió angustiada y desesperada, sin que mediara razón alguna "supo" que su madre (que todavía vivía en su país), había muerto. Todos los intentos de su marido y familia por tranquilizarla fueron en vano y ella persistió en su actitud.

Transcurridos dos días de aquel "presentimiento", recibió un telegrama de su país natal donde le confirmaban la tragedia. Teniendo en cuenta las siete horas de diferencia que existen entre Praga y Nueva York, tanto la paciente de Freud como su esposo pudieron constatar que el momento de la angustia de la mujer coincidía con el preciso instante de la muerte de su madre.

La intuición es la voz del alma, que, a través del lenguaje del corazón, nos permite establecer contacto con nuestra inteligencia superior, nuestra guía y dirección de lo que verdaderamente somos. La intuición no es irracional, no requiere que se le invalide o ignore a través de la razón ni a través de la desconexión de nuestros sentidos. Más bien, los sentidos están para complementar y apoyar la intuición, para darle información, para incentivarnos a poner atención en lo que sucede a nuestro alrededor y relacionarlo.

La intuición es sin duda una de las formas de conocer a Dios, porque el hombre es creado con ese dispositivo interno llamado intuición, a través del cual no tiene más remedio que reconocer la existencia de un ser superior, aún a pesar de que afirme lo contrario. El hombre sabe en el fondo que Dios existe, no importa lo que diga, fuimos creados con ese dispositivo, que Satanás lo afecta, es otra cosa muy distinta.

b. Tradición

La tradición es la tarea de transmitir en forma oral o escrita los conocimientos y prácticas cardinales o pétreas del cristianismo de una generación a otra. Dentro de este tema hay mucha tela que cortar, pues se transmite no solamente la Palabra de Dios, sino modas litúrgicas, doctrinas que han surgido, movimientos espirituales que marcaron un hito histórico en la humanidad. Aquí debemos tener sumo cuidado pues las generaciones han ido evolucionando en tal sentido que se han rebelado a tradiciones que es absurdo tratar de imponer. En el caso específico de la liturgia, la Iglesia se ha rebelado contra la cultura de los himnos de la fe cristiana que surgen en la época de Reforma con Castillo Fuerte de LUTERO e incluye esa pléyade de composiciones de Carlos WESLEY y compañía y muchos compositores más. América Latina tiene una idiosincrasia propia, y aunque los misioneros europeos y americanos introdujeron los himnos, la verdad es que hoy se alaba a Dios con otros ritmos musicales como la salsa, cumbia, música ranchera y ritmos juveniles como rap, mob y pop. La tradición litúrgica nos legó un orden de culto sumamente rígido. La Iglesia Latinoamericana ha adoptado una forma espontánea de culto.

Respecto a las doctrinas, hubo una época donde el pentecostalismo acaparó la atención de la Iglesia y rompió esquemas dentro de la Iglesia llamada tradicional, ahora eso es historia, el movimiento Neo Pentecostal está marcando pasos muy importantes. Entonces decir que se puede conocer a Dios a través de la tradición no es tan fácil, debe delimitarse bien que se quiere decir por tradición. En este caso queda completamente restringido a las doctrinas cardinales del cristianismo, pues lo demás cambia constantemente, aún las doctrinas periféricas están en constante cambio. Esto es en realidad lo se transmite, esa mística de ser cristiano, el arrepentimiento de los pecados, el reconocer a Jesucristo, el orar, leer la Palabra, asistir a una Iglesia, dar los diezmos, lo demás está en constante cambio.

c. La razón

La razón es uno de los elementos fundamentales con que cuenta el hombre para conocer a Dios. El ejercicio que el hombre efectúa usando la razón se llama razonamiento. Este no es otra cosa que una operación en la cual el ser humano hace una serie de inferencias, sean deductivas, inductivas o analógicas para llegar a conclusiones intelectuales que intentan buscar la verdad sin ayuda sobrenatural.

La Teología Sistemática es precisamente eso, razón, es decir, el trabajo del teólogo por llegar a conclusiones lógicas después de efectuar una serie de operaciones o inferencias que nos enseña la ciencia de la lógica.

Una de las características de la razón es que ella está sujeta a errores, puesto que es el hombre quien efectúa esta operación y éste es un dechado de imperfecciones y de inexactitudes. De manera que presentar las conclusiones teológicas periféricas como verdades de quinta esencia es una arrogancia que solo la misericordia de Dios puede perdonar. En otras palabras, afirmar que el dispensacionalismo es la verdadera forma de interpretar el Texto Sagrado, o que el don de lenguas es la única evidencia del bautismo del Espíritu Santo o que el anticristo es un líder político mundial que se levantará en el futuro, rechazando taxativamente las otras posturas, es un atrevimiento que ha dividido a la Iglesia y ha dañado nuestra imagen frente al mundo incrédulo. Debemos comprender que la Teología es razón, es decir, es una opinión, si bien es cierto, es una opinión científica y lógicamente estructurada, está sujeta a errores e imperfecciones.

A pesar de la imperfección de la razón, Dios puede ser conocido y es conocido por el hombre a través de este ejercicio intelectual.

d. La revelación

La revelación es un acto divino mediante el cual Dios da a conocer al hombre todo lo referente a su salvación y todo lo que le conviene saber respecto a su estado actual y final. Hemos ya discurrido en este sentido, y se ha afirmado que Dios se da a conocer en la actualidad a través de su creación, de su Palabra. En el pasado, la revelación más grande de Dios respecto a la criatura humana fue la presencia de Jesucristo en el mundo.

El resumen, este discurso es muy simple. Dios puede ser conocido, el hombre conoce de Dios, y a la misma vez no le conoce. Es una paradoja verídica. Le conoce por todas las razones que anteriormente se han esgrimido. Solo la perversidad del hombre, y el entenebrecimiento satánico puede llevar a la criatura a negar la existencia de un ser supremo, pues cada detalle de este mundo revela la existencia de Dios.

Sección II

EL TEÍSMO: LOS ARGUMENTOS

Se necesita decir primeramente que, en ninguna parte de la Biblia se arguye la existencia de Dios en el modo vislumbrado en estas "pruebas." La abrumante orientación de los escritores Bíblicos es el asumir que Dios existe y parten de allí para su discurso teológico. También, la fuerza de estos argumentos ha sido diversamente debatida; algunas personas los encuentran útiles y generalmente convincentes, especialmente cuando se toman conjuntamente. Es dudoso que pueda haber necesariamente una culpa lógica concerniente en la negación de cualquiera de sus premisas ó afirmaciones. También, uno debe notar que estos argumentos han sido criticados no sólo por ateos. Muchos cristianos se han preguntado acerca de su eficiencia, valor, validez, e importancia.

En este sentido, se hablará de argumentos teístas, es decir, que reconocen la existencia de Dios y argumentos antiteístas que niegan la existencia de Dios.

A. Argumentos teístas naturalistas

Fue San Anselmo quien popularizó lo relacionado a los argumentos que prueban la existencia de Dios. Nadie puede escribir Teología Propia y obviarlos, ellos son parte ineludible de un tratado de este género.

San Anselmo era originario de Aosta, en el Piamonte, en Italia, donde nació en el año 1033. A pesar de ello es más comúnmente conocido como San Anselmo DE CANTERBURY, al haber sido arzobispo de dicha ciudad durante algunos años, donde murió en 1109.

San Anselmo DE CANTERBURY fue uno de los filósofos más relevantes de la tradición agustiniana, por lo que debemos situarlo en la esfera de influencia filosófica del platonismo. No obstante, sus preocupaciones fundamentales eran de tipo religioso y espiritual. En este sentido concibe la filosofía como una ayuda para comprender la fe: hay una sola verdad, la revelada por Dios, que es objeto de fe; pero la razón puede añadir comprensión a la fe y, así, reforzarla. La expresión «credo, ut intelligam» resume su actitud: la razón sola no tiene autonomía ni capacidad para alcanzar la verdad por sí misma, pero resulta útil para esclarecer la creencia. La razón queda situada en una relación de estricta dependencia con respecto a la fe.

En su obra «Monologion» San Anselmo había presentado ya algunos argumentos sobre la demostración de la existencia de Dios, acompañando a otras reflexiones de carácter marcadamente teológico. La demostración que nos ofrece en el «Proslogion» fue motivada, según sus propias palabras, por la petición de sus compañeros benedictinos de reunir en un solo argumento la fuerza probatoria que los argumentos presentados en el «Monologion» ofrecían en conjunto. Con esta prueba, conocida como «argumento ontológico», San Anselmo pretende no sólo satisfacer dicha petición sino también dotar al creyente de una razón sólida que le confirme indudablemente en su fe. El argumento en cuestión lo formula San Anselmo como sigue, en el capítulo II del Proslogion:

«Así, pues, ¡oh Señor!, Tú que das inteligencia a la fe, concédeme, cuanto conozcas que me sea conveniente, entender que existes, como lo creemos, y que eres lo que creemos. Ciertamente, creemos que Tú eres algo mayor de lo cual nada puede ser pensado.

Dentro de esta primera categoría, se pueden distinguir argumentos *a posteriori* y argumentos *a priori*.

1. Argumentos *a posteriori*

La lógica es la ciencia que nos enseña a estructurar científicamente el pensamiento y por ende a pensar correctamente. Hemos afirmado que la Teología es razón, y aunque tiene elementos de fe, es razón. Esto significa que temas como la existencia de Dios, no solamente pueden ser creídos por la fe, sino que pueden ser demostrados por la lógica. A continuación, serán objeto de estudio los argumentos *a posteriori* sobre la existencia de Dios.

a. El argumento Cosmológico

El argumento de la creación, conocido como el *argumento cosmológico*, declara en su forma más básica, que todo lo que conocemos de la creación en el universo tiene una causa. Pero no puede haber una regresión infinita de causas. Por esto, el universo en sí tiene una causa incausada y esta Causa es Dios. Un vencedor potencial de este argumento es la negación de que uno debe ver afuera de la creación buscando una causa. Pero algunos responden diciendo que esto es como decir que no hay respuesta; se debe postular una serie infinita de causas, aunque esto sea lógicamente trivial o absurdo para algunos. Una infinita serie de causas es una salida intelectual de último recurso, ellos debaten, e infringen el principio de la razón suficiente.

Empleado de distinta manera, por distintos autores, entre los que están Platón, Aristóteles, Santo Tomás, Spinoza y Leibniz, sin embargo, tiene en común el que se parte del hecho mismo de que existe un mundo, o de las características generales que le son propias, como es el cambio, el movimiento y la causalidad e infieren a Dios como la causa incausada del mundo o de tales características generales, o bien de su existencia.

b. El argumento Teleológico

El argumento del diseño, conocido como el *argumento Teleológico*, observa la armonía, orden, y diseño de las cosas dentro de la creación. Este argumento sostiene que tal diseño y orden implica un propósito y que, por esto, debe haber un Diseñador inteligente y ese diseñador debe ser Dios. Un argumento potencialmente vencedor contra este argumento es la aparente aleatoriedad de ciertas cosas en la creación y la aparente falta de diseño.

Defensores del argumento del diseño frecuentemente sugieren que sí surgen eventos aparentemente aleatorios, y así por el estilo, pero esto no desvía el abrumador sentido de diseño que experimentamos. Si esto no fuera así, es dudoso que los seres humanos hubieran sobrevivido por tanto tiempo.

c. Antropológico

Este argumento nos habla del *homo sapiens* de un hombre inteligente que le diferencia de cualquier otra criatura. Y no solamente su inteligencia, sino sus capacidades inherentes como sus sentimientos, sus emociones que tienen que tener una causa y esa causa es definitivamente Dios. El hombre no pudo haber salido de la nada, estrictamente tiene que tener una causa. Posteriormente, serán objeto de estudio las tesis evolucionistas y materialistas del origen del hombre.

Otro de los aspectos que deben ser tomados en cuenta en relación con el hombre, es su constitución interna, el funcionamiento de sus órganos, la simetría, la perfección, el diseño del cuerpo humano, revela de una forma indubitada la existencia de un Dios perfecto como la causa del hombre. Esto constituye en esencia el argumento antropológico sobre la existencia de Dios.

d. Metamorfológico

Este es no es un argumento esgrimido por San Anselmo, sino más bien la conclusión lógica de un evangelista que durante una carrera de ministerio ha visto la vida de muchas personas cambiadas por el poder de Dios.

En una sociedad de consumo como en la que se vive, donde campea las drogas, las pandillas, la paternidad irresponsable, embarazos en adolescentes, abortos, matrimonios homosexuales, en fin, tantos flagelos, hemos observado la vida de muchos seres humanos cambiadas. El inicio de ese cambio es un acto de fe, la entrega de sus vidas a Jesucristo, el resultado, un cambio de 180 grados. Nadie puede cambiar a un ser humano, las terapias son útiles pero no transforman a nadie, las cárceles no reforman sino que muchas veces deforman más al individuo, la violencia solo engendra violencia, debe manera que la única causa de cambio es Dios y esto se convierte en una prueba indudable de su existencia. A esto llamamos la prueba *metamorfológica* o del cambio.

2. Argumento *a priori*

Una vez estudiado los argumentos *a posteriori* sobre la existencia de Dios, es menester considerar el argumento *a priori*, es a saber el argumento ontológico.

a. Ontológico

El argumento ontológico fue llamado así por primera vez por KANT (Siglo. XVIII), y ha sido uno de los argumentos más polémicos de la historia de la filosofía. Filósofos de la talla de DESCARTES y HEGEL lo consideran válido y lo introducen en sus respectivos sistemas. Otros, como Tomás de AQUINO, HUME y KANT, rechazaron la validez del argumento, negando su fuerza probatoria. San Anselmo introduce el argumento en el contexto de una plegaria a Dios y su estructura lógica puede resumirse como sigue: Al preguntarnos si Dios existe, la respuesta está implícita en la pregunta. Preguntarse si Dios existe equivale a preguntarse si el ser supremo existe. Pero la misma idea de *ser supremo*, que incluye todas las perfecciones, incluye también la existencia. De otro modo, tal *ser supremo* sería inferior a cualquier ser que exista. Un ser supremo inexistente sería una contradicción semejante a la de un triangulo de cuatro lados. De la misma manera que la idea de triangulo incluye *ipso facto* la idea de tres lados, la idea de *ser supremo* incluye *ipso facto* su existencia. Dicho en una forma sencilla, lo que San Anselmo trata de decir es que el ser humano esta reconociendo la existencia de Dios en el mismo momento en que se pregunta acerca de su existencia. A esto le llama el argumento *a priori* ontológico.

B. Argumentos antiteístas

El corazón perverso del hombre ha tratado y seguirá tratando de negar la existencia de su creador, para lograr su objetivo estructura filosofías por arte compuestas, en otros casos simplemente negará su existencia sin mayor explicación, o lo que es peor, aceptará su existencia, empero la ética de su existencia será un elocuente testimonio, que en su corazón, Dios no existe. Esta última es la peor forma de ateísmo. Como es obvio, este es el resultado de la obra de cegamiento efectuado por Satanás, en su afán de destruir al hombre. Es aquí cuando cobran vigencia las palabras de San Pablo cuando expresa a los corintios: ... *porque el dios de este siglo le ha cegado el entendimiento a todos los incrédulos*... Existen muchas filosofías que han intentado desacreditar la existencia de Dios, sin embargo se han seleccionado aquellas que han alcanzado mayor popularidad.

1. Argumentos de carácter Filosófico

La Filosofía es la ciencia que estudia las cosas por sus primeras y últimas causas. El quid de la filosofía es quién la hace, cuáles son sus motivaciones y a dónde quiere llegar. En el caso que nos ocupa, los filósofos tratan de demostrar a través del razonamiento que Dios no existe, que es un mito creado por personas ignorantes o fanáticas.

Existen muchísimas filosofías ateístas, sin embargo, las que aquí se tratan son aquellas que consideramos de mayor relevancia y que de una manera u otra han tenido un gran impacto en nuestra sociedad.

a. Ateísmo

El término «ateísmo» se aplica a muy diferentes filosofías y creencias. A los primeros cristianos se les acusó de ser ateos por negarse a dar culto a los dioses. El nombre de ateísmo abarca fenómenos muy diversos. Una forma frecuente del mismo es el materialismo práctico, que limita sus necesidades y sus ambiciones al espacio y al tiempo. El humanismo ateo considera falsamente que el hombre es «el fin de sí mismo, el artífice y demiurgo único de su propia historia». Otra forma del ateísmo contemporáneo espera la liberación del hombre de una transformación económica y social para lo cual la religión, por su propia naturaleza, constituiría un obstáculo, porque, al orientar la esperanza del hombre hacia una vida futura ilusoria, lo apartaría de la construcción de la ciudad terrena.

En el siglo XVIII, la negación total de la existencia de Dios es un fenómeno del ateísmo moderno que surgió en la civilización occidental con la Ilustración. (Movimiento filosófico y literario del siglo XVIII caracterizado por la extremada confianza en la capacidad de la razón natural para resolver, sin ayuda de Dios, todos los problemas de la vida humana). El hombre, deslumbrado por los avances en la ciencia y en el saber, pensó que no hay otra realidad sino la material.

Cambios masivos en la política y en la sociedad originada con la Revolución Francesa (1789) llevaron a un sentido de emancipación que rechaza la religión. La Iglesia era percibida como «reaccionaria». Los movimientos independentistas del continente americano en este siglo fueron profundamente influenciados por esta mentalidad.

A continuación se muestra la creencia que algunos filósofos reconocidos tenían sobre Dios: Ludwig FUERBACH (m.1872): *La conciencia humana es auto-conciencia y Dios no es más que la proyección de la especie humana.*

Karl MARX (m. 1883): *La religión es el resultado de contradicciones en el mundo económico y social que deben ser destruidas por la revolución. De ese modo se eliminará a Dios que es una alienación.* La filosofía de MARX inspiró las revoluciones comunistas que, comenzando por Rusia, produjeron regímenes de terror en diversas partes del mundo.

Friedrich NIETZCHE (m.1900): *La realidad central del hombre es la ambición del poder. Dios es un factor que limita que el hombre se desarrolle en el* Uber-mensch *(super-hombre).* Anunció la realidad cultural de la muerte de Dios: «*La creencia en el Dios de los cristianos ya no es creíble*».

Sigmund FREUD (m.1939): Aunque técnicamente se consideraba agnóstico, también percibía al Dios providencial como una «proyección de Edipo» de la debilidad humana que busca la figura del padre protector y amenazante. *Complejo de Edipo:* En el psicoanálisis, es la inclinación sexual del hijo hacia el progenitor del sexo contrario, acompañado de hostilidad hacia el del mismo sexo.

Jean-Paul SARTRE (m.1980) percibe a Dios como una contradicción y una limitación intolerable a la auténtica libertad humana.

b. Agnosticismo

Agnosticismo es la posición que limita el conocimiento a la experiencia sensual o empírica verificable. Rechaza la posibilidad de conocimiento sobrenatural y por lo tanto la posibilidad de saber si Dios existe. El filósofo KANT (1724-1804) preparó el camino a la popularización de esta posición pero la palabra «agnosticismo» es de T.H. HUXLEY (1869) para quien significó el rechazo de la metafísica.

Agnosticismo no es lo mismo que ateísmo (negación de la existencia de Dios). Su posición es que no se puede saber si existe o no. Por eso rechaza cualquier pronunciamiento a favor o en contra de la existencia de Dios.

c. La evolución

La teoría moderna de la evolución se atribuye principalmente a Charles DARWIN quien publicó un libro titulado «*Sobre el Origen de las Especies Mediante la Selección Natural*», en 1859. Entre 1922 y 1953, Alexander Oparin, un bioquímico Ruso, y J.B.S. Holdane, un biólogo Inglés, aportaron lo que se denomina actualmente como la hipótesis Oparin-Holdane. Esta hipótesis tiene que ver con el origen de la vida por medio de una evolución química en un «caldo pre-biótico» compuesto de metano, amoniaco, hidrogeno, y vapor de agua, en una atmósfera con muy poco oxigeno o completamente sin este. Aunque muchas versiones del «caldo pre-biótico» o «caldo primordial» han sido postuladas.

Hay tres ideas básicas que siempre se presentan: 1) La evolución de lo *sencillo* a lo *complejo* y de lo *inerte* a lo *vivo*. 2) La evolución ha ocurrido en un periodo de tiempo sumamente largo. 3) La completa ausencia de inteligencia en los eventos evolutivos (e.g., eventos puramente aleatorios, por chance, al azar, sin ningún propósito, de probabilidades increíblemente bajas, o contradictoriamente conocidos como "procesos naturales"- la palabra proceso es mal usada en este caso ya que esta palabra en si misma encierra la idea de cierto grado de orden en los eventos). Esta teoría es hoy en día considerada por muchos un hecho irrevocable, y para otros la teoría más probable. Sin embargo, no se ha comprobado ni se puede comprobar. Un texto moderno universitario de biología lo pone de la siguiente manera:

"Prueba de que la teoría de la evolución es cierta, en el sentido riguroso de una verificación o demostración experimental científica, es imposible por varias razones. La razón mas importante es que la evolución es un fenómeno histórico."

Un científico evolucionista de renombre, Colin PATTERSON, Ph.D., dijo:

"Debemos primeramente preguntarnos si la teoría de la evolución por medio de la selección natural es científica o pseudo científica (metafísica)... considerando la primera parte de la teoría que postula que la evolución ha ocurrido, sugiere que la historia de la vida es un solo proceso de división y progresión de especies. Este proceso tiene que ser único e irrepetible, como la historia de Inglaterra. Esta parte de la teoría es entonces una teoría histórica acerca de eventos únicos, y eventos únicos no pertenecen, por definición, al ramo de la ciencia, porque no se repiten y por lo tanto no se pueden verificar por medio de experimentos."

Estas declaraciones no son del todo controversiales sino mas bien muy aceptadas y declaran que la teoría de la evolución (TE) no es un hecho sino una hipótesis no comprobada e incomprobable por la ciencia. Sin embargo, podemos examinar las evidencias y ver si los hechos apoyan a esta teoría o no. Si hacemos esto honestamente y entendiendo lo que la teoría asevera a la luz los datos y estudios disponibles, se pueden encontrar varias discrepancias entre los datos científicos y la hipótesis de la evolución (la TE).

Sí hemos adoptado el compromiso de la inerrancia de las Escrituras y éstas nos afirman que *en el principio creó Dios los cielos y la tierra* y que *dijo Dios: hagamos al hombre conforme a nuestra imagen y semejanza* las teorías tanto de DARWIN, como de OPARÍN son simplemente opiniones alejadas de la verdad *inspirados* por Satanás mismo en su intento de hacerle creer al hombre mentiras que van en su propio detrimento.

d. Materialismo Dialéctico

El materialismo dialéctico es la concepción del mundo del marxista-leninista. Llamase materialismo dialéctico, porque su modo de abordar los fenómenos de la naturaleza, su método de estudiarlos y de concebirlos, es *dialéctico*, y su interpretación de los fenómenos de la naturaleza, su modo de enfocarlos, su teoría es *materialista*.

El materialismo histórico es la extensión de los principios del materialismo dialéctico al estudio de la vida social, la aplicación de los principios del materialismo dialéctico a los fenómenos de la vida de la sociedad, al estudio de ésta y de su historia.

Caracterizando su método dialéctico, MARX y ENGELS se remiten generalmente a HEGEL, como al filósofo que formuló los rasgos fundamentales de la dialéctica. Pero esto no quiere decir que la dialéctica de MARX y ENGELS sea idéntica a la dialéctica hegeliana. En realidad, MARX y ENGELS sólo tomaron de la dialéctica de HEGEL su "médula racional", desechando la corteza idealista hegeliana y desarrollando la dialéctica, para darle una forma científica moderna.

> "Mi *método dialéctico* —dice Marx— no sólo es en su base distinto del método de Hegel, sino que es directamente su reverso. Para Hegel, el proceso del pensamiento, al que él convierte incluso, bajo el nombre de idea, en sujeto con vida propia, es el demiurgo (creador) de lo real, y lo real su simple forma externa. Para mí, por el contrario, lo ideal no es más que lo material traspuesto y traducido en la cabeza del hombre" (C. Marx, Palabras finales a la segunda edición alemana del t. I de El Capital).

La esencia del materialismo esta en la declaración que la materia es eterna. La materia no se crea ni se destruye solamente se transforma. De ahí que el universo no es producto de un ser superior llamado Dios, sino el resultado de combinaciones fortuitas de fenómenos naturales. El planeta donde vivimos, el hombre mismo, es un accidente de estos fenómenos. La materia es dios y punto. Federico ENGELS escribió un libro llamado el *origen del Estado, de la Familia y de la Propiedad Privada* donde explica como el hombre evoluciona de un antropomorfo, es decir, un ser semejante a un simio, a un hombre como lo es hoy, y explica como desarrolla el aparato fonador, como desarrolla sus brazos, en fin un relato fantástico, que más parece una novela de Julio Verne que un tratado sobre el origen del hombre.

Es importante señalar, que este pensamiento filosófico encontró su asidero en el mundo universitario de América Latina, donde comenzaron a gestarse movimientos de insurrección que luego condujeron a sendas revoluciones como fue el caso de Cuba o de Nicaragua, o los intentos que fueron sofocados en El Salvador, Chile y Honduras. La filosofía marxista que inspiró a esta generación estaba fundamentada en el materialismo. Dios no existe. Dios es un invento de la religión, que sin duda es el opio de los pueblos como señalara MARX.

Al no haber Dios, tampoco hay ética cristiana. La forma de ver el mundo es completamente diferente y es ahí donde surge la violencia. El reparto de las riquezas, la explotación del hombre por el hombre, es producto del sistema capitalista, un sistema nefasto que hay que destruir a toda costa, no es producto del pecado, pues para ellos esto es simplemente una quimera. Ahí es cuando surge la violencia y la guerra que cobró miles de vidas preciosas en este continente en la llamada década perdida, es decir, la de década de los ochenta en el Siglo XX.

e. Positivismo

Es una corriente filosófica que surge en el Renacimiento con Augusto COMTE 1798-1857 (padre de la sociología). Rechaza todo lo metafísico y las conclusiones del razonamiento humano; pues, el conocimiento del hombre está limitado a hechos visibles o fenómenos. Es real aquello que puede comprobarse.

El principio fundamental del *positivismo* está en afirmar que toda ciencia resulta de la coordinación de los fenómenos sujetos a nuestra experiencia, y que lo absoluto es inaccesible al espíritu humano. De ese principio ha nacido el método positivista, que consiste en recurrir únicamente a la experiencia y a la inducción, dejando por tanto a un lado, como cosa baladí, los datos de la razón pura.

Los principales representantes del positivismo han sido en Francia los señores COMTE, LITTRÉ Y TAINE, los cuales, a la par que en principio hacían profesión de ignorar si existe o no lo absoluto, lo combatían de hecho en vez de mantenerse en la neutralidad de que alardeaba su sistema.

Los positivistas ingleses STUART MILL y Herbert SPENCER admiten expresamente la existencia de lo absoluto; pero opinan que de él solamente podemos conocer su existencia, por hallarse lo absoluto fuera de los límites de la experiencia y ser, por consiguiente, *incognoscible*. En conformidad a lo cual se ha dado a ese positivismo la denominación de *agnosticismo*.

El resumen de esta corriente filosófica es que como la existencia de Dios no puede probarse científicamente, entonces Dios no existe.

2. Argumentos de carácter religiosos

A diferencia de los argumentos de carácter filosófico que directamente niegan la existencia de Dios, los argumentos religiosos, si aceptan dicha existencia, sin embargo la forma como ellos plantean su postura, desemboca en el mismo mar de confusión que aquellos que dicen que Dios no existe. El ardid satánico con estos argumentos es confundir sutilmente a las personas, haciéndoles creer que Dios existe, sin embargo, la esencia misma del pensamiento es ateo, mentiroso y por lo tanto distorsionado. A continuación e presentan los argumentos religiosos más importantes.

a. Politeísmo

Como su misma palabra lo indica, politeísmo nos habla de la creencia en varios dioses. El AT nos muestras como todos los pueblos adoraban diferentes dioses. Una práctica completamente prohibida en la Biblia. El ser humano, ya con el conocimiento entenebrecido por el pecado, adjudicó a los diferentes fenómenos de la naturaleza un dios, luego a los animales e incluso a las personas. A continuación veremos las diferentes formas como el politeísmo se presenta: *Demonolatría*: culto a espíritus malignos (considerados buenos y malos) común entre griegos y romanos, subsiste hoy en algunos orientales y en Oceanía, y revitalizada en nuestros días por la Nueva Era (canalizaciones, comunicación con supuestos "ángeles", maestros ascendidos, etc.) *Sabeísmo*: culto a los astros, corriente en Persia, con algunos adeptos en Grecia. *Antropolatría*: culto a los hombres (Júpiter y Saturno en Grecia, los emperadores en Roma y los antepasados en China). También revitalizada por la Nueva Era (culto a maestros y gurúes). *Zoolatría*: culto a los animales, propio de Caldea, Egipto y la India. *Fetichismo*: culto a la naturaleza inanimada, como los ríos, la tierra, el fuego, árboles, ídolos, etc., practicado por los egipcios y aún hoy por algunas tribus indígenas y africanas.

Respecto a este tema del politeísmo, la Biblia se pronuncia en los siguientes términos: *"Y porque lo has visto, ahora sabes que Yahvé es Dios y que no hay otro fuera de El"* (Dt. 4, 35). *"Escucha, Israel: Yahvé, nuestro Dios, es Yahvé- único"* (Dt. 6, 4). *"Ven ahora que Yo, sólo Yo soy, y que no hay más Dios que Yo. Yo doy la muerte y la vida, y hiero, y soy Yo mismo el que sano, y no hay quien se libre de mi mano"* (Dt. 32, 39) y como estos, muchos más versos.

Finalmente, acotar que no era de extrañarse que cuando los conquistadores europeos llegaron al nuevo mundo, encontraran civilizaciones politeístas e incluso que practicaban los sacrificios humanos como los aztecas, a la usanza de los pueblos orientales del AT. De ahí que la incursión sangrienta de los conquistadores se convierte en un azote de parte de Dios a estos pueblos sumidos en los antros de oscuridad más profundos.

b. Panteísmo

De las palabras griegas "pan" todo, y "Theos" Dios –todo es Dios– Significa *un sistema en el cual identifican a Dios con el mundo*, basándose en la reflexión oriental, en la que dios se disuelve en lo divino, convirtiéndose en un absoluto impersonal, en una energía cósmica que atraviesa y penetra todas las cosas, como el aire, y se identifica con lo íntimo de todas las cosas, especialmente con la psyque humana. Toda realidad, dicen, es expresión de lo divino, porque en la conciencia cósmica, dios y el mundo, la materia y el espíritu, el cuerpo y el alma no son diferentes. La "Nueva Era" niega al Dios personal de la revelación cristiana. Es decir, niega a un Dios soberano y las leyes que suponen diferencias entre el bien y el mal. Este regreso al panteísmo naturalista, que resultó definitivamente superado por el evento de la revelación cristiana, encuentra apoyo en muchos nuevos movimientos religiosos, de origen oriental y en un regreso a las religiones paganas.

c. Deísmo

El Deísmo es la creencia en Dios creador del Universo y de sus procesos naturales a través de los cuales funciona (leyes). Se basa en la observación y el análisis racional de la naturaleza. Así pues, el Deísmo es una creencia racional en Dios, pero sin aceptar los credos, dogmas o libros sagrados de una religión particular.

La manera en que cada deísta percibe la idea de Dios es personal y subjetiva. Algunos ven a Dios como la suprema o última Realidad. Otros ven a Dios como un Ser perfecto en poder, sabiduría y bondad que es adorado como creador del Universo. Otros conciben a Dios como una Mente infinita o un principio divino incorpóreo que está por encima de todo y lo fundamenta. Otros como un Primer Motor más o menos impersonal y que se mantiene al margen. Sea como fuere que los deístas concretos entiendan a Dios, la característica común de ellos que es que Dios existe. Como no hay un credo específico, cada deísta explora estas cuestiones acerca de la naturaleza de Dios a través de su raciocinio y el debate racional con otros.

Algunos deístas creen que Dios creó el Universo, pero que se mantiene al margen de él. Sin embargo, otros deístas creen que Dios puede intervenir de algún modo en los asuntos humanos.

Las raíces del deísmo están en los antiguos filósofos griegos y en la filosofía aristotélica de la Primera Causa. El Deísmo floreció durante el Renacimiento con el apoyo de científicos ingleses e italianos como GALILEO y NEWTON; pero sobre todo durante la Ilustración, en el siglo XVIII, a partir de los escritos de autores ingleses y franceses como Thomas HOBBES, John LOCKE, David HUME, Jean-Jacques ROUSSEAU y VOLTAIRE. Al mismo tiempo con los escritos de norteamericanos como John QUINCY ADAMS, Ethan ALLEN, Benjamín FRANKLIN, Thomas JEFFERSON, James MADISON, George WASHINGTON, etc. Concretamente los principios deístas tuvieron un efecto en las estructuras políticas y religiosas de Estados Unidos como son la separación entre Iglesia y Estado y la libertad religiosa.

B. Argumentos antiteístas

d. Dualismo

Teoría que afirma la existencia del universo como formado y mantenido por el concurso de dos principios igualmente necesarios y eternos.
En otras palabras que la acción de estas dos esencias, el bien y el mal,
son el origen del universo y lo que en el existe.

El Zoroastrismo y ciertos Gnósticos creen esto. Por medio del dualismo se admite un doble principio supremo: uno del *bien*, del que proceden todos los bienes, y otro, del *mal*, del que proceden todos los males
y ambos juntos es el origen de todas las cosas. En el campo teológico,
está el Maniqueísmo, herejía dualista introducida en Persia por MANI,
contra la cual luchó arduamente San AGUSTÍN, proponía dos deida-
des: Dios y Satanás.

En definitiva, los dualistas no niegan la existencia de Dios, empero
al darle la misma categoría al demonio en lo que se relaciona al origen
de las cosas, equivocan el camino y caen en una herejía inaceptable.

En esta sección se han abordado tanto los argumentos teístas como
antiteístas sobre la existencia de Dios, dejando claro el esfuerzo del hombre
tanto para probar su existencia como para negarla. La verdad de las cosas
es que Dios no necesita ni de uno ni de otro, el simplemente existe, es real,
habita por la fe en las personas que le hemos recibido, sus manifestaciones
son hechos innegables y tanto el hombre corrupto que hoy niega su existencia o aquel que la acepta empero su código de ética la niega serán pasados por juicio el día que caiga el velo y verán a Dios en toda su gloria,
para recompensar a los justos y retribuir a los impíos.

Sección III

EL TEÍSMO: LA PERSONALIDAD DE DIOS

En esta sección nos enfocaremos en uno de los puntos principales de la
Teología Propia, es a saber la personalidad de Dios, si bien es cierto
Dios es un ser espiritual e incorpóreo también es una persona, con intelecto, sentimientos y voluntad, quien al crearnos nos trasmite de su
personalidad, aunque con sus limitaciones.

Es importante señalar, que dada la característica de infinidad de Dios, es totalmente imposible el estudio de su personalidad, sin embargo, en la medida de nuestra limitación humana, este tema será objeto de un análisis. Para su estudio esta sección se dividirá en dos partes principales: La personalidad de Dios (A) y los Decretos Divinos (B).

A. Personalidad de Dios

Los elementos que se combinan para formar la personalidad son: intelecto, sensibilidad y voluntad. La inteligencia dirige, la sensibilidad desea y la voluntad determina la dirección que conduzca a fines racionales. Las personas humanas, angélicas y divinas presentan estos aspectos.

Cuando se estudia el tema de la personalidad de Dios, llegamos al tema de los atributos, que se refiere a aquellas cualidades o propiedades que encierra su personalidad y que lo distinguen como Dios y por las cuales lo reconocemos como tal.

Los atributos de Dios se pueden distinguir en aquellos que solo Él posee, y aquellos atributos que Él comparte en un sentido derivado y finito con su creación. Esto nos lleva a efectuar la diferenciación de los atributos en "Incomunicables y Comunicables" como le llamaron los teólogos de la reforma, aunque en este tratado, les llamamos atributos no proyectados y atributos proyectados.

Entre los atributos no proyectados se pueden mencionar: Existencia propia, inmutabilidad, infinidad, y unidad. Los atributos proyectados incluyen: espiritualidad, intelecto, y atributos morales, *inter alia*.

1. Atributos no proyectados

Son aquellos atributos que pertenecen exclusivamente a la deidad y que al momento de crear al hombre no fueron comunicados o proyectados. Estos atributos son aquellos que hacen de Dios un ser único, supremo, grande, digno de adoración, servicio, lealtad y entrega sin reservas. Estos atributos serán estudiados a continuación.

a. Simplicidad

Dios es simple, esto es, no compuesto de partes. La Simplicidad de Dios implica que Dios no tiene cuerpo, ni cualidades sensibles, ni partes de ninguna especie San Juan nos enseña que "Dios es un espíritu". (Juan 4,24)

En Dios no puede haber partes, porque todo ser compuesto es posterior a las partes que lo componen. Dios no puede ser posterior de ningún ser, porque es la causa de todos. Luego no puede constar de partes. Ejemplos de que todo ser compuesto es posterior a sus partes: en una casa los ladrillos, piedras, maderas, etc, existen antes que la casa. Primero existen el hombre y el caballo; y entre los dos forman el jinete.

b. Unidad

Dios es único, esto es, no puede haber sino un solo Dios, porque la esencia divina es incomunicable. Esta verdad consta en muchos lugares de la Sagrada Escritura. Basta citar el primer mandamiento de la Ley: *"Yo soy el Señor tu Dios; no tendrás otros dioses delante de Mí"* (Éxodo 20,2). Los Símbolos de la fe comienzan diciendo: "Creo en un solo Dios...".

Concebimos a Dios como ser infinito, esto es, que tiene todas las perfecciones. Si hubiera varios dioses el uno no tendría las perfecciones de los otros, y así ninguno sería Dios. En otras palabras, es imposible que existan dos seres infinitos.

c. Infinidad

Dios es infinito, esto es, tiene todas las perfecciones en grado sumo e ilimitado. La Escritura nos enseña que Dios es la misma Sabiduría, "el solo Poderoso", "el solo Bueno", "el que da a todas las cosas vida y movimiento"; en una palabra, que tiene todas las perfecciones en sumo grado. La razón nos demuestra que Dios es Infinito, porque de no serlo podría recibir más perfecciones. Dependería entonces de aquél que se las diera, y, por tal motivo, no sería Dios.

La consideración de la infinita grandeza de Dios, unida al reconocimiento de nuestra miseria y pequeñez, debe humillarnos profundamente ante Él. Este es el sólido fundamento de toda la humildad cristiana.

d. Eternidad

La Eternidad de Dios es una consecuencia de su Inmutabilidad. Y esto es así porque cuando hablamos de "eternidad" estamos hablando de "no-tiempo". El tiempo es en sí mismo "cambio", medición de movimiento. El tiempo comenzó con la creación del universo cambiante. Dios no cambia, todo lo creado cambia.

Ahora bien, debido a nuestra inteligencia y lenguaje limitadísimos, tenemos que hablar de pasado, futuro y presente de Dios: decimos, por ejemplo, *"Dios siempre fue y siempre será"*. O bien, *"Jesucristo es el mismo ayer, hoy y siempre"*. Pero, en realidad, estrictamente hablando, en Dios no hay ni pasado ni futuro.

Dios es Eterno porque no cambia, porque es Inmutable. Para Dios, no hay sucesión de tiempo, ni medición de duración. Para Dios hay sólo un "eterno presente". Dios simplemente "es". De allí que al darnos su nombre *"Yo Soy"*, en seguida nos dice que *"Yo Soy"* es su nombre *"para siempre"* (Ex. 3, 14-15).

e. Inmutabilidad

Su eternidad es la juventud sin infancia ni vejes, el hoy sin el ayer ni el mañana. La inmutabilidad de Dios significa que su naturaleza no sufre ningún cambio. Es imposible que Dios tenga un atributo en una ocasión y que deje de poseerlo después. Tampoco puede haber cambio en su divinidad ni para mejor ni para peor. Dios permanece siempre el mismo.

El no tiene principio ni fin, es él "Yo Soy" que existe por sí mismo. El libro de los Salmos 90:2, como también el salmo 102: 24-27, ponen de manifiesto la eternidad de Dios *"Antes que naciesen los montes y formases la tierra y el mundo, y desde el siglo hasta el siglo, tú eres Dios"*. En el libro de Éxodo 3:14, encontramos aquellas palabras que nos demuestran el pasado, el presente, y el porvenir. En el Apocalipsis declara "Yo soy el Alpha y la Omega, principio y fin dice el Señor, el que es y que era y que ha de venir, el Todopoderoso.

f. Omnipresencia

La Omnipresencia de Dios significa que Él esta presente en todas partes. Este atributo esta íntimamente relacionado con la omnisciencia y omnipotencia, porque si El se encuentra presente en todas partes, obra en todas partes y tiene un conocimiento completo de lo que acontece en cada lugar, tiene que ser concomitantemente omnisciente y omnipotente.

A. Personalidad de Dios

Quizá uno de los pasajes favoritos que menciona la Biblia lo encontramos en el libro de los Salmos 139:7-12, describiéndonos con total magnitud que ni el cielo, el mar, o la noche, o tal vez el mismo día, son lugares en donde nos podamos esconder de la presencia de Dios. Si nos detuviéramos por un minuto, observaríamos que en los versículos que van del primero al sexto, detallan con total profundidad y certeza el total conocimiento que tiene Dios de las cosas que realizamos y aun aquellas que luego vendrán, esto no es más que el fiel reflejo de la omnisciencia de Dios, pero él capitulo sigue y si esta ves nos sumergimos con total libertad y simpleza en los versículos que van del trece al diecinueve, estaríamos leyendo acerca de esa maravilla que exalta el salmista: La omnipotencia de Dios. Ahora podemos comprender del porque el salmista se da cuenta de que nunca esta fuera de la presencia de Dios, como tampoco lo puede estar fuera de su conocimiento y de su poder.

g. Soberanía

Entendemos por soberanía a la *posesión o ejercicio de suprema autoridad; dominio o imperio... y se califica de "suprema" para dar a entender "lo más alto"*. Las tres personas de la Trinidad son supremamente soberanas. En el caso de Dios Padre, la soberanía se puede ver en el libro de Daniel 4:35 cuando asevera *Dios hace lo que quiere con los poderes celestiales y con los pueblos de la tierra.* En el caso específico del hijo existen versículos que lo expresan con claridad meridiana: *Toda potestad me es dada en el cielo y en la tierra.* (Mat. 28:18). El apóstol Pablo también habla de la soberanía del Hijo en Ef. 1:20-22; y el vidente de Patmos describió a Cristo como *El soberano de los reyes de la tierra* (Apoc. 1:5). Ahora llegamos a la persona del Espíritu Santo, en quien también podemos ver el atributo de soberanía, tal es el caso de 1 Cor. 12:11) donde se afirma que el Espíritu Santo reparte sus dones a cada uno (de los creyentes) *como El quiere.*

Lo anteriormente expresado, prueba dos extremos, el primero es la soberanía de la deidad y segundo la Trinidad. Dicho en palabras simples, soberanía es la potestad que Dios tiene de actuar como mejor le parezca, punto.

2. Atributos proyectados

Como la misma palabra lo indica, se refiere a aquellos atributos que Dios comunicó al ser humano cuando sopló el aliento de vida que nos hace a los humanos tener la imagen y semejanza de Dios.

a. La Espiritualidad de Dios

En el dialogo de Jesucristo con la mejor samaritana deja suficientemente claro este tema. Jesús declara que Dios es Espíritu. No dice que es un espíritu, sino que Dios es Espíritu. Y los verdaderos adoradores deben adorarle en *espíritu y en verdad*. Esto es fundamental entenderlo, porque es precisamente la espiritualidad lo que Dios comunica o proyecta cuando crea al hombre en el jardín del Edén. Si el Texto Sagrado afirma que somos creados a imagen y semejanza de Dios, y Dios es Espíritu, entonces esa imagen y semejanza del libro de Génesis se refiere a la espiritualidad que Dios nos *sopla* o el aliento de vida que hace que el cuerpo creado sea un alma viviente.

b. Atributos intelectuales

Los atributos que Dios ha proyectado a la criatura humana relacionada con el intelecto son dos: El conocimiento y la sabiduría.

1) *El conocimiento*

Conocimiento viene de la palabra griega *gnosis* y el Prof. BERKHOF definió este atributo como:

> *Aquella perfección divina por medio de la cual, Él, en una manera completamente única, se conoce y conoce todas las cosas posibles y actuales en un acto sencillísimo y eterno.*

El conocimiento tiene una relación directa con la omnisciencia, ya que Dios conoce absolutamente todas las cosas. Dentro de este punto cabe mencionar un elemento muy interesante como es la *presciencia* de Dios, que es la doctrina que nos enseña como Dios conoce de antemano las actuaciones de los seres creados. Alrededor de esta doctrina ha habido un debate entre arminianos y calvinistas. Los primeros usan la doctrina de la presciencia para negar la doctrina de la predestinación apoyada por los segundos, afirmando que Dios conoce de antemano las actuaciones de los hombres, por eso habla de su futuro, y no porque El los haya pre determinado con anterioridad para ser salvos o para perderse. El caso de Judas es un paradigma de esto. Dios nunca predestinó a Judas para perderse, sino que ejerciendo su presciencia puede hablar del *hijo de perdición.*

Ahora, hablando del conocimiento como un atributo proyectado, debemos acotar que es un atributo limitado en las criaturas. Es cierto que nos maravillamos del conocimiento humano, especialmente con los adelantos tecnológicos de los últimos años, sus viajes al espacio, su conquista en el campo de las comunicaciones, en fin, como nunca antes el ser humano ha hecho un derroche de conocimiento, empero es fundamental señalar algunas características del conocimiento humano: a) Es limitado. El conocimiento humano, es muy limitado. Dios le ha puesto límites y éstos son linderos que no pueden ser traspasados por ninguna de las criaturas. b) Está entenebrecido. Satanás ha afectado el conocimiento de la criatura. Ha oscurecido el mismo, de manera que éste en su sabiduría humana no ha conocido a Dios y se ha desbocado en una loca carrera de pecado. c) Es Imperfecto. Los juicios de la criatura son imperfectos y están sujeto a error. Lo más indicado es hablar de *nuestra mejor opinión*

De manera que cuando hablamos que la criatura es un ser con conocimiento, como producto de un atributo, debemos entenderlo en esta dimensión que hemos explicado con anterioridad.

2) La sabiduría

Sabiduría viene de la palabra griega *sophia* y el profesor BERKHOF definió la sabiduría de Dios de la siguiente manera:

> *Aquella perfección de Dios por medio de la cual Él aplica su conocimiento a la obtención de sus fines conforme a la manera que más lo glorifique.*

Conocimiento y sabiduría no son la misma cosa, aunque están íntimamente relacionados. La siguiente dicotomía nos aclarará el tema: El conocimiento es teórico, la sabiduría es práctica. El conocimiento se adquiere por medio del estudio, en cambio la sabiduría es intuitiva.

En el caso del ser humano, la sabiduría esta condicionada al conocimiento de Dios, de ahí que el proverbista dijera que: *el principio de la sabiduría es el temor a Dios.* Según los criterios del mundo, un individuo puede ser supremamente sabio, empero para el criterio de Dios esa misma persona puede ser un necio. De ahí que San Pablo expresara que *lo necio de este mundo ha escogido Dios para avergonzar a los sabios...* y aun en el creyente, la sabiduría al igual que el conocimiento esta limitada, es imperfecta y afectada por el pecado. Dios ha proyectado este atributo, empero sujeto a las limitaciones enunciadas anteriormente.

c. Atributos morales

Pasando a otra categoría, llegamos a los atributos de orden moral, que también son considerados como las más gloriosas perfecciones divinas y que al proyectarlos a la criatura, tiene que ver directamente con la conducta de esta.

1) La bondad

Se refiere específicamente al hecho que Dios es bueno, que Él es la fuente de toda la bondad y ésta es inherente a El. En este sentido se refirió Jesús cuando le dijo al joven rico: *ninguno hay bueno, sino solo uno, Dios* Mar. 10:18 y puede ser definida como *la perfección de Dios que lo mantiene solicito para tratar generosa y tiernamente con todas sus criaturas.* Y como es obvio, el fundamento de esta bondad es el infinito amor que Dios tiene para con sus criaturas, sean humanas o angélicas.

En relación con el hombre, su bondad es derivada de Dios, pero dañada a raíz del pecado, de manera que estamos hablando de una bondad relativa en el marco de una naturaleza de pecado.

2) El amor

Dios ama a sus criaturas a causa de sí mismo o para expresarlo de otra manera Él se ama en ellas, las virtudes de Él las ama en las criaturas, así como sus dones los ama en su criatura, ni aún a los pecadores deja de amar, pues éstos llevan su imagen impresa. La más grande creación de Dios es el hombre y le dio algunos de sus atributos y le imprimió su imagen y por esta sola razón ama al hombre, y lo ama de tal manera que *dio a su hijo unigénito...* y no solamente esto, sino que proveyó un camino de salvación cuando éste peco, a diferencia de los ángeles que no guardaron su dignidad, para quienes no hubo misericordia.

Este atributo fue dado al hombre y se manifiesta con los padres, con los hijos, con el prójimo y sobre todas las cosas con Dios. El hombre no puede tener misericordia de Dios, ni mostrar gracia a El, ni ningún otro atributo, pero si amor y esta es una exigencia divina además: ...*Amaras al Señor tu Dios de todo tu corazón...*

3) La gracia

Es una palabra que viene del hebreo *Chanan* y del griego *Charis* y puede definirse como *la inmerecida bondad o amor de Dios para quienes se han hecho indignos de ella por naturaleza bajo sentencia de condenación.*

Como bien puede observarse, tiene una relación directa con la salvación del hombre, pues Dios condesciende a rescatar a un ser supremamente malo, indigno, merecedor del castigo, empero Dios muestra esa bondad y lo salva, eso es precisamente Gracia.

Dios comunica de esta Gracia al hombre, de ahí que cuando el ser humano actúa a favor de otra persona esta ejerciendo ese atributo que Dios le ha proyectado, aunque el hombre no necesariamente actúe a favor de una persona que no merece, pues no solamente este atributo sino todo, se ejercen en el contexto de una dualidad de naturalezas, la divina y la natural.

4) La misericordia

La misericordia o compasión *es la bondad o el amor de Dios hacia los que se encuentran en miseria y angustia espirituales, sin tomar en cuenta que se lo merezcan.* La misericordia lleva implícita el reconocimiento que la persona recipiente urge de ayuda, que el peso de su cargo es muy grande y que precisa de un alivio, el quitar ese peso es precisamente lo que constituye el acto de misericordia.

En el hombre también puede verse este atributo, cuando un juez opera con clemencia contra un acusado, a un padre respecto a la falta de su hijo, o un pueblo respecto a los desafueros de un gobernante, empero la misericordia humana estará siempre bajo el estigma del pecado y ahí está precisamente la diferencia con la misericordia divina.

5) La Santidad

Es evidente, a partir de lo que se ha visto, que para las Escrituras el único Santo *per se* es Dios. La Santidad es la cualidad única y exclusiva de la divinidad. Isaías usa el término con este sentido no menos de treinta veces, cuando habla de "El Santo de Israel". La Santidad es un predicable de todo lo que se encuentra en Dios. Hablando con rigurosa exactitud, la Santidad se convierte en un atributo de Dios en el sentido ético. Rudolf OTTO fue quien habló de la Santidad como algo *numinoso* un anonadamiento del yo, una pureza majestuosa o sublimidad ética. Este es un principio activo en Dios que debe vindicarse por sí mismo y mantener su honor. Frente a la Santidad de Dios, el hombre siente no solo su insignificancia sino que sabe que, en efecto, es impuro y pecador y como tal, objeto de la ira de Dios. Porque entre más conocemos de la Santidad de Dios, más evidente se nos hace nuestro pecado.

Lo anteriormente expuesto deja suficiente claro que se debe establecer una diferencia entre la Santidad de Dios y la del hombre, de manera que *ipso facto* La Santidad humana esta sujeta a imperfecciones y relativismos propios de nuestra condición de criaturas. Ningún ser humano inteligente puede osar pensar que puede adquirir una Santidad absoluta y perfecta, esta pertenece exclusivamente a Dios.

Dios es Santo, su Palabra es Santa, su conducta es Santa, sus ángeles son santos, no es posible que los hombres no lo sean. Aunque es menester reiterar que una cosa es la Santidad de Dios y otra la Santidad del hombre. Dios siempre ha sido y siempre será Santo. El hombre fue concebido en pecado y ha vivido con el estigma de una naturaleza depravada que lo ha llevado a los antros más oscuros de maldad y perversidad. De ahí es donde Dios lo ha rescatado mediante una obra extraordinaria del Espíritu Santo. De manera que es obvio que la Santidad del hombre sea relativa e imperfecta si la comparamos con la de Dios. Y en este contexto debemos entender esta exhortación de *Santos seréis, porque santo soy yo Jehová, vuestro Dios.*

El término hebreo que se traduce al castellano como santo es *gadosh*, que no solamente conlleva el sentido de una pureza moral o de apartamiento, sino como Rudolf Otto indica, también esta implícita la idea de hermosura y maravilla. La razón de la santidad también se encuentra en el Nuevo Testamento. I Pedro 1:15

"Sino, como aquel que os llamó es santo sed también vosotros santos en *vuestra manera de vivir*".

Aquí el término griego es *hagios* que además de significar pureza moral y apartamiento lleva implícita la idea de hermosura, al igual que el término hebreo. No esta demás recalcar que estos términos de pureza moral, apartamento y hermosura no deben entenderse como absolutos. Si bien es cierto el cristiano ha sido regenerado por el poder del Espíritu Santo, no puede haber absolutos en un ser tan relativo e imperfecto que inicia toda una aventura en el deseo de alcanzar aquello para lo que también fue alcanzado.

En conclusión, la razón de la Santidad del cristiano es la Santidad de Dios, así como la razón de la depravación de los no creyentes es la depravación de Satanás.

6) La Justicia

La justicia es un atributo que está íntimamente ligado a la santidad de Dios y puede ser definida de la siguiente manera: *es aquella rectitud de la divina naturaleza, en virtud de la cual Dios es infinitamente justo en sí mismo* Esto describe la justicia absoluta de Dios, ahora hablando de la justicia relativa de Dios entonces estamos hablando de: *es la perfección de Dios por medio de la cual se mantiene en contra de toda violación a su santidad y deja ver en todo sentido que Él es santo.*

Dios es la fuente de toda justicia, de ahí que injusticia es precisamente actuar en contra de su voluntad, por esa misma razón el concepto de injusticia no se aplica a Dios, solamente a la criatura quien es la que constantemente viola la santidad de Dios y comete cualquier acto que es injusticia.

Dios proyecta este atributo a su criatura, empero la justicia de la criatura es muy relativa y frágil, pues ésta solo puede proponerse no violar la santidad de Dios y esa será su más cara aspiración.

B. Los decretos divinos

La mejor declaración del "plan" de Dios, o como se le refiere algunas veces como el decreto de Dios, es aquel que se encuentra en el Catequismo de Westminster:

> "*Los decretos de Dios son su propósito eterno, de acuerdo al consejo de su voluntad, donde, por su propia gloria, Él ha pre-ordenado lo que pueda suceder*" (Q.7).

Esta doctrina puede ser vista en varias partes, incluyendo de manera mas notable, en Romanos 9 y Efesios 1:11: "*en quien nosotros somos llamados, al haber sido pre-ordenados de acuerdo a Su plan quien trabaja todas las cosas conforme al consejo de su voluntad.*" Esto debe ser diferenciado de la voluntad de Dios como se entiende de acuerdo a sus ordenes y prohibiciones que claramente se sitúan en el Decálogo, extendidas y aplicadas por los profetas y traídas a un enfoque Cristo céntrico en el NT. La caída de la humanidad, fue entonces, un decreto de Dios, pero la directiva de no comer la fruta, fue claramente especificada por Dios. Por lo tanto ahí se encuentra una relación misteriosa entre lo que ha sucedido en la historia (es decir, la realización del decreto) y los imperativos morales que encontramos en la Escritura. Este misterio puede ser visto mas claramente en el esencial evento de la cruz y su delineación en las Escrituras sagradas.

Jesús enseñó que su muerte no fue un accidente, sino un plan decretado o pre-ordenado de Dios. En Lucas 22:22 Él dice: "*el hijo del hombre se encamina de acuerdo a lo que se determinó.* Pedro dice, en torno a la crucifixión y la intervención de la personas en esta, que Jesús les fue entregado por "*El propósito y precognición*" No obstante en ninguno de estos casos las personas o sus acciones son minimizadas o son trivializadas en relación con las consecuencias morales o espirituales. En resumen, la iglesia antigua implicaba a Herodes, Poncio Pilato, los Judíos, los Gentiles en este horrible acto, declarando que habían hecho lo que "*la mano de Dios y voluntad determinaron con anterioridad que debía suceder*".

La discusión acerca del orden de los decretos tiene una importancia teológica. Por ejemplo, aquellos que alegan que Dios decretó primero crear, después permitir la caída, después salvar algunos y condenar otros, después proveer un redentor, etc., se les refiere como infralapsarianos y constituirían la mayoría de los calvinistas. Aquellos que alegan que Dios primero decretó salvar a los elegidos y condenar a los no-elegidos, después crear a los elegidos y no-elegidos, y después permitir la caída y finalmente proveer un redentor, se les refiere como supralapsarianos. El tema de los decretos divinos será ampliamente abordado en el capítulo de la soteriología cuando se estudie todo lo referente a la salvación.

En esta sección se ha abordado todo lo referente a la personalidad de Dios, dejando claro todos los elementos que encierra Dios como persona, desde una perspectiva humana deficiente y limitada como es obvio, empero que clarifica quien es Dios y qué poseemos de Él los humanos.

Sección IV

TEÍSMO: LOS NOMBRES DE DIOS

Dios se ha revelado a sí mismo de muchas formas a través de la historia, ahora grabada para nosotros en las Escrituras, un viviente e inspirado registro de sus divulgaciones acerca de quien es Él, su propósito, plan, carácter y voluntad. En muchas ocasiones el nos ha dado un nombre por el cual Él revela su naturaleza y por el cual consecuentemente nosotros lo entendemos a Él. Algunos de sus nombres incluyen: Yahweh (el que Es); Yahweh Shalom (Yahweh es paz); Yahweh Raa (Yahweh es mi pastor); Yahweh Maccaddeshem (Yahweh tu santificador); Yahweh Raah (Yahweh que está presente); Yahweh Rapha (Yahweh quien sana); Yahweh Elohim (Yahweh, el poderoso); Adonai (Señor ó Dueño); Elohim (El poderoso o majestuoso); El Olam (El poderoso, eterno); El Elyon (El poderso, mas elevado); El Roi (El poderoso que observa), El Shaddai (El Dios Todopoderoso).

La importancia del estudio de los nombres de Dios estriba en que cada uno de ellos nos revela algo importante del carácter de Dios, y nos muestra una faceta de su personalidad y de su relación con la criatura humana. Es por esta razón que se hará un estudio analítico sucinto de cada uno de ellos. Finalmente huelga acotar que los nombres objeto de estudio en esta sección son aquellos que se relacionan con la primera persona de la trinidad. Los que se relacionan con la segunda persona serán considerados en el apartado dedicado a Dios el hijo.

A. Los nombres primarios

El nombre es la realidad que identifica siempre a una persona y en la antigüedad los nombres siempre denotaban características propias de esa persona. En el caso especifico de Dios, esto no es la excepción. Dios tiene diferentes nombres que le describen y le caracterizan su personalidad desde diferentes ángulos.

Los nombres de Dios pueden ser primarios o simples y compuestos. Los primeros son aquellos que se componen de una sola palabra que rebela el carácter de Dios y los compuestos son una combinación de los simples con otras características que describen de una mejor manera a Dios.

Finalmente acotar que el estudio de los nombres de Dios es de una importancia suprema, ya que nos muestran de una manera muy peculiar aspectos extraordinarios de quien es Dios.

1. Elohim, Dios, Gen.1:1

Es el más sencillo nombre por el cual Dios se revela así mismo en el AT es *EL* que posiblemente se deriva de la raíz *ul* que tiene el sentido de Señor, fuerte. *Elohim* es en realidad el plural de *Eloah* y probablemente se deriva de la misma raíz *ul* o de alah que significa ser herido de temor.

Los eruditos han visto en Elohim una alusión clara a la Trinidad en virtud de ser plural y en el verso de Génesis 1:1 cuando afirma que en el principio *Elohim creó los cielos y la tierra* es la Trinidad en acción, sin embargo, otros creen que esto es una exageración y que no puede llegarse a tal conclusión trinitaria a partir de este nombre.

2. YHWH, Gen.2:4

Es conocido como el tetragrama YHWH sin vocales porque en el idioma hebreo original, éstas no existían. Con el transcurso del tiempo se le incluyeron vocales y el resultado fue YAHWEH. Debido al trabajo de copistas a través de los siglos llegó a ser JEHOVÁ como aparece en la actualidad en la versión castellana. Algunos eruditos, llaman a este proceso de cambio, corrupción del nombre.

Lo cierto es que este fue desplazando a otros nombres de Dios y adquirió el rango del más sagrado nombre de Dios, a tal extremo que los judíos tenían un temor evidente en utilizar este nombre, de ahí que lo sustituyeron por el de Adonai que será visto en el próximo numeral.

YHWH significa, El que existe por sí mismo y revela el carácter de eternidad y de causa incausada que es Dios, como lo diría la metafísica.

3. Adonai, Gen.15:2

Se deriva de la palabra *dun* o de *adam* que lleva la idea implícita de Señor, pues su significado es *juzgar, gobernar* y por eso sirve para designar a Dios. Y como se afirmó en el numeral anterior, este fue el nombre con el cual los israelitas se dirigieron a Dios por temor a usar su nombre YHWH.

B. Los nombres compuestos

Aquí estamos en realidad hablando de la combinación de dos nombres que se unen para formar uno. Existen dos clases, los que se forman con el nombre simple *EL* y el que se forman con el otro nombre simple *YHWH*.

1. Nombres compuestos con El

a. El Shadai, Dios Omnipotente, Gen.17:1

La palabra shadad significa ser poderoso, y sirve para indicar a Dios, el poseedor de toda la potencia en el cielo y en la tierra. Aquí vemos a Dios sujetando todos los poderes de la naturaleza y subordinándolos al programa de la gracia divina.

De esta manera se le presentó Dios a Abraham, *Yo soy el Dios Todopoderoso* una forma extraordinaria que no dejo ninguna duda en el patriarca que Dios tenía un plan con él.

b. El Elyon, Dios Altísimo Gen.14:18 -20, Números 24:16 e Isaías 14:14

Este nombre se deriva de *alah* que significa subir, ser elevado y designa a Dios como *alto, el glorioso*. De los pasajes citados anteriormente, nos detendremos únicamente en Isaías 14:14 que señala: *Subiré a la cresta de las más altas nubes, seré semejante a El Elyon*. Este pasaje rebela varios detalles interesantes. Primero nos muestra quien es Dios. *El Elyon*, es decir, Aquel que está en una posición donde nadie puede estar, que no hay nadie más arriba que Él. Segundo, este pasaje nos muestra que la proposición satánica, que ha seguido la humanidad incrédula, es ocupar el lugar de El Elyon, haciendo *ipso facto* supremamente perverso la intención de la criatura por un lado y el justo juicio de Dios por el otro.

c. El Olan, Dios Eterno, Gen.21:33

Este nombre revela uno de los atributos divinos de Dios, su eternidad. El hecho que no tiene principio ni tiene fin. Que no está sujeto a tiempo y que lo hace único en todos los sentidos.

2. Nombres Compuestos con YHWH

a. YHWH-Elohim Señor Dios, Gen. 2:4

Este nombre de Dios entra en relación directa con la criatura a partir que éste toma su lugar en la escena, advirtiéndole, juzgándole, prometiéndole salvación, revistiéndole de pieles de animales sacrificados. (Gen. 2:7, 16, 3:9,1521).

b. Adonai-YHWH Señor Dios, Gen.15:2

Esta es la forma como Abraham se refirió a Dios en uno de los episodios de su vida cuando hablaban del heredero de la casa.

c. YHWH-Sabaoth, Dios de los Ejércitos, I Sam.1:3

Esta es una expresión frecuentemente utilizada en el AT (Isa. 54:5, Óseas 12:6, etc.) mayormente en los libros prexilicos como Samuel, Reyes, Salmos, Isaías y Amós. Este nombre viene a ser sinónimo de *creador todopoderoso*. En la Nueva Versión Internacional no se traduce como *Jehová de los ejércitos* sino como *Señor Todopoderoso*.

El profesor BERKHOF explica las tres posibles teorías acerca de qué ejércitos se refiere YHWH – Sabaoth. 1) Los ejércitos de Israel. 2) Las estrellas y 3) Los ángeles. Para él la interpretación correcta es la tercera, es decir, la que se refiere a los seres angelicales.

C. Epítetos del A.T.

Dios es mencionado metafóricamente en el AT con nombres que denotan características o atributos propios, a éstos también se le puede denominar epítetos.

1. YHWH Jire, Jehová Proveerá. Génesis 22:13-14

Habla de una de las características extraordinarias de Dios. La provisión. El da de donde es imposible para el hombre y en el momento que el ser humano menos lo espera. El quid de este beneficio es la fe. El paradigma de esta realidad la encontramos en Génesis 22:13-14 que nos relata la maravillosa provisión de Dios de un carnero en el momento que Abraham iba a sacrificar a su único hijo.

2. YHWH Rapha, Jehová es tu Sanador, Éxodo 15:26 y SS

Sin lugar a dudas el cuerpo humano es un talón de Aquiles que hace al hombre sumamente vulnerable. Las enfermedades muchas veces, no siempre, son un juicio de Dios por el pecado del hombre. En ese sentido, Dios advierte a su pueblo que solamente la obediencia a su Palabra iba a asegurar la salud de ellos, de lo contrario las enfermedades con las que había juzgado a Egipto iban a caer sobre ellos. Dios deja claro que El es quien ordena tanto la enfermedad como la salud, empero no se presenta como el Dios que causa enfermedad, porque en el Deuteronomio Jehová dice que si el pueblo peca Él traerá enfermedad sobre ellos. En realidad la causa es el pecado del pueblo, Él se presenta como YHWH Rapha, es decir, Jehová tú sanador.

3. YHWH Nissi, Jehová es tu Estandarte. Exodo 17 :15

Este es un nombre muy interesante. El contexto de esta historia es la guerra de los israelitas contra los amalecitas. En esta guerra Josué dirigió la batalla que llevo al pueblo al triunfo. Un hecho curioso de esta batalla, fue que mientras Moisés tenía los brazos elevados, los israelitas prevalecían y cuando los bajaba por el cansancio, los enemigos de Dios prevalecían, de manera que Aarón, tuvo que hacer un arreglo especial para que Moisés tuviera siempre los brazos elevados. Al final de la batalla y del gran triunfo del pueblo de Dios, Moisés exclamó: YHWH Nissi.

Con esta declaración deja claro que cuando Dios es el estandarte o la bandera del hombre, el único desenlace posible es la victoria.

4. YHWH Shalom, Jehová es Paz. Jueces 6:24

Fue el Juez Gedeon quien se refirió a Dios de esta manera: YHWH Shalom. Paz es ausencia de violencia y todas las consecuencias que ésta trae. En NT se clarifica la acción de Dios en la consecución de la paz del hombre.

Todos los esfuerzos del hombre por alcanzar la paz son completamente inútiles sí no toman a Dios en cuenta. Gedeón no se equivocó El es YHWH Shalom.

5. YHWH Tsidquenu, Jehová Justicia Nuestra. Jeremías 23:6

Jeremías se refiere a Dios de esta manera en un contexto de desolación. El pueblo vive en los antros de pecado más profundos y el juicio de Dios ha sido dictado, setenta años de cautiverio en Babilonia. En este contexto, el profeta habla de la restauración del pueblo, de un renuevo de la simiente de David, que puede entenderse de muchas maneras, el regreso del cautiverio, la obra redentora de Cristo, o el reino milenial según la teoría premilenialista. Lo que sí está claro en este pasaje, es que el hombre no puede ser justo, ni hacer justicia, que únicamente YHWH Tsidquenu y solamente a través de Él seremos vindicados de nuestros enemigos.

6. YHWH Shama, Jehová está allí. Ezequiel 48: 35

El profeta Ezequiel esta relatando una gran visión del capítulo 40 al 48 en el cual la ciudad santa, Jerusalén, tendrá un nuevo nombre YHWH Shama. Esta es una referencia a la Jerusalén futura, aunque puede interpretarse como una realidad en la vida del creyente YHWH Shama o en la teología premilenial sería una clara referencia al milenio. El punto a subrayar aquí es el gobierno de Dios y la ausencia del pecado y la maldad.

7. YHWH Raah, Jehová es mi Pastor. Salmo 23

Esta referencia se encuentra en el Salmo más conocido de las Escrituras, no solamente por su belleza poética sino por el contenido del mismo. Aquí presenta a Dios como el que cuida, el que alimenta, el que se preocupa, el que nos defiende. Este es uno de los nombres que describe de una manera completa a Dios en su relación con la criatura humana.

Como ha podido constatarse, los nombres de Dios han clarificado de una manera extraordinaria la personalidad de Dios. Ellos nos revelan características que nos permiten tener una mejor concepción de la deidad y su relación con las criaturas a quienes redime del pecado y les da sentido en su vida.

C. Epítetos del A.T.

Sección V

EL TRINITARISMO

La doctrina de la trinidad es la afirmación basada en la evidencia de las escrituras que dice que solo hay un solo Dios que existe eternamente en tres personas diferenciables, es decir, el Padre, El Hijo, y el Espíritu Santo. Esta aseveración no tiene nada que ver con errores como: El triteísmo (la trinidad son tres dioses diferentes), El unitarismo (que solo se refiere al campo de acción de la trinidad, y que es una sola persona).

La notable contribución del AT al trinitarismo, mientras que va proporcionando lo que algunas personas consideran la evidencia de la divinidad del Hijo y el Espíritu, es que repetidamente afirma la unidad de Dios, tanto numéricamente como cualitativamente.

En el NT se dice que las tres personas son divinas, que hacen las labores de Dios, y que deben ser adoradas en conjunto como Dios. El Padre es claramente divino en el NT. El Hijo toma parte de la esencia de la deidad (Juan 1:1 Tito 2:13), no obstante constantemente se distingue a sí mismo del Padre y el Espíritu.

La trinidad sigue siendo un misterio, no puede explicarse científicamente ni puede ser objeto de un estudio de laboratorio. El punto de partida sigue siendo el Texto Sagrado, luego la razón es el instrumento que nos lleva a esta conclusión. La importancia de este dogma del cristianismo, es capital, porque le da coherencia y valor a todo el andamiaje del cristianismo. Sin trinidad no hay cristianismo. Sin trinidad, Cristo es uno más del montón, nuestra predicación no tiene sentido, el NT es una farsa y no existe ningún nuevo nacimiento. Como puede observarse, la trinidad es una doctrina cardinal del cristianismo, el negarla es negar a Dios mismo.

La palabra "trinitarismo" no se encuentra explícitamente en el Texto Sagrado. Esta doctrina no se ajusta a las limitaciones humanas. El trinitarismo se divide en: Hechos de la trinidad, Dios el Padre, Dios el Hijo, Dios el Espíritu Santo.

Dios es Uno. Un ser en tres relaciones. Las Personas de la trinidad no son separadas, sino distintas a quienes se les atribuyen actos definidos: Dios Padre crea y decreta, Dios Hijo salva y Dios Espíritu Santo guía y consuela. En los tres existe igual Naturaleza Divina.

A. Trinitarismo: Dios el Padre

Dios el padre es la primera persona de la trinidad, es la causa incausada, el origen de todas las cosas que existen, la persona que posee una serie de atributos que ha plasmado en el hombre y otros que ha retenido para Él mismo.

Dios es un ser supremo, perfecto, bueno, quien ha trazado desde antes que las cosas fueran un plan perfecto en cual el hombre es la corona, lo más grande jamás creado, y esta afirmación es efectuada por dos razones fundamentales: Primero porque solo al hombre dio de su imagen y semejanza y luego porque no solamente lo perdonó por el pecado cometido sino que se proveyó a si mismo como expiación de ese pecado muriendo en una cruz, de ahí las palabras de San Juan: *De tal manera amó Dios al mundo... Jn3:16* y luego San Pablo *porque Dios muestra su amor... que siendo aún pecadores, Cristo murió por nosotros* Rom 5:8. Bajo este epígrafe se estudiará todo lo relacionado a Dios el Padre.

1. Dios - Padre, el Creador

Génesis 1:1 inicia afirmando que *en el principio, creó Dios los cielos y la tierra* que nada de lo que existe es un accidente, como ha tratado de demostrar la filosofía humana, sino que obedece a un plan perfectamente trazado por Dios antes que las cosas fueran. Es preciso que dediquemos espacio para considerar algunas de las características de la creación.

a. La creación es un acto el Dios trino

Sí existe la trinidad, como realmente existe, la creación es obra de ella. Porque el Padre toma la iniciativa en la obra de la creación que con frecuencia se le atribuye económicamente (para usar un termino del Prof. BERKHOF) a Él, sin embargo, como podemos leer en la carta a los Colosenses,... *Cristo es la imagen... porque en Él fueron creadas todas las cosas, las que hay en los cielos y las que hay en la tierra, visibles e invisibles... todo fue creado por medio de Él y para Él... Col 1:16* y ss. Aquí presenta a Cristo como creador, de manera que la única conclusión lógica es que *Elohim* y *Cristo* es la misma persona, como efectivamente lo es. La trinidad es una realidad no un quimera.

b. La creación es un acto libre de Dios

Este axioma es de capital importancia entenderlo, pues la creación del universo, del hombre, no es un acto necesario, sino, algo producto de la soberanía de Dios, o dicho en un lenguaje coloquial, *porque a Dios le dio la gana*. La pregunta del sabio Elifaz en Job 2:22 ilustra esto a la perfección *¿Podrá el hombre ser de provecho a Dios?* Conocemos la respuesta. No. Es lo contrario. Dios no nos debe nada a nosotros, lo contrario, le debemos todo a Dios y existimos y el universo en el que vivimos existe, porque así le plugó a Dios, como diría la versión Reina Valera de 1909.

c. La actual creación es un acto temporal de Dios

Los materialistas han afirmado que la materia es eterna. No se crea, ni se destruye, solamente se transforma. Pues están equivocados. El origen de la materia es Dios y el fin también. La creación esta bajo sentencia en la Palabra. Todo lo que existe será completamente destruido y Dios hará todo nuevo. *...los cielos pasaran con gran estruendo, los elementos ardiendo serán desechos II Ped. 3:10* Pedro describe la destrucción del sistema y San Juan habla de... *entonces vi un cielo nuevo y una tierra nueva...* Apoc 21:1y ss.

d. La creación es acto *ex nihilo*

La creación es un acto mediante el cual Dios crea algo *ex nihilo* (de la nada). Ni la lógica aristotélica, ni la dialéctica platónica, ni la mayéutica socrática pueden explicar como algo puede salir de la nada. Sin embargo, así es. Dios creo todo de la nada o *ex nihilo*.

e. La creación vive una situación de dependencia

Contrario a la opinión de los científicos de este mundo, los fenómenos de la naturaleza, la vida de los seres vivientes en la tierra o en el mar dependen directamente de Dios. Y esa dependencia no es meramente intelectual, sino que Dios controla todos los acontecimientos, ya sea de una forma mediata o inmediata. Nada en la creación escapa del control y dependencia de Dios, inclusive el maligno mismo y su reino. El afirmar lo contrario nos llevaría a una herejía del peor género, contraproducente con los grandes atributos de Dios.

f. La creación esta sujeta a maldición

A raíz de pecado de Adán y Eva, la creación fue sujeta a maldición. Pablo deja ver esto claro en Romanos: ... *la creación fue sujetada a vanidad... también la creación misma será liberada de la esclavitud de corrupción, a la libertad...*

La creación, a raíz del pecado, perdió su verdadera finalidad o fue condenada al fracaso. Los desastres naturales que ocurren, los graves problemas ecológicos son simplemente manifestaciones de la consecuencia del pecado del ser humano.

2. Dios - Padre de Jesucristo

En la oración efectuada por Jesús: *Padre nuestro que estás en los cielos* hay un reconocimiento expreso de esa paternidad. Este es un argumento que los ruselistas toman para aseverar la diferencia de personalidades. Que el Padre y el Hijo son dos personas independientes. Según la lógica humana es absurdo que una persona se hable así misma en estos términos. Por esta razón, pasajes como éste solo pueden interpretarse en el marco de una trinidad, caso contrario, la única salida es la herejía ruselista.

Cuando hablamos de trinidad, sabemos que Padre e Hijo son de la misma esencia, la misma persona. La Iglesia antigua decía: *creemos en la unidad de la trinidad y en la trinidad de la unidad, sin confundir las personas y sin dividir la esencia.* Un Dios verdadero que existe en tres personas. También explicaban la trinidad diciendo que se trataba de *tres personas distintas y un solo Dios verdadero.* Con estas declaraciones trataban de evitar el modalismo.

El quid del asunto es que el Texto Sagrado le atribuye a Dios el Padre ciertos oficios diferentes que a Dios el Hijo, pero esto no significa que sean personas independientes. Ahora, cómo explicar que en el bautismo de Jesús una voz del cielo manifieste: *este es mi hijo amado en quien tengo toda complacencia...* según la lógica humana, es absurdo que la misma persona se exprese de sí mismo en estos términos. Ahora, como se ha aseverado, no podemos entender el plan de salvación desde nuestra perspectiva humana, como poco tampoco nadie puede explicar científicamente la razón de estos hechos. La verdad es que *quien me ha visto a mí ha visto al Padre... yo soy en el Padre y el Padre en mí... Jn. 14:9 y ss.* Esta declaración es más que suficiente para entender que Dios – el

Padre y Dios el Hijo es la misma persona. Cualquier otro comentario es gratuito e inaceptable.

En resumen, ¿En qué sentido Dios el Padre es el Padre de Jesucristo? La respuesta obvia es que no en el sentido que nosotros entendemos la relación padre – hijo, sino más bien, de un plan perfecto de salvación, de un orden perfecto en todas las obras que Dios ejecuta para redimir al ser humano de la esclavitud del pecado.

3. Dios - Padre de todo Creyente

El Apóstol San Juan señala que... *a todos los que le recibieron... les dio potestad de ser hechos hijos de Dios... Jn 1:12* Este pasaje clarifica la relación que existe entre Dios – Padre y el creyente. Dios no solamente es Padre como nuestro creador, sino por la redención, por un espectacular rescate que ha efectuado al regenerarnos y trasladarnos de las tinieblas a la luz.

En ese sentido, los creyentes debemos honrar, obedecer, recibir la disciplina, etc. de nuestro Padre, quien tiene todos los derechos sobre nuestras personas. Por el otro lado, nuestro padre provee para nosotros, todo aquello que el considera que necesitamos y que es para nuestro beneficio.

Como es obvio, esta relación no es la misma que existe entre Dios –Padre y Dios– Hijo.Ahora la pregunta teológica es ¿Puede en algún momento terminar esta relación? La respuesta dependerá con que anteojos veamos la Biblia. Si la vemos con los ojos arminianos la respuesta es afirmativa, *a contrario sensu* si las gafas son calvinistas, la respuesta será negativa.

B. Trinitarismo: Dios el Hijo

Para un musulmán uno de los absurdos del cristianismo es nuestra afirmación que Dios tiene un hijo unigénito y que ese hijo unigénito es el mismo Dios. Sin embargo, esta es la doctrina que va distinguir la verdad de la mentira. Ya el apóstol Juan juzga *que todo aquel que niegue que Jesucristo sea venido en carne, éste es el anticristo.*

Jesucristo es cien por ciento hombre y es cien por ciento Dios, es el hijo de Dios y es Dios mismo. Esto quedará palmariamente demostrado mientras se desarrollan los siguientes puntos.

1. Su Pre-existencia

El primer punto clave, tendente a demostrar la deidad de Jesucristo es su pre -existencia, es decir, que antes de tomar la forma humana Él ya existía. Para un griego de la época de Platón, tal creencia era muy común. La existencia antes de nacer. Pero en el caso que nos ocupa es totalmente diferente al concepto filosófico griego, pues ellos no pueden probar nada al respecto. En el caso de Jesucristo, hay una serie de pasajes bíblicos que nos hablan de su pre - existencia y por lo tanto de su deidad.

a. La Pre-existencia de Cristo en el Texto Sagrado

El pasaje más conocido y usado para hablar de la pre-existencia de Jesús es el que se encuentra en San Juan 8: 58 donde Jesucristo asevera taxativamente *antes de que Abraham fuese Yo Soy*.

Esta declaración tiene dos implicaciones bien claras: La primera es que Jesús existía antes de Abraham, que en ese momento, cuando Jesús hace tal afirmación habían transcurrido fácilmente dos mil años de la existencia de Abraham. Y segundo la afirmación *Yo Soy*. Que tiene una estrecha relación con el Dios que se manifiesta en el AT y que libera a su pueblo de la esclavitud de Egipto. Yo Soy El que soy le dijo a Moisés. De manera que no existe ninguna duda que se refiere a la misma persona con todas sus implicaciones.

b. El Ángel de Jehová

Los teólogos en su mayoría concuerdan que la personalidad que se refiere al Ángel de Jehová es una clara alusión a la deidad y lo identifican con la segunda persona de la trinidad. Los teólogos usualmente tratan este tema en el apartado referente a la deidad de Cristo. Sobre este tema Carlos HODGE se ha expresado:

> ...*por todo el Antiguo Testamento que se hace constante mención de una persona, distinta de Jehová, como persona, a la que sin embargo se le adscriben títulos, atributos y las obras de Jehová. Esta persona es llamada el Ángel de Elohim, Ángel de Jehová... resulta cierto que por Ángel de Jehová en los primeros libros de la Escritura tenemos que entender una persona divina, distinta del Padre.* Hodge, Charles. Teología Sistemática. P. 334 y ss.

De la cita anterior se deducen dos aspectos claves. El primero es la deidad del Ángel Jehová y lo segundo, que la diferencia de persona entre Jehová y el Ángel de Jehová. Esto solo puede conducir a una sola conclusión y es que el Ángel de Jehová es la segunda persona de la trinidad, es decir, Jesucristo. Lo que prueba la trinidad.

Como el mismo HODGE nos dice: El negar esto nos llevaría a dos posibilidades: (1) El Ángel de Jehová es un ángel creado y (2) Admite que es una persona divina, pero niega que se distinga personalmente de Jehová.

Como puede verse, ambas posibilidades no concuerdan con una exégesis responsable del Texto Sagrado, puesto que el Ángel de Jehová no es un ángel creado porque que es Dios mismo y no se puede negar que hay una diferencia entre el Ángel de Jehová y Jehová mismo. Esto es una paradoja sin duda. Su única explicación es que aunque son dos personas distintas, son la misma persona por que es la forma como la trinidad opera, de ahí que la única conclusión lógica y teológica es que el Ángel de Jehová se refiere a la segunda persona de la Trinidad, equivale a decir, Jesucristo.

En Éxodo 3 leemos: *...el ángel de Jehová se le apareció entre las llamas de de una zarza...viendo Jehová que él iba a ver, lo llamó Dios de en medio de la... yo soy el Dios de Abraham, el Dios...* Este pasaje nos muestra con claridad meridiana que el Ángel del Señor y Dios pueden distinguirse pero a la vez son la misma persona. Esa es la paradoja a la que nos referíamos anteriormente. Tal como se ha aseverado, la única conclusión plausible en este caso es la trinidad. No cabe la menor duda acerca de la deidad del Ángel de Jehová. Y en este mismo sentido los siguientes textos que nos hablan del mismo tema: Génesis 16:7; 18:1y ss, 22:1 y ss. *Inter alia.*

2. Sus Nombres

Al igual que en el AT, los nombres muestran aspectos extraordinarios de la deidad. En este caso se refiere a la segunda persona de la trinidad, que muestra características de un Dios que ha llevado su revelación a un estadio más elevado que en el AT.

a. Kyrios

Kyrios es la traducción griega del hebreo *Adonai* de manera que su traducción al castellano es *Señor* y significa literalmente Supremo en autoridad, pues la raíz misma significa poder. No tiene la misma connotación de YHWH pero designa a Dios como poderoso, el Señor, el Poseedor, el Regente que tiene autoridad y poder legal.

b. Jesús

Es el equivalente griego de Josué en el idioma hebreo y tiene la connotación de YHWH salva. Este nombre fue dado a José mediante una comunicación directa de un ángel. Dado en ocasiones a otros individuos, era la expresión de fe de sus padres en Dios en que la persona nacida de María era el Salvador de su pueblo.

c. Cristo

Mesías es una palabra hebreo que en castellano significa ungido, empero que en el idioma griego significa *Cristo*. Dicho en otras palabras se refiere a una persona específica que ha sido señalado para un oficio o un cargo, como por ejemplo un rey o un profeta y en el caso específico de Jesús, como el Salvador del mundo.

Jesús es sin duda el Cristo, el Mesías prometido, aquel que iba a venir, que iba a librar a su pueblo de la opresión y esclavitud, no del imperio romano, sino de uno más poderoso, el reino de Satanás.

El mantuvo en secreto su mesianidad (Es importante destacar que hubo ocasiones aisladas cuando la mesianidad fue revelada como el caso de la declaración de Pedro en Filipos o en la transfiguración de Jesús) debido a los conceptos falsos que las personas tenían y revela este hecho hasta el final de su carrera, cuando el tiempo de su final había llegado. El profeta Isaías es quien nos habla del verdadero carácter del Mesías. El Mesías sufriente, no político, levita, militar como la gente entendía. Desafortunadamente los escribas, los intérpretes de la ley no lo entendieron así.

El asunto esta suficientemente claro, cuando Pedro en Cesárea de Filipos declara la mesianidad de Jesucristo, *tú eres el Cristo*, a lo que Jesús le contesto,... *esto no te lo reveló sangre ni carne sino mi Padre que está en los cielos*, dejando claro que este conocimiento es una revelación de Dios, que Jesucristo es el Mesías prometido, el redentor del mundo.

d. Hijo del Hombre

Antes del año 200 aC, se estaba desarrollando entre los judíos una escatología diferente, en muchos aspectos diferentes a la concepción política y nacional del pueblo de Israel en el AT, de ahí que la figura de Hijo de Hombre sufriera una evolución con los años.

La figura del hijo del hombre aparece por primera vez en la literatura apocalíptica de Dn 7:13 donde se lee: *uno como un hijo de hombre viniendo en las nubes del cielo hasta el anciano de días...* sobre este pasaje, existen dos teorías, la que identifica al Hijo del hombre como el salvador del mundo y la que no lo identifica. Este desarrollo se evidencia al comparar Daniel 7 escrito antes de Cristo y 2 Esdras escrito después de Cristo, en el primer pasaje como ya se ha indicado, no se hace mención al Mesías como el salvador de su pueblo, y el Hijo del Hombre que allí aparece no asume semejante papel. En 2 Esdras el gran salvador de la era futura es conocido como el hijo del hombre y tiene muchas características sabidas pertenecientes a esa figura trascendente.

Ahora, hablando específicamente de Jesús, los evangelios indican que Él no solo usó la expresión Hijo del Hombre para sí mismo, sino que de hecho prefería ese título mesiánico a cualquier otro. Fue en términos de Hijo de Hombre que Él se presentó durante su ministerio en la tierra. Pero la interpretación dado por Él a este título es muy diferente de las que se le hubiera dado antes. Jesús adopta esta expresión como un título para sí, en cuya persona y ministerio, el reino iba a ser expresado. Haciéndolo así, afirmaba que el reino estaba presente entre los hombres.

3. Su deidad

Si hay algo que caracteriza al cristianismo y lo diferencia de cualquier otra religión cósmica es el hecho que Jesucristo es Dios. Esto nos los muestra la revelación especial de Dios, la lógica y la experiencia. El cristianismo como su mismo nombre lo indica, gira alrededor de Cristo y alrededor del hecho que Él es Dios.

Ahora, este hecho no encaja en una categoría humana, para usar la terminología de Rudolf BULTMAN, porque deidad y humanidad son dos conceptos excluyentes. Sin embargo, en el caso de Jesucristo, este hecho es simplemente una excepción y Él es Dios. Existen una serie de argumentos que prueban este hecho, por ejemplo: Su nacimiento virginal, los milagros extraordinarios que hizo y que se encuentran registrados en el Nuevo Testamento, Sus enseñanzas que impactaron no solamente a su generación sino que se ha propagado por los cuatro confines del globo como ninguna otra, su resurrección, un hecho que ninguna religión reclama, puesto que no puede hacerlo. Este evento tiene derechos reservados y exclusivos que pertenecen a Jesucristo solamente. Si los argumentos anteriores fueron insuficientes existe uno que enmudece a propios y extraños, y es la metamorfosis espiritual que Jesucristo efectúa en la vida de una persona que entrega su vida a El. Cuando un individuo se arrepiente de sus pecados, Dios opera el milagro de la regeneración que cambia literalmente a la persona de pies a cabeza, haciéndola una nueva criatura y un testimonio grandioso al mundo del poder de Dios. Este es un hecho y argumento irrefutable de la realidad de un Dios cuyos restos no quedaron en una tumba sino que resucitó de entre los muertos y habita por la fe en nuestros corazones. Jesucristo es simplemente Dios.

4. Su Encarnación

Este es el más grande fenómeno del universo entero. Que Dios se haya encarnado en la personalidad de Jesucristo y haya condescendido a semejante situación. Veamos este hecho en los siguientes puntos presentados a manera de interrogantes.

a. ¿Quién se encarnó?

La respuesta solo puede ser una. Dios. Científicamente no puede ser explicado que el *Espíritu haga sombra a una mujer y conciba*. La ciencia nos enseña la necesidad de la unión de un esperma y un óvulo, requisito *sine quo non* para la vida, pero que en el caso de Jesucristo no se dio, por ser un evento extraordinario fuera de toda ley natural o humana.

b. ¿Cómo se encarnó el Hijo de Dios?

Ya sabemos que no fue por la ley natural establecida por Dios mismo; la unión de un esperma y de un óvulo. La única respuesta plausible es: Un Decreto Divino de carácter ejecutivo. Es decir, una orden directa que proviene del corazón y de la boca de Dios. Tal acto no tiene ni puede tener obstáculo. La Palabra o *dabar* como se diría en Hebreo es suficiente. Por ella fueron hechos los cielos y la tierra y por ella Dios toma la forma humana.

c. ¿Con qué propósito se encarnó el Hijo de Dios?

El decreto de Dios, además de ser soberano es sabio, es decir, siempre tiene un propósito. En este caso, el propósito no es un accidente sino un acto planificado desde antes de la fundación del mundo revelado por primera en las Escrituras en Gen 3:15 *De la simiente de la mujer...*

El famoso predicador Billy GRAHAM contaba en una de sus predicaciones como un día caminando con su hijo por el patio de su casa, vieron un pequeño insecto en problemas y el hijo le pidió que lo ayudaran, él contestó que para ayudarle tenía que hacerse como uno de ellos. Con esta ilustración sencilla mostró a la audiencia cual era la única forma en que el hombre podía ser ayudado, es decir, ser salvo de la condenación del infierno, del pecado, del yugo de Satanás. Esa forma era la encarnación de Dios, y en su condición de hombre expía el pecado de la humanidad, mediante un acto de amor sin entendimiento según la lógica humana.

5. Su Humanidad

Este es uno de uno de los hechos más fascinantes de Dios. Su humanidad. ¿Cómo es posible que Dios tome cuerpo humano? La única forma de salvar a una raza caída y condenada era ser parte de ella, adquirir su culpabilidad y expiar su pecado. Claro que el fundamento de lo anterior solo puede ser el amor infinito de un Dios que se compadece por la necesidad humana. Estos elementos constituyen la base del hecho más espectacular de la historia, la humanidad de Dios en la personalidad de Jesucristo. Para una mejor comprensión de este tema, analizaremos los siguientes puntos.

a. Fue prevista antes de la fundación del mundo

La humanidad de Dios no es una obra de la casualidad sino producto de un plan perfectamente trazado desde antes de la fundación del mundo. Es un decreto previsto, cuyo fundamento es mostrar al hombre el infinito amor de Dios.

b. Expectación del A.T. respecto al mesías humano

Tanto en el A.T. como en la literatura apocalíptica judía se desarrolló el concepto de un Mesías o Ungido que iba a liberar a su pueblo del poder despótico de los poderes terrenales que en ese momento oprimían a los judíos. Surgieron una serie de conceptos erróneos de un Mesías militar, otro levítico, pero nunca el de un Mesías sufriente, despojado, humilde que entra a Jerusalén en un pollino y que pregona el amor a los enemigos.

El concepto de Mesías o Cristo estaba latente en el espíritu del pueblo. La conversación de Jesús con la samaritana demuestra esto. El detalle eran las concepciones erróneas que las personas tenían.

c. El Mesías en la profecía

La lectura de la Palabra nos muestra la humanidad de Dios. El profeta Isaías es uno de los que mas claro habla sobre este tema: *Porque niño no es nacido, hijo nos ha sido dado, el principado sobre su hombre, se llamará admirable, consejero, Dios fuerte, Padre eterno...* y es que el AT esta salpicado de textos que nos muestran está verdad, que iba a nacer en Belén de Judea, que iba a ser un siervo sufriente e iba a morir en medio de dos malhechores. Todas estas profecías nos hablan de la humanidad de Dios demostrando palmariamente como Dios en su economía había provisto la salvación del hombre.

d. El Dios hombre en la tierra

El Texto Sagrado nos da algunos elementos que nos muestran la humanidad de Dios: Tenía sed, hambre, cansancio, todas aquellas circunstancias a las que está sujeto un hombre, entendiendo esto en su contexto, ya que no hay que perder de vista la deidad. Otro capítulo de la vida de Jesús es su muerte, que no es más que la cesantía de las funciones del cuerpo humano, el cual es transformado en un cuerpo glorificado el día de la resurrección y es mostrado a los discípulos como Él mismo asciende a los cielos, no sin antes afirmar su retorno en una segunda venida y en circunstancias completamente diferentes.

6. La Kenosis

La Kenosis es la doctrina del despojamiento de Cristo. Viene de la palabra griega *ekenosen* que se traduce *despojó* y que significa vaciamiento, acción de vaciar. Pablo en Filipenses 2: 7 asevera que Jesucristo se *despojó a sí mismo*. Esto nos lleva a una pregunta bien simple: ¿De qué se despojó Cristo? Y es precisamente en esta parte donde surge el problema. Vamos a analizar el caso.

B. Trinitarismo: Dios el Hijo

a. La forma de Dios

El verso 6 asegura que Jesucristo tenía la forma de Dios *morfe theos* lo que indica que Jesucristo es Dios con todos sus atributos, en esencia y en potencia Dios. Que en ningún momento dejó de ser Dios, a pesar de haberse cansado, tenido hambre y a pesar de haber dicho que el *día y la hora* solo el Padre la sabe. Esta realidad nos lleva a una conclusión muy clara, y es el hecho que no podemos hablar de Dios como hombre y Dios como un ser divino. El es el Dios - hombre. Tiene la forma de Dios, pero no se aferra a ese hecho que es Dios, sino que se despoja a sí mismo. Esto como es obvio nos vuelve a la pregunta original del problema: ¿De qué se despojó Cristo?

b. La condescendencia

Este es el hecho por el cual Dios decide, o dicho técnicamente, decreta hacerse hombre. Hablamos de un Dios que mora en un lugar donde es adorado, servido, amado por ejércitos de ángeles, seres vivientes y decide como señala el verso 8, *humillarse*.

Dicho en palabras más sencillas, es el acto por el cual Dios se humilla a sí mismo y padece exactamente todas las situaciones que padecemos los humanos sin ninguna necesidad de su parte. Por una simple razón: *De tal manera amó Dios al mundo...*

Ahora, volvemos a nuestra pregunta original ¿De qué se despojo Cristo? El mismo Texto señala que *Siendo rico se hizo pobre....* ¿Se despojó de sus riquezas? ¿Se despojó de su gloria? Incluso hay un himno que reza de la siguiente manera: *Tú dejaste tú trono y corona por mí, al venir a Belén a nacer* ¿Dejó Cristo su trono? ¿Puede Él dejar un lugar si el está en todo lugar? La respuesta a estas últimas preguntas es negativa por el simple hecho del atributo de la omnipresencia de Dios. De ahí que el silogismo que resuelve este problema es el siguiente.

> Si Jesucristo es Dios
> Y Dios es Omnipresente
> Entonces Jesucristo es Omnipresente

Lo que equivale a decir, que mientras Dios estaba en la tierra sin tener donde reclinar su cabeza, también estaba en su trono. Que mientras Él vivía en pobreza en la tierra, el estaba siendo adorado y servido en el cielo. Por lo tanto no se despojo de sus riquezas, ni de su gloria y nunca dejó trono. Por lo tanto seguimos con la pregunta sin responder: ¿De qué se despojó Cristo?

c. La forma de Siervo

En el verso 7 nos muestra algo muy importante: *Él toma la forma de siervo morfe doulos.* El nunca deja de ser Dios, conserva su *forma de Dios,* empero voluntariamente *toma la forma de siervo.* La forma de un hombre que viene a servir, a traer una palabra de esperanza al hombre, viene a sanar a los enfermos a libertar a los cautivos. Pero el ser siervo implica aspectos más delicados como el hecho de hacerse obediente y esto es mayúsculo porque estamos hablando que el Creador se hace obediente a la criatura. Aquí esta la respuesta a la pregunta ¿De qué se despojó Cristo? Se despojó de su apariencia de Dios. Todas las señales de poder no estaban con Él, estaba despojado, por eso la fe del ladrón en la cruz es algo extraordinario, porque creyó en un ser que estaba crucificado, con una corona de espinas en la cabeza, aparentemente derrotado, y con una turba que lo insultaba y Él simplemente permaneció con la cabeza hacia abajo. Pero el ladrón creé en el Dios despojado, en el Dios humillado, en el Dios obediente y le dice *Acuérdate de mí cuando estés en tú reino* y ese Dios crucificado, levanta la cabeza y lo mira a los ojos, cara a cara y actúa como lo que Él era, es y será, Dios y hace lo que ningún ser humano puede hacer, lo salva: *hoy estarás conmigo en el paraíso.* Jesucristo estaba despojado de su apariencia, nunca de su poder, de sus atributos, de su gloria, eso jamás. En el Monte de la Transfiguración, cuando Jesús se transfiguró, tres de sus discípulos vieron su gloria en la tierra. Jesucristo es el Dios que se despojó por amor, por amor a una raza caída y condenada. Se despoja de su apariencia de Dios, porque Jesucristo, en esencia y en potencia es Dios.

7. La Unión Hipostática

No fue fácil llegar a la conclusión que en la personalidad de Jesucristo habitan dos naturalezas: La humana y la divina. Los concilios de la antigüedad debatieron tenazmente esto hasta concluir que dicha unión existe. A la luz de esta realidad, tenemos que ver la vida y ministerio de Jesucristo. La primera aseveración que es menester efectuar es que debemos evitar hablar de Jesucristo como Dios y como hombre. Tal cosa es absurda, lo correcto es hablar del Dios – hombre. Por ejemplo, algunas personas, cuando hablan de la tentación de Cristo, aseguran que fue tentado como hombre no como Dios, haciendo una separación innecesaria. (En cristología se abordará este tema con mayor profundidad). Otras veces, cuando efectuaba milagros asombrosos, actuaba como Dios no como hombre, en fin, este tipo de diferenciaciones, sobra y deben ser consideradas como herejías.

Ahora, esta doctrina produce problemas en el sentido de: ¿Si Jesús es Dios porque tiene sed? ¿Por qué duerme? ¿Por qué se cansa? Estas categorías son propias del humano no de Dios. La solución más fácil es afirmar, que como hombre tenía sed, cuando lo correcto es decir el Dios – Hombre. Tenemos que entender que Jesucristo es cien por ciento hombre y cien por ciento Dios y que la categoría Dios – hombre no encaja dentro de la lógica humana y no puede ser entendida a profundidad.

C. Trinitarismo: Dios el Espíritu Santo

El Espíritu Santo es la tercera persona de la trinidad, por lo tanto es el mismo Dios y no una fuerza activa o un poder mágico que puede residir en el ser humano para que este haga cosas extraordinarias. Cuando se habla del Espíritu Santo se habla directamente de Dios. A continuación se verá todo lo relacionada a la personalidad del Espíritu Santo.

1. La Personalidad del Espíritu Santo

Entrando en materia, huelga señalar que si el Espíritu Santo es Dios, es también una persona, y el Texto Sagrado deja bien claro esto cuando se refiere al Espíritu Santo con todas aquellas características que son propias de una persona. El Espíritu Santo es un intercesor en Romanos 8:26, El Espíritu Santo testifica en Juan 15:26, El Espíritu Santo dirige en Hechos 8:29, El Espíritu Santo ordena en Hechos 16: 6 y 7, El Espíritu Santo guía en Juan 16:13, El Espíritu Santo señala en Hechos 20:28, a El Espíritu Santo se le puede mentir en Hechos 5:3-4, El Espíritu Santo puede ser insultado en Hebreos 10:29, El Espíritu Santo puede ser blasfemado en Mateo 12:31, El Espíritu Santo puede ser contristado en Efesios 4:30. Todos estos pasajes dan un testimonio claro de la personalidad del Espíritu Santo.

2. La Deidad del Espíritu Santo

La deidad del ES puede probarse por medio de muchos pasajes bíblicos. El nombre de Dios, sus atributos, su obras, adoración se aplican al ES. Veamos algunos ejemplos: (1) La eternidad es un atributo que pertenece exclusivamente a Dios, sin embargo la Biblia señala: ... *el cual mediante el Espíritu eterno se ofreció a sí mismo... Hebreos 9:14*. Si solo Dios es eterno y aquí se afirma que el Espíritu es eterno, luego entonces, el Espíritu es Dios. La simple lógica aristotélica nos lleva a esta conclusión. (2) La omnipresencia, la Biblia reza: *¿A dónde huiré de tu Espíritu? ¿Y a dónde huiré de tu presencia? Salmo 119:7* Aquí le da al ES la categoría que solo pertenece a Dios porque el ES y Dios son la misma persona. (3) En el caso de Ananías y Safira, en el libro de los Hechos, Pedro acusó a Ananiás de mentir al Espíritu Santo y luego le dijo *no has mentido a hombres sino a Dios. Hechos 5:3-4*. Este pasaje es muy importante, primero porque demuestra claramente que el ES es una persona, solamente a una persona se le puede tratar de engañar y en segundo lugar lo identifica con Dios directamente.

En fin, existen muchísimos pasajes que prueban la deidad del ES, sin embargo, no obedece a nuestro propósito el efectuar un estudio de cada uno de ellos, baste con clarificar la deidad del ES.

En conclusión, la personalidad del ES debe ser vista desde la óptica trinitaria. El ES es una persona activa y su misión está claramente definida en la Biblia y su participación en la creación del universo y el hombre, su revelación en la historia y a través de todos los actos humanos, su participación en la salvación y la redención de la humanidad, su acción en el futuro de la creación y su protagonismo en la actividad trinitaria es evidente en todo el Texto Sagrado y debemos establecer como punto de partida a cualquier análisis pneumatológico estos principios fundamentales sobre su naturaleza y obra.

3. El Testimonio del A.T.

El ES se manifestó en el AT y desarrolló un ministerio bien definido. El Espíritu de Yahweh se manifestó en la creación, fue el artífice de la profecía, guió al pueblo de Dios y lo protegió. El Espíritu de Yahweh o el Espíritu de Dios en todo el AT ha sido un ente revelador y conductor de los planes eternos. Reveló el futuro del hombre a través de los profetas, lidió con la rebeldía de su pueblo, hizo milagros portentosos, guió a los hagiógrafos a escribir el Texto Sagrado, dio la Ley a Moisés, guió a los Jueces y cuando tuvo que callar, calló en el período intertestamental.

a. El ES en la profecía

De la Bibliología recibimos la acertada declaración que la Biblia es la Palabra inerrante de Dios. Dentro de todo ese compendio encontramos la profecía como un subproducto de la misma, que tiene dos componentes claves que son: el componente predictivo, cuyo propósito es describir el futuro no como ocurrirá pero como Dios lo ha dispuesto que sucederá. El componente predicativo cuyo fin es de llevar al hombre a entender el mensaje de Dios para el día de hoy.

La interrelación entre la Palabra de Dios y el ES es indisoluble. El ministerio del ES como revelador y como comunicador trasciende las fronteras de un simple relacionador público o bien un vocero oficial para convertirse en un Revelador: el que describe la personalidad de Dios en una perfecta claridad. Esta misión es fundamental para la iglesia quien debe entender que es el ES quien revela a Dios al hombre a través de la persona de Jesucristo y su obra redentora. La profecía es obra del ES y cuando la leemos nos estamos aproximando a su trabajo intelectual.

b. El ES en la misión profética

El ES está presente en los actos de los profetas. Si vemos que una gran porción de la Escritura es de índole profética, esto nos lleva a concluir que definitivamente la misión reveladora del ES tiene no un papel importante, sino crucial.

Los actos de los profetas tal como los hechos de Elías en el monte Horeb, los actos de Moisés en Egipto, el profeta por antonomasia, los hechos de Eliseo y los jueces, son ejemplo del poder que éstos adquirían con solo contar con la presencia divina del ES en sus vidas. Ellos vivían en la presencia de Yahweh y guiados por su Espíritu para cumplir la misión encomendada y que era vital para el cumplimiento del propósito de Dios.

4. El Testimonio del N.T.

Es en el NT donde se muestra otras facetas del ministerio del ES que no habían sido reveladas en el AT. Uno de esos aspectos extraordinarios, es que el ES es el consolador que mora por la fe en el corazón del creyente y lo ilumina a entender la Palabra, lo guía, lo redarguye, en fin, desempeña un gran ministerio en todo el peregrinaje de la vida cristiana. En este apartado se verá más de la obra del ES en la iglesia.

a. El ES y la Iglesia

La presencia del ES y su relación con la iglesia no empezó en el Pentecostés sino que es una continuación de la Misión que tiene desde la eternidad. Es simplemente un paso de transición entre la Ley a la Gracia y Él esta conduciendo ese proceso de manera magistral. El ES estaba antes del Pentecostés y simplemente cuando Jesús dijo que "Él vendría" después de Él, estaba apuntando a una nueva forma de revelación Divina. Es decir, el ES iba a mostrar una nueva dimensión de la Deidad: el Dios-hombre.

b. El ES y el Creyente

El impacto de la presencia del ES en el creyente se tradujo en la adquisición de poder para vivir la vida que agrada a Dios. No fue un omnipoder pero si poder para cumplir la misión de Dios. No fue poder para cumplir la Ley de Moisés pero si para vivir la Ley de Jesucristo.

La revolución del Pentecostés marcó un hito histórico en las prácticas religiosas del pueblo de Israel. Es un salto dimensional de una fe basada en reglamentos y cumplimiento de leyes a una fe más emotiva y con una nueva visión del cosmos y la realidad humana. Este cambio de paradigma religioso provocó la gran hecatombe religiosa que inundó todos los rincones del imperio. Era un movimiento totalmente revolucionario.

Esta claro que Dios se mira no como el justiciero sino como el amigo. El director de la vida del creyente y desde esa perspectiva, se debe ver la fe evangélica como las relaciones personales entre Dios y el creyente.

5. Sus Títulos

Igual que los nombre de Dios Padre y Dios Hijo revelan aspectos extraordinarios de su personalidad, los títulos del Dios Espíritu Santo hacen la misma función. Nos da una idea más clara de la función y ministerio de la tercera persona de la trinidad.

Hay varios títulos asignados al ES. "Espíritu del Padre" (Mat 10:20), "Espíritu de Dios" (Mat. 12:28), "Espíritu del Señor" (Luc. 4:18), "Espíritu Santo", (Luc. 11:13), "Espíritu de verdad" (Jua. 14:17), "Espíritu de Vida", (Ro. 8:2), "Espíritu de Adopción", (Ro. 8:15), "El Señor es el Espíritu", (2 Co. 3:17), "Espíritu de su Hijo", (Gal.4:6); "Espíritu de Jesucristo", (Fil. 1:19), "El Espíritu de la promesa", (Ef. 1:13); "el Consolador", (Jn. 15:26).

6. Sus Relaciones

La personalidad del ES se relaciona con el Padre y el Hijo y también se relaciona con los demás seres. Por ejemplo, con el Padre, la Biblia afirma que procede del Padre, que ejecuta los planes del Padre y que el Padre da el Espíritu al Hijo.

Por otro lado, las relaciones del ES con el Hijo. El ES descendió en forma de Paloma en el momento del bautismo del Hijo y lo guió al desierto para ser tentado por el diablo. Los milagros comenzaron y fueron hechos por el poder del ES.

También, el ES está en contraposición con la naturaleza pecaminosa porque los deseos de la carne son contrarios al Espíritu (Rom. 8:6,13) y que andar en el ES es contrario a las obras de la carne (Rom. 6:6; 8:4).

El estudio de la Teología Propia que se ha efectuado en este capítulo, fundamenta científicamente el conocimiento de quien es Dios en su manifestación trinitaria. Es decir, Dios el Padre, Dios el Hijo y Dios el Espíritu Santo en todo lo que se refiere a sus personalidades. Sus obras son objeto de estudio en otros capítulos de este tratado.

Capítulo V

Angeleología

Nos encontramos ya en la tercera gran división de la Teología Sistemática, la Angelología. Esta es una materia que siempre suscita controversias a raíz de las típicas preguntas: ¿Existen los ángeles? ¿Se puede hablar con ellos? ¿Se manifiestan en la actualidad? Estas y otras preguntas son las que inquietan a las personas comúnmente.

El estudio de esta ciencia nos mostrará que los ángeles realmente existen y que Dios los ha creado con un propósito específico, y lo más interesante de todo es que están en acción y siempre lo han estado. Como es lógico dentro de este tema, se estudia todo lo referente a la persona de Satanás, en su condición de ángel caído. A este estudio se le llama Satanología y viene a constituir una de las ramas principales de la angeleología. A lo anterior hay que agregar a todos los ángeles que siguieron el proyecto presentado por Satanás, a quienes se les conoce como los *demonios*. A esta rama de la angeleología se le llama, demonología.

Una vez aclarados los tópicos preliminares y habiendo entendido la función de los ángeles buenos y de los caídos nuestra cosmovisión será completamente diferente y sin duda tendremos una mayor conciencia de una realidad espiritual que vive Latinoamérica y el mundo, que aunque no podemos ver, ni sentir con nuestros sentidos humanos, existe, no solamente porque el Texto Sagrado nos lo dice, sino porque vemos sus manifestaciones todos los días.

Dicho en otras palabras, la historia de la conquista, la lucha por la independencia y los problemas socio-económicos que enfrenta en la actualidad Latinoamérica serán interpretados desde una diferente dimensión, la espiritual. La única que nos permite entender el desarrollo del plan perfecto, trazado por Dios antes de la fundación del mundo. Sin duda la Pedagogía del Oprimido de Freire ofrece respuestas interesantes, o las Venas Abiertas de Eduardo Galiano o los tratados de economía de Luis Pasos o las novelas de García Márquez, empero, es la

Biblia y el entendimiento de la forma como operan las fuerzas angélicas del mal y del bien lo que nos permite comprender el desarrollo de los acontecimientos que vive nuestro continente.

Este fascinante estudio se ha dividido para su mejor comprensión de la siguiente manera: Los Ángeles (Sección I), Satanología (Sección II) y Demonología (Sección III)

LOS ÁNGELES

Los ángeles son criaturas de Dios, seres espirituales, incorpóreos, que fueron creados para servir de diferentes maneras a Dios y a los hombres. En la economía divina, estos seres cumplen con un ministerio claramente asignado por el creador en beneficio de su plan sabiamente diseñado.

En esta sección se estudiará todo lo relacionado con la teoría general de los ángeles, es decir los ángeles que no siguieron la propuesta satánica, de ahí que se haya dividido este apartado en tres secciones principales: Introducción al estudio de los ángeles (A), clasificación de los ángeles (B), y participación angélica en el problema moral (C).

A. Introducción al estudio de los ángeles

La angeleología, al igual que las otras ramas de la Teología Sistemática, es una síntesis inductiva de todos los versículos que hacen referencia a este tema. En este caso particular estamos hablando de 273 menciones, según el Prof. Lewis CHAFER, que se hacen en el Texto Sagrado.

En esta sección se abordaron aquellos conocimientos propedéuticos que son indispensables para el mejor entendimiento de esta ciencia, así como los elementos necesarios para manejar una información útil, en medio de un ambiente lleno de prejuicios e ignorancia sobre uno de los temas fundamentales de la Teología.

1. Definición

La Escritura revela que existe un orden de seres celestiales muy distinto al de los seres humanos y a la deidad misma. Personas incorpóreas que han sido creados por Dios con un propósito muy específico. En primer término, consideremos la etimología del vocablo Ángel. Se deriva de la palabra hebrea *mal'ak* y de la palabra griega *aggelos* que significa mensajero. Los ángeles son pues, seres que ejecutan las órdenes de Dios a quien sirven.

2. La creación y número de ángeles

Los ángeles al igual que el hombre son criaturas de Dios, creados con un propósito y para la gloria de Dios. Respecto a estos seres se puede afirmar que todos los ángeles fueron creados simultáneamente (*cf.* Col. 1:16-17) y que ellos no están sujetos a la muerte u otra forma final de existencia, por lo cual su número no varía. Esto marca algunas diferencias importantes con la creación humana que tiene que reproducirse y que está sujeta a muerte y que su número constantemente cambia.

Este hecho nos lleva a otro, no sabemos el número exacto de ángeles, empero por las escrituras sabemos que son millares de millares, máxime que después de la caída de Satanás, se dividieron en ángeles buenos y demonios y éstos últimos representan un ejercito que gobierna a la humanidad incrédula.

3. La habitación de los ángeles

Los ángeles viven en las esferas celestes y no hay cifras humanas para contar su cantidad, aunque se afirma que ellos tienen interés en lo que pasa sobre la tierra pues fácilmente se relacionan con el universo entero. Los ángeles son en verdad seres vivos del más alto rango, seres libres y morales que en siglos pasados, por lo menos, tenían el poder de determinar su propio destino.

Los seres angelicales tienen habitaciones fijas y centros para sus actividades en los lugares celestiales. Necesariamente poseen una existencia incorpórea, aunque gozan de una constitución distinta a la humana, con una forma localizada y determinada especial.

4. El hombre poco menor que un ángel

La Biblia afirma que el hombre fue hecho poco menor que los ángeles, extremo que no puede probarse como una ecuación matemática, y quizás esa superioridad podría referirse a su peculiar estado y a sus cualidades inherentes y esenciales. Aunque, también, se nos informa que el hombre fue hecho conforme a la imagen de Dios y no se nos dice lo mismo acerca de los ángeles. El poder de los ángeles se deriva de Dios mismo, el mismo es restringido aunque muy grande en comparación al humano, también pueden influenciar la mente de la los seres humanos. Talvez en este sentido sean mayores que el hombre.

5. Personalidad de los ángeles

Cuando hablamos de los ángeles hablamos de personas, aunque incorpóreas, pero personas. Ellos tienen todos los elementos que conforman la personalidad: En el campo sentimental, experimentan emociones, En el campo intelectual, rinden culto inteligente, contemplan la faz del Padre con debida comprensión, saben sus limitaciones y su inferioridad al Hijo de Dios y en el campo volitivo, toman decisiones, como la de aquellos que decidieron seguir los lineamientos del Arcángel de maldad.

Por todos estos elementos enunciados anteriormente, afirmamos que los ángeles son personas.

6. El ministerio de los ángeles

Los ángeles al igual que el hombre fueron creados con un propósito bien definido y por lo tanto tienen un ministerio asignado por parte de Dios. En primer lugar, la Biblia se refiere como la función más importante de los ángeles, el servicio y la adoración a Dios.

En segundo lugar, como su mismo nombre lo indica, los ángeles son mensajeros de Dios, para revelar al hombre extraordinarios mensajes de la deidad respecto al presente y al futuro. Como casos concretos se puede citar a Gabriel, revelándole a Daniel todo lo referente al final de los siglos:

Aún estaba hablando en oración, cuando el varón Gabriel, a quien había visto en la visión, al principio, volando con presteza vino a mí como a la hora del sacrificio de la tarde. Me hizo entender, y habló conmigo diciendo: Daniel, ahora he salido para darte sabiduría y entendimiento... Dn. 9:21-22

O a María revelándole el nacimiento del Salvador del mundo.

El ángel Gabriel fue enviado por Dios a una ciudad de Galilea llamada Nazaret, a una virgen desposada con un varón que se llamaba José,... entrando el ángel a donde ella estaba dijo: "Salve, muy favorecida..." Lucas 1:26

El servicio extraordinario de los ángeles se hizo necesario a causa de la caída del hombre y constituye uno de los elementos importantes en la revelación especial de Dios. Con frecuencia median en las revelaciones especiales de Dios; comunican bendiciones a su pueblo y ejecutan juicios sobre sus enemigos. Su actividad es más prominente en los grandes momentos críticos de la economía de la salvación, como en los días de los patriarcas, la época de la entrega de la ley, el período de la ley, el período de la deportación y el de la restauración así como en el nacimiento, la resurrección y la ascensión del Señor.

En el Apocalipsis vemos funciones específicas de los ángeles entre las que podemos citar las siguientes: 1) Revelar la Palabra de Dios, en este caso el Apocalipsis. Apoc. 1:1. 2) Adorararación. En Cap. 4:8, 5:11, 19:1 y ss. se dice que los ángeles adoran a Dios. 3) Ejecutan juicios divinos contra la humanidad incrédula Cap. 7:3, 8: 2, 9: 20, 15: 1 y ss, 16:1 y ss 4) Luchan contra Satanás y los demonios. Cap. 12: 7 y ss. 5) Anuncio del Evangelio eterno Cap. 14:6, 6) Anuncio de la caída de Babilonia Cap. 14:8, 18:1. 7) Anuncio de la ira de Dios Cap. 14: 9 y ss. 8) Son los ejecutores del juicio divino contra Satanás y sus huestes. Cap. 20:1 y ss.

En resumen, el ministerio y servicio de los ángeles a Dios y los hombres es de capital importancia y juega un papel clave en el plan eterno de Dios.

B. Clasificación de los ángeles

Aunque la Biblia no efectúa una clasificación específica de los ángeles, la misma es importante para comprender de una mejor manera el ministerio y servicio de ellos. Ante Dios, dicha clasificación no tiene ninguna importancia, sin embargo, para los humanos es de cierta utilidad hacerla, pues nos ayuda a comprender mejor el tema. La clasificación que a continuación se propone es simplemente una propuesta humana, nunca la ley de Media ni de Persia.

1. Querubines

Los querubines se mencionan repetidamente en la Escritura. Guardan la entrada al paraíso, Gén. 3:24, contemplan el propiciatorio, Ex. 25:18, Sal. 80:1; 99:1; Is. 37:16; Heb. 9:5 y sostienen el carro en el que Dios desciende a la tierra, II Sam. 22:11, Sal. 18:10. en Ezequiel 1 y en Apocalipsis 4, están representados en diversas formas como seres vivientes. Estas representaciones simbólicas sirven sencillamente para expresar su extraordinario poder y la majestad de Dios en el Jardín del Edén, en el tabernáculo, en el templo y en el descenso de Dios a la tierra.

2. Serafines

Una clase peculiar de ángeles son los *serafines* que se mencionan solamente en Is. 6:2, 6. También se les representa simbólicamente en forma humana, pero con seis alas, dos que cubren su faz, dos que cubren sus pies y dos para ejecutar rápidamente los mandatos del Señor. A diferencia de los querubines, permanecen alrededor del trono como siervos del Rey Celestial, cantan sus alabanzas, y están siempre listos para ejecutar sus órdenes. En tanto que los querubines se muestran poderosos, los serafines deben reconocerse como los más nobles de todos los ángeles. Mientras los primeros resguardan la santidad de Dios, los segundos sirven a los fines de la reconciliación, y preparan a los hombres de esta manera para que se acerquen debidamente a Dios.

3. Principados, Poderes, Tronos y Dominios

Además de los dos precedentes, la Biblia habla de ciertas clases de ángeles, que ocupan puestos de autoridad en el mundo angelical, nombrándolos como *archai* y *exoysaiai* (principados y poderes), Ef. 3:10, Col. 2:10, *thronoi* (tronos), Co. 1:16, *kyreotetoi* (Dominios), Ef, Ef. 1:21; Col. 1:16, y *dynameis* (poderes, Ef. 1:21, I Pedro 3:22. estas designaciones no indican diferentes clases de ángeles, sino simplemente diferencias de rango o de dignidad entre ellos.

4. Ángeles individuales: Gabriel y Miguel

En esta categoría se puede mencionar a dos, es a saber, Gabriel y Miguel. En los libros apócrifos se mencionan ángeles como Rafael, Uriel y Jeremiel respectivamente.

a. Gabriel

Aparece en Dan. 8:16; 9:21; Luc. 1:19, 26. En las escrituras aparece cuatro veces siempre como mensajero o revelador de los grandes misterios de Dios. Habló a Daniel tocante al fin de las edades Dn 8:15-27. La profecía de las setenta semanas fue revelada por este ángel en el capítulo 9 de Daniel. Fue Gabriel quien llevó el mensaje a Zacarías del nacimiento de Juan Bautista y el mensaje a María del nacimiento del salvador del mundo.

b. Miguel

Miguel significa literalmente "¿quién es como Dios?" ha sido interpretado como una designación de la segunda persona de la Trinidad. Pero esto no es más sostenible que la identificación de Gabriel con el Espíritu Santo. Miguel se menciona en Dan. 10:13, 21;

> ... *Mas el príncipe del reino de Persia se me opuso durante veintiún días; pero Miguel, uno de los principales príncipes, vino para ayudarme, y quedé allí con los reyes de Persia. He venido para hacerte saber lo que ha de sucederle a tu pueblo en los últimos días, porque la visión es para esos días.*

Y refiriéndose al mismo Miguel, en el libro de Judas, verso 9 se lee:

> *Pero cuando el arcángel Miguel luchaba con el diablo disputándole el cuerpo de Moisés, no se atrevió a proferir juicio de maldición contra él, sino que dijo: "El Señor te reprenda".*

La expresión usada en Apoc 12:7 parecería que ocupa un sitio importante entre los príncipes y entre los ángeles. Vemos en él al valiente guerrero que libra las batallas de Jehová en contra de los enemigos de Israel y de los poderes malignos del mundo de los espíritus. No es imposible que el título "arcángel" también se aplique a Gabriel y a otros cuantos ángeles.

> *Apocalipsis 12:7-8. Entonces hubo una guerra en el cielo: Miguel y sus ángeles luchaban contra el dragón. Luchaban el dragón y sus ángeles, pero no prevalecieron, ni se halló ya lugar para ellos en el cielo.*

En Dn. 12:1 se lee que en aquel tiempo se levantará Miguel, el gran príncipe que está de parte de los hijos de tu pueblo. También existen casos de ángeles individuales que aparecen en los libros apócrifos como es el caso de Rafael, Uriel y Jeremiel.

5. Especialmente Designados

Estos se conocen así por el servicio que rinden. Se incluyen los mensajeros de juicio que se encuentran en pasajes como Gen. 19:13, 2 Sam. 24:16, 2 Reyes19:35, Ez.9:1, 5,7, Salmo 78:49, el ángel vigilante que menciona Daniel 4:13, 23, el ángel del abismo que menciona Apoc. 9:11, el ángel que tiene poder sobre el fuego en Apoc. 14:18, el ángel de las aguas Apoc. 16:5 y los siete ángeles de Apoc. 8:2.

C. Participación angélica en el problema moral

Cuando se habla de la participación angélica en el problema moral trae a luz el conflicto que siempre está presente y donde los agentes morales y libres se enfrentan con el dilema de lo malo y lo bueno. Tal conflicto llega a un clímax en tres ocasiones principales de la historia: La caída de los ángeles, la caída del hombre y la muerte expiatoria de Cristo.

Lo malo comenzó con el pecado de un ángel (Satanás), quien fue seguido después por una multitud de seres celestiales semejantes en una clara y abierta rebelión contra su Creador. Posteriormente, influenciados por este Adversario de Dios, los primeros seres humanos (Adán y Eva) también siguen esta carrera de desacato a Dios y transfieren tal naturaleza pecadora a toda la humanidad.

¿Cómo se explica el nacimiento del mal moral en el seno del bien moral? Antes de contestar, recordemos que: Dios es Santo y en ningún sentido Él es instigador del pecado; los ángeles fueron creados para cumplir con un propósito, previéndose anticipadamente, desde una eternidad su caída; se les otorgó autonomía para permanecer en su estado original de santidad o para desecharlo; a diferencia de la raza humana que hereda la naturaleza pecaminosa, los ángeles sostuvieron una relación personal con Dios e individualmente se apartaron de Él y aunque para el ser humano se proveyó un camino de reconciliación, para los ángeles no se les dio oportunidad de redención.

Por lo tanto, parece que no había otra forma en que los ángeles pudieran pecar, sino por el reflejo de su auto-contemplación, la admiración de su amor interior, su adoración e imitación a Dios. En otras palabras, fue un engreimiento por posesionarse del mando y tomar el lugar que corresponde al Creador y someterlo a Él bajo su autoridad. Como puede observarse, esta es una propuesta sumamente perversa.

Todas las criaturas son hechas Teo-céntricas, cuando el Yo llega a ser el centro de su propio mundo, se contradice la ley básica de su existencia y se falsifica el orden de moral divina. Todo esto podrá revelar la naturaleza del primer pecado, más sin embargo, será un misterio cómo este principio de pecado podía recibir una bienvenida en tal ser perfecto.

Sección II

SATANOLOGÍA

El arcángel que se menciona muchas veces en las Escrituras bajo diferentes títulos que le son propios o describen su personalidad y carácter, *vg.* Serpiente antigua, diablo, Satanás, destructor, dragón, *inter alia*, es el agente externo que incita a la criatura humana a oponerse al plan de Dios. Este potente ángel se ve en la Biblia con prominencia, segundo después de la Trinidad. Se ve desde la primera página de la historia humana hasta la última, y siempre se le presenta como factor importantísimo en lo relacionado a los hombres, a los ángeles y al universo mismo.

Él es el agente externo que incita a la criatura humana a realizar todas aquellas obras que van en detrimento de sí misma. Utilizando la mentira como punta de lanza, hace que el hombre cave su propia tumba sin que éste se entere. Su objetivo final es la destrucción y perdición de la humanidad. Una espesa cortina de humo ha derramado sobre la humanidad incrédula, que provoca una ceguedad espiritual impresionante, y como es lógico, sirve como instrumento para lograr tal impío propósito.

Partiendo de esta realidad, llegamos a la conclusión que todos los problemas sociales que enfrenta la sociedad latinoamericana no se originan en las dictaduras militares que el continente sufrió, o en la lucha de clases entre proletarios y burgueses, o en la mala distribución de las riquezas como se nos ha querido hacer creer. El origen de todo esto es un engaño brutal de este engendro a la humanidad incrédula y que los ha llevado a situaciones vergonzosas como la famosa guerra sucia de la Argentina en la década de los sesenta y setenta, los más de 70 mil muertos en el Perú por la lucha del gobierno contra el grupo Maoísta Sendero Luminoso, las cruentas guerras en Centroamérica, El Salvador,

Nicaragua y Guatemala, que juntas cobraron la vida de mas de 150 mil personas y un éxodo masivo de sus habitantes hacia los Estados Unidos.

Satanás hizo creer en Nicaragua que el problema era Anastasio Somoza, en El Salvador, hizo creer que el problema era las 14 familias, fórmula como se le denominó a la oligarquía del país, en el Perú él engañó al Sendero Luminoso culpando al sistema capitalista, al igual que en Colombia, donde la infamia de Satanás llegó al colmo. La realidad es que Somoza cayó, la democracia vino a los países de Latinoamérica, sin embargo los problemas lejos de resolverse se han agudizado aún más. ¿Dónde estuvo el fallo? Muy sencillo, Satanás ha sembrado en tierra fértil, un corazón rebelde, desobediente, orgulloso, soberbio y el problema continúa. Satanás es quien siembra, pero la tierra fértil es el mismo hombre latinoamericano.

Satanás no puede operar solo, él y sus demonios operan a través de seres humanos, si estos le abren su corazón, él, sin duda, que los destruirá, los hará que caven su propia tumba, y lo más triste de todo esto, es que no se darán cuenta del engaño, pues el mismo les ha cegado el entendimiento. II Cor 4:4.

El corolario de lo anterior es que la revolución no resuelve nada, las elecciones democráticas menos, el sistema de derecho esta todavía muy lejos. La solución del continente latinoamericano no pasa por Washington, o por las Naciones Unidas, pasa por Jesucristo. A menos que el Espíritu Santo efectúe una obra de regeneración en el corazón del hombre, seremos testigos de la obra escalonada de iniquidad del enemigo de Dios y del hombre.

Esta sección pretende estudiar con cierto detenimiento el *modus operandi* de este engendro, quien es el adversario de Dios y es el enemigo por excelencia de nuestras almas, con el propósito de conocerle y enfrentarlo, para que con la ayuda de Dios podamos vencerlo, como la Palabra nos exhorta.

A. La carrera de Satanás

Los pasajes de Isaías 14:12-17 y Ezequiel 28:12-19 nos ofrecen la mayor cantidad de datos sobresalientes acerca de este notable personaje. Aunque es menester reconocer que el profeta esta hablando de Nabucodonosor y el rey de Tiro en una forma primaria, todos los teólogos concuerdan que la interpretación remota de estos Textos corresponde sin lugar a dudas al Arcángel de maldad.

Primeramente se nos afirma que Satanás fue creado originalmente sin maldad alguna en él, como un perfecto querubín. Después de un tiempo, no definido por la Escritura, él expresa en Isaías 14:12 y ss. su quíntuple deseo egocéntrico, base de su fatal caída.

«Yo subiré al cielo» Muestra su insolencia de acceder al lugar donde mora Dios con el objeto claro de desplazarlo.

«Yo levantaré mi trono» Aquí muestra su propósito infame de destituir a Dios. La criatura haciendo a un lado a su creador.

«Yo me sentaré en el monte del testimonio» Aquí su declaración no deja nada para la imaginación, es clara y taxativa, su objetivo es ocupar, o mejor dicho usurpar el sitio destinado para el Mesías que saldría de Israel.

«Yo subiré sobre las alturas de las nubes» Esta es una confirmación más de lo que había expresado cuando asevera que *«yo subiré al cielo»*.

«Yo seré semejante al Altísimo» Aquí llega al clímax de la demencia, quiere ser Dios. Quiere la adoración, el respeto, la autoridad, que solo el creador merece.

Como puede observarse, todo gira alrededor de *yo* y el *yo* es el centro del universo, no Dios. Dios lo había creado para que lo adorara, para que como Querubín, guardara su santidad, ahora este engendro se sale del plan de Dios y se pone él mismo en el centro del universo y quiere que todo ser gire alrededor de él, incluso su creador mismo. En resumen, su vil pecado es su ignominioso deseo de vivir independiente de Dios, siendo él, el centro del universo.

El mismo Texto Sagrado nos muestra cual fue la reacción de Dios a dicha maldad: El destierro por la eternidad y la condenación a un castigo eterno, de ahí la expresión de Isaías cuando señala: *Cómo caíste del cielo Lucero, hijo de la mañana!* Por esta razón, en Teología, a este acto de destierro se le conoce como la *Caída.*

Otro de los pasajes clásicos sobre Satanás es el Ezequiel 28:12 y ss, que de una forma próxima está hablando del rey de Tiro, empero una interpretación remota, no deja lugar a dudas, en el sentido que es una referencia exacta al arcángel de maldad. A continuación se efectuará una exposición del mismo.

Tú querubín grande y protector, Aquí Dios nos muestra la grandeza de este ángel y el lugar tan elevado donde Dios lo había puesto.

Yo te puse en el santo monte de Dios, aquí se resalta la soberanía de Dios. Es Dios quien pone y quita y muestra con claridad meridiana quien tiene el poder.

Allí estuviste y en medio de las piedras de fuego te paseabas, revela que este ángel disfrutó por un tiempo no señalado de su alta posición donde Dios lo había puesto.

Perfecto eras en todos tus caminos desde el día en que fuiste creado hasta que se halló en ti maldad... describe la perfección y grandeza del ángel, que a la vez se vuelve en un enigma para muchos, en el sentido, de cómo pudo corromperse.

Se enalteció tu corazón a causa de tu hermosura, Aquí el Texto Sagrado nos muestra por enésima vez que el eslabón más cercano entre la grandeza y la caída es el orgullo. Entre más alto esta la criatura, más susceptible es al orgullo y por ende a la caída.

Corrompiste tu sabiduría a causa de tu esplendor, Esto es simplemente una confirmación de lo anteriormente comentado.

La Biblia además nos ofrece una revelación progresiva acerca de Satanás. En el Antiguo Testamento casi no se hace referencia a él o se hace en forma vaga e indirecta. Es en el Nuevo Testamento donde con claridad se nos presenta qué y quién es este ser, Satanás, príncipe de los demonios, qué hace en el presente (matar, robar y destruir), cómo se relaciona con el mundo (lo gobierna), con la humanidad (la domina), con Cristo (el Señor le derrotó en la Cruz, destruyó sus obras y lo hirió de muerte) y con los creyentes (lucha contra ellos), qué sucederá con él en un futuro cercano (será echado en el abismo por una eternidad), etc.

B. El vil carácter de Satanás

El vil carácter de Satanás se caracteriza por su doble maldad: El orgullo ambicioso y la mentira.

1. Orgullo Ambicioso (*Vide*. I Tim. 3:6; Eze. 28:17; Isa. 14:12-14)

El orgullo lo impulsó al insano deseo de ambición y autopromoción, cegándole su entendimiento para poder repudiar a su Creador e intentar ser como Él. A continuación abordaremos el tema del orgullo, empero en la esfera humana, que por tratarse del mismo pecado, ilustra a la perfección el orgullo de Satanás y nos ubicamos en un contexto que será de mayor utilidad para nosotros.

De todos los pecados, el orgullo es probablemente el más sutil y el más peligroso. El orgullo es una trampa a aquellos en el ministerio, y necesitamos vigilarnos constantemente para evitar caer en este pecado. Es por el orgullo que cayó Satanás, y él es experto en engañar aún al hombre con integridad y piadoso, para que caiga en su trampa.

Parece que entre más logramos para Dios y más grande llega a ser «nuestro» ministerio, más susceptibles somos a la trampa de la soberbia. Lo que comienza ser una obra para la gloria de Dios, puede rápidamente y fácilmente convertirse en algo que trae toda la gloria a sí mismo.

A raíz del crecimiento extraordinario de la Iglesia en Latinoamérica y el surgimiento de ministerios musicales, evangelísticos, de radio y televisión, observamos que en nuestra cultura cristiana de hoy, existe un enfoque sobre los ministros conocidos que tienen grandes nombres. Nadie quiere escuchar un programa cristiano en la radio o en la televisión sin saber quien es el ministro. Ningún pastor que cuida de su congregación abre su púlpito a alguien sin estar seguro que él es, ambos, piadoso y ungido. Ambas cosas se basan en tener un «nombre conocido.»

Cualquier ministro desea predicar en las congregaciones más grandes, para impactar a más gente para la gloria del Señor. Usualmente esto requiere que la gente reconozca quienes somos para que tengamos puertas abiertas. Esto no es malo en sí, pero la distancia que existe de allí hasta permitir que este reconocimiento se convierta en soberbia, es en realidad muy pequeña. El orgullo dice, «*Mírame, mira quien soy, mira lo que estoy haciendo.*» Aun cuando esto pueda ser útil en el sentido de captar la atención de la gente para que podamos hablarles del Señor, es evidente que Dios no quiere que usemos este método.

Hemos sido instruidos por el Señor para levantarle, para que Él atraiga a todos a sí mismo. (Juan 12:32); no para levantarnos a nosotros mismos para que nosotros les atraigamos al Señor. El orgullo es pecado y del peor género como diría Carlos SPURGEON. El orgullo no es causado por otra persona, sino por nosotros mismos. De manera que no podemos culpar a nadie de nuestro orgullo, incluso, no podemos culpar a Satanás por incitarnos a esto. La Biblia señala:

Lo que sale del hombre, eso es lo que contamina al hombre. Porque de adentro, del corazón de los hombres, salen los malos pensamientos, fornicaciones, robos, homicidios, adulterios, avaricias, maldades, engaños, sensualidad, envidia, calumnia, orgullo e insensatez. Mar 7:20-22

B. El vil carácter de Satanás

Según Dios, el orgullo nos contamina. Es una palabra interesante, contaminación. Significa hacer impuro, o inmundo. Es la misma palabra que es usada para describir alguien quien ignora el mandamiento para guardar el séptimo día. (Ex 31:14). Dios usa dos palabras - inmundo y abominable para describir a una persona que quebranta alguna parte de la ley. Pues, cuando nos contaminamos, somos una abominación ante los ojos de Dios.

En Levítico 11:44, Dios nos instruye a santificarnos (alejarnos del sistema del mundo) y ser santos así como Él es santo. Sigue el mismo verso diciendo que no debemos ensuciarnos. Tampoco debemos hacer ninguna cosa que puede hacernos impuros. El pecado del orgullo nos ensucia y nos hace impíos e impuros. Dios no pasa por alto este punto, pues nos dice que el orgullo nos contamina. Quiere asegurar que entendamos bien su corazón. Pues, Él nos declara lo que odia:

> *Seis cosas hay que odia el Señor, y siete son abominación para El: ojos soberbios, lengua mentirosa, manos que derraman sangre inocente, un corazón que maquina planes perversos, pies que corren rápidamente hacia el mal, un testigo falso que dice mentiras, y el que siembra discordia entre hermanos. Pro 6:16*

Considerando que de todos los mandamientos que pueden ser quebrantados y de todos los pecados que existen, es sorprendente que solamente hay siete que están nombrados como abominaciones al Señor. Como se nota, el orgullo es el primero de aquellos siete pecados. En realidad, cada uno de los otros en la lista puede ser visto como resultado de orgullo.

> *Abominación al Señor es todo el que es altivo de corazón; ciertamente no quedará sin castigo. Pro 16:5*

La abominación llamada «orgullo» siempre lleva a algún tipo de castigo. Dios no permite a su gente, especialmente a sus ministros, continuar en el orgullo. Siempre hallará alguna manera para causar que aquella persona caiga y sea humillada.

De hecho, es el orgullo en sí, que causará que aquella persona sea bajada. Muchas veces, Dios no necesita humillar a una persona, porque mediante el orgullo, aquella persona se pondrá en una situación en la cual caerá. Cuando somos llenos con orgullo, pensamos que somos mejores que los demás, que somos incapaces de estar equivocados o que somos incapaces de pecar. Este es el primer paso en la trampa que Satanás ha construido para los soberbios.

El orgullo del hombre lo humillará, pero el de espíritu humilde obtendrá honores. Pro: 29:23

Una persona verdaderamente humilde, está siempre lista a aceptar responsabilidad por su propio error. Está siempre lista para aceptar una verdadera palabra del Señor. Está siempre lista para arrepentirse. Está siempre lista para escudriñar su propia vida, buscando lo que necesita cambiar.

Una persona verdaderamente humilde verá un verso bíblico, y lo usará como un espejo para examinar su corazón. Cualquier verso que lee, cualquier mensaje que oye, lo aplica a su vida. No se estima mejor que otros, sino que ellos son otros creyentes buscando la voluntad de su Padre.

Satanás nos ha dado una imitación de la verdadera humildad. Se conoce comúnmente como la falsa humildad. La verdadera humildad es una actitud del corazón. La falsa humildad es espectáculo externo. La verdadera humildad muestra el camino a Jesucristo, mientras que la falsa humildad atrae atención por despreciar a su dueño.

En resumen, el orgullo es una creencia, consciente o inconsciente, es un sentimiento en el corazón de la persona que se traduce en actos que muestran su convicción que es superior a los demás, que es más importante y que los demás le deben pleitesía. Mira a los demás con arrogancia, es decir, hacia abajo, dejando claro su presunta superioridad. Esta conducta lo pone a él como el muchacho de la película, el centro del universo, sobre el cual deben girar las demás personas. Este fue el pecado de Satanás, este es el pecado de la humanidad incrédula y este mismo pecado, como un virus se ha infiltrado en la Iglesia misma, especialmente en aquellos que están con ministerios visibles para engañarlos y hacerles creer que ellos son los que hacen que la rueda gire.

2. La Mentira (*Cf.* Juan 8:44; II Tes. 2:1-12; I Juan 3:8)

La mentira es originada por el mismo orgullo y se opone a toda la verdad de Dios; pues es, en otras palabras, una tergiversación de la persona y carácter de Dios y una perversión de sus propósitos y caminos. Satanás no solamente escogió no seguir en la esfera precisa en la que Dios

B. El vil carácter de Satanás

lo había puesto, sino también escogió voluntariamente seguir un principio o filosofía de vida distinto caracterizado por la independencia de Dios y sus leyes.

A Satanás le corresponde el título de primer pecador, es él pecador original y el que ha hecho más daño. Ha practicado el pecado más tiempo que nadie y ha pecado contra la mayor luz. Satanás es un ser que lo caracteriza la mentira, esta es su marca distintiva como lo revelará el mismo Jesús en Juan 8:44

> *Sois de vuestro padre el diablo y queréis hacer los deseos de vuestro padre. El fue un homicida desde el principio, y no se ha mantenido en la verdad porque no hay verdad en él. Cuando habla mentira, habla de su propia naturaleza, porque es mentiroso y el padre de la mentira.*

Jesús hablando a los fariseos en este pasaje muestra que si practicamos la mentira mostramos que somos parte de la familia del diablo y participamos de su naturaleza.

El mundo en el que vivimos se fundamenta en la mentira, ésta es el pan nuestro de cada día. Mentira en lo que se nos dice en las escuelas, las universidades, donde se nos presentan las filosofías mentirosas como verdades de quinta esencia, mentira en la propaganda alienante que vemos por la televisión y escuchamos por la radio, donde se nos dice que bebemos tal licor porque seremos más inteligentes e importantes, que sí usamos tal prenda estaremos a la moda. Mentira de los políticos que nos dicen que pagarán la deuda externa, erradicarán el problema del decifit habitacional, que traerán educación y sobre todas las cosas, la mentira más burda y ridícula, que erradicaran la corrupción de sus gobiernos y pondrán a todos los mal vivientes de cuello blanco en la cárcel. La humanidad incrédula, a pesar de haber sido engañada una y otra vez, cree en la mentira nuevamente y cifra sus esperanzas en un hombre mentiroso, que ha dicho que hará lo que él mismo sabe que no puede hacer.

Esta es la triste historia de un continente sumido en un profundo subdesarrollo socio-económico, pero sobre todas las cosas, un subdesarrollo mental y espiritual. Esto último es paradójico, pues es en Latinoamérica donde la Iglesia cristiana ha experimentado un crecimiento espectacular y ya muchos creyentes se encuentran participando en las esferas de poder. A continuación, analizaremos de una forma sucinta algunas de las mentiras favoritas de Satanás con las que ha hecho daño a la humanidad incrédula.

a. La primera mentira: *La palabra de Dios no es cierta*

Esta es la primera mentira y la más vieja puesto que es la que usó la serpiente en el huerto del Edén. La serpiente diciéndole a Eva que Dios les había mentido a ellos y que no quería Dios el progreso de sus almas. Es la misma mentira que en estos tiempos la misma serpiente está usando para hacer a la humanidad caer en desobediencia de tal manera que traiga consecuencias a nuestras vidas. (Gén. 3:1-7)

Al negar la veracidad de la Biblia, *ipso facto* negamos a Dios mismo. Esto trae como consecuencia una vida fundamentada en el principio satánico de la independencia de Dios, y allí mismo caemos en la mentira y la desgracia de su consecuencia. Al vivir una vida independiente de Dios, tenemos licencia para fundamentar nuestras actuaciones en valores inventados por nosotros mismos, pero que en realidad son impuestos por Satanás sin que nos demos cuenta. Esa es la mentira, nos hace creer que hacemos lo que queremos, que somos libres de pensar como nos dé la gana, de ir donde se nos antoje, cuando en realidad es él quien dicta las directrices. Ese es el caso de las pandillas, conocidas en Centroamérica como *maras*. En estas organizaciones de crimen, adolescentes y jóvenes desbocados en una loca carrera de pecado cometen, asesinatos, robos, abortos, secuestros, intimidación, vendetas, en fin, toda suerte de fechorías. También es el caso de la juventud más sofisticada, en relación con los pandilleros, que ha ido a los centros de enseñanza, incluso a la universidad, pero han creído en la mentira, el placer es su dios, las drogas, las fiestas, el sexo fuera del matrimonio. Todo este oleaje ha sido atizado por las tristemente célebres producciones de Holywood y las corrientes filosóficas que nos llegan de Europa como el existencialismo y el auge que ha cobrado las religiones orientales en nuestro continente. Para ellos la Palabra de Dios no existe.

b. La segunda mentira: *Dios hará una excepción en mi caso*

Muchos de nosotros pensamos que al pecar, Dios por ser un Dios de amor y misericordia detendrá la consecuencia de nuestro pecado. Dios nos perdona si nos arrepentimos y nos humillamos ante Él para pedirle perdón. Pero hay consecuencia de toda mala decisión que hacemos.

Hay personas que saben que lo que hacen es malo. Vivir con un hombre o mujer que no es su esposo o esposa, abortar un niño, abandonarlo a la orilla de un río o un basurero como suele ocurrir en Teguci-

B. El vil carácter de Satanás

galpa, Lima, Rió de Janeiro o Caracas. La gente sabe que ingerir alcohol irresponsablemente los lleva a una vida perdida, no solamente a ellos mismos sino a la esposa, a los hijos. Saben que cometer adulterio es un pecado, sin embargo, lo comenten y destruyen varias familias de paso. Esto suena al gran rey de Babilonia, Belsasar, quien convocó a un festín a mil parroquianos, y mandó a traer los vasos de oro del templo de Dios todopoderoso para celebrar una orgía de licor y sexo, alabando sus dioses, cuando de repente se le aparece los dedos de una mano que escribía en las paredes del palacio real (Dn 5:1 y ss) un juicio del Dios soberano quien había tomado una determinación irrevocable. El rey confundido llama a adivinos, astrólogos quienes fracasan en su intento de interpretación, hasta que llega el profeta Daniel quien le relata una serie de acontecimientos históricos de su abuelo Nabucodonosor y la forma extraordinaria como Dios trató con él y le dice unas palabras, que Dios nos sigue diciendo a nosotros: ... *tú sabías*... luego entonces, Daniel prosiguió a leer la sentencia divina escrita en la pared del palacio real: *Contó Dios tú reino y le puso fin, pesado has sido en balanza y has sido hallado falto, tú reino ha sido roto y dado a los medos y persas.*

La gente sabe que lo que hace es malo, empero tiene el cinismo de esperar que el amor y la misericordia de Dios detenga el castigo. Esta es una mentira brillante de Satanás, con la cual ha engañado a millones. Dios es un Dios Santo y justo y nunca dará por inocente al culpable. Pablo sentenció la conducta del hombre cuando escribió: *La paga del pecado es la muerte.* (Rom 6:23).

c. La tercera mentira: *No puedo ser feliz siendo cristiano*

Cuando uno viene a Cristo es necesario deshacerse de muchas cosas que según nosotros traen felicidad a nuestras vidas como el alcohol, juergas, las drogas y el placer sexual fuera del matrimonio.

Satanás ha hecho creer, especialmente a la juventud, que la vida cristiana es un aburrimiento total, que es una vida de prohibiciones, de legalidad, y uno de los ardides filosóficos es que ser cristiano es simplemente enterrarse vivo. Satanás centra la plenitud de la vida en el licor, en las drogas, en la discoteca, en el sexo. Solo allí esta la vida. En la Iglesia todo está prohibido. Eres demasiado joven para eso, tienes derecho a disfrutar la vida. Desafortunadamente, esta es la mentira que los jóvenes han creído, de manera que cuando oyen el mensaje de Dios se burlan y lo pasan olímpicamente.

Pero todo esto es una mentira, el centro de la felicidad del ser humano no puede ser la diversión, el placer, las drogas. Veamos con detenimiento la mentira. Las drogas crean una dependencia brutal, psíquica y espiritual que puede llevar a la persona al robo, al asesinato, a la locura, a la cárcel y hasta la muerte. El alcohol, también crea una dependencia que destruye familias y lapida los bolsillos del infeliz que cae en sus garras. El placer sexual fuera del matrimonio, es como el agua a la cual Jesús se refirió cuando habló con la mujer samaritana: *Cualquiera que beba de esa agua volverá a tener sed (Jn 4:13)* El placer sexual es algo que nunca saciará la verdadera sed del ser humano. Satanás nunca dice que el hombre que ponga estas cosas como el centro de su vida, pierde su dignidad, que se vuelve en un pusilamine, en un esclavo digno de conmiseración y lastima. Usualmente esta persona termina muerto, en una cárcel, en la calle, envuelto en una serie de divorcios, habiendo arruinado la vida de esposas o esposos y lo más cruel de todo, de niños a quienes ha dado un ejemplo fundamentado en un paradigma satánico.

d. La cuarta mentira: *Hay muchas maneras o caminos para llegar a Dios*

Hoy en día hay muchas religiones que según algunos son el camino para llegar a Dios y esta misma es una mentira del diablo para confundirnos. La palabra de Dios dice que solo hay un camino para llegar a Él. Este camino se llama JESUCRISTO! Él mismo dijo *Yo soy el camino, Nadie viene al Padre sino es por mi*. La palabra dice que Él es el único mediador entre Dios y los hombres, es Él, quien dio su vida públicamente para que fuéramos reconciliados con el Padre celestial. (Juan 14:6, 1 Juan 2:1-2, 1 Timoteo 2:5)

La mentira religiosa es una de las formas que consideramos del peor género, pues parte de mismo Texto, hilvanando una serie de argumentos, usando la lógica aristotélica de una forma brillante para engañar a muchos, incluso, muchas veces mueven el tapete de aquellos hombres de Dios que llevan años estudiando la Biblia.

Hay "verdades" religiosas groseras, fáciles de rebatir y sin menores consecuencias como las religiones orientales, o los pensamientos teológicos surgidos en Latinoamérica como la Teología de la Liberación, Teología Indígena, Teología Negroide, o Teología de la Prosperidad. No que todo los postulados enunciados por estas teologías sean malos, en ninguna manera, sin duda hay elementos rescatables, empero hay elementos que están en flagrante oposición al Texto Bíblico, pero hay otras "verdades" religiosas que son más sutiles y peligrosas.

La Iglesia de Latinoamérica es un polvorín para estas sutilezas, dado el crecimiento espectacular de la Iglesia y debido a que la gran mayoría de los pastores de la Iglesia no tienen un entrenamiento formal en Biblia ni Teología, lo que es grave. Su teología es *el mucho estudio es fatiga de la carne, la letra mata más el espíritu vivifica, Dios dará boca y sabiduría la cual nadie podrá resistir.* Estos versículos descontextualizados han sido el caldo del cultivo para que cualquier persona que sepa gritar, manipular audiencias, funde una iglesia en un garaje que en poco tiempo se convierte en una mega iglesia de cinco mil, diez mil y más. De ahí que no nos extrañe pues, cuando escuchemos cualquier majadería por la radio o la televisión y veamos prácticas litúrgicas que definitivamente no tienen ni pueden tener soporte bíblico.

e. La quinta mentira: *Mi pecado es mi asunto y no le hago daño a nadie*

No te encierres en esta mentira de que tu pecado no afecta a los que están alrededor de ti, a tu familia y a tus amigos aun hasta a tu descendencia. La razón porque tuvo que venir Cristo para redimir a la creación de Dios es por el pecado de Adán y de Eva. Nos ha afectado aún a nosotros. Toda la familia sufre tremendamente cuando hay un drogadicto o alcohólico en el hogar. Afecta a los niños, afecta a los cónyuges afecta aún hasta a los amigos.

Esta mentira satánica es el argumento preferido de aquellas personas que pretenden justificar su adulterio, su adicción a las drogas o al alcohol, el uso de tatuajes demoníacos en sus cuerpos, o una vida licenciosa y desenfrenada. *Es mi vida, tú no te metas.* Esta es la filosofía satánica en su pureza, quiero vivir una vida independiente, haciendo lo que yo quiera, y que nadie se meta conmigo, yo soy el centro del universo. Pero es una mentira, una vil mentira, porque *tu vida* en realidad no es *tu vida.* Dios te la dio y cuando a El le de gana te la quita. El aire que respiramos nos lo da Dios, el agua que hace que germine la semilla nos la da Dios, la tierra que produce el alimento nos la da Dios, todo proviene de Dios, ¿Cómo, pues nos atrevemos a decir *mi vida?* No, es la vida que Dios nos ha dado para vivir bajo los principios que Él mismo ha creado, para que giremos alrededor de su voluntad, para que hagamos lo que Él dice que hagamos, cualquier otra filosofía fuera de este axioma es una vil mentira.

f. La sexta mentira: *No hay día de Juicio*

Mucha gente piensa que por el hecho de que Dios ya mandó a su hijo para morir por nuestros pecados, automáticamente nos da derecho para practicar pecado y pensamos que no daremos cuentas a Dios por todos lo hechos malos y buenos.

Aunque esta mentira parezca insólita para un cristiano piadoso, en realidad hay mucha gente que deambula por las calles de este continente creyendo firmemente que no existe un día de juicio, un día en el que comparecemos ante Dios para dar cuenta de nuestros actos. Satanás se ha encargado de introducir en el pensamiento de la gente que no existe ni cielo ni infierno y que muerto el perro se acabó la rabia.

g. La séptima mentira: *Tienes mucho tiempo para buscar a Dios*

Una de las mentiras más sutiles del diablo y que usa para que no busques la salvación que ofrece Dios es esta. Y la usa de tal manera que llegará nuestro día y nunca buscamos de Dios por no tener tiempo y dejarlo para después. El diablo pone pensamientos como: eres muy joven, tienes toda tu vida por delante, cualquier otro día puedes buscar de Él etc...

La crueldad de esta vil mentira es que los años pasan y le roba al ser humano los mejores años de su vida, de ahí que muchas personas que conocen a Jesucristo a una edad adulta sienten un profundo dolor de haber desperdiciado sus vidas en el pecado. Ellos se dan cuenta a la perfección del tremendo error que cometieron. La gente que usualmente cree a esta mentira está conciente de su situación de pecado y esclavitud, pero no es capaz de poner un hasta aquí, es fácil creer en la mentira de *mañana* lo triste es que ese mañana nunca llega. Así, llegaron muchas personas al infierno, esperando un mañana que nunca llegó. La Biblia habla de hoy. *Hoy es el día de la salvación.* (II Cor 6:2).

C. El Kosmos Satánico

Kosmos es una palabra griega que se traduce al castellano como *mundo* y sobre este tema discurre ampliamente el Texto Sagrado. En términos simples, se está hablando de un sistema bien organizado, bajo una administración eficiente cuyo objetivo fundamental es confundir, engañar y finalmente destruir al hombre. Esta realidad nos deja bien claro que, ningún gobierno humano, organización, metodología, puede hacer nada para remediar la situación del hombre, puesto que ellos mismos son parte de ese Kosmos, es decir, de ese sistema satánico que mantiene en cautiverio a la humanidad entera.

Solamente la intervención de un agente externo puede dar al traste con tanta ignominia, y ese agente externo es Jesucristo, quien *vino para deshacer las obras del diablo*. Para romper con las cadenas de corrupción, violencia, secuestros, religiones paganas, deterioro moral, drogas y demás flagelos que abaten a Latinoamérica y al mundo, solo la intervención de Dios puede poner coto a este sistema de maldad.

En este apartado, será objeto de estudio todo lo referente a este sistema de muerte y destrucción, que es llamado por la teología como el Kosmos satánico.

1. Definición y análisis de Kosmos Satánico

Para iniciar el tratamiento de este apartado es preciso definir qué es el Kosmos satánico. A nuestro criterio, la mejor definición la ha dado el célebre Prof. SCOFIELD, quien se ha expresado en los siguientes términos:

> *Es el orden o sistema bajo el cual Satanás ha organizado a la humanidad incrédula, de acuerdo a sus principios de fuerza, orgullo, ambición, placer y egoísmo. Se caracteriza por ser imponente, poderoso, religioso, científico, culto y elegante. Debido a la profunda rivalidad y ambición existente en el, debe someterse a cada uno de sus miembros por medio de la fuerza.*

A continuación efectuaremos un análisis de la definición anterior que nos permitirá comprender este fenómeno desde diferentes ángulos.

Es un orden o sistema: Esto es muy importante entenderlo, es una organización, valga la redundancia, perfectamente organizada. Es todo un sistema donde cada pieza encaja perfectamente en el engranaje de la otra y hace que todo funcione con una perfección impresionante.

Bajo el cual Satanás ha organizado a la humanidad incrédula. Este elemento nos dice dos cosas muy importantes. Quien lo ha organizado y quienes están bajo esta organización. El origen del sistema, sin duda, es el momento cuando el pecado en potencia, se convierte en acto, para usar la terminología de Aristóteles. Dicho en otras palabras, cuando Satanás decide pecar. Primeramente organizó a los ángeles que le siguieron, a quienes se les llama demonios, y luego seduce al hombre para seguir su empresa impía y hacerlo caer bajo su égida. Todos aquellos seres humanos que no han experimentado el nuevo nacimiento (Jn 3:1y SS) son considerados como incrédulos y están bajo este sistema.

De acuerdo a sus principios de fuerza, orgullo, ambición, placer y egoísmo. Estos son los principios filosóficos sobre los cuales descansa el sistema, en otras palabras, son los pilares que sostienen la organización satánica. Como puede observarse, *orgullo, ambición, placer y egoísmo* son valores anti Dios, lejos de llevar al hombre a la plenitud de vida lo llevan a la desolación.

Se caracteriza por ser imponente, poderoso, religioso, científico, culto y elegante. SCOFIELD nos habla aquí de las características de este sistema. *Imponente,* porque nos muestra cosas grandiosas, obras de infraestructura, obras de arte, hazañas especiales, inventos tecnológicos, en fin nos deslumbre, es simplemente *imponente.* Además *poderoso,* las armas de destrucción que ha creado son de un poder insospechado, capaces de destruir al planeta en minutos. *Religioso,* Ud. va a ver a criminales, capos de las drogas, políticos corruptos, usureros profesionales, etc., fornicando con las religiones de este mundo. *Científico* esta área es muy importante, porque la ciencia hace sentir al hombre poderoso, lo hace sentir dios y que no necesita de nada. El hombre va a luna, va a Marte, crea la robótica, sofistica las comodidades del hogar hasta sus fantasías sexuales. *Culto y elegante* Muchos de ellos son egresados de Harvard, Yale, Georgetown. Saben vestir, manejan la etiqueta magistralmente y nos deslumbran con sus modelas que hasta queremos imitarlos.

Profunda rivalidad y ambición existente en el. Este elemento es fundamental entenderlo, pues lo vemos en las diferentes formas de violencia que observamos, desde el estadio de la bombonera de Buenos Aires en un partido de Foot Ball entre Boca y River Plate hasta una contienda electoral entre el PRI y el PAN en México. Al interior de una Universidad como la de San Marcos en Lima hasta una escuela de primera en Managua. En un pequeño club de Leones de Costa Rica hasta en la Fuerza Aérea de Chile, en fin, *profunda rivalidad y ambición existente* en todos los estamentos de la sociedad que se traducen en violencia, revueltas sindicales, luchas territoriales de pandilleros, agresiones de guante blanco a nivel de colegios profesionales, revueltas políticas como las de 1973 en Chile que dieron al traste con el gobierno de Salvador ALLENDE y más de 4,000 muertos, o las matanzas de Tlatelolco en México, la revolución del Fidel CASTRO en 1959 o la des-

C. El Kosmos Satánico

composición social en Venezuela en la época de CHÁVEZ, en fin una *profunda rivalidad y ambición*.

Debe someterse a cada uno de sus miembros por medio de la fuerza. Esto es de capital importancia entenderlo. Satanás al final, somete a los incrédulos por la fuerza, ya sea por las leyes que crea, por la ley del más fuerte, por actos de injusticia, en fin, el medio no importa. Todos los que están sometidos al Kosmos Satánico lo están por la fuerza, muchas veces, ellos no se han enterado de esta triste realidad.

En resumen el Kosmos Satánico es extremadamente pecaminoso, por el simple hecho de funcionar independiente de Dios y porque exalta la supremacía de la criatura frente a su creador, lo que es una verdadera infamia que solo la gran misericordia de Dios puede perdonar. Se puede resumir su actitud en una palabra: *anticristo*. El Kosmos Satánico es precisamente un antiDios un anticristo. Sus obras perversas no incluyen a Dios y como es sabido, todo lo que no esta bajo el señorío de Cristo está bajo el señorío de Satanás (*Cf.* I Juan 2:16) y sus propiedades se extienden a todo lo terrenal.

El cristiano habita en medio de este Kosmos, pero no pertenece a el y no se somete a sus principios. Puede usar de las cosas que hay en el positivamente, pero no abusar ni dejarse dominar por ellas. Este hecho lo deja claro la Biblia cuando sentencia:

No améis al mundo ni las cosas que están en el mundo. Si alguno ama al mundo, el amor de padre... porque nada de lo que hay en el mundo, los deseos de la carne, los deseos de los ojos y la vanagloria de la vida, proviene del Padre, sino del mundo...

Aquí San Juan nos deja claro la diferencia entre el Kosmos Satánico y el reino de Dios. Dos sistemas diferentes, fundamentados en principios diferentes y con características opuestas.

No debemos olvidar que a pesar de que el Kosmos Satánico es poderoso y avasallador y que tiene un inmenso poder, no es superior al reino de nuestro Señor Jesucristo, nuestro Dios; y que al final de los tiempos el *mundo pasa, pero el que hace la voluntad de Dios permanece para siempre*.

2. Cambios en el Kosmos Satánico. Modernidad – Post modernidad

El modernismo fue una época de la historia de la humanidad que se caracterizó por lo siguientes principios: Fe en la libertad, en la ciencia, en el progreso, en la historia, en el ser humano y sobre todas las cosas fe en Dios. La Edad Media era ya historia, la tiranía del dogma intransigente una pieza de museo, el Renacimiento de las artes que había sacudido a Europa de pies a cabeza era un simple comentario de escuela, y la Revolución Francesa dejaba claro que el poder residía en el pueblo. En este contexto socio-político, surge una constelación de filósofos, mayormente alemanes, quienes comienzan a discurrir sobre esta nueva forma de ver el mundo y es precisamente Frederich HEGEL quien por primera vez habla de *modernidad*, acuñando de esta manera el término.

En la modernidad triunfa el capitalismo, la libre competencia se impone, el que detenta los medios de producción se enriquece por medio de la plusvalía a costas de aquel que sólo posee su fuerza de trabajo, la monarquía absolutista es un simple capítulo más de la historia universal, la palabra clave de este período es revolución. Si, la revolución bolchevique de Octubre 1917, si, la revolución cubana de 1959, si, la revolución sandinista de 1979. El hombre fue creado para ser libre de los poderes imperialistas y el socialismo era la panacea para enfrentar las desigualdades sociales que el capitalismo había creado, de ahí que el modernismo pregonara *libertad política*.

Otro de los presupuestos de esta época era la fe en la ciencia. John Kennedy había dicho: En 10 años pondremos a un hombre en la luna y en 1969 Neil Amstrong dijo después de caminar en el satélite terrestre: *Este es un pequeño paso para el hombre, pero es un gran paso para la humanidad.*

La tecnología bélica se ha perfeccionado, los misiles con 4 cabezas nucleares han sustituido a la obsoleta bomba atómica, orgullo de Robert OPPENHEIMER. El mundo de las computadoras comienza a hacer su primera incursión, en fin, hay toda una revolución científica.

Fe en el progreso, la punta del iceberg del pensamiento humano es progreso, adelanto, y la palabra mágica es innovación. Aunque resulte paradójico, la humanidad avanzó más en los primeros 70 años del Siglo XX que en todos los siglos anteriores juntos. La Revolución industrial marcó un hito histórico y después las comunicaciones. Los grandes consorcios europeos, norteamericanos y japoneses invirtieron cualquier cantidad de dinero en personas que se dedicaron exclusivamente a pensar en cambios y adelantos de modelos anteriores, así que año con año hemos sido sorprendidos con esos avances.

Fe en Dios ha sido otro de los presupuestos ideológicos de la modernidad. Con la llegada de los inmigrantes europeos a los Estados Unidos, ocurrieron una serie de despertamientos espirituales extraordinarios

C. El Kosmos Satánico

bajo hombres como Jonathan EDWARDS, Carlos FINEY. Luego el gran avivamiento espiritual de la calle Azusa en California que marcó el inicio de la era pentecostal. Todo esto provoca una fiebre de misiones norteamericanas por todo el globo llevando la Palabra de Dios a los confines de la tierra.

Ahora, todo lo anteriormente expuesto es parte del pasado, y nos ha tocado a nosotros, en esta generación, ver el ocaso del modernismo y el surgimiento del post modernismo. Los primeros acontecimientos que nos sonaron la campana del principio del fin fueron los movimientos de liberación de los Estados Unidos. El primero fue el de los Hippies, una juventud en rebeldía contra los valores familiares y del Estado. *Haz el amor y no la guerra* fue el lema de la gente de los cabellos largos.

Todavía no había pasado el efecto hippie cuando surgen las mujeres hablando de la liberación femenina, demandando igual trato que los hombres en los diferentes estamentos de la sociedad y dejando a un lado el papel tradicional en la casa para lanzarse a conquistar el mundo que hasta entonces era patrimonio exclusivo del hombre. Para cerrar este periodo de transición, se realizaron por primera vez las marchas gay que desafiaban los valores y tradiciones de una sociedad que todavía no creía lo que estaba viendo. Esto ocurrió en ciudades como San Francisco, considerada como el reducto más importante de este segmento de la sociedad.

La guerra de Vietnam dejaba una fatídica secuela de dolor, impotencia y rabia. El escándalo de Watergate había desnudado las imperfecciones y las debilidades de la llamada *más antigua democracia del planeta*. La juventud estaba harta de todo, para ellos era impostergable cambiar valores y por ende ver el mundo desde una diferente perspectiva. Es así como surge una nueva era para la humanidad, el post modernismo, y con él, el ocaso de la ética y el derecho.

Los principios rectores del post modernismo son: muerte de los ideales, auge del sentimiento, crisis de la ética, crecimiento del narcisismo, el gusto por lo transexual, fracaso del desarrollo personal, las facturas de la moda y la perdida de la fe en la historia.

La muerte de los ideales marca a esta generación como nihilista, ubicándola en la paradoja de no creer en nada, empero creer en todo a la vez. Se levanta un charlatán que dice ser la última revelación de los dioses y la gente corre detrás de él. Una generación que es como una rama que arrebata el viento, llevada por cualquier lado sin ningún rumbo serio. Es así como las religiones exóticas de Oriente han cobrado auge en el occidente.

El auge de los sentimientos. Sí Renato DESCARTES dijo en la modernidad: *Pienso luego Existo* ahora diría: Siento luego existo. Todo lo que importa es el momento, el ahora y mi objetivo es disfrutarlo al máximo, no voy a escatimar ningún esfuerzo para lograrlo. De ahí la proliferación de las drogas para estimular los sentidos. La explosión pornográfica como nunca antes, por la televisión, cine y últimamente el cyber sex o sexo cibernético, hay que satisfacer los sentidos, el hombre tiene sed de placer, un epicureismo enfermizo y degradante que los mismos Epicúreos de antaño estarían avergonzados y horrorizados. Las perversiones están a la orden del día, porque lo que importa es disfrutar, darle gusto a los sentidos. El mañana no existe.

Crisis de la ética. En la post modernidad las reglas morales las hago yo. La religión, que no se meta en mi vida. Las tradiciones de mis padres son costumbres obsoletas que no encajan en mi manera de pensar. Tengo la suficiente capacidad para gobernarme y yo decido que es bueno y que es malo y nadie absolutamente nadie tiene derecho a criticar mis acciones, es mi vida, me pertenece a mi y punto.

Esto ha provocado la delincuencia juvenil y el rompimiento de todos los patrones éticos tradiciones. El embarazo de adolescentes, el uso de las drogas, el dejar la casa al cumplir los 18 años, la práctica de una vida llena de licencias y el observar una moral relajada, con una vida sexual a tope, llena de cualquier suerte de perversidades y sobre todas las cosas, sin compromiso. El hombre o la mujer que sea, pues eso del matrimonio es algo de la pre-historia. Si me canso de mi pareja, busco otra simplemente o practico la promiscuidad. Esta generación, al igual que NITZCHE declara: *Dios esta muerto.* Yo soy mi dios y yo dicto las reglas de mi vida.

El crecimiento del narcisismo. Esto es un poco el renacimiento griego del culto al cuerpo. Los gimnasios están llenos de parroquianos que le rinden pleitesía a su cuerpo, la vejez no tiene nada que ver conmigo, yo no llegaré a esa edad decrepita, pues yo soy fuerte y hermoso. Voy a resaltar mi cuerpo con tatuajes estrambóticos, y voy intentar llamar la atención de las otras personas consciente o inconscientemente usando cosas raras en cualquier parte de mi cuerpo. De esta manera dejo claro que yo controlo mi vida y que no me rijo por patrones o tradiciones obsoletas.

En la cultura del narcisismo yo soy primero que todo, también soy segundo y tercero y todo. Me importa un pepino lo que le suceda a otra persona, lo que importa soy yo y nada mas que yo. Existe una indeferencia ante el dolor y la necesidad del prójimo, pues yo me reve-

C. El Kosmos Satánico

rencio a mi mismo y exijo culto a las demás personas. Y aunque este viviendo una calamidad, jamás lo revelaré, daré siempre esa apariencia de poder y belleza y sobre todas las cosas, yo tengo la razón porque yo hago las reglas, nadie más.

Fracaso del desarrollo personal: Al final de la riqueza, de la fama, del poder, de la adulación, tenemos a un Andy GIBB muerto de un ataque cardiaco por efecto de las drogas en Londres, a un Manuel NORIEGA, que se embriagó de poder y gloria cuando fue el dictador de Panamá y terminó en una cárcel de Norteamérica, de Jim BAKER que creó todo un emporio religioso sobre la arena movediza de la apariencia donde vendía indulgencias al usanza más vulgar de la época medieval y terminó en una vergüenza completa (En su libro *I was Wrong*, mostró al mundo su arrepentimiento y el cambio que Dios hizo en él). Y tiempo me faltaría para enumerar las desgracias de O.J. SIMPSON, Jimmy HENDRIX, John LENNON.

El gusto por lo transexual. El hombre post moderno, alucina por aquellas conductas transexuales. El hombre que se viste de mujer o viceversa y que practica el homosexualismo está muy de moda. El paseo de la Castellana en Madrid, Cayo Hueso en los Estados Unidos, o la milla del sexo en Ámsterdam son algunos paradigmas de esta nueva tendencia. Holywood ha lanzado ya sus películas donde deja ver esta conducta como normal y la Internet ha colmado miles de websites con la promoción de esta práctica. Los periódicos de cualquier ciudad de Europa y de algunas ciudades de Latinoamérica están llenas de anuncios donde hombres y mujeres ofrecen sus servicios al mejor postor. La práctica del sexo entre tres personas y el intercambio de parejas ya es una institución en los países *desarrollados* en fin, la liberación de cualquier inhibición sexual ha desaparecido, parece que el pensamiento de Segismundo FREUD ha cobrado una vigencia que asustaría al mismo padre del psicoanálisis: *C'est toujour le sex.*

La radiografía efectuada al post-modernismo, parece señalar el futuro sombrío de una sociedad que vive en medio del temor y la desesperanza y nos ha dejado una problemática que ha desembocado en guerras sangrientas en Europa, África, Latinoamérica, que ha conducido a la juventud a un estado de degradación por el abuso del alcohol, las drogas, en fin, todos los aspectos mencionados anteriormente, y que marcan las características del post-modernismo.

El hombre en el decurso de los siglos ha demostrado su incapacidad para gobernarse, para alcanzar sus más caras aspiraciones. Es hora de creer en la propuesta de la Biblia, es hora de someter nuestras vidas bajo su autoridad y soberanía y es hora de dar al traste con la mediocridad, el pecado y maldad que nos rodea.

De esta manera se ha desnudado este sistema llamado Kosmos Satánico, el cual gobierna Satanás y en el cual somete al hombre para su destrucción final. Terminamos citando las palabras del antiguo Secretario General de las Naciones Unidas: Dag HAMARJOLD: *A menos que el hombre experimente un renacimiento espiritual somos testigos del colapso de esta civilización.*

D. Motivo de Satanás

Sea lo que fuere el motivo que ha impulsado a Satanás a obrar así desde el principio de su carrera, hay un problema más fundamental que antecede a todo lo malo del universo. Ese es el motivo que ha impulsado a Dios a permitir que existiera la maldad, porque si bien es cierto, Dios no es el origen del pecado, Él lo permite, de lo contrario, no sería soberano ni todopoderoso. Él es el absoluto creador y promotor de todo lo que compone el universo. Esto como es obvio, ha desatado la lucha de muchos teólogos, los cuales han discurrido con amplitud sobre este tema. Sin duda, hay verdad en todas las opiniones que son aceptables y en realidad representan tan solo una fracción de los motivos que hacen a Dios actuar así.

Tanto la conducta de Dios como de Satanás tienen un motivo, pues como muestra la ley natural, *todo efecto tiene su causa*. De manera que en este apartado nuestro propósito sea discurrir sobre el motivo que impulsó a Dios a permitir el reino de las tinieblas y por supuesto, cuál fue el motivo que impulsó a Satanás a fundar el Kosmos Satánico con su propia filosofía.

1. El motivo de Dios

Antes de abordar este tema, es menester estar consciente de dos axiomas fundamentales: El primero es, el mal existe, el reino de Satanás es una realidad no un mito y el segundo, que Dios lo permite, existe a raíz de un decreto permisivo de la deidad con un propósito.

D. Motivo de Satanás

Teniendo en cuenta estos dos axiomas, veamos cuál es el motivo de Dios al permitir la maldad, el pecado. La mejor forma de estudiar este tema es efectuando una analogía con el caso de Job.

El libro de Job nos muestra una reunión con los hijos de Dios a la que acude Satanás. Dios le pregunta a Satanás si conoce de la integridad y santidad de Job. Satanás le dice que si, sin embargo, lanza una mentira en forma de pregunta: *¿Acaso teme Job a Dios de balde?* (Job 1:9) Su argumento mentiroso es que la lealtad y servicio de Job es interesado, pues lo ha llenado de riquezas y una hermosa familia. A raíz de esto, Dios autoriza a Satanás a quitarle todo aquello que Dios le ha dado y, que según Satanás, es la causa de la lealtad. Dios pone un límite al maligno: *No pongas tu mano sobre él.* Luego que Satanás, aparentemente, ha "arruinado" a Job, se vuelve a presentar delante de Dios, quien le recalca la integridad y la lealtad de Job, pues a pesar de haber perdido su propiedad y a su familia, nunca blasfemó el nombre del creador. A este punto, lanza una mentira aún más mordaz que la anterior: *Piel por piel, todo lo que el hombre tiene lo dará por su vida. Pero extiende tu mano toca su hueso y su carne, y verás si no blasfema contra ti...* (Job 2:4) Dios reacciona ante la propuesta mentirosa de Satanás otorgándole permiso a tocar su cuerpo, sin embargo, vuelve a ponerle un límite: *Pero guarda su vida.* (Job. 2:6).

Aquí observamos a Dios permitir a Satanás, a autorizar a Satanás a darle una expresión experimental a la mentira del maligno: *¿Acaso teme Job a Dios de balde?* (Job 1:9). El método escogido por Dios, es definitivamente costoso, la muerte de los hijos de Job, la perdida de sus bienes, la terrible enfermedad que le sobrevino, empero, la victoria ganada valía mucho más que el precio pagado.

Exactamente igual ocurre con el Kosmos Satánico, Dios ha permitido el reino de las tinieblas como un experimento que durará hasta el día que Él mismo ha señalado para su destrucción completa y definitiva. Fue Satanás quien propuso este rumbo cuando se rebeló. Con esto se demuestra dos aspectos que son muy importantes. Primero que Satanás es mentiroso y segundo que su propuesta conduce a la muerte y a la destrucción. El entendimiento de esto debe ser suficiente razón para que el hombre abandone su vida sin Dios y proceda al arrepentimiento de sus pecados.

2. El motivo de Satanás

También el maligno tiene un motivo por el cual actúa de la forma como actúa, de ahí que la pregunta obligada sea: ¿Porque Satanás ha obrado con maldad desde el principio? Una respuesta en base al estudio que hemos realizado nos lleva a concluir que es su orgullo y su ambición impía lo que le ha llevado a actuar de tal manera, se siente ofendido al ver la redención divina de la humanidad y por esa razón quiere vengarse de Dios, obstaculizando, no importa la forma, los planes divinos tendentes a la salvación. Ahora, la siguiente pregunta es ¿Por qué sigue imperando tal maldad? Porque desde el principio Satanás se propuso edificar un sistema autónomo ajeno a la autoridad divina con él como cabeza y Dios se lo ha permitido para que este mismo curso de acción y sus fatídicos resultados sean la base justa para su condenación.

En esencia, el motivo del ministerio de iniquidad ejecutado por Satanás es eminentemente egoísta. Se fundamenta en su persona y en el pretender usurpar un lugar que no le corresponde y no puede corresponderle, de ahí que su soberbia le lleve a ese orgullo impío que se opone a Dios y a construir un sistema antí Dios con el único propósito de destruir la obra de Dios. Ahora, alguien podría decir: *bueno, Dios también es egoísta, y quiere que todo gire alrededor de Él.* Es muy cierto, empero hay que entender, que Él es el creador y los demás somos criaturas, ese hecho le da a Él todo los derechos, de ahí que cualquier conducta de la criatura, sea humana o angélica es sumamente perversa e impía. El pecado de Satanás es sencillamente sin precedentes, pues la luz que había recibido y el rango que Dios le había dado, hace ver su pecado como algo realmente monstruoso y en extremo perverso.

E. El método de Satanás

Satanás siempre que se impone a la criatura humana lo hace a través del fraude y de la traición. La mentira es parte intrínseca de su naturaleza, de manera que todas aquellas personas sean angélicas o humanas han sido victimas del burdo engaño con el que los domina y ejerce autoridad sobre ellos.

Satanás ha logrado engañar a toda la humanidad incrédula de una manera espectacular, de ahí que el teólogo CHAFER le llama el *audaz método de Satanás.* Porque se vale de una serie de métodos audaces que realmente nos dejan pasmados, y el engaño es tan sutil que sus victimas no se dan cuenta, han creído a la mentira como si fuera una verdad. Sin duda que Satanás se vale de una experiencia calificada, así como de una inteligencia sobrenatural.

Uno de los ardides favoritos de este engendro es presentar la mentira envuelta en la verdad. El sistema Satánico admite «algunas» cosas buenas y positivas en su estructura y contenido, con la firme intención de atraer engañosamente a los incautos. Nos presenta una gigante apariencia de bondad y beneficios que en realidad solo es pura ilusión y mentira.

Por otra parte, Satanás intenta influenciar a la Iglesia con su peculiar metodología para evitar que el Evangelio sea predicado a todas las naciones (el materialismo y el humanismo son expresiones de esta influencia). Intenta que la verdad sea conocida parcialmente o en forma tergiversada (falsos maestros y profetas). Finalmente, la Iglesia Satánica establecida oficialmente en varios países del mundo, es un medio diabólico que promueve abiertamente a través de los medios de comunicación masiva las prácticas ocultistas y demoníacas.

Sección III

DEMONOLOGIA

Ya hemos mencionado que Satanás es el príncipe de los demonios, así estos seres angelicales están sometidos a su autoridad y dominio pleno desde que decidieron seguirlo en su rebelión contra Dios. Le sirven atacando al ser humano desde el exterior (enfermedades, accidentes, pestes, plagas, etc.) o posesionándose de su cuerpo. Le brindan a Satanás (que no es omnipresente, ni omnisciente, ni omnipotente) una multiplicación de recursos sorprendente, pues puede haber demonios con mucho poder angelical en cada lugar de la tierra para informar de todo lo que sucede a toda hora, contribuyendo así a ampliar el radio de acción y dominio del reino de las tinieblas.

La Biblia se refiere a ellos como ángeles caídos y según las profecías habrá un aumento de su actividad en los últimos tiempos. Existe 2 tipos de ángeles caídos: 1) Los que están atados. Apoc. 9:11-14; 11:7; 17:8; 2 ped. 2:4; judas 6-7. 2) Los que todavía están sueltos.

A. Fundamento bíblico-teológico

La demonología es una ciencia que tiene su origen en el Texto Sagrado, que vía el método inductivo se construye todo un sistema de conocimiento. Según la Biblia, estos ángeles caídos tienen ciertas características. 1) Los demonios son malos. *Jueces 9:23; 1 Sam. 18:9-10.* 2) Tienen cierta inteligencia. *1 Reyes 22:22-24; Hech. 16:16* 3) Tiene ciertos poderes *Marc. 5:1-18*, 4) Son espíritus incorpóreos. *Apoc. 16:13-16*, 5) No son seres humanos porque pueden poseer a los hombres, y pueden ser echados fuera *Mat. 10:8; Marc. 16:17;* 6) Son individuales *Marc. 16:9;* 7) Poseen conocimiento *Mat. 8:29; Luc. 4:41; Hech. 19:15;* 8) Creen *Sant. 2:19;* 9) Sienten *Mat. 8:29;* 9) Tienen compañerismo *1 Cor. 10:20;* 10) tienen sus propias doctrinas *1 Tim. 4:1;* 11) Tienen voluntad *Mat. 12:43-45;* 12) Poseen ciertos poderes milagrosos *Apoc. 16:13-16;* 13) Tienen emociones *Hech. 8:7;* 14) Poseen deseos *Mat. 8:28-31.* 15) Ellos poseen a las personas y causan; sordera *Mat. 9:32-33,* 16) Ceguera *Mat. 12:22,* 17) Atormentan *Mat. 15:22),* 18) Ponen a la gente lunática *Marc. 5:1-8,* 19) Impuros, son llamados 21 veces "espíritus inmundos", *Luc.4:36,* 20) Poseen fuerza sobrenatural *Marc. 5:1-18,* 21) Provocan convulsiones *Marc.9:20,* 22) Promueven el error *1 Juan 4:1-6; 1 Tim. 4:1,* 23) Trabajan con hechizos y brujerías, *2 Cron. 33:6,* 24) Dan falsas profecías *1 Sam. 18:8-10; 1 Reyes 22:21-24.* Y cada otra obra maligna que puedan hacer en contra de los hombres y de Dios.

Lo anterior es una lista enumerativa de una serie de aspectos de los demonios, empero hay mucho más. La lista simplemente nos da una idea de las funciones que desempeñan estos engendros de maldad y el daño que causan al hombre y su malévolo empeño de destruir la obra de Dios.

A continuación se abordarán detalles más específicos sobre los demonios y su accionar en la creación, lo cual nos dará una visión más amplia sobre la denomología.

1. Generalidades de la demonología

El Diablo y los demonios eran ángeles que vivían en la presencia del Altísimo. Dios creó a Luz Bell para su gloria, pero hizo una libre elección hacia el mal y se convierte en Satanás. San AGUSTÍN (354-430), decía que *"el Diablo estuvo en la verdad, pero no perseveró. Su defecto no estuvo en su naturaleza sino en su voluntad"*. Su caída se debió a tres razones:1) Su propio orgullo, cuando se quiso igualar a Dios. Al respecto, escribía el profeta Ezequiel: *"Tu belleza te llenó de orgullo, tu esplendor echó a perder tu sabiduría"* (28,17). La misma opinión tiene San Pablo (1Timoteo 3,6). 2) La envidia y los celos que sintió cuando el Creador decidió hacer al hombre a su "imagen y semejanza" (Sabiduría 2,23-24). 3) Una vez que el Diablo cayó en su falta, persuadió a otros ángeles a seguirlo. Según la Biblia fue una tercera parte de ellos (Apocalipsis 12,4; Daniel 8,10).

2. Habitación de los demonios

San Macario (290-347), afirmaba que los ángeles rebeldes *"son tan numerosos como las abejas"*; y San Atanasio, patriarca de Alejandría (295-373), hablaba que el espacio está repleto de demonios. Desde entonces no hubo lugar para estos espíritus del mal en el cielo (Apocalipsis 12,8); teniendo como morada dos lugares: 1) *El infierno o gehenna* (en griego): donde el fuego nunca se apaga (Mateo 5,22; 13,49-50; Marcos 9,43-48); llamado también como el abismo (Lucas 8,31; Apocalipsis 11,7; 17,8; 20,1-3); horno de fuego (Mateo 13,42); lugar de tormento (Lucas 16,28) y de tinieblas (Mateo 8,12). Porque "Dios no perdonó a los ángeles que pecaron, sino que los arrojó al infierno y los dejó en tinieblas; encadenados y guardados para el juicio" (2Pedro 2,4; véase también Judas 6). 2) *Satanás y sus ángeles fueron lanzados a la tierra* (Apocalipsis 12,9). Por eso, Jesús lo llama como "príncipe de este mundo" (Juan 14,30; 16,11); para San Pablo es *"el dios de este mundo"* (2Corintios 4,4); que junto con los espíritus del mal habitan en el aire (Efesios 2,2) o en el cielo (Efesios 6,12). Todo el mundo yace bajo el poder del Maligno (1Juan 5,19); no porque lo haya creado, sino porque está lleno de pecado y pecadores (Génesis 6,5-6.11-12; 7,1; 8,21; Eclesiastés 4, 1-3); el mundo viene de Dios, y lo mundano del Diablo (1Juan 2,16). Incluso, en el libro de las Revelaciones la ciudad de "Babilonia" la grande, era considerada como "vivienda de demonios, guarida de toda clase de espíritus impuros" (18,2). Del mismo modo, antiguas tradiciones talmúdicas de los hebreos, se nombra a Azazel "el demonio del desierto"; en recuerdo del macho cabrío que los israelitas enviaban cada año a este lugar, para expiar las faltas del pueblo de Dios (Levítico 16, 5-10). En tiempos de Jesucristo como los judíos ya no vivían en el desierto, despeñaban el animal por un barranco distante, unos 20 kilómetros de Jerusalén. El desierto es el lugar de descanso de los "espíritus impuros" (Mateo 12,43; Isaías 34,14);

3. Nombres de ángeles caídos

Otros ángeles caídos mencionados en la Biblia, son: *Abadón* (hebreo) o *Apolión* (griego): Que quiere decir "destructor" o "ruina"; es considerado *"El jefe de las langostas. Que es el ángel del abismo"* (Apocalipsis 9,11). *Asmodeo*: Demonio de la maldad y la muerte. Es el espíritu maligno que mató a siete maridos a Sara (Tobías 3,8); y que fue encadenado en el desierto por Rafael. *Belcebú*: "Señor de las moscas", llamado el *"príncipe de los demonios"* (Mateo 10,25). Los Fariseos acusaban a Jesús de recibir poder de este espíritu del infierno (Mateo 12,24; Juan 8,48-49.52). *Belial*: El "inútil" o el "impío" en hebreo. En los manuscritos del Mar Muerto, aparece como uno de los nombres del demonio que utilizó San Pablo (2Corintios 6,15). *Demonio*: Del griego "daimon" significa en plural *"espíritus impuros"* (Apocalipsis 18,2), son *"malignas fuerzas espirituales del cielo, las cuales tienen mando, autoridad y dominio sobre este mundo oscuro"* (Efesios 6,12). Pueden llegar a ser "legión"; es decir, "muchos" (Marcos 5,9). *Leviatán*: Palabra hebrea que traduce "animal solapado", representado en la Biblia en forma de serpiente, cocodrilo, bestia marina o dragón del abismo (Isaías 27,1). La destrucción de Leviatán por Dios, simboliza la derrota definitiva de los enemigos de Israel.

4. Los demonios en la Biblia

En el Nuevo Testamento, el "Diablo" aparece siempre asociado al pecado (1Juan 3,8). Ya desde la caída de Adán y Eva, los seres humanos tienen la libertad de escoger entre el bien o el mal (Génesis 3,22; Santiago 1,13); desde entonces estamos sometidos a continuas pruebas (1Corintios 10,13; Santiago 1,12); que podemos hacerle frente mediante la oración (Mateo 26,41), y la confianza en Dios (Romanos 8,31). Por eso, no hay que darle oportunidad al Diablo (Efesios 4,27), pues hay una continua batalla entre los hijos de la luz, y los hijos de las tinieblas (1Juan 3, 9-10; Colosenses 1,12-13), hasta el día del Armagedón (Apocalipsis 16,16). San Agustín enseñaba que *"el que se aparta de Cristo, es presa fácil del demonio"* (*cfr.* con 2Timoteo 2,26); como ocurrió con Judas el "traidor" (Lucas 22,3; Juan 13, 2-4.27), y con Ananías (Hechos 5,3). No puede haber ninguna relación entre "Cristo y el demonio" (2Corintios 6,15); ni *"beber de la copa del Señor y, a la vez, de la copa de los demonios; ni pueden sentarse a la mesa del Señor, y a la vez, a la mesa de los demonios"* (1Corintios 10,21).

A. Fundamento bíblico-teológico

5. Liberaciones y exorcismos

"El Hijo de Dios se ha manifestado para deshacer la obra del diablo" (1Juan 3,8; 4,4). Satanás no puede impedir la edificación del reino de Dios en la tierra, porque *"será expulsado el que manda en este mundo"* (Juan 12,31). Los demonios saben que hay un Dios y tiemblan de miedo (Santiago 2,19); además, Cristo Jesús a los espíritus impuros da órdenes, y le obedecen (Marcos 1,27). Ellos reconocen que es *"el Santo de Dios"* (Marcos 1,24), el *"Hijo del Dios altísimo"* (Marcos 5,7). Incluso, el Señor *"expulsó a muchos demonios; pero no dejaba que los demonios hablaran, porque ellos le conocían"* (Marcos 1,34). La liberación de espíritus malos por el Hijo del hombre, era una prueba de que el reino de Dios, había llegado (Mateo 12,28; Marcos 3,26). Jesús anduvo en la tierra *"haciendo el bien y sanando a todos los que sufrían bajo el poder del diablo"* (Hechos 10,38); en su ministerio terrenal realizó muchas liberaciones, como a un hombre que tenía un espíritu impuro en la sinagoga de Capernaum (Marcos 1,21-26); a la hija de una mujer de cananea (Mateo 15,21-28); a María Magdalena de quien expulsó siete demonios (Marcos 16,9); a un muchacho por pedido de su padre (Mateo 17,14-19); y a muchos otros endemoniados (Marcos 1,32.39; Lucas 6,18; 7,21;13,32). Además curó a otras personas que tenían incapacidades físicas atribuidas al Maligno (Mateo 12,22; Marcos 9,25); y de diferentes males, enfermedades y dolores (Mateo 4,24; 9,32; Marcos 1,26). El Señor Jesús les confiere este poder a los apóstoles y discípulos (Mateo 10,1.8; Marcos 6,7.12-13; Hechos 5,16; 8,6-7), para que lo hagan en su nombre (Lucas 10,17); también fue hecho por uno que no pertenecía al grupo de los doce (Marcos 9,38-39); y por el apóstol Pablo (Hechos 16,16-18). Esta será una de las señales dadas a los que creen (Marcos 16,17); pero a los que no seguían sus mandatos, no tenía efecto (Hechos 19, 13-15).

El "exorcismo", es pues la acción de sacar a los malos espíritus introducidos en una persona (posesión diabólica), y llenar ese vacío con las gracias del Espíritu Santo (Gálatas 5,22-23; Romanos 8,14). Los Santos Padres de la Iglesia como San Justino Mártir (s. II), Tertuliano (s. III), Orígenes (185-254), y San Cipriano (210-258), practicaban la liberación de endemoniados, además enseñaban que cada cristiano era un exorcista. Las mejores armas contra las fuerzas del infierno son: El ayuno y la oración. Los exorcistas tienen que recurrir a la fe en Jesús (Mateo 17,19-20), la plegaria (Marcos 9,29).

6. Los demonios en las distintas culturas y tradiciones

En las diferentes civilizaciones del Oriente, y en las culturas y religiones ancestrales, se encuentran dioses del mal, espíritus malignos, guardianes del infierno, príncipes de las regiones subterráneas o señores de la muerte; como fueron Seth y Anobis en Egipto, Tiamat en Babilonia, Pazazú en la antigua Mesopotamia, Tifón para los griegos, Loki en los pueblos germanos y escandinavos; en Camboya, Birmania, Siam, Indonesia y Japón se menciona a Yama, en Siberia o Mongolia lo llaman Erlik, es también Arimám en el Zoroastrismo; Shiva y Kali en el Hinduismo; Aka-oni y ao-oni en el Budismo. Los escritores bíblicos identificaron a Baal, dios de Fenicia y Caldea; y Zeus (para los griegos) o Júpiter (para los romanos), como verdaderos ídolos del demonio (1Corintios 10,20; 2Corintios 6,16; Apocalipsis 9,20). Corrientes heréticas condenadas por la Iglesia como los Gnósticos, Maniqueos, Priscilianos, Cátaros y Bogomilos; limitaban el poder del Altísimo por el del Diablo, hasta hacer de él un dios.

7. El culto a Satanás y los demonios

A través de los tiempos ha existido la falsa adoración al príncipe del mal, en Europa, en la Edad Media se les llamaba "luciferinos"; en los siglos XVI al XVIII, los brujos y las brujas se reunían en la noche en una celebración llamada "Aquelarre o Sabbath"; su punto de encuentro eran los cruces de caminos, los bosques, campos de cultivos o iglesias abandonadas; las reuniones estaban acompañadas de música, cantos y bailes en honor del Demonio; banquetes, orgías, pisoteaban la cruz, se postraban a los ídolos. Se decía que el Diablo se hacía presente en forma de macho cabrío; y en señal de sumisión le besaban el trasero, o las brujas llegaban a tener dolorosas relaciones sexuales con él. Otras acusaciones que el tribunal del santo oficio y la inquisición formulaban contra las brujas eran: La práctica de la hechicería, la magia negra, los maleficios, el mal de ojo, la adivinación, los encantamientos, la fabricación de pócimas y amuletos, la metamorfosis en animales, los vuelos nocturnos, el pacto con Satanás, el envenenamiento de los ríos, la destrucción de las cosechas, o una sequía prolongada.

En el siglo XVIII empezaron a surgir los cultos satánicos en el viejo continente; uno de los pioneros fue Aleister CROWLEY (1875-1947), el mismo se auto-denominó como "la gran bestia" o el "666" del libro de las

revelaciones (13,18). En el siglo XX, Anton LA VEY (1930-1997), conocido como el "papa negro", funda en 1966 la primera iglesia satánica llamada "la casa negra", en San Francisco (California). Es además el autor de
la "Biblia negra" y un libro sobre "rituales satánicos"; para la celebración de
la misa negra, que contiene muchos elementos de la liturgia católica, pero
a la inversa. En Francia se funda la Wicca (orden internacional de los
brujos luciferinos), también la ciudad de Turín (Italia), es considerada la
capital mundial del satanismo. Ya entre los jóvenes se ha multiplicado las
sectas satánicas, que escuchan la música de heavy metal de Alice
COOPER, Ozzy OSBORE, Marilyn MANSON, KISS (sigla en inglés que
significa: Reyes Al Servicio de Satanás), Black Sabbath (sábado Negro),
AC-DC (Anti- Cristo- Muerte de Cristo). Algunos ex miembros de estas
sectas han confesado que los bautismos se hacen con orines de cabra,
sacrifican bebés sin bautizar, o animales como perros, gatos y gallinas;
destrucción de lápidas en los cementerios, crucifijos o descabe-
zamientos de imágenes de la Virgen; hacen orgías bisexuales o tienen
relaciones sexuales con los muertos (necrofilia) bajo el efecto de la
droga y el licor, custodias en los templos, a veces el asesinato de sacerdotes y el suicidio en homenaje de Satanás.

B. El movimiento de guerra espiritual en Latinoamérica

La «guerra espiritual» o «victoria espiritual» es en realidad parte de la
demonología aplicada a la doctrina y práctica de la misión de la iglesia.
Se trata, por tanto, de un conjunto de creencias acerca de cómo está
constituido el universo, quiénes lo pueblan y qué entidades lo dominan. Entre los autores que han tratado este tema se puede mencionar a
Peter WAGNER, Cindy JACOBS, John DAWSON, Thomas WITE,
Dean SHERMAN, Bill PAYNE, Harold CABALLEROS, etc.

Este apartado será objeto de estudio en tres sub –temas, es a saber, La
guerra espiritual (1), El procedimiento a seguir en la guerra espiritual
(2) y una evaluación crítica de la doctrina de la guerra espiritual. (3)

1. La guerra espiritual

En primer término se debe distinguir entre la «guerra espiritual» como
estrategia de hacer misiones de largo o de corto plazo y la batalla diaria a
la que el cristiano se enfrenta en su diario vivir. La «guerra espiritual estra-

tégica» es la aplicación de una serie de «técnicas» orientadas a «atar» a las potestades satánicas, según su jerarquía, para que la evangelización tenga los frutos o resultados esperados. Esta debe distinguirse de las luchas cotidianas que enfrentamos. Todos los días nos enfrentamos a estas realidades, a lo más las percibimos como pecados, o bien como patologías sociales, pero no las identificamos con los espíritus del mal porque no estamos ejercitados en esta técnica o porque no los discernimos espiritualmente.

De la misma manera que existe una organización para los ángeles buenos, la existe para los demonios. Tomando como base Ef. 6.12, y Dan 10.13 y 20, se distinguen como una escala descendente: principados (gr. archai), potestades (exousia), gobernadores (dunamis) y huestes espirituales de maldad (kosmokratoras).

Para Thomas WHITE, los archai son príncipes satánicos de alto rango que están sobre naciones y regiones de la tierra. La palabra *exousía* tiene una connotación tanto de gobierno natural como de gobierno sobrenatural. Según entendía el apóstol, argumenta WHITE, había fuerzas sobrenaturales que «estaban detrás» de las estructuras humanas. Los *dunamis* operan dentro de países y culturas para afectar ciertos aspectos de la vida. Los *kosmokratoras* son las numerosas variedades de espíritus malignos que comúnmente atormentan a la gente; por ejemplo, espíritus de engaño, adivinación, lujuria, rebelión, temor y enfermedad. Generalmente estos son los poderes malignos que se confrontan y que se echan fuera en la mayoría de las sesiones de liberación. Aún entre ellos existe un rango; los espíritus más débiles subordinados a los más fuertes.

Según esta teoría habría como distintos niveles de opresión, según cómo seamos gobernados por potestades territoriales (estratos altos), el ocultismo (estratos medios) o atacados por demonios terrestres (estratos bajos).

Otro de los aspectos fundamentales en la guerra espiritual es la idea de territorialidad de los demonios. Esta se deduce de la jerarquía anteriormente descrita. La Guerra Espiritual plantea que Satanás asigna «gobernadores» o «principados» a las naciones paganas. Estos gobiernan por siglos a naciones y pueblos enteros, manteniéndolos en el engaño «para que no les resplandezca la luz de Cristo», como dice la Escritura. El secreto para que una nueva misión sea eficaz en este terreno, gobernado por Satanás, es discernir qué tipo de principado es el que tiene a cargo la ciudad o la región. En un trabajo de evangelización, no se trata únicamente de liberar a la gente poseída por un demonio, sino de atar antes al «hombre fuerte» de la ciudad y esto es posible mediante un discernimiento espiritual.

B. El movimiento de guerra espiritual en Latinoamérica

En la guerra espiritual se debe diferenciar «Puertas» de ingreso de los demonios, de los «Medios» que utilizan para oprimirnos y las «Ataduras» en las que se cae. Puertas, medios y ataduras son como tres elementos constituyentes de la estrategia satánica. *Puertas* de entrada del enemigo pueden ser pecados (individuales o sociales), traumas (rencores, venganza, depresiones, enfermedades mentales), abusos sexuales, asesinatos, injusticias sociales (discriminación social), rebeliones y desviaciones sociales como las pandillas, niños de la calle, prostitutas y homosexuales. Los *Medios* por los cuales Satanás gobierna a las naciones son las culturas y subculturas, las estructuras de autoridad (gobiernos, policía, centros educativos, etc), las religiones y sectas, y hasta por las ideologías y sistemas filosóficos (teoría de la evolución, comunismo, humanismos, existencialismos, etc.). *Ataduras*, en cambio, son las secuelas de los asesinatos, los efectos de la drogadicción, los juegos de azar, la adicción a las novelas, la pornografía y hasta la mortalidad infantil causada por abortos. En suma, casi todo que sea contrario al orden, puede ser un instrumento en las manos de Satanás.

Para los teólogos de la guerra espiritual la oración es el arma indispensable para la guerra. Existen dos tipos de oración. La «Oración de intercesión», que sirve para el discernimiento espiritual de cuales son las puertas que el enemigo ha venido usando para entrar en las vidas de la gente. Y la «Oración de Guerra» por la cual se «reprende» al enemigo, se le ata y se lo expulsa, para que no tome posesión de las personas ni del lugar donde ha hecho su morada o territorio. Por medio de la «oración de guerra» se producen las liberaciones de personas poseídas por los demonios, pero muy especialmente por medio de esta «Oración de guerra» el guerrero sostiene una pelea a nivel estratégico, es decir con los principados o demonios de rango superior que dominan las naciones, las regiones o las ciudades. Esto último no lo hace cualquier neófito ni tampoco algún versado en teología. Esto sólo es posible a personas, cualquiera fuera su lugar en la organización eclesial, que están dedicadas a la oración y se disponen completamente a los mandatos del Señor. Se trata de una especie de ministerio en el cual van entrando conforme van ganando experiencia en las lides espirituales.

2. El procedimiento a seguir en la guerra espiritual

Según esta nueva ciencia de la guerra espiritual, que como hemos afirmado, es una rama de la demonología, existe una serie de pasos a seguir previo a la acción. En este numeral vamos a ver esos pasos:

a. Santificación del guerrero

Un paso previo a cualquier guerra espiritual es la sanidad interior del guerrero. Es necesario que el guerrero se prepare espiritualmente y se santifique para la guerra. Este, para poder derribar fortalezas del enemigo levantadas en la ciudad, debe primero derribar las fortalezas interiores que batallan contra el alma. La soberbia, el orgullo, la vanidad, la ambición de poder, por ejemplo, son ataduras de las cuales el propio ministro debe librarse por la oración antes de poder guerrear.

b. La investigación

Mediante este procedimiento un grupo de creyentes realizan un trabajo previo de investigación histórica, antropológico-cultural y demográfica sobre la ciudad en la cual van a desarrollar una guerra espiritual. Este procedimiento está orientado a identificar objetivamente mediante el análisis de documentos y de monumentos la historia anterior de la ciudad, sus costumbres ancestrales, generalmente supersticiosas y entregadas a la magia o a la hechicería y a determinar mediante estudios demográficos el tipo de población residente en el lugar.

c. La intercesión

Hay naturalmente distintos tipos de oración intercesora, como Cindy JACOBS las describe, pero la idea básica es discernir espiritualmente cuáles son las «puertas» usadas por Satanás, cuáles «potestades» y «fortalezas» influyen sobre las redes sociales hasta llegar, incluso, a conocerlos por sus nombres, de modo de poder expulsarlos a cada uno nombre por nombre. Conocer el nombre de alguien según una antigua tradición es tener poder sobre esa persona. Dar nombre a algo, es como crearlo. Por tanto llamar a los demonios por su nombre es importante porque se tiene control sobre ellos.

d. El «mapeo o cartografía espiritual»

Este procedimiento consiste en descubrir donde se sitúan las potestades, cómo se manifiestan en los útiles de cultura, qué expresiones toman en las costumbres del pueblo o ciudad. Así por ejemplo, caminando físicamente por la ciudad uno se da cuenta de cuántos lugares de perdición existen en la zona tan visiblemente que ya hasta ni llama la atención a sus moradores, pero que los mantiene cautivos. La «cartografía espiritual» permite tres cosas: una locación de las potestades, una determinación de las macro tendencias de los focos de perdición, porque a veces existen conexiones de tipos de vicios entre zona y zona, entre ciudades y entre regiones.

e. La «guerra espiritual propiamente dicha»

También se la conoce con el nombre de «Victoria» espiritual, porque habiendo Cristo vencido a Satanás en la Cruz, la guerra ya no es propiamente guerra, sino una victoria espiritual sobre el maligno. Se trata, visto de otro modo, de una cosecha y no de una siembra porque como dice la Escritura «los campos están listos para la siega» y «el hacha está puesta a la raíz de los árboles». En otras palabras el juicio de Dios sobre la tierra, ha comenzado. Esta se realiza mediante «Campañas de Oración de Guerra» y mediante la «Liberación de Demonios» en las casas, en el barrio, sobre monumentos «paganos» y aún sobre los templos.

3. Una evaluación crítica de la doctrina de la guerra espiritual

Aunque el movimiento de guerra espiritual no surge en Latinoamérica, ha tenido en este continente un auge impresionante. Las megas iglesias de corte neo pentecostal se han encargado de promover esta doctrina, no solamente en sus comunidades de fe sino también realizando sendos congresos para establecer una conciencia y desafiar a la Iglesia a involucrarse en un ministerio de guerra espiritual. La literatura ha sido abundantemente, lo mismo que el activismo, sin embargo, vemos que las cosas a nuestro alrededor no cambian, lo contrario, empeoran y la sociedad se derrumba cada día que pasa.

La idiosincrasia del latinoamericano tiene una característica bien peculiar: La emotividad. Y es esa emotividad que lo ha llevado a todo este activismo y vemos a gente seguir los cinco pasos del proceso y hacer guerra contra las huestes del mal. Lo que ocurre es que no podemos ser más papistas que el Papa, por muy formidable que sea la guerra espiritual que la Iglesia realiza, no vamos a poder erradicar las manifestaciones demoníacas, tampoco podemos caer en el fatalismo de no hacer nada por el hecho de que no podemos erradicar el reino del mal.

La Biblia es bien clara cuando nos habla del poder de Satanás y los demonios y como la actividad de éstos se incrementará al final de los tiempos. También está suficientemente claro al decirnos que dicho reino esta bajo el control del Espíritu Santo. Pablo en Tesalonicenses señala: *solo que hay quien al presente lo detiene (II Tess 2:7)*. De manera que la Iglesia no puede cambiar lo que Dios ha determinado en su decreto, soberano, sabio y eterno. Empero la Iglesia no va a cruzarse de brazos, debe hacer guerra espiritual, porque esta acción redunda en el crecimiento de la espiritualidad del pueblo, reafirma el compromiso hecho con Dios y es un testimonio a aquellas personas que van a creer en el poder del sempiterno Dios.

El reino de las tinieblas, no es un mito, en un realidad indubitable, Dios nos llama a luchar y vencer, la vida del cristiano es eso precisamente, una lucha, empero también, como lo mencionamos anteriormente, si vamos a hacer misiones y vamos a evangelizar al mundo incrédulo, necesitamos enfrentarnos al reino de Satanás y hacer guerra espiritual. Ahora, la Iglesia debe estar conciente que una declaratoria de guerra siempre trae consecuencias, Satanás y sus demonios pelearan contra nosotros para hacernos desistir, utilizarán toda su malévola sabiduría, y lanzaran toda su artillería para hacernos sucumbir, de ahí que debamos tener una relación vertical con Dios, ser llenos del Espíritu Santo para poder hacer frente a los ataques del enemigo y la victoria es nuestra, *porque más poderoso es el que está en nosotros que el que está en el mundo*.

Para terminar este apartado de la guerra espiritual, considero oportuno transcribir las conclusiones a las que ha llegado el teólogo latinoamericano Bernardo CAMPOS del Perú:

1. La Teoría de la GE es una ampliación de la teoría del iglecrecimiento. Por lo tanto mucho de sus postulados y sus preconcepciones están matizados por los objetivos fundamentales de esta escuela, cual es la búsqueda de resultados. El eficientismo que estuvo detrás de las aplicaciones de las técnicas cuantitativas, está siendo ahora superado mediante el estudio de casos, y el recojo de los datos de la antropología cultural...

2. La teoría de la GE ha mostrado ser eficaz en el desarrollo de una demonología. La dogmática contemporánea había concentrado su atención en la eclesiología y la escatología, después de la teología política y la teología de la esperanza. La propia teología latinoamericana, que redes-

cubrió la espiritualidad en los últimos años, no llegó a dimensionar con cabalidad este campo del espíritu. Apenas si insinuó una presencia demoníaca en el presente sistema socio- económico, pero el no poder llegar a creer desde la fe en la presencia real de estas entidades, metaforizó el concepto dejándolo sólo en el umbral de la protesta simbólica, pero sin la fuerza espiritual del mismo...

3. La teoría de la GE no puede reducirse a una técnica religiosa, porque caería en la magia. Aunque varios de los mentores de la GE señalan que se trata de una técnica —que lo es— deben tener cuidado en no mostrarla solamente como una técnica, porque la tecnología invita a la manipulación. El terreno en que se mueve la GE es un terreno resbaladizo a los que no están preparados para ello, porque pueden deslizarse elementos o prácticas propiamente usadas en las culturas primitivas por magos y shamanes. ¿Cuál sería la diferencia entre magia y religión?

4. La teoría de la GE es una recuperación del sentido de autoridad Al deliberar sobre niveles de autoridad, tanto del terreno del mal como del bien, la teoría de la GE muestra indirectamente la necesidad de recuperar el sentido de autoridad. Esto es natural en un contexto de anomia, de pérdida de asertividad, producidos por la secularización y la modernización actuales...

5. La teoría de la GE es una cosmología porque busca el equilibrio entre el caos y el orden de Dios. Es, para decirlo de otra forma, una cosmología que busca recuperar el orden en medio de una sociedad caótica y desordenada. Limpiar una ciudad de los demonios, evidentemente es una forma de reimplantar el orden, pues las consecuencias éticas y morales que este hecho produce todavía no han sido suficientemente estudiadas por las ciencias sociales y políticas...

6. La teoría de la GE haría bien en diferenciar mejor o «discernir» entre espíritus territoriales y elementos positivos de la cultura, para no caer en el etnocentrismo. Tal como abordan algunos GE las culturas tradicionales o propiamente las creencias y prácticas populares, tarde o temprano caerán en una cacería de brujas como en la época de la «santa» inquisición si no terminan por crear en ellos mismos una paranoia o un delirio de persecución. Esto sería literalmente un «pandemonium», pues muchos de los autores que leí, ven demonios hasta en la sopa. No dudo que pueda haberlos, porque las condiciones en que vivimos en América Latina hacen que nuestras sopitas no sean muy nutritivas y comporten en sí mismas el germen de la destrucción, pero no exageremos.

7. *La teoría de la GE debe cuidarse del deslizamiento ideológico para no caer en una especie de mesianismo americano. Es curioso cómo se plantean como «medios» de dominio demoníaco al nazismo o al comunismo, pero no se dice nada del capitalismo salvaje, del neoliberalismo que mata a millones de personas. ¿Por qué? ¿Acaso, como cree Michael Novak, el capitalismo es el sistema casi perfecto consagrado por Dios para el bienestar de la humanidad? Se pone mayor énfasis en la limpieza y liberación de naciones «paganas» de oriente (Japón) o de las civilizaciones aborígenes (Haití), que en la limpieza de la civilización occidental como Nueva York o Washington. Se critican las representaciones divinas de culturas ancestrales, pero casi no se dice nada de la producción suntuosa de las culturas modernas y del derroche del armamentismo.*

8. *La teoría de la GE puede dar luz para la elaboración de una hermenéutica del Espíritu Por su misma especialización, la teoría de la GE ayuda a pensar en una hermenéutica del Espíritu, según la cual determinados pasajes de la Escritura adquieren una nueva luz, a partir de experiencias espirituales o enfrentamientos con potestades y gobernadores de las tinieblas. De la misma manera cómo la cultura contemporánea planteó nuevas preguntas al texto bíblico y obligó a reinterpretar pasajes de las Escrituras, la confrontación con estas «realidades» favorecerá o promoverá el estudio de otros pasajes como nuevos focos de sentido...*

9. *No se puede entender la teoría de la GE a menos que nos despojemos de ciertos prejuicios cientificistas o de agnosticismos o incredulidades. Es inadmisible, aunque comprensible, que pueda haber teólogos y misiólogos que no sean capaces de percibir las realidades espirituales al punto de poder desarrollar una práctica misionera que responda a las demandas de una población cautiva por el Diablo. Que la maldad está extendiéndose en el mundo, lo está. Y por haberse multiplicado la maldad, el amor de muchos se enfriará, dice la Biblia. Eso se dijo en un contexto escatológico y vale para nuestros tiempos...*

10. *La teoría de la GE amplía el concepto de liberación que redujo en parte la teología Latinoamericana de la liberación. Que América Latina*

B. El movimiento de guerra espiritual en Latinoamérica

necesita liberación es una verdad a gritos. El problema es ¿cómo lograrla? Las estrategias y tácticas militares y políticas, incluso hasta la misma democracia, han demostrado ser ineficaces sino insuficientes para combatir males estructurales como la pobreza, la injusticia social o el narcotráfico. Necesitamos métodos más cualitativos para erradicar desde sus raíces los males que nos aquejan. La teoría de la GE puede dar una luz por dónde podría estar el camino para una liberación integral de los pueblos, sin menospreciar otros caminos ya recorridos.

11. La teoría de la GE es una teoría epocal. Se explica en medio de esta «crisis de paradigmas» que vivimos. Es epocal porque surge precisamente en un período de la historia mundial en que todos los sólidos se desvanecen en el aire, una época en que la ciencia y la técnica buscan nuevos bases sobre la cual fundar sus conocimientos.

Con este extracto de las magníficas conclusiones de Bernardo CAMPOS sobre tema de la Guerra Espiritual, se termina todo lo relacionado a la demonología, estudiando no solo lo que la Biblia enseña al respecto, sino, el movimiento que existe en la actualidad en Latinoamérica.

Ha podido constatarse lo fascinante del estudio de los ángeles. Seres reales que están o a servicio de Dios o del Diablo. Unos son los ángeles buenos y los otros los demonios. Existe una polarización de fuerzas en las que se encuentra en medio la Iglesia del Señor, con la absoluta confianza que la victoria es nuestra porque *más poderoso es el que está en nosotros que el que está en el mundo.* El mundo esta simplemente bajo el poder del maligno. El tema de los ángeles es usualmente dejado de lado por los tratadistas, sin embargo, su interesante estudio nos arroja luz del funcionamiento del mundo en el que vivimos, ofreciéndonos una explicación bíblica y lógica al acontecer mundial y dándonos la única solución viable a esta encrucijada. Una vez analizado este tema, el hombre será objeto de estudio en el siguiente capítulo.

Capítulo VI

Antropología

Desde el punto de vista de la Teología Sistemática, la Antropología es una ciencia que estudia el origen, constitución, condición primitiva, prueba y apostasía del hombre. El hombre es la corona de la creación de Dios, pues es el único que tiene su imagen y semejanza y este hecho le hace completamente diferente y lo pone en la cúspide de todo, incluso de los ángeles. Sin embargo, como criatura, su voluntad, lealtad y adoración debe girar alrededor de Dios, cualquier otra conducta lo ubica fuera de la influencia divina y lo pone *ipso facto* dentro de la esfera del Kosmos Satánico.

En virtud de ser este un tratado desde una perspectiva latinoamericana, nos centraremos en el contexto del hombre que habita este hemisferio del planeta.

El hombre latinoamericano, es mayormente mestizo, es decir, una mezcla de indígena con europeo, aunque todavía existen poblaciones indígenas grandes en países como México, Guatemala, Ecuador y el Perú. También existen grupos minoritarios como europeos, judíos, orientales y negros, pero como hemos aseverado, su población es mayormente mestiza.

El hombre latinoamericano, ha sido ubicado dentro de los países del tercer mundo o subdesarrollados. Con un índice de pobreza mayor al 70% que se refleja en las diferentes áreas sociales como ser salud, educación y vivienda *Inter alia*. La consecuencia de esta realidad ha sido la violencia, en el pasado las guerrillas en países como, Perú, Nicaragua, El Salvador, Colombia y otros. Otra forma de violencia que se ha visto, ha sido las pandillas en países como El Salvador y Honduras que tuvieron que legislar leyes más duras para contrarrestar este fenómeno.

El hombre latinoamericano, desde la época de la colonización ha sido católico, aunque a decir verdad, ha sido mayormente un nominacionalismo, una costumbre, poca responsabilidad en la práctica. En el Siglo XIX entra el protestantismo al continente y a partir de los años 80 del siglo XX se comienza a ver un crecimiento espectacular de la Iglesia Protestante como nunca antes. Como es obvio, han incursionado una serie de sectas de origen norteamericano como son los Mormones y Testigos de Jehová etc. El hombre latinoamericano es un hombre religioso por antonomasia.

El hombre latinoamericano, políticamente ha sido un polvorín desde la Colonia hasta nuestros días. Sin embargo la década de la 80, en el Siglo XX marcó un hito histórico, pues hubo un cambio político significativo. Los gobiernos *de factos*, llamados por otros como dictaduras militares, pasaron al olvido y la sociedad civil empezó a tener beligerancia a tal grado que llegó el momento que en Latinoamérica los gobiernos fueron establecidos mediante elecciones democráticas supervisadas.

En esta Teología Sistemática se estudiará la antropología desde una perspectiva latinoamericana y este capítulo ha sido divido de la siguiente manera: Introducción al estudio del hombre (Sección I), Constitución del hombre (Sección II), El estado de inocencia y la caída del hombre (Sección III).

EL ORIGEN DEL HOMBRE

Este es un tema que siempre levanta pasiones entre los científicos y los religiosos provocando un cisma tan grande y ni la más mínima posibilidad de reconciliación. Este tema es de capital importancia, porque el mismo va a determinar el orden de valores morales y espirituales a seguir.

Si la postura sobre el origen del hombre es la evolución, producto de actos fortuitos, el código de valores estará fundamentado en aquel propuesto por el Kosmos Satánico. Como Dios no existe y las Escrituras son un mito, la conducta será determinada por *la corriente de este mundo* o la moda del momento. Como puede observarse, las implicaciones de esta creencia puede ser fatales, porque tendremos una sociedad caótica llena de violencia, perversiones e injusticias, *a contrario sensu* si creemos que Dios es nuestro creador y el objeto de nuestra creación es que nuestra vida gire alrededor de una filosofía propuesta por Dios, entonces tendremos como resultado una comunidad de fe responsable, ordenada, respetuosa. Ahora es menester aclarar que cuando mencionamos la palabra creer estamos hablando *ipso facto* de sometimiento. Porque el que dice creer en Dios y no le obedece es peor que un incrédulo.

En definitiva, el hombre no es un accidente, obedece a un plan divino, concebido antes de la fundación del mundo y que contemplaba todo lo que nos relata las Escrituras como ser la caída, la redención, el juicio y la eternidad visto en las diferentes dispensaciones. Es aquí cuando cobran vigencia las palabras del Señor cuando señala *Yo soy el alpha y yo soy la omega...* Él comenzó todo y Él terminará todo, es decir, Él controla todo y aún el reino de la iniquidad es parte de ese plan perfecto. El negar el origen divino del hombre es otra treta del *principe de este mundo* para conducir a la destrucción a todos aquellos que no creen en el nombre de Jesucristo.

En esta sección se verá la mentira de Satanás contrastada con la verdad de Dios, es decir, teorías antiteístas del origen del hombre (A) y Revelación bíblica sobre el origen del hombre (B).

A. Teorías antiteístas del origen del hombre

Las teorías antiteístas acerca del origen del hombre son aquellas que no acreditan el relato bíblico, sino que lo consideran como un verdadero mito. Estas teorías fueron ampliamente difundidas, adquiriendo gran popularidad en Latinoamérica, con el auge del comunismo, la revolución cubana que produjo una revolución copernica en su educación al enseñar que Dios no existía, luego el papel que Cuba jugó en el avance del marxismo – leninismo y el asidero que encontró en las diferentes universidades del continente, especialmente en la Universidad Nacional de México y algunas de Centroamérica. La Figura de Ernesto Che – Guevara se convierte en un símbolo de la juventud de aquellos años y el hombre es producto de una evolución de un primitivo antropomorfo como diría Federico ENGELS.

Cabe señalar que los presupuestos ideológicos de estas teorías fueron fundamentales en las minutas políticas de los grupos de agitación social que surgieron en el continente para dar al traste con el "imperialismo yanqui." Si Dios no existe, y somos producto del azar, entonces el curso de la vida puede ser cambiado por el hombre. El mecanismo, *la revolución*. La consecuencias, miles de miles de muertos en Centro y Sur América.

A continuación serán objeto de estudio las dos teorías más populares sobre el origen del hombre, es a saber, la Teoría de la Evolución, propuesta por Carlos DARWIN (1), la Teoría de Oparin, propuesta por Alexander OPARIN (2) y las tesis de Desmond MORRIS (3).

1. La Teoría de la Evolución

La teoría moderna de la evolución se atribuye principalmente a Charles DARWIN quien publicó un libro titulado «*Sobre el Origen de las Especies Mediante la Selección Natural*», en 1859.

Afirma que el hombre es el resultado de un proceso evolutivo accidental desde un germen primario desconocido hasta su estado actual. Los *naturalistas* sostienen que mediante la selección natural y la supervivencia del más apto las diversas formas de seres animados llegaron a ser lo que son, como resultado de una situación fortuita. Los *teístas* intentan darle algo de crédito a Dios reconociéndolo solo como Causa Original pero afirmando la idea de un supuesto proceso evolutivo a partir de una célula primigenia creada; así, la evolución es el método de Dios.

Hombres como Charles DARWIN (inglés que escribió el *Origen de las Especies*), OPARIN (ruso que afirmó que la vida comenzó en el agua), Van HELMONT (holandés que aseveró que todo se habría originado por generación espontánea), FREUD (con su psicoanálisis intentó traer del subconsciente todo a la luz de la conciencia y afirmó que todo problema del hombre es de tipo sexual), ENGELS (alemán, amigo íntimo de MARX, escritor de *El Origen de la Familia, del Estado y la Propiedad Privada* y coautor del *Manifiesto Comunista*) influyeron notablemente con sus ideas en el desarrollo de la Teoría de la Evolución.

Tal sistema de pensamiento requiere de eslabones fósiles (formas intermedias entre dos especies determinadas) para corroborar sus supuestos. Hasta el día de hoy no se han hallado tales evidencias sino solo aparentes restos de simio, de otros animales o restos de humanos claramente definidos, pero no de organismos intermedios (Hombre de Java, Hombre de Pequín, Neardenthal, etc.)

A continuación se refutará la tesis de la Evolución en cuatro puntos, tratando de demostrar la imposibilidad de sus observaciones.

a. No existen fósiles transitivos

Los científicos concuerdan en que actualmente poseemos fósiles de los tipos de plantas y animales más importantes para el estudio. Sin embargo, como la teoría de la evolución (TE) dice que los cambios de un tipo de planta o animal a otro ocurren muy lentamente, es completamente lógico pensar que existan fósiles transitivos o intermediarios. Por ejemplo, de acuerdo con la TE, los pájaros dieron lugar a los reptiles a través de un periodo largísimo de tiempo. Por lo tanto, deberíamos poseer fósiles de variados animales intermediarios entre un reptil y un pájaro. Pero, ¿Qué es lo que en realidad se ha excavado? Mucho, pero nada en lo que se pueda denominar fósiles transitivos. El mismo DARWIN estaba consciente de la falta de fósiles transitivos cuando dijo:

> "La geología con certeza no nos revela ningún ejemplo de pequeños cambios orgánicos en cadena; y esto es quizás, la objeción mas obvia y grave que se puede hacer en contra de mi teoría".

Sin embargo, DARWIN pensó que excavaciones futuras encontrarían estos fósiles transitivos. Pero, ¿qué se ha encontrado en todos estos años? Bueno, mejor es dejar que científicos modernos expertos en este campo lo digan ellos mismos. Por ejemplo, el evolucionista y paleontólogo David RAUP, Ph.D. escribió:

> *"Darwin... estaba avergonzado del testamento de los fósiles de su época... ahora cerca de 120 años después el conocimiento sobre los fósiles se ha expandido enormemente. Hoy en día tenemos alrededor de 250 mil especies en fósiles, pero la situación no ha cambiado... tenemos menos ejemplos de transiciones evolutivas ahora que las que teníamos en el tiempo de Darwin. (y varias que se creían ser transiciones fueron luego descartadas).*

El contemporáneo evolucionista Stephen GOULD, Ph.D., uno de los autores más activos a finales de siglo, escribió:

> *"La ausencia de fósiles que den evidencia de las etapas intermediarias entre las transiciones mayores en el diseño orgánico, y en realidad nuestra inhabilidad, aun en nuestra imaginación, de construir fósiles intermediarios funcionales en muchos casos, ha sido un problema persistente y pedante para las explicaciones graduales de la evolución".*

De hecho, el Dr. GOULD llama a la ausencia de evidencias de formas transitivas un secreto muy bien guardado en la paleontología del cual el público en general no está consciente.

> *"La extrema ausencia de formas transitivas en los fósiles persiste en ser un secreto de la paleontología".*

De hecho, son cientos de cientos las citas que se pueden acumular de científicos en los últimos años, y especialmente en las últimas décadas que han expresado preocupación por la falta de lo más imprescindible en el campo de la ciencia - datos que apoyen cierta hipótesis. De hecho hay datos y muchos (más de 250,000 especies), pero estos no apoyan a la TE. Los bellos dibujos de transiciones que encontramos en los libros de texto no son sino expresiones artísticas, productos de la imaginación. Simple y llanamente no se han encontrado fósiles transitivos que evidencien una evolución orgánica gradual.

b. La aparición súbita de formas complejas de vida.

La posición evolucionista de las formas geológicas y biológicas podría resumirse en términos generales de la siguiente manera:

A. Teorías antiteístas del origen del hombre

"El problema de la biología es el de encontrar un origen simple ... la tendencia es imaginar que hubo un tiempo cuando solo células simples existieron, pero no células complejas ... esta creencia ha resultado equivocada ... Viajando en retroceso hacia la era de las rocas más antiguas ... los fósiles de las formas de vida ancestrales no revelan un origen simple. Aunque podemos considerar que los fósiles de bacterias, algas, y micro hongos son simples en comparación con los de los perros y caballos, la cantidad de información es enormemente inmensa en estos seres. La mayoría del complejo bioquímico de la vida ya estaba presente en el tiempo en que las rocas más antiguas de la corteza terrestre fueron formadas.".

No existe tal evolución de células simples a complejas. Dios simplemente creó los seres vivos con toda su complejidad, de manera que intentar demostrar la evolución de una célula simple en un organismo complejo es como buscarle tres pies al gato, o mejor dicho, es un absurdo.

c. La imposibilidad de la transformación de la materia inerte en material viviente

La TE dice que las cosas simples vinieron a ser complejas, que los químicos inertes (moléculas) vinieron a ser bio moléculas por pura suerte, y de allí poco a poco evolucionaron a células vivientes con ADN y ARN, siendo estas ultimas bio moléculas de gran complejidad con estructuras y funciones especificas dentro de la maquinaria celular. ¿Es esto posible? ¿Existen observaciones científicas hoy en día que comprueben este tipo de "transformación milagrosa"? ¿Pueden los científicos de hoy en día, con todo los grandes adelantos de la ciencia y equipos de alta tecnología sintetizar materia con vida? Las respuestas son no, no y no. Fred HOYLE, Ph.D., y Chandra WICKRAMASINGHE, Ph.D., ambos evolucionistas reconocidos, nos dicen porque este fenómeno no puede ser posible:

"La vida no pudo haber tenido un origen aleatorio... El problema es que hay cerca de 2000 enzimas, y la probabilidad de obtenerlas todas en un momento dado es igual a 10 elevado a la potencia de -40 mil, una probabilidad tan baja que, aun si el Universo entero consistiera de caldo prebiótico, seria prácticamente imposible que este evento sucediera espontáneamente. Si uno no estuviera acondicionado debido a creencias sociales o entrenamiento científico a creer en la convicción de que la vida se ori-

gino' en la tierra, la citada probabilidad destruiría por completo dicha convicción... La cantidad enorme de información en aun las formas de vida mas simples... no pueden, a nuestro parecer, haber sido originadas por lo que corrientemente se llama un proceso 'natural'... Para que la vida se originara en la tierra tuvo que haber sido necesaria que instrucciones muy explícitas fuesen dadas para su ensamblaje. ...No hay manera en la que podamos evadir la necesidad de información, no hay manera en la que podamos justificar las teorías corrientes de caldos pre-bióticos mas grandes y con mejores ingredientes químicos orgánicos, así como nosotros mismos tuvimos la esperanza de que fuera posible hace un par de años."

De lo inorgánico no puede originarse lo orgánico. Es decir, la vida no puede venir de la muerte. La vida es un decreto divino. En el caso del hombre es un soplo que Dios hace, en el cual no crea la vida sino que le transfiere al hombre vida y la materia inerte se vuelve un alma viviente, empero esto es uno acto soberano de Dios no un acontecimiento producto del azar. El corolario es bien sencillo, de la materia sin vida, no puede salir materia orgánica, creer lo contrario sería como afirmar que dos más dos son cinco.

d. No existen mecanismos evolutivos que se puedan aceptar como válidos

La ciencia se encarga de descubrir y explicar como las cosas están compuestas y como funcionan, como suceden. Para que la evolución sea creíble tiene que explicar con detalles como una planta o animal se transformó en otra planta o animal. Como sabemos, DARWIN propuso la selección natural (a veces llamada "la supervivencia del mas adaptado") como el mecanismo de cambio. Sin embargo, algo que no todos sabemos es que DARWIN luego tuvo serias dudas de que la selección natural fuese el mecanismo de cambio, y persuadido por el peso de la data científica (de aquel entonces) abandonó esta idea en la sexta edición de su libro (El Origen de las Especies, véase El Secreto de la Sexta Edición, por Randall Hedtke, Vantage Press, 1983). Hoy en día sabemos que la selección natural es un hecho, pero es un hecho que "preserva" a las especies, no que cambia a unas especies en otras. O sea, preserva a una especie en particular porque existen cambios adaptivos dentro de una misma especie, pero estos cambios nunca ha dado origen a una "nueva" especie, si por especie se entiende una población que tiene la capacidad de reproducción. Como dijo el evolucionista Colin PATTERSON,

> *"nadie ha producido jamás una nueva especie mediante el mecanismo de selección natural".*

Un evolucionista muy conocido, Niles ELDRIDGE, Ph.D., el encargado del Museo Americano de Historia Natural en Nueva York escribió:

> *"la selección natural no conlleva a la creación de nuevas especies."*

Vayamos al escenario evolucionista y consideremos los cambios que "tuvieron que haber ocurrido" en la evolución de reptiles a aves, específicamente en los cambios del sistema respiratorio. Dr. DENTON da su perspectiva de la siguiente manera:

> *"La evolución de las aves es mas compleja que lo que implican las discusiones precedentes. Además del problema del origen de las plumas y del vuelo, las aves poseen otras adaptaciones únicas que desafían explicaciones evolucionarías. Unas de estas adaptaciones son los pulmones y el sistema respiratorio. En todos los demás vertebrados, el aire es inhalado a través de un sistema de conductos que se ramifican y que terminan eventualmente en sacos minúsculos de aire (alvéolos), luego el aire es exhalado por medio de los mismos conductos. Pero en el caso de las aves los bronquios (o conductos) principales de subdividen en conductos cada vez mas pequeños hasta que penetran el tejido pulmonar. Estos conductos minúsculos (parabronqueos) luego empiezan a unirse de nuevo en conductos mas grandes formando así un sistema de circulación en un solo sentido - el aire entra por un extremo y sale por el otro.... Es muy difícil imaginarse como fue posible que este sistema de respiración tan diferente al de todos los demás vertebrados evolucionara gradualmente a partir del diseño estándar de todos los demás vertebrados, especialmente si permanecemos conscientes de que el sistema respiratorio es vital para la vida del organismo a tal extremo que cualquier problema serio con este conduce a la muerte del organismo en cuestiones de minutos. De la misma manera las plumas nunca pudieron haber sido estructuras para el vuelo al menos que los cientos de ganchos y orificios (donde se enganchan los ganchos) microscópicos que las componen se hubieran co-adaptados simultáneamente para engancharse tan perfectamente. De la misma manera los*

pulmones de las aves no pudieron haber funcionado como un órgano de
respiración al menos que los parabronqueos, que penetran el mismo pul-
món para transportar el aire vital, y los alvéolos, que proporcionan aire
a los parabronqueos para su funcionamiento, se hubieran desarrollado
simultáneamente y hubieran funcionado conjuntamente en una manera
integral y perfecta desde el principio.

La respuesta es imposible. Es absurdo pensar que un reptil pudo haber
evolucionado en ave. La respuesta al comentario del Dr. DENTON es,
la existencia de un Sabio arquitecto que diseñó magistralmente a cada
criatura para que ésta pudiera desenvolverse en el ambiente para el cual
fue creada. Eso explica perfectamente lo relacionado al sistema respiratorio de las aves y cualquier otra diferencia que existe entre las especies.

2. Teoría de Oparin

Entre 1922 y 1953, Alexander OPARIN, un bioquímico Ruso, y J.B.S.
HOLDANE, un biólogo Ingles, aportaron lo que se denomina actualmente como la hipótesis Oparin-Holdane. Esta hipótesis tiene que ver
con el origen de la vida por medio de una evolución química en un
"caldo pre-biótico" compuesto de metano, amoniaco, hidrogeno, y vapor de agua, en una atmósfera con muy poco oxigeno o completamente
sin este. Aunque muchas versiones del "caldo pre-biótico" o "caldo
primordial" han sido postuladas, la idea de la evolución que esta hipótesis promueve puede ser resumida tal como se presenta en textos de
introducción a la biología de hoy en día.

Hay un cuerpo creciente de evidencias que indican que la atmósfera
terrestre primitiva tenía oxigeno y por lo tanto no pudo estar compuesta por los materiales que proponen OPARIN, HOLDANE, y otros. El
oxigeno destruiría estos químicos pre-bióticos al reaccionar con ellos.
El Dr. Robert SHAPIRO, bioquímico evolucionista, dedica un capítulo
completo titulado "La Chispa y el Caldo" en uno de sus libros en el cual
trata el tema del "Mito del Caldo pre-biótico". Los Drs. THAXTON,
BRADLEY y OLSEN han resumido este problema de la siguiente manera:

> *"... no hay evidencias geológicas que indiquen que existió tal sopa orgá-*
> *nica en este planeta, ni siquiera en un pequeño charco. Hoy en día se esta*
> *haciendo evidente que si la vida empezó en este planeta la noción conce-*
> *bida de que emergió de un caldo de químicos orgánicos es una hipótesis*

muy inverosímil. Podemos con justicia llamar a este escenario el mito del caldo pre-biótico."

Debe agregarse que la razón por la cual el caldo pre-biótico, en un clima de muy poco oxigeno, fue seleccionado como el escenario plausible para la iniciación de la evolución química de la materia viva, fue solamente porque se pensaba que era posible que en tal caldo se produjeran los ingredientes químicos esenciales para tal evolución. Hay que hacer notar que los geólogos de los años 20 (la década de OPARIN y HOLDANE) No encontraron fósiles que sugirieran un caldo pre-biótico. Sin embargo esto no detuvo a los científicos en tratar de "verificar" la posible evolución química.

En resumen, la tesis de OPARIN y compañía, que el origen de la vida está en el mar y que surge producto de un caldo pre-biótico el cual sufre combinaciones de rayos ultravioletas que dan origen a la materia viva y después de una evolución llega a ser lo es hoy en día resulta tan inverosímil como el cuento de la Caperucita Roja.

3. Tesis de Desmond MORRIS

Desmon MORRIS es un zoólogo inglés que se especializó en el estudio de la evolución y comportamiento de los animales, y estudia la evolución y conducta del hombre como animal, como primate. Este punto de vista fue revolucionario en la investigación de la conducta humana y lleva al lector a reflexionar sobre algunas actitudes humanas, incluso aspectos en principio desagradables si no aceptamos el hecho de ser una especie animal más.

Uno de los libros célebres de MORRIS es el Mono Desnudo, publicado por primera vez en 1968 y obtuvo un gran éxito al analizar el comportamiento del hombre desde un punto de vista no estudiado hasta entonces.

En este libro MORRIS aborda temas como: *el sexo, crianza, exploración, lucha y confort* y pretende que después de leer *"El Mono Desnudo"* el lector se mire a sí mismo de otra manera, es decir, que mire su comportamiento como producto de la evolución que el hombre ha experimentado desde su estadio como *mono*. Los defensores de esta teoría sostienen que:

Nuestro comportamiento básico, nuestra forma de comunicarnos en nuestro grupo social, vienen impuestos en un porcentaje muy alto por la herencia genética de millones de años. Herencia que no podemos sacudirnos de la noche a la mañana por unos pocos siglos de civilización compleja pero no tan diferente como pensamos de lo que éramos hace decenas de miles de años.

Igual que las otras teorías, ésta ignora la majestad de la Palabra de Dios y trata de racionalizar aquello que no pude ser racionalizado. El hombre no es producto del azar o de evoluciones milenarios, sino el producto acabado de la voluntad soberana y perfecta de Dios. Punto.

En conclusión, hay por lo menos cuatro problemas graves con la Teoría de la Evolución sea propuesta por Darwin o Oparin. 1) No hay evidencias o datos que respalden la hipótesis de que el caldo pre-biótico existió. 2) No existen fósiles transitivos de plantas o animales. 3) Los fósiles nos dicen que la vida apareció repentinamente, en formas muy complejas, y sin ancestros. 4) No se ha comprobado que lo inerte pueda transformarse en algo viviente espontáneamente o naturalmente.

En otras palabras, ¿cómo podemos creer en algo que no puede comprobarse? Que no existen evidencias, que el solo hecho de creerlo es absurdo. La Teoría de la Evolución es una filosofía que surge en el corazón de Satanás con el propósito de engañar a la humanidad incrédula, para hacerle cambiar los valores del reino de Dios por los valores del reino de las tinieblas. Esto significa literalmente la perdición completa para este hombre y por ende un juicio de condenación reservado por la incredulidad.

Es cierto que con la ciencia humana no se puede probar la existencia de Dios, pero hay hechos indubitados que enmudecen al más empedernido de los escépticos o ateos, y no vamos a recurrir a las cinco vías de Tomás de AQUINO o las 4 pruebas de San ANSELMO, vamos a recurrir al más grande de los testimonios del poder de Dios que ocurre todos los días, y ese es el acto mediante el cual Dios regenera una vida. Cada individuo que reconoce a Jesucristo como su salvador personal es milagrosamente cambiado por un poder real que existe y demuestra palmariamente la existencia de un Dios creador. Esta es la prueba de la metamorfosis espiritual que cambia a un asesino, a un adúltero, a un mentiroso, a un drogadicto a una piltrafa humana en un hombre nuevo, marido de una sola mujer, veraz, honesto, responsable, en fin, una nueva persona. La prueba de la metamorfosis espiritual es una prueba que enmudece, pues como decía el célebre Emerson: *Lo que tú haces, habla tan alto, que no deja oír lo que tú dices.* El hombre, puede decir lo quiera, sustentar la filosofía que le de la gana, pero lo que Dios hace, pulveriza, sepulta, aniquila, lapida, cualquier teoría o filosofía humana y Dios cambia, transforma y hace del hombre pecador una nueva criatura. Contra este hecho no hay ni filósofo ni filosofía que valga.

B. La revelación bíblica sobre el origen del hombre

De acuerdo al libro del Génesis el hombre fue creado a la "imagen" y "semejanza de Dios". Hay dos relatos de la creación del hombre en los dos primeros capítulos de este libro, lo cual indica un especial hincapié. Ambos son necesarios pues complementan el informe. El primero es general, el segundo introduce detalles que sí se hubieran incorporado en el primero hubieran echado a perder su majestuoso ritmo y simetría.

El evento de la creación no necesita restringirse con respecto al tiempo, pues no estamos obligados a aceptar la cronología tradicional que señala el origen del hombre hace 6000 años. Fácilmente y sin violentar el Texto Sagrado, la historia del hombre puede remontarse más allá de esa fecha. Sea cual fuere el número de años que lleva el hombre sobre la tierra, lo cierto es que Dios lo creó en forma inmediata y directa.

Aparte de la revelación divina, el hombre ha tenido solamente teorías mitológicas vagas respecto a su origen. Con frecuencia los hombres se han considerado a sí mismos como nacidos de la tierra, emanados de las rocas, de los árboles, de los animales silvestres, de los dioses o seres que evolucionaron a partir de ciertas formas inferiores de la vida. La revelación encontrada en la Santa Biblia debe ser nuestra autoridad en cuanto al origen de la humanidad. El único relato con autoridad que poseemos del origen del hombre es el que se encuentra en los capítulos primero y segundo del libro de Génesis.

1. El primer relato de la creación del hombre

En el primero de estos relatos escriturales del origen del hombre encontramos el mandato creativo de la deidad: "*Hagamos al hombre a nuestra imagen, conforme a nuestra semejanza*". La creación del hombre representa, y es, la culminación de todos los actos creativos anteriores. Está conectado inmediatamente a estos actos precedentes como la culminación de la creación, y es distinto de ellos como un nuevo orden de existencia. La creación del hombre fue el fin hacia el cual todas las otras creaciones apuntaron. Dios había preparado providencialmente todas las cosas para el desarrollo perfecto del hombre de acuerdo con el ideal divino.

2. El segundo relato de la creación del hombre

El segundo y más elaborado relato del origen el hombre se encuentra en Génesis 2:4-35. Fue dado con el fin de que fuera el punto de partida para toda consideración específica respecto a la historia personal del hombre. Encontramos aquí un acto creativo dual: *"Entonces Jehová Dios formó al hombre del polvo de la tierra, y sopló en su nariz aliento de vida, y fue el hombre un ser viviente"* (Génesis 2:7). El primero de estos actos creativos consiste en la formación del cuerpo del hombre del polvo de la tierra y de las sustancias químicas que lo componen. La palabra *"formó"* encierra la idea de la creación resultante de materiales preexistentes. No hay ninguna inferencia que sostenga el punto de vista evolucionista del desarrollo lento del hombre, partiendo de un determinado reino animal inferior como sostiene Carlos DARWIN o Federico ENGELS. Al momento en que el polvo dejó de ser polvo, existió como carne y hueso y constituyó el cuerpo humano.

Pero el elemento distintivo en la creación del hombre se encuentra en la declaración siguiente: *"...y sopló en su nariz aliento de vida, y fue el hombre un ser viviente"*. Aquí encontramos una creación única, nueva, no una mera formación. Dios hizo al hombre un espíritu –una persona, un ser consciente de sí mismo y determinante de sí mismo. Por el aliento divino, el hombre llegó a ser un espíritu inmortal.

3. El origen de la mujer

En Génesis 2:21-23 tenemos un relato del proceso por medio del cual el hombre genérico fue creado en dos sexos. Esta declaración ha sido la fuente de perplejidad para muchos comentaristas y han sugerido muchas teorías en su afán de interpretarlo. Pablo nos dice que *"Adán fue formado primero, después Eva"* (1 Timoteo 2:13). Con esto quiso decir que el hombre fue perfeccionado primero y de él

Dios tomó aquello con lo que hizo a la mujer. Este hecho fue reconocido por Adán cuando dijo: *"Esto es ahora hueso de mis huesos y carne de mi carne; ésta será llamada Varona, porque del varón fue tomada"* (Génesis 2:23).

La palabra hebrea que se traduce como *"costilla"* en el relato de Génesis, no es la traducción más exacta. La palabra original se encuentra cuarenta y dos veces en el Antiguo Testamento y en ninguna otra ocasión se ha traducido como *"costilla"*. Se traduce generalmente como *"costado"* o *"lados"*. El relato bíblico enseña claramente que todo individuo de la raza, incluyendo a la primera madre, tiene su representante antítipo en el primer hombre. Este aspecto genérico de la creación del hombre se presenta no sólo desde el punto de vista físico, sino que forma también la base de la estructura social en la relación matrimonial. Pablo elabora sobre este aspecto del relato de Génesis toda una teoría general de la familia (Efesios 5:23-32).

4. La unidad de la raza y su comunidad de origen

Las Sagradas Escrituras afirman tanto la unidad de la raza como su comunidad de origen. La palabra *"Adán"* en un tiempo fue el nombre de un individuo y de una familia – un nombre personal del primer hombre y del nombre genérico de la humanidad. Pablo declara que: *De una sangre ha hecho todo el linaje de los hombres, para que habiten sobre toda la faz de la tierra"* (Hechos 17:26). Con el establecimiento de la primera pareja, la Biblia enseña que todas las razas de la humanidad han descendido de ellos (Génesis 3:20).

La evidencia científica tiende a sostener el punto de vista escritural de la unidad de la raza y su comunidad de origen. Entre esta evidencia de apoyo se encuentra la (1) similaridad de características físicas que se encuentran en todos los pueblos, (2) similaridad de características mentales, tendencias y capacidades, (3) principios similares básicos a todo lenguaje, y (4) una vida religiosa básica y común con las tradiciones que indican un lugar permanente también común y una unidad de vida religiosa. Se considera como juicio dictado de la ciencia, basado en una riqueza de evidencia acumulativa, que las razas de la humanidad han tenido un punto común de origen en algún lugar determinado, en alguna parte del cercano oriente, probablemente en la Mesopotamia.

Sección II

CONSTITUCIÓN DEL HOMBRE

En la teología ha habido cierta controversia en el sentido de sí el hombre es bipartito o tripartito. I Tess 5:23 menciona que el hombre es *alma, cuerpo y espíritu*, a los que diferencian estos tres elementos se les llama tricotomistas. En cambio a quienes sostienen que el alma y el espíritu son una misma cosa, a éstos se les llama dicotomistas.

El problema que existe es que los tricotomistas al hacer diferencia entre el alma y el espíritu establecen que el espíritu es aquella parte del ser humano que tiene la capacidad de comunicarse con Dios sin ninguna intervención de la razón o el entendimiento. Maestros triconomistas sostienen la idea de que el hombre es un espíritu que posee un alma. De esta manera si el ser humano es tripartito, entonces lo que sucede en el alma puede ser conocido por el espíritu pero no lo contrario.

Los dicotomistas objetan a esta supuesta relación con Dios en la cual el intelecto de la persona no está involucrado y lo cual llevaría a una relación sin fundamento basado en conocimiento ya que todo ocurre a nivel espiritual, espontáneo y sin ser procesado por la mente.

Los dicotomistas sostienen que la Biblia a primera instancia da la impresión de enseñar la "tricotonomia" pero que una vez estudiada con cuidado, en realidad enseña la "dicotonomia".

Los Dicotomistas creen que la referencia en 1 Tesalonicenses 5:23 es solamente una forma que el escritor usa para referirse al todo o "la totalidad" del ser humano y no necesariamente para establecer una diferencia entre el alma y el espiritu, y que la referencia del verso en Hebreos 4:12 tampoco justifica el que se divida una cosa de la otra sino que es una referencia al poder de la Palabra y no necesariamente a una diferencia entre el espíritu y el alma.

Un estudio de la forma en que se usan las palabras "alma" y espíritu" en la Biblia nos demuestra que las características del alma y del espíritu son aparentemente idénticas y que tienen las mismas capacidades por lo que es probable que sean una referencia a la misma cosa. Por otro lado, también existen versos en la Biblia que resultan difíciles de explicar de un punto de vista Dicotomista. Por ejemplo:

Porque si yo orare en lengua desconocida, mi espíritu ora; mas mi enten-dimiento es sin fruto. 15 ¿Qué pues? Oraré con el espíritu, mas oraré también con entendimiento; cantaré con el espíritu, mas cantaré también con entendimiento. 16 Porque si bendijeres con el espíritu, el que ocupa lugar de un mero particular, ¿cómo dirá amén á tu acción de gracias? pues no sabe lo que has dicho. 17 Porque tú, á la verdad, bien haces gracias; mas el otro no es edificado. 18 Doy gracias á Dios que hablo lenguas más que todos vosotros: 19 Pero en la iglesia más quiero hablar cinco palabras con mi sentido, para que enseñe también á los otros, que diez mil palabras en lengua desconocida. 1 Corintios 14 y en este mismo sentido Romanos 8: 16 Porque el mismo Espíritu da testimonio a nues-tro espíritu que somos hijos de Dios.

Estos versos *parecen* indicarnos que el espíritu de la persona tiene la capacidad de funcionar sin intervención alguna del entendimiento o la mente de la persona. Aunque la intención del Apóstol en este contexto no es promover tal interpretación ya que se insta al cristiano a estar alerta en todo tiempo y 'consciente' de si mismo. Pero si creemos que el "entendimiento" (mente) es sinónimo de "alma" (aparte del espíritu) entonces podríamos tener aquí una buena base para creer que el hom-bre está compuesto de tres partes (tricotomia). Pero, *el problema* existe en que encontramos algunos versos que *"parecen establecer"* una dife-rencia entre el alma y la mente...

37 Y Jesús le dijo: Amarás al Señor tu Dios de todo tu corazón, y de toda tu alma, y de toda tu mente. Mateo 22 / Marcos 12:30 / Lucas 10:27

Al separar "el alma" de "la mente" como parece hacerse en estos versos, tendríamos entonces un ser de cuatro partes (espíritu, alma, mente y cuerpo), lo cual, por supuesto nos complicaría el tema aún mas. Por lo tanto, una conclusión razonable podría ser que si versos como estos *Mateo 22 / Marcos 12:30 / Lucas 10:27* no pueden ser utilizados para *separar* el "alma" de la "mente" como dos cosas distintas, entonces es también muy posible que versos como estos Hebreos 4:12 y I Tes 5:23 tampoco puedan ser utilizados para separar el "espíritu" del "alma" como dos cosas distintas.

Es en ese sentido que se estima que es mejor abordar del tema ha-blando de la parte material e inmaterial del hombre y es esa precisa-mente la forma como este tema será tratado a continuación.

A. La parte material del hombre

La parte material del ser humano es el *soma* que según el Texto, Dios toma del polvo de la tierra, Gen 2:7 y crea al hombre. Bajo este epígrafe se abordará dos puntos principales: El carácter estructural del cuerpo humano (1) y el futuro del cuerpo humano (2)

1. El carácter estructural del cuerpo humano

La Palabra de Dios declara que el cuerpo del hombre fue formado del polvo de la tierra. Químicamente esto es cierto, pues en el cuerpo humano podemos hallar 16 elementos de la tierra. Los minerales vitales constituyen cerca del 6% del cuerpo, el resto está compuesto por agua, carbono y gases.

Tan adaptado esta el cuerpo a los propósitos y funciones del hombre inmaterial que él mismo no es consciente en ninguna forma de la separación entre alma y cuerpo. Éxtasis, dolores, sensaciones y habilidades que se expresan por medio del cuerpo se identifican como algo que procede de una sola entidad, de la propia persona, como algo que corresponde a su propio ser. El hombre es una unidad - un ser - y lo único que puede separar lo material de lo inmaterial es la muerte.

2. El futuro del cuerpo humano

El cuerpo humano es definitivamente muy frágil, tiene que ser objeto de una serie de cuidados para prolongar su existencia. Cuando el cuerpo humano ya no puede funcionar en esta dimensión se produce la separación con la parte inmaterial del ser humano, la cual es inmortal. Una vez acontecido este hecho se inicia el inevitable proceso de descomposición del cuerpo humano.

La Biblia señala que tanto los salvos como los impíos se levantarán de entre los muertos. No existe ninguna base para dudar de que la personalidad del individuo en su unidad orgánica (cuerpo, alma y espíritu), experimentará el extraordinario acontecimiento de la resurrección de los cuerpos, sea para retribución o recompensa. Pablo señala en I Corintios que en la resurrección el individuo, éste resucitará con un cuerpo diferente, al que se le llama *cuerpo glorificado*.

Según la teología dispensacional, existen dos resurrecciones y un rapto. La primera resurrección y el rapto tiene que ver con los salvos;

aquellos que participaran de las Bodas del Cordero y que gobernarán durante el milenio. En ambos casos habrá una transformación a un cuerpo glorificado. La segunda resurrección tiene que ver directamente con los impíos, que tendrán que enfrentar un juicio de condenación.

B. La parte inmaterial del hombre en la Creación

A diferencia de la parte material, aquí se está hablando de lo incorpóreo, de lo que no se ve, de lo que lleva plasmado la *imagen y la semejanza* de Dios y nos referimos al *Pneyma* y al *Pysque* que en definitiva constituye la personalidad que habita en el *soma* para poderse desarrollar en esta esfera.

En este apartado será tratado todo lo relacionado a la parte inmaterial del hombre en cuatro puntos principales.

1. El origen de la parte inmaterial del primer hombre

La Biblia claramente revela que Dios Creó el *soma* del hombre pero no dice que haya creado la parte inmaterial del mismo, ni que haya sido hecha de algún material existente; sino que el hombre llegó ser un alma viviente como resultado del Soplo Divino en el vaso de barro. Lo anterior nos lleva a una única concusión, que la parte inmaterial del hombre no fue creada sino transferida en el momento en que Dios efectuó el *soplo divino*. La parte inmaterial del hombre es una comunicación del Eterno. El alma y el espíritu humano fueron originados por Elohim.

2. La imagen divina

En la creación del hombre, Dios incluyó los aspectos morales y espirituales, su perfecta Santidad no encontró deficiencia en lo que había hecho. El hombre tenía una inocencia real y satisfactoria. La regeneración que se realiza en la criatura en la actualidad, con todo lo que ella implica, le asegura justicia, verdadera santidad y conocimiento. El hombre fue originalmente constituido según la imagen divina. La salvación actual no es para que el hombre vuelva al estado del Adán no caído, sino par que llegue a estar en conformidad con el postrer Adán, el glorificado.

La palabra *semejanza* puede referirse a diversos aspectos del hombre original que éste perdió con la caída. La *imagen* es un término que se emplea en las Escrituras con plena libertad, afirmando, entre otras cosas, que aún el hombre caído posee la imagen de Dios en él y que la redención se provee para rescatar dicha imagen, por la cual el hombre tiene un valor especial.

La imagen natural de Dios consiste en gran parte en aquello mediante lo cual Dios en su creación estableció la diferencia entre el hombre y los animales irracionales. La primera creación humana tiene su arquetipo en Elohim, la nueva creación tiene su arquetipo en el Hijo de Dios; es decir, la gracia salvadora le da al hombre redimido la imagen de Cristo.

3. Elementos que constituyen la parte inmaterial del hombre

Para referirse al "hombre interior" la Biblia emplea varias términos: alma (*psyque \ nefesh*), espíritu (*pneyma \ ruah*), corazón (*kardia*), carne (*sarx*), mente (*psyquis*). ¿Pueden estos elementos existir separados los unos de los otros? ¿Son funciones o modos de expresión del mismo ego? Son la base real de los tres elementos del hombre: conciencia del mundo externo, conciencia propia y conciencia de Dios. A continuación será objeto de estudio cada uno de estos elementos.

a. Psyque o Alma

El *Psyque* es la personalidad que habita en el *soma* humano, aunque puede vivir sin cuerpo. Es inmortal porque tiene un principio pero no tiene fin. El alma es la que lleva impregnada la imagen y la semejanza de Dios y está compuesta de intelecto, sentimientos y voluntad. El hombre es un alma, ella representa al individuo. Existen una serie de teorías respecto al alma y a su origen, las mismas serán objeto de un breve estudio.

1) *La teoría de la pre existencia de las almas*

Este punto de vista fue el resultado de la filosofía platónica que habló de la existencia del alma previo al nacimiento del ser humano y que por el acto de ese nacimiento, el hombre sufre una ofuscación que lo lleva a olvidar todo el conocimiento que tenía antes de nacer. Empero que cuando comienza el proceso de aprendizaje comienza a recordar y a esto llama reminiscencia y esto resultó en un número de opiniones heréticas en la iglesia primitiva.

Esta teoría fue sostenida por ciertos teólogos que explicaron así la posesión de ideas del alma que no podría ser derivada del mundo de los sentidos. Orígenes, que es el mejor representante de esta teoría, parece estar interesado en la disparidad de condiciones bajo las cuales los hombres vienen a este mundo, y trató de resolverla por el carácter de su pecado en un estado previo. En tiempos modernos, la teoría ha reaparecido como una explicación de la depravación innata. podría resultar en esta condición innata.

2) La teoría creacionista

Esta sostiene que Dios crea cada alma humana y que el cuerpo es propagado por los padres. Esta teoría parece estar perfectamente relacionada con los intentos de recalcar la importancia del individuo en contraposición con la continuidad y solidaridad racial. Esta es la enseñanza característica de la Iglesia Católica y de la Iglesia Reformada.

3) La teoría de la propagación

Esta teoría asegura que el alma y el cuerpo de los hombres se derivan de los padres. Explica que las nuevas almas se derivan del alma de Adán de la misma manera como lo hacen los pámpanos de una vid, o los retoños de un árbol. La teoría ha tenido amplia aceptación en las iglesias protestantes. Implica que la raza fue inmediatamente creada en Adán, tanto respecto al cuerpo como al alma, y que ambas son propagadas por la generación natural... así que la expresión "*Adán... engendró un hijo a su semejanza*", se interpreta que el hombre considerado en su totalidad es quien engendra y es engendrado. Esta teoría parece proporcionar la mejor explicación para la transmisión del pecado original o depravación. Entre los teólogos arminianos no se le da gran importancia al origen de las almas.

b. Espíritu

El hombre es espíritu por cuanto depende de Dios. El espíritu es la vida que Dios sopló o transfirió al hombre. No puede haber alma sin espíritu ni espíritu sin alma, es una realidad indivisible.

Espíritu viene del hebreo *ruah* y del griego *pneyma* que es el principio de vida o la vida misma cuando recibimos de Dios su aliento vital. A la luz de varios textos bíblicos se puede afirmar que el espíritu es más que viento. ESTEBAN nunca encomendó el viento, ese hálito que hace que su cuerpo realice ciertas actividades, estaba poniendo en manos del creador su alma, todo su ser, la parte inmaterial del hombre que pasa al estado intermedio, cuando encomendó su espíritu a Dios.

c. Corazón

Corazón viene de una palabra griega, *kardia* y se refiere a la vida humana y al ejercicio de sus energías. Reacciona ante las emociones humanas y por tanto, fácilmente puede considerarse como el centro de la sensibilidad. El corazón es parte del alma.

La palabra corazón aparece unas 600 veces en el AT y por lo menos 120 en el NT. El amplio uso de la palabra corazón, con todas sus variadas implicaciones, la coloca en una posición de suprema importancia en la psicología bíblica.

En el Texto Sagrado encontramos una serie de pasajes que nos dan una idea clara de lo que significa corazón: ...*todo designio de los pensamientos del corazón de ellos era de continuo solamente el mal. Gen.6:5;... un corazón nuevo... Ex. 36:26; Jehová escudriña el corazón...* en todos estos pasajes el corazón se presenta como el centro de las emociones, de los sentimientos del hombre. Si la persona no ha sido regenerada, significa que sus sentimientos y emociones están corrompidas y por lo tanto esa persona tiene un *corazón endurecido, un corazón de piedra.* La consecuencia lógica es que sus acciones serán perversas puesto que cuando el individuo no está en comunión con Dios, el corazón es pecaminoso y necesita ser purificado. Salmo 51:10, Jer 17:9-10.

d. Carne

La palabra carne viene del griego *Sarx* que tiene un significado en cuatro sentidos, a saber, la parte material del hombre (equivale a cuerpo), la segunda acepción de esta palabra tiene que ver con la gente que vive en la tierra, tercero es el significado que Pablo le da a esta palabra en sus epístolas, carne es una referencia a la ley judía y la cuarta acepción es la que se refiere a aquello que es inmaterial en el hombre (especialmente lo ético y moral del humano, su naturaleza caída y su disposición a pecar). Este último sentido es de capital importancia entenderlo porque se refiere a la tendencia natural del alma a realizar aquellos actos que contradicen la voluntad de Dios pero que también obran en la condenación del alma misma.

Al estudiar el Texto Sagrado el exegeta debe tener el cuidado de darle la correcta interpretación a la palabra carne. Empero en el sentido que nos interesa en este literal tiene que ver con la naturaleza heredada de Adán, es decir esa tendencia innata del ser humano a hacer siempre lo malo.

e. Mente

Estrechamente relacionado con el espíritu y la carne, está la mente, que puede relacionarse con lo bueno y con lo malo respectivamente. Pablo señala que con la *mente* sirve a Dios y con sus miembros al pecado. Rom 7:25. Por otro lado, señala que la *mente* carnal es enemistad con Dios. El estudio de esta palabra nos lleva a una conclusión, que *mente* se refiere a algo meramente inmaterial, es decir, algo abstracto que no se traduce a un acto concreto. Empleando la terminología de Aristóteles, es la potencia no el acto. Usualmente el pensamiento va a determinar el acto, aunque en casos concretos como el de Romanos 7, existe una dualidad entre el pensamiento y las acciones. *Quiero hacer lo bueno y no puedo...* Ahora esta dualidad es una experiencia de una persona que vive una lucha espiritual interna, lo que descarta *prima facie* a los incrédulos, ellos tienen la mente corrompida, por lo tanto sus acciones son malas con toda conciencia y paciencia.

4. Capacidades y facultades de la parte inmaterial

El ser humano es una persona y como tal posee intelecto, sentimientos y voluntad. Esto es precisamente la imagen y semejanza de Dios que fue transferida por Dios al momento de la creación.

a. Intelecto

Denota la mente en relación con su capacidad para entender. Ahora cuando el intelecto es dañado por el pecado, el individuo entenderá la ciencia, la filosofía humana y las trivialidades de este mundo, empero nunca entenderá la verdad de Dios ni el camino de la salvación. La palabra teológica para designar a la persona cuya intelecto está dañado es *ceguera espiritual*. Ninguna persona tiene la capacidad de entender las cosas espirituales a menos que Dios mismo haga una obra de iluminación extraordinaria que le permita al hombre en su miserable situación espiritual ver la urgente necesidad del perdón de Dios. La elocuencia del predicador, la estrategia de crecimiento, el método de evangelismo no sirve para nada si Dios no opera una obra de convencimiento de pecado, juicio y justicia. Cuando esto ocurre el intelecto del ser humano es reparado y el individuo comienza a ser sensible a la verdad de Dios y su vida comienza una transformación maravillosa mediante un milagro que bien puede llamarse *la renovación del entendimiento* o del intelecto.

b. Sensibilidad

Tanto Dios como en el hombre son seres emocionales y sin duda esto es parte de la *imagen y semejanza* transmitida por Dios al hombre. Sensibilidad tiene que ver con los sentidos, que la persona es capaz de sentir y darse cuenta en el acto si una acción es buena o mala. En el caso que la acción sea mala producirá efectos de tristeza, pesar, dolor y buscara por todos los medios reparar la falta.

Una persona con la sensibilidad espiritual está bajo la constante dependencia de Dios y lista a enmendar cualquier falta, a ayudar a un prójimo, a ser de bendición a una persona, a socorrer al desvalido, en fin, esa sensibilidad lo llevará a ser una persona al servicio de las otras.

Lo contrario de esto es una persona que no sufre con los que sufren, que no llora con los que lloran y no le importa el dolor ajeno, es completamente egoísta y no le da ni frío ni calor la situación de las otras personas.

Lo peor que le puede pasar a un individuo es ser insensible a la Palabra de Dios, pues este hecho lo llevará a vivir una vida en desgracia. Este es el objetivo final de Satanás para que la persona crea en la mentira y se pierda.

c. Voluntad

La voluntad actúa generalmente movida o influenciada por el intelecto y las emociones y es la capacidad que tiene la criatura de actuar de una u otra manera siempre bajo el decreto efectivo o permisivo de Dios. No hay voluntad humana que sea libre en el sentido absoluto de la palabra. El ser humano desde que nace hasta que muere tiene la voluntad comprometida con Dios o con el diablo.

B. La parte inmaterial del hombre en la Creación

Una de las burdas mentiras de esta generación es *hago lo quiero, voy donde quiero, mi vida me pertenece*. Todo esto es falso, el ser humano conciente o inconscientemente sirve a Dios o al diablo y su voluntad esta comprometida. Lo único que es completamente imposible es *servir a dos señores* pero a uno si. No está de más decir que la voluntad comprometida con Satanás llevará a la persona a un final desdichado aquí y en la vida futura, *a contrario sensu* una voluntad al servicio de Dios es la única garantía de la plenitud de la vida.

d. Conciencia

No existe otra facultad que revele más completamente lo que es la imagen de Dios en el hombre. Unos dicen que es la voz de Dios que habla directamente al que se ejercita en la conciencia, otros afirman que solo es una inclinación de la mente que le ha quedado por la disciplina de la niñez. La conciencia no está sujeta a la voluntad, sino que se sienta a juzgar todos los aspectos (incluyendo la voluntad misma) de la vida del hombre con respecto a su valor moral. La Biblia asevera que puede ser natural (en los no regenerados) y sobrenatural (en los regenerados).

La parte triste de esta historia es que el pecado puede llevar a la conciencia humana a un estadio de insensibilidad completa que el hombre no tendrá la capacidad de distinguir entre la luz y las tinieblas o entre la verdad y la mentira. El paradigma lo encontramos en Romanos capítulo 1, donde Pablo presenta una radiografía perfecta de la humanidad cuya conciencia ha sido cauterizada y está prácticamente insensible, de tal manera que la única acción posible por parte de Dios es *entregarlos a inmundicia, pasiones vergonzosas, a una mente reprobada*. Romanos 1: 24,26 y 28 respectivamente.

Sección III

EL ESTADO DE INOCENCIA Y LA CAÍDA DEL HOMBRE

Literalmente, el estado de inocencia se refiere específicamente a la situación en la cual el ser humano estuvo completamente limpio de culpa. El estado en el cual no existió la malicia, los pensamientos inicuos y las tendencias a la maldad y la característica principal fue la sencillez y la cordialidad. La perversión no había entrado en el corazón del humano, la desnudez física hablaba también de esa desnudez espiritual, no había nada de que avergonzarse, se andaba con la frente en alto, y había una relación de amistad con Dios y se disfrutaba de todo este ambiente que en la teología se conoce como la edad de la inocencia.

Desdichadamente, la inocencia se pierde, mediante un acto deliberado y excesivamente perverso de Satanás, quien sutilmente seduce al hombre y mediante una vil mentira lo hace incurrir en pecado, perdiendo de esta manera su estado primigenio de inocencia y entrado a una esfera de conciencia y conocimiento que lo hizo *ipso facto* culpable. A este hecho la Teología le llama *La Caída*.

De manera que en esta sección, será objeto de estudio estos dos acontecimientos fundamentales en la historia de la humanidad: El estado de inocencia (A) y la caída (B).

A. El estado de inocencia

Un sinónimo de inocencia es limpieza, ausencia de culpa. Esta era la situación primigenia en la que se encontró en un momento de la historia el hombre. Esta realidad nunca se volverá a repetir en las mismas circunstancias terrenas, aunque Dios ha restaurado al hombre mediante el sacrificio de Jesucristo y el hombre disfrutará de la obra de esa restauración.

El objeto de este apartado es considerar los diferentes aspectos que se suscitaron en ese ambiente de inocencia que disfrutó Adán y Eva.

1. El Ambiente de inocencia de Adán

Nunca el ser humano vivió en un ambiente tan perfecto como ese. Ausencia completa de pecado, dolor, violencia, enfermedad, en fin todas aquellas situaciones que a diario enfrentamos, de manera que el corolario de aquella realidad era que la pareja edénica disfrutaba una plenitud de vida como nunca el hombre ha experimentado. El ambiente era muy placentero, atractivo y bueno en gran manera.

Después de un tiempo no determinado en el Texto Sagrado, el pecado destruyó el ambiente de inocencia, corrompiendo la obra Dios e introduciendo el Kosmos Satánico a la esfera humana. Huelga señalar que durante este período, el mal sí existía, empero como potencia nunca como acto. Es decir, la posibilidad de pecar siempre estuvo presente, de lo contrario Dios nunca hubiera efectuado una prohibición y menos señalado las consecuencias de la desobediencia.

Cuando el hombre creé en la patraña de Satanás, la potencia se convierte en acto y se materializa el reino del diablo en la esfera humana. Un triunfo mediocre, que desnuda aún más la perversidad de Satanás y sobre todo su política anti Dios al engañar al hombre.

2. El tentador del primer hombre

La principal responsabilidad tanto de Adán como de Eva en el Jardín del Edén fue cumplir con la perfecta voluntad de Dios para él y la creación. Para ser específico, Adán y Eva tenían que cuidar del jardín y no comer del árbol de la ciencia del bien y del mal en virtud de una prohibición divina.

La prohibición divina o decreto ejecutivo de la deidad se convierte en el blanco a derribar por parte de Satanás. Su objetivo es que la criatura humana transgreda la voluntad de Dios y de esta manera fastidiar a Dios destruyendo la corona de la creación. Cuando el hombre desobedece a Dios, *ipso facto* se independiza de Dios y pasa a formar parte de un sistema cósmico fundado por Satanás. Esta es la forma como el Arcángel de Maldad intenta vengarse de Dios.

Lograr que la criatura humana adopte la filosofía de vida propuesta por Satanás es todo un reto para éste. Es en este sentido que decide utilizar literalmente a una serpiente, una de las criaturas de Dios para engañar a Eva. En este hecho surgen dos preguntas: ¿Por qué una serpiente? ¿Por qué Eva?. En el primer caso, la serpiente porque era de las seres más bellos y que inspiraba confianza y admiración al hombre y como también señala el Texto Sagrado era *astuta*. Respecto a la segunda pregunta, el Prof. BERKHOF afirma que buscó a la mujer porque: (a) Ella no era la cabeza del pacto, (b) Ella no había recibido el mandato directamente de Dios, (c) Sería el agente más efectivo para llegar al corazón de Adán. Como es obvio, no podemos saber con exactitud el motivo de Satanás de acercarse a la mujer y no al hombre, aunque la teoría del Prof. BERKHOF tiene sentido, lo que si sabemos con exactitud es que el experimento de Satanás tuvo los resultados que él esperaba. Que la criatura deshonrara a Dios y siguiera una propuesta de vida donde Dios ya no iba a ser más el centro de la existencia.

Para terminar, es prudente reconocer que ha habido mucha controversia en el sentido de sí este relato del Génesis es un mito o una realidad histórica. Como es sabido, la artillería de la erudición heterodoxa comandada por los teólogos liberales alemanes ha desacreditado la doctrina de la inspiración e inerrancia bíblica señalando *Inter alia* que el relato del Génesis es de origen mitológico, empero los descubrimientos arqueológicos, la crítica bíblica, la historia misma y la experiencia se han encargado de demostrar palmariamente la veracidad de los hechos relatados por Moisés en el Génesis, asegurando la veracidad de los acontecimientos allí narrados.

3. La tentación a que fue sometido el primer hombre

Aquí surge un verdadero problema teológico. ¿Cómo el hombre peca si no existe el pecado innato? En este punto de la historia no existe en el ser humano ninguna tendencia a desobedecer a Dios, a hacer aquello que es contrario al mandamiento, sin embargo termina desobedeciendo y aceptando la propuesta satánica. El mismo Texto señala que cuando un individuo es tentado de su propia *epithymia* o concupiscencia es tentado. Ahora en este caso tal *epithymia* no existe.

Una posible solución a esta dificultad podría ser: (1) El hombre está dotado de voluntad, posee libre albedrío, por lo tanto tiene la capacidad de tomar decisiones. (2) Sin lugar a dudas no existía ninguna tendencia interna a desobedecer puesto que no había *ephitymia* en su vida. (3) La incitación a la desobedecía es una realidad completamente externa que utiliza la persuasión como el medio para lograr un cambio de conducta. (4) Al no existir *ephithymia* la única forma de quebrantar una voluntad es seguir una estrategia sutil, la utilización de un animal que tenía la confianza y la admiración del hombre y quebrantar la voluntad de la mujer quien ejercía una influencia muy grande sobre Adán. (5) Toda la estrategia de Satanás carecería de todo valor sí no hubiera contradicho directamente a Dios *no moriréis*, con esta declaración contradice a Dios y lo hace mentiroso y crea la duda en el corazón de Eva. Para rematar la vil mentira, la envuelve en un ropaje de verdad *seréis como Dios, conocedores del bien y del mal.*

De esta forma brillante, Satanás inocula el veneno mortal en el corazón de Eva quien no es capaz de enfrentarse ante la curiosidad y la codicia y decide, ejercitando su libre albedrío, aceptar la propuesta de vida hecha por Satanás, quien no da la cara, sino que utiliza una criatura de la naturaleza. Eva una vez perdida su inocencia, acude a su marido, ya con el corazón manchado, con una naturaleza degenerada y hace exactamente lo que Satanás había hecho con ella. Inocula el veneno en el corazón de su esposo, quien es vencido por la propuesta y el pecado es una realidad en la esfera humana. La creación de Dios ha sufrido un golpe certero por parte del Arcángel de Maldad.

B. La caída

La caída es término teológico utilizado para explicar el acto por el cual el hombre, ejercitando su libre albedrío decide aceptar la propuesta de independencia hecha por Satanás en franca rebelión contra la voluntad de Dios, creador y soberano del universo.

En virtud de lo que Dios es y lo que Él representa, este acto humano, sumamente perverso y maligno, tiene que ser castigado y acarrearle al hombre consecuencias graves. En efecto, la primera consecuencia de la desobediencia fue que ocurrió lo que Satanás dijo, Adán y Eva ahora conocían el bien y el mal. La inocencia se ha perdido y entran como diría SCOFIELD a la conciencia. Pero lo que no dijo Satanás es el juicio que vendría después. Dios maldijo a la serpiente, y profirió un severo juicio contra la mujer y después contra el hombre. El Edén, nunca volvería a ser igual, la creación iba a sufrir cambios dramáticos y sobre todas las cosas la relación entre el creador y la criatura iba a ser alterada para siempre. A todo este conglomerado de hechos y consecuencias es lo que se llama *La Caída*.

A continuación se expondrá en una forma breve las consecuencias más importantes de la caída del hombre.

1. La Muerte espiritual

La consecuencia directa del pecado fue la muerte, tanto en su sentido físico como espiritual (presente y eterna). Se produjo algo así como una conversión a la inversa, es decir, una degeneración total del individuo (Adán llegó a ser pecador por acción) y de la humanidad (nosotros por naturaleza). La vanagloria de la vida, el amor a la pre eminencia y el entrometerse con las cosas ocultas de Dios fueron elementos paralelos que estuvieron presentes en todo este acontecimiento.

La muerte espiritual es prácticamente la separación entre el hombre y Dios. Esta es una realidad que vivimos hasta el día de hoy. Este era el objetivo de Satanás. Separar de Dios al hombre y destruir la obra de Dios al convertir a la corona de la creación en enemigo del creador. Esto lo logra con creces después de la caída.

2. La depravación

Es el estigma con que nacen todos los seres humanos. Dicho en otras palabras, es la malévola tendencia del hombre a hacer lo malo. No importa la cultura o el ambiente, cada ser humano que nace tiene esta tendencia a lo malo. A este hecho le llamamos *epithymia* o concupiscencia que todos los seres humanos tienen. Con la *epithymia* en el corazón del hombre, el trabajo de Satanás es supremamente fácil. No tiene que recurrir a estrategias externas cuidadosamente planificadas como en el caso de Eva, sino que en el corazón mismo del hombre esta la energía que hará que éste deshonre a Dios y destruya su vida misma. A esta realidad, de la *epithymia* es lo que en teología se le llama la depravación del hombre. Esta es una consecuencia directa del pecado de nuestros padres. La teología reformada explica también que la depravación es la inclinación al mal, pero más que todo es la incapacidad de hacer el bien.

3. La muerte física

Adán y Eva intentaron esconderse de la presencia divina para no enfrentar su pecado y sus consecuencias: muerte física (separación del alma y del cuerpo) y muerte espiritual (separación de Dios). Aunque ambas se originan en el primer pecado del hombre, difieren en algunos aspectos importantes como que la muerte natural cesará el día en que se deje este mundo, pero la muerte espiritual hasta cuando el individuo crea personalmente en Cristo y se arrepienta de sus pecados.

Con este capítulo se ha dejado fundamentado todo lo relacionado al hombre. Su origen, su constitución, su estado primigenio, su caída y las consecuencias de su caída. Su estudio es de capital importancia, puesto que al ser la corana de la creación y el haber pecado como lo hizo, fue hecho objeto de la redención divina, a raíz del infinito amor que Dios siempre le ha tenido. Esto lo pone en el centro del plan del Altísimo. Ahora, una vez efectuado este estudio, en el siguiente capítulo nos concentraremos con uno de los aspectos claves como es el pecado y todo lo que se relaciona con el mismo.

Capítulo VII

Hamarteología

La palabra pecado viene del vocablo griego *Harmartía* que significa errar en el blanco y es simplemente cualquier trasgresión o falta de conformidad a la Ley de Dios, dada como norma de vida para las criaturas racionales. Y debido a que el carácter santo de Dios es la norma única y final mediante la cual pueden juzgarse exactamente los valores morales, el pecado es ir en contra del carácter mismo de Dios.

El origen del pecado es el abuso a la libertad moral que Dios le dio a la criatura. Dios permitió el pecado para reconocer el libre albedrío del hombre, para reconocer el valor específico de los seres redimidos, para que el conocimiento divino se pueda adquirir, para instruir a los ángeles, para demostrar el odio divino contra el mal, para juzgar justamente todo mal y para manifestar y ejercitar la gracia divina.

El pecado es pues, lo que en su día señalara Carlos SPURGEON: *la locura del peor género*. Esta verídica declaración encierra en sí misma la maldad y lo errado que es pecar, no solamente porque ofende la santidad de Dios sino porque provoca nuestra misma desgracia, la cual nos hace vivir una situación llena de tragedia y dolor de la cual solo podemos salir por la obra redentora de Jesucristo.

En este estudio no solamente se abarcarán los temas tradicionales de la doctrina del pecado, sino que se abordarán otras que preocupan a la teología latinoamericana como es el hecho del *pecado social*. Este es una realidad y merece un estudio pausado y reflexivo que nos dé una explicación a todos aquellos problemas que abaten nuestra sociedad; por ejemplo, las grandes desigualdades sociales, la corrupción en todas las esferas del gobierno y en todos los sectores sociales, los contrastes económicos dentro de la sociedad que en su momento han detonado guerras fraticidas que han dejado miles de muertos así como desplazados quienes han sufrido las consecuencias directas del conflicto bélico.

No cabe la menor duda que el pecado es una maldición que pesa sobre nuestras espaldas, pero también es cierto lo que señala la Palabra del Señor, que donde abunda el pecado, la gracia de Dios sobreabunda, cuando el pecador le abre su corazón a Dios y le permite que haga una grande obra en su vida.

La doctrina del pecado se estudiará de la siguiente manera: El problema dual del hombre (Sección I), El pecado social (Sección II), La responsabilidad humana en cuanto al pecado al pecado (Sección III), Consecuencias y remedio al pecado (Sección IV).

EL PROBLEMA DUAL DEL HOMBRE

Todas las criaturas que vienen a este mundo, vienen con un doble problema implícito, inherente a su existencia misma y por ningún motivo pueden librarse de esto. Nos referimos al pecado innato, que es la naturaleza heredada de Adán, nuestro padre humano, y que residirá en nosotros hasta el día de la liberación de Jesucristo, cuando seamos transformados por su poder y por supuesto, el pecado voluntario, que es aquel que diariamente comentemos, simple y sencillamente porque queremos cometerlo, o dicho de una manera coloquial, porque nos da la gana.

Esta sección pretende estudiar este problema de la criatura humana y la solución divina propuesta, porque como reza el dicho, a grandes males, grandes remedios. Para su estudio el tema se dividirá de la siguiente manera: Pecado personal (A), El pecado innato (B) El castigo (C) y el pecado del cristiano y su remedio (D).

A. El pecado personal

El mal no tuvo existencia real antes de cometerse el primer pecado por parte de las criaturas que Dios había hecho, las cuales, según el designio divino tenían la capacidad de pecar por medio de la oposición a la voluntad divina, y eso fue lo que ocurrió con Lucifer, quien después arrastró al hombre a la misma suerte.

El pecado tuvo dos comienzos diferentes: En la esfera angelical ocurrió cuando el primer acto concreto de pecado fue cometido en el cielo por un ángel no caído y en la esfera humana ocurrió cuando el primer acto concreto de pecado cometido en la tierra fue ejecutado por el ser humano no caído. Para desarrollar este tema, el mismo se dividirá en tres numerales: El primer acto concreto de pecado cometido por el hombre en la tierra (1) La naturaleza perversa del pecado (2) el remedio (3) y taxonomia del pecado (4).

1. El Primer acto de pecado cometido por el hombre

«Satanás propuso a Adán y a Eva que siguieran el mismo camino por el cual él mismo se había aventurado y el cual proseguía. Ese camino consistía en declararse independientes de Dios y apartarse de su voluntad y de sus planes. La ambición, indudablemente cegada por un orgullo impío, estuvo dispuesta a cambiar el estado y el destino que el amor, la sabiduría y el poder infinito le había dado por la infeliz realidad de una vida egoísta con su eterna experiencia agónica de muerte. Evidentemente, a éstos seres humanos no se les presentó la verdad íntegra, se les dijo que serían como Elohim (Gn.3:5), pero eso era solamente en un sentido, en el sentido de que sus ojos serían abiertos y sabrían el bien y el mal. Ellos no ganarían nada, sino que lo iban a perder todo.

Toda criatura, sea angélica o humana, es por creación, no sólo propiedad del Creador, según los derechos más vitales que pueda haber, sino que por ser creada depende completamente del Creador. Esta relación era bendita realmente y no causaba ninguna ofensa. Al oponerse Adán y Eva a Dios por medio de la desobediencia, se embarcaron en una nave peligrosa, sin brújula, sin timón o gobernante para navegar en un mar tempestuoso y sin costas. Tal rumbo sólo podía conducirlos a un fracaso ignominioso y a los juicios finales a que serán sometidos por Aquel a quien rechazaron y del cual se apartaron. Así queda plenamente demostrada la verdad de que el pecado es sólo una locura».

2. La naturaleza perversa del pecado

La Epístola a los Romanos muestra con claridad meridiana la naturaleza perversa del pecado. Dios como creador es el centro del universo, la criatura debe siempre girar alrededor de la voluntad del creador. Lo que ocurre es que la criatura, mediante un orgullo perverso, quiere despojar a Dios de su lugar de autoridad soberana y se pone él en el centro y pretende que Dios gire según sus caprichos. Como señala Pablo, *el hombre detiene con injusticia la verdad* y ocurren tres hechos importantes: (1) El hombre se envanece en sus razonamientos. La consecuencia es que su corazón es entenebrecido. (2) El hombre profesando ser sabio se hace necio. (3) Cambia la semejanza de un Dios incorruptible por la semejanza de un hombre corruptible. En el primer caso el hombre muestra su rebelión, en el segundo su arrogancia y en el tercero su idolatría. Al tomar esta actitud tan desafiante y pecaminosa Dios los entrega a: (1) inmundicia, (2) pasiones vergonzosas y (3) a una mente reprobada. Esta actitud equivocada del hombre se constituye en la base de un juicio de condenación que pende sobre el hombre impenitente que permanece en su error y que no atiende al llamado de arrepentimiento que se le hace.

En esencia, la perversidad del pecado estriba en hacer a Dios mentiroso, incapaz, indigno, en fin, despojarlo de todo lo que Él es. Dios en su voluntad permisiva, no impide semejante infamia, para probar el error insolente de una carrera perversa y para que dicha actitud se convierta en la base de un justo juicio de condenación que se ha previsto para aquellos que permanezcan en semejante actitud de rebeldía.

3. El remedio

El remedio divino para el pecado personal y voluntario es la justificación o perdón de pecados que Dios provee al hombre en su infinita misericordia, de ahí todo el esfuerzo del Apóstol Pablo en la Epístola a los Romanos por explicar este tema tan fundamental de la teología cristiana. Para entrar en materia, el primer paso a dar es entender qué es justificación. El teólogo Orton WILEY afirma que:

> «La justificación es aquel acto judicial o declarativo de Dios, por medio del cual considera a los que con fe han aceptado la ofrenda propiciatoria de Jesucristo, como absueltos de sus pecados, libertados de su pena, y aceptado como justos delante de El» Vide. Wiley, Orton. Introducción a la Teología Cristiana. Casa Nazarena de Publicaciones.

Según Hebreos 9:22, la base de la justificación es la sangre de Cristo, pues sin derramamiento de sangre no hay perdón de pecados. Como se sabe, en la era veterotestamentaria, la justificación tenía su base en una serie de sacrificios cruentos que el hombre hacía. En la era novotestamentaria, Cristo se ofrece como sacrificio y se constituye como única base de la justificación, mediante la fe que el hombre pecador deposita en Él.

El corolario de lo anterior es que, el remedio para el pecado voluntario del hombre es un acto de justificación de Dios. Para que esto se lleve a cabo, debe existir una intervención extraordinaria del Espíritu Santo que efectúe una obra de convencimiento que lleve al individuo a una *metanoia* o arrepentimiento que le permita a Dios efectuar la regeneración de su alma, es decir, establecer una naturaleza divina en su ser. Este procedimiento conduce a la nueva criatura que nos habla II Corintios 5:17. Este es el remedio para el pecado voluntario.

Las creencias típicas de la superstición en América Latina como ser romerías a lugares santos, penitencias, sacrificios, son meras ilusiones que no resuelven el problema del pecado sino que llevan al ser humano a una situación más deprimente.

4. Taxonomía del pecado

Es importante señalar que la Biblia no hace ninguna clasificación de pecados, solamente se limita a efectuar aseveraciones como *la paga del pecado es muerte* porque en realidad cualquier tipo de pecado es perverso e impío y por lo tanto es digno de la condenación divina.

A pesar de lo anteriormente afirmado, por razones pedagógicas es oportuno efectuar una taxonomía del pecado, que nos permita una mejor comprensión de este fenómeno de la vida del ser humano. 1) *Según los requerimientos divinos.* El pecado por comisión, cuando requiere un hecho material y por omisión cuando no requiere un hecho material. El no hacer algo que se debió hacer y no se hizo, como decir la verdad por ejemplo. 2) *Según su objetivo.* El pecado puede cometerse contra Dios. Todo pecado ofende la santidad de Dios, empero hay pecado como la idolatría que ofende directamente a Dios y excluye a otros sujetos. Contra el prójimo: Son aquellos actos que dañan a nuestro prójimo directamente, adulterio, asesinatos, calumnias, etc. Contra sí mismo: Son aquellos actos que realizamos en detrimento propio, vicios, odios, venganzas. 3) *Según su esfera de acción*: Internos en el alma. Son aquellos que no son visibles, que tenemos la capacidad de disimular, como ser el odio, la envidia, los celos, resentimientos. Externos por medio del cuerpo, Son aquellos que cometemos con el cuerpo como la agresión física y verbal, la fornicación, etc. 4) *Según la culpabilidad.* *Individual.* Este es aquel que comete una sola persona en detrimento de otra Colectivo: Este es el que comete un grupo de personas, cuando existe una conjura en contra de otra persona. 5) *Según su intención.* Voluntario: Existe la intención y la conciencia del pecado que se está cometiendo y sin embargo la persona lo realiza. Involuntarios. Es aquel pecado que se comete sin haber una intención por parte de la persona, sin embargo causa el mismo daño como si hubiera habido intención de cometerlos. 6) *Según la perversidad.* Mayores. Todo pecado conduce a la muerte, sin embargo hay pecados que tienen mayor grado de perversidad, por ejemplo la masacre de seis millones de judíos como ocurrió en el holocausto de la Segunda Guerra Mundial. Menor. Son aquellos pecados que tienen un grado de perversidad menor que el mencionado anteriormente, como decir una mentira, o enojarse contra otra persona. 7) *Según el tipo de sujeto que lo comete.* Salvo. Aunque el cristiano no hace del pecado una práctica consuetudinaria, sin embargo incurre en pecados, debido a las imperfecciones a las que está sujeto. La diferencia es que la justicia de Jesucristo le ha cubierto de tal manera que dichos pecados no le son imputados para condenación. No salvo. La persona que no ha experimentado una regeneración del alma, practica el pecado y se deleita muchas veces en su prácticas infames. En este caso particular el pecado acarrea culpa de condenación. 8) *Según el castigo divino que reciben.* Parcialmente juzgados aquí. El apóstol Pablo nos habla claramente de la ley de la cosecha. Los pecados del hombre son juzgados aquí, en esta esfera de acción. Juzgados en el mundo venidero. El Texto Sagrado es muy claro cuando señala el momento de un juicio donde el hombre finalmente dará cuenta de sus actos al creador. 9) *Según el perdón divino.* Perdonables. Son aquellos por los cuales el hombre pide el perdón de Dios y alcanza la misericordia divina. Imperdonables. La Biblia habla de la blasfemia del Espíritu Santo como el pecado imperdonable. En algunas esferas de América Latina se ha enseñado que cuando una persona ha hablado en lenguas es una señal que ha recibido el Espíritu Santo y si esta persona peca, ha cometido el pecado imperdonable porque ha blasfemado contra el Espíritu Santo. La verdad, es que el único medio mediante el cual el hombre va a ser regenerado es por la acción misericordiosa del Espíritu Santo. No hay otro camino. Si el hombre habla mal o blasfema, como se diría en el idioma griego, entonces el individuo no tiene ninguna posibilidad de salvación, ahí nos encontramos con un típico caso de blasfemia contra el Espíritu Santo o pecado imperdonable. 10) *Según su causa.* Ignorancia. Muchas personas incurren en pecado a raíz de la ignorancia, por eso el Texto señala que Dios *ha pasado por alto el tiempo de esta ignorancia...* La ceguera espiritual y la obra de Satanás les han impedido darse cuenta de la magnitud de la maldad de su pecado. Negligencia. Otras personas incurren en pecado por no tomarse la molestia de tomar las acciones para comenzar una nueva vida. Ellos saben que no están bien, que han ofendido a Dios, sin embargo, permanecen en el engaño, en el conformismo, en una vida pasiva. Malicia. Este es el peor genero de pecadores, pues no solamente comenten el pecado, saben lo que están haciendo y se complacen en hacerlo.

B. El pecado innato

La condición en la que nacen todos los seres humanos se designa en la Teología con el nombre de *peccatum originale* o pecado original, por las siguientes razones: (1) Porque se deriva del tronco original de la raza humana. (2) Porque está presente en la vida de cada individuo desde el momento de su nacimiento hasta su muerte. (3) Porque es la raíz interna de todos los pecados actuales y voluntarios que manchan la vida del hombre. Dicho en palabras más sencillas, el pecado innato, es la tendencia maligna que existe en el corazón del ser humano para hacer lo malo.

Es importante señalar que es erróneo decir que este termino implique en alguna forma que el pecado así designado pertenezca a la constitución original de la naturaleza humana, puesto implicaría que Dios creó al hombre como pecador y esto no obedece a la verdad. La naturaleza pecaminosa es producto de un decreto divino una vez que el hombre desobedece a Dios de una forma voluntaria.

Para una mejor comprensión de este tema, su estudio se ha dividido de la siguiente manera: La naturaleza heredada (1) y ¿Existe un remedio? (2).

1. La naturaleza heredada

Dios creó la naturaleza humana antes de la caída, esa naturaleza reflejaba la imagen y la semejanza de Él. En su significado secundario, el termino naturaleza designa la perversión de la naturaleza, con sus impías disposiciones, las cuales fueron engendradas por la caída.

Esta naturaleza se manifiesta en dos formas: *Inclinación al mal*, que es la que generalmente sirve para identificarla, y depravación, que es la inhabilidad para hacer aquella clase de bien que puede agradar a Dios.

La naturaleza del pecado es una perversión de la creación original de Dios, y en ese sentido es algo anormal. Todas las facultades del hombre sufrieron por la caída y por la inhabilidad del hombre para hacer el bien. Y de esa confusión interna surge la extraña predisposición hacia el mal.

Tanto la muerte espiritual como la naturaleza de pecado se transmiten directamente de padres a hijos, de generación a generación y en todas las generaciones. El último niño que haya nacido de esta raza estará tan afectado por la muerte espiritual y tan saturada de la naturaleza de pecado como lo estuvo Caín, quien recibió su tendencia pecaminosa de su padre Adán.

En sencillas palabras, la naturaleza depravada o el pecado original es la tendencia maligna que heredamos de Adán y que es la raíz de crece en el corazón del hombre hasta producir tal ramificación que destruye cada una de las partes en las que éste se halla constituido: Intelecto, voluntad y sentimientos.

2. ¿Existe un remedio?

Este es sin lugar a dudas una de las preguntas más candentes de la Teología Sistemática. El papel contiene exactamente lo que el escritor escribe, pero otra cosa es la experiencia humana, que en este caso es la que vindica o desmiente lo que el papel afirma. El objetivo del teólogo debe ser que ambas cosas concuerden.

La respuesta a esta pregunta atañe directamente a la forma como se va interpretar la Santidad que Dios exige del ser humano, de ahí que su respuesta no es tan sencilla como pudiera parecer. No es tan fácil como decir que el Espíritu Santo quema la raíz del pecado adámico y el asunto está resuelto, o por el otro lado, afirmar que la naturaleza adámica es un estigma con el que tenemos que vivir hasta el día de nuestra muerte. A la primera postura la Teología le llama arminianismo y a la segunda calvinismo, sin embargo, es necesario esgrimir una serie de argumentos y efectuar una serie de matizaciones que nos den una idea clara en qué consiste la *Santidad sin la cual nadie verá al Señor*.

a. Una realidad después de la conversión

Existe un problema que el cristiano enfrenta inmediatamente después de su conversión, cree que al haber sido perdonado alcanzó una especie de perfección que le asegura que no volverá a cometer ninguna clase de pecado. Pero pronto se da cuenta que no es cierto, puesto que comienza a experimentar una serie de tentaciones y comienza a darse cuenta que todavía incurre en una serie de hábitos propios de la vida antigua. Esto muchas veces provoca una confusión porque cree que la vida cristiana no es lo que esperaba.

Cuando un individuo es regenerado, las cosas viejas pasaron, sin embargo, la naturaleza adámica permanece en su ser. Satanás sabe esto y tienta al hombre, quien entra en una situación espiritual confusa y muchas veces cede ante la tentación.

La Biblia enseña que el espíritu codicia contra la carne y la carne contra el espíritu, de ahí que en el hombre existe una lucha interna. Esa lucha va a existir hasta el día de la muerte. El hombre regenerado tiene una ventaja enorme, éste tiene vida espiritual, lo que significa que la lectura de la Palabra, la oración, el ayuno, son armas poderosas que permitirán que la naturaleza espiritual que ha nacido se vaya fortaleciendo y la naturaleza carnal vaya menguando hasta ser reducida a su mínima expresión. Sobre este tema Billy GRAHAM comenta:

Podemos caer en el pecado, pero odiamos el pecado. La nueva naturaleza no comete pecado, pero cuando el cristiano peca, es porque la vieja naturaleza cede por un momento. Y cuando el cristiano peca se siente miserable hasta que el pecado es confesado y el compañerismo con Dios es reestablecido. Esta es la diferencia entre un cristiano y un impío. El inconverso hace del pecado un práctica y el cristiano no. El aborrece el pecado y procura con diligencia vivir conforme a los mandamientos establecidos por Dios. Graham, Billy., World Aflame. Doubleday & Company. Usa, 1965. P. 168

Este comentario resalta el hecho que el cristiano no práctica el pecado, empero que la posibilidad de pecar es latente y de hecho peca, no como una regla sino por vía de excepción, pero que cuando éste es confesado y perdonado el gozo vuelve al corazón del creyente.

b. Una experiencia real del creyente hasta la muerte

Es contrario a la realidad afirmar que sí un individuo arremete a un ser querido, nuestro corazón permanecerá químicamente puro. O sí somos víctima de un ultraje verbal o físico no vamos a sentir ni un ápice de ira. Esto es fácil afirmarlo en el papel, imposible de vivirlo en la práctica. Ahora, sí cambiamos los nombres, quizás eso sea posible. *Verbi gracia* si por enojo decimos molestia de ánimo, o por pecado usamos la palabra *debilidad* entonces la situación cambia, empero si le vamos a llamar pan al pan y al vino le vamos a llamar vino, entonces no tenemos escapatoria, solo existe una palabra: Pecado. Y la Santidad que

B. El pecado innato

Dios exige del hombre y *sin la cual nadie verá al Señor* debe ser vivida desde esta perspectiva. Decir lo contrario no es hacer justicia a la realidad que vivimos diariamente.

He ahí la importancia de alimentar la naturaleza divina que hemos recibido de Dios para aplastar a la carnal, he ahí la importancia de orar, leer la Palabra, participar de los sacramentos y demás experiencias que enriquezcan la naturaleza de Dios. La naturaleza carnal se interpondrá en nuestro camino cuando nosotros por negligencia, pereza y descuido la fortalezcamos con celos, envidias, pornografía, malas compañías, etc. Ahora cuando el cristiano peca, Dios da una respuesta:

> *Hijitos míos estas cosas os escribo para que no pequéis. Pero si alguno ha pecado, abogado tenemos para con el padre, a Jesucristo ... el que práctica el pecado es del diablo, porque el diablo peca desde el principio ... todo aquel que es nacido de Dios no practica el pecado, porque la simiente de Dios permanece en él; y no puede pecar...* Vide. I Jn 2:1, 3:8,9

La exégesis de estos pasajes requiere mucho cuidado porque se puede caer muy fácilmente en contradicciones y doctrinas que no son bíblicas. Juan exhorta al cristiano a no pecar, empero si alguno peca, tiene un abogado, que lo defiende y lo absuelve, Jesucristo. Por otro lado, se afirma que el *cristiano no práctica el pecado, porque el que lo practica es del diablo*. A simple vista existe una contradicción. Empero cuando se analiza el Texto, se observa que, el creyente no hace del pecado una práctica consuetudinaria y no se deleita en él, el cristiano que afirma lo contrario, no lo es y se engaña a si mismo, empero sí por vía de excepción peca abogado tiene, y ese es Jesucristo, lo que indica que no hay posibilidad de perdida de nada. Jesucristo es Dios y tiene toda potestad. El pecado de Pedro en medio de de los gentiles ilustra a la perfección lo anterior:

> *Pero cuando Pedro vino a Antioquia, lo reprendí cara a cara, porque era de condenar, pues antes que llegaran algunos de parte de Jacobo, comía con los gentiles, pero después que llegaron, se retraía y se apartaba... aún Bernabé fue también arrastrado por la hipocresía de ellos...* Vide. Gal. 2:11 y SS

En este momento histórico, Pedro era ya un hombre consagrado y respetado por todos como una de las columnas de la Iglesia Cristiana. No se le puede llamar a esto debilidad, yerro, falta. Esto es pecado y como señala Pablo, es digno de condenar. Pero esto no significa que Pedro era un pecador empedernido y que la hipocresía era un hábito en su conducta. En ninguna manera, esto es simplemente un hecho poco afortunado de la vida de Pedro en el cual incurrió en pecado, empero el paracleto aboga y el pecado mismo es perdonado.

La Santidad que Dios exige se práctica desde esta realidad, una realidad triste y dura porque muchas veces nos hará pasar vergüenzas, empero pedagógica, porque nos permitirá madurar, *perfeccionar la santidad en el temor de Dios* hasta el día que estemos preparados para el encuentro con nuestro Dios.

C. La culpabilidad

La culpabilidad es el estado del que ha desobedecido a Dios conscientemente, y por tanto, se halla bajo la condenación divina. No se puede transferir a otra persona y nunca puede cambiarse. Dios es el único que, mediante su gracia, puede olvidarla por cuanto ha removido toda culpa y condenación.

El estudio de este interesante tema se efectuará en tres numerales, es a saber, precisiones sobre la culpa(1), El código moral personal (2) y finalmente, El remordimiento (3).

1. Precisiones sobre la culpa

La culpa fija al ser humano en sucesos pasados, lo hace sentirse abatido, molesto por algo que dijo o hizo y estropea momentos presentes por comportamientos pasados. La culpabilidad funciona de la siguiente manera. Alguien emite un mensaje destinado a recordar que has sido una mala persona por algo que dijiste o no dijiste, sentiste o no sentiste, hiciste o no hiciste. Tú respondes sintiéndote mal e incómodo en tu momento presente. Satanás quien es el acusador por excelencia es el encargado de hacer que sus victimas se sientan culpables, especialmente aquellos que han experimentados el nuevo nacimiento.

La culpabilidad es la emoción que despilfarra mayor cantidad de energía emocional. ¿Por qué? Porque por definición, *inmoviliza al individuo en el presente por algo que tiene que ver con el pasado.* El grado de inmovilización puede abarcar desde una pequeña incomodidad hasta una severa depresión. Si simplemente se está aprendiendo lecciones del pasado, y evitando la repetición de algún comportamiento especifico, eso no se llama culpa.

2. El código moral personal

Existen dos códigos de conducta. El divino y el humano. El primero es aquel que está establecido en la Biblia y el segundo es el que establece el hombre a través de su cultura, filosofía o influencia de grupos sociales pequeños con los cuales interactúa. El violar una ley o principio de cualquiera de estos códigos acarrea culpa. Es obvio que sobre cualquier legislación humana está la divina y todos los seres humanos han transgredido esta legislación, *ipso facto* todos los seres humanos son culpables y dignos de muerte, pata utilizar la terminología del apóstol Pablo.

Ahora, hablando de la culpabilidad, es menester señalar que hay una culpabilidad que lleva al hombre a la *metanoia*, es cuando el Espíritu Santo obra de tal manera que hace que el individuo se vea tal cual es delante de Dios. Entonces el hombre experimenta un grado de culpabilidad tan grande que exclama y ¿Cómo podré ser salvo? El mismo Espíritu le muestra a Jesucristo como aquel que nos puede liberar del fardo de la culpa mediante el acto de justificación por medio de la fe.

El individuo que se pierde, nunca llega al estadio en el cual la culpabilidad lo conduce a una *metanoia* sino que vive su vida bajo una sentencia de culpa sin realmente entender la dimensión de esa maldición por la simple razón de estar bajo una ceguera espiritual diabólica.

El remedio de la culpa lo encontramos claramente expresado en las palabras del himnógrafo:

Cansado y triste vine al Salvador, mi culpa él llevo
Borrados todos mis pecados son, mi culpa él llevo
Ya vivo libre de condenación, mi culpa él llevo
Si vienes hoy a Cristo pecador, tu culpa llevará.

3. El remordimiento

Una de las consecuencias más comunes del sentimiento de culpa es el remordimiento. ¿Qué es este sentimiento más precisamente? Clínicamente se define como *el pesar interno que produce en el alma el haber realizado una mala acción*. Es la inquietud que despierta la memoria de una culpa, que va creciendo imperceptible dentro de uno. La vivencia del remordimiento es como tener un objeto intragable atravesado en la garganta, que finalmente se volverá contra uno mismo. El problema principal del remordimiento es que muchas veces se desconoce su origen. Se experimenta como una sensación que está continuamente presente pero no se sabe exactamente cual es la culpa que está escondida detrás originando este malestar.

El remordimiento nunca conduce a la *metanoia*, sino que ubica al individuo en un estado de tormento emocional y espiritual que le hace vivir una vida miserable. Solo la gracia y misericordia de Dios operando de una forma irresistible conduce al individuo a una *metanoia* que produce una liberación completa de la culpa, mediante un acto de justificación espectacular en el cual Dios regenera al ser humano.

D. El pecado del cristiano y su remedio

Hemos dejado claro, que el cristiano aunque ha sido perdonado y sus pecados expiados y su alma regenerada, seguirá experimentando tentaciones que lo conducirán en momentos determinados a situaciones de pecado. La naturaleza divina impartida en la regeneración coexiste con la naturaleza heredada de nuestros padres. Es en este momento cuando se inicia una lucha entre *la carne y el espíritu* para utilizar la terminología bíblica. Esta lucha de contrarios cumple una función positiva en la vida del cristiano: Crea una dependencia completa de Dios, pues el cristiano se da cuenta de su fragilidad, luego forma su carácter que lo capacitará para ejercer una serie de dones que servirán para el establecimiento del reino de Dios y una función muy especial es que lo hace madurar. En resumen, la lucha espiritual a la que el cristiano es sometido es positiva y provechosa.

Para su estudio, este apartado será dividido en cuatro numerales: Los enemigos del cristiano (1), ¿Cómo vencer a los enemigos del cristiano? (2), El doble efecto del pecado del cristiano (3) y finalmente, la naturaleza de pecado en el cristiano (4).

1. Los enemigos del cristiano

El Texto Sagrado enseña con claridad meridiana que el enemigo del cristiano es Satanás. Sin embargo, este engendro ha creado una dimensión desde donde opera para seducir al cristiano. Esa dimensión es el Mundo, y Dios, mediante un decreto divino ha establecido la transmisión de la naturaleza de pecado de generación en generación como una consecuencia de la desobediencia, a esta naturaleza Pablo le llama *la carne*. En resumen: los enemigos del cristiano son el Mundo, la carne y Satanás mismo.

a. El Mundo

Es el sistema mediante el cual Satanás ha organizado a la humanidad incrédula, una fuerza centrípeta que lleva al creyente al pecado. Vide *Supra*. *El Kosmos Satánico*. El cristiano vive en el Kosmos, sin embargo no debe comulgar de las obras infructuosas de este sistema. Sus espectáculos son atractivos, sus ofertas económicas son halagadoras, sus centros de diversión son magníficos, sin embargo, distraen al cristiano, crea en su corazón una adicción y sobre todas las cosas adormece su sensibilidad espiritual a tal extremo que le puede causar problemas graves. Esto traerá como resultado el afloramiento de la naturaleza carnal que le llevará inevitablemente a cometer pecados de los cuales se avergonzará después.

b. La Carne

Es una inclinación del alma a satisfacer el placer de los sentidos. El ser humano es un individuo por excelencia sensitivo, esto es como una corriente eléctrica que se puede activar con una mirada, un pensamiento, una imagen, en fin cualquier cosa. Satanás sabe esto y su trabajo será activar esta naturaleza pecaminosa en el hombre. Es cierto que Dios ha creado la sensibilidad y el placer para disfrutarlo. El detalle es que Él mismo ha dictado los parámetros en los cuales dicho placer puede ser disfrutado. Lo que ocurre es que Satanás engaña al hombre de tal manera que éste transgrede el lindero. Disfruta de un placer sensual que después lo lleva a un estado depresivo y de miseria moral que carcome su dignidad y su vida misma. Satanás ha logrado su objetivo.

En la Biblia pues, la carne, es una referencia clara a esa inclinación humana a satisfacer sus sentidos fuera de las leyes establecidas por el creador. Es en esta categoría donde caen cualquier suerte de pecados sexuales, vicios nocivos y demás actos donde el centro de actuación sea el placer mismo.

c. El Diablo

El diablo es la persona que lidera un reino de muerte y ejerce un poder sobre los demonios y la humanidad incrédula. Su metodología es la mentira. Su audacia estriba precisamente en que conoce los mecanismos para engañar, tiene arte, experiencia, es un maestro. Es muy fácil caer en sus mentiras. Su reino mismo es precisamente eso, una mentira.

La mentira satánica produce la muerte, la violencia, las enfermedades, la desgracia de la humanidad y es por esa mentira, que existe un juicio de condenación sobre la humanidad.

2. ¿Cómo vencer a los enemigos del cristiano?

Hemos visto quienes son los enemigos del cristiano y la forma como estos operan en el hombre. Esto nos trae a la siguiente interrogante: ¿Cómo puede el cristiano vencer a sus enemigos? La Biblia declara enfáticamente que *somos más que vencedores*.

Es importante destacar que el cristiano es vencedor *per se*. El hecho de ser cristiano le asegura la victoria, no va a vencer el poder del maligno, ya lo ha vencido en el momento que entrega su vida a Jesucristo. Ahora esta declaración podría dar lugar a malas interpretaciones, en el sentido que, alguien podría decir que entonces no hay necesidad de ejercitar la fe ni de luchar contra Satanás puesto que ya somos vencedores. Todo lo contrario, cuando el individuo entrega su vida a la soberanía de Dios, inicia una batalla todos los días de su vida. Esa batalla le forma su carácter y lo hace madurar y sobre todas las cosas lo vuelve dependiente de Dios, empero la batalla que pelea ya esta ganada, aunque hay que pelearla. Esta es la paradoja, aunque está ganada, hay que pelearla.

En esa lucha de la vida diaria existen tres elementos que son claves y letales contra el adversario de nuestras almas, es a saber, La fe, la Palabra y el control de Espíritu Santo.

a. La fe

El Texto Sagrado asegura que nuestra fe *vence al mundo*. Este es una realidad sobrenatural que Dios da a sus hijos para reprender demonios, destruir fortalezas del mal, empero sobre todas las cosas para obedecer su Palabra. Fe es *la certeza de lo que se espera y la convicción de lo no se ve.* Por lo tanto, se espera que por esa razón que el individuo que ha sometido su vida bajo la soberanía de Dios no fracase. Tiene de parte de Dios todos los elementos necesarios que le aseguran la victoria.

b. La Palabra de Dios

La Palabra de Dios es poder en si misma. Este es el mecanismo más efectivo para destruir las fortalezas satánicas, para establecer el reino de Dios y para ser instrumentos de cambio y de transformación.

Cuando el individuo vive bajo la autoridad de la Palabra de Dios, no tiene ninguna posibilidad de perdida o derrota. El mundo, el demonio y la carne sucumben ante el poder y autoridad de la Palabra de Dios. Este es un elemento simplemente devastador contra el reino de las tinieblas, la Palabra de Dios.

c. El Espíritu Santo

El Espíritu Santo es la persona que habita por la fe en el corazón de todos los creyentes. De ahí la aseveración que *más poderoso es aquel que está en nosotros que el que está en el mundo*. Si Dios mora en nosotros, tenemos la autoridad para afirmar que en Cristo *somos más que vencedores. Si el fuerte armado guarda el atrio, segura está la casa*. No existe la más mínima posibilidad de derrota en el individuo cuya vida es controlada por el Espíritu Santo.

El quid del triunfo del individuo es vivir bajo la autoridad del Espíritu Santo que equivale a decir bajo la autoridad de Dios.

3. El doble efecto del pecado del cristiano

A pesar de lo aseverado anteriormente, en el sentido que el cristiano es vencedor *per se*, es importante reconocer que el creyente peca, no porque el pecado sea una práctica consuetudinaria en su vida sino por vía de excepción, y como todo en la vida, el mismo tiene consecuencias, aunque no de muerte o condenación empero sí sobre si mismo y sobre Dios. A continuación abordaremos este tema de una forma sucinta.

a. Sobre sí mismo

El pecado del creyente tiene consecuencias directas sobre si mismo. En primer lugar afecta la provisión de gozo, luz, comunión, amor, paz, oración, confianza y seguridad (*Cf.* I Juan), crea una inestabilidad espiritual, debido a la alta sensibilidad espiritual que posee por la misericordia de Dios que no tendrá más remedio que reparar el daño cometido. Primeramente en el altar divino, confesando delante de Dios y luego haciendo los arreglos pertinentes sí es que hay terceros involucrados.

El cristiano es sumamente sensible, y esta sensibilidad le llevará a conductas concretas como pedir perdón, reparar el daño efectuado, en fin, hará todo aquello que sea menester, incluso restituir lo que sea restituible (Lc. 19:8) para restablecer la paz con Dios, consigo mismo y con las demás personas.

b. Sobre Dios

El pecado, sin lugar a dudas, afecta y se opone a la santidad divina. Cualquier acción que transgrede los linderos de la ley de Dios hiere directamente su santidad y ofende toda su personalidad. Ante esta realidad no existen pecados grandes o pequeños, cualquier pecado es abominable delante Dios. De manera que cuando un individuo arremete, física, verbal o espiritualmente contra otra persona, arremete primero contra Dios. El pecado es una flagrante agresión contra Dios, es por esa razón que el Texto Sagrado asegura: *Mía es la venganza.*

4. La naturaleza del pecado en el cristiano

En la Teología existen dos posiciones encontradas, por un lado Jacobo ARMINIO sostenía el total desarraigo de nuestra vieja y viciada naturaleza, una exterminación del pecado después del bautismo con el Espíritu Santo (segunda obra de gracia). La primera organización eclesial en sostener está tesis fue la Iglesia de los Amigos, conocida como la Iglesia Cuáquera, posteriormente el metodismo de WESLEY adoptó esta postura teológica. En la actualidad la Iglesia del Nazareno y un segmento muy importante de la Iglesia pentecostal creen en la extirpación del pecado innato. Por el contrario, Juan CALVINO plantea la imposibilidad de la eliminación de esta naturaleza pecaminosa, si bien es cierto, no reina en el corazón del hombre, ésta naturaleza coexiste con la naturaleza divina y solamente será destruida con la muerte. Este planteamiento teológico fue adoptado en la Confesión de Westminster, que sirvió como minuta teológica a los presbiterianos, bautistas e incluso a los reformados.

En resumen, el punto que se adopte sobre el pecado en el cristiano dependerá de los anteojos con que si mire. En una Teología Latinoamericana, lo ideal es que temas de está naturaleza queden a la discreción del estudioso.

Sección II

EL PECADO SOCIAL

América Latina es un continente rico en todos los sentidos de la palabra empero con una pobreza espiritual alarmante que ha sumido a estos países en un sub-desarrollo social y económico que sus habitantes no merecen.

La corrupción en las esferas gubernamentales, la mala distribución de la riquezas, las injusticias sociales cometidas por las clases adineradas, pero también la paternidad irresponsable, el alcoholismo, la práctica del adulterio, la delincuencia, la impunidad, la violencia intrafamiliar, todo esto genera un pecado social que es un producto directo del pecado innato y el pecado personal.

El pecado social *es la indiferencia de las clases que detentan los medios de producción y que gobiernan los Estados sin hacerle justicia a los viven en la miseria, a los que explotan con sueldos miserables y vejan su dignidad impunemente.* El pecado social es una actitud egoísta de acumulación de riquezas sin compartir con los menos favorecidos, sin empatizar con su situación socio-económica. El pecado social es llegar a las esferas gubernamentales y practicar el soborno, la corrupción, la intriga política, en fin, todas aquellas conductas que lejos de potenciar el desarrollo de los Estados los hunden en una vorágine de violencia y descomposición social.

El pecado social es hundir a los Estados con préstamos del Banco Mundial, Banco Centroamericano o Banco de Reconstrucción, dizque para desarrollar obras de infraestructura, pero la realidad es que la gran parte de ese dinero va a parar a los bolsillos de burócratas inescrupulosos que engrosan sus cuentas bancarias con dinero robado y las obras las realizan con materiales de mala calidad y muchas veces quedan inconclusas. La vergüenza de este pecado social es cuando el Fondo Monetario Internacional viene con sus tristemente célebres cartas de *intenciones* a dictar políticas para corregir la economía de un Estado debido a los desmanes de sus gobernantes, en detrimento directo del pueblo. Devalúan la moneda, imponen más impuestos, perdiendo así la moneda el poder adquisitivo y hunden en la miseria a millones de seres humanos. Esto y mucho más es el pecado social, que no podemos obviar en una teología hecha desde la realidad de América Latina.

Esta sección será desarrollada de la siguiente manera: Realidad Socio-económica de Latinoamérica (A.) e Implicaciones del Pecado Social y la respuesta bíblica al problema (B).

A. La realidad socio-económica en Latinoamérica

No vamos a inventar la rueda, ya Eduardo GALEANO *la inventó*. Eduardo GALEANO es el célebre escritor uruguayo que escribió *Venas Abiertas de América Latina* un libro que ha marcado un hito histórico y que cayó como un misil nuclear en un continente lleno de contradicciones. Como ninguna otra persona, GALEANO expone magistralmente la realidad socio-económica de América Latina y pone al descubierto la triste realidad desde la cual hacemos teología. Desdichadamente, GALEANO, al no tener una experiencia de regeneración solo nos ofrece las consecuencias, nunca expone las causas y menos la solución, empero las consecuencias ponen de manifiesto la obra satánica en esta sociedad. También huelga señalar, que aunque el ensayo data de los años 70 del siglo pasado, el mismo tiene vigencia en nuestros días. Difícilmente otro ensayo revele el pecado social del hombre latinoamericano como *Venas Abiertas de América Latina*.

La división internacional del trabajo consiste en que unos países se especializan en ganar y otros en perder. Nuestra comarca del mundo, que hoy llamamos América Latina, fue precoz: se especializó en perder desde los remotos tiempos en que los europeos del Renacimiento se abalanzaron a través del mar y le hundieron los dientes en la garganta. Pasaron los siglos y América Latina perfeccionó sus funciones. Este ya no es el reino de las maravillas donde la realidad derrotaba a la fábula y la imaginación era humillada por los trofeos de la conquista, los yacimientos de oro y las montañas de plata. Pero la región sigue trabajando de sirvienta. Continúa existiendo al servicio de las necesidades ajenas, como fuente y reserva del petróleo y el hierro, el cobre y la carne, las frutas y el café, las mate-

rias primas y los alimentos con destino a los países ricos que ganan. Consumiéndolos, mucho más de lo que América Latina gana produciéndolos. Son mucho más altos los impuestos que cobran los compradores que los precios que reciben los vendedores; y al fin y al cabo, como declaró en julio de 1968 Covey T. Oliver, coordinador de la Alianza para el Progreso, «hablar de precios justos en la actualidad es un concepto medieval. Estamos en plena época de la libre comercialización... » Cuanta más libertad se otorga a los negocios, más cárceles se hace necesario construir para quienes padecen los negocios. Nuestros sistemas de inquisidores y verdugos no sólo funcionan para el mercado externo dominante; proporcionan también caudalosos manantiales de ganancias que fluyen de los empréstitos y las inversiones extranjeras en los mercados internos dominados. «Se ha oído hablar de concesiones hechas por América Latina al capital extranjero, pero no de concesiones hechas por los Estados Unidos al capital de otros países...» Es que nosotros no damos concesiones», advertía, allá por 1913, el presidente norteamericano Woodrow Wilson. Él estaba seguro: «Un país -decía- es poseído y dominado por el capital que en él se haya invertido». Y tenía razón. Por el camino hasta perdimos el derecho de llamarnos americanos, aunque los haitianos y los cubanos ya habían asomado a la historia, como pueblos nuevos, un siglo antes de que los peregrinos del Mayflower se establecieran en las costas de Plymouth. Ahora América es, para el mundo, nada más que los Estados Unidos: nosotros habitamos, a lo sumo, una sub América, una América de segunda clase, de nebulosa identificación.

Es América Latina, la región de las venas abiertas. Desde el descubrimiento hasta nuestros días, todo se ha trasmutado siempre en capital europeo o, más tarde, norteamericano, y como tal se ha acumulado y se acumula en los lejanos centros de poder. Todo: la tierra, sus frutos y sus profundidades ricas en minerales, los hombres y su capacidad de trabajo y de consumo, los recursos naturales y los recursos humanos. El modo de producción y la estructura de clases de cada lugar han sido sucesivamente determinados, desde fuera, por su incorporación al engranaje universal del capitalismo. A cada cual se le ha asignado una función, siempre en beneficio del desarrollo de la metrópoli extranjera de turno, y se ha hecho infinita la cadena de las dependencias sucesivas, que tiene mucho más de dos eslabones, y que por cierto también comprende, dentro de América Latina, la opresión de los países pequeños por sus vecinos mayores y, fronteras adentro de cada país, la explotación que las grandes ciudades y los puertos ejercen sobre sus fuentes internas de víveres y mano de obra.

(*Hace cuatro siglos, ya habían nacido dieciséis de las veinte ciudades latinoamericanas más pobladas de la actualidad.*)

Para quienes conciben la historia como una competencia, el atraso y la miseria de América Latina no es otra cosa que el resultado de su fracaso. Perdimos; otros ganaron. Pero ocurre que quienes ganaron, ganaron gracias a que nosotros perdimos: la historia del subdesarrollo de América Latina integra, como se ha dicho, la historia del desarrollo del capitalismo mundial. Nuestra derrota estuvo siempre implícita en la victoria ajena; nuestra riqueza ha generado siempre nuestra pobreza para alimentar la prosperidad de otros: los imperios y sus caporales nativos. En la alquimia colonial y neocolonial, el oro se transfigura en chatarra, y los alimentos se convierten en veneno. Potosí, Zacatecas y Ouro Preto cayeron en picada desde la cumbre de los esplendores de los metales preciosos al profundo agujero de los socavones vacíos, y la ruina fue el destino de la pampa chilena del salitre y de la selva amazónica del caucho; el nordeste azucarero de Brasil, los bosques argentinos del quebracho o ciertos pueblos petroleros del lago de Maracaibo tienen dolorosas razones para creer en la mortalidad de las fortunas que la naturaleza otorga y el imperialismo usurpa. La lluvia que irriga a los centros del poder imperialista aboga los vastos suburbios del sistema. Del mismo modo, y simétricamente, el bienestar de nuestras clases dominantes - dominantes hacia dentro, dominadas desde fuera- es la maldición de nuestras multitudes condenadas a una vida de bestias de carga.

La brecha se extiende. Hacia mediados del siglo anterior, el nivel de vida de los países ricos del mundo excedía en un cincuenta por ciento el nivel de los países pobres. El desarrollo desarrolla la desigualdad: Richard Nixon anunció, en abril de 1969, en su discurso ante la OEA, que a fines del siglo veinte el ingreso per capita en Estados Unidos será quince veces más alto que el ingreso en América Latina. La fuerza del conjunto del sistema imperialista descansa en la necesaria desigualdad de las partes que lo forman, Y esa desigualdad asume magnitudes cada vez más dramáticas. Los países opresores se hacen cada vez más ricos en términos absolutos, pero mucho más en términos relativos, por el dinamismo de la disparidad creciente. El capitalismo central puede darse el lujo de crear y creer sus propios mitos de opulencia, pero los mitos no se comen, y bien lo saben los países pobres que constituyen el vasto capitalismo periférico. El ingreso promedio de un ciudadano norteamericano es siete veces mayor que el de un latinoamericano y aumenta a un ritmo diez veces más intenso. Y los promedios engañan, por los insondables abismos que se abren, al sur del río Bravo, entre los muchos pobres y los pocos ricos de la región. En la cúspide, en efecto, seis millones de latinoamericanos acaparan, según las Naciones Unidas, el mismo ingreso que ciento cuarenta millones de personas ubicadas en la base de la pirámide social. Hay sesenta millones de campesinos cuya fortuna asciende a veinticinco centavos de dólar por día; en el otro extremo los proxenetas de la desdicha se dan el lujo de acumular cinco mil millones de dólares en sus cuentas privadas de Suiza o Estados Unidos, y derrochan en la ostentación y el lujo estéril - ofensa y desafío- y en las inversiones improductivas, que constituyen nada menos que la mitad de la inversión total, los capitales que América Latina podría destinar a la reposición, ampliación y creación de fuentes de producción y de trabajo. Incorporadas desde siempre a la constelación del poder imperialista, nuestras clases dominantes no tienen el menor interés en averiguar si el Patriotismo podría resultar más rentable que la traición o si la mendicidad es la única forma posible de la Política internacional. Se hipoteca la soberanía porque «no hay otro camino»; las coartadas de la oligarquía confunden interesadamente la impotencia de una clase social con el presunto vacío de destino de cada nación.

Josué de Castro declara: «Yo, que he recibido un premio internacional de la paz, pienso que, infelizmente, no hay otra solución que la violencia para América Latina». Ciento veinte millones de niños se agitan en el centro de esta tormenta. La población de América Latina crece como ninguna otra; en medio siglo se triplicó con creces. Cada minuto muere un niño de enfermedad o de hambre...

Robert McNamara, el presidente del Banco Mundial que había sido presidente de la Ford y Secretario de Defensa, afirma que la explosión demográfica constituye el mayor obstáculo para el progreso de América Latina y anuncia que el Banco Mundial otorgará prioridad, en sus préstamos, a los países que apliquen planes para el control de la natalidad. McNamara comprueba con lástima que los cerebros de los pobres piensan un veinticinco por ciento menos, y los tecnócratas del Banco Mundial (que ya nacieron) hacen zumbar las computadoras y generan complicadísimos trabalenguas sobre las ventajas de no nacer: «Si un país en desarrollo que tiene una renta media per capita de 150 a 200 dólares anuales logra reducir su fertilidad en un 50 por ciento en un período de 25 años, al cabo de 30 años su renta per capita será superior por lo menos en un 40 por ciento al nivel que hubiera alcanzado de lo contrario, y dos veces más elevada al cabo de 60 años», asegura uno de los documentos del organismo. Se ha hecho célebre la frase de Lyndon Johnson: «Cinco dólares invertidos contra el crecimiento de la población son más eficaces que cien dólares invertidos en el crecimiento económico». Dwight Eisenhower pronosticó que si los habitantes de la tierra seguían multiplicándose al mismo ritmo no sólo se agudizaría el peligro de la revolución, sino que además se produciría «una degradación del nivel de vida de todos los pueblos, el nuestro inclusive».

Los Estados Unidos no sufren, fronteras adentro, el problema de la explosión de la natalidad, pero se preocupan como nadie por difundir e imponer, en los cuatro puntos cardinales, la planificación familiar. No sólo el gobierno; también Rockefeller y la Fundación Ford padecen pesadillas con millones de niños que avanzan, como langostas, desde los horizontes del Tercer Mundo. Platón y Aristóteles se habían ocupado del tema antes que Malthus y McNamara; sin embargo, en nuestros tiempos, toda esta ofensiva universal cumple una función bien definida: se propone justificar la muy desigual distribución de la renta entre los países y entre las clases sociales, convencer a los pobres de que la pobreza es el resultado de los hijos que no se evitan y poner un dique al avance de la furia de las masas en movimiento y rebelión. Los dispositivos intrauterinos compiten con las bombas y la metralla, en el sudeste asiático, en el esfuerzo por detener el crecimiento de la población de Vietnam. En América Latina resulta más higiénico y eficaz matar a los guerrilleros en los úteros que en las sierras o en las calles. Diversas misiones norteamericanas han esterilizado a millares de mujeres en la Amazonía, pese a que ésta es la zona habitable más desierta del planeta. En la mayor parte de los países latinoamericanos, la gente no sobra: falta. Brasil tiene 38 veces menos habitantes por kilómetro cuadrado que Bélgica; Paraguay, 49 veces menos que Inglaterra; Perú, 32 veces menos que Japón. Haití y El Salvador, hormigueros humanos de América Latina, tienen una densidad de población menor que la de Italia. Los pretextos invocados ofenden la inteligencia; las intenciones reales encienden la indignación. Al fin y al cabo, no menos de la mitad de los territorios de Bolivia, Brasil, Chile, Ecuador, Paraguay y Venezuela está habitada por nadie. Ninguna población latinoamericana crece menos que la del Uruguay, país de viejos, y sin embargo ninguna otra nación ha sido tan castigada, en los años recientes, por una crisis que parece arrastrarla al último círculo de los infiernos. Uruguay está vacío y sus praderas fértiles podrían dar de comer a una población infinitamente mayor que la que hoy padece, sobre su suelo, tantas penurias.

¿Tenemos todo prohibido, salvo cruzarnos de brazos? La pobreza no está escrita en los astros; el subdesarrollo no es el fruto de un oscuro *designio de Dios. Corren años de revolución, tiempos de redención. Las clases dominantes ponen las barbas en remojo, y a la vez anuncian el infierno para todos. En cierto modo, la derecha tiene razón cuando se identifica a sí misma con la tranquilidad y el orden, es el orden, en efecto, de la cotidiana humillación de las mayorías, pero orden al fin: la tranquilidad de que la injusticia siga siendo injusta y el hambre hambrienta. Si el futuro se transforma en una caja de sorpresas, el conservador grita, con toda razón: «Me han traicionado». Y los ideólogos de la impotencia, los esclavos que se miran a sí mismos con los ojos del amo, no demoran en hacer escuchar sus clamores. El águila de bronce del Maine, derribada el día de la victoria de la revolución cubana, yace ahora abandonada, con las alas rotas, bajo un portal del barrio viejo de La Habana. Desde Cuba en adelante, también otros países han iniciado por distintas vías y con distintos medios la experiencia del cambio: la perpetuación del actual orden de cosas es la perpetuación del crimen.*

Los fantasmas de todas las revoluciones estranguladas o traicionadas a lo largo de la torturada historia latinoamericana se asoman en las nuevas experiencias, así como los tiempos presentes habían sido presentidos y engendrados por las contradicciones del pasado. La historia es un profeta con la mirada vuelta hacia atrás: por lo que fue, y contra lo que fue, anuncia lo que será. Por eso en este libro, que quiere ofrecer una historia del saqueo y a la vez contar cómo funcionan los mecanismos actuales del despojo, aparecen los conquistadores en las carabelas y, cerca, los tecnócratas en los jets, Hernán Cortés y los infantes de marina, los corregidores del reino y las misiones del Fondo Monetario Internacional, los dividendos de los traficantes de esclavos y las ganancias de la General Motors. También los héroes derrotados y las revoluciones de nuestros días, las infamias y las esperanzas muertas y resurrectas: los sacrificios fecundos. Cuando Alexander von Humboldt investigó las costumbres de los antiguos habitantes indígenas de la meseta de Bogotá, supo que los indios llamaban quihica a las víctimas de las ceremonias rituales. Quihica significaba puerta: la muerte de cada elegido abría un nuevo ciclo de ciento ochenta y cinco lunas.

Eduardo Galeano hace una radiografía magistral de la realidad socioeconómica de América Latina de los años setenta del siglo XX. Si bien es cierto, muchas cosas han pasado desde esa fecha, lo cierto que es los presupuestos rectores de esta reflexión siguen teniendo vigencia, eh ahí su pertinencia. El deja claro que el sistema, que los ricos, que las potencias, que las instituciones son los responsables de esta situación y nunca ofrece ni su verdadera causa ni la solución, y la razón es muy simple, al desconocer la Palabra de Dios, su análisis queda corto. Es en ese momento cuando actuamos para darle la perspectiva correcta a esta realidad en el próximo apartado.

B. Implicaciones del pecado social y la respuesta bíblica al problema

En realidad, el pecado social es una forma pedagógica o categoría humana para explicar el fenómeno del pecado voluntario, originado en el pecado innato que afecta directamente a las multitudes. Una de las características del pecado social es que usualmente lo cometen aquellas personas que ostentan posiciones sociales, políticas o económicas frente aquellas que viven en situaciones menos favorecidas.

En este apartado se estudiaran las implicaciones del pecado social (1) y la respuesta bíblica al problema (2)

1. Implicaciones de pecado social

¿Quién de nosotros no se ha conmovido al contemplar en nuestras ciudades los cinturones de miseria en los que viven multitudes en condiciones infrahumanas?, ¿quién no ha sentido pena al ver deambular por las calles a indígenas desplazados tratando de sobrevivir vendiendo lo que sea y llevando tras de sí, invariablemente, dos o tres chiquillos famélicos...?

En nuestra patria, tan rica en posibilidades viven millones en extrema pobreza, en caseríos diseminados a lo largo y ancho de nuestro territorio sin la menor esperanza de un futuro mejor. Cuántos deben abandonar sus lugares de origen para tratar de ir «al otro lado» en ese vergonzoso espectáculo de los indocumentados expuestos a toda clase de peligros por parte de los «polleros y coyotes» y otros explotadores, porque en México o Centroamérica no tienen oportunidades de progresar.

¿Por qué tienen que organizar «marchas» extenuantes y plantarse sea en el zócalo en México o ante la Casa Rosada en Argentina, Palacio de la Moneda en Chile, Palacio Nacional en Guatemala o Palacio José Cecilio del Valle en Honduras?, ¿Por qué existe el triste espectáculo del ambulantaje que invade incontrolablemente las ciudades dañando al comercio establecido, favoreciendo la piratería, la venta de artículos robados en los asaltos a mano armada a los vehículos de transporte? ¿Los mismos comerciantes ambulantes son explotados por corruptos líderes y hasta por las autoridades con un sistema podrido en sus raíces...?

Es entonces cuando cualquier corazón bien puesto se rebela en contra de la injusticia integral, de la corrupción total, de la explotación del hombre por el hombre, en contra de sistemas políticos y económicos que son factores de insulto y terribles desigualdades. ¿Cómo remediar tanta injusticia?, ¿cómo proporcionar a los pobres las oportunidades de sobre vivencia honesta?, ¿cómo corregir el rumbo social desviado desde hace decenios o siglos?

2. Respuesta bíblica al problema

El pecado social es parte del enredo del Kosmos Satánico y que no tiene solución inmediata sino aquella que Dios ha prescrito en su Palabra. La Teología de la Liberación, como dijo Gustavo GUTIÉRREZ, es un acercamiento de la teología con los pobres, pero liberarnos de este estigma es una utopía como querer tapar el sol con un dedo.

La Biblia condena enfáticamente el pecado social. Dios levantó profetas como Amós y Miqueas que denunciaron el pecado de las clases pudientes en detrimento de los maltratados. En la actualidad, Dios no nos llama a que actuemos de una forma diferente. Es menester *denunciar* la injusticia social, el pecado de los políticos ya sea de carrera u oportunistas que creen que el Estado es su hacienda personal la cual. pueden usufructuar impunemente.

El siguiente paso es *tomar conciencia* de la situación, tanto de uno como de otros. Es importante que ambos grupos sociales se den cuenta lo que está ocurriendo y conozcan sus implicaciones.

El tercer paso, es *tomar acción* que no necesariamente significa tomar las armas y provocar un derramamiento de sangre como ha ocurrido en el pasado. Las clases pudientes deben cambiar de actitud y aprovechar su posición para ayudar a los menos favorecidos y los pobres no deben permanecer en el *status quo* sino usar los medios pacíficos y legales, lo cual es posible en la época en la que vivimos, para revertir en la medida de las posibilidades esta situación de injusticia.

SECCIÓN III

RESPONSABILIDAD HUMANA EN CUANTO AL PECADO

El pecado es una realidad que no se puede pasar por alto, es algo a lo cual el ser humano está atado desde el día en que nace hasta el día en que muere. Nadie puede sustraerse de esta realidad. Dios creo al hombre y puso límites. El traspasar estos límites trae como aparejada consecuencia una retribución a la que técnicamente le llamamos castigo.

El hombre tarde o temprano paga un precio por traspasar los linderos divinos, nadie puede verse exento de esta ley, inherente a la vida. Todo ser humano es responsable de sus actuaciones. En esta sección se estudiará todo lo referente a la responsabilidad del pecado. Para su estudio se ha dividido de la siguiente manera: Imputación del pecado (A) y El remedio divino al pecado imputado (B).

A. La imputación del pecado

La imputación es el acto por el cual se le atribuye al ser humano una acción censurable y digna de condenación como es el caso de trasgredir la ley de Dios. En realidad, cuando estamos abordando este tema, estamos hablando de tres aspectos diferentes, empero que son fundamentales en la Teología: (1) La imputación del pecado de Adán a la raza humana, (2) La sustitución del pecador por Cristo y (3) La adjudicación de la justicia de Dios al creyente por medio de Cristo.

El estudio de este apartado se realizará de la siguiente manera: Alcance de la doctrina (1), y teorías con respecto a la imputación (2).

1. El alcance de la doctrina

Aquí estamos frente a unos de los pasajes más cruciales de toda la Teología, pues el mismo establece un paralelismo entre Adán y Cristo, que equivale a decir un paralelismo entre la muerte y la vida, entre la condenación y la justificación, la ley y la gracia. A raíz del pecado de Adán, toda la humanidad incurre en pecado y es responsable de ese pecado *a contrario sensu* a raíz del acto de justicia de Cristo, aquellos que creen en Él y le confiesan, se les adjudica la justicia de Dios.

La consecuencia directa, según el Texto Sagrado, del pecado de Adán es la muerte física, de ahí que según Romanos 5:12-21 que reza: *Por tanto como el pecado entró en el mundo por un hombre, y por el pecado la muerte, así la muerte paso a todos los hombres, por cuanto todos pecaron. Antes de la ley ya había pecado en el mundo, pero donde no hay ley no se inculpa de pecado. No obstante, reinó la muerte desde Adán hasta Moisés, aunque en los que no pecaron a la manera de la trasgresión de Adán, el cual es figura del que había de venir... Así que, como por la transgresión de uno vino la condenación a todos los hombres, de la misma manera por la justicia de uno vino a todos los hombres la justificación que produce vida...* la muerte física no se adquiere por herencia, ni tampoco es una infección que pasa de los padres a los hijos. Es el castigo por aquella acción impersonal, inconsciente, pero conjunta de cada individuo con Adán, en su desobediencia. En virtud de su unión natural y representativa, el pecado de Adán sirve de base para la condenación de todo hombre; y en virtud de la unión entre Cristo y su pueblo, la justicia de Él sirve de base para la justificación de ellos.

Esta imputación se bifurca de la siguiente manera: La naturaleza de pecado que se hereda por el pecado de Adán y la culpabilidad de la raza humana por el pecado de Adán, pues éste lo cometió en representación del hombre, razón por la cual responsabiliza a todos y todos sufren la consecuencia, la muerte. *Por tanto como el pecado entró en el mundo por un hombre, y por el pecado la muerte.*

2. Teorías con respecto a la imputación

La interpretación del Romanos 5:12 y ss no ha sido la misma. Ha habido una serie de interpretaciones al respecto que es útil conocer para tener un conocimiento más sólido y responsable. Respecto a las teorías sobre la imputación del pecado, CHAFER efectúa un análisis crítico, del cual presentamos un extracto de lo que consideramos más importante:

> Panteísta *Esta doctrina considera el pecado como un atributo esencial (una limitación) de lo finito, como consecuencia no existe una lucha entre carne y espíritu como explica el apóstol Pablo en sus epístolas.* Pelagianismo Morgan Pelagio sostenía que el hombre nace

químicamente puro, sin una naturaleza caída o pecaminosa. Que la contaminación es un acto posterior. Esta tesis, como es obvio, niega todo lo referente a la doctrina del pecado innato y la naturaleza pecaminosa heredada. Caída de todos los hombres anterior a Adán Esta doctrina es una alusión directa a la filosofía platónica de la pre-existencia del alma, que como es obvio, es incompatible al Texto Sagrado. Agustiniana o Realista Mediante su trasgresión individual, Adán vició la naturaleza humana y la transmitió a sus descendientes por generación física, por lo que la raza humana participó inconsciente e impersonalmente en la caída primigenia. Rechazamiento de la Imputación La perversidad de los hombres es el resultado de su trasgresión individual y nunca una herencia de Adán quien representaba a la raza humana. Semi-Pelagianismo Admiten la unidad en Adán y los desastrosos efectos de la trasgresión del primer hombre, pero consideran la corrupción hereditaria como un infortunio o un mal, no propiamente como pecado ni como culpa procedente de ella que nos exponga a castigo.

Un estudio reposado de las Escrituras nos llevará a una conclusión exégetica, no solamente lógica, sino también plausible, *cada ser humano que nace es responsable del pecado de Adán.* La trasgresión de nuestro padre nos afecta directamente y tenemos que sufrir sus consecuencias. Somos culpables y por lo tanto merecedores del castigo. La pregunta lógica es la siguiente: ¿Cómo puedo ser responsable por algo que yo personalmente no hice? La respuesta es simple, Adán estaba actuando en representación de la humanidad y las consecuencias morales y espirituales de su conducta ataban a su descendencia. Afortunadamente, el otro lado de moneda son buenas noticias, la obra de Jesucristo, elimina la culpabilidad y provee una liberación al hombre que cree en El. Es en este sentido que cobran significado las palabras de Pablo a los Romanos:

Pues si por la trasgresión de uno solo reinó la muerte, mucho más reinaran en vida por uno solo, Jesucristo, los que reciben la abundancia de la Gracia... Rom 5:17

La actuación de Jesucristo es la contrapartida de la actuación de Adán. Por el uno somos condenados, pero por el otro somos justificados. Por uno sufrimos la muerte, empero por el otro experimentamos la vida, y aquí también podemos formular la pregunta ¿Cómo puedo disfrutar los beneficios por algo que yo personalmente no hice? La respuesta es simple, Jesucristo, esta actuando en representación de todos aquellos que creen en Él. De manera que su acto expiatorio solo tiene validez para los que creen, esta es la palabra clave aquí, creer.

B. El remedio divino al pecado imputado

Afortunadamente, el pecado imputado al ser humano tiene una solución, tiene un remedio eficaz. Jesucristo, la provisión de Dios y el medio por el cual se le adjudica justicia a un ser pecador, corrupto, malvado, perverso y condenado al castigo eterno. Se le adjudica la gracia salvadora de Dios por medio de Jesucristo, con toda su magnitud y con todas sus perfecciones. Los hombres están perdidos por estar bajo pecado (sin méritos para presentarse ante Dios en lo que tiene que ver con la salvación) o están perfeccionados en Cristo para siempre (con salvación garantizada por su fe en El) mediante la gracia divina.

Existe una serie de elementos que deben conjugarse para que el remedio sea eficaz al ser humano. Uno de ellos es la muerte vicaria de Jesucristo. El inocente, aquel en quien no había pecado, porque simplemente, no podía haber pecado, toma nuestro lugar, y le es transferida nuestra culpabilidad por la cual se hace responsable y paga con su sacrificio en la cruz el precio del mismo. El otro elemento es la fe del ser humano en Jesucristo. Si el hombre no se acredita en el acto vicario de Jesucristo, el sigue siendo responsable y por ende culpable y recipiente de la ira de Dios, empero si por el contrario, reconoce a Jesucristo y actúa de conformidad, por un decreto divino, la culpabilidad es removida y las consecuencias de la conducta de Adán tiene efectos completamente diferentes.

Las consecuencias del pecado de Adán son firmes, existe un decreto eficaz en tal sentido y aun los creyentes deben sufrirlas, como es el caso de la muerte física, sin embargo, los efectos en el creyente, son totalmente diferentes. La muerte física para el creyente es un eslabón al triunfo, a vivir en la presencia de Dios, por el contrario, para un incrédulo, la muerte física es un eslabón al tormento eterno.

Sección IV

CONSECUENCIAS Y CASTIGO AL PECADO DEL HOMBRE

El mundo material y espiritual en el que vivimos se rige por una serie de leyes que gobiernan tanto los fenómenos de la materia como el desenvolvimiento de la sociedad. Una de esas leyes, es la ley de la causa y el efecto, conocida también como la segunda ley de NEWTON. Esta axiomática ley nos enseña que todo efecto tiene su causa y toda causa produce efectos.

El continente en el cual vivimos, es un verdadero polvorín social, que ha desencadenado las más violentas revoluciones, guerrillas, terrorismo y demás formas de violencia. Un continente con una ascendente producción de cocaína destinada al primer mundo, más del 70% de su población en la miseria, con una deuda externa que ha hipotecado el porvenir de nuestra cuarta generación, con unos índices de corrupción novelescos y una población que se ha entregado a la idolatría, licor, irrespeto a las leyes divinas y humanas, en fin, el kosmos satánico en su apogeo, todo esto es la consecuencia de algo, la consecuencia de la desobediencia a la Palabra de Dios, en términos prácticos: El pecado.

Empero, en medio de la desesperanza, del caos satánico que vive la sociedad latinoamericana, está la Iglesia, el cuerpo de Cristo. Un grupo de individuos que disfrutan los beneficios de la obediencia. La causa, una relación correcta con Dios, obediencia a la Palabra, la consecuencia, una sociedad poderosa, una luz que resplandece en la oscuridad, una voz que clama en el desierto un modelo de amor, fe y esperanza. Una sociedad de creyentes que viven dentro de una sociedad de incrédulos.

En esta sección nos enfocaremos en el aspecto negativo de esta ley, es decir, en las consecuencias que acarrea la desobediencia, la conducta rebelde y egoísta del hombre incrédulo. Para su estudio, esta sección se dividirá en dos partes principales: El estado del hombre bajo el pecado y su relación con Satanás (A) y el Castigo o retribución por el pecado (B).

A. El estado del hombre bajo pecado y en su relación con Satanás

El Texto Sagrado enfáticamente declara que el *mundo entero está bajo el maligno*. Este hecho le garantiza al hombre un estado depravado y corrupto que lo somete a los antros de miseria y pobreza espiritual más degradantes. Esta realidad ha sido la constante de la sociedad latinoamericana que ha visto todas las formas de expresión de la maldad y de anti valores. Al expresar esto no nos referimos solamente al orden socio-económico de injusticia social que impera, sino a todas aquellas manifestaciones espirituales perversas que lo sumen en uno de los subdesarrollos más brutales que existen. El epicentro de esta triste realidad es la relación estrecha que existe entre el hombre y Satanás, donde éste es el guía, el que controla la forma y filosofía de vida de las personas en base a mentiras burdas.

Este sometimiento humano, sea consciente o inconsciente es la causa de la realidad que vive la humanidad incrédula. Es precisamente el tema que se abordará en este apartado: El hombre bajo pecado (1) y la relación de Satanás con los incrédulos (2).

1. El estado de hombre bajo pecado

El hombre incrédulo esta bajo el poder de Satanás y su vida rebelde lo ubica *ipso facto* bajo condenación. Su estado es de una completa corrupción espiritual, desde la planta de los pies hasta su cabeza. No existe nada en él bueno. Su corazón esta lleno de sentimientos contradictorios y su vida misma es una paradoja.

En el caso específico de Latinoamérica existe un flagelo que ha abatido a la sociedad, y este es las pandillas o maras como se les conoce en Centroamérica. Sobre este tema es oportuno transcribir un editorial que este servidor escribiera para un periódico de Honduras.

> *Hoy día, las otrora pandillas de barrio han sido sustituidas por las temidas tribus urbanas, auténticos grupos de choque que surgen no como alternativa para el ocio y la convivencia, sino como una reacción a una cadena interminable de maldiciones, es a saber, alcoholismo, desintegración familiar, promiscuidad sexual, drogas, miseria económica, desempleo, etc.*
> *La ideología, vestimenta, tatuajes y fraseología propia convierte a estos grupos en auténticos batallones paramilitares, verdaderas organizacio-*

nes del crimen y tráfico de drogas. Frente a la desesperanza y falta de valores de hoy, ellos buscan nuevas experiencias excitantes que les hagan olvidar la rutina y la desidia: El sexo, la droga, algo nuevo que les haga sentirse vivos. Empero esto ya no es suficiente, ellos tiene sed de sangre, de dinero, es así como se han lanzado a una carrera de crimen, secuestro, robo, pillaje, en fin, toda una serie de actos que siembran el terror en la sociedad y como consecuencia el caos.

La reacción del Estado no se ha dejado esperar, la promulgación de una ley en contra de las pandillas pretende acabar con este fenómeno y en tal sentido se ha procedido a una redada tanto de los líderes como de sus integrantes más peligrosos. La consigna es la erradicación de este flagelo.

Ahora, sí vamos al meollo del asunto, nos daremos cuenta que el problema radica en el corazón del ser humano. Jesucristo declaró que dentro del corazón del hombre están los malos pensamientos... la ley, la represión estatal, el confinamiento en un centro penal no resuelve el problema y no lo resuelve porque ataca las consecuencias, no la causa. El origen de estas organizaciones es de carácter espiritual. Las pandillas es una manera como Satanás ha organizado a un segmento de la juventud incrédula, manteniéndola unida por principios de orgullo, odio, venganza, ambición y confusión con el objeto de destruirles a ellos y causar daño al resto de la sociedad.

Desdichadamente, la ceguera espiritual no permite ver ni a los pandilleros, ni a los gobiernos esta realidad, de ahí que no esperemos mayores resultados de la política de Estado. Sí vamos hacer honor a la verdad, tenemos que reconocer que solamente Dios puede transformar el corazón del hombre, solamente Él puede efectuar una profilaxis espiritual que dé al traste con este andamiaje de terror que representan las pandillas, mientras esto ocurre, seguiremos siendo testigos de más violencia.

El artículo anterior deja claro el estado del hombre, en este caso de los pandilleros, bajo el pecado. Pero lo mismo puede decirse de los traficantes de drogas de los carteles de Colombia o México, del tráfico de indocumentados de Latinoamérica hacia los Estados Unidos, en fin, una serie de hechos que han convertido a este continente en un verdadero polvorín espiritual.

2. Relación de Satanás con los incrédulos

La triste realidad de la relación que existe entre Satanás y el incrédulo es la influencia que el primero ejerce sobre el segundo. Influencia es poder, dicho en otras palabras, es un poder que ejerce sobre el incrédulo en todos los estadios de su vida, atándolo a pensamientos, sentimientos, actitudes de muerte, de destrucción que vejan su dignidad y que agreden la santidad de Dios. Los incrédulos están sujetos a la muerte en todas sus formas por su participación en el pecado de Adán, están separados eternamente de Dios por su propia depravación, son culpables por cada uno de sus pecados personales, permanecen bajo pecado por decreto divino y Satanás no solamente les gobierna sino que les ciega para no ver la luz del Evangelio y le engaña respecto a la relación que sostienen con él.

Una de las cosas que el Arcángel de Maldad hace con los incrédulos es darle valores anti Dios, valores de muerte y destrucción, valores que el hombre adopta con ingenuidad que asombra, pues los sabios de este mundo son los primeros en morder el anzuelo. Los valores son principios por los cuales regimos nuestras vidas y principios son verdades con valores autónomos. Una de las características es la subjetividad, ya que somos nosotros mismos quienes decidimos a que principios darles valor y por cuales orientar nuestras vidas, y esos principios son nuestras verdades, ya sea para bien o para mal.

Efectuando un análisis reposado de la historia de cualquier país de América Latina, observaremos que los principios a los cuales el hombre ha dado realce han sido la deshonestidad, el soborno, la mentira, el latrocinio del erario público, desencadenando una corrupción que ha dado como consecuencia que una abrumadora minoría pisotee los derechos de las grandes mayorías, una desigualdad en la distribución de la riqueza, la explotación inmisericorde del hombre por el hombre, el abuso de los derechos individuales y colectivos del hombre. Esto, como es obvio ha sido el caldo del cultivo de innumerables revoluciones sangrientas y levantamientos armados que han provocado el derramamiento de sangre de miles y miles de seres humanos.

La realidad social radica en los valores que sustenta el hombre. Un corazón malo sustenta valores perniciosos, perversos, valores que corrompen y que destruyen a la sociedad. La pregunta es obvia: ¿Cómo puede un hombre malo hacer cosas buenas? Es en este momento cuando entra en acción la obra regeneradora del Espíritu Santo, efectuando una transformación extraordinaria en el corazón del humano, cambiando *ipso facto* los valores de muerte por valores de vida. Estamos hablando de honestidad, decir la verdad, hacer justicia, considerar a las demás personas como superiores a uno mismo, amor al prójimo, respeto a las demás personas, en fin, todos aquellos principios que traen como consecuencia la armonía, la paz, el progreso de las naciones.

Ningún país de la tierra logrará enfocarse por el derrotero correcto sin pasar por el acto de regeneración, que es una acción divina en el corazón del individuo que somete su vida al señorío de Dios. Si queremos ver cambios significativos en Latinoamérica y en el mundo, es menester la obra de Dios que transforma nuestros valores de muerte por valores de vida, entonces tendremos una segunda oportunidad y seremos testigos del poder de un Dios que cambia y transforma hombres. En palabras sencillas, es necesario cortar de raíz la relación Satanás – hombre de lo contrario solo queda un camino, el derramamiento de la ira de Dios.

B. El castigo o retribución por el pecado

El Castigo es una pena o sanción que se impone a una persona que ha trasgredido la ley de Dios. La pena impuesta al incrédulo por su rebelión contra Dios es presente y futura. Presente porque en esta vida vive las consecuencias de sus acciones y de sus actitudes y futura, porque Dios ha reservado un castigo eterno para aquellas personas que rechazan su amor.

Otra forma de referirnos a castigo es mediante la palabra *retribución*, que encierra aspectos más profundos que la palabra castigo, como por ejemplo el hecho que contempla un justo pago por una acción anterior. En ese sentido, retribución puede ser definida como *el acto mediante el cual Dios hará justicia con la criatura incrédula sea angélica o humana*. Hacer justicia fue definido por el jurisconsulto romano *Ulpiano* como dar a cada quien lo suyo. Ahora, el término *retribución* se aplica exclusivamente a los impíos en contraste con el término *recompensa* que se utiliza para los creyentes. La retribución se encuentra claramente tipificada en Apocalipsis 21: 8b... *tendrán su parte en el lago que arde con fuego y azufre, que es la muerte segunda.*

En la Teología, el infierno y lago de fuego es una paradoja, pues son dos instancias diferentes aunque en definitiva son la misma cosa. Son diferentes porque en el infierno, que es un estado intermedio, el ser humano no ha sido oficialmente sentenciado, tendrá que resucitar y comparecer a un juicio ante un Trono Blanco al final del milenio, según la tesis premilenialista o en la segunda venida a un juicio final según la tesis amilenialista, en cambio el lago de fuego, es el lugar final de aquellas criaturas que reciben una sentencia de condenación. La paradoja esta en que el infierno y lago de fuego son lugares de tormento en los cuales la criatura está alejada de Dios sin la posibilidad de una restauración.

Los detalles y los tecnicismos de estas doctrinas son meramente humanos. Ningún teólogo puede expresar con certidumbre meridiana que significa esto o las palabras de Jesús *lloro y crujir de dientes*. Lo que si está suficientemente establecido en el Texto es que existe un lugar de tormento y que es el destino eterno de aquellos que nunca fueron regenerados.

Lo anterior nos lleva a desarrollar este literal, hablando sobre tres clases de infierno a los cuales el incrédulo esta condenado a raíz de su conducta de desobediencia y pecado.

1. Infierno en el corazón

En el interior del ser humano se gesta una situación de tribulación y sufrimiento. El corazón del hombre incrédulo esta lleno de violencia, amargura, venganza, odio, que provoca un verdadero infierno en el interior de su vida que se traduce inevitablemente en sus acciones consigo mismo y con las demás personas. Este es el infierno que conduce a la depresión, al suicidio, a los divorcios, a la violencia social. Jesucristo lo mencionó en Marcos 7:21:

> *Porque dentro del corazón del hombre salen los malos pensamientos, los adulterios, las fornicaciones...*

Por corazón debe entenderse el centro de la voluntad del ser humano. Al estar éste corrompido por el pecado, es lógico, incluso normal, que los resultados sean los que Jesús menciona en este pasaje. Es obvio que estas conductas, son conductas de muerte, de desgracia y que provocan una inestabilidad emocional, espiritual y moral en el ser humano. La vida del humano es verdaderamente un tormento, aunque éste siempre se pone una mascara para presentar una imagen falsa a la sociedad, empero a pesar de cualquier ropaje o maquillaje que use, siempre la verdad saldrá a relucir. La vida del ser humano sin Jesucristo en el gobierno de la vida es un verdadero tormento, en su corazón corrupto se fraguan una serie de conductas que lo destruirán completamente.

Esta es la realidad que muchas veces ha querido obviarse en América Latina, tratando de cambiar el sistema capitalista o acusando a los que detentan los medios de producción cuando en realidad el mayor problema está en el corazón del humano sean ricos o sean pobres. La estupidez del hombre ha llegado al extremo de combatir los efectos, a través de revoluciones sangrientas absurdas, terrorismo innecesario, encarcelamiento de políticos de cuello blanco, cuando el meollo del asunto está en el centro de la voluntad del humano y esta obra es potestad exclusiva de Dios no del hombre. Mientras Dios no opere una regeneración en el individuo, éste vivirá en su estadio más ínfimo, una vida de tormento, miseria, desgracia, amargura, en otras palabras, un infierno, pues hay un cáncer en su alma y esto es un castigo por su desobediencia, por su incredulidad, por su rebeldía, de manera que el castigo es futuro, empero es actual también.

2. Infierno a nuestro alrededor

Como una consecuencia directa del corazón depravado, tenemos un entorno enfermo, corrupto y condenado. Toda flor que el hombre toca se marchita, toda palabra que el hombre profiere contamina, toda empresa que inicia está bajo maldición, todo gobierno que hace es un caos.

El corolario de lo anteriormente señalado es una sociedad llena de violencia en todos los estratos sociales y en todos los niveles. Tormento en las empresas, los sindicatos contra los accionistas de las empresas, una situación de amargura. Los diferentes gremios de la sociedad forcejeando contra los gobiernos para exigir reivindicaciones salariales, encontramos a los médicos, maestros, enfermeras, en fin, hasta los homosexuales haciendo violencia, tomando carreteras, quemando neumáticos para exigir derechos. Los estudiantes en las universidades tomándose las calles, haciendo revueltas y estos son los más peligrosos, pues el desborde de energía de estos jovencitos es impresionante. Bien, tiempo nos faltaría para enunciar cada cosa, empero solo hace falta leer los diarios para darnos cuenta que vivimos en un infierno, que a nuestro alrededor la sociedad experimenta una vida llena de amargura y de insatisfacción.

Esto es parte del castigo por la conducta impenitente del ser humano, por su orgullo de no reconocer su pecado y mientras esta siga siendo nuestra conducta, seguiremos escribiendo una historia llena de terror y tormento, la masacre de los estudiantes de Tlatelolco en México, el genocidio de indígenas en Guatemala, los sacerdotes jesuitas en El Salvador, así como el asesinato de Romero en la guerra civil de El Salvador, la guerra sucia en Argentina o la caravana de la muerte en Chile y esto solo por decir algo. La verdad es que la sociedad en que vivimos tiene un cáncer y esta bajo una sentencia ineludible de muerte.

3. El infierno futuro

La doctrina bíblica del infierno a menudo se entiende muy mal. Claro que si Dios castigara a sus criaturas arbitraria e injustamente por toda la eternidad sería un Dios malvado y no bueno, sin embargo, *Lucas 12:47-48* muestra que el castigo depende de una serie de factores, incluyendo el conocimiento que uno tenga de la verdad, nuestra intención y el rechazo que uno haga de las buenas nuevas y de la «luz» de Cristo. Jesús censuró las ciudades en las cuales hizo la mayoría de sus milagros (Mateo 11:20-24), y les dijo que ellas serían juzgadas más duramente el día del juicio que Tiro, Sidón y Sodoma. Jesús mostró compasión hacia los pecadores, incluso, cuando estaba en la cruz dijo: «Padre, perdónalos, porque no saben lo que hacen» (Lucas 23:34).

Es un error pensar que el infierno es un lugar adonde los pecadores recibirán un castigo horriblemente desproporcionado a sus pecados. Claro que hay un elemento de coacción. Estamos hablando de justicia y retribución. Pero la presencia de una persona en el infierno también es el resultado de una larga serie de decisiones. A medida que una persona va por la vida, o bien se abre a la verdad, el amor y la vida espiritual, o se retira voluntariamente de la luz que Dios le ha dado y empieza a descender hacia la oscuridad y la muerte espiritual.

En el libro titulado simplemente "Infierno," Dante ALIGHIERI describe con gran detalle su recorrido imaginario por los nueve niveles del infierno. El libro de Dante es una lectura fascinante. Pero para aprender cómo es el infierno realmente, debemos dirigirnos a otra fuente: la Biblia.

Cuando comenzamos a leer el Antiguo Testamento, encontramos referencias frecuentes al "Seol" (el mundo de los espíritus que han partido) como la morada de todos los muertos (Cf. Deuteronomio 32:22). A medida que seguimos leyendo, también encontramos que vendrá un día cuando los cuerpos de todos los que están en el Seol serán resucitados: algunos, a la "vida eterna", pero otros, para vergüenza y confusión perpetua" (Daniel 12:2).

La creencia común de los rabinos piadosos durante al era intertestamentaria de que el Seol estaba dividido en dos secciones está reflejada en el Nuevo Testamento, donde se refiere a la morada de los justos como el "paraíso" (Lucas 23:43) o "el seno de Abraham" (Lucas 16:22), y la morada de los injustos como el "Hades" (Lucas 16:23). Después de la resurrección de Cristo, parece ser que aquellos que vivían en el paraíso fueron conducidos a la presencia de Dios en el cielo donde esperan la futura resurrección de sus cuerpos. Pero aquellos que están en el Hades esperan la resurrección a un destino diferente: el infierno.

La palabra que se usa más frecuentemente en el Nuevo Testamento para el infierno es *Gehenna*. Gehenna es una referencia al Valle de Hinom ubicado en el lado sur de Jerusalén, que servía como el "basurero" de la ciudad en el tiempo de Jesús. Los fuegos en este lugar nunca se apagaban.

Al igual que sus contemporáneos, Jesús se refirió al Gehenna como el lugar donde "el fuego nunca se apaga" y donde "el gusano de ellos no muere" (Marcos 9:48). Si quería implicar un fuego literal y un gusano literal no tiene mayor importancia. Jesús también describió al infierno como un lugar de "tinieblas de afuera" (Mateo 22:13). ¡Pero está claro que Él quería que entendiéramos que el infierno es un lugar de deterioro y sufrimiento continuos para aquellos que lo habitan! Jesús también se refirió a aquellos que eran arrojados al infierno como "echados afuera" (Mateo 8:12) o, como lo expresa Pablo sencillamente, "excluidos de la presencia del Señor" (2 Tesalonicenses 1:9). El infierno es un lugar de exclusión y de pérdida de toda bendición que proviene de Dios. El infierno se describe como un lugar de "vergüenza" por el profeta Daniel (Daniel 12:2), donde cada persona es aborrecida por cada otro habitante. Como lo ha expresado un escritor:

Jesús dijo que el infierno será el lugar de "lloro y crujir de dientes" (Mateo 13:42). El lloro sin duda habla de un remordimiento y pena terribles. Pero el crujir de dientes habla de una ira intensa; ira contra uno mismo, ira contra Satanás, ira contra Dios. De los habitantes del infierno, Pablo dice que experimentaran "ira y enojo... tribulación y angustia" (Romanos 2:8-9).

La Biblia también nos dice que en el infierno no todos serán juzgados de la misma forma. Jesús dejó en claro que habrá grados de juicio en el infierno. Dijo que *"aquel siervo que conociendo la voluntad de su Señor, no se preparó, ni hizo conforme a su voluntad, recibirá muchos azotes. Mas el que sin conocerla hizo cosas dignas de azotes, será azotado poco"* (Lucas 12:47-48). Pero si bien no todos serán juzgados de la misma forma, todos serán juzgados con seguridad.

B. El castigo o retribución por el pecado

Éxodo 34:7 nos dice que el Señor *"guarda misericordia a millares... y que de ningún modo tendrá por inocente al malvado."*

Hemos visto todo lo referente a la doctrina del pecado, una doctrina fundamental dentro de la Teología Sistemática. El pecado como potencia ha existido desde el momento que existe una criatura con libre albedrío. Como acto surge en el momento que Satanás abusa de la libertad moral que Dios le ha dado y decide usurpar el lugar que le corresponde al Creador. El resultado de esta acción fue la condenación de Satanás y sus demonios quienes se enfocan en la destrucción de la creación. Ellos introducen el pecado en la esfera humana al lograr que el hombre desobedezca a Dios. De esta manera entra la muerte física, la muerte espiritual y la condenación de los incrédulos a la muerte segunda. El pecado ha destruido a la humanidad incrédula y se levanta contra el cristiano para hacerlo sucumbir y blasfemar el nombre de Dios. El cristiano a pesar de recibir una nueva naturaleza al reconocer a Jesucristo como su Salvador, tiene que bregar con esta tendencia pecaminosa hasta el día de su muerte. De ahí la existencia del pecado voluntario y pecado innato. La promesa del Texto Sagrado es el triunfo final sobre este poder el día que Dios ponga fin a este sistema satánico y de cuerpos glorificados a los creyentes.

Capítulo VIII

Sotereología

La salvación es la obra de amor más grande de Dios. Es la demostración clara de dos realidades indubitadas: La gravedad del pecado y la urgencia de la liberación del mismo. Dios es el único que puede proveer este gran remedio al mal que adolece la humanidad. Nadie puede salvar al hombre, solamente Dios, su creador, y para salvarlo, necesita hacerse hombre y se hace y lo salva.

Juan WESLEY, en uno de sus grandes sermones, hablaba de la caída del hombre no como un hecho terrible para la humanidad, o como algo que nosotros tenemos que ver como lo peor que ha sucedido al ser humano, él enfoca el lado positivo del asunto y señala una serie de grandes verdades: Si el hombre no hubiera pecado, no hubiera necesitado de un salvador, si la humanidad no hubiera necesitado un salvador, no conociera a Jesucristo. Si la humanidad no conociera a Jesucristo nunca entendería lo que significa el amor de Dios, *porque de tal manera amó Dios al mundo que dio a su hijo unigénito para que todo aquel que crea en Él no se pierda sino que tenga la vida eterna.* Entonces lo que se considera una maldición, en realidad es la más grande bendición para el hombre, aunque el precio pagado es muy alto.

La palabra griega para salvación es *Sotería:* que significa romper cadenas, liberar, rescatar de la esclavitud. Esto es precisamente lo que hace la obra de Jesucristo en la vida del hombre caído, liberarlo de todas las ataduras satánicas de odio, amargura, sentimientos de venganza, resentimientos, de cadenas de maldición que lo atan como los vicios nefastos del alcoholismo, drogas, tabaco, etc. o pasiones desenfrenadas como el homosexualismo y aberraciones sexuales en todas sus manifestaciones.

La humanidad entera, señala el apóstol Juan, *esta bajo el maligno* y urge de la obra de Salvación que solo Jesucristo puede efectuar. La salvación que el hombre necesita no es una salvación económica, una salvación política, una de salvación de las injusticias sociales como enseñó la Teología de la Liberación, el hombre precisa de una salvación del pecado, de las cadenas espirituales a las que Satanás lo ha atado.

Erróneamente el hombre ha creído que el Fondo Monetario Internacional puede resolver el problema económico de Latinoamérica, o que las Naciones Unidas pueden resolver el problema de la violencia en el planeta o que las reuniones en la cumbre de los mandatarios Ibero Americanos resolverán los problemas socio – económicos que abaten el continente, en ninguna manera, la liberación, de todos los problemas que tienen que ver con el hombre, ya sean internos o externos, pasan por Jesucristo y por nadie más. Mientras el hombre ponga su vista en el hombre mismo y en sus organizaciones, no tiene esperanza. Porque así como Moisés levantó la serpiente en el desierto, así ha sido levantado el hijo del hombre, para que todo aquel que mire a El y crea en El sea salvo y tenga la vida eterna.

En este capítulo se abordará este gran tema, la Salvación del hombre, la obra de amor más grande de Dios, la de dar a su hijo unigénito en propiciación por los pecados de una raza caída y merecedora de la condenación eterna por su pecado. Su estudio se efectuará de la siguiente manera: La salvación desde una perspectiva Latinoamericana (Sección I), Jesucristo, El Salvador (Sección II), El derecho de elección (Sección III) y Lo que implica la salvación (Sección IV).

LA SALVACION DESDE UNA PERSPECTIVA
LATINOAMERICANA

La realidad socio-económica de América Latina ha llevado a teólogos como Gustavo GUTIÉRREZ, Leonardo BOFF e Ignacio ELLACURÍA a discurrir sobre la salvación de millones de pobres en el continente. Ha habido otros intelectuales como Eduardo GALEANO quien hace una radiografía socio-económica y cultural del continente, desde el pasado hasta el presente y Paulo FREIRE, quien con su *Pedagogía del Oprimido* lanzó una bomba en el patio trasero de los gobiernos de su época.

La problemática de ellos ha sido cómo acercar con Dios y la Teología a millones de seres humanos que sufren en los barrios marginados de Tegucigalpa, o pueblos jóvenes de Lima, favelas de Rio de Janeiro, cinturones de miseria de Ciudad de México, caseríos en Buenos Aires. Esta realidad ha sido, sin duda, el caldo del cultivo para que el sacerdote Gustavo GUTIÉRREZ escribiera su hoy célebre libro sobre la Teología de Liberación, convirtiéndose de esta manera, en el padre de una reflexión teológica que propugnaba por una solución que GALEANO no proponía en su libro. El centro de esta teología es la redención del hombre, esclavizado por la burguesía minoritaria, a quien solo le interesa su propio bienestar, una salvación de realidades externas, de males del cuerpo, de situaciones sociales injustas.

En esta sección se hará un estudio sucinto del concepto soteriológico de esta reflexión teológica *made in Latin America*, y para lograr dicho objetivo se ha dividido la sección de la siguiente manera: El concepto de la salvación en la Teología de la Liberación (A) y Concepto de salvación en la Teología Latinoamericana (B).

A. El concepto Salvación en la Teología de la Liberación

El Evangelio de Jesucristo es un mensaje de libertad y una fuerza de liberación. En los últimos años esta verdad esencial ha sido objeto de reflexión por parte de los teólogos, con una nueva forma de dimensionar la realidad. La liberación es ante todo, y principalmente, liberación de la esclavitud radical del pecado. Su fin y su término es la libertad de los hijos de Dios, don de la gracia. Lógicamente reclama la liberación de múltiples esclavitudes de orden cultural, económico, social y político, que, en definitiva, derivan del pecado, y que constituyen obstáculos que impiden a los hombres vivir según su dignidad. Discernir claramente entre lo que es causa y efecto es una condición indispensable para una reflexión teológica sobre la liberación.

En efecto, ante la urgencia de los problemas que enfrenta Latinoamérica, algunos se sienten tentados a poner el acento de modo unilateral sobre la liberación de la esclavitud de orden terrenal y temporal, de tal manera que parecen hacer pasar a un segundo plano la liberación del pecado, y por ello no se le atribuye la importancia que le es propia. La presentación que proponen de los problemas resulta así confusa y ambigua. Además, con la intención de adquirir un conocimiento más exacto de las causas de la esclavitud que quieren suprimir, se sirven, sin suficiente precaución crítica, de instrumentos de pensamiento que es difícil, e incluso imposible, purificar de una inspiración ideológica incompatible con la fe cristiana y con las exigencias que de ella derivan, nos referimos a la filosofía y las ciencias sociales.

En este literal será objeto de estudio el pensamiento de Gustavo GUTIÉRREZ, padre de la Teología de la Liberación, sobre el concepto de Salvación.

1. La Salvación Según la Teología de la Liberación

El sacerdote Gustavo GUTIÉRREZ inicia su reflexión, afirmando que existe una ausencia de una reflexión *profunda* y *lúcida* sobre el tema de la salvación. Asegura que una de la razones de esta ausencia es el temor de abordar estos temas y que por lo tanto lo que hacen los teólogos es construir reflexiones sobre *cimientos gastados* que después se tambalean. En tal sentido aboga que *llegó la hora* para revisar y profundizar sobre el tema de la salvación. El mismo GUTIÉRREZ efectúa dicha revisión crítica y distingue dos enfoques: El cuantitativo y el cualitativo, y en estos dos aspectos nos concentraremos a continuación.

a. De lo cuantitativo...

GUTIÉRREZ asegura que el tema de la salvación gira alrededor de la problemática de la *salvación de los infieles*. Este hecho es para GUTIÉRREZ un obstáculo para la comprensión exacta del tema de la salvación. El sostiene que este problema está completamente resuelto con el hecho de la *universalidad de la salvación*, la cual, según él, está claramente enunciada por Pablo en su epístola a Timoteo.

GUTIÉRREZ ridiculiza el concepto tradicional de la curación del pecado en virtud de una salvación ultraterrena. El cree que existe la salvación fuera del alcance normal de la Gracia depositada en la Iglesia. En palabras más claras, no hay necesidad de un arrepentimiento, bautismo, compromiso con la Iglesia, la persona puede ser aún salva. Asegura que el concepto de *salvación de los infieles* surge cuando los cristianos se dan cuenta de la existencia de otras personas con otras religiones.

b. De lo cualitativo...

A medida que la idea de la universalidad de la salvación fue cobrando auge, hubo un salto de lo *cuantitativo a lo cualitativo* asegura GUTIÉRREZ. Ahora, la salvación se puede alcanzar fuera de las fronteras visibles de la Iglesia y cualquier hombre *que se abre a Dios y a los demás, incluso sin tener conciencia de ello*, puede ser salvo. Como es obvio esto abre la salvación para las personas de cualquier religión e incluso para aquellas personas moralistas alejadas de cualquier contacto con una religión. Es en este sentido que tenemos una nueva *cualidad* producto de un salto y GUTIÉRREZ se expresa de la siguiente manera:

> La mirada se orienta hacia este mundo para ver en el más allá, no la verdadera vida sino la transformación y la realización plena de la vida presente. El valor absoluto de la salvación lejos de desvalorizar este mundo le da su auténtico sentido y su consistencia propia...

Como puede observarse, este pensamiento es una crítica clara al enfoque tradicional al más allá, haciendo caso omiso de la situación de sufrimiento que padecen nuestros congéneres victimas del pecado social, y más específicamente del pecado personal. En resumen, la salvación para GUTIÉRREZ es simplemente: *comunión de los hombres con Dios y comunión de los hombres entre ellos*. Aunque esta aseveración que parece bíblica, en realidad no lo es, pues él incluye a cualquier individuo que profesa una religión incluso a aquellos que no tienen conciencia de Dios.

2. Reflexión crítica al pensamiento de Gustavo GUTIÉRREZ

Todo lo anteriormente explicado se resume en las siguientes palabras de GUTIÉRREZ:

> La salvación comprende a todos los hombres y a todo hombre; la acción liberadora de Cristo.

El concepto soteriológico de GUTIÉRREZ está en total controversia con los postulados exclusivistas que el N.T. presenta acerca de la salvación. En primer término, el Texto Sagrado establece que el único camino para la salvación es Jesucristo y todo esto mediante una obra regeneradora del Espíritu Santo que tiene como su punto climático el arrepentimiento. Esta condición *sine qua non* es exclusiva del cristianismo evangélico, es decir, apegado a la Biblia. Esto excluye *ipso facto* a todas las otras religiones y especialmente aquellos moralistas que no tienen conciencia de Dios. En este sentido, la *universalidad de la salvación* queda como una teoría errónea, producto de una hermenéutica distorsionada y lamentable, y sí queremos extremar el rigor, podemos decir sin ambages de ninguna naturaleza que la *universalidad de la salvación* es una vil patraña de Satanás.

La aseveración anterior no pretende atacar a Gustavo GUTIÉRREZ como persona, pues ello nos llevaría a caer en una situación de falacia de *argumentum ad hominen ofensiva*, pero si sus ideas, las cuales consideramos altamente peligrosas y fuera de todo contexto bíblico.

Lo anterior no justifica o legitima el actual sistema de injusticia que vive el hombre Latinoamericano bajo los flagelos de pobreza, corrupción administrativa, injusticia social. Esto es verídico, pero también es verídico que este es un estigma con el cual tendremos que bregar, no sin antes hacer la correspondiente denuncia profética, y concienciar a las personas que Jesucristo es el único camino a la liberación del poder de Satanás.

Es innegable que el pensamiento de GUTIÉRREZ está científicamente presentado, con una argumentación aristotélica envidiable y una concatenación de ideas que deslumbra a cualquiera, bueno, no se podía esperar menos de un hombre que se educó en las aulas más prestigiosas de Europa como ser la Universidad de Lovaina en Bélgica y de Lyón en Francia. Sin embargo, son conclusiones teológicas inaceptables porque contradicen la esencia misma del Evangelio de Jesucristo.

En los años 70 del siglo XX, la reflexión de GUTIÉRREZ fue una bomba que cayó inesperadamente y que conmovió a propios y extraños. Se le llamó el padre de la Teología de la Liberación y la fuente de inspiración tanto de católicos como de protestantes en el continente.

Una pléyade de teólogos de la liberación surgieron por todo el continente y las aulas de los seminarios se vieron afectadas directamente con este pensamiento. Sin embargo, su auge y popularidad ha tenido que sucumbir ante la eterna manía de los humanos respecto a las modas que van y vienen.

Finalmente, debemos reconocer que el impacto de este pensamiento ha dejado huellas profundas e imborrables, pues no todo fue negativo. El sacerdote Gustavo GUTIÉRREZ logró que los teólogos, llamados tradicionales, pusieran las barbas en remojo, y analizaran el Texto desde una perspectiva muy diferente a como se venía haciendo hasta ese momento. GUTIÉRREZ introduce términos claves como *liberación*, *pecado social* que hasta ese entonces eran entendidos desde una óptica muy diferente.

No podemos negar que existen aportes positivos en esta reflexión de GUTIÉRREZ, y sin temor a equivocación, es posible asegurar que podemos dividir la historia de la reflexión teológica en Latinoamérica antes y después de la *Teología de la Liberación: Perspectivas*. Publicado por editorial Sígueme de Salamanca en el año de 1972. Y aunque resulte paradójico, los teólogos estamos en deuda con Gustavo GUTIÉRREZ.

B. El concepto Salvación en la Teología latinoamericana

La Fraternidad Teológica Latinoamericana, auspició el CLADE III, (*Vide. Supra Capítulo 2*) que se llevó a cabo en la ciudad de Quito, capital del Ecuador del 24 de Agosto al 04 de Septiembre de 1992. En este cónclave internacional surgió una declaración, que se le conoce como la *Declaración de Quito*. Este documento es muy útil para estudiar el tema de la salvación desde la perspectiva Latinoamericana. Si bien es cierto el título de la declaración de Quito es: *Todo el Evangelio desde América Latina para todos los pueblos*, la misma nos revela el concepto soteriológico de la Iglesia Latinoamericana desde el contexto de un continente que se debate en medio de una serie de flagelos.

Sabemos que el Evangelio es la materia prima que produce la salvación. Sin Evangelio no hay salvación. El Evangelio es Cristo, su obra en la cruz en favor de la humanidad, sin la proclamación de esa verdad no hay salvación, de ahí el mandato divino de transmitir el Evangelio.

Es en ese sentido que será objeto de estudio la Declaración de Quito, que revela los presupuestos teológicos de la salvación vista desde la geografía latinoamericana.

1. Todo el Evangelio

Este apartado inicia con una declaración muy importante: La Palabra de Dios es el fundamento y punto de partida para la vida, teología y misión de la Iglesia. Presenta a Dios como el creador de todas las cosas, reconoce la caída del hombre y el compromiso que Dios establece para reconciliarlo por medio de la persona de Jesucristo. El punto central sobre la soteriología reza de la siguiente manera:

Jesucristo es el verbo encarnado, don de Dios y único camino hacia Él. Por medio de la vida, muerte y resurrección de Jesucristo se ofrece perdón al ser humano, y reconciliación y redención para todo lo creado. El arrepentimiento y la fe son imprescindibles como expresión de la total dependencia de Dios, para recibir la salvación. Quienes reciben el perdón son hechos hijos de Dios y esta nueva relación filial los capacita para obedecerle. La nueva vida significa mantener y desarrollar esta relación con su creador. Ella produce una nueva relación con sus semejantes y con toda la creación, mediado por el compromiso con el Señor y basada en la práctica del amor, la verdad y la justicia. Dios en Cristo crea una comunidad perdonada y reconciliada llamada a ser agente de perdón y reconciliación en un contexto de odio y discriminación.

El resto de este gran apartado expresa conceptos sobre el Evangelio y la comunidad del espíritu, donde asegura que los cristianos deben proclamar la libertad a todos los oprimidos por el diablo. Sobre el Evangelio y el reino de Dios afirma que con Jesucristo llega el reino de Dios y que el mismo está en conflicto permanente con el reino de las tinieblas. El último punto que aborda en esta sección es que el Evangelio es justicia y poder. Por lo tanto no debe conformarse con los abusos e injusticias de las que la sociedad es víctima.

Hasta este punto, el planteamiento soteriológico de la Iglesia Latinoamericana está completamente alineado con los postulados de la teología tradicional desarrollada por los teólogos de antaño como

WARFIELD, HODGE, BERKHOF, CHAFER, *Inter alia*. Ahora, lo que sí cambia las cosas diametralmente es el postulado segundo que será objeto de análisis.

2. Desde América Latina

Hacer teología desde la perspectiva Latinoamericana es completamente diferente a hacerla desde otra perspectiva geográfica. De ahí que la teología tradicional es muy útil porque enuncia verdades capitales eternas, sin embargo, existe un vacío teológico enorme, vacío que hace falta llenar abordando temas pertinentes a la realidad de los pobladores de Latinoamérica. Esta realidad es lo que hace imprescindible trabajos como éste, que sin sacrificar la majestad de la Palabra de Dios y sin faltarle el respeto a la teología tradicional, se abordan temas que tienen que ver con el diario vivir de cientos de millones de seres humanos que poblan el continente.

En virtud de lo anterior los delegados al CLADE III inician hablando de las raíces, las cuales se remontan al Siglo XVI cuando los europeos destruyen la cultura autóctona de poblaciones enteras que son masacradas por ·los conquistadores y más tarde colonizadores. Los delegados al CLADE III reafirmaron que cada cultura debe ser entendida, respetada y promocionada y que la misma es un vehículo fiel para comunicar el Evangelio de Jesucristo. También hacen una aseveración clave, y es que toda cultura está afectada por el pecado que introdujo la corrupción. En ese sentido, la cultura del europeo, no es mejor que la del indígena que poblaba las grandes regiones del nuevo mundo.

En virtud de lo anterior, los delegados de este gran congreso llegan a dos conclusiones importantes. La primera, que al hacer misiones se debe reconocer, respetar y dignificar las etnias y sus culturas y segundo, evaluarlas a la luz del juicio de la Palabra de Dios ofreciendo una esperanza a través de la predicación del Evangelio.

Hablando sobre el tema de la identidad evangélica, la Declaración de Quito nos llama a revalorar nuestras raíces indígenas, africanas, mestizas, europeas, asiáticas, etc. y la confesión que la Iglesia Latinoamericana se ha identificado más con los valores culturales foráneos que con los suyos propios es realmente explosiva.

Luego llega a un punto climático que ningún teólogo latinoamericano puede desconocer al momento de reflexionar desde esta área geografica, el contexto socio-político. Este es el vacío que existe en la teología de CHAFER y de otros teólogos evangélicos. Por esa razón urgía una reflexión *made in Latin America* para dar una respuesta bíblica a la problemática en que viven millones de seres humanos. En este apartado del contexto socio-político, los delegados hablan de los diferentes azotes que padeció y sigue padeciendo la sociedad latinoamericana, como las dictaduras militares, las revoluciones sangrientas, el desplazamiento del campo a la ciudad, la falta de empleo, alimentación, salud, educación y los defectos de las democracias del continente.

El corolario de lo anterior es que existe una responsabilidad social por parte de la Iglesia que no puede ser soslayada por ningún motivo, la Declaración de Quito afirma que: *Nuestra conciencia cristiana no puede cerrar los ojos.* El reino de Dios nos exhorta a la práctica de la justicia, consecuencia intrínseca del perdón.

Finalmente, esta sección nos exhorta a una participación responsable de la vida ciudadana y a la formación de líderes guiados por la vocación cristiana a servir y hacer la diferencia en una sociedad totalmente golpeada. Esto incluye la denuncia profética contra toda suerte de pecados que la sociedad padece.

3. Para todos los pueblos

La última sección de la Declaración de Quito es una exhortación a la Iglesia Latinoamericana a ser portadores del mensaje de Salvación a todos los pueblos de la tierra. Afirma que toda la iglesia es misionera y que esto se fundamenta en el sacerdocio universal del creyente. Otro de los postulados soteriológicos de la Teología Latinoamericana es la misión integral de la Iglesia, que consiste en la proclamación de la salvación no solamente en palabra sino en obra, evitando de esta manera cualquier dicotomía.

Reconoce la conciencia misionera que existe en el continente y la forma como Latinoamérica se ha lanzado a la evangelización del mundo. Subraya que el desarrollo de la misión debe ser de sacrificio o encarnación, es decir, la Iglesia Latinoamericana debe encarar la misión al estilo Jesús, cruzando todo tipo de fronteras geográficas, culturales, sociales y lingüísticas.

La Declaración termina recalcando la urgencia de la proclamación de la Palabra para la salvación de las gentes en todo el mundo.

B. El concepto Salvación en la Teología latinoamericana

En resumen, La Declaración de Quito presenta la perspectiva Latinoamericana sobre la salvación desde una perspectiva eminentemente bíblica a diferencia de la Teología de la Liberación que parte de la realidad del continente no de la Palabra. Aunque la Declaración no habla expresamente de Salvación ni desarrolla un tratado de soteriología Latinoamericana, al hablar de Evangelio, implícitamente lleva adherido el concepto de salvación. El único objeto del *kerigma* es la salvación. El aporte extraordinario de esta declaración es la perspectiva latinoamericana que debe tener ese *kerigma*, y por ende como Dios efectúa la salvación del hombre en la cultura y en la situación en la cual vive.

SECCIÓN II

JESUCRISTO, EL SALVADOR

Según el Texto Sagrado solamente existe un salvador y punto. Ese Salvador es Jesucristo. Ningún ser está calificado, sea angélico o humano para salvar a la raza humana. Es necesario una persona sin mancha, que sea la esencia misma de la perfección y santidad, completamente puro e inocente, que su amor sea tal que voluntariamente ofrende su vida en expiación por el perverso. Solamente Dios es el único que reúne ese requisito, de ahí el origen de esta la gran empresa divina que es la encarnación de Dios en la persona de Jesucristo, quien ofrece voluntariamente su vida para constituirse en el único salvador.

De esta manera, la Soteriología se convierte en la piedra angular de la Teología Sistemática y se concentra en el estudio de la obra de la salvación llevada a cabo por Jesucristo. En la Teología Propia fue objeto de estudio la persona del salvador y alguno de sus aspectos más importantes. Aquí el enfoque es la obra de la salvación, en la cristología el enfoque será las obras del Salvador. Para su estudio, esta sección se ha dividido de la siguiente manera: La persona del Salvador (A), Los sufrimientos del Salvador (B) y La muerte del Salvador (C).

A. La persona del Salvador

El estudio de la persona del Salvador es obligado ya que Él es el fundamento de la salvación. No se puede hablar de salvación sin antes hablar del Salvador, es decir, Jesucristo. Existe una serie de aspectos relacionados con la persona del Salvador que son de mucha importancia estudiarlos y comprenderlos para conocer de una forma más profunda la majestuosa obra de salvación que Él mismo efectuó.

Para conocer más sobre la persona del Salvador se ha dividido este numeral de la siguiente manera: Las siete posiciones de Cristo (1), Los oficios de Cristo (2) y la filiación de Cristo (3).

1. Las siete posiciones de Cristo

Para una mejor compresión de Jesucristo, es menester conocer las siete posiciones en las cuales las Escrituras nos presentan al Salvador del mundo.

a. Cristo - pre-encarnado

Jesucristo no es un ser creado. Es Dios mismo y como tal no tiene principio ni tiene fin. Su origen no es el nacimiento humano con María. Las Escrituras nos hablan con claridad meridiana de su existencia previa a este gran evento. Textos como Isa. 7:14, 9:6-7, Miq 5:2, Lc. 1:30-35, Jn. 1:1-2, 14, Jn. 17: 1-3, Fil. 2: 6-8, Col. 1:13-17, I Tim 3:16, *Inter alia*, dan testimonio de la pre-existencia de Cristo.

El Texto para analizar y exponer la doctrina de la pre-existencia es el que se encuentra en Jn. 1:1-2 y 14. Aquí nos habla que en el principio era el *logos* y que el *logos* era con Dios y era Dios y en el V 14 nos declara que ese *logos* se hace carne. Este pasaje nos muestra dos doctrinas bien claras: La encarnación de Dios y la pre-existencia de Cristo.

b. Cristo - encarnado

La encarnación de Dios, es una declaración fundamental en la Teología, el reconocimiento que Jesucristo es Dios. Que ese personaje que la gente conocía como el hijo de José y María y cuyos hermanos eran conocidos por la gente, reunía en su personalidad, sin mengua de ninguna clase, la divinidad. Que Él era y es en esencia y potencia Dios. De manera que aquella pregunta ¿Quién es este que aun la mar le obedece? Puede ser contestada de una forma sencilla. Es Dios.

c. Cristo - en su muerte

Más adelante se abordará con mayor precisión este tema, sin embargo, vale afirmar que la muerte del Salvador era de capital importancia, y para ser más especifico, mediante un sacrificio, pues estaba establecido en el Antiguo Testamento *que sin derramamiento de sangre no hay remisión de pecados*.

d. Cristo - resucitado

La resurrección es el acto mediante el cual Jesucristo se levanta de entre los muertos con un cuerpo glorificado y muestra a la humanidad que la muerte, de ninguna índole, tiene señorío sobre Él. Posteriormente entraremos en detalles de que significa la resurrección de Jesucristo.

e. Cristo - ascendido y sentado en los cielos

Aunque Jesucristo es omnipresente y habita por la fe en los corazones de todos los creyentes, está localmente sentando en el trono de su padre, ejerciendo su papel como el Salvador del mundo. La expresión *sentado a la diestra de Dios padre* debe entenderse como una figura retórica para describir la función de la segunda persona de la Trinidad.

d. Cristo - en su segunda venida

La esperanza escatológica del pueblo de Dios es la *parusia* de Jesús. Él mismo lo dijo y los apóstoles dejaron bien sentada la doctrina de la segunda venida. Este evento será un hito histórico en la existencia humana por todo el significado que este tiene. El fin del Kosmos Satánico y el principio del Reino de Dios.

f. Cristo - en su reinado eterno

Está claramente establecido en el Texto Sagrado el reino eterno de Jesucristo, a fin de que se cumpla la promesa dada en el AT, en el sentido que un descendiente de David iba a ser Rey por siempre y para siempre. En la teología premilenial, el reino eterno de Jesucristo es posterior al milenio, en cambio, en la teología amilenial el reino eterno ocurre después de la *parusia* y juicio final.

Una vez expuestas las siete posiciones de Jesucristo, es de suma importancia detenerse en lo relacionado a sus oficios, y es precisamente el punto que a continuación se discute.

2. Los oficios de Cristo

Para una mejor comprensión de la obra de salvación efectuada por el Salvador del mundo, es muy útil indicar la división doctrinal de los oficios del Salvador, es a saber, Profeta, Sacerdote y Rey.

a. Profeta

Predica el *kerigma* de Dios (Cf. Deut. 18:15-19; Hech. 3:22), es decir, es el canal mediante el cual el mensaje de Dios es transmitido al pueblo y esta es precisamente una de las actividades esenciales del ministerio de Jesús, lo vemos en la declaración: *El espíritu del Señor está sobre mi, por cuanto me ha ungido para dar buenas nuevas a los pobres...* Lc. 4:18. Jesús declara aquí su oficio como profeta. Huelga señalar que el mismo Jesús se aplicó el título de profeta cuando declaro: *no hay profeta sin honra, sino en su misma tierra...* Lc. 13:57

El teólogo CHAFER nos habla que Jesucristo efectuó su ministerio profético en tres dimensiones: Antes de su encarnación, en su encarnación y posterior a su resurrección. La clasificación hecha por el teólogo norteamericano es pertinente, puesto que existen manifestaciones previas al nacimiento de Jesús a través de la personalidad del Ángel de Jehová y existen manifestaciones proféticas posteriores a su resurrección.

b. Sacerdote

El sacerdote es aquel que intercede y se ofrece a sí mismo por el pueblo que ha pecado. (Cf. Sal. 110:4; Heb. 7:17). Huelga señalar que la epístola a los Hebreos nos muestra, como ninguna otra, esta verdad de Jesucristo como el gran Sumo Sacerdote. También lo encontramos anunciado en los tipos del Antiguo Testamento. Jesús cumplió todos los requisitos desde la perspectiva humana para no ser piedra de tropiezo a los judíos y ser consistente con las prescripciones mosaicas. El ser sacerdote según la orden de Melquisedec lo exime de ser descendiente de Leví como prescribe la ley. El inicio de su ministerio a los 30 años es otra señal que da testimonio de su sacerdocio, pues el libro de Números prescribe tal disposición en el capítulo 4 y verso 3.

c. Rey

El reinado está relacionándolo con el trono de David y la promesa que un descendiente de David se iba a sentar en el trono para gobernar por siempre y para siempre. Esta profecía tiene un fiel cumplimiento en la personalidad de Cristo quien reinará para siempre con toda majestad (Cf. Is. 9:6-7; Luc. 1:31-33). Este tema será abordado nuevamente cuando se estudie la Escatología.

Una vez visto lo relacionado con los tres oficios de Cristo, es menester tratar lo relacionado con la filiación de el Salvador.

3. La filiación de Cristo

El Texto Sagrado nos hace mención de la persona de Jesucristo y su cuádruple filiación mientras permaneció en la tierra. En otras palabras nos referimos a las diferentes formas como Jesucristo se relacionó o estuvo vinculado con la humanidad. A continuación se efectuará ciertas consideraciones al respecto.

a. Hijo de Dios

El Texto Sagrado presenta a Jesucristo como el unigénito Hijo de Dios que da su vida por el mundo perdido, cuyo nacimiento es profetizado por Isaías. Como es obvio, la filiación de padre e hijo desde la perspectiva humana no puede ser aplicada entre la primera y segunda persona de la trinidad. Aquí la filiación debe entenderse en el sentido que Hijo de Dios es una manifestación más de Dios, pues el Padre no es superior al Hijo ya que en esencia son uno.

b. Hijo de Hombre

Durante su ministerio terrenal, Jesucristo utilizó el título de Hijo del Hombre como ningún otro. Sobre este tema el Prof. SCOFIELD se expresa:

El título Hijo de Hombre que el Señor Jesucristo se aplica así mismo setenta y nueve veces, es usado por Jehová noventa y nueve veces al dirigirse a Ezequiel. En el caso de nuestro Señor el significado del título es claro: es su nombre racial como el Hombre representativo, en el sentido de I Co. 15:45-47.

Sin lugar a dudas, la utilización de este título es una referencia a la humanidad de Dios y a la sacrosanta misión que Él mismo revela cuando afirma: *El hijo del hombre ha venido a buscar y salvar lo que se había perdido* Lc. 19:10. En esencia se refiere a su humanidad, y es el nombre racial que Él lleva en su carácter de Hombre representativo, implicando su misión, muerte, resurrección y segunda venida.

c. Hijo de David

Cristo es el Rey y Mesías de Israel, el heredero digno de sentarse sobre el trono davídico. Esta designación vincula directamente a Jesucristo con la promesa divina a la casa de David. De manera que cuando Bartimeo gritó...*hijo de David, ten misericordia de mi...* estaba reconociendo la mesianidad de Jesucristo. Como es lógico, esta filiación tiene una vinculación exclusiva con el pueblo judío.

d. Hijo de Abraham

En la promesa dada al patriarca, las familias de la tierra serían benditas en su simiente (Cristo). A diferencia de la filiación de Hijo de David que tiene una vinculación exclusiva, la de Hijo de Abraham es completamente inclusiva y tiene una relación directa con todos los judíos y gentiles igualmente.

B. Los sufrimientos del Salvador

Al entrar en este tema, nos ubicamos en uno de los puntos más sensibles de la Teología Sistemática, el dolor, el padecimiento que Jesucristo experimentó en su misión redentora. El alto costo que esto significó a Dios, el inefable sacrificio de Jesucristo, provocándole un dolor tan grande que el lenguaje humano es completamente incapaz de describir. Lo que se diga en este tratado será una aproximación de lo que realmente significa el costo de la salvación.

B. Los sufrimientos del Salvador

El primer considerando de esta exposición es que Dios no le debe la salvación a nadie y que sí El no hubiera hecho lo que hizo, hubiera estado en lo correcto, pues todos merecíamos el castigo por nuestros pecados. Empero Dios, toma una iniciativa de salvación respecto al hombre y decide por amor *tomar una copa* que solo Él podía tomar, su kenosis, el dolor inefable sufrido por el gran amor que ha tenido a una generación *maligna y perversa*. Al estudiar el tema y comprender en una dimensión humana el significado de los sufrimientos del Salvador, queda suficientemente claro por qué el lago que arde con fuego y azufre es el lugar que merecen aquellas personas que no reconozcan a Jesucristo como su salvador.

Este apartado se estudiará en dos partes principales: Los sufrimientos en su vida (1) y los sufrimientos en su muerte (2).

1. Sufrimientos en su vida

Durante su peregrinaje por este mundo, el Salvador padeció tres tipos de sufrimientos que son de importancia mencionar: Sufrimientos por su santo carácter, sufrimiento por su compasión y finalmente sufrimiento por su presciencia.

a. Sufrimiento por su santo carácter

El Salvador sufrió al ver el pecado, la maldad y la corrupción de la humanidad. Le dolió profundamente mirar su máxima creación perdida. Todo pecado del hombre hiere u ofende directamente la santidad de Dios, sin duda experimentó un gran dolor al vivir físicamente en medio de un mundo corrompido por la maldad.

Jesucristo era el cordero inmaculado y sin defecto que iba a ser sacrificado en sustitución de la humanidad culpable. Este hecho de pureza fue la causa del sufrimiento, pues vio las manifestaciones de la obra de Satanás cegando el entendimiento de las personas y las llevándolas por derroteros de muerte y perdición.

Si vamos a ser congruentes con la realidad, Dios sigue experimentando un sufrimiento inefable al observar el incremento de la maldad en todas las esferas de la humanidad.

b. Sufrimiento por su compasión

Cristo representó el corazón del Padre, el padre que llora con los que lloran, el padre que sufre al ver a los enfermos, a los mendigos, a los endemoniados y que no puede quedarse con las manos cruzadas, tiene que hacer algo. Es esa compasión que lo llevó a sanar la hija de la mujer Sirofenicia, o a la mujer con el flujo de sangre. Es su compasión que lo llevó a expulsar los demonios del joven lunático, en fin, el padre, el pastor que ve a sus ovejas en necesidad y que tiene que hacer algo. Esta realidad, sin ninguna duda, causó un gran sufrimiento al Salvador.

Igual que en el caso anterior, los sufrimientos por causa de su compasión no es un hecho del pasado, sigue teniendo vigencia en la actualidad y Dios se compadece de la miseria en que viven millones de latinoamericanos, de aquellos infectados con el virus del Sida desahuciados de la vida, se compadece de la ceguera de aquellos que forman parte de las pandillas y que se dedican a la producción y tráfico de cocaína. En fin, Dios sigue sufriendo por su compasión a una raza corrompida.

c. Sufrimiento por su presciencia

Jesucristo al ser Dios es onmiciente, por lo tanto Él conocía de antemano lo que tendría que vivir en su sacrificio vicario. Sabía con exactitud la *copa que tenía que beber* el número de latigazos, las blasfemias, la humillación pública, la agonía de la cruz. El sabía todo sobre el dolor y sufrimiento que esto causaba, no solamente en el ámbito físico empero en el espiritual.

Cuando comprendemos esto, también comprendemos la espantosa agonía que Jesús sufrió en el Huerto de Getsemaní la noche que fue arrestado y entregado para morir. Este tipo de sufrimiento es único y exclusivo de la segunda persona de la trinidad tanto en la ocasión como en el tiempo. Este es un hecho no repetible.

2. Sufrimientos en su muerte

La crucifixión fue un vil asesinato, empero al mismo tiempo, la cruz fue un instrumento, mejor dicho, el único instrumento de salvación. Es la más grande manifestación de pecado y maldad, empero concomitantemente es la más grande manifestación de amor. Cargar sobre sí el pecado de la humanidad fue más doloroso que el mismo castigo inflingido por sus verdugos. El sufrimiento padecido por Jesús en la cruz se revela en la exclamación *Dios mío, Dios mío ¿por qué me abandonas?* En este momento Jesús se hace pecado, es *ipso facto* reo de muerte y debe morir.

Su sangre se convierte en expiatoria y la humanidad queda absuelta de culpabilidad a un precio supremamente elevado, el sufrimiento inefable del Dios que *de tal manera amó al mundo, que dio a su hijo unigénito, para que todo aquel que en Él creyera no se pierda sino que tenga la vida eterna.*

Finalmente, es necesario aseverar que el sufrimiento de la segunda persona de la trinidad en su muerte es producto de un plan eterno, trazado con el conocimiento absoluto de Dios, ejecutado por el poder concedido por Él mismo a los gentiles y culminado por su voluntaria entrega en sacrificio perfecto. Dios Padre le envía, Dios Espíritu Santo le ofrece y Dios Hijo muere. La obra fue consumada en la cruz del calvario hace 2000 años y hoy se aplica a todo aquel que cree en Él.

C. La muerte del Salvador

En el Nuevo Testamento encontramos dos términos que expresan la doctrina de la muerte vicaria de Cristo. La primera es, *hyper* que significa algo ya realizado que viene a ser de beneficio para otros. También puede significar *sustitución*, como es el caso de Romanos 5:8, donde afirma que *Cristo murió por (hyper)* nosotros, es decir, en sustitución nuestra. Existe otra palabra griega que se usa en la Biblia para referirse a la doctrina de la sustitución, esta es *antí* que expresa completa sustitución de una cosa o persona en lugar de otra, como es el caso de Mateo 20:28 ... *vino a dar su vida en rescate por (antí) muchos...*

Lo que esta doctrina nos enseña es que Cristo tomó nuestro lugar en la cruz, es decir que, quien debió haber muerto era el hombre, nunca el inmaculado Dios que no solamente murió en nuestro favor, sino que muere en nuestro lugar como se revela en los términos *hyper* y *antí*. Esto está en perfecta consonancia con los tipos del Antiguo Testamento, donde el cordero era recipiente de la culpa del pecador y por lo tanto tenía que ser sacrificado para que sirviera de expiación por el pecado del penitente. Es en este sentido que Jesucristo se convirtió en el perfecto anti tipo del sacrificio expiatorio del Antiguo Testamento y es en este sentido que la muerte de nuestro Señor fue tipificada por hechos como la ofrenda de Abel, el sacrificio de Noé, por la prescripción del cordero pascual, las ofrendas del tabernáculo (holocaustos, oblaciones de paz, por la culpa y por el pecado), las dos aves, el día de la expiación, la vaca alazana; por tipos como las túnicas de pieles, el arca de Noé, el pan y el vino de Melquisedec, ofrenda de Isaac, José, el maná, la roca, etc. Todo el Texto bíblico nos habla de expiación, perdón, remisión, culpa, justicia, justificación, pena, castigo, propiciación, reconciliación, redención, rescate, sacrificio, satisfacción y sustitución.

Sección III

EL DECRETO DE ELECCIÓN

Después que Juan CALVINO, retomando el pensamiento de AGUSTÍN de Hipona, expusiera al mundo su tesis sobre los decretos divinos y específicamente sobre la predestinación, se inició un candente debate entre sus seguidores y Jacobo ARMINIO. Los primeros sostenían que Dios, en el ejercicio de su gracia soberana hizo que ciertos individuos gozaran la salvación por Jesucristo; trayendo como aparejada consecuencia la reprobación o condenación incondicional al resto de la humanidad. Por su parte, ARMINIO y sus seguidores aseguraron que los hombres son predestinados para ser salvos y que solamente el libre albedrío del individuo puede decidir su eternidad, no Dios mediante un decreto, por tanto, si un creyente peca deliberadamente, pierde su salvación, aunque puede recuperarla mediante un acto denominado reconciliación. Como puede observarse, ambas tesis son antitéticas e irreconciliables y han dividido a la iglesia evangélica durante muchas centurias. Todos los intentos de reconciliarlos, desde los tiempos del Sínodo de Dort hasta nuestra época, han resultado en un fracaso.

El objeto de esta investigación, además de efectuar un análisis bíblico-histórico sobre los decretos divinos, será el de analizar el enfoque calvinista sobre la soberanía de Dios y el arminiano sobre el libre albedrío del hombre para llegar a una síntesis teológica aceptable. El estudio sobre este fascinante tópico nos conducirá a los más profundos e inaccesibles temas que puedan ocupar la mente de los hombres, la naturaleza, los atributos, los propósitos y las operaciones del infinito e incomprensible YHWH que son vistos de manera especial en sus relaciones con el destino eterno de sus criaturas inteligentes. La naturaleza peculiar de los decretos divinos demanda, y con razón, que siempre nos acerquemos y los consideremos con la más profunda humildad, cautela y reverencia, ya que esto trata un tema tan terrible y abrumador, como lo es la miseria eterna de una multitud incalculable de nuestros semejantes así como la bienaventuranza de un segmento de la humanidad para la cual la Gracia de Dios ha sido eficaz.

Habiendo establecido el objeto de estudio de la presente sección, es menester plasmar o puntualizar que dicha investigación se realizará bajo la siguiente hipótesis y propósitos subyacentes. Demostrar que la soberanía de Dios no excluye en ninguna manera a la voluntad de la criatura y, a *contrario sensu*, la voluntad de la criatura no excluye en ninguna manera a la soberanía de Dios. En otras palabras, que el concepto soberanía y libre albedrío no son conceptos antitéticos sino sintéticos. De la premisa anterior se derivan una serie de propósitos subyacentes que a continuación se exponen: 1) Efectuar un análisis bíblico e histórico de la doctrina de la Predestinación y 2) Exponer y analizar históricamente los Decretos Divinos y precisamente detenernos en el decreto de la Predestinación; puntos de vista Arminiano y Calvinista y objeciones sobre el tema anterior.

A. Análisis histórico de los decretos divinos

La doctrina de los decretos divinos es un tema fundamental en la Teología Calvinista, no así en la Teología Arminiana, donde hay un manifiesto descuido en su análisis y exposición sistemática, esto causa una laguna muy significativa en aquellos que sostienen este punto de vista. Estos dos pensamientos teológicos, como ya se apuntó anteriormente, han sido antagónicos e irreconciliables durante siglos, propiciando una polémica que aún se sostiene en la actualidad y que en ningún momento se pretende solucionar en esta investigación, sino, arrojar luz y observar cómo este espinoso asunto puede observarse desde una perspectiva ecléctica.

Para realizar el cometido propuesto, se ha decidido iniciar el recorrido del camino con una breve sinopsis histórica de la teología decretal, en aras de establecer la historicidad de la doctrina y por ende de un fundamento sólido para demostrar la hipótesis sostenida.

1. El Periodo Católico

San AGUSTÍN se constituyó en el primer teólogo en abordar el tema de los decretos divinos a principios del S. V d.C. Él expuso de una manera brillante el decreto de la predestinación en respuesta a la tesis formulada por Morgan PELAGIO, quien había afirmado que el hombre no nace afectado por la naturaleza del pecado y que posee un libre albedrío con el cual decide su vida y su futuro. Esta postura fue el caldo del cultivo que dio origen a la tesis de que unos son elegidos para vida eterna y otros reprobados para condenación eterna y dicho en otras palabras, a la controversia entre la soberanía de Dios y el libre albedrío del hombre. Huelga advertir que la síntesis de San AGUSTÍN no tuvo la aceptación del pueblo cristiano de la época, y no fue, hasta que Juan CALVINO la sistematizó, que ésta alcanzó el prestigio que ahora goza.

2. Periodo de la Reforma

Una vez sistematizada esta doctrina por Juan CALVINO adquirió una sorprendente popularidad en Europa continental, así como en Inglaterra, Escocia y América del Norte. En esta misma época surgió una reacción encabezada por Jacobo ARMINIO, dando inicio de esta manera al «período de las polémicas.» La más importante de todas fue sin duda el Sínodo de Dort, en el cual se reunieron los seguidores de CALVINO y los seguidores de ARMINIO para discutir el tema, sin llegar a ningún acuerdo, sino todo lo contrario, profundizaron la brecha que los separaba sin imaginar como este resultado iba a afectar a la Iglesia en el futuro. Otro de los eventos trascendentales de este período fue el Sínodo de Dordrecht que se reunió el 1 de noviembre de 1618, en la ciudad holandesa del mismo nombre, en que acudieron representantes de Holanda, Francia, Alemania y Suiza. De este sínodo surgió la Doctrina de Dordrecht, conocida también como los cinco puntos del calvinismo, que posteriormente serán tratados.

3. El periodo de la Post-Reforma

Después de la reforma, el protestantismo se ha dividido en dos vertientes principales respecto al tema de la predestinación, es a saber los calvinistas y los arminianos. Dentro de los primeros se mencionará a la Iglesia Presbiteriana que adoptó la Confesión de Westminster con ciertas modificaciones introducidas después, lo mismo hicieron las Congregacionistas en Saboya en 1658. En 1677 los Bautistas redactaron su confesión en base a la de Westminster, la que se llamó la segunda confesión de Londres y que fue la base de la confesión Bautista de los

Estados Unidos de 1724, y que se le llamó Confesión de Filadelfia y por supuesto la Iglesia Cristiana Reformada, que ha adoptado la tesis de Juan CALVINO.

La otra variante es el arminianismo, quienes abogan por el libre albedrío del hombre. Una de las primeras iglesias en adoptar esta tesis fue la Iglesia Amigos o Cuáquera, fundada por Jorge FOX. Luego surge con mayor ímpetu Juan WESLEY quién adoptó el concepto Soteriológico planteado por Jacobo ARMINIO y que es la tesis sostenida por la mayoría de los metodistas en el mundo entero de donde surgen los Nazarenos, quienes se han convertido en los más vehementes defensores de la tesis arminiana. Dentro de la familia arminiana han surgido los grupos llamados pentecostales que han seguido la misma línea.

4. Periodo Moderno

Desde los días de SCHLEIERMACHER la doctrina de la predestinación recibió un tratamiento enteramente distinto. La religión fue considerada como algo subjetivo, como un sentimiento de absoluta dependencia a la conciencia de abierta y continua dependencia a la casualidad que es propio del orden natural. Esto lo dejo muy claro BERKHOF cuando expreso:

«Según SCHLEIERMACHER, la tarea de la dogmática es describir los sentimientos que la iglesia experimenta en unión con Cristo el Salvador, para él la religión ... [es] un sentimiento de depender de una última realidad, el cual se levanta sólo dentro de la comunidad cristiana...»

Lo anterior equivale a afirmar que el dogma de la predestinación, desde cualquier enfoque teológico que se efectúe es producto de los sentimientos de la iglesia, no de una reflexión profunda del Texto Sagrado.

Karl BARTH por ejemplo, afirma que todos los hombres son electos en Cristo, y que la diferencia básica entre los creyentes y los no creyentes es solamente que estos últimos no conocen todavía que ellos son elegidos, y que porque Jesús tomó sobre sí el rechazo del hombre, ningún hombre es rechazado.

Ambas posturas se encuentran en el interior del mismo individuo; pero en un modo tal, que visto desde el lado humano el hombre siempre está reprobado, pero visto desde el lado divino el hombre es un elegido, la base de la elección es la fe. La base de la reprobación es la falta de fe.

5 Periodo de la Teología Latinoamericana

La Teología Latinoamericana no se interesa por esta clase de temas, considerándolos parte de la teología tradicional y sin mayor relevancia para las necesidades del pueblo. A pesar de lo anterior, este tema es de capital importancia y nunca debe ser excluido del estudio de la Teología. La palabra no es exclusión o no tiene importancia, sino inclusión, todo es importante, el detalle del asunto es darle la perspectiva cultural adecuada para que el estudio sea pertinente al lector de determinada área geográfica aunque hay doctrinas bíblicas a las cuales no se les pueden hacer enfoques culturales *v.g.* la trinidad o la deidad de Cristo, *Inter. alia.*

B. Puntos de controversia entre el calvinismo y el arminianismo

Habiendo hecho el respectivo análisis histórico y el planteamiento del problema, se abordará la esencia misma de la contradicción de estas tesis. Como puede observarse, se tiene dos posturas antitéticas e irreconciliables, una de las dos puede ser verdadera o las dos falsas o cada una puede tener elementos de verdad que sean el fundamento de una nueva síntesis. Esta última alternativa se considera la más adecuada, es decir, una síntesis ecléctica, la cual combina elementos de ambas tesis.

Para obtener una tesis ecléctica es necesario señalar aspectos que pueden ser considerados como debilidades de las tesis tradicionales y simultáneamente enfocar la doctrina desde otra perspectiva; que es precisamente lo que a continuación se efectúa.

1. La elección incondicionada versus la elección condicionada

La primera es sostenida por los calvinistas y aparece como el primer artículo del Sínodo de DORDRECHT y la segunda es sostenida por los arminianos, quienes afirman que Dios elige a aquellos a quienes Él sabe que van a creer en Jesucristo.

a. Tesis Calvinista

La causa de la predestinación de Dios de elegir a unos para salvación y a otros para condenación es únicamente la complacencia de Dios, la cual no consiste en que Él escogió como condición, de entre todas las posibles condiciones, algunas cualidades u obras de los hombres, sino en que Él se tomó como propiedad, de entre la común muchedumbre de los hombres, a algunas personas determinadas. Y para probar esta teoría, recurren a un argumentum *ad verecundiam:*

«...No habían aún nacido, ni habían hecho aún ni bien ni mal, para que el propósito de Dios conforme a la elección permaneciese, no por obras sino por el que llama...el mayor servirá al menor, como está escrito: A Jacob amé, más a Esaú aborrecí...

En este mismo sentido puede leerse el siguiente pasaje del libro de los Hechos:

«... y creyeron todos aquellos que estaban ordenados para vida eterna...»

La conclusión, sin lugar a dudas es correcta según los cánones de la lógica, pero presenta las siguientes debilidades:

– Todas las personas que en la Biblia fueron salvas, especialmente los héroes de la fe de Hebreos 11, tuvieron grandes méritos, realizaron obras extraordinarias y pusieron el nombre de Dios muy en alto, Dios nunca salvó ni salva a ningún ser humano que no hace méritos.

– La hermenéutica de los pasajes anteriormente citados debe leerse en conjunción a lo expuesto anteriormente para evitar caer en una falacia de *Accidente Inverso* al tomar versículos aislados y de generalizarlos apresuradamente para constituir una doctrina. En la Biblia se encuentra versículos que expresan exactamente lo contrario, tal es el caso de: «... *todo aquel que invocaré el nombre del Señor será salvo...* » o el texto contundente de Juan 3:16: «*Porque de tal manera... para que todo aquel que cree en él no perezca, sino tenga vida eterna.* »

b. Tesis arminiana

Por el contrario, los arminianos sostienen que la salvación está condicionada a la fe a diferencia de los calvinistas quienes arguyen que esta condicionada al decreto *i.e.* incondicionada. El texto de Juan 3:16 así como aquellos que hablan de creer para ser salvo, son argumentos *ad verecundian* que apoyan la tesis arminiana. Es exactamente el mismo problema de la tesis calvinista, lógicamente estructurada pero con una conclusión debatible. No es posible que la fe *per se* sea causa de la salvación, sino todo lo contrario, hay que examinar las causas o las circunstancias que provocaron esa fe, que en realidad es el efecto de una causa y no viceversa. La fe es un mérito humano, eso está totalmente claro, como puede observarse en el caso del incrédulo Tomás. De manera que afirmar que la salvación dependa de un mérito humano *per se*, es muy discutible. Es necesario analizar las circunstancias, que por supuesto tienen su origen en el decreto. En otras palabras, la salvación es un decreto, pero también es algo donde entra en juego el mérito humano.

Los arminianos aducen que la tesis de la elección y el rechazo de los calvinistas:

> «*Es altamente injurioso a Dios, porque le hace el autor de todo pecado, lo cual es lo más contrario a su naturaleza... Calvino dijo: «Yo digo que Adán cayó por la orden y voluntad de Dios. Dios quería que el hombre cayera. El hombre es cegado por la voluntad y mandamiento de Dios. La causa más alta y remota del endurecimiento es la voluntad de Dios...*»

En primer lugar, no es exacto afirmar que los calvinistas hagan a Dios autor del pecado, ya CHAFER señala lo siguiente:

> «*... la idea de que Dios es el autor del pecado es una exageración descuidada de la doctrina de los decretos de Dios. Contra todas estas teorías está la verdad bíblica, según la cual los hombres son responsables de su mala conducta, cualquiera que haya sido la previsión divina con respecto a todo lo que ha sido el pecado en el universo. Por tanto, es claro que tanto en las esferas angélicas como en las humanas, el pecado surge del abuso de la libertad moral*».

Totalmente de acuerdo, en que el abuso de la libertad moral de Luz Bell fue el origen del pecado en las esferas angélicas, así como el abuso de la libertad moral de Adán fue el origen del pecado en las esferas humanas, Dios no crea el pecado, sino la posibilidad de pecar, es la criatura quien decide, pues al ser hecho a la imagen y semejanza de Dios, se entiende que posee en cierta medida las facultades morales de su creador.

En segundo lugar, respecto a la aseveración de que CALVINO dijo que Adán cayó por orden de Dios, no se ha encontrado en su teología, empero si él alguna vez afirmó tal cosa, se contradice con la siguiente cita:

«... *la infidelidad fue la causa de esta caída...*

Lo cual concuerda con el orden de los decretos electivos, donde se observa que se habla del *decreto de permitir la caída*, con lo que no se tiene ningún problema, pero afirmar que Dios ordenó la caída de Adán y que cegó su voluntad, nos parece una exageración, Dios creó las circunstancias para que Adán pecara, pero lo dejó en plena libertad para decidir; éste abusando de su libertad, desobedece y entra el pecado en las esferas humanas. Dios creó las circunstancias, permitió a Satanás que engañara al hombre, pero fue Adán quien lo decidió, no Dios ni Satanás.

Finalmente, uno de los argumentos arminianos más vehementes es aquel que afirma que la doctrina calvinista es injuriosa a Dios porque lo presenta a El deleitándose en la muerte de los pecadores. Esta opinión es una exageración, los calvinistas opinan:

«*Dios no le debe a nadie esta gracia; porque, ¿Qué debería Él a quien nada le puede dar a Él primero, para que le fuera recompensado...?*»

Es totalmente correcto, Dios no le debe gracia a nadie y si salva a unos pocos y este hecho implica la condenación de la mayoría, no hay ningún problema aparente, empero, profundizando en la palabra de Dios, se observa que Él no quiere la muerte del impío, sino que todos procedan al arrepentimiento, *ya que ha pasado por alto los tiempos de esta ignorancia, pero ahora declara a todo hombre que proceda al arrepentimiento.* No es correcto afirmar que los calvinistas piensan en que Dios se deleita mandando a la gente al infierno, pero tampoco es correcto sostener, sin tener en cuenta el mérito que Dios escoge a unos para vida y a otros para muerte.

2. La expiación limitada versus la expiación ilimitada

El debate en este punto antagónico estriba en la interrogante ¿Por quiénes murió Cristo? ¿Por los elegidos a vida eterna o por la totalidad de la humanidad?

a. Tesis Calvinista

Como es obvio, los calvinistas abogan por la tesis de la expiación limitada, Jesucristo murió única y exclusivamente por los elegidos para vida eterna. El debate sobre este tema es álgido y harto complicado, y sin entrar en mayores detalles se procederá a efectuar un análisis exegético de la palabra *mundo* en Jn. 3:16, 2 Cor 5:19, He 2:9, I Jn 2:2.

Los redencionistas limitados –para utilizar el término de CHAFER– afirman que el empleo de la palabra *mundo* está restringida a los elegidos basando su argumento en que el término *kosmos* puede a veces estar restringido en la extensión de su significado. De manera que Jn. 3:16 debe leerse: «*De tal manera amó Dios a los elegidos...*» En este caso particular se está ante una falacia de accidente porque aplica un término de uso general a un caso particular; al de los elegidos. Esta conclusión se alcanza del análisis del contexto que nos indica que la palabra *kosmos* debe interpretarse en su sentido usual y ordinario, es decir, no a un grupo de personas en particular sino a la raza humana en general.

b. Tesis arminiana

Es la cualidad contraria a la anterior, sostiene, basada en los textos anteriormente citados, que Jesucristo murió por todos los seres humanos sin distinción de ninguna naturaleza, de tal manera que WILEY expresa que: «*La predestinación es el propósito gratuito de Dios para salvar a toda la humanidad...*»

Jesucristo murió por todos los hombres no por un número de personas arbitrariamente elegidas. Tal doctrina pareciera, en algún momento, ser más convincente que la expuesta por los calvinistas, sin embargo, aunque esta lógicamente estructurada es debatible.

3. La depravación total versus la depravación parcial

Este tópico es abordado en la tercera regla del sínodo de DORDRECHT, y como los anteriores es controvertido e intrincado.

a.- Tesis Calvinista

A diferencia de Morgan PELAGIO, tanto los calvinistas como los arminianos creen en la depravación del ser humano y en la existencia del pecado innato, empero los primeros afirman que el hombre está totalmente corrompido y como consecuencia es totalmente incapaz de buscar a Dios y menos de hacer una decisión de fe en procura de un cambio de vida. Esta teoría es expuesta de la siguiente manera:

> *«Pero otros siendo llamados por el ministerio del evangelio, acuden y se convierten, no se tiene que atribuir al hombre como si él, por su libre voluntad, se singularizase así mismo... sino que se debe atribuir a Dios, quien, al igual que predestinó a los suyos desde la eternidad en Cristo, así también llama a estos mismos en el tiempo, los dota de la fe y de la conversión y, salvándolos del poder de las tinieblas, los traslada al reino de su hijo...»*

El problema grave de este argumento es que hace del hombre un robot o un títere en las manos de Dios, lo cual no corresponde a la verdad, pues el hombre como persona, además de intelecto y sentimientos, tiene voluntad y poder de decisión. La tesis se agrava aún más cuando los calvinistas hablan del libre albedrío del hombre:

> *«Pero apartándose de Dios por insinuación del demonio y de su voluntad libre...»*

Ya la canónica enseña en su principio de la contradicción que es imposible que x sea igual a y y no sea igual a y al mismo tiempo, que es exactamente lo que ocurre con la teoría calvinista: por un lado se niega que el hombre no tiene voluntad propia y por el otro se afirma que tiene libre albedrío. Tal teoría es muy discutida.

b. Tesis Arminiana

Como es de esperarse, los arminianos rechazan tal postura pues hiere uno de los aspectos más sensibles de su teología; la del mérito humano. Para contrarrestar la escalada calvinista esgrimieron la tesis de la gracia preveniente, la cual es definida por WILEY como:

> *«... La gracia que «va antes» o prepara el alma para la entrada al estado inicial de salvación. Es la gracia preparatoria del Espíritu Santo ejercida hacia el hombre indefenso en el pecado. En lo que se refiere a la culpa, puede ser considerada misericordia; en lo que respecta a la impotencia...*

[Es la] manifestación de la divina influencia que precede la total vida regenerada.»

Evidentemente, tiene mucho sentido afirmar que Dios influye para que una persona se convierta, es más, es algo que ningún teólogo responsable puede negar. El problema que surge con esta tesis es: ¿si Dios ejerce una gracia prevéniente con todos los seres humanos, porque la inmensa mayoría no responde? ¿Es acaso ineficaz la gracia prevéniente? porque está totalmente claro que más de la mitad de la población mundial que vive en la ventana 10/40 no tiene el más mínimo interés en el mensaje de Jesucristo.

4. La Gracia irresistible versus la Gracia resistible

La primera es defendida por los calvinistas y la segunda por los arminianos.

a. Tesis Calvinista

Los calvinistas afirman que una vez que un persona es elegida para salvación simple y sencillamente no tiene más alternativa que convertirse y ésto no porque lo decida él sino por el decreto de Dios. Lo anterior asegura que absolutamente todos los elegidos irremediablemente serán salvos porque un poder sobrenatural, llamado *gracia irresistible* doblegará su «voluntad».

El problema que enfrenta este argumento es que reduce al hombre a un simple robot o títere, lo cual es difícil de aceptar. Quiérase o no, afirmar lo anterior equivale a detener toda la obra evangelizadora a través de todas las misiones que se efectúan al rededor del mundo, pues si los elegidos serán salvos irremediablemente por decreto divino, no es necesario la predicación del Evangelio y todos los esfuerzos que se hacen por alcanzar a los no alcanzados no tienen el más mínimo significado, pues se hagan o no ellos serán siempre salvos puesto que la gracia es irresistible. Se es consciente que el ala conservadora del calvinismo cree y hace obra misionera, empero ello no resuelve el problema desde el punto de vista de la lógica. Pues no se puede abogar por una gracia irresistible y hacer esfuerzos magnánimes para alcanzar a hombres que irremediablemente serán salvos. En otras palabras existe una incongruencia.

b. Tesis Arminiana

Afirmar la realidad de la gracia irresistible convierte *ipso facto* la predicación del evangelio en una mera burla e ilusión, si a muchos a quienes se les predica están excluidos de sus beneficios por decreto irrevocable.

Este argumento es lógico, por más que los *infralapsarianos* argumenten que a pesar del decreto hay que predicar el Evangelio, estarían en la razón los *supralapsarianos* o un grupo de ellos que señalan que no es necesario hacer obra misionera. Claro que es lógico pensar que si hay un grupo electo por decreto irrevocable, o reprobado por decreto irrevocable, cualquier esfuerzo por predicarles el Evangelio sería tonto e inútil. Como un evangelista, si creyera en tal tesis, abandonaría el ministerio de evangelización, por la simple razón de que los que van a ser salvos, de cualquier manera lo serán y los que se van al infierno, ni aunque se ayune 40 días, se ore otros 40 o se mutile un miembro para su salvación, todo serían en vano.

La tesis de los *infralapsarianos* en que hay que predicar para que el Espíritu Santo ejerza su influencia y los que han de ser salvos se conviertan, es un algo difícil de aceptar y más aún lo que sostiene CHAFER, que cuando uno predica es sólo para los elegidos.

5. La seguridad del creyente versus la inseguridad del creyente

Los calvinistas sostienen que una vez que la persona es salva, tiene seguridad eterna y por lo tanto no puede perder su salvación, *a contrario sensu* los arminianos sostienen que, el creyente al pecar pierde la salvación, es decir, que su salvación depende de su conducta.

a. Tesis calvinista

Al afirmarse que Dios elige a personas para ser salvas, que llegan al conocimiento de la verdad a través de la gracia irresistible sin tomar en cuenta el mérito, es lógico concluir que estas personas no pueden perder su salvación, puesto que el decreto de Dios es soberano, eficaz, inmutable y por lo tanto no puede ser frustrado. Afirmar esta teoría, así por así, puede incurrir en el error de los calvinistas *supralapsarianos* que afirman:

> «...El *pecado pierde su efecto sobre un hijo de Dios... pecado después de la salvación no afecta el status del cristiano...*"

Esta opinión sostiene que, puesto que la salvación no se pierde, no importa que pecados cometa el creyente, pues estos están perdonados en el pasado, en el presente y en el futuro. Esta opinión tropieza con versículos como:

«... todo aquel que permanece en él no peca; todo aquel que peca no le ha visto, ni le ha conocido... el que práctica el pecado es del diablo...»

Cuando el creyente es regenerado, sus pecados pasados han sido perdonados pero nunca sus pecados futuros. Juan WESLEY tomando como base los oráculos divinos aseveró:

«... no creo que ningún hombre justificado sea esclavo del pecado; pero si creo que el pecado permanece al menos por un tiempo en todos los que están justificados.»

Evidentemente, el que es nacido de nuevo no tiene licencia para pecar, y si peca [porque puede pecar] por accidente o debilidad, se levanta inmediatamente y rectifica, puesto que el temor de Dios permanece en su corazón, en dicho caso es necesario la confesión y el arrepentimiento para volver a obtener la paz con Dios, aunque nunca perdió su estado de regeneración.

Ahora, el que *so pretexto* de ser elegido, peca y permanece en su pecado y se deleita en él, éste nunca conoció a Dios o quién creyéndose cristiano sabiendo de su condición no confiesa ni se arrepiente de su trasgresión por creer que todas sus actuaciones equivocadas después de su decisión de fe están perdonadas, está totalmente errado.

Así que esta tesis, que el pecado pierde su poder destructor contra el hijo de Dios es cuestionable, Luz Bell y Adán, poseedores de una naturaleza divina son paradigmas del poder destructor que ejerce el pecado sobre la criatura que decide desobedecer a Dios.

b. Tesis Arminiana

Por el contrario, la cualidad arminiana afirma que el pecado anula la regeneración del creyente, empero que éste puede obtener nuevamente la salvación mediante un acto de «reconciliación.» Y esto puede efectuarse las veces que haga falta. Lo anterior parece muy razonable pues

Dios condena el pecado y la desobediencia, por lo tanto nadie que peque puede gozar de la salvación que él ofrece. Sin embargo, este argumento es debatible.

En primer lugar, el regenerado no practica el pecado y si por cualquier circunstancia lo hace y se reconcilia con Dios, él vuelve a obtener el gozo pero nunca la salvación, puesto que nunca la ha perdido. Ahora el que practica el pecado *so pretexto* que la salvación no se pierde o que ha caído en el circulo vicioso de pecado - arrepentimiento - pecado, esa persona nunca ha sido regenerada.

La razón más contundente para afirmar lo anterior, es que Dios ha creado toda una serie de circunstancias que han movido la voluntad de la persona a tomar una decisión de volverse a Dios y Dios no comete errores.

C. Teoría general del decreto divino

Después de haber hecho un análisis histórico del problema y de haber abordado los puntos neurálgicos de ambas doctrinas, se estima que hay virtudes y debilidades en ambas tesis. Dios en su soberanía dotó a la criatura de voluntad la cual respeta en toda su amplitud. La soberanía de Dios y el libre albedrío del hombre son dos conceptos inclusivos que son la base de una síntesis ecléctica.

1. Aspectos generales de la teología tradicional

En un capítulo anterior se abordó los puntos fundamentales de la teología decretal tradicional, sin embargo se pasó por alto algunos aspectos elementales del marco teórico que han sido deliberadamente reservados para este apartado; lo que también servirá de fundamento al apartado siguiente en el cual se expone la tesis ecléctica.

a. Concepto y naturaleza del Decreto

El Decreto de Dios fue definido en el Catecismo Menor de Westminster como:

> *"Su propósito eterno, según el consejo de su voluntad por cuya virtud, y para su propia gloria, ha preordenado cuanto acontece»*

Esta definición nos sugiere lo siguiente: El decreto es uno, es decir, que aunque se habla de decretos en plural, el consejo de Dios es uno y es uno porque su conocimiento es inmediato y simultáneo y por lo tanto siempre completo, y cuando se habla de decretos es por razones puramente académicas. Además señala que el objeto del decreto no es primordialmente para la felicidad de la criatura o la perfección de los santos sino para su gloria. A la definición anterior, THIESSEN agrega lo siguiente:

> «... Los decretos de Dios pueden ser definidos como el eterno propósito de Dios... ordenando ya sea eficaz o permisivamente todo lo que va a pasar...»

THIESSEN se refiere a dos clases de decretos: el eficaz y el permisivo. Tal diferenciación se estima muy acertada, pues existen actos que Dios los ejecuta directamente y otros que simplemente los permite. Un ejemplo que nos deja ver la diferenciación entre decreto eficaz y permisivo es la existencia del Kosmos Satánico. En este sistema está incluido el propósito eterno y sabio de Dios y por lo tanto es producto de un decreto divino, sin embargo, seria un error teológico muy grave el afirmar que Dios es el creador de este antidios (decreto eficaz) sino todo lo contrario, es Satanás su creador, empero con la venia de Dios (decreto permisivo), es ahí donde se encuentra la diferencia, Dios no crea el sistema, solo lo permite.

Es menester apuntar que el conocimiento de Dios, proporciona el material para el decreto, y es la fuente de donde Dios extrajo los pensamientos que deseaba objetivar. De este conocimiento de todas las cosas posibles y mediante un acto de su perfecta voluntad dirigida por sabias consideraciones seleccionó lo que quería ejecutar, y de este modo formó su propósito eterno.

El decreto tiene que ver con las obras de Dios, no con la esencia de su ser, ni con las actividades inmanentes del Ser Divino, *verbigracia*, Dios no decretó ser santo ni justo, ni existir en tres personas y una esencia, *Inter alia*. Cosas como estas son necesarias y no dependen de la voluntad opcional de Dios.

b. Características del Decreto

La primera característica del Decreto de Dios es que es *sabio*, pues Dios nunca se equivoca, y todo lo que hace es bueno, por lo tanto su *consejo* es sabio. Otra de las características es que es *eterno*, puesto que en el Ser

Divino no existe la sucesión de momentos, su *consejo* existe desde siempre, ya que el no improvisa ni decide nada en el camino. También es *eficaz*, lo que significa que ninguna criatura, ni circunstancia frustrará sus planes, esto trae por supuesto paz a nuestra alma, saber que el mal no podrá contra las fuerzas del bien. Es *inmutable*, porque Dios nunca modifica sus planes, Él no se equivoca, así que lo ha determinado antes de la fundación del mundo es lo que ha sucedido y lo que habrá de suceder. El Decreto es *incondicional o absoluto*, esto significa que no depende en ninguno de sus detalles de ninguna cosa que no sea parte de Él y esté agrupada en el decreto mismo. La ejecución del plan puede requerir medios, o depender de ciertas condiciones; pero también estos medios y condiciones han sido determinados en el decreto. Finalmente es *universal*, porque incluye todo lo que tiene que suceder en el mundo, sea que corresponda al reino físico o al moral, sea que se trate del bien o del mal.

2. Hacia una nueva Teología Ecléctica

No se puede pasar por alto el término *predestinación* en la Biblia, de ahí que se reconoce su existencia y su valor, además se comprende la importancia de hacer una exégesis apegada al espíritu del Texto Sagrado, también es prudente señalar que existen verdades importantes en las conclusiones exegéticas a las que han llegado tanto los calvinistas como arminianos, sin embargo, existen una realidad en una conclusión ecléctica.

Con el auxilio del Espíritu Santo, demostraré que el concepto de predestinación y libre albedrío no son excluyentes sino incluyentes.

a. Tipología de los decretos desde una perspectiva ontológica.

El decreto no es otra cosa que el acto de la voluntad de un ser, además de Dios, existen seres humanos y angélicos que tienen voluntad propia. Por lo tanto, se puede afirmar que existen, además de decretos divinos, también humanos y angélicos. Los decretos divinos ya han sido definidos y suficientemente comentados, de modo que se definirá que se entiende por decretos humanos y angélicos.

Por decretos humanos se entiende:

> *El propósito temporal del hombre, según el consejo de su voluntad, por cuya virtud y para conveniencia de él mismo, decide, influenciado por circunstancias, todo lo que se relaciona con su existencia.*

El ser humano por el mismo hecho de ser finito y relativo no puede tener un propósito eterno como el creador, quién sí es infinito y absoluto, por lo tanto se habla de un propósito temporal.

El segundo aspecto es que el hombre tiene voluntad, no es un robot ni un títere en las manos ni de Dios ni del diablo. Debe aclararse que la voluntad del hombre no es soberana, es siempre derivada mediante decreto permisivo del creador. Las decisiones que el hombre toma siempre están bajo una influencia, sea del bien o del mal. Si las circunstancias que Dios crea son lo suficientemente fuertes, la influencia del mal no prevalecerá contra esa persona. Por un lado, lo que nunca ocurre es que el hombre actúe porque él quiere, haciendo de esta manera su voluntad soberana e incurra en un autosoterismo. Por el otro lado, tampoco ocurre que al hombre se le ordene lo que debe hacer sin tomar en cuenta que es una persona, pues esto sería reducirle a un simple títere. Finalmente, el ser humano sólo puede decidir exclusivamente en lo que se refiere a sí mismo, a diferencia de Dios que decide respecto a todo.

Por decreto angélico se entiende:

El propósito temporal, según el consejo de su voluntad, por cuya virtud y para conveniencia del sistema que ha fundado, decide, con permiso de Dios, todo lo que se relaciona con su reino.

El decreto angélico sólo comprende a Satanás y su reino, dejando de lado a los ángeles servidores de Dios por no considerarlos relevantes para el objeto que se ha establecido. Como puede observarse, la diferencia fundamental entre el decreto humano y angélico es que el hombre ejerce su voluntad influenciado por circunstancias, mientras que Satanás ejerce su voluntad por medio de un decreto permisivo de Dios.

b. Tipología de los decretos desde una perspectiva ecléctica

Anteriormente se diferenció entre decretos divinos eficaces y permisivos, dicha diferenciación se estima correcta, sin embargo incompleta, pues también existen decretos divinos circunstanciales, que en definitiva es la base en la que está fundamentada la tesis ecléctica que aquí se presenta. Por decreto eficaz se entiende:

Todo acto de la voluntad soberana, eterna e inmutable de Dios por medio de la cual produce un efecto deseado directamente.

C. Teoría general del Decreto divino

En esta clase de decretos no interviene la voluntad de la criatura, como es el caso de la creación o de los milagros que el Señor efectuó en su ministerio terrenal. Lázaro levántate... es un decreto eficaz de Dios.

Por decreto permisivo se entiende:

Aquel acto de la voluntad soberana, eterno e inmutable de Dios por medio de la cual consiente con la criatura en un efecto no deseado.

A diferencia del decreto eficaz, en el decreto permisivo la participación de Dios es pasiva no activa, de lo contrario lo haría a Él creador del pecado, del antidios y responsable directo de la tragedia del humano y lo que es peor haría de su sacrificio vicario algo sin significado y de ningún valor para la salvación del hombre. Dios simplemente permite el pecado y la maldad de sus criaturas, pero nunca está de acuerdo con ello.

Por decreto circunstancial se entiende:

Aquel acto de la voluntad soberana, eterna e inmutable de Dios por medio del cual crea situaciones para influenciar a la criatura a tomar tal o cual decisión.

Esta síntesis nos lleva a una *tesis ecléctica*. Aquí se afirma que Dios crea circunstancias o situaciones que llevan al ser humano, usando libremente su voluntad, a tomar decisiones tendentes a su salvación o perdición.

c. Los decretos divinos, angélicos y humanos desde una perspectiva relacional

El Decreto de Dios

El decreto de Dios respecto a los ángeles caídos en lo que se relaciona a su salvación o condenación es circunstancial y en lo que se relaciona a la operación del sistema kósmico es permisivo. El decreto de Dios respecto al hombre en lo que se relaciona a su salvación o condenación es circunstancial y en lo que se relaciona a actos providenciales o misericordiosos solicitados por él son eficaces.

El Decreto de Satanás

Según la Biblia, Satanás solamente tiene poder de decisión frente al hombre y todos los actos que ejecuta en relación al hombre puede denominarse decretos satánicos eficaces cuyo único objetivo es hurtar, matar y destruir.

El Decreto del hombre

El hombre es la única criatura que puede ejercitar actos de voluntad respecto a Dios y al diablo. Los que ejercita frente a Dios pueden denominársele: Decretos humanos eficaces. Estos solamente son ejercidos para obtener un favor del creador, como el caso del centurión que le dijo: *"No soy digno que entres bajo el techo de mi casa, di la palabra y mi siervo sanará»*. El acto de acercarse a Dios es un decreto eficaz. En ese mismo sentido opera con Satanás, cuando el ser humano, consiente o inconscientemente se acerca a Satanás, el hombre ejercita un decreto eficaz, que en este caso particular es para su propia ruina.

d. Análisis exegético de textos claves

Todo lo discutido anteriormente es razonamiento humano, es necesario fundamentarlo con la Palabra de Dios, de ahí la importancia de realizar un análisis exegético de textos que prueben la tesis de una cualidad ecléctica. Es en ese sentido que se han seleccionado una serie de casos para su estudio desde tres perspectivas diferentes, es a saber, la calvinista, la arminiana y la ecléctica.

1) El llamamiento de Moisés

«Ven, por tanto ahora, y te enviaré a Faraón, para que saques de Egipto a mi pueblo, los hijos de Israel...» (Ex. 3:10).

– Tesis Calvinista

Dios elige a Moisés por Decreto soberano, inmutable, eterno, incondicional, irresistible y sin tomar en cuenta ningún mérito de Moisés, por pura gracia de Dios en la que la voluntad de Moisés no cuenta.

– Tesis Arminiana

Dios elige a Moisés porque por presciencia sabía que iba a ser salvo, conservando Moisés la facultad de decidir aceptar o no el llamamiento, por tanto, el llamamiento es condicional a la fe de Moisés y como consecuencia resistible porque pudo haberlo rechazado.

- *Tesis Ecléctica*

No se discute que hay un decreto de elección, producto de la soberanía de Dios, inmutable porque Dios no cambió su propósito de que Moisés iba ser el libertador de su pueblo, eterno, porque el decreto existió desde siempre. Tampoco se discute que la voluntad de Moisés no haya intervenido al momento de aceptar o no el llamamiento.

El Decreto de la elección de Moisés, no lo hizo Dios en base a la presciencia (tesis arminiana) de que él era salvo y que iba a aceptar tremendo desafío, por la razón que tal postura deifica la voluntad de la criatura frente a la del creador. Tampoco lo contrario, Dios no lo eligió sin tomar en cuenta su voluntad, porque tal postura trae como consecuencia irremediable la afirmación de que el hombre es un autómata al que Dios maneja a su antojo, lo cual es contraproducente al Texto Sagrado. En Hebreos 11:24 y 25 se lee:

"Por la fe Moisés, hecho ya grande, rehusó llamarse hijo de la hija de Faraón, escogiendo antes ser maltratado con el pueblo de Dios, que gozar de los deleites temporales del pecado...»

En este pasaje se observa muy bien el concurso de la voluntad de Moisés, lo que indica que no era un autómata sino una persona con sentimientos, intelecto y sobre todo voluntad. Lo que ha ocurrido es que Dios ha creado las circunstancias o las situaciones, de tal manera que su llamamiento sea «irresistible». Desde su nacimiento Dios creó situaciones espirituales, morales y aún materiales –decretos circunstanciales– que hicieron mella en la vida de Moisés, de tal manera que no había riesgo por parte de Dios al elegirlo y que Moisés adoptara otra postura.

2) El llamamiento de Jeremías

«Antes que te formases en el vientre de tu madre te conocí, y antes que nacieses te santifiqué, te di por Profeta a las naciones». (Jer. 1:5)

Dios en su soberanía decidió elegir a Jeremías antes de que el mundo fuese y decretó todas las circunstancias para que él decidiera de su propia voluntad servirle.

3) A Jacob amé ya Esaú aborrecí

En estos versículos que van desde el 11 hasta el 23, no deja lugar a dudas de un decreto de elección y de otro de reprobación, de una forma soberana, inmutable, eterna, incondicional e irresistible. Sin embargo los hijos de Isaac no eran autómatas sin carácter, todo lo contrario, eran individuos con mucha personalidad tal y como relata el Texto Sagrado. Tampoco se puede afirmar que Dios los eligió por presciencia como sostienen los arminianos, porque tal aseveración provoca *de facto* un autosoterismo que deifica la voluntad frente a Dios.

Un estudio reposado del Texto nos indica que hubo circunstancias, creadas por Dios evidentemente, que motivaron la decisión de uno y de otro. Los Psicólogos hablan de acontecimientos en la vida que marcan la personalidad de un individuo. Es innegable que la experiencia constituye una influencia más importante que la herencia, en muchos casos, respecto a la conducta. De la misma manera, existen situaciones en la vida del ser humano que lo llevan a tomar tal o cual decisión respecto a su relación con Dios.

En el caso específico de Jacob, Dios ha decretado –decreto circunstancial– que el iba a estar sobre su hermano mayor y por lo tanto crea las situaciones espirituales, morales y materiales para que el decreto se cumpliese, influenciando la voluntad de Jacob de tal manera que cuando efectúa el llamado, este sea válido.

4) El Caso de Hechos 13:48

> «... y creyeron todos los que estaban ordenados para vida eterna...»

Este versículo confirma tanto el decreto de elección como el de reprobación, se llega a un punto donde no se puede negar la realidad del decreto de predestinación, lo que se arguye es que todo decreto de Dios pasa estrictamente por la voluntad de la criatura, Dios crea las circunstancias para que el decreto se cumpla y para lograr dicho fin se vale del Espíritu Santo, de sus ángeles, incluso de Satanás y sus demonios, claro que sí, el caso de Job es un paradigma de la aseveración anterior.

5) El caso de Satanás

Con todo lo anterior surgiría la protesta arminiana, ¿Por qué Dios crea circunstancias para que unos decidan hacer lo malo y otros lo bueno, si

Él ama entrañablemente a todos y no quiere que ninguno se pierda? Bueno, sí se parte del hecho que Dios creó a Luz Bell con voluntad propia, al hacer esto creaba la posibilidad que pecara, lo hizo el más hermoso de todos y lo pone en el cargo con más dignidad y elevado de su reino. Estas circunstancias llevaron a este ser a creer que él podría gobernar mejor que Dios e incluso a pensar que él era superior al Altísimo. A todo esto Dios no es responsable de esta ambición impía ni de la perversidad que nacía en su corazón. Y Dios con justicia lo manda al lago que arde con fuego y azufre. Dios ya había decretado la condenación de este ser antes de crearlo - decreto circunstancial - pero es Satanás quien con su propia voluntad valida el decreto de reprobación, es decir, el decreto necesita de la voluntad porque la criatura está dotada de libre albedrío y la voluntad necesita del decreto, porque todo lo que ocurre es producto de la voluntad de Dios. Si Dios no hubiera puesto a Satanás en el lugar que lo puso, esto nunca hubiera acontecido, empero este hecho no hace a Dios responsable de la acción del Arcángel. De ahí, lo ecléctico de la tesis y como consecuencia la paradoja: la tesis ecléctica es calvinista y arminiana, a la vez que no es calvinista ni arminiana.

6) El Caso de Adán

El caso de Adán es otro ejemplo, Dios crea las circunstancias, un huerto, un árbol y una prohibición, el no les advierte de Satán, ni de su astucia, simplemente los deja y permite la caída del hombre, el decreto no es eficaz, porque haría a Dios el autor del pecado; extremo que es considerado harto repugnante. Como en el caso anterior, Dios no hace nada incorrecto, su voluntad es buena, crea al hombre, lo pone en un huerto, les da señorío sobre todo, menos sobre un árbol, que en definitiva constituye la circunstancia de la caída. El hombre de su propia voluntad —decreto humano eficaz— se decide aventurar por el derrotero impío de Satanás y fracasa, la culpa es de él no de Dios.

Siguiendo este mismo pensamiento se puede cruzar los 1189 capítulos de la Biblia y pasar por José, Abraham, Isaac, Jacob, Judá, David, Pablo o por el contrario pasar por Caín, Saúl, Judas, Demas, etc., todos fueron predestinados, unos para vida y otros para muerte, empero mediando la voluntad de ellos.

De esta manera se ha presentando todo lo relacionado con los decretos divinos y su relación con la salvación del hombre. Se ha efectuado un análisis de las posturas tradicionales sobre este tema como ser el calvinismo y el arminianismo y se ha propuesto una nueva síntesis, a la que se denomina tesis ecléctica por tomar aspectos de las dos anteriores, empero que en ningún momento pretende ser la ley de Media o de Persia, sino un punto de vista lógico para ser considerado.

SECCIÓN IV

EL SIGNIFICADO DE LA SALVACIÓN

La actividad salvadora de Dios comienza en el mismo momento que la persona nace. Dios tiene conocimiento de la existencia de esa persona, aún antes de la fundación del mundo. Sin que la persona lo sepa, a causa de su condición degenerada, Dios esta obrando en su vida de tal manera que lo prepara para el momento en que recibirá el mensaje de la Palabra, la Palabra que es como espada de dos filos, produce un efecto tan espectacular que el individuo es convicto de pecado, juicio y justicia y es en ese momento cuando el Espíritu Santo, hace una obra de regeneración.

El papel del ser humano, es única y exclusivamente de instrumento, de ahí que el mérito le pertenece a Dios y no al hombre. Como muy bien señala la epístola de Apocalipsis: *La salvación pertenece a Jehová...*

En esta sección será objeto de estudio todo lo referente a la salvación y específicamente lo que se refiera a sus implicaciones. Es en ese sentido que su tratamiento se efectuará de la siguiente manera: La obra acabada de la Salvación (A) y La liberación del poder del pecado (B) y las condiciones para la salvación (C).

A. La obra acabada de la Salvación

En el idioma griego, la palabra salvación es *sotería* que significa literalmente *liberación*. Definitivamente se refiere a la liberación de los poderes que abaten al hombre actual, como son: El mundo, el demonio y la carne, y también incluye la liberación de la condenación futura. Esta obra extraordinaria es realizada por Jesucristo, el hijo de Dios, de manera que la exhortación del apóstol Pedro es que en *ningún otro hay salvación, porque no hay otro nombre debajo del cielo en el cual podamos ser salvos*.

Bajo este literal será objeto de estudio tres aspectos muy importantes de la salvación, en primer lugar, los hechos que ocurren cuando un individuo es salvo (1), segundo, la obra de convicción que realiza el Espíritu Santo en el pecador (2) y finalmente, las riquezas de la gracia que experimenta el cristiano en su nueva relación con Dios (3).

1. Hechos que ocurren en la Salvación

Cuando un individuo es salvo ocurren algunos hechos que son de capital importancia entender y que manifiesta la obra extraordinaria que Dios efectúa en la vida del hombre. La obra de la salvación efectuada por Jesús incluye una serie de aspectos, algunos de ellos los encontramos en Romanos 3:24 y 25 cuando se afirma *...y son justificados gratuitamente por su gracia, mediante la redención que es en Cristo Jesús, a quien Dios puso como propiciación por medio de la fe...* en estos versículos encontramos tres aspectos fundamentales que Dios hace cuando salva a un individuo y que Pablo presenta en tres metáforas: La Legal (Justificación), la de la esclavitud (Redención) y la sacrificial o ritual (Propiciación), existe otros dos aspectos que ocurren en la salvación de una persona que se encuentra en II Corintios 5:17 y 19 que es lo relacionado a la regeneración y reconciliación respectivamente.

a. La metáfora legal: La Justificación

La metáfora legal tiene que ver con la justificación que Dios hace con el pecador. El teólogo WILEY definió la justificación como:

> «... *aquel acto judicial o declarativo de Dios, por medio del cual considera a los que con fe han aceptado la ofrenda propiciatoria de Jesucristo, como absueltos de sus pecados, libertados de su pena, y aceptado como justos delante de Él*"

En otra palabras, cuando un individuo es salvo, es absuelto de culpa de una forma gratuita y por lo tanto recibe el beneficio de la justificación.

b. La metáfora de la esclavitud: La redención

La metáfora de la esclavitud tiene que ver con la redención, que viene de la palabra griega *agorazo* que se usaba cuando se pagaba el precio para comprar un esclavo, la palabra *exagorazo* que se usaba cuando se pagaba el precio para sacar de la esclavitud a una persona. Finalmente, la palabra *lutroo* que significa soltar y liberar plenamente. Todas estas palabras son las que se traducen como *redención* en idioma castellano.

De manera que redención significa *comprar a un individuo en un mercado de esclavos* ilustrando perfectamente en qué consiste la obra de Cristo, en comprar a pecadores vendidos al pecado a precio de su sacrificio en la Cruz. (Rom 3:24, Efe 1:7 y I Ped. 1:18 y 19).

c. La metáfora del sacrificio o ritual: La propiciación

La metáfora del sacrificio o ritual tiene que ver con la palabra griega *hilasterion* que se usa en Romanos 3:25 y que se traduce como propiciación pero que tiene al menos 3 significados en el en castellano. El primero es aplacar *la ira de un Dios enojado*, el segundo es *expiación* que es la ejecución de un acto de sacrificio en la vida de un inocente para anular la culpa de un hombre culpable. Finalmente se puede traducir como *propiciatorio* que quiere decir *cubrimiento del pecado*. En el caso nuestro, Dios transfirió nuestra culpa a Jesucristo, quien en un sacrificio vicario expió o fue el canal por el cual el pecado de la humanidad fue perdonado.

d. La regeneración

La *regeneración* que viene del término griego *palingenesia* que significa engendrar de nuevo o concebir. La Regeneración es la implantación del principio de una vida espiritual en el hombre que antes estaba muerto en delitos y pecados. También es un cambio instantáneo en la naturaleza del hombre, que afecta su parte moral, intelectual y emocional. El Texto base para explicar esta obra es II Corintios 5:17.

e. La reconciliación

Termino que significa establecer nuevamente una relación de armonía, paz y justicia que ha sido interrumpida, en este caso por el pecado.

En el pensamiento griego, eran los hombres los que debían dar el primer paso de cara a la reconciliación con los dioses. Pablo en II Cor. 5:19 contrasta esa creencia afirmando que Cristo tomó la iniciativa y que a través de su sacrificio en la cruz, el ser humano puede establecer una relación de amistad con Dios.

Para terminar, es menester apuntar que aunque todo estos hechos ocurren en el momento en que un individuo somete su voluntad a Jesucristo, es decir, en forma concomitante, es importante diferenciar cada uno de ellos para entender con mejor claridad la extraordinaria obra que Dios hace en el hombre y que llamamos la Salvación, de ahí que Jesucristo lograra la redención respecto al pecado, reconciliación respecto al hombre y propiciación con respecto a Dios.

2. La obra de convicción que realiza el Espíritu Santo

No existe salvación si antes no hay un trabajo del Espíritu Santo. Esto es como el axioma matemático, dos más dos son cuatro. El Espíritu Santo, prepara el terreno a través de acontecimientos que ocurren en la vida de la persona hasta que el individuo irresistiblemente acepta el llamado que Dios le hace.

Dios llevará al hombre a una crisis espiritual donde éste llegará a tener conciencia de su maldad y corrupción y sobre todo de la necesidad desesperada del Salvador para que le perdone y le restaure.

El ser humano solo juega un papel de instrumento en las manos de Dios. Es Dios quien ejecuta todo el trabajo a través del hombre, quien es el que predica y desafía al arrepentimiento. Queda claro entonces que la salvación no depende de la retórica del predicador, del método de evangelización que se use sino de la obra del Espíritu Santo.

En América Latina muchos pastores corren de aquí para allá en busca de un método de crecimiento de la Iglesia. En ese afán acuden a las Iglesias más grandes del continente para aprender *el secreto*. Según la terminología humana ese *secreto* se llama grupo de los 12, células familiares, grupos de crecimiento, en fin, cualquier otro nombre. Ahora, lo cierto es que la salvación es obra del Espíritu Santo, no de métodos humanos. El delirio numerológico que padecen muchos líderes de la Iglesia puede llevarlos a una confusión espiritual, porque número no es sinónimo de éxito o de fracaso y tenemos que preguntarnos sí estamos buscando la salvación de las personas o el reconocimiento o poder humano.

Los métodos humanos pueden llenar templos, estadios y darnos poder y reconocimiento, pero solo el Espíritu Santo puede llevar a una persona a experimentar la obra de salvación en su vida. Estas son dos cosas muy diferentes. ¿Cuál de las dos debe interesarnos?

3. Las riquezas de la gracia divina

Son las grandiosas posiciones y posesiones que Dios da al creyente en forma instantánea y simultáneamente cuando éste ejercita la fe salvífica en Cristo. Representan todo lo que Él puede hacer para satisfacer su infinito amor al pecador. Estas riquezas no están sometidas a experiencia, no son progresivas, no tiene relación con el mérito humano, son de carácter eterno, solo se conocen por revelación, se efectúan solo por Dios y el hombre jamás tiene parte en su producción.

La epístola a los Efesios es la porción de la escrituras que más ampliamente trata este tema, y entre otras cosas señala como riquezas de la Gracia: El plan eterno de Dios para con el hombre, El ser reconciliados con Dios, ser redimidos por medio de la sangre de Cristo, el hecho de ser libres de la ley, el ser hijos de Dios, adoptados y aceptables por Jesucristo, el ser hechos justos y estar santificados, perfectos para siempre, aceptos en el amado, hechos cercanos a Dios, el ser librados de la potestad de las tinieblas, ser trasladados al reino de su amado Hijo, fundados sobre la Roca que es Cristo, estar circuncidados en Cristo, el ser hechos partícipes del santo y real sacerdocio y ser linaje escogido, nación santa, pueblo adquirido por Dios, ciudadanos del cielo, de la familia y la casa de Dios, en comunión con los santos, una asociación celestial, consortes con Cristo en la vida, partícipes con Cristo en el servicio, en sus sufrimientos, en la oración, teniendo acceso a Dios, a su gracia, al Padre, acceso lleno de seguridad, dentro de un cuidado mucho mayor de Dios, objetos de su amor, de su gracia, de su poder, de su fidelidad, de su paz, de su consolación, de su intercesión, su herencia con los santos, luz en el Señor, unido vitalmente al Padre, al Hijo y al Espíritu Santo, bendecidos con las arras o primeros frutos del Espíritu, glorificado, completos en Él y poseedor de toda bendición espiritual.

Lo anterior es una lista enumerativa de todas aquellas cosas que el cristiano posee desde el momento que recibe la salvación que Dios le da. No solamente es posesión sino posición, somos hechos hijos de Dios, herederos y coherederos con Cristo.

B. Lliberación del poder del pecado

La liberación del poder del pecado no es una obra que se opera instantáneamente en la vida del creyente, es un proceso, que como es lógico esta sujeto a tiempo. El proceso comienza con la regeneración, de ahí que, técnicamente a este hecho se le llame: liberación inicial, el cual da origen a un proceso de *maduración* que va a durar hasta el momento de la muerte, que es cuando ocurre la liberación final. Es en este momento cuando el pecado original es desarraigado del corazón del hombre y el individuo se vuelve como los ángeles del cielo. No se casan ni se dan en casamiento, como señala el Señor Jesucristo a los Saduceos. Esto significa que el creyente no estará sujeto a las pasiones a las que se está sujeto mientras vivimos. Esto será posible hasta que cada quien reciba su cuerpo glorificado, y es este hecho el que marca una diferencia significativa.

En este apartado se demostrará la veracidad de lo anteriormente afirmado, es decir, el hecho de la permanencia de la tendencia e inclinación pecaminosa del creyente a hacer todo aquello que desagrada a Dios, empero dejando claro que este es un medio que Dios utiliza para el crecimiento o maduración de la persona y que lo prepara mejor para su encuentro final con Dios.

Finalmente, aseverar que es en este contexto que se debe entender el hecho que el cristiano es liberado del poder del pecado, cuando reconoce a Jesucristo como a su salvador personal, lo cual no es una contradicción. Una cosa es ser liberado del poder de Satanás y otra es afirmar la existencia de una tendencia a hacer lo malo, que es la realidad que nos mantiene sumisos ante Dios y en un estado de entera dependencia a Él.

Para lograr el objetivo se utiliza la razón y por supuesto, la revelación, de ahí que se hablará de una prueba lógica y otra exegética.

1. La prueba Lógica

La lógica es la ciencia que nos enseña a pensar correctamente, es fundamental a la hora de hilvanar los razonamientos para demostrar la veracidad de ciertas proposiciones, de ahí que en este numeral se desarrollará toda una argumentación que pruebe de una manera clara las afirmaciones que anteriormente se han formulado.

– La liberación y la perfección se atribuyen a menudo en la Biblia a los creyentes. Sin embargo, cuando la Texto habla de los creyentes como santos y perfectos, esto no significa que se encuentren sin pecado, puesto que ambas palabras se usan con frecuencia en un sentido diferente. Las personas puestas aparte para el servicio de Dios son llamadas santas en la Biblia, sin tomar en cuenta su condición moral y vida. Los creyentes pueden ser y son llamados santos, por la nueva posición que tienen en Cristo.

– Se menciona ejemplos bíblicos de personas que tuvieron vidas perfectas como Noé, Job y Asa entre otros. Pero tales ejemplos no prueban el punto por la simple razón de que no son ejemplos de perfección inmaculada, aún los santos más notables de la Biblia se describen como hombres que tuvieron fallas y que pecaron, en algunos casos gravemente.

– El apóstol San Juan explícitamente declara que los que son nacidos de Dios no pecan. Pero en realidad un análisis del griego nos muestra que podríamos traducirlo, no continúan en pecado.

– A la luz de la Biblia, la doctrina de la perfección absoluta es por completo insostenible. La Biblia nos da la seguridad explicita y muy definida de que no hay en la tierra un solo hombre que no peque. I Reyes 8:46, Prov.20:9, Rom. 3:19. En vista de estas afirmaciones claras de la Escritura es imposible ver como es que un creyente puede tener una vida inmaculada.

– Según la Escritura existe una lucha constante entre la carne y el espíritu en la vida del hijo de Dios y aún el mejor de ellos, está luchando por la perfección. Pablo da una descripción muy impresionante de esa lucha en Rom. 7: 7 - 26.

– La Confesión del pecado y la oración se requiere continuamente. Jesús enseñó a orar sin ninguna excepción por el perdón de pecados.

Una vez utilizado el razonamiento humano para demostrar la imposibilidad de una vida cristiana químicamente pura e inmaculada, empero si liberada del poder del pecado, es necesario recurrir a la prueba exegética, es decir, a las Sagradas Escrituras quienes confirman el extremo anteriormente expresado.

2. La prueba Exegética: *El pecado que mora en mí* en la Epístola a los Romanos (Rom. 7:7 yss).

La Ley no es pecado, porque la ley fue dada para conocer el pecado (V. 7:7). Esta aseveración deja suficientemente claro que la ley de Moisés tiene *inter alia* el propósito de introducir el conocimiento de lo qué es pecado. *Pero el pecado aprovechándose del mandamiento, produjo en mi epithymia o codicia (V. 7:8).* Aquí volvemos a encontrar la palabra clave. La ley de Dios que prescribe *No codiciaras la mujer de tu prójimo* activa la *epithymia* del individuo y lo lleva a hacer exactamente lo contrario de lo que la palabra de Dios señala. Y la consecuencia lógica es: *hallé que el mismo mandamiento que era para vida, a mi me resultó para muerte. (V.7:10)*

Todo lo anterior trae a colación la siguiente pregunta: *¿Lo que es bueno, vino a ser muerte para mí?* La respuesta es NO. Esto ocurrió para que *el pecado, por medio del mandamiento, llegara a ser extremadamente pecaminoso (V.7: 13)* El verdadero problema es que *la Ley es espiritual; pero yo soy carnal (V.7:14)* Aquí está el detalle. El problema no es la Ley sino Yo. Soy un hombre carnal, existe en mí *epithymia*. Este hecho lleva a Pablo a afirmar *lo que hago no lo entiendo, pues no hago lo que quiero, sino lo que detesto, eso hago. Y si lo que no quiero eso hago, apruebo que la ley es buena. De manera que ya no soy yo quien hace aquello sino el pecado que mora en mí. (V. 7:15 - 17)* Al confesar que el problema es *el pecado que mora en mi* esta hablando de la *epithymia* como la causa de su realidad.

La *epithymia* es un estigma con el que se tendrá que bregar hasta el día de la muerte. La Santidad que Dios exige debe entenderse desde esta perspectiva, no de otra. Lo que Pablo relata es la experiencia de un hombre que quiere hacer lo bueno, sin embargo se da cuenta que tiene un problema, *el pecado que mora en mi.* Este hecho, en ninguna manera otorga licencia para pecar y caer en el fatalismo espiritual de afirmar que el pecado cometido tiene una justificación y que por lo tanto no es punible. Todo lo contrario, el pecado siempre trae consecuencias para el cristiano: Se pierde el gozo de la salvación y la disciplina divina no se hace esperar porque Dios no dará por inocente al culpable.

Pablo termina esta sección efectuando tremendas declaraciones: *Según el hombre interior, me deleito en la ley de Dios; pero veo otra ley en mis miembros, que se rebela contra la ley de mi mente, y que me lleva cautivo a la ley del pecado que esta en mis miembros. Miserable de mí. ¿Quién me librara de este cuerpo de muerte?* Al llegar a este punto, es menester preguntar ¿De quién esta hablando Pablo? De un judio bajo la Ley de

Moisés o de un cristiano que ha sido regenerado. Un estudio cuidadoso del contexto apunta a lo primero. Todo este relato es la experiencia de un judío bajo la Ley que puede ser aplicado a una persona no convertida salvando todas las diferencias. Al responder de esta manera, no significa que ésta no sea también la experiencia de un cristiano, lo que sí significa es que la relación de Dios con el individuo cambia diametralmente. Pablo asegura *Ninguna condenación hay para los que están en Cristo Jesús*. Al ser regenerados, es puesto en el hombre la simiente santa, que se ira desarrollando hasta aplastar la carnal. En todo este proceso la *epithymia* no desaparece, de ahí que el cristiano incurrirá en pecados. El no deseara cometerlos, porque odia el pecado, pero el *pecado que mora en mi* lo llevara algunas veces a la ira, codicia, celos y demás obras de la carne. Pero tiene algo que no tenía un judío bajo la ley, un *paracleto*, que lo defienda. Esto lleva a San Pablo a añadir: *porque la ley del Espíritu de vida en Cristo Jesús me ha librado de la ley del pecado y de la muerte*. (V. 8:2) El cristiano no práctica el pecado, porque el que práctica el pecado es del diablo, empero cuando la *epithymia* es activada por la tentación y es vencido por ésta, exclamara lo mismo que Pablo, *No hago el bien que quiero, sino el mal que no quiero*. Pero el Espíritu mismo que ha creado una sensibilidad espiritual, nos llevara a la confesión y restauración de la comunión con Dios. En el cristiano regenerado hay un poder que lo levantará siempre y que madurará el carácter y la vida del creyente hasta que el *pecado que mora en mi* este subyugado por el poder de Dios hasta el glorioso día de la liberación total.

Con todo y lo dicho anteriormente, el cristiano regenerado ha sido liberado del poder del pecado, de Satanás, del mundo y de la carne, empero entendido en el contexto que se ha explicado anteriormente.

C. Las condiciones de la Salvación

Para que la obra de salvación se efectúe en la vida de una persona es necesario que se den una serie de condiciones que son las que a continuación se tratan. Con esta información existe una mejor comprensión por parte de la Iglesia de como Dios libera a un hombre de la condenación actual y la futura, a la vez que lo eleva al rango de hijo de Dios.

La realización de este apartado se hará en cinco divisiones: La condición del hombre (1), La naturaleza de la fe (2), Necesidad de arrepentimiento (3) El perdón de Dios (4) y el crecimiento en la gracia (5).

C. Las condiciones de la Salvación

1. La condición del hombre

El hombre sin Cristo está en su estado de depravación primigenio y por lo tanto incapacitado para saborear el poder de Dios. Esto implica que dicha persona está sometida a los poderes del mundo, del demonio y de la carne, que lo subyugan a una vida de miseria espiritual. Esta realidad se traduce en: Violencia, alcoholismo, drogadicción, desintegración familiar, etc. que nos indica claramente que la situación real de hombre es lamentable.

Es esta condición espiritual la que nos sirve de indicativo de que el hombre necesita urgentemente de un salvador que lo salve de los poderes que lo atormentan y lo destruyen en el presente y que destruirán en el futuro.

Una vez que el Espíritu Santo ha hecho la obra de convencimiento en el hombre de su situación y de la necesidad de la salvación, es cuando entra juego el elemento que a continuación se trata, la fe.

2. La naturaleza de la fe

Una vez que hay conciencia de parte de Dios de la necesidad de la salvación, es necesario tener fe, creer en la promesa de Dios. Es en ese sentido que la fe es un convicción segura que el Espíritu Santo da al hombre respecto a la verdad del Evangelio y a la confianza sincera en las promesas de Dios en Cristo. Para que ejercitándolo obtenga la salvación.

Los tres elementos de la fe son: 1) *El intelectual*. El hombre sabe que lo que las escrituras enseñan es cierto. 2) *El Emocional*. El individuo es movido en sus sentimientos. 3) *El Volitivo*. Su voluntad se dirige hacia una dirección. El resultado de esto es la salvación.

Ahora, para que el hombre proceda al arrepentimiento es menester que éste tenga fe, y la fe es un don de Dios, un don que Dios pone en el corazón de la persona para que opere en su salvación y ese es precisamente el tema que se trata a continuación, el arrepentimiento.

3. Necesidad de arrepentimiento

Una vez que el Espíritu Santo ha efectuado la extraordinaria obra de convencimiento de pecado, juicio y justicia y el hombre tiene la fe salvadora es el momento para proceder al acto de arrepentimiento.

Arrepentimiento viene de una palabra griega, *metanoia* que significa: 1) Descubrir el pecado, es decir la rebeldía contra Dios. 2) Sentir un dolor profundo por haber sido instrumento de iniquidad y pecado y 3) Cambiar de dirección, tomar el camino propuesto por Dios. Cuando estos tres elementos se dan, se puede afirmar que estamos ante un genuino acto de arrepentimiento.

Un individuo arrepentido es un individuo con una mentalidad nueva, la mentalidad de Cristo. Su vida toma una dirección opuesta a la anterior y se inicia la construcción de un edificio que va a ser para la gloria de Dios. Ahora, es importante señalar, que una vez que se opera el arrepentimiento en el hombre, éste recibe el perdón de Dios.

4. El perdón de Dios

El perdón es el acto mediante el cual Dios absuelve al hombre de su culpabilidad y éste queda limpio de pecado y condenación. Por parte del hombre, este acto divino produce lo que la Palabra llama el gozo de la salvación y la motivación suficiente para obedecer a Dios.

Una vez efectuado todo esto, el hombre es una nueva criatura y éste comienza una vida nueva en Cristo e inicia el proceso de crecer en la Gracia.

5. Crecimiento en la gracia

Una vez que el individuo es salvo, inicia todo el proceso de crecimiento, maduración y renovación de su mente. A este proceso se le puede llamar: Crecimiento en la Gracia. Nunca termina en esta vida y solo se ve completado con la muerte. Los medios establecidos por Dios para el crecimiento en la gracia son la lectura de la Palabra, la oración y la práctica de los sacramentos, entre otros.

De esta manera fue objeto de un estudio la más grande empresa de Dios, la salvación del ser humano. Como se ha podido constatar, la soteriología es un estudio fascinante, donde las posturas racionalistas de los hombres quedan a un lado y el hecho toral de todo es que Jesucristo, a través de su muerte vicaria, libera al hombre del poder de Satanás y a eso se la llama salvación.

Capítulo IX

Eclesiología

L a palabra Iglesia es muy usada en nuestro vocabulario, empero muchas veces mal entendida y en ocasiones empleada incorrectamente. Entre los conceptos erróneos de las personas, está el creer que la Iglesia es un edificio, sin darse cuenta que la Iglesia es una asociación de personas.

Otro de los problemas graves es el denominacionalismo que existe y que ha provocado todo un caos y confusión entre los individuos. Algunos erróneamente han creído que la Iglesia verdadera es calvinista, otros arminiana, otros pentecostales o neo pentecostales. De esta manera le ponen una etiqueta a diferentes sectores del cuerpo de Cristo y surge el celo denominacional, el celo doctrinal y la sospecha ministerial que provoca una fragmentación inicua del cuerpo de Cristo y un pésimo testimonio al mundo no convertido que muchas veces es testigo de pleitos eclesiales en tribunales paganos y aún en los medios de comunicación masiva.

El Texto Sagrado claramente señala que la Iglesia es una agrupación de individuos a quienes Dios salva a través de su infinita Gracia y mediante su misericordia y que solamente existe un Señor, un bautismo, un Espíritu y por lo tanto la Iglesia es un solo cuerpo. Ahora tenemos que entender, que los miembros de ese cuerpo somos individuos con diferentes niveles espirituales, con diferente genética, con diferentes trasfondos culturales y socio - económicos. Entonces ¿En que cabeza cabe que todos los miembros de la Iglesia van a pensar igual y actuar igual? Por favor, seamos sensatos, la verdadera Iglesia no es solamente aquella que cree en la seguridad de la salvación o aquella que cree que la señal del bautismo en el Espíritu Santo es hablar en lenguas.

La Iglesia es el cuerpo de Jesucristo formado por individuos que han sido totalmente regenerados por el poder de Dios, cuyas vidas son un testimonio al mundo del poder sempiterno del creador. Aquí el quid del asunto no es la teoría sino la práctica. El hombre puede tener un pensamiento teológico bien estructurado, empero sí su vida no refleja la verdad de Dios, es como *metal que resuena y címbalo que retiñe*. Tenemos que entender que en el cuerpo de Cristo tiene que existir la diversidad por todos los factores enunciados anteriormente, empero, en medio de esa diversidad, estamos unidos por las verdades pétreas del cristianismo. Jesucristo es Dios. La Salvación es por Gracia y por la Fe en Jesucristo. Aquel que rechaza a Cristo sufrirá la condenación eterna y quien le reconozca vivirá en la presencia de Dios para siempre. Jesucristo viene por segunda vez a la tierra. La Biblia es la Palabra de Dios, sin error y norma de fe y conducta. Si creemos esto y vivimos en la Santidad que exige el Texto Sagrado somos miembros del cuerpo de Cristo.

Nunca debemos permitir que esas etiquetas teológicas de calvinistas, arminianos, pentecostales y demás nos dividan. Cada una de esas reflexiones tiene su valor y son útiles y es correcto que cada uno adopte la que crea más conveniente, sin llegar a creer que yo tengo la verdad de Media y de Persia y que las demás personas están equivocadas. Este es un pecado de arrogancia que Dios juzgará y que ha dividido el cuerpo de Cristo y ha impedido que el Evangelio corra como debe correr para todas aquellas personas que urgentemente necesitan oír la Palabra de Dios.

En Latinoamérica existe una efervescencia eclesial y un delirio numerológico que ha llevado a muchos líderes a crear grandes imperios religiosos, fundamentados en principios de egoísmo, creyendo que ellos y solamente ellos son los únicos y nada más, despreciando al resto del cuerpo de Cristo porque no piensan como ellos, interesados exclusivamente en su crecimiento ministerial porque esto representa poder, prestigio e influencia aún en los círculos seculares. Fragmentando la visión de Dios respecto al cuerpo de Cristo, somos responsables directos del estancamiento del crecimiento y la evangelización de los perdidos, porque debemos entender con claridad meridiana que el crecimiento de la iglesia, no significa tan solo ese crecimiento espectacular de las mega iglesias de América Latina sino que tiene que ver con maduración y crecimiento espiritual que es el otro lado de la moneda.

En este capítulo se estudiará lo referente al cuerpo de Cristo, la Iglesia. En ese sentido el análisis se efectuará de la siguiente manera: La Iglesia en la historia (Sección I), La naturaleza de la Iglesia (Sección II), El gobierno de la Iglesia (Sección III), Las autoridades de la Iglesia (Sección IV), Los Sacramentos de la Iglesia (Sección V) y Misión y responsabilidad de la Iglesia (Sección VI).

LA IGLESIA EN LA HISTORIA

La eclesiología es una rama de la Teología Sistemática que trata todo lo relacionado con el cuerpo espiritual de Cristo, La Iglesia, abarcando aspectos como: Historia de la Iglesia, Naturaleza, El Gobierno, El poder y Los Medios de la Gracia.

En el ambiente evangélico se maneja el concepto iglesia como un órgano espiritual de Cristo, que ha llegado a existir porque Él existe. A *contrario sensu* el Catolicismo Romano considera a la iglesia como un órgano externo que conduce a Cristo, y no Cristo a la Iglesia. En el periodo de la Reforma el concepto católico romano fue rechazado y se mantuvo la concepción de Iglesia como un órgano espiritual.

Para su estudio, esta se sección se ha dividido de la siguiente manera: La doctrina de la Iglesia en la historia (A), La doctrina de la Iglesia en la historia Latinoamericana (B).

A. La doctrina de la Iglesia en la historia

La Iglesia es el cuerpo de Cristo. Este cuerpo ha ido evolucionando en el decurso de los siglos. Al ir cambiando las sociedades y desarrollándose la ciencia, la tecnología así como al surgir nuevas filosofías, la Iglesia va evolucionando, va profundizando en doctrinas, comienza a ver el Texto Sagrado desde diferentes ángulos nunca vistos como sucedió con lo relacionado a la Crítica Bíblica, también existen cambios litúrgicos sustanciales. Otro de los aspectos a tomar en cuenta es el hecho que cuando la Iglesia llega a una cultura especifica, adopta aspectos de esa cultura para hacer entendible el mensaje de Jesucristo. Lo interesante en todo esto es que la Iglesia como cuerpo de Cristo nunca pierde su esencia y sigue siendo eso precisamente, un cuerpo compuesto por individuos regenerados que son la luz y la sal de la tierra.

En este literal se efectuará una breve reseña histórica de la Iglesia desde su inicio hasta la época de los teólogos liberales de Alemania, para abordar el tema de la Iglesia en Latinoamérica en el literal siguiente.

1. La doctrina de la Iglesia antes de la Reforma

En el periodo patristico la iglesia era representada por los Padres apostólicos y los apologistas, como el pueblo de Dios que El había tomado en posesión. A inicios de Siglo II se dieron algunos cambios debido al surgimiento de herejías, lo que hizo un imperativo nombrar algunas características propias de la Iglesia Católica para poder ser diferenciada de las sectas nacientes, la iglesia comenzó a ser considerada como un institución externa gobernada por un obispo, como sucesor de los apóstoles.

La creciente mundanalidad y corrupción de la iglesia dio surgimiento a varias sectas como: el montanismo, el novacianismo y el donatismo; que hacían de la santidad la señal de la iglesia verdadera.

CIPRIANO, se distingue por haber sido el primero en desarrollar por completo la doctrina del carácter episcopal de la iglesia. Consideró que los obispos eran los verdaderos sucesores de los apóstoles y les atribuyó un carácter sacerdotal en virtud de su dedicación a los sacrificios. Aquellos que no se sujetaban a los obispos eran excluidos de los favores de la iglesia (Comunión y Salvación).

AGUSTIN es el hombre de iglesia que se adhiere a la idea de CIPRIANO, por lo menos en lo que se refiere a los aspectos generales. La iglesia verdadera es la católica, en la cual la autoridad apostólica continúa mediante la sucesión episcopal. Ella es la depositaria de la Gracia divina, la cual se distribuye por medio de los sacramentos. Fue también AGUSTÍN el que preparó el camino para la identificación de la Iglesia católica romana como el reino de Dios.

En la Edad Media, el sistema doctrinal desarrollado por CIPRIANO y AGUSTÍN estaba admirablemente completo y solamente necesitaba unos cuantos retoques. En este periodo hubo poco desarrollo de la doctrina eclesial.

Los escolásticos aceptaban el aspecto espiritual de la iglesia, pero le dieron mayor realce al aspecto externo, además colocaron a la iglesia y al Estado en un estrato de monarquía instituido por Dios, siendo la iglesia la institución de mayor jerarquía, y el Papa el monarca absoluto. Esto trajo consecuencias tales como, (1) Se exigía que todas las cosas se trajeran al control de la iglesia; (2) El hombre recibe las bendiciones de salvación por medio de los sacramentos, (3) Condujo a la secularización de la iglesia, dando mayor importancia a la política que a la salvación.

2. La doctrina de la Iglesia en la pre y post Reforma

Durante el periodo de la Reforma se rompió con el concepto manejado por la Iglesia Católico Romana. LUTERO consideró a la iglesia como la comunión espiritual de aquellos que creen en Cristo, y restauró la idea bíblica del sacerdocio de los creyentes. Mantuvo la unidad de la iglesia, pero distinguió dos aspectos, el visible y el invisible; la iglesia se vuelve visible mediante la administración pura de la Palabra y los sacramentos. Para LUTERO la iglesia era vasalla del Estado a excepción de la predicación.

Estos puntos de vista fueron rechazados por los Anabaptistas, quienes aceptaban solamente la idea de una iglesia invisible y demandaban la separación absoluta entre Iglesia y Estado.

CALVINO y los teólogos reformados compartieron los puntos de vista de LUTERO, sin embargo ellos buscaron la unidad de la iglesia en la comunión espiritual de los creyentes, además encontraron las verdaderas señales de la iglesia no sólo en la verdadera administración de la Palabra y los sacramentos sino en la administración correcta de la disciplina. Apoyaron la sujeción de la iglesia al Estado, sin embargo instituyeron una forma de gobierno eclesial interno.

Los Socinianos y los Arminianos del siglo XVII hablaron de una iglesia invisible olvidándose de la vida actual. Los primeros concibieron a la religión cristiana como una doctrina aceptable, y los últimos hicieron de la iglesia una sociedad visible, donde la iglesia tenía el derecho de predicar el Evangelio y amonestar a sus fieles.

Los Pietistas, descuidaron la iglesia visible, mostrándose indiferentes a la iglesia institucional con su mezcla de bien y mal, y buscaron la edificación espiritual de los adeptos.

Durante el siglo XVIII y después, el racionalismo hizo sentir su influencia también sobre la doctrina de la Iglesia y colocó a la Iglesia al nivel de las sociedades humanas, negó que Cristo haya intentado fundar una Iglesia en el sentido estricto de la palabra.

Para SCHLEIERMACHER la iglesia era, ante todo, la comunidad cristiana, el cuerpo de creyentes que están animados por el mismo espíritu. RITCHL, diferenció la iglesia invisible de la visible por la que existe entre el reino y la iglesia; consideró el reino como la comunidad del pueblo de Dios que actúa por motivos de amor, y a la iglesia como la comunidad que se reúne para adoración.

B. La doctrina de la Iglesia en la historia latinoamericana

El cristianismo surge con la colonización de las potencias europeas en las tierras inhóspitas del continente. La religión fue el instrumento de legitimación de una cruenta conquista que arrasó con poblaciones enteras de indígenas que no tuvieron más remedio que sucumbir ante el hombre blanco. La bula papal *inter coetera* de ALEJANDRO VI es un ejemplo claro de lo anterior. En la misma señala que territorios pertenecen a España y que territorios pertenecen a Portugal, y claro, el objetivo de todo esto era la cristianización.

Fue hasta finales del S XIX que el protestantismo se establece en el continente. Las misiones protestantes venían mayormente de los Estados Unidos aunque en algunos países de Sud América vinieron de Europa.

En América Central las primeras misiones en llegar fue la Iglesia Presbiteriana, como fue el caso de Guatemala, posteriormente la Misión Centroamericana que había fundado C.I. SCOFIELD y posteriormente la Iglesia Amigos o de los Cuáqueros.

Fue en el primer tercio del S XX que incursionan las primeras misiones de carácter pentecostal que causan una revolución teológica y litúrgica, sin embargo no fue sino hasta los años 70 del Siglo XX que éstas alcanzan una popularidad inusitada y las Iglesias tradicionales terminan adoptando elementos litúrgicos y algunas veces doctrinas de las Iglesias pentecostales.

Para la Iglesia Protestante de Latinoamérica, la Iglesia es el cuerpo de Cristo y Cristo es la cabeza de ese cuerpo. El segmento premilenialista le ha dado la connotación de *esposa del cordero* a la Iglesia. En virtud de esta doctrina, ha existido una proliferación de iglesias a las cuales se le llama *independientes* porque han surgido por el ministerio de un hombre y en algunos casos de una mujer y algunas de ellas han llegado a ser mega iglesias y ejercen una gran influencia en la sociedad el día de hoy. Estas iglesias son instituciones que no están afiliadas a ninguna de las denominaciones históricas, sino que ellas mismas están haciendo trabajo misionero y ampliando su radio de acción de una forma espectacular en diferentes países.

Sin lugar a dudas, esta doctrina sobre la Iglesia, ha provocado una proliferación de Iglesias en el continente, algunas con doctrinas sanas y otras con doctrinas heréticas producto de la ignorancia del Texto Sagrado. Empero de una manera o de otra, existe un hecho innegable y ese es el crecimiento espectacular de la Iglesia en Latinoamérica, y este crecimiento ha provocado un avivamiento espiritual que está recorriendo diversos países del mundo.

Sección II

LA NATURALEZA DE LA IGLESIA

Ha existido siempre un debate acerca de la naturaleza de la Iglesia por los cristianos que intentaban establecer la validez de su propia existencia. El Donatista de África del norte se centraba en la pureza de la Iglesia. En la Edad Media se afirmó que la Iglesia Católica, era la Iglesia verdadera. Los Valdenses hicieron hincapié en la obediencia literal de las enseñanzas de Jesús y acentuó la predicación evangélica. Los católicos romanos demandaron que ellos eran la única Iglesia y que el Papa era el sucesor del apóstol Pedro. Los reformadores Martín LUTERO y Juan CALVINO, distinguieron entre la iglesia visible e invisible y aseguraron que la Iglesia no tenía nada que ver con Roma.

Los temas tratados en esta sección son de capital importancia para el entendimiento de qué es la Iglesia y como el cristiano regenerado debe ser visto en la misma. Los puntos que aquí se tratan llevan una secuencia lógica y son los siguientes: El origen de la palabra Iglesia (A), La esencia de la Iglesia (B), El carácter multiforme de la Iglesia (C), Los atributos de la Iglesia (D) y las señales de la Iglesia (E) y la Iglesia vista desde distintas perspectivas (F).

A. El origen de la palabra Iglesia

El Antiguo Testamento emplea dos palabras hebreas para designar a la Iglesia. *Qahal* (kahal), procedente de la raíz qal (kal) que significa «llamar». *Qahal* denota una reunión en donde verdaderamente se reúne todo el pueblo. *Edhah*, derivado de *Va'adh*, «designar» o «encontrase o congregarse en un lugar designado», es propiamente una reunión por medio de designación, en el caso de Israel, se refiere a la sociedad misma representada por sus líderes en asamblea.

Aunque estas palabras se utilizan como sinónimos al principio no fue así, es por eso que en algunas ocasiones encontraremos la expresión *Qedal 'edhah* «*la asamblea de la congregación*» (Ex.12:6; Nm.14:5; Jer.26:17). Al realizar la traducción al griego, la LXX utilizó la palabra *synagoge* en vez de *Qahal* cuando esta aparecía en el Pentateuco y utilizó la palabra *ekklesia*, cuando esta aparecía en los Libros Posteriores. En el Nuevo Testamento encontramos dos palabras derivadas de la LXX para designar a la Iglesia. *Ekklesia*, que se deriva de *ek* (preposición que indica fuera de) y *kaleo*, convocar. Designa por lo general a la Iglesia del N.T., aunque en unos pocos lugares denota también las asambleas civiles (Hch.19:32,39,41). Jesús fue el primero en usar esta palabra en el N.T., y la aplicó a la compañía que se reunía alrededor de él (Mt.16:18) La otra palabra que se utiliza es *synagoge*, que se deriva de *syn* y *ago*, que significa «llegar juntos, o estar reunidos juntos»

Uno de los usos más importantes de la palabra ekklesia era el círculo de creyentes en una localidad definida, (Hch.5:11, 11:26; I Cor. 11:18, 14:19,28,35) Iglesia doméstica, cuando se designaba una habitación de la casa para realizar la adoración.(Rom.16:23, I Cor. 16:19; Col. 4:15; Film 2. Grupo de iglesias, lo que hoy podríamos conocer como denominación. (Hch. 9:31) Cuerpo entero, a través de todo el mundo, de aquellos que siguen la misma profesión de fe y adoración. (I Cor. 10:32, 11:22, 12:28; *cfr* Ef. 4:11-16) El cuerpo de los fieles que están unidos espiritualmente a Cristo, ya sea en el cielo o en la tierra. (Ef. 1:22, 3:10,21, 5:23-25,27,32; Col. 1:18,24) Otras designaciones bíblicas para iglesia son: El cuerpo de Cristo; el Templo del Espíritu Santo o de Dios; la Jerusalén de arriba, la Nueva Jerusalén o la Jerusalén Celestial y Columna y apoyo de la verdad.

B. La esencia de la Iglesia

Desde los días de CIPRIANO hasta llegar a los de la Reforma, la esencia de la Iglesia se buscó cada vez más en su organización visible y externa. Los Padres de la Iglesia la concibieron en el contexto católico romano donde el único lazo de conexión entre ambas era el colegio de obispos. El concepto Protestante se centra más en el carácter invisible de la Iglesia y universalidad de la Iglesia.

En el presente apartado se abordará las diferentes perspectivas sobre la esencia de la Iglesia, es a saber el concepto Católico, el Griego Ortodoxo y finalmente el Protestante.

B. La esencia de la Iglesia

1. Concepto Católico

El concepto cobró mayor prominencia con el tiempo. Actualmente los católicos romanos definen a la iglesia como:

> «La congregación de todos los fieles, que habiendo sido bautizados, profesan la misma fe, participan de los mismos sacramentos, y son gobernados por sus legítimos pastores, bajo una cabeza visible en toda la tierra»

La Iglesia Católica Romana hace una diferencia entre aquellos que enseñan, gobiernan y dan los sacramentos y; los que reciben la enseñanza, los que son gobernados y reciben los sacramentos; la primera clase es la verdadera iglesia. El catolicismo romano no admitirá jamás que la iglesia invisible preceda a la visible, su enseñanza es que primero es la iglesia visible (madre de los creyentes) y después la invisible (comunidad de creyentes)

2. El concepto griego ortodoxo

El concepto griego ortodoxo de la Iglesia está relacionado estrechamente con el de los católicos romanos, y sin embargo, difiere de éstos en algunos puntos importantes: La Iglesia Griega no reconoce a la católica romana como la verdadera iglesia, ya que reclama para ella ese honor. A pesar de aceptar los dos aspectos de la Iglesia, la invisible y la visible; coloca el énfasis en la organización externa. No encuentra la esencia de la Iglesia en la comunión de los santos, sino en la jerarquía episcopal que ha retenido, aunque rechaza el papado. La infalibilidad de la Iglesia reside en los obispos, y por tanto en los sínodos y concilios eclesiásticos. Rechazan la idea de una Iglesia invisible e ideal, la Iglesia es una entidad actual, tangible y visible, no un ideal irrealizado e irrealizable.

3. El concepto protestante

La Reforma fue una reacción al externalismo de Roma y en contra de su concepto externo de Iglesia. Tanto para LUTERO como para CALVINO, la Iglesia fue nada más la comunidad de los santos, esta posición es tomada también por las confesiones reformadas. La Confesión Belga señala:

«Creemos y profesamos que hay una Iglesia católica o universal, que es una congregación santa de verdaderos creyentes cristianos, que esperan todos su salvación en Jesucristo, estando lavados por su sangre y santificados y sellados por el Espíritu Santo»

La confesión Helvética apunta que la iglesia es universal (de todo el mundo) y la de Westminster lo hace desde el punto de vista de la elección (El número completo de elegidos).

La Iglesia invisible es aquella que solamente Dios puede ver, y la visible es aquella que el hombre ve. La Iglesia forma una unidad espiritual donde Cristo es la cabeza, y por lo tanto debe reflejar la gloria de Dios tal y como se manifiesta en la obra de redención. La Iglesia es un objeto de fe mas bien que de conocimiento

C. El carácter multiforme de la Iglesia

La Iglesia es el cuerpo de Cristo, es la comunidad de individuos regenerados por el poder del Espíritu Santo que adoran y sirven a Dios, que son, instrumentos para la propagación de la fe. Ahora la Iglesia tiene un carácter multiforme, es decir, que puede ser vista de diferentes ángulos. Este hecho nos permite entender de una mejor manera su naturaleza y el propósito por el cual existe.

Huelga señalar que los conceptos que se manejarán en esta sección son meramente reflexiones humanas que simplemente nos ayudan a entender ese carácter multiforme. A continuación se verá a la Iglesia desde esos diferentes ángulos.

1. La Iglesia considerada como militante y triunfante

La Iglesia en la actualidad es militante, está llamada y comprometida en una guerra santa, en contra del mundo hostil. La Iglesia no debe olvidar el papel tan importante que juega en este mundo, tanto en el plano espiritual como en el físico. La Iglesia del cielo es la triunfante y la de la tierra es la militante.

Los católicos romanos hablan además de una iglesia sufriente, incluye según ellos a todos los creyentes que ya no están en la tierra, porque todavía no han entrado a los goces celestiales, y están siendo purificados, en el purgatorio de los restos pecaminosos que les queden.

2. El carácter visible e invisible de la Iglesia

Cuando se habla del carácter visible e invisible de la iglesia, no se refiere a dos iglesias diferentes, sino a dos aspectos de la misma Iglesia. LUTERO fue el primero en hacer esta distinción, la cual fue usada y reconocida por el resto de los reformadores. Se dice que la Iglesia es invisible, porque su esencia es espiritual y esa esencia no puede ser discernida por el ojo físico; y también porque es imposible determinar infaliblemente quienes pertenecen a ella y quienes no.

La Biblia atribuye ciertos atributos gloriosos a la Iglesia y la representa como el medio para recibir bendiciones eternas y salvadoras. Roma aplica esto a la Iglesia como institución externa, como la distribuidora de las bendiciones de salvación, negando la comunión inmediata de Dios con sus hijos, colocando un mediador humano entre Él y ellos. Este fue el error que los reformadores procuraron erradicar, señalando el punto bíblico de la Iglesia como cuerpo espiritual de Cristo. La Iglesia se hace visible en la profesión y conducta cristiana, en el ministerio de la Palabra y los sacramentos y en una organización externa y su gobierno.

3. Distinción entre la Iglesia como organismo y como institución

Esta distinción es aplicable a la Iglesia visible. La Iglesia como organismo es la comunión de los creyentes que están unidos en la atadura del espíritu, en tanto que la Iglesia como una institución es la madre de los creyentes, un medio de salvación, una agencia para la conversión de los pecadores y el perfeccionamiento de los santos. La Iglesia como institución existe en forma institucional y funciona mediante los oficios y medios que Dios ha instituido. La Iglesia como una institución u organización es un medio para una finalidad, y se encuentra en la iglesia como un organismo, la comunidad de los creyentes.

D. Los atributos de la Iglesia

Según los Protestantes, los atributos de la iglesia se atribuyen principalmente a la iglesia en su carácter de organismo invisible, sin embargo los católicos romanos los atribuyen a su organización jerárquica. Los primeros hablan de tres atributos pero a éstos los segundos añaden un cuarto atributo.

1. La unidad de la Iglesia

Sobre este interesante tema que trata sobre el hecho que unifica a la Iglesia de Cristo, existen dos posturas que se polarizan, es a saber la posición Católica y la Protestante respectivamente.

a. El concepto Católico Romano

Los católicos reconocen *ekklesia* como la Iglesia en su organización jerárquica. La unidad de esta Iglesia se manifiesta en su organización mundial imponente, su centro verdadero no se encuentra en los creyentes, sino en la jerarquía; el Papa posee absoluto control de todo lo que queda debajo de él, de esta manera la Iglesia Católica Romana presenta a los ojos una estructura verdaderamente imponente.

b. El Concepto Protestante

Los protestantes afirman que la unidad de la Iglesia no es principalmente de carácter externo, sino de carácter interno y espiritual. Es la unidad del cuerpo místico de Jesucristo, del cual todos los creyentes son miembros. Este cuerpo está controlado por una cabeza, Jesucristo; animada por el Espíritu Santo. La Biblia afirma la unidad, no sólo de la Iglesia invisible, sino también de la visible. La Iglesia de Roma acentúa fuertemente la unidad de la Iglesia visible y la expresa en su organización jerárquica. Cuando los Reformadores se separaron de Roma, no negaron la unidad de la Iglesia visible, sino que la sostuvieron; el lazo de unión se centra en la predicación verdadera de la Palabra de Dios, y en la recta administración de los sacramentos. Las señales por las que la Iglesia verdadera se conoce son estas:

> La doctrina pura del Evangelio; si mantiene la administración pura de los sacramentos tal como fueron instituidos por Cristo; y si la disciplina eclesiástica se ejercita en el castigo del pecado; en resumen si todas estas cosas se manejan de acuerdo con la Palabra pura de Dios; todas las cosas contrarias por lo tanto, quedan rechazadas y Jesucristo reconocido como la única cabeza de la Iglesia. De consi-

D. Los atributos de la Iglesia

guiente la iglesia verdadera puede con toda certeza ser conocida, y de ella ningún hombre, tiene derecho de separase»

2. La Santidad de la Iglesia

Al hablar de santidad de la Iglesia nos referimos al hecho que hace a la Iglesia exclusiva, es decir, que la separa que cualquier institución u organización humana y la coloca en un sitio de privilegio, pues aunque es un cuerpo formado por seres humanos, su carácter es divino, pues es el cuerpo de Cristo y esto le da una connotación supraterrenal. A continuación se verá las dos posturas más importantes sobre este tema.

a. El concepto Católico Romano

Para ellos la santidad de la Iglesia se refiere principalmente, a su carácter externo, no se trata de la santidad interior sino de la santidad ceremonial externa que se coloca en primer lugar (dogmas, preceptos morales, adoración y disciplina). Solo en forma secundaria se concibe que la santidad de la iglesia sea de carácter moral, la Iglesia es santa también porque hubo santos en ella, en todos los tiempos, cuya santidad, Dios ha confirmado también por medio de los milagros y de gracias extraordinarias.

b. El concepto Protestante

El concepto Protestante de santidad tiene que ver con la observancia de una conducta bíblica por parte de cada miembro de la Iglesia. La santidad no es algo externo solamente, es la práctica de una vida apartada del mundo y del pecado y en completa obediencia a Dios para testimonio de aquellos que no tienen una relación con Jesucristo. En un par de palabras sencillas, es una alusión a vivir una vida apartada y pura para la gloria de Dios y testimonio del mundo impío.

3. La catolicidad de la Iglesia

Cuando se habla de la catolicidad de la Iglesia nos referimos a la universalidad de la misma y la forma como se ha extendido por los cuatro confines de la tierra. Sobre este punto, como en los anteriores, existen dos posturas antitéticas, que son objeto de estudio.

a. El concepto Católico Romano

Se apropia del atributo de catolicidad, como si solamente esta iglesia tuviera derecho de llamarse católica; porque está esparcida sobre toda la tierra y se adapta a todos los países y a todas las formas de gobierno; porque ha existido casi desde el principio, en tanto que las sectas vienen y van; y porque ella sobrepasa el número de los miembros de todas las sectas disidentes tomadas en conjunto.

Aunque la universalidad de la Iglesia Católica es un hecho incuestionable, esto no significa que sea la Iglesia verdadera y única.

b. El concepto Protestante

Una vez más, los protestantes aplican este atributo, en primer lugar, a la iglesia invisible. Los protestantes insisten en que la iglesia invisible es, ante todo, la verdadera iglesia católica, porque incluye a todos los creyentes sobre la tierra, en cualquier tiempo particular, sin excepción de alguno. En segundo lugar, también los protestantes atribuyen la catolicidad a la iglesia visible. Se debe admitir que esta doctrina presenta muchos problemas difíciles, que todavía están pidiendo solución, v.g., ¿Condena esta doctrina el denominacionalismo?, ¿Significa que alguna denominación es la iglesia verdadera, en tanto que las otras son falsas?, ¿En qué punto una iglesia local o denominacional deja de ser parte integrante de aquella única iglesia visible?, ¿Es esencial para la unidad de la iglesia visible una sola institución u organización externa o no?

Una respuesta válida a las interrogantes anteriores es que la Iglesia verdadera traspasa cualquier barrera denominacional, nombre, cultura, prejuicios teológicos, en fin, cualquier suerte de obstáculos. La Iglesia verdadera es universal, no tiene nombre ni apellido, esta simplemente formada por individuos regenerados por el poder del Espíritu Santo y punto.

E. Las señales de la Iglesia

Las señales de la Iglesia es un tema muy importante dentro de la Eclesiología, pues es aquí donde se estudia aquellos rasgos que distinguen a la Iglesia de cualquier otra organización que existe. Estas señales son únicas y exclusivas de la Iglesia y son de capital importancia porque muestran al mundo el carácter especial que tiene la Iglesia y nadie más lo tiene sobre a faz de la tierra.

Existen muchas organizaciones en el mundo, con fines loables y extraordinarios, sin embargo, solo a través del ministerio de la Iglesia el hombre puede ser salvo y rescatado del pecado, solo a través del magisterio de la Iglesia el hombre puede conocer a Dios, sólo a través de la actividad de la Iglesia el hombre puede ser sanado sobrenaturalmente de enfermedades, poner en orden su mundo interior y ser liberado de los poderes infernales que controlan el mundo.

En resumen, todas las manifestaciones divinas a través de la Iglesia son una señal al mundo incrédulo del carácter único que tiene la Iglesia y que la ubica como el cuerpo de Cristo, una institución divina a través de la cual Dios muestra su gloria y poder al mundo entero.

1. La Predicación verdadera de la Palabra

Esta es la más importante señal de la Iglesia, aunque es independiente de los sacramentos, éstos no lo son de ella. La predicación verdadera de la Palabra es el medio para mantener la iglesia y para capacitarla a fin de que sea madre de los fieles, atribuir esta señal no quiere decir que la predicación de la Palabra en una iglesia deba ser perfecta para que se considere verdadera, solamente podemos atribuirle una pureza relativa de doctrina.

2. La correcta administración de los sacramentos

Los sacramentos nunca deben separase de la Palabra de Dios, porque se derivan de ella y son de hecho una predicación visible de la Palabra (Mt.28:19; Mr.16:15,16; Hch.2:42; I Cor.11:23-30). Como tales deben ser administrados por ministros de la Palabra, legítimamente ordenados, de acuerdo con la institución divina, y solo administrados a sujetos debidamente calificados, es decir los creyentes y sus hijos.

3. El ejercicio fiel de la disciplina

Este es muy importante para el mantenimiento de la pureza de la doctrina y para conservar la santidad de los sacramentos. La Palabra de Dios insiste en la disciplina adecuada en la Iglesia de Cristo. (Mt.18:18; I Cor.5:1-5,13, 14:33,40; Apoc.2:14,15,20).

4. Los milagros en la Iglesia Latinoamericana

Con el auge de la Iglesia Carismática o Neo Pentecostal en Latinoamérica, hay un elemento clave que es una señal muy importante
de la Iglesia. Esto es la realización de milagros. Es en este sentido
que es muy popular hablar de cruzadas de milagros, el énfasis no es
la predicación del Evangelio sino la realización de sanidades espectaculares. Este tipo de eventos son muy populares y atraen a multitud de personas.

La pregunta para reflexionar es ¿Son los milagros una señal de la
Iglesia? El Texto Sagrado nos muestra que Jesús hizo milagros extraordinarios y éstos fueron una señal muy importante. Por otro lado, *Dios es
el mismo ayer, hoy y por los siglos* de manera que no hay ningún obstáculo
para manifestaciones sobrenaturales de Dios.

Lo que ha ocurrido en Latinoamérica es un abuso de los milagros y
muchas veces estas cruzadas son verdaderos shows humanos donde el
héroe de la película es un predicador que impone manos, la gente cae
al suelo y es sanada. Muchas veces la manipulación de estos predicadores de sanidad es tan brutal que ejercen una sugestión que llevan a las
personas a creer y confesar que han sido sanadas cuando en realidad no
lo han sido.

El orar por los enfermos es bíblico, Dios sin duda sana sobrenaturalmente a las personas que creen y a quien Él le place sanar. No hay
nada malo en las cruzadas de milagros si Jesucristo es el centro de todo
no el hombre y se deja claro, que es Dios no el hombre quien actúa.

Sin duda la realización de milagros es una señal al mundo del carácter de la Iglesia.

F. La Iglesia vista desde distintas perspectivas

El tema de la Iglesia se puede enfocar desde diferentes perspectivas
teológicas. Para el caso, el tema del Reino de Dios, o el origen de la
Iglesia son temas controversiales en la teología y es menester estudiarlos desde una óptica neutral para evitar atizar fuegos innecesarios e
improductivos.

En este apartado será objeto de estudio dos puntos controversiales
sobre la Iglesia, es a saber, el relacionado con el Reino y luego el que se
relaciona con su origen.

1. El Reino de Dios en perspectivas diferentes

Los premilenialistas identifican al reino de Dios como la séptima dispensación, es decir, el gobierno político del Mesías por espacio de mil años. Para ellos el Reino de Dios no pudo ser fundado por Jesucristo en virtud que el fue rechazado como Rey. Los exponentes más notables de esta teoría son SCOFIELD y CHAFER. *A contrario sensu* los amilenialistas identifican el Reino de Dios con la Iglesia actual. Niegan enfáticamente la existencia de un reino político por espacio de mil años.

En este numeral se utiliza el término Reino en su sentido espiritual y no político y literal. En ningún momento el uso de este término en su concepción espiritual indica la adhesión a la teoría amilenialista o la aceptación de la tesis premilenialista. La decisión de usar el término Reino obedece a razones de conveniencia para su mejor entendimiento.

a. El Reino de Dios y la Iglesia invisible

Aunque el reino de Dios y la iglesia invisible son hasta cierto punto idénticos, sin embargo, deben distinguirse con cuidado. La ciudadanía en el uno y la feligresía en el otro están determinadas por igual mediante la regeneración. Es posible hacer una diferencia entre el punto de vista desde el cual los creyentes son considerados como el reino y aquel otro del cual se deduce su nombre Iglesia. Como una iglesia están llamados a ser los instrumentos de Dios para preparar el camino y para introducir el orden ideal de las cosas; y considerados como reino, representan la realización ideal, entre ellos mismos.

b. El Reino de Dios y la Iglesia visible

Los católicos romanos de antaño insistían en no hacer diferencia e identificaban al Reino de Dios con la Iglesia. A partir del Concilio Vaticano Segundo la Iglesia Católica no se identifica con el Reino de Dios. Ve a la Iglesia como la Iglesia que va en el camino, como agente del Reino. El Vaticano Segundo se esfuerza por presentar un cuadro más bíblico de la Iglesia y presenta metáforas bíblicas como *cuerpo de Cristo*, *pueblo de Dios*, *familia de Dios* e insiste por supuesto que la Iglesia Católica Romana es la iglesia.

2. El origen de la Iglesia y su relación con la historia

El otro aspecto controversial es el tema del origen de la Iglesia. Los premilenialistas señalan el día de Pentecostés como el inicio de la Iglesia, en cambio los amilenialistas rechazan este punto de vista y aseguran que la Iglesia existe desde el AT y consideran a Noé y su familia así como a los patriarcas como parte de la Iglesia.

A continuación se efectuará una sucinta consideración histórica de aquellas personas que en un determinado momento han sido depositarias de la revelación de Dios. El uso del término Iglesia en las épocas relativas al AT no significa la adhesión a la tesis amilenialista, sino una conveniencia del lenguaje para identificar a aquellas personas que en un momento determinado recibieron la revelación de Dios.

a. En el Periodo Patriarcal

En el periodo patriarcal las familias de los creyentes constituían las congregaciones religiosas; la iglesia estaba mejor representada en las familias piadosas, en donde los padres de familia servían como sacerdotes. Al tiempo del diluvio la iglesia se salvó en la familia de Noé, y continuó de manera particular en la línea de Sem. Y cuando a Abraham, se le dio la señal de la circuncisión, esto lo separó a él y a sus descendientes; hasta el tiempo de Moisés las familias de los patriarcas eran los verdaderos depositarios de la fe verdadera, en la cual el temor del Señor y su servicio se conservaron vivos.

b. En el Periodo Mosaico

Después del éxodo el pueblo de Israel no sólo estuvo organizado como nación, sino que también constituyó la Iglesia de Dios. Fueron enriquecidos con instituciones en las que no solamente la devoción familiar o la fe de la tribu, sino la religión de toda la nación encontró expresión. La forma particular que asumió fue la de un Estado-Iglesia, había funcionarios e instituciones civiles y religiosas dentro de los límites de la nación. Pero al mismo tiempo, toda la nación constituía la iglesia; y la iglesia se limitaba a una nación, la de Israel, aunque los extranjeros también podían entrar en ella. En este periodo hubo un marcado desarrollo de la doctrina, la adoración a Dios se regularizó hasta los menores detalles, siendo en gran parte ritual y ceremonial, y se estableció en un santuario céntrico.

c. En el Nuevo Testamento

La iglesia del N.T. es esencialmente una con la Iglesia de la antigua dispensación, las dos están constituidas por creyentes verdaderos. La iglesia quedó divorciada de la vida nacional de Israel y obtuvo una organización independiente. En relación con esto los límites nacionales de la iglesia quedaron borrados, lo que hasta ahora había sido una iglesia nacional adquirió el carácter de universal y por ende misionera. La adoración ritual dejó su lugar a una adoración más espiritual, en armonía con los grandes privilegios del N.T.

La Iglesia es, esencialmente, tal como quedó indicado anteriormente, la comunidad de los creyentes, y esta comunidad existe desde el principio de la dispensación antigua hasta el tiempo presente y continuará existiendo sobre la tierra hasta el fin del mundo. No debemos cerrar nuestros ojos ante el hecho patente de que el nombre Iglesia *qahal* en hebreo se traduce *ekklesia* en la versión del LXX y se aplica a Israel en el A.T. repetidas veces, pero permanece el hecho de que en el A.T. tanto como en el N.T. la palabra original denota una congregación o asamblea del pueblo de Dios, y como tal sirve para designar la esencia de la Iglesia misma. En esencia, Israel constituye la Iglesia de Dios en el A.T., aunque su institución externa difiera mucho de la iglesia del N.T.

Sección III

EL GOBIERNO DE LA IGLESIA

Este ha sido uno de los puntos que ha dividido innecesariamente a la Iglesia. La forma de gobierno de la Iglesia tiene que ver con una serie de factores, quizás el más importante es el bíblico. ¿Qué dice la Biblia acerca de la forma de gobierno: Episcopal, presbiteriana, congregacional u otra? La verdad es que la Biblia no habla de un sistema de gobierno como ley de Media o de Persia. El gobierno de la Iglesia tiene que ver con la idiosincrasia de las personas, de la cultura, del pensamiento imperante. La forma de gobierno no es una doctrina cardinal de la Iglesia que afecta su esencia o naturaleza. Esto significa que solamente el respeto y la tolerancia es la única forma correcta de la coexistencia pacifica.

En Latinoamérica ha surgido un fenómeno nunca antes visto, nos referimos a la aglomeración de fuerzas de poder alrededor del liderazgo de un hombre. Con el surgimiento de las megas iglesias ha surgido el súper hombre, un individuo que no solamente predica a diez mil, veinte mil personas o más cada semana, sino que tiene medios de comunicación como radio, televisión por cuales sale a poblaciones enteras. Su imagen es la de un hombre poderoso, que todo lo sabe, que tiene un consejo para cualquier problema, que nunca se equivoca, en fin, un súper hombre.

Esto crea un nuevo mesianismo evangélico y una nueva categoría nunca vista antes por la iglesia evangélica: los apóstoles. Esta nueva casta evangélica con una redefinición del concepto de pastor por la de un súper líder. Estos nuevos líderes se convierten en los súper héroes de la fe con una autoridad casi sobre humana. El termino pastor ya no es suficiente, por eso se recurre al de apóstol o profeta para distinguirlo de los demás ministros de iglesias pequeñas, usualmente en los barrios marginados. Esta forma de gobierno es episcopal, se centra en un solo hombre, donde el fin de la pirámide es él. Ahora, *per se* nada malo con esto, excepto que este sistema puede dar lugar abusos y de hecho ha dado lugar a abusos, desde un engreimiento espiritual hasta dirigir el ministerio arbitrariamente.

No hay sistemas de gobierno perfectos, por el simple hecho que no hay hombres químicamente puros, el quid del asunto no es el sistema sino el hombre, es allí donde debemos tener cuidado.

En esta sección estudiaremos con cierto detenimiento acerca de los diferentes sistemas de gobierno de la Iglesia.

A. Teorías tradicionales sobre el gobierno de la Iglesia

El Texto Sagrado no nos dice con exactitud cual es la forma de gobierno que la Iglesia debe seguir. Existen versículos que dan pie a una y otra forma de gobierno. Este hecho, sin duda, obedece a la sabiduría infinita de Dios, quien sabe que los hombres tenemos características diferentes y que estamos en libertad a escoger a aquella que más de adapte a nuestra idiosincrasia.

En este sentido, la forma de gobierno de la Iglesia no es una doctrina central del cristianismo y por lo tanto no afecta su esencia sí una confesión adopta una u otra. Lo importante en esto es tener claro, que no importa la forma de gobierno que la Iglesia adopte, Cristo es siempre la cabeza, no el pastor, o el presbiterio, o los ancianos o la Junta Directiva. Cuando tenemos claro que Cristo es la cabeza, la forma que adoptemos es secundaria. En este apartado será objeto de estudio las diferentes formas de gobierno que las Iglesias han adoptado en el decurso de los años.

1. El Concepto de los Cuáqueros y los Darvistas

Tanto los Cuáqueros primitivos como los Darvistas rechazan todo tipo de gobierno eclesiástico. Según ellos, el gobierno eclesiástico exalta el elemento humano a costas del divino, descuida los carismas dados por Dios y los sustituye en oficios dados por el hombre. Por eso consideran que el gobierno eclesiástico para la iglesia visible es no sólo innecesaria sino decididamente pecaminoso.

Es menester apuntar que en la actualidad la Iglesia Cuáquera o de los Amigos, como es conocida, tiene una forma de gobierno congregacional en combinación con el sistema de iglesia nacional, aunque todavía guarda la doctrina de no ordenar pastores al ministerio.

2. El Sistema Episcopal y Presbiteriano

Los episcopales sostienen que Cristo, como cabeza de la iglesia, ha entregado el gobierno de la iglesia directa y exclusivamente a los prelados u obispos, considerados como sucesores de los apóstoles. En este sistema la comunidad de creyentes no tiene participación alguna en el gobierno de la iglesia. En los primeros siglos este fue el sistema de la iglesia católico romana. En Inglaterra está combinado con el sistema erastiano.

En la actualidad, las iglesias que practican este sistema han realizado ciertas modificaciones. Una de esas modificaciones es el nombramiento de ancianos, quienes con el pastor forman lo que se llama el presbiterio de la iglesia o el cuerpo de ancianos. En ellos reside el gobierno de la iglesia y son los únicos responsables en tomar las decisiones.

3. El Sistema Católico Romano

Este es el sistema episcopal llevado a su conclusión lógica. Estos pretenden contener no solo los sucesores de los apóstoles, sino también un sucesor para Pedro, que se dice es el primero entre los apóstoles, este sucesor es reconocido como el vicario de Cristo. La iglesia de Roma es monárquica, bajo el control de un Papa infalible, quien determina y regula la doctrina, la adoración y el gobierno de la iglesia. En este sistema el pueblo carece completamente de voz.

4. El Sistema Congregacional

Este sistema también se llama independiente, según él cada iglesia o congregación es una iglesia completa e independiente de cualquier otra. Este tipo de gobierno descansa exclusivamente en los miembros, donde los oficiales son simples funcionarios de la iglesia local, designados para enseñar y administrar. Usualmente tienen lo que se llama Junta Directiva, electa por la congregación y el pastor está siempre bajo la autoridad de este cuerpo. La Junta tiene ciertos poderes, sin embargo, existen situaciones que no le esta permitido intervenir y necesita convocar a una asamblea de miembros, como es caso del nombramiento o destitución del pastor *Inter alia.*

5. El Sistema de Iglesia Nacional

Este sistema también se llama el sistema colegial y se desarrolla especialmente en Europa. Se funda sobre la hipótesis de que la iglesia es una asociación voluntaria, igual al Estado. El poder original reside en una organización nacional, que tiene jurisdicción sobre las iglesias locales.

Este sistema es muy común en Latinoamérica, especialmente a nivel de las Iglesias tradicionales o denominacionales, que tienen un directorio nacional, con una oficina central y que tiene jurisdicción sobre un número de iglesias que se encuentran en un territorio determinado. Las iglesias locales, además de obediencia, le debe un impuesto, que en muchos casos es el diezmo de diezmos para el sostenimiento de la supra estructura. La directiva nacional tiene la potestad de nombrar y remover pastores, así como la ordenación de los mismos, también tiene otras prerrogativas en el orden administrativo.

B. Sistema de gobierno en las megaiglesias de Latinoamérica

Con la explosión demográfica en la Iglesia de Latinoamérica, ha surgido con fuerza la forma episcopal de gobierno, empero con los matices propios de la cultura. En otras palabras es el gobierno que se ejerce a través de un líder, quien tiene la última palabra en todo lo relacionado a la Iglesia. Este hombre nunca está solo. Tiene a su alrededor un cuerpo de personas a quienes el mismo ha nombrado como directores de ministerio. Estos lo respetan como el líder y usualmente siguen sus direcciones.

Otra de las características que se observa es que el respeto y la admiración de un líder depende del tamaño de la congregación, esto, definitivamente va a determinar la cuota de poder que éste tendrá dentro de la sociedad, no solamente eclesial sino civilmente. Nos guste o no, sea bíblico o no, esto funciona de esta manera. En Latinoamérica, números es sinónimo de poder, sinónimo de influencia, sino de muchas cosas visibles.

También puede observarse que el título tradicional de pastor para estos *hombres* les queda pequeño, de ahí que han comenzando a usarse títulos como *profeta* o *apóstol* para diferenciarlo de aquellos ministros de iglesias pequeñas, sin mayor trascendencia y de barrio. En Latinoamérica el ser llamado *apóstol* o *profeta* es sinónimo de estatus y de reconocimiento.

Las iglesias tradicionales en Latinoamérica habían seguido una forma de gobierno congregacional, que hasta para pintar una pared había que reunir a la congregación, cayendo de esta manera en otro extremo peligroso. Aquí la visión, el plan de trabajo es responsabilidad de la congregación. Ellos tienen el poder de echar por tierra cualquier propuesta del pastor.

Las grandes denominaciones, que han ejercido el sistema de Iglesia Nacional, donde existe un poder nacional sobre las iglesias locales también han andado en quiebra, puesto que a cualquier pastor o iglesia que sale de su esquema se le etiqueta como una Iglesia rebelde y por ende proclive al conflicto. Esto ha sido el caso de muchas denominaciones que han tenido que experimentar un éxodo masivo hacia las megas iglesias no tradicionales.

Hace algunos años, la profesora Iris BARRIENTOS, del Seminario Teológico de Honduras, efectuó un trabajo socio – religioso que intentó dar una respuesta científica a este fenómeno de éxodo masivo de las denominaciones o iglesias tradicionales a las megas iglesias. Una de las razones que dio como resultado fue la visión del líder que había cautivado a las personas. Y es que no podemos negar esto. Una de las características de las megas iglesias es una visión de crecimiento, de actividades, proyectos de infraestructura, medios de comunicación que de una u otra manera entusiasman al público. Las iglesias tradicionales se conformaron a la predicación de la Palabra, a las actividades propias de la Iglesias, pero nunca hubo un motivo verdaderamente desafiante que mantuviera una ilusión en las personas.

La idiosincrasia del latinoamericano es sin duda visceral, se mueve por los sentimientos más que por cualquier otra cosa y el crecimiento esta ligado a la visión, a la acción, a las grandes empresas. Sea esto correcto o no, es otra cosa, sea esto bíblico o no es también otra cosa. La verdad es que esto así funciona.

En resumen, el sistema de gobierno de las megas iglesias ha dado resultados prácticos. Un hombre concentra en su persona el poder humano. Él es el hombre de Dios, él tiene la visión, él vende la visión y mueve las masas en ese sentido. Usualmente se lanza a empresas desafiantes, esto le ha gustado a la gente y se ha embarcado con él, el resto es cuestión de los medios de comunicación.

Sección IV

LAS AUTORIDADES DE LA IGLESIA

Sabemos que la cabeza de la Iglesia es Jesucristo, empero que él nombra a sus Obispos, es decir a los pastores que guían, cuidan y alimentan a su rebaño. La forma de gobierno no es una doctrina cardinal de la Iglesia y menos una práctica que tenga que ver con el triunfo o el fracaso de la Iglesia. Lo de la forma de gobierno dependerá de una serie de factores culturales y hasta de prejuicios religiosos.

Lo cierto es que la Biblia nos habla que en la Iglesia, el gobierno no solamente lo ejerce el Pastor, sino que existen varios oficiales puestos por el Espíritu Santo para colaborar con el pastor en aras de cumplir con el mandato de Dios.

Algunas iglesias eligen a sus oficiales, otras iglesias le dan la potestad al pastor para que éste tome tal decisión. Lo único que podemos afirmar en este sentido es que los dones como los ministerios son dados por Dios no por los hombres, de manera que no solamente el pastor, sino los oficiales deben ser hombres y mujeres designados por Dios.

En esta sección será objeto de estudio dos temas fundamentales: Los oficiales de la Iglesia (A) y la institución de la Ordenación (B).

A. Los oficiales de la Iglesia

Los oficiales son aquellas personas escogidas por Dios para ayudar al pastor en el desarrollo de la misión de la Iglesia. Su función principal es asistir al pastor en la administración según los dones y talentos que Dios haya dado a cada uno de ellos. El pastor no puede por sí solo desarrollar un ministerio, precisa trabajar con un grupo de personas.

En Latinoamérica se les ha dado nombres diferentes a los nombres bíblicos. En esta época hablamos de Directores de Ministerio y en ellos encontramos, ministerios de música, consejería, educación y los demás propios de la Iglesia. Son las iglesias tradicionales las que conservan la nomenclatura de *ancianos* y *diáconos*.

En este apartado será objeto de estudio los diferentes oficiales según el Texto Sagrado. Por razones estrictamente académicas y por los diferentes usos y creencias hemos efectuado una división en Oficiales no tradicionales y tradicionales de la Iglesia.

1. Oficiales no tradicionales

Se habla de oficiales no tradicionales, cuando hay una referencia a aquellos que un sector de la Iglesia considera que existieron en el pasado, empero que ya no existen en el presente. En este sentido nos ocuparemos de tres categorías de la cuales nos habla la Palabra.

a. Apóstoles

En forma estricta, este nombre se aplica solo a los doce escogidos por Jesús y a Pablo; pero también se aplica a ciertos hombres apostólicos que ayudaron a Pablo en su trabajo, y que estuvieron capacitados en dones y gracias apostólicas. Los apóstoles tuvieron la tarea especial de poner los fundamentos de todos los siglos. Tienen ciertas cualidades especiales. (a) Recibieron su comisión directamente de Dios o de Jesucristo, (b) Fueron testigos de la vida de Cristo y especialmente de su resurrección, (c) Fueron conscientes de ser inspirados por el Espíritu de Dios en toda su enseñanza, tanto oral como escrita, (d) Tuvieron el poder de obrar milagros y lo usaron en diferentes ocasiones para ratificar el mensaje, (e) Fueron ricamente bendecidos en sus trabajos como señal de la aprobación divina en ellos.

Etimológicamente, apóstol significa *enviado*, una persona que tiene una comisión especial de Dios para efectuar un ministerio determinado. Una persona que tiene bajo su responsabilidad la formación y la influencia de otros líderes y que es instrumento de Dios para la realización de grandes empresas. Si entendemos apostolado desde esta perspectiva, no nos seria posible afirmar que no existen apóstoles en la actualidad. Ahora, hay que entender que *apóstol* no es sinónimo de estatus y menos de superioridad como algunas veces se ha interpretado en Latinoamérica. La Palabra nos habla que un apóstol es un siervo y lleva en su cuerpo y en alma las marcas del apostolado, que no necesariamente es un título del seminario o el pastorado de una reconocida mega iglesia con todas las señales de poder que esto significa.

b. Profetas

El N.T. habla tambien de profetas, y se refiere, en primer lugar, al don de hablar para la edificación de la iglesia y en segundo lugar, fueron instrumentos para revelar misterios y predecir eventos futuros. El primer aspecto de este don es permanente en la iglesia cristiana, y fue distintamente reconocido por las iglesias Reformadas, pero el segundo aspecto, fue de carácter carismático y temporal.

El profeta es aquella persona que habla al pueblo en nombre de Dios. Desde esta perspectiva, al igual que en el caso anterior, sería difícil afirmar que no existen profetas. Lo contrario, habemos profetas que hablamos en representación de Dios, sin que esto sea sinónimo de estatus sino un privilegio inmerecido, dado por gracia y mediante un acto soberano para la edificación del cuerpo de Cristo y para honra y gloria exclusiva de Dios.

c. Evangelista

En adición a los apóstoles y profetas, los evangelistas se mencionan en la Biblia. Felipe, Marcos, Timoteo y Tito pertenecen a esta clase. Acompañaban y asistían a los apóstoles y algunas veces fueron enviados con misiones especiales. Su trabajo era predicar y bautizar, pero también ordenar ancianos, y aplicar la disciplina. Su autoridad parece haber sido más general y un poco superior a la de los ministros regulares.

En la actualidad, la creencia que el evangelista pertenece a una casta especial esta superada. Quien escribe este tratado se considera un evangelista por llamamiento y por vocación. En ningún momento es un ministerio que no es actual, todo lo contrario, es un ministerio con vigencia y es uno de los que ha dado sus frutos.

En el siglo en el que vivimos los métodos y las estrategias para hacer evangelismo son completamente diferentes, la sociedad se ha diversificado y la manera de alcanzarla con el Evangelio también. Evangelista es aquel oficial de la Iglesia que ha sido llamado a confrontar al mundo incrédulo con el mensaje del Evangelio, persuadiéndoles a proceder al arrepentimiento para experimentar un cambio de vida que los ubique en un terreno de bendición bajo el señorío de Jesucristo.

2. Oficiales tradicionales

Por oficiales tradicionales nos referimos a aquellas personas que un sector de la Iglesia cree que tiene vigencia en la actualidad, a diferencia de los que hemos mencionado anteriormente. Como se ha señalado, esta nomenclatura y forma de hacer ministerio ha sido cambiada en gran parte por la Iglesia Latinoamericana. Solo un sector de la Iglesia, denominado tradicional, conserva esta nomenclatura, la cual es objeto de estudio por ser estrictamente bíblica, empero que no es una doctrina cardinal del cristianismo.

a. Ancianos

Entre los oficiales comunes de la iglesia los *presbyteroi* o *episkopoi* son primeros en orden de importancia. El primer nombre significa *ancianos*, es decir, los que son más viejos, y segunda, *los inspectores*. Probablemente el oficio presbiterial o episcopal se introdujo primero en las iglesias de los judíos y luego en aquellas iglesias de los gentiles; con toda claridad estos oficiales tenían el encargo de velar sobre el rebaño que había sido confiado a su cuidado. Tenían que proveerlo, gobernarlo y protegerlo considerándolo como la familia de Dios.

b. Maestros

Es claro que los maestros no fueron maestros originalmente. La afirmación de Pablo en Ef.4:11, de que Cristo dio a la iglesia, pastores y maestros, mencionados como una sola clase, demuestra con claridad que estos dos no constituían dos clases diferentes de oficiales, sino una clase que tenía funciones relacionadas. Con el correr del tiempo dos circunstancias condujeron a distinguir entre los ancianos o inspectores que quedaron encargados nada más del gobierno de la iglesia, y aquellos que fueron llamados también para enseñar: (1) Cuando los apóstoles murieron, las herejías surgieron y aumentaron, la tarea de aquellos que estaban designados para enseñar se hizo mucho más precisa y demandó preparación especial, (2) En atención al hecho de que el trabajador es digno de su salario, aquellos que estuvieron encargados del ministerio de la Palabra, una tarea muy laboriosa que requería todo su tiempo, quedaron libres de otros trabajos, para que se dedicaran más exclusivamente al trabajo de enseñanza.

c. Diáconos

Llama la atención el hecho de que algunos de los siete diáconos elegidos, como Felipe y Esteban evidentemente se dedicaron a la enseñanza; y que el dinero recogido en Antioquia para los pobres en Judea fue entregado en manos de dos ancianos. El nombre *diakonoi*; usado en sentido general para designar un sirviente, subsecuentemente comenzó a ser empleado, y en el curso del tiempo sirvió exclusivamente para designar a aquellos que estaban comprometidos en trabajos de misericordia y caridad. Los siete diáconos mencionados en Hechos 6 estuvieron encargados de la tarea de distribuir adecuadamente los dones que eran traídos para el *agape*; los requerimientos para el oficio, son bastante precisos, y en ese respecto concuerdan con las demandas mencionadas en I Tim.3:8-10,12; el diaconado no se desarrolló sino hasta más tarde por el tiempo cuando el oficio episcopal hizo su aparición

B. La ordenación al ministerio

La ordenación es uno de los temas de la eclesiología que ha sido poco tratado por los teólogos de todos los tiempos, razón por la cual existe una confusión al respecto, y ha dado lugar a diferentes interpretaciones y prácticas eclesiales. En América Latino existen organizaciones eclesiales que no saben que dicha institución existe, generando de esta manera una serie de confusiones y costumbres que exceden a la majestad de la Palabra. Este es sin duda uno de los temas sobre el cual se debe hacer mayor énfasis en Latinoamérica.

B. La ordenación al ministerio

Para su estudio, este literal se dividirá de la siguiente manera: Evolución histórica del concepto de ordenación (1), La teología de la ordenación (2) La ordenación en la práctica eclesial latinoamericana (3).

1. Evolución histórica del concepto ordenación

La historia siempre es la base que sustenta cualquier conocimiento. Da rumbo a la discusión y permite una comprensión amplia del tema que se discute. Es en este sentido que se efectúa un sucinto estudio de la historia de la institución de la ordenación en tres grandes períodos, es a saber, el Antiguo, el de la Reforma y la Post Reforma.

a. El Período Antiguo

Este es un período donde surge un cisma entre los clérigos y los laicos, en virtud del cual los primeros reclaman sucesión apostólica, y por lo tanto se creen con exclusivo derecho de administrar, predicar y oficiar los sacramentos y en virtud de lo cual el oficio sacerdotal se convirtió en dispensador de las *gracias sacramentales* y poseedor de poderes espirituales especiales, como el hecho de perdonar pecados.

Aquí estamos en un período, considerado por muchos, como un período de prostitución, en el cual una serie de elementos humanos son mezclados con las verdades contenidas en la Palabra de Dios, lo que trajo como consecuencia una serie de herejías.

b. El Período de la Reforma

Este es un movimiento que reacciona contra la iglesia tradicional. Los teólogos reformados rescatan el concepto del sacerdocio universal del creyente, en el sentido que todos los creyentes tienen un oficio en la Iglesia de Jesucristo, sin desconocer que hay personas llamadas a oficios especiales, pero que en ninguna manera existe una jerarquía eclesiástica, sino diversidad de funciones, ya que para los reformadores, oficio significa función y no posición o estatus.

El concepto ordenación fue concebido en dos sentidos: *Lato sensu*, como el señalamiento de la Iglesia a algunos miembros del cuerpo de Cristo para ministerios especiales y *Strictu sensu*, como una ceremonia de imposición de manos.

Esta reacción fue el vivo deseo de hacer a un lado la tradición, y poner a la Escritura en el lugar que debe ocupar como fuente primaria de toda dogmática y aunque el concepto de oficio y ordenación no fue ampliamente tratado por los reformadores, lo que expusieron fue suficiente para vindicar el espíritu del Texto Sagrado.

c. Período de la Post Reforma

En este período se ha desarrollado más el concepto de oficio y ordenación, aunque las interpretaciones han sido muchas veces diferentes y otras veces no se han hecho dando paso así a la razón y al sentimiento, de ahí que tengamos prácticas eclesiales diferentes. Para Carlos HODGE Ordenación es:

> *La expresión solemne del juicio de la Iglesia, mediante aquellos que están señalados para expresar tal juicio, que el candidato está llamado verdaderamente por Dios para tomar parte en este ministerio, y por consiguiente se hace auténtico delante del pueblo el llamamiento divino.*

En esta definición se observa que la Iglesia delega a un cuerpo especializado la decisión de reconocer quien es verdaderamente llamado por Dios al ministerio. Este hecho puede prestarse a manipulaciones humanas, por las siguientes razones: 1) Porque el cuerpo especializado esta formado por hombres que tienen limitaciones humanas, de tal manera que sus juicios no siempre serán los correctos. 2) La experiencia nos enseña que muchas veces por egoísmos y celos ministeriales no se ha reconocido el ministerio de hombres, que con su conducta han demostrado que sí tienen un verdadero llamamiento de Dios. Para Orton WILEY:

> *Las escrituras claramente enseñan que la Iglesia primitiva ordenó ancianos o presbíteros, mediante una formal separación para el oficio y trabajo del ministerio... es evidente en las Escrituras que el poder de la ordenación recaía en el cuerpo de ancianos, y que los candidatos debían ser juzgados dignos o indignos del oficio solamente por aquellos que anteriormente habían sido ordenados...*

En esta definición se nos dice quienes son las personas delegadas para hacer dicho reconocimiento, los ancianos que han sido reconocidos anteriormente, y quienes según WILEY están autorizados divinamente para investir al candidato al ministerio.

Al igual que la definición anterior, el elemento subjetivo juega un papel fundamental porque los ancianos deberán juzgar digno o indigno al candidato, y esto da lugar a manipulaciones humanas como ya se ha apuntado anteriormente. WILEY reconoce la historicidad bíblica de la ordenación diciendo que es una separación especial para el oficio del ministerio tal como lo describe Pablo en las epístolas pastorales.

2. La Teología de la Ordenación

A juzgar por textos como Hechos 20:28 donde señala: *mirad por el rebaño en que el Espíritu Santo os la puesto por obispos...* o el caso de hechos 13:2 y *dijo el Espíritu Santo: Apartadme a Bernabé y a Saulo para la obra a la que los he llamado.* En realidad quien efectúa la ordenación no es el hombre, es Dios. En realidad no es un cuerpo humano quien decide sí una persona es un ministro o no, en realidad no es el hombre, auque usa al hombre, para asignar a un ministro en un ministerio determinado. Lo anteriormente expuesto esta confirmado en otros pasajes claves como Jeremías 1:5 *Antes que te formase en el vientre te conocí, y antes que nacieses te santifiqué, te di por profeta a las naciones...* Estos pasajes confirman un decreto ejecutivo divino mediante el cual se escoge a un individuo para el ministerio.

Este hecho nos lleva a otra figura que usualmente no se menciona y es el *Reconocimiento.* En realidad esto es lo que hace el hombre, reconocer una ordenación previamente realizada. El tribunal o el grupo de ministros cuando imponen sus manos para ordenar a un candidato, lo que realmente están haciendo es *reconocer* una ordenación efectuada anteriormente por Dios.

Las observaciones anteriormente hechas nos llevan a una definición más clara sobre esto: *La ordenación es un acto divino, mediante el cual Dios comisiona a un hombre a llevar a cabo un ministerio específico, sea de pastor, evangelista, maestro u otro con el fin de edificar la Iglesia.*

En realidad, ninguna organización puede ordenar ministros, porque esta es una potestad exclusiva de Dios, las organizaciones eclesiales solo *reconocen* esa ordenación. Para no incurrir en confusiones innecesarias, se seguirá usando el término ordenación para reconocimiento.

El único requisito para que una persona sea ordenada al ministerio es el llamamiento divino, por lo tanto es contrario al Texto exigir requisitos académicos o de otra índole. Lo académico es importante y útil pero nunca la base para tomar tal determinación.

La ordenación de un candidato no debe estar supeditada a criterios de tiempo sino a un estudio del tribunal competente que deberá examinar la obra ministerial del candidato y la aceptación de las personas a quienes sirve. Estos criterios siempre son testimonio del respaldo tanto de Dios como del hombre.

Según las acotaciones anteriores, la ordenación no se pierde, puesto que el afirmar tal cosa sería una grave injuria a Dios, quien nunca se equivoca. Si vamos a hacer honor a la verdad, cuando un supuesto ministro peca deliberadamente y deja el ministerio, el error no es de Dios sino del hombre que procedió a la ordenación de dicho individuo. Es obvio que este hecho no hace que un tribunal incurra en pecado, pues éste actúa de buena fe.

Finalmente señalar que el acto de ordenación siempre se efectúa por imposición de manos como esta señalado por Pablo cuando se refiere a la ordenación de Timoteo.

3. La ordenación en la práctica eclesial de la Iglesia Latinoamericana

Con la explosión de iglesias en el continente también ha habido una explosión de problemas. En muchas de las nuevas iglesias han surgido por controversias ministeriales que han provocado divisiones intestinas. En otros casos porque una persona tuvo una conversión espectacular e inició un ministerio en el garaje de su casa el cual ha crecido hasta convertirse en una mega iglesia. También es común en Latinoamérica el hecho que una Iglesia entre en una nueva *onda* que llame la atención del público y crezca. En algunos países la guerra ha provocado el surgimiento de iglesias con crecimientos espectaculares. En muy pocos casos, la Iglesia ha crecido producto de programas de evangelización programados y llevados a cabo con exactitud como fue el caso de Lima al Encuentro con Dios de la Iglesia Alianza Cristiana y Misionera en el Perú.

Todo lo anterior ha traído como resultado miles de miles de pastores y líderes en todo el continente con una escasa educación teológica, y que justifican su ministerio por una acción extraordinaria del Espíritu Santo. Muchos de ellos ignoran la institución de la ordenación y todo lo que ella significa. Esto muchas veces ha degenerado en que cualquier individuo se llama así mismo pastor, a veces apóstol o profeta que surge por un tiempo empero luego se desvanece, incurriendo en pecado y trayendo confusión y mal testimonio a la Iglesia. Este liderazgo no está sujeto a nadie, ellos son semi dioses en su trono y todo gira alrededor de su autoridad.

Claro, que no todas las personas que están en el ministerio y no tienen educación teológica formal están en esta situación, existen honrosas excepciones.

El problema de esto, es que no se dignifica la institución del ministerio y la dignidad que esto representa, pues si cualquier persona puede usurpar dicho oficio, entonces siempre habrá mucha vergüenza. Es en este sentido que surgió una iniciativa de parte del Seminario Teológico de Honduras, de ordenar a ministros de Iglesias, que en su constitución no contemple esta figura, y que reúnen los requisitos espirituales correspondientes. Y aunque un Seminario no es la institución ideal para efectuar una ordenación, es válido en un contexto donde no se ha dignificado el oficio más sublime sobre la tierra, el ministerio cristiano.

SECCIÓN V

LOS SACRAMENTOS DE LA IGLESIA

El término *medios de gracia* no se encuentra en la Biblia, al mismo tiempo, el término no es muy definido y tiene un significado mucho más comprensivo que el que ordinariamente se le concede en la Teología. La Iglesia puede presentarse como el mayor de los medios de gracia mediante los cuales Cristo obra por medio del Espíritu Santo. Otros incluyen en los medios de gracia la fe, la conversión, la lucha espiritual y la oración. Hablando en forma estricta, sólo la Palabra y los sacramentos pueden considerarse como medios de gracia, éstos nunca deben separase de Cristo, ni de la operación poderosa del Espíritu Santo, ni de la Iglesia que es el órgano señalado para la distribución de las bendiciones de la gracia divina. Estos medios sin el Espíritu Santo son ineficaces.

En esta sección será objeto de discusión todo lo relacionado con los sacramentos, y en ese sentido su estudio se realizará de la siguiente manera: La evolución histórica del concepto sacramento (A), Teoría general de los sacramentos (B), El bautismo cristiano (C) y la santa cena (D).

A. Evolución histórica del concepto sacramento

En el transcurso de la historia han existido en la Iglesia diferentes opiniones respecto a los medios de gracia y específicamente sobre el tema de los sacramentos. Según la época y el desarrollo del entendimiento de la Iglesia, así ha sido la opinión que la misma ha dado. En este apartado, se expondrá de una forma muy breve la esencia del pensamiento de la Iglesia sobre el concepto sacramento.

1. El Concepto Católico Romano

Además de destacar a la Palabra y los sacramentos consideraban también a las reliquias y las imágenes como medios de gracia. Después desecharon la supremacía de los sacramentos y se la dieron a la iglesia.

2. El Concepto Luterano

Con la Reforma, el énfasis se desplazó de los sacramentos a la Palabra, LUTERO le dio gran importancia a la Palabra de Dios como el principal medio de gracia. Indicó que los sacramentos no tienen importancia sin la Palabra de Dios y son de hecho sólo una manera de hacer visible la Palabra.

3. El Concepto de los Místicos

Los anabaptistas y algunas sectas místicas de la época de la Reforma y de tiempos posteriores, prácticamente niegan que Dios se provea de medios para la distribución de su gracia. Tanto la Palabra como los sacramentos pueden servir nada más para indicar o para simbolizar esta gracia interna.

4. El Concepto Racionalista

Los socinianos de la época de la Reforma se movieron demasiado lejos en la dirección opuesta. SOCINIO no consideró el bautismo como un rito que debía estar presente en la iglesia, aunque sus seguidores reconocieron que el bautismo y la cena del Señor eran ritos de permanente vigencia, pero les atribuyeron nada más una eficacia moral. De hecho, colocaron más énfasis en lo que por los medios de gracia hace el hombre que en lo que

Dios ejecuta por dichos medios. Los arminianos del siglo XVII y los racionalistas del siglo XVIII participaron de este concepto.

5. El Concepto Reformado

Negaron que los medios de gracia puedan por sí mismos conferir gracia. Dios es la única causa eficiente de la salvación, usa los medios de gracia para que sirvan a sus propósitos bondadosos conforme a su propia y libre voluntad. Aunque no consideran a los medios de gracia como necesarios e indispensables tampoco los desechan ya que son dados por Dios y él que los descuida voluntariamente resulta con perdidas espirituales.

B. Teoría general de los sacramentos

Los teólogos en el decurso de los años han identificado a los sacramentos como medios de gracia, es decir, medios mediante los cuales el hombre se acerca a Dios y éste recibe una bendición especial.

También los teólogos han discutido una serie de teorías al respecto y lo que la Palabra dice sobre este particular. Es por eso que en este apartado se abordará de la mejor manera posible todo lo relacionado a la teoría general de los sacramentos, un aspecto que es de suma importancia para la vida de la Iglesia.

1. Relación que existe entre la Palabra y los sacramentos

Los católicos romanos sostienen que los sacramentos son necesarios para la salvación de los pecadores, y que no hay necesidad de interpretación en la Palabra; las iglesias Reformadas consideran la Palabra como absolutamente esencial no así a los sacramentos. Existen, entre estas dos escuelas, puntos de similitud y diferencia que a continuación se tratan: Puntos de Similitud: a) *Su autor*. Dios los instituyó a ambos como medios de gracia. b) *Contenido*. Cristo es el contenido central en ambos. c) *En la manera que el contenido puede hacerse nuestro*. Mediante la fe. Puntos de Diferencia. a) *Su necesidad*. La Palabra es indispensable, en tanto que los sacramentos no. b) *Su propósito*. La Palabra es para engendrar y tonificar la fe, los sacramentos sirven nada más para fortificarla. c) *Su extensión*. La Palabra sale a todo el mundo y los sacramentos son aplicados solamente a la iglesia.

2. Origen y definición de Sacramento

La palabra sacramento no se encuentra en la Escritura. Se deriva del latín *sacramentum*, que originalmente denotaba una cantidad de dinero depositada por dos partes en litigio. Después de la sentencia del tribunal, el dinero se devolvía a la parte que había sido absuelta y quedaba embargada la que resultaba condenada. La transición de este término al uso cristiano probablemente tendrá que buscarse: a) En el uso militar del término, denotaba obediencia absoluta del soldado a su comandante, b) En el sentido específicamente religioso que adquirió cuando la Vulgata lo empleó en la traducción de la palabra griega *musterium*. En la iglesia primitiva la palabra sacramento se usó primero para denotar toda clase de doctrinas y enseñanzas, por esta razón algunos prefieren hablar de señales, sellos o misterios.

Para concluir, se puede señalar que se entiende por sacramento una ordenanza instituida por Cristo, que se ejecuta por un ministro de la Iglesia mediante signos externos que representan hechos internos y espirituales de la obra de Dios en favor de los creyentes, quienes, a su vez participan de ellos expresando su fe y acercamiento a Dios.

Partiendo de la definición anterior, es importante distinguir ciertos aspectos de relevancia. a) Ordenanza instituida por Cristo. Lo que esto significa es que el origen de los sacramentos está en la Palabra de Dios no en la práctica u opinión de la Iglesia. b) Ejecutado por un ministro de la Iglesia. Solamente una persona debidamente autorizada por la Iglesia tiene autoridad para oficiar los sacramentos. c) Es un signo externo. Cada uno de los sacramentos contiene un elemento que es palpable por los sentidos, en ese sentido son un signo externo. d) Representan hechos internos y espirituales. En el caso del bautismo, el hecho interno que representa es el inicio de una nueva vida en Cristo. e) El creyente expresa su acercamiento a Dios. Sin duda, la realización de los sacramentaos es una expresión de fe del creyente que lo bendice y lo consolida en la vida cristiana.

3. La Necesidad de los Sacramentos

Para los católicos romanos el bautismo y la penitencia son necesarios para alcanzar la salvación, pero la eucaristía, la extrema unción son necesarias en el sentido en que han sido ordenados y son de ayuda eminente. En cambio los Protestantes enseñan que los sacramentos no son necesarios para la salvación, sino que son obligatorios en atención al precepto divino. Se deduce que no son necesarios para la salvación por: a) Dios no ata su gracia al uso de ciertas formas externas (Jn.4:21,23; Lc.18:14); b) La Escritura menciona solamente a la fe como condición para salvación (Jn.5:24, 3:36; Hch.16:31); c) Los sacramentos no originan la fe, sino que la presuponen, y son administrados en donde la fe se da por un hecho (Hch.2:41, 16:14,15,30,33; I Cor.11:23-32); y d) El hecho de que muchos fueron salvos sin el uso de los sacramentos.

C. El bautismo cristiano

El tema del bautismo es un asunto que no presenta mayores problemas para algunos, empero para otros es un tema de mucha controversia. No existen criterios unificados sobre el mismo. Cada confesión denominacional tiene sus propios criterios y su forma de practicarlo. En algunos casos se podría decir que el bautismo se ha vuelto como un rito externo que se práctica por mera rutina sin darle la importancia que el mismo merece.

En este apartado se efectuará un estudio completo sobre el tema para conocer los diferentes ángulos del mismo y formarse una opinión clara de lo que significa este sacramento de la Iglesia cristiana.

1. La Doctrina del Bautismo en la Historia

La Historia siempre nos ubica en el contexto correcto y nos da un mejor entendimiento de los diferentes anteojos con que la Iglesia mira este sacramento.

a. Antes de la Reforma

Los padres primitivos consideraron el bautismo como un rito de iniciación dentro de la iglesia, conectado con el perdón de los pecados y la comunicación de la vida nueva; en el caso de los adultos no consideraron el bautismo como eficaz sin la recta disposición del alma. El bautismo de los infantes ya se acostumbraba en los días de ORÍGENES y TERTULIANO, aunque este último lo menospreciaba hasta considerarlo como un mero trámite. AGUSTÍN consideró necesario el bautismo de infantes, según el cual se cancelaba el pecado original. El concepto católico romano del bautismo ha sido que el mismo es un sacramento de regeneración y de iniciación dentro de la iglesia.

b. Desde la Reforma

La Reforma Luterana no se despojó enteramente del concepto católico romano de los sacramentos. LUTERO no consideró el agua en el bautismo como agua común, sino como un agua que se había convertido por la Palabra en agua llena de la gracia de la vida, en un lavamiento de regeneración. En el caso de los adultos, LUTERO hacía que el efecto del bautismo dependiera de la fe del que lo recibía, en el caso de los niños, los que no pueden ejercitar fe, sostuvo al mismo tiempo que Dios mediante su gracia previniente opera la fe en el niño inconsciente. Los anabaptistas negaron la legitimidad del bautismo infantil. CALVINO y los Teólogos Reformados procedieron sobre la hipótesis de que el bautismo fue instituido para los creyentes y que no operaba la nueva vida sino que la fortalecía. Algunos señalaron nada más que los infantes nacidos de padres cristianos son hijos del pacto, y en este concepto, son herederos también de las promesas de Dios. Otros fueron más lejos en esta posición y sostuvieron que los hijos del pacto tenían que ser más considerados como presuntamente regenerados. Hubo unos pocos que consideraron que el bautismo era nada más el sello de un pacto externo.

2. Modo de realizar el del bautismo

Ha habido muchas opiniones sobre la forma en que el bautismo se debe llevar a cabo. Algunos hablan de aspersión, otros que estrictamente tiene que ser por inmersión y así por ese orden.

En la actualidad, la Iglesia latinoamericana práctica dos formas de bautismo. La que se realiza por inmersión y la que se realiza por aspersión. En la primera, el iniciante es sumergido completamente en el agua, no importa el lugar, el requisito es que sea completamente sumergido. En el segundo caso, el iniciante simplemente es rociado con agua en acto simbólico.

Ha habido controversia sobre este tema porque existe un sector de la Iglesia que no reconoce el bautismo por aspersión, para ellos tiene que existir un sumergimiento completo en el agua para que el mismo sea válido. Bien, antes que nada, es importante entender que *Bapto*, la raíz de la palabra bautizo, tiene dos significados, *sumergir* y *teñir*. En cuanto a la idea de sumergimiento surgen varias preguntas dignas de meditar: ¿Fue capaz de sumergir Juan el Bautista a la multitud que acudía a él?, ¿Encontraron los apóstoles agua suficiente en Jerusalén para bautizar a los tres mil convertidos?, ¿Ananías llevó a Pablo a un estanque o río para bautizarlo?, ¿El carcelero de Filipos llevó a los prisioneros al río para ser bautizados, a pesar de la orden de guardarlos fuertemente? Estas preguntas sin respuestas, sin duda, abre la posibilidad de la práctica del bautismo por aspersión.

3. Los sujetos propios del bautismo

Sobre este tema ha habido mucha tela que cortar, especificamente en el aspecto del bautismo de infantes.

a. El bautismo de los adultos

En el caso del bautismo de adultos debe preceder la profesión de fe, Mr.16:16; Hch.2:41, 8:37. Atendiendo al hecho de que según el concepto de nuestros reformadores, este bautismo presupone regeneración, fe, conversión y justificación, seguramente que éstas ya no tienen que ser producidas por el bautismo. El sacramento del bautismo fortalece la fe, y debido a que la fe juega un importante papel en todas las otras operaciones de la gracia divina, estas también son grandemente beneficiadas para el bautismo; en consecuencia el bautismo, significa también que el hombre acepta el pacto juntamente con las obligaciones que éste trae consigo.

b. El bautismo de los infantes y niños

La Iglesia cristiana ha efectuado diferentes prácticas en este sentido. La opinión más generalizada es la no aceptación del bautismo de infantes y niños en virtud de la falta de entendimiento de lo que este rito significa, lo cual es innegable, sin embargo, los que práctica el bautismo de infantes señalan que los niños son santificados en sus padres y que el relato bíblico señala que cuando un hombre se convirtió a Cristo, su familia completa fue bautizada.

En realidad el bautismo es un rito, no constituye en sí una doctrina cardinal de la Iglesia y la forma de administrar este rito o quienes son sus depositarios no afecta la esencia misma del cristianismo, de ahí que la actitud más acertada sería la de respeto y tolerancia.

4. Clases de bautismo

El estudio del Texto Sagrado nos muestra la existencia de diferentes clases de bautismo, cado uno con un significado particular y de una aplicación práctica a la vida de la persona. En ese sentido la intención de este numeral es reflexionar acerca de esa diversidad de bautismos.

a. Bautismo de los prosélitos Judíos

Los judíos estaban muy familiarizados con los bautismos o abluciones (lavamientos) que eran parte de la ley de Moisés. Además bautizaban, y aún bautizan a todos aquellos prosélitos (no judíos) que se unen a su religión. Este bautismo es un ritual público requerido y el cual identifica públicamente el que es bautizado con la religión de los judíos, el judaísmo.

b. Bautizados en Moisés

La carta de II Corintios 10:1-2 nos dice «*Porque no quiero, hermanos, que ignoréis que nuestros padres todos estuvieron bajo la nube y todos pasaron el mar; y todos en Moisés fueron bautizados en la nube y en el mar*». La ilustración hecha por el apóstol Pablo nos dice que todos aquellos que pasaron en seco por el mar y estuvieron bajo la nube fueron en Moisés bautizados.

Ellos no fueron sumergidos literalmente en Moisés, pero si estuvieron literalmente bajo la nube y en el mar (aunque no se mojaron); el hecho de haber estado literalmente bajo la nube y el mar los unió simbólicamente a Moisés y este se convirtió en su líder. Ahora se identificaban con Moisés. Ellos fueron bautizados en Moisés, pero el medio para efectuar este bautismo lo fue la nube y el mar. Ellos no quedaron dentro de la nube ni dentro del mar pero si quedaron unidos a Moisés.

c. Bautismo para arrepentimiento pregonado por Juan

Cuando Juan el bautista bautizaba en el río Jordán, lo hacia para arrepentimiento (Mateo 3:1). Aquellos que obedecían a su llamado sabían lo que significaba el bautismo. Al aceptar ser bautizados por Juan el bautista, lo hacían para quedar identificados con su mensaje. Juan utilizaba el medio más común que existe para administrar el bautismo, el agua. Aunque ellos eran sumergidos dentro del agua, en realidad no quedaban dentro del agua sino que quedaban simbólicamente, pero públicamente identificados con el mensaje de arrepentimiento que Juan predicaba.

De los ejemplos presentados podemos entender que sin bautismo no hay identificación. Para que la persona quede identificada con la creencia *ie*. Judaísmo, la persona *ie*. Moisés, o el mensaje *ie*. arrepentimiento, tiene que efectuarse un bautismo. Cuando Juan el Bautista predicaba, el decía, *«Yo en verdad os bautizo con agua para arrepentimiento; pero el que viene tras mi, cuyo calzado yo no soy digno de llevar, es mas poderoso que yo; el os bautizara en Espíritu Santo y fuego»* Mateo 3:11. Juan estaba hablando de Jesucristo y del bautismo que el había de hacer.

d. El bautismo en el Espíritu Santo

El bautismo en el Espíritu Santo ocurre en todos los que verdaderamente ponen su fe en Cristo como su salvador. El bautismo del Espíritu Santo es la promesa del Padre. Profetizada por Juan el bautista y anunciada por el mismo Jesucristo. Aunque el bautismo es efectuado por Jesús, no puede ocurrir sin el Espíritu Santo. Todos los creyentes que han creído en la muerte y resurrección de Cristo, han participado con Él a través del bautismo. Allí fueron sepultados y levantados a novedad de vida. La vida que tenemos en Cristo es más que la vida que tuvo el pueblo con Moisés y más que la vida que tenían o tienen los prosélitos judíos y aun más que la vida que tenían aquellos que eran bautizados por Juan para arrepentimiento. Esta vida es eterna.

El bautismo en el Espíritu Santo es algo que ocurre en todos aquellos que han creído en la muerte expiatoria y la resurrección de Cristo por lo tanto es automática. La persona que no haya sido bautizada en el Espíritu Santo no es cristiana. El que ha creído en Cristo no tiene por que buscar o pretender que otros cristianos busquen el bautismo en el Espíritu Santo. Sin bautismo en el Espíritu Santo no hay salvación porque no hay unión a Cristo quien da vida al creyente.

A diferencia del bautismo de Moisés, del bautismo de los convertidos al judaísmo y del bautismo de Juan, el bautismo en el Espíritu Santo, además de unir al creyente al cuerpo de Cristo, ie hace participe en su interior de ese Espíritu. Cuando una persona es bautizada en agua, su exterior se «lava» pero su interior queda igual. En el bautismo efectuado por Jesucristo, el del Espíritu Santo, la persona recibe el Espíritu Santo dentro de sí. Por lo tanto dice: *«Porque por un solo Espíritu fuimos todos bautizados en un cuerpo, sean judíos o griegos, sean esclavos o libres, y a todos se nos dio a beber de un mismo Espíritu.»* I Corintios 12:13.

e. El bautismo cristiano en agua

¿Que es entonces el bautismo en agua de los cristianos? Jesús dijo a sus discípulos: *«Por tanto, id, y haced discípulos a todas las naciones, bautizándolos en el nombre del Padre, y del Hijo, y del Espíritu Santo»* (Mateo 28:16).

El bautismo en agua no puede en sí mismo salvar al pecador de su pecado. ¿Por qué entonces bautizamos en agua? El bautismo en agua es un testimonio o demostración pública y visible de una verdad que ocurrió en el área espiritual. El bautismo en agua testifica de las verdades espirituales en cuanto al nuevo nacimiento. *«¿O no sabéis que todos los que hemos sido bautizados en Cristo Jesús, hemos sido bautizados en su muerte? Porque somos sepultados juntamente con Él para muerte por el bautismo, a fin de que como Cristo resucitó de los muertos para la gloria del Padre, así también nosotros andemos en vida nueva».* (Romanos 6:3-4)

Cuando la persona es bautizada simplemente está dando testimonio público de lo que ya ha sido hecho en el plano espiritual.

5. La postura de los Cuáqueros

La Iglesia de los Amigos o mejor conocida como la de los Cuáqueros, es una organización que surge en Inglaterra en el S XVII bajo el liderazgo de Jorge FOX, quien reacciona contra el sacramentalismo e hipocresía de los puritanos y demás organizaciones religiosas de su época. FOX, presentó una doctrina estrictamente apegada al Texto Sagrado y eliminó cualquier suerte de ritos, aduciendo que la vida cristiana era una práctica de santidad no de ritos y ceremonias externas.

El abogado Roberto BARCLAY fue comisionado por el Rey de Inglaterra para indagar sobre esta nueva organización que estaba causando cierta conmoción en la sociedad. El rey deseaba tener una argumentación sólida para acusar a los seguidores de FOX. Es así como BARCLAY ingresó a la organización como un espía. Lo curioso es que BARCLAY termina convirtiéndose en Cuáquero y el informe que dio al rey se constituye más tarde en la obra teológica más importante del movimiento. Él le llamo *La Apología*.

En la proposición 12 y 13 de este monumental trabajo, BARCLAY explica al rey por qué los Cuáqueros no practican ritos como el bautismo en agua y la santa cena. Desdichadamente, esta síntesis teológica es poco conocida en el ambiente teológico, empero la reflexión de BARCLAY es definitivamente bíblica, apegada a los principios hermenéuticos tradicionales, sigue los cánones de la lógica y usa los idiomas originales como fuente de su investigación.

Las reflexiones de BARCLAY sobre los ritos, especialmente lo que se refiere al bautismo son verdaderamente extraordinarias y dignas de ser estudiadas y ser tenidas en cuenta. BARCLAY le da una interpretación muy particular al mandato de evangelización que encontramos en Mateo capítulo 28. El Texto señala: *yendo y haciendo discípulos por todas las etnias de la tierra, bautizándolas en el nombre del Padre.* BARCLAY sostiene que *baptizo* significa estar sumergido o debajo de algo, no necesariamente agua. Luego la expresión que se traduce en el Castellano como *en el nombre* en el griego es *eis to onoma* en realidad dice otra cosa, señala que la traducción correcta es *hacia adentro del nombre* luego entonces, este Texto debe leerse de una manera diferente: *yendo y haciendo discípulos por todas las etnias de la tierra, sumergiéndolas o poniéndolas bajo la autoridad del Padre.* En esencia lo que BARCLAY sostiene es que Mateo en ningún momento esta hablando de bautismo de agua sino de poner a las personas bajo la autoridad de Dios.

Entendemos que la gran mayoría del cuerpo de Cristo considera herético el rechazo al bautismo y la santa cena y muchos han colocado a los Cuáqueros como una secta errónea. Nuestra intención aquí no es defenderlos o acusarlos, sino, asegurar que sus reflexiones teológicas son dignas de estudio y de reflexión, además, los ritos no es una doctrina que afecta la esencia del cristianismo como la afectaría negar la deidad de Cristo o negar la inspiración de la escrituras. No nos corresponde catalogar a los Cuáqueros como secta errónea, es una organización que cree en todas las doctrinas cardinales de la fe cristiana y enseña y exhorta a sus seguidores a vivir en santidad apartados de las contaminaciones de este mundo. De manera que nuestra propuesta es de respeto y tolerancia.

D. La Santa Cena del Señor

Así como el bautismo cristiano tuvo analogías en Israel, también las tuvo la cena del Señor. Los sacrificios frecuentemente iban acompañados de alimentos; la grosura adherida a las entrañas era consumida sobre el altar, el pecho mecido tocaba al sacerdocio y la espaldilla derecha al sacerdote oficiante y el resto para el ofrendante y sus amigos siempre que estuvieran leviticamente limpios. Estas comidas enseñaban de modo simbólico el acercamiento del pueblo hacia su Dios. Las comidas sacrificiales, testifican la unión de Jehová con su pueblo, eran temporadas de gozo y alegría, y por eso en algunas ocasiones se abusaba de ellas, dando ocasión al escándalo y a la borrachera.

En este apartado se considerarán tres aspectos principales relacionados con la cena del Señor, es a saber, la doctrina de la cena del Señor en la historia (1), La institución de la cena del Señor (2) y personas para quienes se instituyó la cena del Señor (3).

1. La doctrina de la cena del Señor en la historia

Ha sido necesario recorrer un largo camino para entender el significado que la Iglesia actual le da a la santa cena y la forma como la misma se celebra. Este numeral tiene como objetivo efectuar ese recorrido en el tiempo.

a. Antes de la Reforma

En al época apostólica la cena del Señor se acompañaba con una fiesta de amor o *ágape* donde el pueblo traía los menesteres necesarios. Con el correr del tiempo los dones traídos fueron llamados *oblaciones y sacrificios*, y eran bendecidos por el sacerdote con una oración de acción de gracias.

Algunos de los primitivos Padres de la Iglesia retuvieron el concepto simbólico o espiritual, pero otros como CIRILO, Gregorio DE NIZA, CRISÓSTOMO, sostuvieron que la carne y la sangre de Cristo estaba de algún modo combinada con el pan y el vino del sacramento. AGUSTÍN habló del pan y del vino como el cuerpo y la sangre de Cristo, distinguió entre el signo y la cosa significada, y no creyó en un cambio de sustancia.

Durante al Edad Media el concepto agustino fue desalojado poco a poco por la doctrina de la transubstanciación, Jesucristo está presente, verdadera, real y sustancialmente en el santo sacramento, todo el que recibe una partícula de la hostia recibe el cuerpo de Cristo.

b. Durante la Reforma y después

Los reformadores rechazaron la teoría sacrificial de la cena del Señor y la doctrina medieval de la transubstanciación. LUTERO sustituyó la transubstanciación por la consubstanciación (presencia corporal de Cristo en la Cena del Señor) de acuerdo con la cual Cristo está «en, con y bajo» los elementos. CALVINO negó la presencia corporal del Señor en el sacramento, pero insistió sobre la presencia espiritual de Cristo en la cena del Señor, la presencia de Él como una fuente de poder y eficacia espiritual. Tanto para CALVINO como para LUTERO la Cena del Señor era un medio divinamente instituido para el fortalecimiento de la fe.

Los Socinianos, Arminianos y Menonitas vieron en ella sólo un memorial. Bajo la influencia del racionalismo esta idea se convirtió en un concepto popular.

2. La Institución de la Cena del Señor

Hay cuatro relatos diferentes de la institución de la Cena del Señor, uno en cada uno de los evangelios sinópticos y otro en I Corintios 11. Estos relatos son independientes el uno del otro, y sirven para complementarse recíprocamente. El nuevo sacramento queda ligado con el elemento central de la comida pascual.

El cordero pascual tenía una importancia simbólica nacional, la remisión de pecados a través de la sangre, como un memorial de la liberación de Israel. El sacrificio todo suficiente de Cristo mudó el primer elemento por otro que tuviera propiedades nutritivas, y en vista de esto, era perfectamente natural que la pascua, un símbolo que gozaba de estimación nacional, quedara reemplazada por otro símbolo que no llevara consigo la implicación nacionalista.

Las acciones simbólicas en la Santa Cena instituida por el Señor son: a) Mencionar el partimiento del pan en relación con el partimiento del cuerpo de Cristo por la redención de los pecadores. b) Hacerlo de una forma pública (en presencia de sus discípulos) c) Tomar la copa, bendecirla y pasarla para que todos beban de ella.

Las palabras de mandato fueron: a) «tomad, comed». Es un mandato que, aunque llegó en primer lugar a todos los apóstoles, era también para la Iglesia de todas las edades. b) El Señor añadió las palabras «*Haced esto en memoria mia*», hubo otra palabra de mando en relación con la copa «*bebed de ella todos*», «*tomad esto y repartidlo entre vosotros*». De estas palabras se deduce con perfecta evidencia que el Señor quería que el sacramento se usara en sus dos sustancias.

Las palabras de la explicación. a) Las palabras «este es mi cuerpo» han sido interpretados de diferente forma: La Iglesia de Roma pone el énfasis sobre la cópula «es». Jesús quiso decir que lo que tenía en su mano era realmente su cuerpo aunque se mirara como un pan y tuviera sabor a pan, pero esta es una cuestión por completo insostenible. LUTERO y los luteranos también acentúan la palabra «es», aunque admiten que Jesús hablaba figuradamente. Este concepto esta cargado con la doctrina imposible de la omnipresencia del cuerpo físico de nuestro Señor. CALVINO y las Iglesias reformadas entienden la palabra de Jesús en forma metafórica. Al mismo tiempo rechazan el concepto que generalmente se atribuye a ZWINGLIO, de que el pan nada más representa al cuerpo de Cristo, y acentúan el hecho de que también sirve para sellar las misericordias del pacto de Dios y para traer nutrimento espiritual. Estas palabras con toda probabilidad expresan la idea de que el cuerpo de Jesús es dado para el beneficio o para el provecho de los discípulos. b) También hay una palabra de explicación relacionada con la copa. El Señor hace la importante declaración «*Esta copa es el nuevo pacto en mi sangre, que por vosotros es derramada*» Lc.22:30. Las palabras por vosotros, no tenían aplicación más amplia que la que hacen en la afirmación relacionada con el pan, «*que por vosotros es dado*».I Cor. 11:26 señala la importancia perenne de la cena del Señor como un memorial de la muerte sacrificial de Cristo, e intiman claramente que tendrá que ser celebrada regularmente hasta que el Señor vuelva.

3. Las personas para quienes se instituyó la cena del Señor

¿Quiénes son los que legítimamente deben participar del sacramento? Solamente aquellos que se arrepienten sinceramente de sus pecados, que confían que estos han sido cubiertos con la sangre expiatoria de Cristo y que anhelan aumentar su fe, y crecer en verdadera santidad de vida.

¿Quiénes son los que deben ser excluidos de la mesa del Señor? Todos aquellos que están fuera de la iglesia, y aun hay excepciones para los de la iglesia.

Sección VI

MISIÓN Y RESPONSABILIDAD DE LA IGLESIA

El tema de la misión integral de la Iglesia, que incluye la responsabilidad social, es relativamente nuevo y nunca fue abordado en las teologías sistemáticas tradicionales. Desde siempre se creyó que la Iglesia era un ente destinado a la predicación de la Palabra, al cuidado de sus miembros, en fin, a aspectos solamente espirituales, pero nunca a intervenir activamente en la sociedad en campos como la política y actividades sociales que usualmente eran consideradas *como mundanas*.

Fue en la ciudad de Bogotá, en el marco del CLADE I, en el año 1969, cuando el teólogo Samuel ESCOBAR sorprendió a propios y extraños con su ponencia sobre *Responsabilidad social de la Iglesia*. El Prof. Emilio NUÑEZ comenta de la ponencia lo siguiente:

> *El efecto de la ponencia fue profundo. Escobar hizo una crítica de las estrategias y métodos foráneos de evangelización, e intercedió por una encarnación real del Evangelio en nuestro contexto social latinoamericano. Nos invito a considerar que no hay dicotomía entre evangelización y responsabilidad social. Insistió que nosotros como evangélicos debíamos involucrarnos en el orden social, comunicando el Evangelio por palabra y hecho a todas las personas, especialmente a los pobres.*

Esta fue la primera vez que en un cónclave continental se lanzara una exhortación de tal naturaleza. La Iglesia no solamente tiene que ver con las cosas espirituales sino que debe involucrarse activamente en la sociedad, que equivale a decir al *kosmos satánico* e interactuar con los hijos de las tinieblas para darles testimonio de nuestra fe y éstos sean expuestos a la Palabra de Dios y la influencia del Espíritu Santo y puedan ser salvos de la *ira de Dios*.

Sin lugar a dudas, la Iglesia latinoamericana tuvo que experimentar un gran cambio en este sentido, pues la influencia de los misioneros norteamericanos había sido brutal, en el sentido que la Iglesia solo debía tener un enfoque propiamente espiritual, empero, Latinoamérica era un hervidero de pasiones sociales que provocaron sangrientas revoluciones a raíz de la mala distribución de la riqueza, de la inmensa pobreza de su población, especialmente en la grandes metrópolis donde cunde el hambre, la insalubridad y por ende la violencia y el crimen organizado.

Los teólogos latinoamericanos comenzaron a reflexionar y a instar a la Iglesia a tomar cartas en el asunto. La Iglesia no pude permanecer indiferente ante situaciones de esta naturaleza, tiene que intervenir, además es la institución que tiene la autoridad moral y espiritual y la única que puede ser instrumento para una transformación social y espiritual de la sociedad. De esta manera queda claro que el interés de la Iglesia no es solamente el espíritu sino el cuerpo, y como se diría en griego, no solamente el *soma* sino también el *pneuma*.

En esta sección se desarrollará este tema en dos partes: La misión de la Iglesia (A) y la responsabilidad social de la Iglesia. (B).

A. Misión de la Iglesia

La Iglesia del Señor no existe solo por existir, tiene una misión y esa misión esta bien establecida en el Texto Sagrado. El Prof. Emilio NÚÑEZ, afirma que la misión de la Iglesia consiste en:

> ... *que ella se haga presente en el mundo como en la comunidad del Reino de Dios, para comunicar el Evangelio por palabra y obra, en el poder del Espíritu Santo, en pro de la salvación integral del ser humano por medio de Jesucristo, a fin de Él sea glorificado.*

Haciendo un análisis de la definición anterior, el primer elemento a considerar es *presencia*, la iglesia necesita estar presente, no ausente. Debe estar presente en el *mundo*, es decir, en el Kosmos Satánico, allí donde hay dolor, injusticias sociales, enfermedades, violencia, en fin, en el *mundo*. Al final son los enfermos los que necesitan al médico, no los sanos. Y *presencia* en la *comunidad del Reino de Dios*. Esto último no causa ningún problema, pues la Iglesia latinoamericana siempre tuvo un enfoque a la espiritualidad. Lo revolucionario es la presencia en el *mundo* que es sinónimo de sucio, pecaminoso y que el cristiano no debe contaminarse con el mundo y la Biblia lo señala *No améis al mundo*. Empero ahora, la Iglesia del continente efectúa una relectura de la Biblia y se da cuenta que la misión de la Iglesia demanda *presencia en el mundo*, en lo sucio, en lo que contamina, sin permitir que éste lo contamine. La definición señala que el objeto de la presencia es *comunicar el Evangelio por palabra y por obra*. Lo primero no causa ningún problema, era lo que tradicionalmente estaba haciendo la Iglesia, predicando el Evangelio en cruzadas evangelísticas, programas de evangelización como Evangelismo a Fondo y estableciendo reinos denominacionales, pero ahora se nos dice que debemos comunicar el Evangelio *por obra*. En otras palabras, tenemos que materializar el Evangelio y mostrar al mundo una fe práctica, la Iglesia tiene que desarrollar programas sociales y participar como parte de la sociedad en los problemas que ésta experimenta. *En el poder del Espíritu Santo* es un aspecto muy importante de esta definición. Muchos tratamos de hacer la misión de la Iglesia con nuestras propias fuerzas, capacidad intelectual, recursos económicos, en fin, estrategias humanas diversas, empero, el modelo del libro de los Hechos, es que la misión de la Iglesia se lleva a cabo con el poder del Espíritu Santo. *En pro de la salvación integral del ser humano*. El término *integral* es sencillamente revolucionario. Porque no nos está hablando solamente de la salvación del pecado y del infierno, sino que la salvación implica aspectos terrenales, como injusticias sociales, hambre, distribución de la riqueza, en fin, todo lo que tiene que ver con la parte material del hombre. *Por medio de Jesucristo, a fin de que Él sea glorificado*. Esto no necesita mayor explicación. Jesucristo debe ser el centro de todo y nuestro objetivo debe siempre ser, honrarle.

Este tema se tratará en dos puntos principales: La misión en Latinoamérica (1) y el método de la misión (2).

1. La misión en Latinoamérica

La misión no es una invención humana sino que surge del corazón mismo de Dios. En el Texto Sagrado encontramos el mandato de ir constantemente a las diversas etnias de la tierra para *comunicar el Evangelios por palabra y obra*. La Iglesia es un cuerpo misionero *per se* es propio de su naturaleza y genero.

En América Latina se ha venido observando un fenómeno bien interesante, el cual es el surgimiento de mega iglesias. Estas mega organizaciones tienen estaciones de radio y televisión, majestuosos santuarios, un personal ministerial y administrativo impresionante que requiere de mucho dinero para poder existir. Este hecho les lleva a enfocarse a grandes programas de levantamiento de fondos que va desde maratones radiales y televisivos hasta presiones brutales a sus miembros para no solamente diezmar sino ofrendar más allá de sus fuerzas. Ahora, todo esto se hace en nombre de la *misión de la Iglesia*, es decir ensanchar el Reino de Dios en la tierra y ganar la ciudad y el país entero para Cristo. Todo esto no es malo *per se*, empero, puede desviar la atención de donde Dios quiere que nos enfoquemos. El mandato es claro... *yendo a todas las etnias de tierra haciendo discípulos y trayéndolos bajo la autoridad del Padre del Hijo y del Espíritu Santo*. Mientras no perdamos este *norte* estamos bien. El objetivo de Dios no es la creación de mega comunidades eclesiásticas para alimentar el orgullo de un grupo de personas y mostrar señales de poder humano a la sociedad sino que la Iglesia *comunique el Evangelio por palabra y obra* a todas las etnias de la tierra. El tema o el *norte* no debería ser el crecimiento de la Iglesia, como usualmente se pregona en Latinoamérica, el tema, según la Biblia es *Comunicar el evangelio por palabra y obra* a toda etnia de la tierra. Y esta es una responsabilidad de la Iglesia en cualquier área geográfica del planeta.

Finalmente, señalar que si existe en la Iglesia Latinoamericana esfuerzos misioneros importantes a nivel de instituciones continentales como es el caso de COMIBAN, o de esfuerzos nacionales reconocidos. También existen comunidades de fe que han iniciado programas misioneros muy importantes. En este momento el Brasil es considerada la primera potencia misionera del continente seguida por otros países latinoamericanos como Colombia o países de Centroamérica que también han incursionado en esta empresa.

2. El método de la misión

El método de la misión es hacer *acto de presencia* en la necesidad ya sea espiritual o material del hombre. La misión del médico es *hacer acto de presencia* en la vida del enfermo. Este tema ya se discutió anteriormente, razón por la cual pasamos a un aspecto clave de la misión, este es *vivir en el mundo según los valores del reino*. Esto es clave, tenemos que vivir según la ética bíblica. Ya hemos visto "cristianos" incursionar en la política en altos cargos como presidente, diputados, ministros y muchas veces han salido como corruptos, tildados por la sociedad como vulgares delincuentes. Esto ha sido una piedra de tropiezo en la sociedad que demanda hechos y no solamente palabras.

Otras veces, candidatos impíos, sabiendo la fuerza política que representa la Iglesia cristiana, han hecho alianza y la Iglesia los ha apoyado, empero cuando éstos llegan al poder, se olvidan de la alianza y su actuación es contra los valores del reino. En otros países de Latinoamérica han formado o intentado formar partidos políticos cristianos y han convertido a la comunidad de fe en hervidero de críticas y resentimientos. Si la Iglesia va a incursionar en el mundo, debe estrictamente guardar la *ética del reino*, sino el oscurantismo privado es mejor que la necedad pública como dijera Scott GARBER.

El otro aspecto del método de la misión ya ha sido abordado anteriormente, *el testimonio de palabras y de obras*.

B. Responsabilidad social de la Iglesia

El ser humano no solamente tiene necesidades espirituales, es decir, no solamente necesita ser salvo de la condenación del infierno, ser salvo de los poderes del mundo, del demonio y de la carne, también tiene necesidades materiales. El ser humano necesita una vivienda digna para vivir, con los servicios públicos básicos. Necesita trabajar para sostener a una familia y poder proveer educación y salud a sus hijos. El ser humano representa esta dualidad y la Iglesia tiene una responsabilidad en ambos campos.

En el primer mundo esto es diferente, porque pobreza en Estados Unidos o en Europa es completamente diferente. La necesidad material del hombre está en otra dimensión, en estas sociedades a un pobre le sobra lo que le faltaría al pobre de Latinoamérica. De manera que la responsabilidad social de la Iglesia del primer mundo es afuera de sus fronteras, en Latinoamérica es adentro.

La realidad socio-económica del continente impide que la Iglesia haga una misión enfocada a la espiritualidad del hombre, es menester, invertir esfuerzos y recursos en la necesidad material. La Iglesia latinoamericana ha estado involucrada en necesidades sociales de la comunidad, como ser en la educación, la salud y desarrollo. Ha creado escuelas, centros de salud y ha llevado a cabo programas de desarrollo comunitario, empero los teólogos latinoamericanos señalan que esto no es suficiente, y que la responsabilidad social de la Iglesia va más allá de crear hospitales o escuelas, que muchas veces se han convertido en lucrativas empresas capitalistas, sino que es necesario irse al meollo del asunto y participar activamente donde se necesita la participación de un hijo del Reino de Dios. En otras palabras, el cristiano debe tomar acción en actos como participar en una protesta pública, mediar en un conflicto sindical con una empresa, optar a cargos de elección popular, es decir, observar conductas activas que tradicionalmente fueron consideradas pecaminosas y mundanas.

Es importante apuntar que la responsabilidad social de la Iglesia, que lleva implícita la idea de incursionar en el Kosmos Satánico, tiene un solo objetivo, ensanchar el Reino de Dios, ser luz en la tinieblas, ser sal en un mundo desabrido por las mentiras de Satanás, en ese sentido, el hijo del Reino, tiene que guardar la norma de conducta del Reino para que el mundo incrédulo sea impactado y busque la reconciliación con Dios.

Ahora, la pregunta es ¿Está la Iglesia latinoamericana preparada para esto? Desde que Samuel ESCOBAR nos tocara la campana hasta hoy, mucha agua ha corrido por los ríos de Latinoamérica. La Iglesia ha crecido, ha madurado y se encamina positivamente a estadios donde realmente no haya *dicotomía entre evangelización y responsabilidad social*.

De esta manera ha sido abordada la Eclesiología. Una rama de la Teología Sistemática que estudia todo lo relacionado con la Iglesia. En este capítulo se ha hecho una combinación entre los conceptos que tradicionalmente se han manejado en esta ciencia y aquellos que son propios de la Iglesia latinoamericana y que constituyen un aporte significativo a la Teología. Uno de los corolarios de este estudio es que la Iglesia es una institución dinámica puesto que está compuesta de hombres que cambian según su generación y en ese sentido la eclesiología es también dinámica, de manera que no se ha dicho la última palabra, la reflexión queda inconclusa.

Capítulo X

Escatología

La Escatología es uno de temas fantásticos que ha fascinado a la iglesia, su razón es muy simple, evoca al misterio, al futuro, al porvenir y el ser humano por naturaleza está interesado en esas cosas. Dios conociendo nuestra naturaleza, no nos dejo huérfanos de conocimiento, sino todo lo contrario, hizo revelaciones extraordinarias, principalmente a personajes como Daniel y Juan que nos dejan ver un plan perfecto, bien trazado respecto al hombre y el fin de este ordenamiento que es la antesala de aquel día que todo cristiano espera y que Pablo llama la *esperanza que no avergüenza*.

El quid del asunto con la Escatología es su interpretación, de ahí han surgido diferentes escuelas, con argumentos bien estructurados según los cánones de la lógica, y cuyas conclusiones son correctas, empero excluyentes. La conclusión importante no es sí adoptamos la postura amilenialista o premilenialista, el punto fundamental de la Escatología es que Jesucristo viene por segunda vez a la tierra y que pondrá orden al caos y la anarquía en la cual vivimos en la actualidad.

En América Latina el tema escatológico ha sido toral y el auge del movimiento pentecostal en todas las esferas eclesiales trajo un nuevo interés a la Iglesia por estudiar este tema. Huelga apuntar que esto ha dado lugar a exageraciones hermenéuticas y conclusiones exegéticas que se salen del Texto Sagrado, incluso, el fanatismo ha llegado a dar nombre al Anticristo y señalar día y hora de la segunda venida.

En este tratado, el estudio de la Escatología se realizará bajo dos ópticas diferentes: la Amilenialista y la Premilenialista. Ambas posturas dicen ser bíblicas, parecen tener sentido lógico y cualquiera puede ser verdad. Tanto José GRAÚ quien expone la tesis amilenialista como Don Francisco LACUEVA quien expone la tesis premilenialista, en el curso de formación pastoral de la Editorial Clie, pueden estar en lo correcto o pueden no estarlo. Como señala Emilio NUÑEZ·

Todos conocemos en parte el misterio de Dios, pero aun lo poco que conocemos es suficiente para no volvernos agnósticos.

Finalmente señalar que no hay que olvidar que la teología es humana y nunca debemos dejarnos llevar por la pasión, pues esta siempre es un signo de la ignorancia. El estudio de este capítulo se efectuará de la siguiente manera: Aspectos propedéuticos de la Escatología (Sección I), Escatología individual (Sección II), Escatología general (Sección III).

Sección I

ASPECTOS PROPEDEUTICOS DE LA ESCATOLOGÍA

La Escatología es un tema que interesa en gran manera a la Iglesia y resurge su importancia cada vez que existe una guerra con implicaciones mundiales o surgen eventos terroristas espectaculares que asombran al mundo.

La Escatología es una ciencia, tiene su origen en las Escrituras mismas, mediante una inducción el teólogo es capaz de construir un sistema de pensamiento que proporciona una visión clara de los eventos del porvenir. Ahora, para efectuar este interesante estudio, es menester realizar una serie de consideraciones preliminares y establecer una base sólida para el mejor entendimiento de esta materia.

Pensando en el establecimiento de esos fundamentos es que se ha establecido esta sección, como una introducción obligada al fascinante estudio de la escatología bíblica. Para lograr nuestro cometido, la sección se ha dividido de la siguiente manera: Consideraciones preliminares(A), Ópticas Escatológicas (B) y Escatología Latinoamericana (C).

A. Consideraciones preliminares

Este apartado nos introduce directamente a los conceptos generales y básicos para el entendimiento de esta disciplina tan importante. En este apartado estudiaremos: Concepto (1), División de la Escatología (2), Importancia de la Escatología (3) y La hermenéutica apocalíptica (4).

1. Concepto

La palabra Escatología encuentra su base en aquellos pasajes de la escritura que hablan de *los últimos días* Isaías 2:2, Miqueas 4:1 *el último tiempo* I Pedro 1:20 y *la última hora* I de Juan 2:18. La profecía del Antiguo Testamento solo distingue dos períodos: *esta época* y *la edad que viene.* Etimológicamente, Escatología viene de la palabra griega *eschatos* que significa fin, de manera que Escatología es el estudio de los eventos del fin, del fin de esta edad, del fin de este sistema y a la vez del principio de un nuevo orden de cosas. En resumen: *La Escatología es la rama de la Teología Sistemática que estudia los acontecimientos históricos relacionados directamente con la profecía y por supuesto con los eventos del porvenir.*

Como puede observarse, la definición anterior tiene dos dimensiones muy importantes: La primera tiene que ver con el pasado que apunta hacia el futuro y la segunda con el fututo propiamente dicho. Esto es muy importante tenerlo en cuenta, pues la Escatología no solamente apunta al futuro, también apunta al pasado y al presente.

2. División de la Escatología

Para su mejor comprensión la Escatología ha sido dividida en dos ramas fundamentales: Escatología Individual que trata temas como la muerte, el estado intermedio, y el final del ser humano *inter alia.* y la Escatología General que trata temas como la resurrección, el anticristo, la eternidad *inter alia.*

3. Importancia de la Escatología

No cabe la menor duda que lo que representa la Escatología es la esperanza más sublime del ser humano en la tierra y el Texto Sagrado ya nos indica la preponderancia del tema. Fue Jesucristo quien se tomó *"la molestia"* en explicar a sus discípulos con mucho cuidado acerca de esta esperanza llevándolos al monte de los Olivos donde les dio todo un discurso escatológico que se encuentra registrado en capítulos 24 y 25 de San Mateo. El apóstol Pablo corrigió una herejía escatológica en la Iglesia de Tesalónica, por considerar que esta enseñanza es crucial para la fe cristiana.

¿Quiénes somos nosotros para obviarla o criticarla? La Escatología es una de las verdades fundamentales de la Biblia que debe ser enseñada con mucho cuidado y expectación. La ignorancia de esta doctrina, o su mala interpretación ha llevado al hombre a herejías perniciosas o exageraciones absurdas que lo único que han provocado es confusión y caos, es ahí donde se ver su importancia.

4. La hermenéutica escatológica

La hermenéutica es la ciencia que nos proporciona las reglas y los lineamientos que se debe seguir para efectuar una correcta exégesis del pasaje bíblico. Aunque las reglas son correctas y lógicamente estructuradas, quienes hacen la interpretación son los seres humanos. Ahí esta el problema, el hombre como ser finito y lleno de una serie de limitaciones, interpreta según su prejuicio denominacional o simplemente falla en sus apreciaciones. Este hecho da como resultado, cuatro escuelas de interpretación apocalíptica excluyentes. Todas ellas con bastante lógica empero intransigentes.

Lo anterior es inevitable y se podría afirmar que es correcto que exista diversidad de opiniones, en realidad, ninguna de estas opiniones afecta la naturaleza misma del cristianismo, de ahí que, no debemos por ningún motivo permitir que una opinión diferente en este sentido, nos divida. A continuación se expondrán las cuatro interpretaciones de la profecía bíblica: Espiritualista (a), Preterista (b), Historicista (c) y Futurista (d).

a. Espiritualista

Este sistema sostiene que el Apocalipsis no tiene por objeto instruirnos sobre hechos futuros, sino simplemente enseñarnos principios espirituales fundamentales. La bestia es el Imperio Romano en el tiempo de Juan, pero también una sucesión de imperios impíos que conducen hasta el último imperio del que surgirá el anticristo. Dado que los cristianos han sido perseguidos a lo largo de las generaciones, cada generación debería poder identificar cuál es *su* bestia.

b. Preterista

Describe en un lenguaje velado los eventos del propio tiempo de Juan hasta el final del Imperio Romano o, por lo menos, hasta la conversión de Constantino. Esta interpretación tiene la desventaja de que sólo es significativa para ese tiempo, pero para nosotros no es tan relevante. La Bestia puede ser vista sólo como el Imperio Romano y Babilonia como Roma.

En resumen, esta escuela asevera que los hechos descritos por Juan se llevaron a cabo en el imperio romano en los mismos días en que se escribía el Apocalipsis, especialmente el final del Siglo I de nuestra era.

c. Historicista

Este es un cuadro de toda la historia, desde la primera venida de Cristo hasta Su segunda venida, y más allá. En este método la gente tratará que hacer que las secciones del Apocalipsis encajen con eventos históricos específicos. Cada una de las siete Iglesias del Apocalipsis presenta una etapa en la historia de la Iglesia. Es importante señalar que la visión del historicista no debería ser denigrada. Ha provisto consolación en tiempos de persecución a lo largo de la historia de la Iglesia.

En resumen, quienes sostienen esta postura, pretenden ver en el Apocalipsis sucesos, más o menos relevantes, de la historia mundial, que tienen que ver con la Iglesia, desde el siglo primero hasta los tiempos actuales.

d. Futurista

Es mayormente una profecía de eventos que están por ocurrir, especialmente justo antes de la venida de Cristo. Esta es la interpretación normal de alguien que lee el libro por primera vez porque su simbolismo parece tan fantástico. Significa que el libro será especialmente pertinente para los de la última generación. La Bestia es vista como el anticristo que emerge de un Imperio Romano que resurge. Es claro que la Segunda Venida aparece en forma prominente a través del libro, y por lo tanto hay verdad en el punto de vista futurista, pero esta visión tiende a pasar por alto la verdad espiritual que es valiosa hoy. Sin embargo, note que a Juan no se le dice que selle el libro (Ap. 22:10) porque el tiempo está cerca, aunque a Daniel se le dijo que sellara el libro hasta el tiempo del fin (Dan. 12:4). Esto significa que el libro está a punto de comenzar su cumplimiento.

El libro de Apocalipsis fue escrito inicialmente a las siete iglesias de Asia y de aquí el punto de vista preterista. Sin embargo, el libro alcanzará su cumplimiento final cuando aparezca el último anticristo y Cristo vuelva; este es el punto de vista futurista. LADD divide los puntos de vista futuristas en dos tipos, el moderado y el extremo, conocido como dispensacionalismo. El segundo hace una marcada distinción entre Israel y la iglesia, las cartas a las siete iglesias tratan con las siete edades de la historia de la iglesia, del capítulo 7 en adelante se refiere a Israel porque la iglesia ha sido llevada en el rapto a esta altura, así que no sufre la gran tribulación, que ocurre durante los últimos 3 y medio años de la historia. Este punto de vista es sostenido ampliamente en Norteamérica. El mejor exponente de este punto de vista es WALVOORD. El futurista argumentará que la interpretación preterista está errada porque el Apocalipsis trata de los últimos tiempos, pero durante el tiempo del Imperio Romano la interpretación preterista era el último tiempo.

A. Consideraciones preliminares

Un comentario similar podría hacerse de la interpretación historicista durante la Reforma. La interpretación idealista es probablemente la más relevante hoy, para satisfacer las necesidades de hoy durante los tiempos difíciles cuando los cristianos están bajo presión y por cierto no descuenta una realización futura tampoco.

El problema para cualquiera que trate de interpretar el libro es que al leer el Texto uno puede encontrar apoyo para todos estos puntos de vista, que es la razón por la que hay una variedad tan amplia de interpretaciones y –por cierto– desacuerdos. En un sentido todos tienen razón. El futurista ve a la bestia como el futuro anticristo; el historicista ve la bestia de la historia; el preterista ve la bestia en los tiempos romanos; y el idealista o espiritualista ve una sucesión de bestias que conducen hasta el anticristo. El futurista escribe desde el punto de vista de una iglesia que no está sufriendo persecución ahora, pero que si le espera para el futuro, especialmente del anticristo. El historicista escribe desde el punto de vista de la persecución actual o la persecución reciente como eventos históricos y los encuentra en Apocalipsis. El idealista mira a los períodos anteriores de persecución y ve principios generales dentro de Apocalipsis que los pueden explicar. El preterista escribe acerca de cómo Apocalipsis explica la persecución bajo el Imperio Romano. Todos son correctos, pero todos ven la verdad desde una perspectiva diferente. MOUNCE destaca que

«Juan mismo no podía ser preterista, historicista, futurista e idealista, sin contradicción. Él escribió desde su propia situación inmediata. Sus profecías tendrían una realización histórica, anticipó una consumación futura y reveló principios que operaban debajo del curso de la historia. El problema interpretativo surge del hecho de que el fin no llegó en hora.»

LADD habla bastante acerca de la naturaleza doble de la profecía, que tiene cumplimiento tanto inmediato como distante. Un ejemplo de esto es el discurso del monte de los Olivos que estaba referido al juicio histórico de Jerusalén en manos de los romanos en d.C. 70 (Lucas 21:20) y la aparición escatológica del anticristo (Mt. 24:15). De la misma forma, Apocalipsis tuvo su cumplimiento inmediato en la serie de persecuciones romanas sobre los cristianos hasta Constantino en d.C. 313, así como en la aparición del anticristo en el futuro distante. Por lo tanto, la interpretación correcta es una mezcla de los puntos de vista preterista y futurista, y que incluye cualquier tribulación que experimente la iglesia entre estos dos períodos.

B. Ópticas escatológicas

Como se ha dicho desde el principio de este tratado, la Teología es una reflexión humana sujeta a errores. De ahí que la Escatología sea una ciencia en la cual ningún exegeta tenga la última palabra. En este contexto existe una serie de interpretaciones sobre los acontecimientos futuros, es decir, ópticas o perspectivas desde la cuales puede estudiarse la Escatología. Es un error afirmar la exclusividad interpretativa, las diferentes posturas deben más bien ser inclusivas. Cada ángulo enfoca áreas importantes, de manera que la síntesis de estos ángulos nos permitirá una mejor vista de este tema.

En este apartado serán objeto de estudio las ópticas Dispensacionalista (1) y la Teología del Pacto (2), Premilenialismo (3), Amilenialismo (4) y Post milenialismo (5).

1. Teología Dispensacional

El Dispensacionalismo tiene sus raíces en el movimiento de los Hermanos de Plymouth que comenzó en el Reino Unido. El Dispensacionalismo es un sistema teológico que se desarrolló a partir de una interpretación reflexiva de la Escritura que data de la segunda parte del siglo diecinueve. Antes de esa época no era conocido como un sistema teológico. El primer registro del Dispensacionalismo en los Estados Unidos es 1864 - 65, cuando J. N. DARBY visitó dos veces el país. Por medio de estas visitas la Iglesia Presbiteriana de San Louis (entonces pastoreada por el Dr. James H. BROOKS) se volvió el principal centro del Dispensacionalismo en América.

El Dr. BROOKS, el exponente más influyente del Dispensacionalismo, lo propagó por medio de sus propios estudios bíblicos a hombres jóvenes. Su estudiante más conocido fue C. I. SCOFIELD. La cronología sigue este orden: De DARBY a SCOFIELD; de SCOFIELD a CHAFER; de CHAFER al Seminario Teológico de Dallas. El Seminario Teológico de Dallas se volvió el mayor centro de entrenamiento para las iglesias evangélicas y creyentes de la Biblia, fundado en 1924. El Dispensacionalismo - Premilenialismo cree que Dios le hizo la promesa a Abraham de que le daría un pueblo terrenal y nacional, de manera que, según el Dispensacionalismo, cuando Dios se encarna a través de la personalidad de Jesucristo y predica *arrepentíos porque el reino de Dios se ha acercado...* está intentando fundar un reino político donde Jesucristo es el rey y los judíos son el pueblo, empero, los judíos no aceptan esta propuesta y como consecuencia lógica, rechazan el reino.

Los dispensacionalistas enseñan que en virtud del rechazo de los judíos, el proyecto de reino fue suspendido, abriéndose de esta manera una nueva dispensación a la cual llaman, la Dispensación de la Gracia, a la que consideran una *edad intercalada o intermedia*. El final de esta dispensación será marcada por la segunda venida de Jesucristo, que será el inicio de la séptima dispensación que es la dispensación del reino, es decir el reino que fue rechazado en la primera venida de Cristo y que ahora se manifestará en un gobierno político de mil años, conocido como el milenio, donde Jesucristo gobernará junto a su esposa, la Iglesia a su pueblo, los judíos.

2. Teología del Pacto

Un número considerable de la Iglesia Cristiana no comulga con la óptica dispensacionalista, antes bien considera a la Teología del Pacto como la proposición más válida. En ese sentido Hugh MCCANN, *del Seminario Teológico Westminster en California se ha expresado:*

> *No podemos comprender lo que Dios está haciendo en la historia si no entendemos uno de los conceptos más importantes de las Escrituras: pacto. Esta es una palabra muy frecuente en la Biblia (294 veces). El pacto describe la forma en que Dios se relaciona con sus criaturas. Es un juramento que compromete a ambas partes y en el cual hay condiciones, bendiciones por la obediencia y maldiciones por la desobediencia así como señales y sellos del juramento.*

La tesis de los teólogos del Pacto es diametralmente opuesta a la dispensacionalista. Ellos aseguran que Jesús es el verdadero Israel de Dios y que todo aquel que esté unido a Él, sólo por gracia, sólo por medio de la fe, viene a ser por virtud de esa unión el verdadero Israel de Dios. Esto significa que es erróneo buscar, esperar, anhelar o desear una reconstitución de un Israel nacional en el futuro.

La Iglesia del Nuevo Pacto no es algo que Dios instituyó *hasta que* Él pudiera volver a crear un pueblo nacional en Israel, sino que más bien Dios sólo tuvo un pueblo nacional temporalmente (desde Moisés hasta Cristo) como preludio y avance de la creación del Nuevo Pacto en el cual las distinciones étnicas que hubo bajo Moisés fueron completadas y abolidas (Efesios 2:11-22; Colosenses 2:8-3:11).

En una forma bien puntual, los teólogos del pacto niegan que los judíos hayan rechazado el reino propuesto por Jesucristo en su primera venida y que el mismo tendrá que ser materializado en un período que los dispensacionalistas llaman el milenio. Para los teólogos del pacto, las dispensacionaes no existen, en consecuencia tampoco existe el milenio.

Ellos no interpretan de una forma literal y futurista los mil años que menciona Apocalipsis. Esto trae como aparejada consecuencia que no existe una restauración nacional y política de los judíos y todo lo dicho acerca del anticristo, la tribulación, los juicios, *inter alia*, en una dimensión futurista, no son sino meras fantasías.

3. El Premilenialismo

Los teólogos bautizaron a esta teoría con el nombre de premilenialismo en virtud de la creencia que la segunda venida de Cristo ocurre antes del milenio. Esta escuela sostiene la literalidad de los 1000 años mencionados en el libro de Apocalipsis, durante los cuales Jesucristo gobernará políticamente al mundo con su esposa, la Iglesia, siendo los súbditos del reino los judíos y los gentiles que queden de la gran tribulación. Durante este período Satanás estará atado.

Usualmente, las personas que son premilenialistas, son también dispensacionalistas, pues ambas tesis encajan una con la otra.

4. El Amilenialismo

Como su mismo nombre lo indica, amilenialista es aquella postura que niega la existencia de un milenio literal. Usualmente, las personas que adoptan esta postura son simpatizantes de la Teología del Pacto.

Entre sus postulados principales de esta escuela destacan: a) No existe un período literal de 1000 años. b) El reino terrenal al que se refiere la Biblia debe aplicarse a la época de la Iglesia. c) Satanás fue atado desde el mismo momento que Jesucristo murió en la Cruz. d) Los bienaventurados que dieron sus vidas por Dios (Apoc. 20:4) son los santos que murieron durante la era de la Iglesia. e) La segunda venida de Cristo es un sólo evento.

5. El Post-Milenialismo

Como su nombre lo indica, post milenialismo sostiene que la segunda venida de Cristo se efectuará después del milenio. En la actualidad es una postura que no goza de las simpatías de la Iglesia cristiana y por lo tanto es de poca trascendencia. En esencia, lo que esta tesis sostiene es que en la era presente, la predicación del Evangelio efectuará progresivamente un aumento de paz, de bendiciones espirituales hasta que se cumpla la profecía de Isaías 11:9... «*La tierra será llena del conocimiento de YHWH*» y luego será la segunda venida de Cristo.

C. Escatología latinoamericana

En Latinoamérica surgió una interpretación escatológica completamente diferente a que se había manejado tradicionalmente. El liberalismo manejo un concepto muy peculiar sobre este tema. Para ellos, la parusía tiene que ver con el fin de un sistema de injusticia social y económica donde una minoría explota sin misericordia a las grandes masas. El establecimiento del reino se mira más como una liberación de las injusticias humanas que de la esclavitud espiritual.

Por otro lado, la Iglesia tradicional sea pentecostal o no, en Latinoamérica, no ha hecho más que endosar las teologías que vienen del Norte, dándoles únicamente la peculiaridad propia de la región.

Huelga señalar que con el crecimiento espectacular de la Iglesia, especialmente la Iglesia pentecostal y últimamente los neos pentecostales, grandes masas de individuos han engrosado la membresía de estas instituciones, usualmente personas de escasos recursos económicos en su mayoría. En estas agrupaciones ha sido muy peculiar la predicación con un enfoque escatológico bien marcado. Esto en su momento fue objeto de crítica por los movimientos liberacionistas, en el sentido que esta predicación enajena la mente del creyente, hablándole de un reino futuro y de las calles de oro y el mar de cristal en el más allá cuando en realidad viven en cinturones de miseria o villas miserias en condiciones infrahumanas. Ellos llamaron a esto, un mensaje simplista y escapista que no satisface las verdaderas necesidades de vestido, salud, educación y por ende una vida digna.

En parte este señalamiento es correcto porque no se puede espiritualizar la miseria, las injusticias y la poca dignidad en que viven los menos favorecidos en Latinoamérica, sin embargo, por otro lado, no se puede dejar de predicar y enseñar sobre *la esperanza que no avergüenza* que encontramos en el Texto Sagrado, una esperanza presente pero también futura. Quizás lo que hizo falta fue una concordancia entre el presente y el futuro y un plan de acción coordinado y responsable para cambiar estructuras de pecado y maldición.

Sección II

ESCATOLOGÍA INDIVIDUAL

Además de la Escatología General tenemos la Individual, la cual debe ser tomada en cuenta. Como muy bien señala el Profesor BERKHOF:

> Los eventos nombrados deben constituir el todo de la escatología en el sentido estricto de la palabra, y sin embargo no podemos hacer justicia a esto sin demostrar como las generaciones que han muerto participaran en los eventos finales. Para el individuo, el fin de la existencia presente viene con la muerte, lo cual lo transfiere por completo de esta edad presente y lo introduce en la futura... las cosas que se relacionan con la condición del individuo entre su muerte y la resurrección general, pertenecen a la escatología personal e individual.

Lo anterior apunta que los temas como la muerte, la inmortalidad del alma, el estado intermedio *inter alia* son temas enmarcados dentro de la Escatología Individual. Es oportuno acotar que esta clasificación es meramente académica y con un propósito de facilitar el entendimiento al estudiante de la Teología.

Esta sección se dividirá para su estudio de la siguiente manera: Escatología Individual: Generalidades (A) y Escatología Individual: El Estado Intermedio (B)

A. Escatología individual: generalidades

En este apartado de Escatología Individual se toca uno de los temas de mayor preocupación del hombre como es la muerte. Sobre este tópico se ha filosofado desde que surge la Filosofía en la antigua Grecia, de ahí que es oportuno efectuar un recorrido por los diferentes pensamientos que sobre el mismo el hombre ha realizado.

1. Concepto de muerte según la filosofía humana

El hombre ha discurrido sobre este tema desde tiempos inmemorables. En este numeral se ha seleccionado la opinión de tres escuelas de pensamiento humano para dar una idea del quehacer filosófico del hombre sobre la muerte. Las corrientes de pensamiento seleccionadas son: El materialismo (a), El existencialismo (b) y el reencarnacionismo (c).

a. El Materialismo

Tanto el materialismo histórico como el dialéctico están de acuerdo en afirmar que, siendo el hombre un organismo meramente material, todo se acaba para él con la muerte. No hay que pedirle, pues, a la vida más de lo que ésta nos puede dar y hay que resignarse a perecer, siendo ésta la suerte común de los mortales.

Se llama materialismo porque todo se centra en la materia, la cual no se crea ni se destruye sino que se transforma como ellos señalaban. Lo cierto es que está corriente filosófica cobra auge con el triunfo del marxismo – leninismo, que significó la base ideológica del comunismo que gobernó a la antigua Unión Soviética y sus países satélites en Europa del Este y algunos de Latinoamérica que cayeren bajo su influencia. Ellos enseñaron que Dios no existía y que el hombre era producto de una evolución de especies inferiores. El corolario de semejante doctrina es que la muerte es el fin de la vida; pensamiento que está en desacuerdo con el Texto Sagrado que enseña que la muerte es el principio de la vida eterna.

b. Existencialismo

Juan Pablo SARTRE, de origen francés, es considerado como uno de los exponentes más importantes de esta corriente de pensamiento. El afirmaba que el hombre es un ser para la muerte, nacido para morir; pues, somos arrojados a la existencia sin saber por qué y nos vemos forzados a elegir «libremente» los caminos que hemos de seguir y las posibilidades que nos salen al encuentro, y la única certeza que abrigamos es que estamos abocados a la muerte, a la nada. El corolario de esta doctrina es que la muerte es el final de la vida.

c. Reencarnacionistas

La doctrina de la reencarnación tiene que ver con las filosofías de las religiones orientales que se han suscitado. Al ser este un pensamiento que reconoce la existencia de una realidad supra humana, tiene un concepto de la muerte completamente diferente a los pensamientos anteriormente tratados.

Los que sostienen esta postura de pensamiento creen que una misma alma puede trasmigrar sucesivamente a diferentes cuerpos sean humanos o de animales. Ellos sostienen que toda acción humana deja un «karma» (efectos benéficos o maléficos de un acto) y que como consecuencia el hombre debe expiar sus faltas en sucesivas reencarnaciones, que le servirán como escuela de la vida, hasta que se haya purificado de todo rastro impuro y pueda entonces volver al *principio divino universal del que salió*.

Quien escribe este tratado se encontraba en el Japón en una ocasión, y fue testigo de una invitación que se hizo en la iglesia, la cual era asistir a un servicio fúnebre en honor a un gato que había fallecido y que era propiedad de uno de los miembros. La razón de este servicio es la creencia que el alma pueda trasmigrar de animales a seres humanos o viceversa.

Esta filosofía presenta un concepto diferente de la muerte al de las filosofías vistas con anterioridad. Para este pensamiento religioso, la muerte no es el fin de la persona, sino el principio de una nueva vida en otro cuerpo, sea humano o sea animal.

2. Concepto bíblico de muerte

La muerte no es cesación, sino separación como la misma palabra *thanatos* lo indica en el idioma griego. El origen de la muerte está bien establecido en la Biblia, el pecado de un hombre, empero la vida tiene su origen en la justicia de otra persona, Jesucristo. En este numeral será objeto de un breve estudio las diferentes clases de muerte que el Texto Sagrado nos menciona.

a. La muerte física

La muerte física es una consecuencia directa del pecado de Adán y es sencillamente la separación del alma y el cuerpo. El alma para existir en esta dimensión necesita estrictamente un cuerpo, cuando éste ya no es capaz de funcionar, el alma precisa trasladarse a otra dimensión y a este acto de traslado se le denomina comúnmente muerte.

b. La muerte espiritual

La muerte espiritual es la separación del hombre y Dios y también es una consecuencia directa del pecado. Cada individuo que no ha experimentado la regeneración y no tiene una comunión con Dios se encuentra separado de Dios y el tal está espiritualmente muerto. La manifestación más grande de esta realidad es la clase de vida que éste experimenta. No puede haber satisfacción en nada que hace o experimenta pues hay ataduras que lo ligan a situaciones que lo destruyen y es cuando vemos a la criatura humana sumida en el alcohol, drogas, adulterios, desintegración familiar, corrupción, en fin, cualquier suerte de situaciones con las cuales Satanás controla a todas aquellas personas que se encuentran muertas espiritualmente. La epístola a los Efesios señala que estas personas están *muertos en delitos y pecados*.

c. La muerte segunda

Muerte segunda es un termino extraído de Apocalipsis 21:8 para significar la separación eterna del alma con Dios. Dicho en una forma poco eufemística, la muerte segunda es la estadía eterna del alma en un lugar de tormento, denominado en el Texto como *Lago de fuego y azufre* y como el mismo texto lo señala, dicha separación es eterna.

B. Escatología individual: el estado intermedio

Si la vida es un misterio, la muerte lo es aún más, el hombre en su natural e infatigable curiosidad ha buscado afanosamente dar respuesta a estos fenómenos que forman parte vital de su ser, ha realizado esfuerzos valiéndose de las armas que ofrece la ciencia y religión, buscando encontrar un bienestar mejor que la vida actual en esta tierra. Es así como las diferentes etnías como los griegos, romanos, egipcios, orientales, por citar algunos, han señalado lugares especiales para los muertos que han sido justos en esta vida, así como lugares de tormento para aquellos cuya conducta no ha sido deseable.

El estudio del estado intermedio es tratado ampliamente por la Escatología, especialmente la Escatología Individual. En este apartado se abordaron los siguientes puntos: La existencia del Estado

Intermedio (1), Los salvos e el Estado Intermedio (2), Los impíos en el Estado Intermedio (3) y finalmente, posturas erróneas sobre el Estado Intermedio (4).

1. La existencia del Estado Intermedio

Al aceptar la existencia de un estado intermedio, implícitamente se acepta la realidad de un lugar intermedio; *lugar* porque las almas ocupan un espacio, hay una delimitación que no se puede transgredir e *intermedio*, no por estar entre lo humano y celestial, sino por considerársele semejante a una sala de espera donde, se aguarda por un juicio. En dicho estado hay existencia consciente del alma. El relato de Jesucristo sobre el rico y Lázaro sigue siendo un sustento muy importante de esta doctrina.

En el Antiguo Testamento se consideraba que las almas de los justos y los pecadores descendían a un mismo lugar, el cual estaba dividido para cada uno de ellos. El nombre en hebreo de ese lugar es *Sheol* que significa algunas veces, la tumba o lugar o estado de los muertos indefinidamente. En otras ocasiones tiene el sentido de un lugar o estado de los muertos en el que entra el elemento de miseria y castigo, pero nunca un lugar o estado de felicidad o bienaventuranza después de la muerte. El *Sheol* se dividía en dos partes: El lugar donde iban los salvos era conocido por los hebreos como el *Seno de Abraham*, un lugar de dicha para el creyente, lugar de consolación celestial, lugar de conciencia y de espera de la redención completa, en cambio el lugar donde iban los perdidos era conocido por los hebreos como *Gehenna*, lugar tenebroso y sombrío, donde reposa el cuerpo muerto.

En el idioma griego, el equivalente de *Sheol* es *Hades* que en la mitología griega era el dios del inframundo. Este lugar también era dividido en dos partes: el *Tártaro*, donde se torturaban las almas de los malvados y los *Campos Elísios*, lugar de bendiciones para los buenos, especialmente para los grandes héroes de la patria.

2. Los salvos en el Estado Intermedio

La teología cristiana enseña que los individuos salvos, entran inmediatamente después de la muerte a la presencia del Señor, es decir a un estado de gran dicha. Este lugar es denominado por los teólogos como el Estado Intermedio donde las almas llevan una *vida* activa llena de gozo y bienaventuranza, aunque incompleta por estar esperando la resurrección para obtener su cuerpo glorificado y pasar a la eternidad.

3. Los impíos en el estado intermedio

Cuando el impío muere, su estado será de sufrimiento consciente, tormento y densas tinieblas, con carácter permanente y definitivo. Empero al igual que los salvos, el individuo estará en espera de un juicio que en este caso será de condenación. Según la teología premilenialista, estos individuos resucitarán en la segunda resurrección en el juicio que ellos llaman *del gran Trono Blanco*, que será un juicio de condenación. En la tesis Amilenialista, ellos resucitarán al mismo tiempo que los salvos y éstos serán simplemente condenados.

4. Posturas erróneas sobre el estado intermedio

En virtud que este no es un tema fácil, los teólogos han discurrido sobre el mismo desde tiempo inmemoriales, llegando muchas veces a conclusiones exegéticas que no concuerdan para nada con Texto Sagrado. En este numeral será objeto de estudio tres de las tesis que tienen mayor relación con la comunidad latinoamericana y que se consideran contrarias a las enseñanzas de la Biblia.

a. Postura de los Católicos Romanos

Los católicos romanos creen en la existencia de un lugar que ellos llaman el *Purgatorio*, el cual es un sitio de purificación para aquellos que hicieron el bien y cumplieron los mandamientos de la Iglesia, pero no alcanzaron la altura y la plenitud de Cristo. La tesis católica enseña que las personas que se encuentran en este lugar pueden salir del mismo. Por otra parte, también afirman que existe el *Limbus Infatum*, al que van los niños para no sufrir dolor o pena, aunque están como encarcelados y alejados de Dios y el *Limbus Patrum* equivalente al Hades en donde están presos los santos del Antiguo Testamento.

Si vamos a la Biblia, encontraremos que en los libros del canon judío no existe ni un ápice de esta doctrina, razón por la cual se le considera como un pensamiento racionalista.

b. Adventistas del Séptimo Día

Rechazan el sufrimiento eterno de las almas. Afirman que la muerte es solo un sueño. Hablan de la aniquilación total del alma para aquellos malvados que mueren y pasan a una existencia inconsciente (sueño del alma) hasta que Dios, por un acto pasivo, les despoja del don de la inmortalidad y les destruye para siempre. Los que aceptan a Cristo vivirán eternamente.

En esencia, cuando una persona muere pasa a un estado de sueño de donde se levanta para su recompensa o su retribución que en este caso es la aniquilación.

c. Testigos de Jehová:

No aceptan el sufrimiento eterno del alma y al igual que los Adventistas del Séptimo Día creen en la aniquilación del alma, nunca en un castigo eterno de la persona.

SECCIÓN III

ESCATOLOGÍA GENERAL

La Escatología General tiene que ver con los grandes temas de la Escatología, es a saber, el levantamiento del anticristo, el arrebatamiento, los juicios, la segunda venida, *Inter alia*. Siguiendo la característica de lo que el autor concibe como lo que debe ser un Teología Latinoamericana, el desarrollo de estos temas no tienen una inclinación teológica. Simplemente se exponen las posturas más importantes. Cada una de ellas tiene sus fortalezas así como sus debilidades. En definitiva, estos son temas periféricos en los cuales ninguna de las posturas afecta la esencia misma del cristianismo. En virtud de lo anterior, nunca debemos caer en el error de la arrogancia de creer que nuestro pensamiento escatológico es el correcto y que los demás están equivocados y menos provocar discordia y desunión en el cuerpo de Cristo. Con ese espíritu se ha confeccionado esta sección, con el deseo que cada estudioso adopte la postura que más crea conveniente, siempre reconociendo la posibilidad de error, pues no olvidemos el axioma que en Teología nadie tiene la última palabra, excepto en aquellos temas que constituyen la esencia misma del cristianismo.

A. El levantamiento del anticristo

El anticristo es un personaje que ha sido visto a través de la historia con diferentes anteojos. Ya sea que represente a un emperador del antiguo Imperio Romano o un líder político futuro, la figura del anticristo está bien definida en el Texto Sagrado. La característica misma de este engendro es que se opone a Dios abiertamente y todo lo relacionado con él. En este apartado será objeto de consideración desde dos perspectivas diferentes.

1. Perspectiva Premilenial

Anticristo es antidios, es decir todo aquello que se opone a los preceptos divinos (cfr. I Jn.2:18, 4:3, II Jn.7). El hombre de pecado mencionado en I Tes.4 es un personaje político, presidente de una confederación de naciones que tendrán una hegemonía en todos los sentidos: política, social y económica sobre todo el orbe. Se caracterizará por ser agresivo, blasfemo, supersticioso, cruel y voluntarioso. El levantamiento del Anticristo será justo cuando el arrebatamiento de la Iglesia se lleve a cabo. Tendrá un gobierno de 7 años, de acuerdo a la profecía de Daniel. Los primeros tres años y medio será un gobierno de paz en el cual firmará un tratado con Israel, empero a la mitad de su gobierno romperá el pacto con Israel e iniciará una persecución inmisericorde que comenzará con la abominación desoladora, cuando el Anticristo ponga su imagen en el templo. Al final de los siete años hará una alianza con otras naciones, quienes marcharán todas contra Israel, empero en ese mismo momento aparecerá Jesucristo con su Iglesia y destruirá al anticristo en el lugar llamado Meguido (Armagedón). El mismo será lanzado con su falso profeta al lago que arde con fuego y azufre.

2. Perspectiva Amilenial

Sostiene exactamente lo contrario. Para ellos no existirá ningún líder político que regirá en un gobierno mundial a la humanidad por siete años. Tampoco existe una postura unificada sobre la figura del anticristo. Para el caso el Prof. BERKOF señala:

> "El Anticristo representa, claramente, un determinado principio... el principio o espíritu indicado por la palabra se menciona claramente en escritos anteriores... la venida de Cristo dará lugar, naturalmente, a este principio en su específica forma anticristiana, y Jesús lo explica como incorporada a varias personas.... (Aunque termina afirmando con duda). a) La delineación del anticristo en Daniel 11 es más o menos personal...b) Pablo habla del anticristo como "Hombre de Pecado"... pero el contexto claramente favorece la idea personal... e) Puesto que Cristo es una persona, no es sino natural pensar que el anticristo también será una persona..."

Como puede inferirse de la cita anterior, BERKHOF no se define, no habla contundentemente si el anticristo es o no una persona. Al principio da a entender que es impersonal porque menciona un sistema, empero al final de su artículo señala que el Texto Sagrado da pie para pensar que el anticristo puede ser una persona específica, luego guarda silencio. El Prof. GRAU, un amilenialista nato simplemente se conforma con efectuar una exégesis de los pasajes de Daniel 7 y 8.

Por su lado, el comentarista del Nuevo Testamento de Puebla, de extracción católica, apunta refiriéndose al anticristo de Apocalipsis 13:

> "Los cristianos de la primera generación vivían en el imperio romano... desconocían el peligro de una sociedad totalitaria: Cuando Juan escribía, el emperador Domiciano acababa de imponer a sus súbditos la obligación de honrarlo como a Dios... la primera bestia representa el poder perseguidor... de Roma.... la segunda imagen es la falsificación del Cordero ... figuras de las religiones que entonces competían con el cristianismo ... Frente a las fuerzas que reúne Satanás en el imperio romano están las de Cristo. La Bestia tiene que aprovechar el tiempo que le fue concedido, porque Cristo ya está reinando en el cielo y se esta preparando el juicio que pondrá fin al Estado perseguidor..."

Como es obvio, la interpretación que se efectúa es eminentemente preterista, es decir, se identifica al anticristo con aquellos emperadores perseguidores de la Iglesia, que exigieron lo que los historiadores llaman El Culto al Emperador, convirtiéndose de esta manera en un anti-Dios.

B. El arrebatamiento

Otro de los temas importantes de la Escatología General es el arrebatamiento de la Iglesia. Para la teología premilenialista este tema es de capital importancia, empero para los amilenialistas tal acontecimiento no existe, es producto del racionalismo humano. En este apartado se tratará ambas interpretaciones.

1. Perspectiva Premilenial

Esta postura doctrinal enseña que la segunda venida de Cristo ocurrirá en dos estadios. (todo en un período de siete años) El primer estadio sucederá cuando el Señor descienda a un lugar intermedio para reunirse con su Iglesia, que habrá sido arrebatada o resucitada secretamente (primera resurrección, *cfr.* I Tes.4:17) para celebrar las bodas del cordero y el segundo estadio es la *parusía* del Señor con su Iglesia, es decir, su segunda venida a la tierra empero con la Iglesia.

En resumen, el arrebatamiento, es el acto mediante el cual Dios transporta a su Iglesia, ya sea de la tierra o del lugar intermedio a un lugar determinado para celebrar una unión espiritual durante siete años.

El análisis de la anterior definición nos lleva a las siguientes conclusiones: a) Arrebatamiento o rapto como también se le llama, es un acto de transformación y de movilización. De transformación porque el cristiano recibirá un cuerpo glorificado, es decir, no estará sujeto a las necesidades actuales y de movilización porque la Iglesia ya no permanecerá ni en la tierra ni en la esfera humana. b) Los dos posibles orígenes de transportación son: La esfera humana y el estado intermedio. En el primer caso, los individuos experimentarán una transformación de cuerpo, de uno terrenal a uno espiritual y tener de esta manera la capacidad de vivir en la esfera espiritual. En el segundo caso se refiere a aquellas personas que hayan muerto y que se encuentran en el lugar intermedio de donde tendrán que ser sacadas para participar de este gran acontecimiento. c) El objetivo del arrebatamiento es la unión espiritual con Jesucristo durante siete años. Lo de los siete años es una parodia con el casamiento judío que duraba siete días y de la interpretación que estos teólogos han hecho de la profecía de las setenta semanas de Daniel.

2. Perspectiva Amilenial

Esta postura teológica expone exactamente lo contratario de la anterior. Sostiene que la *parusía* ocurre en un solo estadio. Jesucristo hace acto de presencia en la escena humana y sucede la resurrección de los muertos y luego el juicio final. Esta interpretación no da cabida al rapto de la Iglesia. Sobre este tema el Profesor BERKHOF, haciendo mención a la tesis premilenialista, discurre de la siguiente manera:

> *No consideran a la gran tribulación como precursora de la venida del Señor... , sino creen que seguirá a la venida y que por lo tanto la Iglesia no pasará por la gran tribulación. La hipótesis es que la Iglesia será arrebatada, para estar con el Señor antes de que la tribulación con todos sus terrores confunda a los habitantes de la tierra... pero las bases que aducen para este concepto no son muy convincentes... y por lo tanto no tienen ningún significado para aquellos que están convencidos de que no hay en la Biblia evidencia de semejante doble venida...*

BERKHOF esta convencido que el arrebatamiento de la Iglesia no tiene ninguna base bíblica, puesto que la Iglesia si va experimentar la gran tribulación pues justo al final de la misma será la *parusía* del Señor, el juicio y el inicio de la eternidad.

C. La tribulación

La tribulación es una de las doctrinas fundamentales en el pensamiento premilenialista. Es el período de dolor que experimentará la humanidad en el segundo período del gobierno del Anticristo. Y como su nombre muy bien lo revela, es un tiempo de angustia como nunca ha habido y como nunca habrá. Marca el final del gobierno mundial de los gentiles y el inicio de una era de paz y prosperidad que es el Reino terreno del Mesías. En el pensamiento amilenialista la tribulación es una alusión a acontecimientos de dolor que ocurrieron en el pasado y que no tienen que ver con el futuro.

1. Perspectiva Premilenial

Es la semana setenta de Daniel, es decir el gobierno político del Anticristo, éste unificará al mundo y habrá una aparente paz, empero a la mitad de ese período se desatará la ira de Satanás y habrá un período de angustia como nunca ha habido antes sobre la faz de la tierra. Los juicios del Apocalipsis, es decir, los siete sellos, las siete trompetas y las siete copas de la ira serán efectivos sobre los habitantes de la tierra y provocará el tiempo inefable de tribulación.

La característica de los últimos tres años y medio del gobierno del Anticristo será el caos en todos los órdenes, desastres ecológicos, epidemias y demás azotes. Toda esta tragedia simboliza el fracaso del proyecto propuesto por Satanás en el sentido de satisfacer las necesidades más ingentes del hombre, pero que en realidad lo convirtió en un estropajo en sus manos y lo redujo a su mínima expresión.

2. Tesis Amilenialista

La tesis amilenialista asegura que si existe la gran tribulación. Empero difiere completamente de la concepción premilenialista en los siguientes puntos. a) La Iglesia experimentará la gran tribulación, pues para ellos no existe rapto ni bodas del cordero. b) La tribulación ocurrirá previo a la *parusía* de Jesús, momento en el cual ocurre la resurrección de muertos, el juicio y el inicio del estado final.

Algunas otras personas consideran a la gran tribulación como algo del pasado que se experimentó con la caída de Jerusalén en la época de Tito y que el Sermón del Mateo 24 apuntó a eso. Es el Profesor BERKHOF quien asegura que la gran tribulación es un acontecimiento del futuro por el cual los elegidos tendrán que pasar.

D. La segunda venida de Cristo

Este es otro de los temas discutidos en esta sección, la segunda venida de Cristo. Para los amilenialistas es un evento en un solo estadio, la *parusía* y luego el juicio final. Para los premilenialistas es un evento en dos estadios con siete años de diferencia, es decir la semana setenta de Daniel. El problema surge cuando ambas teorías presentan bases bíblicas sólidas y se llega al convencimiento que el único problema es el procedimiento hermenéutico que se ha seguido.

1. Perspectiva Premilenial

Asegura que la venida de Cristo ocurrirá en dos estadios: El primero, cuando Jesucristo descienda a un lugar intermedio donde se reunirá con la Iglesia que habrá sido arrebatada o resucitada en lo que se denomina la primera resurrección. El tiempo de este evento, denominado por los teólogos *bodas del cordero* será de siete años. Al final de ese período se concreta la segunda venida cuando Él desciende con su esposa y destruye al Anticristo que habría gobernado por el mismo espacio de tiempo, es decir siete años e inmediatamente después funda el milenio o reino que equivale a la séptima dispensación de la que habla SCOFIELD.

En resumen, nos habla de una segunda venida en dos estadios, con un arrebatamiento secreto, una fiesta de siete años que incluye el juicio del creyente (II Cor 5:10) y que termina con el descenso en el Monte de los Olivos.

2. Perspectiva Amilenial

Los amilenialistas enseñan que el Nuevo Testamento muestra que la segunda venida de Cristo será en un solo evento y que ha de traer bendición eterna a los hijos de Dios y destrucción eterna a los impíos. El Día del Señor es desconocido y será inesperado y repentino.

En relación con este acontecimiento, las Escrituras usan los siguientes términos como sinónimos. La palabra *erkhomai*: significa venir, o trasladarse de un lugar a otro, enfatiza la acción. *cfr.* Mat.24:30, 37-44; 25:6-13; I Tes. 5:2; II Tes.1:10; Apocalipsis 22:7,12,20. Jesucristo viene a todos, para todos, bien sea como bendición o para condenación. Esta única venida es tanto visible como inesperada. Se exhorta a todos para que estén preparados. Todos hemos de estar prestos para aquel día, todos tenemos que velar. La palabra *parousia*: denota tanto la llegada como la presencia de quien llega. *cfr.* I Tes.4:15; Mat.24:27, 37-39; II Tes.2:8; II Ped.3:12-13. Será una evento único, inmediatamente después del cual Dios establecerá cielos nuevos y tierra nueva. El término *Apocalipsis*, que significa develar, retirar un velo, expresa la manifestación de algo oculto hasta entonces. *cfr.* Rom.2:5, 8:19; I Cor.1:7; II Tes.1:7-8; I Ped.1:5,7,13; 4:13; 5:1; Luc.17:29-30. Sirve no solo para expresar el juicio que vendrá sobre los impíos, sino también el momento en que se iniciará el tiempo de paz, descanso y alabanza de los santos probados. El vocablo *epipháneia*: significa irrupción súbita, aparición repentina. *cfr.* II Tes.2:8; I Tim.6:13-14; II Tim.4:1,8; Tito 2:12-13. Con estas citas conviene destacar el hecho de que la aparición, de la *parusía* o presencia personal del Señor tiene lugar en el tiempo de la «manifestación» o «revelación» del Señor.

En la Biblia encontramos las siguientes expresiones sinónimas de ese gran día del retorno de nuestro Señor Jesucristo: Día del Hijo del Hombre, del Juicio, de la Ira, de nuestro Señor Jesucristo, día de la visitación, *inter alia*.

Finalmente, ellos sostienen que en ninguna parte enseña el Nuevo Testamento que la Venida del Señor se extenderá por un período de siete años. Por el contrario, se repite constantemente que será un acontecimiento inusitado, repentino y rápido, como el relámpago y se realizará en solo evento.

E. ¿La resurrección o las resurrecciones?

Técnicamente, la resurrección es el retorno del alma a un cuerpo inerte el cual recobra vida plena. En el caso de la resurrección que nos habla la Biblia, el cuerpo al que se refiere no es ni puede ser el mismo en el cual el alma había habitado. Este tendrá que ser estrictamente espiritual o glorificado, de manera que es importante entender este hecho, el cual es diferente a los actos de resurrección que Jesucristo efectuó en el NT pues aquí el retorno fue al mismo cuerpo como el caso de Lázaro o la hija de la viuda quienes tuvieron que experimentar la muerte nuevamente. Una persona que resucita con el cuerpo glorificado no vuelve a experimentar la muerte.

En la Escatología existen dos teorías en relación con este tema, los premilenialistas que aseguran la existencia de dos resurrecciones y los amilenialistas que sostienen la veracidad de una. A continuación será objeto de estudio este debate.

1. Perspectiva Premilenial

De acuerdo a los premilenialistas, en Apocalipsis 20:4-5, la primera resurrección corresponde a la de los justos, quienes participarán de las bodas del cordero junto con la iglesia que sea arrebatada. La segunda resurrección tendrá lugar después del milenio y su base bíblica la encuentran en la pasaje del juicio del Trono Blanco registrado en Apocalipsis 20:11 y ss donde habla de un juicio en el cual ocurre una resurrección a la que los premilenialistas identifican con la segunda resurrección donde solo participarán impíos, los cuales serán condenados al lago que arde con fuego y azufre.

2. Perspectiva Amilenial

La tesis amilenialista sostiene que previo al juicio final habrá una resurrección de todos los muertos los cuales pasarán por un juicio, unos de condenación y otros de recompensa. En ninguna manera existen dos resurrecciones, una de justos y otra de impíos y con una diferencia de mil años una de la otra. El asidero bíblico de esta doctrina se encuentra en el juicio narrado en Mateo capítulo 25, donde Dios separa a unos a la izquierda y a otros a la derecha a quienes declara su sentencia, de vida o de muerte según sea el caso.

F. El reino

El reino es un concepto muy debatido por los amilenialistas y premilenialistas, pues unos efectúan una interpretación alegórica y espiritual y los otros literal del Texto Sagrado. El debate ha sido álgido y no ha habido acuerdo, empero el tema del reino es clave para entender el problema del milenio y su respectiva relación con el gobierno mundial de los gentiles cuyo último presidente será el anticristo, según los premilenialistas, o bien, un reino espiritual que se encarna en la actual Iglesia, según los amilenialistas.

1. Tesis Premilenialista

Admite el milenio como un período literal de mil años durante los cuales el Señor Jesucristo y sus santos reinarán a los judíos y a todos aquellos que queden de la tribulación. Este será un reino en completa paz y prosperidad, aun cuando muchos corazones no serán regenerados interiormente, lo cual explica que, al final del milenio, cuando Satanás sea desatado por un poco de tiempo y salga del pozo en que se halla, una muchedumbre sea seducida por el diablo para reunirse desde los cuatro vientos y ponerse en pie de guerra contra los santos y la ciudad amada.

El quid de esta postura es el reconocimiento de un reino político y terrenal cuyo líder será Jesucristo y que ellos aseguran que es el cumplimiento de una promesa veterotestamentaria y que también corresponde al reino que no pudo ser fundado en la primera venida de Cristo. A este período también se le llama milenio o séptima dispensación.

2. Tesis Amilenialista

Por su lado, los amilenialistas creen que no hay tal cosa de un período literal de mil años de paz en el cual Cristo haya de reinar en la tierra. Los lugares bíblicos que hablan de un reino terrenal deben aplicarse a la Iglesia y a las bendiciones que el Evangelio comporta a cuantos reciben al Señor Jesucristo durante el lapso de tiempo que transcurre desde el día de Pentecostés hasta el fin de los siglos. Satanás fue atado desde el momento en que nuestro salvador triunfó sobre él en la cruz, puesto que allí perdió el Diablo sus mal adquiridos derechos sobre la humanidad caída. Los Bienaventurados que dieron sus vidas por causa del testimonio de Jesús y la Palabra de Dios son los santos que murieron durante la presente era de la iglesia. La segunda venida de Cristo es un solo momento, al final de la era presente cuando todos los muertos, tanto justos como malvados, volverán a la vida al mismo tiempo, para ser juzgados ante el gran Trono Blanco, y ser destinados, los unos al castigo eterno, los otros a la vida eterna.

El reino no se limita a las fronteras de la Iglesia o de Israel. El Señorío de Cristo es supremo sobre todo y sobre todos. Allí donde prevalece y es reconocido, no sólo encuentran libertad los individuos, sino que se transforma todo el talante de la existencia. No solo opera en las estructuras exteriores, sino que trabaja desde el interior de los elementos y con su poder transformador, se abre paso por entre las diversas culturas de la humanidad. Sin embargo, solamente al final, por medio de una crisis universal y definitiva, cuando el Reino de Dios establezca nuevos cielos y una nueva tierra es que veremos las cosas en su dimensión real.

G. Los juicios

En sentido bíblico, el juicio de Dios es una actividad religiosa que tiene por objetivo castigar al malhechor, vindicar al justo y librar de injusta condena al débil. Este es el día de la venganza de Dios, día en el cual dará a cada uno según haya sido su obra. Como en cualquier otra doctrina periférica, los teólogos no han podido ponerse de acuerdo, de ahí que haya dos teorías muy populares. Una de ellas es la de los premilenialistas que sostienen la existencia de varios juicios en diferentes momentos de la historia y a diferentes grupos de personas. A *contrario sensu*, los amilenialistas que aseguran que solamente existe un juicio al que llaman juicio final. A continuación será objeto de estudio este debate teológico.

1. Perspectiva Premilenial

Como se ha afirmado anteriormente, los que sostienen esta tesis, creen en la existencia de varios juicios, los cuales son objeto de una sucinta consideración.

a. Juicio del creyente (El tribunal de Cristo)

Los premilenialistas creen que los creyentes seremos juzgados en algún momento durante los siete años de las bodas del cordero. Ahora, este no será un juicio de condenación sino para recompensar la fidelidad de aquellos que dieron sus vidas a Jesucristo. El fundamento bíblico de esta doctrina se encuentra en II de Corintios 5:10 y se le llama también el juicio de la silla de Cristo.

b. Juicio de las Naciones

Este es el juicio en el que se juzgarán a las naciones por el comportamiento -amistoso u hostil- que hayan tenido hacia los israelitas durante la gran tribulación. Tal suceso tendrá lugar cuando el Hijo del Hombre venga en su gloria por segunda vez con su esposa, la Iglesia para fundar el reino terrenal de mil años. En este juicio habrá tres clases de individuos, es a saber, aquellos que fueron favorables a los judíos durante la tribulación, los que fueron hostiles y los judíos mismos. Esta es la interpretación que los premilenialistas efectúan de Mateo capítulo 25 al que llaman el Juicio de las Naciones.

c. Juicio de Satanás

Antes de la obra del Calvario, el Diablo se hallaba en posesión pacífica del mundo, ejerciendo unos derechos que no le correspondían por legítima soberanía, sino que le habían sido otorgados en bandeja por la entrada del pecado en el mundo. Al morir el Señor Jesucristo en la cruz, se cumplieron las profecías que anunciaban la derrota del diablo a manos de nuestro Redentor, de forma que Satanás ha quedado juzgado de sus mal adquiridos derechos, aún cuando todavía reine en las vidas de los incrédulos.

d. Juicio del Trono Blanco

Este juicio se realizará después de la segunda resurrección (la de los impíos), inmediatamente después del milenio e inmediatamente antes de la inauguración del estado eterno. El lugar será el cielo, delante del trono de Dios y del Cordero; el Juez, será Jesucristo. Los convocados serán todas las personas malvadas que se revelaron contra Dios, pues se juzgará sobre obras que mostrarán ausencia de fe. La sentencia será el infierno, el lago de fuego, separación de Dios para siempre.

2. Perspectiva Amilenial

El teólogo amilenialista habla de la existencia de un solo juicio, a este le llama el juicio final. En este juicio habrá dos tipos de personas, es a saber, los impíos y los creyentes. Previo a este acontecimiento habrá una resurrección de muertos los cuales serán juzgados con aquellos que estén vivos al momento de la *parusia* del Señor. Para un amilenialista el juicio de Mateo 25 al que se llama Juicio de las Naciones es el mismo que el Juicio del Trono Blanco al cual se refiere Apocalipsis 20, no existe entre ambos ninguna diferencia como sostiene la escuela premilenialista.

H. El Estado Eterno

A diferencia de las otras grandes doctrinas bíblicas sobre los eventos del porvenir, el Estado Eterno no presenta mayores complicaciones en cuanto a debates entre premilenialistas y amilenialistas. Ambos pensamientos concuerdan en la existencia de un Estado Eterno, quizás la diferencia principal radique en cuanto al momento en que esto ocurrirá, es decir, para un premilenialista esto será al final del milenio, cuando Dios haya creado los cielos nuevos y tierra nueva. Para un amilenialista esto será después del juicio final cuando Dios haya creado un nuevo orden de cosas.

En el estudio del estado eterno, existen tres aspectos que son importantes tomar en cuenta: La destrucción del sistema cósmico (1), el infierno eterno (2) y finalmente, la morada de los bienaventurados (3).

1. Destrucción del sistema cósmico

Las Escrituras hablan de un final irreversible para este mundo (*cfr.* II Ped. 3:10-13), una destrucción total y universal producto de una inmensa conflagración. «*Se fundirán*», «*encendiéndose*» y «*con gran estruendo*» son vocablos que describen la acción divina en relación con nuestro sistema interplanetario. Este es un testimonio fehaciente del futuro de este planeta, su destrucción completa. Esto es necesario que acontezca para la inauguración de un nuevo orden de cosas.

En relación con este evento, si existe un acuerdo con los teólogos en el sentido que este acto divino es inevitable y que el mismo ocurrirá después de un juicio cuando los impíos sean castigados.

2. El infierno eterno

En el idioma hebreo se le conoce como *Sheol*, en el griego como *Hades* y en el Nuevo Testamento se le designa como *gehenna* (vertedero al que se arrojaba la basura para consumirla en fuego perenne). Otros epítetos para describir este lugar son: Las tinieblas de afuera, fuego eterno, castigo eterno, pecado eterno, ira, eterna perdición excluidos de la presencia del Señor, el pozo del abismo, tormento... por los siglos de los siglos, lago de fuego que arde con azufre, la segunda muerte.

Se puede decir que el infierno es la pérdida de todo bien, ya sea física o espiritual, y la miseria de una malvada conciencia, desterrada de la presencia de Dios y de la compañía de los santos, y existiendo para siempre bajo la directa maldición de Dios. Es un estado eterno y terrible a donde irán los blasfemos, borrachos, maldicientes, cobardes, incrédulos, abominables, homicidas, fornicarios, hechiceros, idólatras y todos los mentirosos, en una sola palabra, todos aquellos que han rechazado a Jesucristo como el Salvador del mundo.

3. La morada de los bienaventurados

Se puede afirmar que la santa ciudad, la Nueva Jerusalén, será la mansión residencial de los bienaventurados, pero eso no significa que solo haya de existir la ciudad, sino que será el domicilio dentro de un esplendoroso hábitat del universo espacial.

El término «cielo» significa el reino invisible e impenetrable a los mortales, que bien puede ser como una cuarta dimensión en la que nuestro mundo está como envuelto. En el cielo no habrá nada de lo que causa pesar y sufrimiento en esta vida. Será la completa satisfacción, en actividad perfecta de todos los órganos y facultades del ser humano, sin temor de pérdida, deterioro ni alteración, por los siglos de los siglos, amén.

Con el estado eterno se pone punto final al fascinante mundo de la Escatología, ciencia que nos presenta de una forma científica la *esperanza bienaventurada* que todo creyente tiene. En la Escatología bíblica existen temas hartos complicados que provocan polémicas y que pueden verse desde diferentes ópticas, empero que al final no importa la hermenéutica del hombre, sino la esencia misma del pensamiento y este es sencillo, Cristo viene por segunda vez a la tierra, para recompensar a los justos y retribuir a los malvados, viene para crear cielos nuevos y tierra nueva y viene para dar inicio a un estado eterno del creyente en la presencia de Dios.

Capítulo XI

Cristología

La Cristología es la parte de la Teología que estudia todo lo referente a la gran obra de Jesucristo como el Salvador del mundo, como el Mesías prometido, como aquel que representa la única esperaza para la raza humana. Mientras la Teología Propia se enfoca en la personalidad, la Cristología se enfoca en las obras propiamente.

Al estudiar la persona de Cristo tocamos el centro mismo del cristianismo. Sin embargo, aquí no nos interesan las doctrinas acerca de Cristo, sino la presentación de Él hacia la fe y la adoración como Dios manifestado en carne. La verdadera cristología esta fundada en la experiencia objetiva de Cristo, tal como fue conocido por los apóstoles. Esta experiencia se relata en los Evangelios y se interpreta en los otros escritos apostólicos bajo la iluminación y dirección de Espíritu Santo. Por lo tanto, los Evangelios proporcionan los hechos fundamentales de la Cristología, en cuanto que declaran la encarnación del Verbo divino, solamente por medio del cual podemos tener un conocimiento de Dios.

El análisis que en este capítulo se realiza, se centra fundamentalmente en todos aquellos pasajes de la vida de Jesús como su infancia, bautismo, milagros, enseñanzas hasta su resurrección, que nos permiten ver a Jesús desde una perspectiva teológica y filosófica más profunda que un simple estudio de los evangelios. Este análisis abunda en una serie de reflexiones para intentar desentrañar verdades fundamentales para la vida.

En la Teología de la Liberación, la Cristología recibió otro enfoque, para ellos Jesús es la persona que hace ministerio con los pobres, con los desplazados de la sociedad y que se relaciona con aquellas personas espurias para los judíos, como ser publícanos y las prostitutas. Este enfoque como es obvio, trata de legitimar la preferencia de Jesús por estas clases sociales y trata de vindicar la lucha de los pobres del continente para poderse librar de las garras de la opresión capitalista y de la explotación e injusticia del sistema en el cual vivimos. Ahora, la analogía de la época de Jesús con la realidad socio económica de América Latina puede ser peligrosa, sí dejamos de lado el fundamento espiritual que existe en cada actuación de Jesús.

La Cristología será estudiada en este capítulo de la siguiente manera: Consideraciones propedéuticas al estudio de la Cristología (Sección I), El Cristo encarnado: El comienzo de la historia (Sección II), El Cristo encarnado: Eventos trascendentales en la vida de Jesús (Sección III), El Cristo encarnado: Su magisterio y milagros, (Sección IV), El Cristo encarnado: Su muerte (Sección V), El Cristo encarnado: Su resurrección y ascensión (Sección VI)

FUNDAMENTOS DE LA CRISTOLOGIA

Una de las doctrinas más controvertidas y difíciles de aceptar para la Iglesia fue la Cristología, y no era para menos, pues afirmar que un hombre llamado Jesucristo es Dios era algo no fácil de admitir. Esto dio lugar a un serie de concilios ecuménicos para alcanzar un acuerdo en el sentido que Jesús era cien por ciento hombre y cien por ciento Dios, es decir, había una perfecta unión de dos naturalezas que se llama unión hipostática. Una vez alcanzado este acuerdo quedó suficientemente claro que cualquier otra doctrina sería considerada una herejía.

De manera que cuando se efectúa un estudio sobre la Cristología se parte de ese principio, de que Jesús es Dios y en Él se conjugan dos naturalezas. La aceptación de esta doctrina nos abre las puertas del entendimiento de la extraordinaria obra de Jesucristo en la tierra y lo que la misma significa a favor del hombre.

Para fundamentar lo relacionado a la Cristología, esta sección será desarrollada de la siguiente manera: Cristología en la Teología de la Liberación (A) y la personalidad de Cristo (B).

A. Cristología en la Teoría de la Liberación

La triste realidad socio económica de Latinoamérica ha llevado a algunos teólogos a reflexionar sobre Cristo desde una perspectiva diferente a como se había venido haciendo. Se trató de establecer una analogía con el ministerio de Jesús en el primer siglo y la realidad actual. Es en este contexto que surge la Teología de la Liberación la cual habla de un Cristo para los pobres, opción por los pobres, en fin, la palabra *pobre* es el centro de su universo. La reflexión bíblica se efectúa en base a los *pobres*. Para objetivar lo anteriormente expresado, es oportuno citar a Miguel PAYA ANDRÉS quien escribe:

> Por eso, en el Nuevo Testamento se anuncia a los pobres la buena nueva de la liberación, como Jesús mismo subraya, aplicándose la profecía del libro de Isaías: «El Espíritu del Señor esta sobre mí, porque me ha ungido para

anunciar a los pobres la buena nueva, me ha enviado a proclamar la liberación a los cautivos y la vista a los ciegos, para dar la libertad a los oprimidos y proclamar un año de gracia del Señor» (Lc 4, 18-19, cf. Is 61, 1-2).

Es preciso asumir la actitud interior del pobre para poder participar del «reino de los cielos» (cf. Mt 5, 3. Lc 6, 20). En la parábola de la gran cena, los pobres y los lisiados, los ciegos y los cojos, es decir, todas las clases sociales más afligidas y marginadas, son invitados al banquete (cf. Lc 14, 21).

... Jesús no es neutral ante las necesidades e injusticias que encuentra. Siempre está de parte de los que más ayuda necesitan para ser hombres libres. No ofrece dinero, cultura, poder, armas o seguridad, pero su vida es una Buena Noticia para todo el que busca liberación. Cura, sana y reconstruye a los hombres, liberándolos del poder inexplicable del mal. Contagia su esperanza a los perdidos, a los desalentados y a los últimos, convenciéndoles de que están llamados a disfrutar la fiesta final de Dios. Desde su fe en un Dios Padre que busca la liberación del hombre, Jesús ofrece a todos esperanza para enfrentarse al problema de la vida y al misterio de la muerte. En su predicación, el anuncio de la salvación se convierte en experiencia inmediata de salud física, libertad psicológica y liberación espiritual.

No es de extrañar, pues, que Jesús cuidara especialmente a determinadas categorías de personas, que representaban la máxima debilidad humana en las circunstancias concretas de su país: pobres, enfermos, mujeres, niños y pecadores.

Y en este mismo sentido han reflexionado una serie de teólogos que han hecho de la pobreza una virtud y el centro de atención del ministerio de Jesús, quizás para mitigar el sufrimiento de un continente que se debate entre el dolor y la miseria o quizás para, intencionalmente excluir al rico, a quien llama opresor y de quien hay que liberarse. El célebre compositor Nicaragüense de música de protesta, Carlos MEJÍA GODOY, autor de Quicho Barrilete escribió el El Dios de los Pobres y reza de la siguiente manera:

> Vos sos el Dios de los pobres
> el Dios humano y sencillo
> el Dios que suda en la calle
> el Dios de rostro curtido
> Por eso es que te hablo yo

así como habla mi pueblo
porque sos el Dios obrero
el Cristo trabajador
Vos vas de la mano con mi gente
luchas en el campo y en la ciudad
y haces fila allá en el campamento
para que te paguen tu jornal
Vos sentís frío en la noche
durmiendo en las casas de cartón
y cuando te roban tu salario
hasta protestas contra el patrón
Vos sos el Dios de los pobres
te he visto vendiendo lotería
sin que te avergüences de gritar
te vi en la estación de policía
preso por salir a protestar
Haces cola en las gasolinerías
para que te vendan un galón
y hasta trabajas en carreteras
con guantes de cuero y overol
Vos sos el Dios de los pobres..

Este canto y otros de este mismo estilo eran los que se cantaban en algunas iglesias y seminarios teológicos de Latinoamérica en la década de los 80, cuando las guerras en Centroamérica recrudecían. Aquí, MEJÍA GODOY identifica a Jesucristo con el jornalero, con el desplazado, con el vendedor de lotería, en fin, el pobre. Dios no es el Dios de los ricos, de los militares, de los opresores. Él es el Dios de los pobres.

El problema fundamental con esta teología es el hacer de la pobreza una virtud. El ser pobre no le garantiza a nadie el cielo y en ese mismo sentido el ser rico no asegura a nadie el infierno. La situación socio económica del individuo nunca determina su relación con Dios y menos su destino final. Nadie es salvo por ser pobre, de la misma manera que nadie se pierde por ser rico. La relación con Dios es aparte. Con esto no queremos justificar la opresión socio económica que existe en el continente, ni las injusticias sociales, ni la corrupción en las esferas gubernamentales, en ninguna manera. Lo que es menester dejar claro es que tanto la pobreza como la riqueza son consecuencias nunca causas.

Al centrarnos en la pobreza, o en las injusticias sociales nos centramos en las consecuencias no en las causas. Jesucristo es el Dios de aquellos que someten su vida a su señorío, independientemente que sean ricos o pobres. El que conoce a Jesucristo y tiene una relación con El, su vida cambia completamente. Si era un rico déspota, explotador, opresor, sin misericordia, Cristo lo cambia, y si era un pobre, alcohólico, adúltero, también Jesús lo cambia. De esto se trata, Jesús regenera al hombre degenerado y la sociedad cambia. El problema no es la situación socio económica sino la situación espiritual del hombre frente a Dios.

Por otro lado, esta teología nos presenta a un Jesús que se rebela contra todos los conceptos tradicionales de la época, dando al traste con todos ellos y proponiendo una nueva forma de pensamiento. En este sentido escribe el teólogo Ignacio ELLACURÍA:

Es claro que la reflexión teológica sobre la salvación en la historia exige una cristología. La fe en Jesús es elemento decisivo para entender la historia de la salvación, pero esta fe puede, y debe según los casos, enfrentarse con el logos humano. Esto convierte la fe en Jesús en una cristología.

Ahora bien, ¿de qué logos se trata? ¿Cuál será el modo adecuado de razón para que la fe se expanda en una máxima comprensión intelectual? Esta es la pregunta que aquí nos interesa.

Para responderla debe partirse de que ya en el Nuevo Testamento hay cristología, y que hay distintas cristologías. Ambas afirmaciones son tópicas en la teología actual, pero conviene recogerlas. El Nuevo Testamento no sólo nos transmite la fe de una comunidad primitiva en Jesús sino que nos transmite también una reflexión más o menos teórica según los casos, más o menos «lógica», hecha o por la comunidad primitiva o por alguno de sus incipientes teólogos. El detalle no puede ser pasado por alto, porque el logos implica una situacionalidad que delimita enfoques e interpreta selectivamente los hechos...

Analicemos un poco más detalladamente el estilo profético de Jesús por cuanto ha de servir para configurar el elemento de la Iglesia.

Ante todo, su rechazo de la religión muerta y ritualizada. Es cierto que Jesús seguía las prácticas fundamentales religiosas de su pueblo. Los intérpretes de su vida recogen la circuncisión, su presencia en el templo, su asistencia a la sinagoga, su cumplimiento de la Pascua, etc. Pero tampoco puede olvidarse que choca contra prácticas consideradas como de máxima importancia por los legalistas de su tiempo: el trabajo en sábado, la limpieza de las manos, etc. Por tanto, no puede deducirse de la práctica personal de Jesús, tal como la transmite la tradición primitiva, algo así como una negación de todo elemento religioso. Pero, como en el caso de los profetas, Jesús no es ningún ministro oficial de la organización religiosa ni como sacerdote ni como levita o cosa parecida sino que se diferencia y se contrapone a ellos de modo que no pertenece al aparato jerárquico. Más aún, combate su modo de establecer la relación del hombre con Dios.

Desde luego pone en entredicho la condición carnal de los hijos de Abraham; es decir, interioriza la relación con Dios (Jn 8, 39). Interiorización que no supone espiritualización sino subjetivación libre de lo que sin ella sería un hecho puramente externo. El hombre necesita apropiarse libremente lo que está ahí y sin esa apropiación no hay vida propiamente humana. Esto resalta más frente a los ritos religiosos, frente a la localización del encuentro con Dios, como se expresa en el pasaje de la samaritana: Dios será adorado en espíritu y verdad y no en un templo o en otro, porque Dios es espíritu, es interioridad en el sentido de totalidad interiormente presente a toda realidad; lo que el judío tiene de más es un saber en la historia de quién es el Dios vivo al que debemos adorar pero no la localización de ese Dios y su manipulación cultural. Por eso, tampoco es amigo de que los hombres hagan a Dios largas oraciones palabreras ni de que se queden en su imploración sin que se pongan a realizar lo que es la voluntad del Padre.

Ataca, duramente, la opresión que el poder religioso ejerce en nombre de Dios sobre el pueblo; de ahí su cólera contra la hipocresía de quienes confunden el mandato con las tradiciones humanas (Mt 15,1-20): apela a Isaías en su condena de la acción externa que no responde a la verdad del corazón y propone una decidida superación de lo ritual y de lo legal. Ataca a quienes dicen tener las llaves del reino e impiden la entrada (Lc 11, 52); a los que cargan sobre los hombres del pueblo pesos insoportables y no son capaces de ayudar ni con un dedo a llevarlos. Los pasajes en esta línea son innumerables.

De este manera presenta a Jesús como una persona que revoluciona los conceptos de su época y da al traste con el tradicionalismo propugnando por un cambio. Justificando de esta manera el cambio que precisaba experimentar la Iglesia latinoamericana de los años 80 del Siglo XX cuando ELLACURÍA escribió esto.

B. La personalidad de Cristo

Para muchos la personalidad de Jesucristo sigue siendo una incógnita, para otros una noticia, para otros un misterio, en fin, algo incierto. La realidad es que el Texto Sagrado nos hace una presentación bien clara sobre la personalidad de Jesucristo, dejando suficientemente claro uno de los aspectos fundamentales que es su *deidad*.

El hablar de la personalidad de Cristo, implica el desarrollo de una serie de temas, es a saber, la deidad de Cristo (1), Cristo y la creación (2) El Ángel de Jehová (3) y la pre – existencia de Cristo (4).

1. La Deidad de Cristo

En San Mateo capítulo 16:13-17 encontramos el siguiente pasaje: «*Viniendo Jesús a la región de Cesárea de Filipo, preguntó a sus discípulos, diciendo: ¿Quién dicen los hombres que es el Hijo del Hombre? Ellos dijeron: Unos, Juan el Bautista; otros Elías; y otros, Jeremías, o alguno de los profetas. Él les dijo: Y vosotros, ¿Quien decís que soy yo? Respondiendo Simón Pedro, dijo: Tú eres el Cristo, el Hijo del Dios viviente. Entonces le respondió Jesús: Bienaventurado eres, Simón, Hijo de Jonás, porque no te lo reveló carne ni sangre, sino mi Padre que esta en los cielos.*»

Como podemos notar, en el pueblo había opiniones diversas y distintas acerca de la persona y de la identidad de Cristo; pero todas equivocadas y hasta mal intencionadas como la de los fariseos, que le tildaban de Sedicioso ante las autoridades políticas y de blasfemo ante las autoridades religiosas, la única respuesta correcta fue la dada por el apóstol Pedro, la misma le fue dada por revelación divina; esta verdad revelada divinamente, establece la deidad de nuestro Señor Jesucristo.

En estos días, cuando existe apostasía, cultos falsos, herejías, hoy también existen muchas opiniones y conceptos erróneos, irreverentes y atrevidos, sobre la persona y la identidad de nuestro Señor. Veamos algunas opiniones de hoy día: Los *Bahais* dicen que Cristo fue una manifestación de Dios; Los *Hare khrisna* aseguran que Cristo fue uno de sus Gurús; Los *Islámicos* sostienen que Cristo fue un profeta, pero que fue invalidado por Mahoma; Los *Hinduistas* dicen que Cristo fue uno de muchos mesías, y que sus sufrimientos fueron como los de cualquier profeta; Los *Rosacruces* creen que Jesús es un hombre reencarnado, un iluminado; Los *Teosofistas* enseñan que Cristo era un maestro; Los *Masones* dicen que Jesús de Nazaret fue un hombre como nosotros;

Los Espiritistas aseguran que Jesús fue un notable médium Judío; *Los testigos de Jehová* sostienen que Jesús fue un ser creado como nosotros; *Los Unitarios o Jesús solo* dicen reconocer la deidad de Cristo, pero rechazan la deidad del Padre y la del Espíritu Santo; *Los Mormones* o sea los llamados Santos de los Últimos Días, creen que Cristo es un espíritu preexistente, unos de muchos dioses; Los de la *Ciencia Cristiana* enseñan que Jesucristo no es Dios; Los de la *Meditación Trascendental* predican que Cristo es un iluminado; Los del Coreano *Moon* dicen que Cristo es un Mesías fracasado; Los ateos dicen que como no hay Dios, Jesucristo no es el Hijo de Dios.

También en nuestros días hay hombres con mentes tan depravadas, mentes tan corrompidas como letrinas, que presentan a Cristo en películas, como bohemio, como fornicario, como inmoral, como homosexual. Pero vayamos al testimonio y a la evidencia de las Sagradas Escrituras, de la historia y de la experiencia humana; la existencia eterna de Cristo. La Biblia claramente enseña la existencia eterna de Cristo, desde antes de su manifestación histórica en el pesebre de Belén; mencionaremos solamente algunos versículos. *Vide. Supra.* Teología Propia donde este tema es ampliamente abordado.

A continuación, se verá de una manera mejor lo relacionado a su deidad cuando se traten los siguientes puntos: Los nombres divinos (a), la evidencia de los atributos (b) y la evidencia de sus obras poderosas (c).

a. Los Nombres Divinos

Los nombres que se hallan en la Biblia definen y determinan a la persona a la cual se aplican. El nombre *Jesús* es aquel con el cual se designa al Señor humanamente, pero también envuelve todo el propósito redentor de su encarnación. Títulos similares como «El hijo del hombre», «El hijo de María», «El hijo de Abraham», «El hijo de David» afirman su linaje y sus relaciones humanas. «Verbo», «Dios», «Señor», «Dios Todopoderoso», «Padre Eterno», «Emmanuel», «Hijo de Dios» indican su Deidad.

1) Nombres que indican relación eterna

Logos: (Usado solamente por el apóstol Juan), Cristo es la expresión, el revelador, el manifestador de Dios. La expresión *logos* era un término filosófico adoptado por el judaísmo alejandrino para expresar la manifestación del Dios invisible. Incluía todos los modos por medio de los cuales Dios se hace conocer a los hombres. *Hijo Unigénito*: Este título es uno de los más elevados que jamás se haya empleado, tiene una significación de relación eterna entre el Padre y el Hijo. *Imagen*: La palabra imagen connota más que el simple parecido. Indica que hay un prototipo, y que la imagen es la realidad revelada de dicho prototipo. Es la manifestación visible de lo que es invisible. *Imagen exacta*: El ser esencial de Dios se estampa en forma distintiva en Cristo, llegando a ser una expresión definida y característica de su Persona, de tal modo que Él tiene la impresión exacta de la naturaleza divina y de su carácter. *Primogénito*: Este título indica que Cristo es el primero, el anciano, en relación con toda la creación; no la primera criatura, sino el que fue antes de todas las cosas y que es causa de ellas. Jesucristo ha existido como Dios a través de toda la eternidad.

2) Nombres que indican fundamentalmente Deidad

Dios: Cuando se aplica a Cristo, lo cual sucede muchas veces, declara que Él es la divinidad y, por tanto, ha existido desde la eternidad. El uso de esta designación para Cristo comienza en el A.T. y continua a través de todo el N.T. (Is.40:3, 9:6-7; Lc.1:16; Jn.20:28; Tit.2:13; Hch.20:28; Sal.45:6) Él es «el verdadero Dios», «el Dios bendito por los siglos», y «el Dios que es sobre todas las cosas.» *Jehová*: El nombre Jehová se le aplica a Cristo libre y constantemente (Is.42:8; Sal.83:18; Zac.12:10; Apoc.1:7; Jer.23:5-6; I Cor.1:30; II Cor.5:21; Ef.4:8-10; Heb.1:10; Is.8:13-14; I Pd.2:7-8). En el N.T. el nombre Jehová, que es hebreo, no aparece, en la LXX se utiliza la palabra kyrios, Señor en vez de Jehová.

Queda demostrado que todo nombre divino se le atribuye tanto al Hijo como al Padre con entera libertad. Si estos títulos no confirman la deidad del Hijo, sinceramente, tampoco confirman la deidad del Padre. Puesto que estos nombres declaran que Cristo es Dios, se deduce que Él existió como Dios antes de la encarnación. *Vide. Supra.* Teología Propia donde este tema es ampliamente abordado.

b. La Evidencia de los Atributos

En el relato del N.T. se atribuyen a Jesucristo una serie de atributos que corresponden a la deidad exclusivamente. *Eternidad*: En Jn 8:58, Cristo afirma su pre-existencia, una afirmación enérgica con respecto a su eternidad. El apóstol afirma que «... *Él es antes de todas las cosas, y todas las cosas subsisten en Él*» (Col.1:17), Juan afirma de Cristo que Él es el primero y el último. Con relación a su principio humano, es verdad que Él esta relacionado con el tiempo, pero su humanidad no tendrá fin. Otro aspecto de la deidad atribuido a Jesús es la *Inmutabilidad*: Cuando Jehová anuncia «... *Yo no cambio*» (Mal.3:6) y de Cristo se dice que es el *mismo ayer, hoy y por los siglos* (Heb.1:11-12. 13:8) nos está haciendo una referencia a esta cualidad. La omnipotencia: Como es sabido Todopoderoso es un calificativo que sólo corresponde a la Deidad. De Cristo se dice que Él tiene el poder (Fil.3:21) y que es creador de todas las cosas. Esta declaración le adjudica el carácter de omnipotente. *Omnisciencia*: En el A.T. se descubre que la omnisciencia es característica de la Deidad (I R.8:39; Jer.17:10, 11:20, 20:12). De Cristo se dice que Él conoce la mente y los pensamientos de todos los hombres (Mr.13:32). Si Él no fuera Dios esto no sería posible. *La omnipresencia*: Está escrito con respecto a Jehová: «Pero ¿es verdad que Dios morará sobre la tierra?...» (I R.8:27; Jer.23:23-24). Cristo se presenta a Sí mismo como Uno que está presente donde quiera que dos o tres estén congregados en su nombre, igualmente prometió que Él, junto con el Padre, vendrían y harían morada en todos los que lo aman (Jn.14:23)

Se puede decir que los atributos de amor, santidad, justicia y verdad, todos infinitos, se le atribuyen tan definitivamente a Cristo como al Padre. Todo atributo divino de Cristo es una evidencia indisputable de que Cristo es Dios y de que, por tanto, ha existido desde la eternidad.

c. La Evidencia de sus obras poderosas

Las obras de Cristo son una demostración palmaria de su deidad, en este apartado se mencionaran solamente algunas de las más relevantes obras de Cristo: *La creación*: Según a la Biblia, la obra de la creación se le atribuye a cada una de las Personas de la Divinidad. La creación es una obra netamente divina; hay cuatro declaraciones en el N.T. que afirman que Cristo creó todas las cosas Jn.1:3; Jn.1:10; Col.1:16; Heb.1:10. Sí Él crea, Él es Dios, Él ha existido como Dios eternamente.

La preservación: El que creó este vasto universo lo sustenta también y lo preserva. Todo esto se le atribuye a Cristo (Col.1:17, Heb.1:3) *Perdón de Pecados*: Nadie en la tierra tiene derecho y autoridad a perdonar pecados, cuando Cristo perdonó pecados, no estaba ejerciendo una prerrogativa humana. Es Jehová el que borra las rebeliones (Hch.5:31,

Col.3:13), puesto que nadie que no sea Dios puede perdonar pecados, queda demostrado concluyentemente que, puesto que Cristo perdonó pecados, Él es Dios. *La Resurrección*: Cristo se dio a Sí mismo, el exaltado título divino de la resurrección y vida. Pero es Dios el que levanta los muertos; por tanto, Cristo se proclamó Dios (Jn.5:24-29; I Cor. 15:21) *Capacidad de juzgar*. Sentarse en juicio es la más alta función de un gobernante. La Biblia dice que todo juicio se le ha entregado al Hijo. Para tal ejercicio de autoridad y poder, el juez tiene que conocer los secretos de todos los corazones y la historia de toda criatura (Sal.9:7,8; Jn.5:22; Hch.17:31; II Cor.15:25,26; Apoc.20:12-15). Puesto que Él es Dios, Él es el que se sienta en el gran Trono Blanco para juzgar a los hombres.

2. Cristo y la creación

El poder de crear le corresponde solamente a Dios, si Cristo es Dios Él puede crear todas las cosas. En Hebreos 1:10 se le atribuye a Cristo el haber puesto el fundamento de la tierra. Cristo es la finalidad de la creación, la creación se hizo para Él. Cristo quien creó todas las cosas, las sostiene incesantemente. Cristo no solamente es la cabeza de toda creación, sino que también es la cabeza de la nueva creación: la Iglesia.

3. El Ángel de Jehová

Una de las pruebas más convincentes e indiscutibles de la deidad de Cristo, se halla en la verdad de que Él es el Ángel de Jehová; cuyas diversas apariciones se relatan en el A.T. Estas apariciones son las comúnmente llamadas teofanías. Las teofanías son principalmente apariciones del Ángel de Jehová, el cual es muy distinto de los seres angélicos. El Ángel de Jehová se identifica con Jehová (Gn.16:7-13, 22:11-18; Ex.3:1). Para mayor información *Vide. Supra.* Teología Propia donde este tema es ampliamente abordado.

4. La Pre existencia de Cristo

Lo que esta doctrina expone es que el origen de Cristo no es al momento del alumbramiento de María, sino que EL existía antes de este acontecimiento y como se ha demostrado palmariamente en el estudio de la Teología Propia, Cristo es Dios, por lo tanto no tiene principio ni fin, es eterno.

A. El nacimiento

La importancia de esta doctrina es dejar claro que Cristo no es un profeta más como aducen una serie de religiones como los Bahai, musulmanes o los mismos Testigos de Jehová. Al dejar establecido el hecho de la pre existencia de Cristo, *ipso facto* queda claro todo lo referente a su deidad. *Vide. Supra.* Teología Propia donde este tema es ampliamente abordado.

SECCIÓN II

EL CRISTO ENCARNADO:
EL COMIENZO DE LA HISTORIA

Una de las empresas mas espectaculares de la historia es el acto mediante el cual Dios condesciende a formar parte de la familia humana, al encarnarse mediante el acto humano del nacimiento, empero bajo un procedimiento único, es decir, mediante un decreto eficaz en el cual una mujer llamada María queda embarazada sin haber tenido relaciones sexuales. Un hecho incomprensible a la mente humana, sin embargo, es el mecanismo utilizado por Dios para humanarse y habitar en medio de la humanidad. Esta constituye una de las empresas más extraordinarias del Creador, quien por amor al hombre participa de la humanidad.

En esta sección serán objeto de estudio dos aspectos fundamentales, es a saber: El nacimiento (A) y la infancia (B).

A. El nacimiento

El nacimiento de Cristo estaba señalado desde la eternidad, era necesario que se asemejara todo lo posible a la criatura humana, por tal motivo su nacimiento tenía que ser idéntico al de los hombres, debía poseer un alma, espíritu y cuerpo propio; así nadie podría cuestionar la realidad de su humanidad ni la permanencia de ella. Aunque fue engendrado del Espíritu Santo, poseyó la naturaleza humana completa, espíritu, alma y cuerpo. El es de la descendencia de Abraham, de la tribu de Judá, y heredero del trono de David. Este perfecto parentesco humano le era indispensable si Él, como Mediador, había de realizar la obra de la redención. En la encarnación esta Persona retuvo la deidad sin mengua de ninguna clase. Afirmar que Cristo es Dios es afirmar que todo lo de Dios está en Cristo, y las Escrituras dan testimonio de esta sublime verdad (Col.1:19, 2:19).

A pesar de que la Segunda Persona entró en una raza en la cual todos sin excepción están arruinados por el pecado, con excepción de esa segunda Persona, sin embargo, la deidad no recibe daño por causa de este parentesco, entró protegido contra el virus del pecado por una intervención divina especial, la naturaleza caída de la madre quedó divinamente excluida. *Vide. Supra.* Todo lo relacionado a la encarnación en la Teología Propia.

Las dos naturalezas se combinan en una persona, pero Él no es dos personas; es Una. El es el Dios - hombre o el hombre - Dios, las dos naturalezas de Cristo se pueden considerar separadamente, pero no se pueden separar. La doctrina de las dos naturalezas de Cristo no es solamente la síntesis de las enseñanzas del N.T., sino también la concepción que sustenta vigorosamente cada uno de los escritos del N.T., todas las enseñanzas de la era apostólica descansan en esa presuposición universal; alrededor del año 52 d.C. la doctrina de las dos naturalezas de Cristo estaba ya firmemente establecida como fundamento universal de todo el pensamiento cristiano con respecto a Cristo. *Vide. Supra.* Todo lo relacionado a la unión hipostática en la Teología Propia.

B. La infancia

La Escritura no nos brinda muchos detalles sobre la infancia de Jesús, sin embargo existen algunos escritos pseudo epígrafes que hacen alusión a ciertos milagros que realizó el niño Jesús y a otros aspectos de su vida.

En la vida de un niño judío se señalan tres eventos muy importantes: La circuncisión, que se realizaba a los ocho días de nacido; la presentación, a la edad de cuarenta días; y la confirmación, a la edad de doce años. En el caso del niño varón escogido para el servicio público, había un reconocimiento y una consagración cuando comenzaba dicho servicio, pero esto no sucedía antes de que el hombre tuviera 30 años de edad y esto si ocurrió en la vida de Jesús y aparece relatado en el Texto Sagrado.

Aunque no se puede hablar mayor cosa sobre la infancia de Jesús, por no tener una fuente inspirada que sustente una reflexión legítima, es importante, al menos la inclusión de este tema como un testimonio de la humanidad de Cristo, que fue una persona que vivió como cualquier otro ser humano y que experimentó ciertas etapas de la vida de un hombre como ser la niñez y la adolescencia, esta es, en definitiva la razón de la inclusión de este tema en el presente tratado.

Sección III

EL CRISTO ENCARNADO:
EVENTOS TRASCENDENTALES DE LA VIDA DE JESÚS

Debido a la singularidad del personaje que representa Jesús, hubo una serie de acontecimientos que testifican sobre la deidad y la obra de Jesucristo. Su entedimiento es de capital importancia y su tergiversación puede fácilmente conducir a herejías innecesarias. Esta sección tiene como objeto fundamental abordar tres actos oficiales, fundamentales de la humanidad de Jesucristo que tienen un valor sumamente importante para la Iglesia de todos los tiempos. Estos actos son: El Bautismo, la tentación y la transfiguración.

A. El bautismo

Esta parte de la discusión general sobre la vida y el ministerio del Hijo encarnado de Dios se centra sobre el evento específico del bautismo. No hay aspecto en la vida de Cristo sobre la tierra que haya sido tan mal comprendida como su bautismo. Esta mala comprensión se evidencia por la amplia variedad de significados más o menos contradictorios o de modos de practicarlo que sustentan algunas personas en la Iglesia. Para discurrir sobre este tema, existen una serie de cuestiones generales que deben contestarse *v.g.* ¿Por quién fue bautizado Jesús?, ¿Por qué razón fue Él bautizado?, ¿De qué modo fue bautizado?, ¿Es el bautismo de Cristo un ejemplo para sus seguidores?, ¿Qué otros bautismos experimentó Cristo?

1. El Bautista

Juan era hijo del sacerdote Zacarías, la madre de Juan era descendiente de Aarón directamente. Juan era por tanto sacerdote por derecho propio, aunque no existe ninguna prueba de que él haya sido consagrado para el oficio sacerdotal, ni de que no lo haya sido. Él era legalmente sacerdote. No es cosa insignificante la consideración de la persona a la cual se le asignó la tarea de bautizar al Dios-Hombre, una de las personas de la trinidad ante la cual los ángeles se inclinan en adoración incesante. Para Juan, el más alto honor que se le concedió fue el de bautizar al Salvador, y de Juan se declara que él fue el último profeta del antiguo orden (Mt.11:13), y que es el mayor de todos los nacidos de mujer, que fue el mensajero del Señor divinamente escogido. A Juan se le encomendó la tarea divina de preparar el camino al Mesías y la de hacer que Cristo fuese manifestado a Israel.

Juan 1:19-28, es importante por las varias revelaciones que en él se registran, pero no hay ninguna tan significativa como el hecho de que el bautismo de los profetas era completamente reconocido y estaba establecido en las mentes de las autoridades como un procedimiento correcto, y también el hecho de que el Mesías bautizaría cuando viniera. Es probable que el bautismo de Juan sirviera como sello de su predicación reformada y sirvió para indicar que Jesús era el Mesías.

2. La Necesidad del Bautismo

Con respecto al bautismo de Cristo, se han esgrimido cualquier cantidad de teorías; *v.g.* se afirma que Cristo recibió el *bautismo de Juan*, que era un bautismo de arrepentimiento para remisión de pecados. Ellos sostiene que aunque Cristo no necesitaba arrepentimiento ni remisión de pecados, lo que Él estaba haciendo era identificándose con los pecadores, o sea que estaba tomando el lugar de ellos, como lo tomaría posteriormente en la muerte expiatoria. Otros afirman que Cristo mediante su bautizo fue apartado para el ministerio mesiánico. También se ha sugerido la hipótesis de que Cristo, en su bautismo, se hizo solidario con el remanente fiel que reaccionó favorablemente ante la predicación de Juan. Otros intérpretes sostienen que tanto el bautismo como la transfiguración son el cumplimiento de que Cristo se sentará sobre el trono de David y esto es vindicado por una voz procedente del cielo que sucede en ambos casos. Se cree que dicha voz ha de oírse otra vez como confirmación divina. Finalmente, existe un sector que cree que el bautismo de Jesús tuvo que ver con su consagración para el oficio sacerdotal. Ellos concluyen que Cristo, aunque era de la tribu de Judá, y por tanto, no debía ser reconocido como sacerdote, es sin embargo Sacerdote, y mediante el cumplimiento de la ley que Jehová había establecido fue ordenado para el oficio sacerdotal; cumplió la ley y se sometió a ella cabalmente, cumplió toda justicia en el sentido de que fue debidamente separado para el ministerio sacerdotal.

3. El Modo del bautismo según CHAFER

Para el teólogo CHAFER la forma como Cristo fue bautizado demuestra palmariamente la diferencia que existe entre el bautismo de Cristo y el bautismo cristiano y la certeza que el bautismo de Cristo es una acto oficial de Dios que no puede repetirse en la historia, pues el mismo es único en propósito. También asevera que es claro que el bautismo de Juan no era el bautismo cristiano, de otro modo el apóstol no hubiera bautizado a doce discípulos de Juan (Hch.19:4,5). Sobre la forma en la que Jesús fue bautizado, el teólogo CHAFER se expresa de la siguiente manera:

El sumergimiento de Cristo en el río Jordán es una mera suposición, pues la Escritura no dice tácitamente que Él haya sido sumergido. Los que arguyen que Cristo fue sumergido en el Jordán se basan en dos posibles indicios: en la evidencia filológica y en la explicación inspirada del bautismo de Cristo o sea la evidencia exegética, a) Evidencia Filológica. Este argumento sostiene que la forma del bautismo de Cristo debe determinarse por el significado de la palabra baptizo, la cual aparece 80 veces en el N.T. y 20 de esas veces no indica sumersión física ni envolvimiento. La palabra baptizo tiene dos sentidos, uno primario que indica sumergir, y un significado secundario el cual implica que el objeto ha sido sumergido por algún poder o influencia, o por algún agente que lo bautiza. Los que se basan en el sentido primario para sostener el bautismo ritual por inmersión, se olvidan que los sacerdotes del antiguo orden eran rociados con agua y ungidos con aceite cuando iban a entrar al oficio sacerdotal. El aceite es símbolo del Espíritu Santo; Cristo entró a su oficio sacerdotal en la forma prescrita por la ley de Moisés, Él fue apartado mediante la administración del agua y la unción del Espíritu Santo, aspectos que concuerdan con las demandas de la ley, ello constituye el cumplimiento de toda justicia. b) Evidencia Exegética. Incluye indirectamente todo el ministerio del bautismo de Juan; ya que el bautismo de Cristo ocurrió a mitad de ese ministerio. En los siguientes pasajes se relaciona el bautismo de Juan con el de Cristo. Mateo 3:1-2: La misión divina de Juan era bautizar a Cristo Mt. 3:6; Mr.1:4,5; Lc.3:3; Jn.3:22,23; Jn.10:40.

> En todos estos pasajes se usa uniformemente la preposición ev con el significado del lugar donde se encontraba Juan, un sitio geográfico y no dentro del Jordán. Mr.1:9 es el único pasaje donde aparece la preposición eis, haciendo parecer que el bautismo era dentro de las aguas del Jordán; pero esto se puede arreglar para no perder la concordancia con los demás textos al hacer una arreglo sintáctico de dirección (Nazareth) y localidad (Jordán)...

Con esta argumentación, CHAFER intenta probar que el bautismo de Jesús es completamente diferente al que Juan realizaba. La razón es muy sencilla, el bautismo de Cristo es una acto oficial de Dios mediante el cual Él esta siendo ordenado o reconocido al ministerio como se acostumbraba hacer con aquellas personas apartadas al oficio sacerdotal. Para darle mayor consistencia a su tesis, CHAFER hace un estudio de las palabras griegas envueltas en el relato del bautismo de Cristo.

> Las Sagradas Escrituras utilizan cuatro preposiciones relacionadas con el bautismo: ev, palabra con variedad de significados, «dentro de», «en lugar de», «sobre», «con». La Versión Autorizada traduce «con agua» y no «en agua». apó, tiene dos significados en el N.T., se traduce 330 veces mediante la palabra «de» (procedencia). eis, tiene por lo menos 65 diferentes significados. Se traduce 538 veces mediante la palabra «a» (hacia, de dirección) ek, tiene 24 significados, se traduce «de» (procedencia) 168 veces.

Con esta argumentación gramatical, CHAFER intenta probar que Jesús no fue sumergido en agua sino que fue rociado como se acostumbraba con aquellas personas que eran ordenadas al sacerdocio, confirmando la tesis que el bautismo de Jesús fue un acto oficial.

4. Evaluación crítica a la tesis de CHAFER

Sin lugar a dudas la tesis del profesor CHAFER tiene sentido y está lógicamente estructurada, sin embargo, la expresión *subió del agua* en Mateo 3: 16 y Marcos: 1:10 deja una rendija abierta para creer que el bautismo de Jesús fue por inmersión.

Lo cierto es que si fue por aspersión o inmersión no cambia en nada el hecho que el bautismo de Jesús fue un acto oficial de Dios mediante el cual se reconocía el oficio de Jesucristo como un sacerdote, de ahí la voz que sale del cielo para confirmar la complacencia de Dios.

El hecho que los sacerdotes del AT eran rociados con agua y aceite, es decir, que eran bautizados al ministerio vía aspersión, y Jesucristo no lo fuera no afecta en nada el hecho de su ordenación al sacerdocio, aunque en realidad, Jesucristo no necesitaba tal ordenación puesto que Él es Dios y es Él quien ordena. La razón de esta paradoja es simplemente un testimonio al pueblo de que Jesucristo es el Sumo Sacerdote y paradójicamente es el sacrificio mismo, de ahí la declaración: *Este es el cordero de Dios que quita el pecado del mundo...*

En resumen, la tesis de que el bautismo de Jesús fue por aspersión para cumplir con el ritual sacerdotal es debatible, empero, el hecho que dicho bautismo es un acto oficial de Dios, único en la historia y por lo tanto irrepetible, tiene un grado de certeza muy alto, casi incuestionable.

B. La tentación

Los evangelios nos dicen que el Dios encarnado fue llevado por el Espíritu al desierto y fue tentado. El Texto nos relata las tres proposiciones impías que el maligno le hizo y la forma como Jesús le contestó. Ahora, para analizar este evento de la vida de Jesús, es oportuno efectuar una exégesis del pasaje de Santiago de 1:12 y ss que nos habla de la tentación y nos pone este tema en perspectiva.

El apóstol Santiago inicia aseverando lo siguiente: Bienaventurado el hombre que soporta la tentación (1:12a) Este Texto proclama una bienaventuranza al hombre que soporta la tentación. Del vocablo Gr. *Hypomenei* que también puede traducirse como paciencia y que en castellano puede decirse *sufrir con alegría.* La palabra *tentación* viene del vocablo Gr. *Peirasmon* que puede traducirse como incitación al mal. Dicho en otras palabras, este Texto puede traducirse: *Feliz, dichoso el hombre que sufre con alegría las incitaciones o las invitaciones a hacer lo malo.* De manera que el hombre de Dios siempre bregará con esta realidad. El *quid* del asunto es *sufrir con alegría* no ceder.

Porque cuando haya resistido la prueba recibirá la corona de vida que Dios ha prometido a los que lo aman. (1:12b) Lo interesante en esta porción es que el hagiógrafo establece una diferencia entre tentación y prueba, de ahí que la palabra que utiliza para prueba es *dokimos.* De esta manera deja claro que el ser humano esta puesto en una situación de doble vía en forma simultanea, es tentado por el maligno, pero también es probado por Dios. Aunque en el idioma griego no aparece la palabra *resistir* hubiese sido mejor decir *cuando haya pasado la prueba* porque las pruebas de Dios no se resisten sino que se reciben. Las tentaciones de Satanás sí se resisten.

Cuando alguno es tentado no diga que es tentado departe de Dios (1:13a) Esto esta suficientemente claro, Dios no invita a la criatura humana a tomar conductas que el mismo detesta y condena. Esto es una contradicción absoluta. Lo que sí se puede afirmar, es que Dios usa las incitaciones de Satanás como un medio para probar nuestra fe, lo cual es altamente positivo puesto que forma nuestro carácter y purifica nuestro ser como el oro que se refina.

La razón del Texto anterior, la da el mismo Apóstol Santiago cuando afirma *porque Dios no puede ser tentado por el mal ni el tienta a nadie* (1:13b) Esto indica que Satanás no tiene ninguna potestad de modificar la conducta de Dios. Aun en el caso de Job, pudiera parecer que Satanás esta modificando la conducta de Dios. Pero la realidad es que no es así. Dios "accede" a algunas pretensiones de Satanás, empero le marca límites, con esto deja suficientemente claro quien es el soberano. Pero en este caso particular Dios tenía dos propósitos bien establecidos. El primero era demostrar que la propuesta de Satanás era una mentira y fantasía sin fundamento y la segunda afirmar la fe de Job para llevarlo a un conocimiento glorioso de su soberanía. De manera que cualquier cosa que Dios haga es conforme a su voluntad y por lo tanto buena. Pecar es precisamente actuar en contra de esa voluntad, de allí que si hubiera convertido las piedras en pan como le fue propuesto por el maligno, no hubiera hecho nada malo, porque hubiera sido según su voluntad, solo que, con un propósito diferente como es el caso de Job.

La conclusión de todo esto es que Dios no puede ser incitado a hacer el mal, porque hacer el mal es actuar en contra de su voluntad, y Él como un ser omnipotente y soberano siempre actúa según su voluntad.

Sino que cada uno es tentado cuando de su propia concupiscencia es atraído y seducido. (1:14) Este es el versículo clave de todo el pasaje, puesto que afirma sin ambages de ninguna naturaleza que las incitaciones a hacer lo malo provienen de la concupiscencia del hombre que el idioma griego se diría *epithymia* que podría traducirse como deseo o pasión pero que en realidad es una inclinación vehemente del alma hacia aquello que es contrario a la voluntad de Dios.

Esta declaración es de capital importancia, puesto que afirma que la *epithymia* es la causa de las tentaciones. Que las incitaciones a actuar en forma contraria a la voluntad establecida por Dios nacen en el propio ser humano. Si no hubiera *epithymia* no hubiera ni tentaciones ni pruebas y como consecuencia lógica, no tendríamos la oportunidad de crecer en la fe ni de experimentar el poder de Dios venciendo obstáculos. La *epithymia* trae como aparejada consecuencia las tentaciones y las pruebas y como consecuencia, el crecimiento en la gracia y la bienaventuranza del creyente y por ende la gloria de Dios.

La exposición anterior nos lleva a la consideración de tres puntos: Dios no puede ser tentado (1), ¿Qué significa la tentación de Cristo? (2) y doctrinas que deshonran a Cristo (3).

1. Dios no puede ser tentado

Partiendo del análisis exegético del pasaje de Santiago, la conclusión no puede ser otra que Dios no puede ser tentado, punto. Jesucristo es Dios, esta suficientemente claro. El Texto señala, *Dios no puede ser tentado y no tienta a nadie*. Punto. El Texto afirma categóricamente que cuando alguien es tentado, de su propia *epithymia* es tentado, es decir, de su propia concupiscencia. Empero Dios no tiene *epithymia*, porque la *epithymia* es la naturaleza corrupta o pecaminosa del hombre. La tentación solamente funciona cuando existe *epithymia*, al no haber *epithymia* no hay posibilidad de tentación. Pongámoslo de otra manera. Una lámpara no se enciende si no hay electricidad. Ud. puede conectarla al toma corriente, empero nunca funcionará. No hay electricidad. La *epithymia* es esa corriente eléctrica que produce el pecado. Cuando Satanás conecta la *epithymia* con un acto humano como una discusión puede producir ira, golpes y hasta un homicidio, si la conecta con una imagen de sensualidad puede producir un adulterio o una fornicación o cualquier tipo de perversión sexual. Todo lo que Satanás tiene que hacer para tentar a alguien es conectar la *epithymia* de ese individuo. Sin *epithymia* no hay tentación. Sin electricidad no hay luz. Ahora, Jesucristo es Dios. En Él no existe la *epithymia*, por lo tanto pensar que el fue tentado es tan absurdo como pensar que podemos encender una lámpara sin electricidad. Sin embargo, el Texto Sagrado señala que el *Espíritu le llevó al desierto para ser tentado*. Esta declaración nos lleva a tratar el siguiente punto: ¿Qué significa la tentación de Cristo?

2. ¿Qué significa la tentación de Cristo?

La pregunta lógica es: ¿Si Cristo no puede ser tentado, cómo debemos entender que el *Espíritu le llevó al desierto para ser tentado*? Bien, no hay una respuesta en la Biblia que nos explique esto, de manera que caemos al plano de la opinión, no de la certeza.

Si Dios no puede ser tentado, entonces Satanás nunca tentó a Jesucristo. Las tres proposiciones de Satanás: a) *Haz que las piedras se conviertan en pan*, b) *Lánzate del templo* y c) *Te daré todos los reinos de este mundo*, en realidad no son una tentación porque en Dios no existe la *epithymia*, que es elemento *sine quo non* para que exista tentación. Este hecho nos cierra todos los caminos y nos deja ver que el único propósito de Dios al permitirle a Satanás hacer estas propuestas es: a) Mostrar la perversidad de este engendro y la insolencia del Arcángel de Maldad al hacer propuestas impías al Creador. b) Que Satanás hará todo lo que esté a su alcance por impedir la obra de Dios, la cual es siempre a favor de aquellos que ha escogido. c) Revela la imposibilidad de Satanás de triunfar sobre el decreto eterno, sabio y soberano de Dios. Sus propuestas, poder, influencia e insolencia, tiene un límite que Dios mismo le ha establecido.

En resumen, la tentación de Cristo debe entenderse en este contexto y nunca en el contexto humano en el cual entendemos las tentaciones.

3. Doctrinas que deshonran a Cristo

Como consecuencia directa del mal entendimiento de esta doctrina, existen una serie de pensamientos que deshonran a Dios, pues le colocan a Él en el mismo plano del hombre, lo cual no obedece a la verdad. Entre esas doctrinas podemos señalar las siguientes.

a. Cristo fue tentado en la esfera de su humanidad y no en la esfera de su deidad.

Esta doctrina deshonra a Dios porque separa la naturaleza humana de la divina. Esta suficientemente claro que existe una unión hipostática, es decir una unión de la naturaleza divina con la humana. Es erróneo hablar de Jesús como hombre y como Dios, lo correcto es hablar del Dios – hombre.

b. Si Cristo venció, nosotros podemos vencer

Esta es una de las interpretaciones más absurdas que muchas veces los predicadores gritan desde los púlpitos. Es un pensamiento que deshonra a Dios, porque Dios no vence a Satanás. Satanás esta vencido desde el instante que decidió pecar. Punto. Dios nunca es un ejemplo para el hombre, precisamente por eso. Él es Dios y nosotros somos hombres y el abismo que existe entre Él y nosotros no puede ser concebido en nuestras mentes.

c. Si Cristo hubiera pecado, no habría salvación

Este es uno de los más descabellados pensamientos que en algunos púlpitos se lanza. La posibilidad de pecar en Dios, simplemente no existe. El solo hecho de creer esto es una herejía del peor genero de ignorancia.

Queda suficientemente claro qué debemos entender por la *tentación de Jesús* y los errores doctrinales en los que nunca debemos caer.

C. La transfiguración

La transfiguración es un evento maravillosamente espectacular, ocurrido en uno de los montes al norte de Israel, conocido como Monte de la Transfiguración. La interpretación de este hecho dependerá de los anteojos con los que se mire. V.g. Para los teólogos amilenialistas, la transfiguración tiene un significado muy diferente que para aquellos que sostienen la postura premilenialista y dispensacionalista. Para Charles HODGE:

«*La transfiguración fue un tipo y una señal de la gloria de la segunda venida*»

Dicho en otras palabras, la interpretación de este extraordinario evento dependerá del prejuicio teológico del exegeta.

La palabra transfigurar, *metamorfoomai*, se usa cuatro veces en el N.T. (Mt.17:2; Mr.9:2; Rm.12:2; II Cor.3:18) y tiene un significado que es peculiar y distintivo cuando se usa en contraste con *metasjematizo*, que se traduce transformar. Es evidente que una cosa es *transformación* por influencias que proceden de afuera, mientras que otra cosa es *transfiguración* por el resplandor de la luz o de la vitalidad que está dentro de ella. En el momento de la transfiguración se permitió que su gloria intrínseca brillara (*shekinah*). Esta gloria era la suya propia, originada en Él y que emanaba de Él. El creyente en Cristo está sujeto no solamente a la transformación, sino también a la transfiguración.

La importancia de la transfiguración es evidente por el hecho de que se describe largamente en cada uno de los Evangelios Sinópticos, se dedica 38 versículos del Texto Sagrado a la descripción de este evento. También es significativo el hecho de que sólo los Sinópticos registran este acontecimiento

Respecto a su interpretación, existen dos teorías bien generalizadas y aceptadas por la Iglesia. Una de ella es la amilenialistas para quienes el Reino y la Iglesia son la misma cosa y por lo tanto la transfiguración fue una representación anticipada del cielo. Ahora, los premilenialistas, que diferencian del Reino a la Iglesia, sostienen que la transfiguración fue una manifestación anticipada de la venida del Hijo del Hombre en su reino.

Sección IV

EL CRISTO ENCARNADO: SU MAGISTERIO Y MILAGROS

Uno de los aspectos fundamentales de Jesucristo fue su magisterio. Para el ejercicio de esta función seleccionó en forma particular a doce individuos para hacerlos depositarios de conocimientos básicos sobre los cuales se iba a erigir la doctrina del cristianismo. En forma general, Jesús ejerció el magisterio hablando a grandes multitudes o a personas particulares en diferentes circunstancias de su vida. Fue la forma y el contenido de sus enseñanzas que causaron una impresión profunda en la vida de las personas. Habló como ninguna otra persona había hablado o hablará jamás, enseñó doctrinas profundas, sus palabras eran las palabras de Dios mismo, el impacto que causaban era supremamente grande. Empero eso no era todo, sus palabras eran acompañadas de hechos portentosos, a los cuales llamamos milagros, y que Rudolf BULTMAN llama mitos, sin embargo, los milagros de Jesús fueron hechos históricos reales que confirmaron su personalidad.

A. El magisterio de Jesús

Es importante observar que, aunque no está registrada cada palabra que salió de la boca de Cristo, la que está registrada es suficiente para mostrarnos la esencia de sus enseñanzas y el nuevo mensaje de Dios dio a la humanidad de todos los tiempos. El conjunto de estas enseñanzas revelan el carácter magisterial de Jesús en la tierra y su legado imperecedero al ser humano. Para el desarrollo de este importante tema se ha efectuado la siguiente división: Los tres principales discursos, las parábolas, y las conversaciones.

1. Principales discursos de Jesús

Una de las formas pedagógicas que utilizó Jesús fue los discursos, en ellos abordó, de una manera amplia, temas específicos. Cada uno de ellos tiene enseñanzas extraordinarias y dignas de un cuidadoso estudio. Los discursos de Jesús que encontramos en las Escrituras son: El Sermón del Monte, El Sermón del Monte de los Olivos o Escatológico y el Sermón del Aposento Alto.

a. El Sermón del Monte (Mateo, capítulo 5 -7)

En este discurso, Jesús discurre sobre una serie de prescripciones de orden moral que el ser humano tiene estrictamente que observar si en realidad quiere gozar de las bendiciones de Dios. Una de las características de esta normativa, es que la misma va más allá de la observancia externa de una ley, tiene un alto contenido espiritual que la ubica en una dimensión hasta ese momento desconocida por el hombre. V.g. *oísteis que fue dicho no mataras, más yo os digo que cualquiera que se enoje locamente contra su hermano, ya mató en su corazón*. En esta prescripción observamos dos aspectos, uno el material o externo, *no mataras*, y el otro el espiritual e interno, *el que se enoje locamente...* lo que esto nos quiere decir es que no basta *no hacer* es necesario *no sentir o desear*, esto ubica al Sermón del Monte en una dimensión única.

El discurso del Sermón del Monte puede ser interpretado de diferentes maneras, sin embargo, las interpretaciones más populares son aquellas que sostienen los amilenialistas y los premilenialistas. Los primeros, quienes no diferencian entre el Reino y la Iglesia y para quienes no existen las dispensaciones, el Sermón del Monte es dirigido al creyente, a esto los teólogos le llaman la aplicación primaria del discurso, porque se toma letra por letra y se aplica a la Iglesia como norma de fe prescrita para el hijo de Dios en la era de la gracia, sin embargo, los premilenialistas, que usualmente creen en las dispensaciones, interpretan este discurso como uno dirigido directamente a aquellas personas que viven en la dispensación del reino, La aplicación exegética que ellos hacen se denomina, secundaria, y las lecciones y principios en el discurso contenidas, fue dirigido a los judíos antes de la cruz y aquellos del reino venidero. Huelga señalar que para algunos dispensacionalistas las enseñanzas de este discurso no tiene efecto en la era actual.

Uno de los teólogos que sostiene esta tesis es Lewis CHAFER quien se expresa de la siguiente manera:

El A.T. termina sin que se haya concretado lo referente al Mesías, Mateo anuncia la presencia del Mesías en la tierra, sin embargo el acercamiento del Mesías dependía de la elección del pueblo, pero en el designio de Dios estaba establecido el rechazo y la muerte del Mesías para darle lugar al surgimiento de la Iglesia, en la era intercalada. El inicio del ministerio de Jesús, los mensajes fueron dirigidos a la casa perdida de Israel. El sermón fue dirigido a sus discípulos como una instrucción detallada para los predicadores del reino, Cristo sabía que ellos no entrarían al reino, pero les confirmaba que la promesa del reino seguía vigente para Israel.

Este sermón comienza con las bienaventuranzas para aquellos que cumplen ciertos requisitos (Mt.5:3-12); la segunda sección se refiere a los santos del reino, los que son dignos de entrar en él por cuanto son «la sal de la tierra» (Mt.5:13-16); la tercera sección presenta el apoyo que Cristo dio a la Ley y los requisitos legales del reino (Mt.5:17-48). El sermón no hace referencia a la justificación y la fe; no se menciona al Espíritu Santo, la muerte de Cristo, regeneración, redención. La segunda parte del sermón se relaciona con la simulación de las ofrendas, la oración y el ayuno (Mt.6:1-18)

La conclusión dispensacionalista de este discurso es que se refiere a un pronunciamiento directo y oficial del mismo Rey, sobre el estilo de vida que ha de practicarse para entrar y vivir en el reino, tiene relación con la Ley y los Profetas; además debe quedar claro que no hay propósito divino de instaurar el reino en esta era.

Como es obvio, para la interpretación no dispensacionalista, la ética del Sermón del Monte no tiene ninguna referencia al futuro sino al presente de la Iglesia, su validez y eficacia es pertinente para esta edad e interpretan este discurso de una manera completamente contraria a como lo hacen los dispensacionalistas.

b. El Discurso del Monte de Los Olivos (Mateo, capítulo: 23 - 25)

Fue pronunciado dos días antes de la crucifixión (Mt.26:1-2), fue dirigido a Israel y es presentado, al igual que el Sermón del Monte, a los discípulos en forma privada. El propósito de este discurso es el de instruir a los que han de vivir en el tiempo del fin. Según la interpretación dispensacionalista, este discurso inicia con la descripción de la *gran tribulación*, ofrece exhortaciones y advertencias para los judíos de ese tiempo; concluye con la enumeración de los juicios contra Israel y contra las naciones. El Sermón del Monte es dado a los judíos individualmente, referente a la entrada y vida en el reino mesiánico; y el sermón del Monte de los Olivos es dado a la nación de Israel, advirtiéndoles sobre los sufrimientos de la *gran tribulación*. Mateo 24:1-3, relata un hecho que iba a ocurrir, la toma de Jerusalén por el general Tito en el año 70, (*Cf.* Lc.21:20-24)

Este discurso abarca los tópicos de: predicación mundial del reino, la gran tribulación, el regreso visible del Señor en gloria, y la reunión de los electos. A partir de Mt.25:31, el sujeto principal cambia a las naciones gentiles en el juicio.

Para un premilenialista, este fue el mensaje de despedida del Rey Mesías para Israel; donde se registra la descripción de la tribulación, el retorno del rey para establecer su reino, advertencias al pueblo para prepararlo para ese día, el sometimiento de Israel a juicio, la exaltación de Israel sobre las demás naciones. *A contrario sensu*, para un amilenialista este es un sermón escatológico que relata los días del fin del mundo, la segunda venida de Cristo en un solo estadio, el juicio final y el inicio de la eternidad. En esta interpretación no existe la gran tribulación, el anticristo, el milenio y demás doctrinas propias del premilenialismo.

c. Discurso del Aposento Alto (Juan, capítulo 13 - 17)

Es el tercero y último de los discursos de Cristo, a pesar de que este discurso fue presentado a los discípulos en su condición de lavados por la Palabra, el tema central es la Iglesia. En este discurso se basan las posiciones, posesiones y los privilegios del cristiano. El tiempo para cumplir lo dicho en el discurso, es inmediatamente después de la muerte, resurrección y ascensión de Cristo; y después de la venida del Espíritu Santo el día de Pentecostés.

El tema central del discurso es la vida y el servicio cristiano y los temas principales del mismo son: 1) Una nueva relación con Dios por medio de Cristo; a través de la justificación por fe. 2) Limpieza y comunión ininterrumpida; esto es con el objeto de que no haya impedimento en la relación con el Padre a causa del pecado, ya que estamos en el mundo. 3) La permanencia en Cristo para poder dar frutos; un estado de comunión ininterrumpido tendrá como resultados la producción de frutos, oración efectiva y el gozo celestial. 4) Una nueva relación con el Espíritu Santo; Cristo anuncia la venida del Espíritu Santo para continuar con su ministerio. Este morará en el cristiano y le ayudará en todas las áreas de su vida. 5) Una nueva relación entre los creyentes en Cristo; como respuesta a la oración de Cristo, *«que sean uno...»*, los cristianos han de relacionarse con una unidad comparable a la de la Trinidad. 6) Una nueva base para la oración; Cristo le dio una importancia relevante a la oración, ya que la menciona cinco veces en este discurso. Se les dice a los discípulos que *ahora*, todo lo que pidan deben hacerlo en el nombre de Jesús. 7) Una nueva esperanza: es la promesa del regreso.

Además de los temas antes enunciados, el discurso del Aposento Alto trata todas las doctrinas importantes de la teología como ser: Inspiración de las Escrituras (Jn.17:8,14,17); la Trinidad; Angeleología (Jn.15:17); Hamartiología (Jn.13:1-20, 15:1-10); Soteriología (Jun. 14:6, 16:8-11); Eclesiología (Jn.13:34,35; 14:20; 17:11,21-23); Escatología (Jn.14:1-3)

Como ocurre en los casos anteriores, existen dos interpretaciones sobre este discurso. Los dispensacionalistas, sostienen categóricamente que una vez que el Rey había sido rechazado por su pueblo, abrió con este discurso una edad a la cual ellos llaman Edad Intercalada o paréntesis que abarca el período desde rechazamiento del Rey hasta su segunda venida y aceptación. A este paréntesis se le llama la dispensación de la Gracia o el período de la Iglesia. Aquí es donde entra en acción el discurso del Aposento Alto. Pues en él Jesús ya no habla a los perdidos de la casa de Israel sino a la Iglesia, es decir, a la asamblea de individuos, sea judíos o gentiles que por la fe en Jesucristo son salvos. En este discurso incluye elementos de los que nunca habló en los discursos anteriores como el Espíritu Santo, la oración en el nombre de Jesús, *inter alia*. Como es obvio, los exegetas amilenialistas no concuerdan con esta interpretación, a la cual consideran puramente racionalista. Para ellos, no existe tal edad intercalada o paréntesis, y el discurso del Aposento

Alto simplemente representa instrucciones de Jesucristo para su Iglesia que son quienes en definitiva constituyen el reino de Dios en la actualidad, un reino presente, nunca futuro como señalan aquellos que se decantan por la tesis dispensacionalista.

En resumen, la interpretación de los discursos de Jesús dependerá del prisma teológico con el cual el teólogo mira el pasaje. Un dispensacionalista que cree en el Milenio interpretará estos discursos de manera completamente diferente a un teólogo que cree en la actualidad del reino y que el milenio no debe interpretarse literalmente. Ahora la pregunta del lector es ¿Quién tiene la razón?, ¿Qué creo yo entonces? No es el objeto de quien escribe este tratado decirle a lector que creer sobre temas periféricos y controversiales, empero sí asegurar que la creencia de una u otra cosa no afecta en un ápice la esencia misma del cristianismo, de manera que la exégesis que efectúa don Francisco LACUEVA tiene tanta credibilidad y respeto como la que efectúa don José GRAU, ambos sostienen tesis antitéticas, empero cualquiera de sus conclusiones no afectan la esencia misma del cristianismo. La respuesta a su pregunta, es simple, partiendo del estudio de la Biblia, tomando en cuenta las diferentes posturas teológicas, adopte aquella que a su criterio crea se apega más al Texto Sagrado.

2. Parábolas

La parábola es una narración con fines estrictamente pedagógicos en la cual se comunica una enseñanza de manera indirecta. Algunas veces las parábolas son breves otras veces son extensas. Jesús usó este recurso para enseñar extraordinarias verdades acerca del Reino de Dios.

Los exegetas dispensacionalistas creen que Las parábolas de los sinópticos conciernen en alto grado a Israel y las han dividido en dos clases: las parábolas mesiánicas y las generales. Las parábolas mesiánicas tienen que ver con la dispensación del Reino y son las siguientes: a) Cinco parábolas concernientes a la posposición del reino: La vigilancia (Lc.12:35-40); El mayoreo fiel (Lc.12:42-48); Los talentos (Lc.19:11-27); La Higuera (Lc.21:29-33); Ladrón en la noche (Mr.13:34-37), b) Cinco parábolas con respecto a la preparación del reino venidero en los tiempos que anteceden: La semilla que crece (Mr.4:26-29); La semilla de mostaza (Mr.4:30-32); La levadura (Mt.13:33); El tesoro escondido (Mt.13:44); La perla (Mt.13:45,46), c) Seis parábolas concernientes al establecimiento del reino, a quienes entrarán en él, quien será el elemento gobernante en el: El banquete (Lc.14:16-24); Banquete de bodas (Mt.22:2-14); Los deudores (Mt.18:23-35); De la viña (Mt.20:1-16); De los dos hijos (Mt.21:28-32); Los labradores malvados (Mt.21:33,34), d) Tres parábolas con respecto a la limpieza, separación y juicio: Las diez vírgenes (Mt.25:1-13); Las monedas de oro (Mt.25:14-30); Las ovejas y las cabras (Mt.25:31-46) y e) Dos parábolas relativas a la separación final de buenos y malos: El sembrador (Mt.13:24-30, 36-43); (Mt.13:47-50).

Las parábolas generales se pueden clasificar de la siguiente manera: a) La del acreedor y los dos deudores (Lc.7:41-50); b). El buen samaritano (Lc.10:30-37); c). El rico insensato (Lc.12:16-34); d) La higuera estéril (Lc.13:6-9); e) La torre que necesitaba presupuesto (Lc.14:34,35); f) Lo perdido y hallado (Lc.15:1-32); g) El mayordomo injusto (Lc.16:1-13); h) Del servicio (Lc.17:7-10); i) El juez injusto (Lc.18:1-8); j) El fariseo y el publicano (Lc.18:9-14)

Los exegetas que no son dispensacionalistas, como es obvio no efectúan tal distinción, no existen parábolas para el reino ni parábolas generales, sino parábolas en general, una forma pedagógica utilizada por Jesús para instruir a las personas sobre una verdad que Él quería comunicar.

3. Enseñazas Especiales

La tercera categoría utilizada por Jesús fue la de las enseñanzas que no aparecen conectadas, y que encierran verdades muy vitales. Las más importantes son: a). Los grandes mandamientos (Mr.12:28-34); b). La moneda del tributo (Mr.12:13-17); c). Advertencia con respecto al infierno (Mr.9:42-50); d). La ley del divorcio (Mr.10:1-12); e). Advertencia con respecto a las riquezas (Mr.10:23-31); f). La revelación que hace Cristo de sí mismo (Lc.4:16-30); g). La oración (Lc.11:1-13); h). La levadura de los fariseos (Lc.12:1-15); i). El Rico y Lázaro (Lc.16:19-34); j). Instrucciones con respecto al perdón (Lc.17:1-6); k). Sobre la vida eterna (Jn.3:1-21); l). Enseñanzas generales para judíos (Jn.5:17-47) m). El Pan de vida (Jn.6:1-7); n). La Luz del mundo (Jn.8:1-59); o). El Buen Pastor (Jn.10:1-39); p). Enseñanza especial a Andrés y Felipe (Jn.12:23-50)

4. Conversaciones

Para concluir el tema de la didáctica utilizada por Jesús en su magisterio, están las conversaciones. Algunas de las declaraciones más importantes de Cristo fueron hechas en conversaciones con individuos. Estas son: a). Conversación con el abogado (Lc.10:25-37); b). Con el joven rico (Lc.18:18-30); c). Con los judíos respecto al tributo (Lc.20:19-26); d). Con respecto a su propia autoridad (Lc.20:1-8); e). Sobre el Hijo de David (Lc.20:39-47); f). Con Nicodemo (Jn.3:1-21) g). Con la mujer samaritana (Jn.4:1-45); h). Con los judíos (Jn.7:1-8:59); i). Con el hombre que nació ciego (Jn.9:1-39); j). Con Judás (Jn.12:1-11; 13:27); k). Con Pilato (Jn.18:28-32).

Cada una de estas conversaciones encierran verdades extraordinarias y eternas que merecen ser estudiadas y aplicadas en nuestra vida cotidiana.

B. Los milagros

Los milagros fueron el complemento del ministerio pedagógico de Jesús, ellos eran una manifestación de Dios para que el pueblo creyese que Jesucristo era el Dios humanado, que tenía autoridad sobre demonios, enfermedades, la naturaleza y sobre el hombre mismo. Los milagros eran parte esencial del ministerio de Jesús, sin duda, éstos llamaron la atención de las personas, puesto que como señalara Nicodemo: *no podrías hacer lo que haces sino fueras venido de Dios.*

Un milagro es una acción ejecutada por una persona que muestra su poder *ad hoc* en la naturaleza, sin cambiar las leyes naturales. Otros autores sostienen que un milagro implica el cambio de las leyes naturales. Los milagros solamente pueden ser ejecutados por Dios, pues es Él quien establece las leyes de la naturaleza y es Él único que tiene autoridad para alterarlas o cambiarlas. También, por vía de concesión puede ejecutar milagros Satanás y sus ángeles, empero con limitaciones impuestas por Dios y con objetivos que posteriormente redundaran para la gloria de Dios. En la esfera humana, también por vía de concesión, el hombre puede realizar milagros unos en el nombre de Jesús y para la gloria de Dios y otros en nombre de Satanás para engañar a las personas, empero siempre con las limitaciones impuestas por Dios, pues en su soberanía, Dios controla cada detalle del acontecer tanto espiritual como humano, pues cada movimiento en cualquiera de estas esferas, obedece ulteriormente a su santa voluntad.

Para un mejor entendimiento sobre este tema, es prudente dividir esta temática en tres partes principales: Milagros que corresponde al

AT, los que corresponden al NT, aquellos realizados después de la resurrección y los milagros en la Iglesia latinoamericana.

1. Milagros que corresponden a la era del A.T.

En el A.T. hubo manifestaciones de milagros extraordinarios para evidenciar claramente quien estaba en control del destino de los diferentes acontecimientos. Es precisamente en el Pentateuco donde encontramos las primeras manifestaciones divinas que asombraron a propios y extraños. Es en el final de la esclavitud de los israelitas en Egipto cuando Dios se manifiesta con poder a su pueblo a través de la mano de su siervo Moisés, quien desafió la autoridad del Faraón por medio de diez juicios que Dios llevó a cabo a través de su mano. Al principio, pareció una competencia con las fuerzas del mal, sin embargo, muy pronto se hicieron evidentes las limitaciones del poder satánico para hacer "milagros". Quizás la manifestación más espectacular de todas fue la división de las agua del Mar Rojo y de ahí en adelante cada cosa que Dios hizo durante cuarenta años en el desierto fue un verdadero milagro.

A nivel individual, hubo una época en la cual Dios dio poderes especiales a hombres como Elías y Eliseo, quienes ejecutaron una serie de milagros que evidenciaron el poder y la gloria de Dios, especialmente en un momento de oscuridad espiritual y de confusión política y social. También se registran una serie de hechos aislados de hombres de Dios a quienes de se les dio autoridad de hacer milagros extraordinarios.

2. Milagros realizados por Cristo y sus discípulos

El ministerio terrenal de Jesús abunda en manifestaciones milagrosas que marcan una época única en la historia de la humanidad. Los actos ejecutados por Jesús son únicos, irrepetibles y singulares. Caminar sobre las aguas, multiplicar los panes, resucitar muertos, extraer monedas de la boca de un pez, *inter alia* son actos únicos. La diferencia de los actos ejecutados por Moisés o Elías o Pablo y los ejecutados por Jesús está clara. Jesús es Dios mismo, una Palabra es autoridad *per se* para alterar cualquier ley que Él mismo ha establecido con anterioridad. No precisa de autorización ni de delegación. En cambio, en el caso de los humanos, el hacer milagros es producto de una autoridad delegada y con el propósito de exaltar a Dios, no al hombre.

3. Milagros después de la resurrección

En el período de la Iglesia primitiva hubo una serie de manifestaciones del poder de Dios a través de hombres como Juan, Pedro, Pablo y otros. El libro de los Hechos nos relata la forma como Dios usó a Pedro y Juan, en el caso del cojo en el templo de la hermosa, por ejemplo. Ellos tenían un poder delegado de Dios para efectuar milagros y que la gente creyera en el mensaje de Jesucristo. Esta fue una época rica en acontecimientos de esta naturaleza, y era necesario que así ocurriera, de esto no hay absolutamente ninguna duda.

La controversia ha surgido en la Iglesia en virtud de dos bandos. El primero que asevera con énfasis que la época de los milagros terminó con los apóstoles y que en la actualidad, ya no existe tal cosa y que Dios no delega autoridad a los hombres para que efectúen dichas manifestaciones puesto que ya no es necesario siendo que la Iglesia está suficientemente establecida. Por el otro lado, con el surgimiento del movimiento pentecostal en el mundo, los milagros y todo este movimiento ha vuelto a cobrar vigencia, a tal grado que muchas veces se considera que los predicadores que no hacen milagros como personas que no tienen el Espíritu Santo en sus vidas.

4. Los milagros en la Iglesia latinoamericana

Sin duda la Iglesia Latinoamericana ha experimentado profundos cambios en los últimos años y el auge, primero de la iglesia pentecostal y luego de la iglesia neo pentecostal o carismática ha hecho resurgir el tema de los milagros. Especialmente aquellos que tienen que ver con la sanidad divina. Es así como han surgido movimientos que se han centrado en orar por los enfermos y que los ha llevado a capitalizar grandes masas de adeptos como consecuencia de tal orientación. Siempre ha habido en la Iglesia Latinoamericana un sector de la Iglesia que se ha mostrado escéptico con este fenómeno, pero para hacer honor a la verdad, en este momento es minoritario.

Una vez efectuado un sucinto análisis histórico del tema de los milagros, huelga señalar que no es prudente adoptar posiciones radicales en el sentido de afirmar que el tiempo de los milagros ha terminado o que cualquier persona que tenga fe puede hacer milagros. Ambos posturas pueden conducir a errores fatales. En primer lugar porque el hacer milagros no es una potestad humana. Es una prerrogativa divina, pues es Dios quien delega autoridad a un individuo para ejecutar una acción en beneficio de la Iglesia y para gloria de Dios, nunca para alimentar su orgullo ni para hacer exhibiciones. Afirmar que la edad de los milagros ha terminado es un exabrupto teológico que no nos compete a nosotros afirmar. Por otro lado, no podemos obviar que ha habido un abuso impresionante con esto de los milagros, hombres y mujeres que se han levantado clamando poderes especiales para hacer maravillas, sanando enfermos, expulsando demonios y otras cosas más. Estos individuos, mediante una manipulación espectacular llevan a las personas a un micrófono a confesar que han sido sanadas de cáncer, sida o de cualquier otra enfermedad y después han muerto.

Al igual que en el pasado, la gente está interesada más en el espectáculo que en escuchar y hacer la palabra de Dios. Está más interesada en milagros que en renunciar al pecado y vivir vidas de santidad. Algunos evangelistas han explotado esto para su propio beneficio, porque sí hay gente, hay dinero y sí hay dinero hay poder y reconocimiento, empero esto no es la obra de Dios, esto es un abuso y una tergiversación del mensaje del Evangelio. Ahora, con esto, no estamos diciendo que no se deba orar por enfermos, claro que sí, el poder de Dios no tiene límites ni en el espacio ni el tiempo, empero debemos sopesar nuestras motivaciones y nuestras actuaciones. Todo lo que se haga para la gloria de Dios bajo los principios de su palabra está bien. Todo lo que excede esto, está fuera de orden y no debe hacerse.

SECCIÓN V

EL CRISTO ENCARNADO: SU MUERTE

Antes de llegar al tema de la muerte del Cristo encarnado es preciso abordar lo relacionado a los sufrimientos de Jesús, empero, por haber sido tratado todo lo referente a sus sufrimientos en el capítulo que corresponde a la Soteriología, el mismo será obviado en esta sección.

Enfocándonos en el tema de la muerte de Jesús, tenemos que realizar algunas consideraciones teológicas que son de capital importancia entender antes de abordar este interesante punto. En primer término, cuando hablamos de la muerte de Jesús, estamos hablando de la muerte de Dios, por este mismo hecho, no podemos entender la muerte en el mismo sentido que se entiende para los humanos. En segundo término, la muerte es una consecuencia directa del pecado del hombre y su existencia obedece a un decreto divino.

Discurriendo sobre la muerte de Jesús, la primera conclusión es que Dios no muere, simplemente no puede morir. Lo único que cabe decir en este caso es que Dios dejo de utilizar el ropaje humano que había utilizado durante su ministerio terrenal y que en el caso de Él, la muerte no es una consecuencia del pecado de Adán, sino, una consecuencia directa de un acto de su voluntad por medio de la cual, Él se atribuye la culpa de la humanidad y se convierte *ipso facto* en culpable y reo de muerte. De tal manera que al asumir el pecado de la humanidad, solo le queda un camino, el derramamiento de sangre mediante un sacrificio y es esto exactamente lo que ocurre en la cruz.

De la misma manera, como el sacerdote ponía su mano sobre el cordero sin mancha y simbólicamente le transfería los pecados del pueblo, no había otra cosa que hacer, sino sacrificar vicariamente al cordero que servía como expiación del pecado. En el caso de Jesús, nadie le transfiere nada, el de su propia voluntad y por amor al hombre toma la culpa y se entrega al hombre mismo como el cordero sin mancha, para que éste, sin saberlo, proceda al sacrificio vicario. Entonces la muerte de Jesús, no puede, ni debe entenderse según los mismos parámetros de la muerte de un ser humano común y corriente. Sus connotaciones son completamente diferentes.

El estudio de esta sección se efectuará de la siguiente manera: Los tipos de la muerte de Cristo (A), Predicciones sobre la muerte (B) y la muerte en los escritos del N.T. (C).

A. Tipos de la muerte de Cristo

Un tipo es una figura, un modelo, un ejemplo y para que exista dicha figura, precisa de tener su confirmación en el N.T. Según los estudiosos de la Teología Exegética, existen cuatro clases de tipos, es a saber, 1) Personas, 2) Lugares, 3) Cosas y animales y 4) Sucesos. En lo que se refiere a la Muerte de Jesús, encontramos según CHAFER, 16 tipos de este evento en todo el A.T. y consisten en personas, lugares, animales y sucesos.

1) *Aarón*, es el tipo de la ofrenda que Cristo haría de sí mismo, Cristo fue tanto el cordero sin mancha como el sacerdote que ofreció la

ofrenda. 2) *El altar de bronce* era el lugar donde se ofrecían los sacrificios en el A.T., es tipo de la cruz sobre la cual murió Cristo. 3) *Las dos avecillas*. Los dos animales formaban un sólo símbolo, la que muere representa la muerte de Cristo y la que es dejada libre, su resurrección. 4) *La sangre de la expiación*. La sangre de los sacrificios del A.T. no podían quitar los pecados, en cambio la de Cristo es eficaz. 5) *Las ofrendas de olor suave*. Las cinco ofrendas enunciadas en los primeros cinco capítulos de Levíticos representan la obra que realizaría Cristo mediante su muerte; las primeras tres (holocausto, oblación, ofrenda de paz) simbolizan su muerte. 6) *Las ofrendas que no eran de olor suave*. Estas simbolizan la completa libertad divina para perdonar pecados y la predicación del Evangelio. 7) *El macho cabrío como ofrenda*. Este animal es símbolo de lo que Dios rechaza, tipifica a Cristo cuando fue contado entre los transgresores. 8) *Los dos machos cabríos*. Este sacrificio se hacía el gran día de la expiación, cuando el sacerdote ofrecía ofrenda por los pecados de la nación. El primer macho era sacrificado y su sangre llevada al lugar santísimo (la muerte de Cristo y la presentación de su sangre como remedio contra el pecado), al segundo se le colocaban las manos sobre la cabeza y se le enviaba al desierto (transferencia de la culpa, un sustituto) 9) *El pariente cercano redentor*. El pariente es Cristo, sólo Él pudo pagar el precio de nuestra redención. 10) *El cordero*. Este es el tipo de Cristo más utilizado. 11) *La fuente de bronce*. Todo sacerdote antes de oficiar debía purificarse en la fuente, éste es tipo de la sangre de Cristo que limpia nuestros pecados. 12) *La pascua*. El cordero tenía que ser sin mancha y su sangre era derramada. A pesar de las repeticiones los sacrificios no daban la seguridad de salvación para los oferentes. 13) *La vaca alazana*. Así como las cenizas de la vaca alazana se preservan, y llegaron a ser un estatuto perpetuo de limpieza, la sangre de Cristo nos limpia de todo pecado. 14) *Isaac*, representa a Cristo que fue obediente hasta la muerte de cruz. 15) *La Peña*. La herida en la roca contempla el derramamiento del Espíritu Santo. 16) *José*, fue rechazado y maltratado por sus hermanos, Cristo fue rechazado, maltratado y muerto por los suyos.

La importancia de la relación tipológica efectuada anteriormente, estriba en demostrar que la muerte de Cristo no fue un accidente en la historia o producto de la voluntad torcida de hombre inicuo. Todo lo contrario, la muerte de Cristo es un evento concebido en la mente y en el corazón de Dios desde antes de la fundación del mundo, revelada a lo largo y ancho del AT a través de los profetas quienes hablaron al pueblo de un Mesías, de un Salvador. De tal manera que la anterior relación tipológica demuestra palmariamente uno de los decretos divinos más extraordinarios de la historia, la muerte vicaria de Cristo.

B. Predicciones sobre la muerte

Además de la tipología a la que nos hemos referido anteriormente, la muerte de Cristo fue objeto de una serie de profecías por diferentes hagiógrafos, quienes hablaron en nombre de Dios para revelar el plan de salvación que Dios había gestado para la redención de la humanidad. Es en este sentido que efectuaremos una sucinta revisión de las profecías más significativas del AT.

1. La principal predicción histórica

El Salmo 22, escrito mil años antes de la muerte de Cristo, es una predicción sobre la escena de la crucifixión. Este Salmo de David es una revelación divina del evento ocurrido en el Calvario. Como toda profecía del A.T., este salmo tiene dos aproximaciones, la próxima y la remota. La primera habla de David y su entorno y la segunda es una alusión clarísima a Cristo. El versículo 1 es una de las siete palabras que el Texto Sagrado registra que Jesús pronunció en la cruz. Este hecho vindica la mesianidad de este salmo y lo ubica como una de las profecías más importantes del A.T. respecto a la muerte de Cristo.

Me han traspasado las manos y los pies… se reparten entre ellos mis vestidos… Son alusiones escritas mil años antes que ocurrieran. Esto demuestra lo que anteriormente hemos afirmado, la muerte de Cristo en la cruz no es un accidente o un error, es un hecho planificado y ejecutado por Dios mismo, de ahí sus palabras: *Nadie me quita la vida… yo la pongo…*

2. La principal predicción doctrinal

Una de la profecías torales respecto a la muerte de Cristo es la que se registra en Isaías 52:13 - 53:12. Él es el Siervo de Jehová, que se humilló hasta lo sumo para justificar al hombre delante de Dios. Este pasaje es sin duda el más extraordinario de todos aquellos que hablan de Jesús. El hagiógrafo, con una claridad meridiana describe la obra y ministerio de Jesús y los detalles de su sacrificio. Este Texto fue escrito, setecientos o más años antes de que ocurriera.

Esto deja ver nuevamente que, aunque los fariseos y saduceos participaron en la muerte de Cristo, al igual que Pilato y Judas, cada detalle estaba perfectamente planificado desde antes de la fundación del mundo. Lo que escribe Isaías tiene una concordancia perfecta con los acontecimientos ocurridos el día de la crucifixión y se constituye en el mensaje central del Evangelio que hoy se predica en los cuatro confines de la tierra. Esta profecía resalta sin lugar a dudas, la muerte vicaria de Cristo, el justo por los injustos, el santo por los pecadores, empero también deja suficientemente claro que es Dios quien permite esto.

3. Varias predicciones menores

Otra de las predicciones se encuentra en Gn.3:15, la cual es considerada como la primera promesa de redención al hombre y la primera profecía de la obra de Cristo, pues el día de su muerte en la cruz, sin ninguna duda, aplastó la cabeza de la serpiente. Otra predicción es encontrada en Is. 50:6. Este pasaje muestra en una forma clara y bien concisa el sufrimiento de Cristo en la Cruz. También en la profecía de Zacarías se encuentras dos pasajes como ser, Zac.12:10 y 13:6-7 estos dos pasajes efectúan una alusión directa a la muerte de Cristo siendo un complemento perfecto de los otros y ofreciendo una dimensión más amplia del significado de la muerte de Cristo.

4. La declaración propia de Cristo

Cristo mismo anunció su muerte, aunque los discípulos no lo pudieron captar cabalmente, ellos esperaban la realización inmediata del reino mesiánico. (Mt.16:21, 17:22-23, 20:17-19, 26:12,28,31; Mr.9:32-34, 14:8,24,27; Lc.9:22,44,45, 18:31-34, 22:20; Jn.2:19-21, 10:17-18, 12:7)

Por ser Jesús, Dios mismo, el Dios omnisciente, entonces conocía todos los detalles respecto a su muerte vicaria. Este hecho fue revelado a los discípulos y otras personas en reiteradas ocasiones. Como es obvio, dicha declaración no fue entendida en toda su dimensión en aquel momento. Era necesario que resucitara para que ellos comenzaran a comprender la naturaleza de la muerte y del ministerio al cual habían sido llamados.

Nunca fue el propósito de Jesús, mantener este hecho oculto, todo lo contrario, era su más caro interés que sus discípulos entendieran la verdadera naturaleza de su muerte. Hubo que esperar algún tiempo para que esto ocurriera, empero cuando sucedió, no hubo ninguna duda en el corazón de los discípulos de salir y anunciar este hecho tan maravilloso a propios y extraños.

C. La muerte en los escritos del N.T.

Es en el N.T. donde se explica de una forma más directa y se entiende con claridad meridiana la dimensión correcta de la muerte vicaria de Cristo, especialmente en los escritos de Pablo, quien de una manera magistral explica, incluso hace exégesis de pasajes del A.T. para no dejar ninguna duda que Jesucristo muere en nuestro lugar en la cruz y que nuestra fue en Él nos trae como aparejada consecuencia, la salvación.

En el presente numeral, será objeto de estudio todo lo relacionado a la muerte de Cristo en los diferentes libros y epístolas.

1. La muerte de Cristo en los sinópticos

Los sinópticos dan más amplitud al mensaje de Cristo y presentan su muerte y resurrección como hechos históricos. Al momento de escribir estos relatos biográficos, los judíos no creían en el verdadero significado de la muerte de Cristo. Ellos seguían esperando el cumplimiento de las profecías sobre el Mesías - Rey. En sumario, los evangelios sinópticos relatan las predicciones de su muerte y la institución de la santa cena como un memorial de ese sacrificio.

2. La muerte de Cristo en los escritos de Juan

La muerte de Cristo la veremos por separado en los tres diferentes escritos de Juan; el Evangelio, las Epístolas, y el Apocalipsis.

a. La muerte de Cristo en el Evangelio de Juan

El evangelio de Juan tiene siete pasajes importantes sobre la muerte de Cristo que son dignos de consideración. 1) El primero de ellos presenta a Jesús como el *cordero de Dios*. (Juan 1:29) Es una alusión directa al sistema de sacrificios del A.T. en el cual un cordero sin mancha era sacrificado vicariamente en expiación de los pecados del pueblo. En este pasaje, Jesús toma físicamente el lugar de ese cordero. 2) El levantamiento de Jesús. (Juan 3:14) En este versículo lo de la muerte de Jesús esta implícito, pues sin muerte no hay resurrección. 3) *El pan que será dado para que el mundo viva.* (Juan 6:51) Jesús declara que su muerte significa la vida, especialmente para aquellos que creen en Él. 4) *El buen pastor su vida por las ovejas.* (Juan 10:11) Jesús nos muestra que su muerte tiene una motivación de amor. 5) ... *profetizó que Jesús moriría por la nación judía...* (Juan 11:49-52) Aquí es el Sumo Sacerdote Caifás quien dice que un solo hombre debe morir por el pueblo, no el pueblo por un hombre, sin darse cuenta que estaba profetizando lo que realmente estaba en el corazón de Dios, que Jesucristo iba a morir a favor de todos los hombres. 6) ...*pero si muere produce mucho fruto...* (Juan 12:24) Efectuando una analogía con el grano de trigo, Jesús les dice a sus discípulos acerca de los frutos y los beneficios que va a producir su muerte. 7) *Nadie tiene amor más grande que el dar su vida por sus amigos...* (Juan 15:13) Una vez más expone la motivación del hijo de Dios para morir en la cruz y el gran significado que esta muerte tiene.

b. La muerte de Cristo en las epístolas Juaninas

La 2da. y 3ra. de Juan no hacen ninguna referencia directa a la muerte de Cristo, más en la primera carta encontramos cuatro enseñanzas importantes.1) ... *y la sangre de Jesucristo nos limpia de todo pecado* (I Juan 1:7) Este pasaje nos muestra un efecto directo de la muerte de Cristo, la limpieza de todo pecado. 2)... *Él es el sacrificio por nuestros pecados...* (I Juan 2:2). Aquí nos muestra que el otro de los beneficios de la muerte de Jesús es el perdón de nuestros pecados. 3) ... *en que Jesucristo entregó su vida nosotros...* (I Juan 3:16) Nos vuelve a decir el amor de Dios fue la verdadera motivación de la muerte de Cristo. 4) ... *en esto consiste el amor ... en que El nos amó* (I Juan 4:10) Lo mismo que el texto anterior, es una alusión al amor.

c. La muerte de Cristo en el Apocalipsis

El Apocalipsis es un escrito que mira hacia los días finales del juicio de Dios para los pecadores, también lo hace en forma retrospectiva hacia la muerte de Cristo en cuatro pasajes importantes. 1) ... *el primogénito de la resurrección,* (Apocalipsis 1:5).. Aquí la resurrección es una consecuencia de la muerte de Jesús. 2) ...*con tu sangre compraste para Dios gente de toda raza, lengua, pueblo y nación.* (Apocalipsis 5:9). El sacrificio en la cruz redime a la humanidad que cree en Jesús. 3) ... *han lavado y blanqueado sus túnicas en la sangre del cordero...* (Apocalipsis 7:14) Esta es una alusión directa a que las personas que han alcanzado la salvación son aquellas que han creído en Jesucristo exclusivamente. 4)... *cordero que fue sacrificado desde la creación del mundo...* (Apocalipsis 13:8) Aquí nos muestra que el sacrificio de Cristo estaba contemplado en el plan divino desde el principio.

3. La muerte en las epístolas Paulinas

En los escritos de Pablo, la muerte de Cristo tiene un especial significado desde la perspectiva doctrinal; significado que a continuación es objeto de consideración.

a. Epístola a los Romanos

En Romanos se establece el mismo corazón del Evangelio, la divina gracia sobre el hecho de la muerte y resurrección de Cristo. 1)...*Dios lo ofreció como un sacrificio de expiación* (Romanos 3:23-26). En este pasaje Pablo deja claro que Jesús estaba expiando el pecado del hombre, es decir, estaba tomando nuestra culpa. 2)... *fue entregado a muerte por nuestros pecados* (Romanos 4:25) Si la motivación del sacrificio fue el amor, la razón sin duda fue el pecado nuestro. 3)... *Cristo murió por los malvados...* (Romanos 5:6-10) En este caso los malvados éramos todos, puesto que no había *justo ni aún uno.* 4)... *fuimos bautizados para participar en su muerte... murió al pecado una vez y para siempre...* (Romanos 6:3-6,10) Pablo nos dice que fuimos traídos al reino de Dios para participar de todos los beneficios que nos ha traído la muerte de Jesús. 5)... *murieron a la ley mediante el cuerpo crucificado de Cristo.* (Romanos 7:4-6). Este es un pasaje con aplicación exclusiva a los judíos, a quien le dice que la ley es historia y que ahora somos recipientes de un nuevo pacto. 6)... *la ley no pudo liberarnos... por eso Dios envió a su propio hijo... para que se ofreciera en sacrificio por el pecado...* (Romanos 8:3,4) Aquí queda suficientemente claro que la muerte de Cristo nos libera de la ley del pecado. Lo que no logró la ley, si lo logró el sacrificio de Cristo. 7)... *que no escatimó ni a su propio hijo sino que lo entregó por todos nosotros...* (Romanos 8:32) Es una alusión directa al amor que Dios tiene por el hombre y la importancia que éste tiene para Él.

b. Epístola a los Corintios

El tema de la muerte de Jesús en la epístola a los Corintios lo aborda de la siguiente manera: 1)... *locura para los que se pierden... para los que se salvan poder...* (I Corintios 1:18,22-24) Esta es una alusión a la forma como las personas reciben el mensaje y las consecuencias directas que tiene. 2)... *Cristo nuestro cordero pascual ya ha sido sacrificado...* (I Corintios 5:7) Esta hablando de la calidad de vida. La muerte de Cristo provee a la persona que creé la oportunidad de vivir una vida de santidad. 3)... *ese hermano débil, por quien Cristo murió.* (I Corintios 8:11) Este pasaje es una referencia al testimonio que debe guardarse con aquellas personas que son nuevas en la fe, a fin de no ser piedras de tropiezo para ellas. La muerte de Cristo es una alusión a la importancia que uno debe darle a este tipo de personas a quienes el apóstol llama débiles. 4)... *si no hay resurrección...*(I Corintios 15:13 y II Corintios 5:14-21) En estos pasajes todo se centra en la importancia de la resurrección. Habla de la muerte de Cristo que resaltando la resurrección significa la esperanza, el futuro, donde debemos centrarnos.

c. En Gálatas

Nos encontramos ya en la epístola a los Gálatas, una de las primeras epístolas escritas por Pablo. El tema de la muerte de Cristo lo aborda de la siguiente manera: 1)... *para rescatarnos de este mundo malvado...* (Gálatas 1:4) Aquí nos dice el propósito de por qué murió Cristo en la cruz. 2) ... *quien me amó y dio su vida por mí...* (Gálatas 2:20; 6:14) Esta es una declaración en la cual Pablo justifica porque ha renunciado al mundo, y es precisamente por el acto de amor de Cristo en la cruz. 3)...*maldito todo aquel que es colgado de un madero.* (Gálatas 3:13; 4:4,5) Aquí estamos en medio de un debate sobre la ley y la Gracia. En esencia Pablo nos dice que hemos sido librados de la Ley a través de la muerte de Cristo.

d. Epístolas de la prisión

Las epístolas de la prisión introducen la verdad con respecto a la posición exaltada del creyente en Cristo, la cual se basa solamente en la muerte de Cristo, y se hizo posible a través de ella. 1)... *tenemos la redención mediante su sangre.* (Efesios 1:7) Aquí la muerte de Cristo nos compra de la esclavitud del pecado y nos perdona. 2)...*los ha acercado mediante la sangre de Cristo...* (Efesios 2:13) La muerte de Cristo ha acercado a los gentiles a la salvación, antes estaban alejados de los pactos, ahora han sido hechos cercanos. 3)... *se hizo obediente hasta la muerte y muerte de cruz...* (Filipenses 2:8) Este es el célebre pasaje de la Kenosis de Jesús donde se despoja a si mismo. *Vide. Supra.* La Kenosis de Jesucristo.4)...*participar de sus sufrimientos y llegar a ser semejante a él en su muerte...* (Filipenses 3:10) Esta es una expresión del apóstol acerca de lo glorioso que significa participar de algunos aspectos de la vida de Jesús como ser sus sufrimientos y su muerte y tener la meta de alcanzar la resurrección. 5)...*reconciliar todas las cosas...haciendo la paz mediante la sangre...los ha reconciliado en el cuerpo mortal de Cristo mediante su muerte.* (Colosenses 1:20-23) Les habla a los gentiles y les muestra como a causa de sus pecados estaban alejados de Dios y había una enemistad. Pero la muerte de Cristo logra precisamente esto, la reconciliación.

e. Epístolas pastorales

En las epístolas pastorales existen dos alusiones directas a la muerte de Cristo. 1)...*dio su vida en rescate...* (I Timoteo 2:5,6) Jesús paga con su vida el rescate para que nosotros fuéramos liberados de las cadenas satánicas a las que estábamos atados y se constituye de esta manera en el único mediador entre Dios y el hombre. 2)...*se entregó para rescatarnos de toda maldad...*(Tito 2:14) El apóstol explica como la muerte nos rescata con dos propósitos, por un lado nos libra del pecado y por el otro nos convierte en santos. Es una acción de doble vía.

5. La muerte en las epístolas Petrinas

En cada uno de los discursos del libro de Hechos, Pedro habla de la muerte de Cristo, acusando a los judíos de haber crucificado al Señor. En su primera epístola realiza tres alusiones directas, aunque en su segunda Epístola no hace ninguna referencia a la muerte de Jesús. 1)...*el precio de su rescate no se pagó...sino con la preciosa sangre de Cristo...* (I Pedro 1:18-19) Aquí se nos dice el alto precio del rescate del hombre, la sangre de Cristo, el acto de morir en la cruz por todos los hombres. 2)...*llevó en el madero nuestros pecados, para que muramos al pecado...*(I Pedro 2:24) Este pasaje asegura que Cristo adquiere nuestra responsabilidad y toma nuestros pecados y los hace suyos, para que nosotros no seamos más pecadores sino santos. 3)...*Cristo murió por los pecados...a fin de llevarlos a ustedes a Dios...*(I Pedro 3:18) El hombre estaba por naturaleza alejado de Dios, la muerte de Cristo lleva al hombre a Dios, lo hace cercano.

5. La muerte en la epístola a los Hebreos

La Epístola a los Hebreos tiene dos propósitos fundamentales; confirmar la fe de los judíos cristianos, y anunciar el peligro de los judíos que han profanado la fe cristiana. Para cualquier postulado del judaísmo y del corazón humano, Hebreos tiene la respuesta en la muerte y la resurrección de Cristo. Las alusiones sobre la muerte de Cristo se encuentran en tres pasajes. 1)...*anular por medio de la muerte al que tiene el dominio de la muerte... librar a todos los que por temor a la muerte estaban sometidos a esclavitud durante toda la vida.* (Hebreos 2:9-18) En este pasaje repite aspectos ya ampliamente mencionados en otros Textos, sin embargo introduce un elemento que nadie había considerado antes, y este es el que se relaciona con quitarle a Satanás el dominio que tenía sobre la muerte y librar de este temor a los hombres. Al morir y resucitar, la muerte ya no es el fin sino el principio, no es una derrota sino un triunfo y por lo tanto adquiere una nueva dimensión nunca antes apreciada por los hombres. 2)...*El ofreció el sacrificio una sola vez y para siempre cuando se ofreció así mismo.* (Hebreos 7:27; 10:10-12) Aquí establece la analogía con el sumo sacerdote del A.T. y el sacrificio que éste tenía que hacer en reiteradas ocasiones. Ahora Jesús es el Sumo Sacerdote, pero también es el sacrificio que se ofrece así mismo de una vez y por todas, para expiar los pecados de la humanidad. 3) (Hebreos 10:1-39) Este es un pasaje sumamente extenso en el cual señala que Jesucristo es el único calificado para ofrecerse en expiación de los pecados del hombre. Este es un mensaje directo a los judíos de la diáspora a quienes se les advierte las consecuencias de pasar por alto el sacrificio de Jesucristo.

En conclusión, sí la muerte de Cristo es de inestimable valor para los hombres, lo es más para Dios. La muerte de Cristo es un sacrificio de proporciones infinitas. La muerte de Cristo era necesaria como solución única para el problema del mal. La muerte de Cristo es eficaz, no necesita ningún agregado. La muerte de Cristo proveyó la base perfecta para la salvación. Mediante la muerte de Cristo hay perfecta redención del pecado. A causa de la amplitud de la muerte de Cristo, el pecador arrepentido es salvo por gracia.

No fue Judas el responsable de la muerte de Jesús, no fueron los fariseos ni los saduceos, no fue Pilato el responsable, nadie podía evitar lo inevitable, fue el pecado del hombre, fue nuestra iniquidad, nuestra maldad la que puso a Cristo en una cruz y el deseo maravilloso de Dios de restaurar a la corona de su creación. Este es el acto de amor que Juan registra,... *de tal manera amó Dios al mundo...* La muerte de Cristo es el acontecimiento que Cristo mismo decidió por amor al hombre. De manera que, como señalara WESLEY en uno de sus sermones, la caída del hombre y lo que parecía la desgracia más grande, se convirtió después en la bendición más grande de la historia, porque sin pecado, no hay salvación, sin salvación no hay forma de conocer la dimensión del amor de Dios sin el conocimiento del amor de Dios no hay posibilidad de Salvación. Es en momentos como este que cobran vigencia las palabras del proverbista: *El hombre es quien propone el camino pero es Jehová quien endereza las veredas...*

Sección VI

EL CRISTO ENCARNADO:
SU RESURRECCIÓN Y ASCENCIÓN

"*¡Es verdad!, el Señor ha resucitado y se ha aparecido a Simón*" (Lc 24,34). Estas palabras recogidas por el evangelista y puestas en boca de los discípulos de Emaús, a los que el Resucitado salió al encuentro por el camino, expresaban el alborozo y al mismo tiempo el asombro por lo sucedido con Jesús. Ellos creían que todo había terminado de mala manera, como casi todas las esperanzas, ilusiones y utopías de los hombres. Le habían dicho al desconocido caminante: "*Nosotros esperábamos..., pero con todo esto, ya han pasado tres días desde que sucedió esto*" (Lc 24,21). Con estas palabras hablaban con desilusión de los hechos. Una vez más, el fracaso.

Esta es la actitud que tantas veces adoptamos ante el curso de aquellos acontecimientos que no dominamos y ante los cuales nos sentimos impotentes. Olvidamos con ello que sólo Dios es el Señor de la historia y que, por eso mismo, ésta nunca está del todo en nuestras manos. Algunas de las grandes catástrofes históricas provocadas por los hombres tienen detrás este terrible olvido. ¡Qué difícil es para algunos extraer las lecciones de la historia!

Pablo, que fue perseguidor de cristianos y a quien Jesús había salido también al encuentro desbaratando todos sus planes, decía a los cristianos de Corinto:

> *"Si no hay resurrección de los muertos, tampoco Cristo resucitó. Y si no resucitó Cristo, vacía es nuestra predicación, vacía es también nuestra fe"* (1 Cor 15,13-14).

Ciertamente es así. Todo el edificio de la predicación cristiana se levanta sobre la fe en la resurrección. Es verdad que la ciencia y la investigación histórica no pueden suplir la fe, pero la historia de Jesús, su condena por el Sanedrín judío y ejecución por los romanos aparecen hoy como una luz nueva para cuantos se interesan por estos hechos gracias a la búsqueda tenaz de la lo sucedido con todos los medios de que el conocimiento puede disponer. En la historia de Jesús, todo apunta a que el mensaje de la resurrección predicado por los discípulos responde a la interpretación más plausible de aquella experiencia, que ellos vivieron sin "montaje", un acontecimiento que cambió la manera de percibir el aparente fracaso de Jesús y les impulsó a proclamar: *"¡Es verdad, ha resucitado!"*.

El cristianismo ha aportado desde entonces la mayor cuota de humanización de la vida que se ha conocido y los valores evangélicos han inspirado las mejores obras de los seres humanos, aun contando con los errores históricos y los pecados de los hijos de la Iglesia. La resurrección de Jesús ha ayudado a morir en paz y reconciliados a millones de seres humanos y ha devuelto la esperanza a cuantos la perdieron a causa de los hombres. Jesús resucitado arrastra tras de sí el corazón de cuantos le aman y ven en Él la esperanza más cierta que el hombre puede albergar.

Si es cierto que Él ha resucitado, ¡y lo es!, resucitarán los muertos y contra el poder de Dios nada es alternativa consolidada, ni la inhumación ni la conversión en cenizas de unos despojos humanos, porque la resurrección hará nuevas todas las cosas con la certeza de que cada ser personal seguirá siendo él en su identidad propia.

Para su estudio, esta sección la dividiremos en dos partes fundamentales: La resurrección de Cristo (A) La Ascensión y ministerio actual de Cristo.(B).

A. La resurrección de Cristo

La Resurrección de Cristo es objeto de fe en cuanto es una intervención trascendente de Dios mismo en la creación y en la historia. En ella, las tres personas divinas actúan juntas a la vez y manifiestan su propia originalidad. Se realiza por el poder del Padre que *"ha resucitado"* (cf. Hch 2, 24) a Cristo, su Hijo, y de este modo ha introducido de manera perfecta su humanidad. Jesús se revela definitivamente como *"Hijo de Dios con poder, según el Espíritu de santidad, por su resurrección de entre los muertos"* (Rm 1, 3-4). San Pablo insiste en la manifestación del poder de Dios (cf. Rm 6, 4; 2 Co 13, 4; Flp 3, 10; Ef 1, 19-22; Hb 7, 16) por la acción del Espíritu Santo. En cuanto al Hijo, Él realiza su propia Resurrección en virtud de su poder divino. Jesús anuncia que el Hijo del Hombre deberá sufrir mucho, morir y luego resucitar (sentido activo del término) (cf. Mc 8, 31; 9, 9-31; 10, 34). Por otra parte, Él afirma explícitamente: *"doy mi vida, para recobrarla de nuevo... Tengo poder para darla y poder para recobrarla de nuevo"* (Jn 10, 17-18). *"Creemos que Jesús murió y resucitó"* (1 Te 4, 14).

El estudio de este apartado se realizará de la siguiente manera: La resurrección en el A.T. (1), La resurrección en el N.T (2), Teorías racionalistas sobre la resurrección de Cristo (3), La realidad de la resurrección de Cristo (4), La Resurrección de Cristo como causa de un nuevo orden de seres (5) y El Día del Señor como conmemoración de la Resurrección (6).

1. La Resurrección en el Antiguo Testamento

El concepto de resurrección comienza a manejarse con cierta propiedad en el Período Intertestamentario, sin embargo en el Antiguo Testamento podemos encontrar cierta información que es de mucha utilidad, tanto en la tipología como en profecías específicamente hechas en el libro de los Salmos.

a. La resurrección en los tipos del A.T.

Por lo menos se hallan cuatro tipos de la resurrección del Cristo en el A.T., especialmente en el Pentateuco. 1) *El sacerdocio de Melquisedec,* (Gen 14:18 y Hebreos 7:23 y 24) La epístola a los Hebreos nos dice que el sacerdocio de Cristo es según la orden de Melquisedec, es decir, no tiene principio y no tiene fin. Comienza con la resurrección y continua para siempre, esto solo es posible mediante la resurrección. 2) *Las dos avecillas*, (Levítico, 14:4 – 7). Aquí nos habla de dos avecillas, la una muere y la otra es dejada libre. La que es dejada libre es mojada con la sangre de la que es muerta. La segunda avecilla es un símbolo de la resurrección de Cristo, quien lleva su sangre al cielo. (Cfr. Hebreos 9:11-28) 3) *Las primicias*. (Levítico 23: 10 –11)... *traeréis... una gavilla por primicia de los primeros frutos...* Cristo, por medio de la resurrección representa por medio de su cuerpo resucitado a todos los que son salvos por Él. (Cfr. I Corintios 15:23. 4) *La Vara de Aarón que reverdeció*. (*Números 17:8*) El relato nos dice que de las doce varas presentadas, solamente la de Aarón reverdeció. En este sentido se convierte en tipo de Cristo, porque solamente Él resucito de entre los muertos y primicia de los que durmieron es hecho. Ninguna otra persona ha resucitado con un cuerpo glorificado solamente Él.

b. En las profecías

En los Salmos encontramos alusiones directas de la resurrección. 1)... *ni permitirás que su santo vea corrupción...* (Salmo 16:9-10) En este pasaje se está hablando de la experiencia de la muerte y la corrupción del cadáver en el sepulcro. Ahora, en Hechos 2:27 y 13:35, estas palabras se interpretan como el anuncio profético de la resurrección de Cristo. 2)... *la piedra que desecharon los edificadores...* (Salmo 118:22-24) La interpretación de este Salmo se encuentra en Hechos 4:10 y 11. En el análisis de estos pasajes observamos que es la resurrección de Cristo el hecho que marca la diferencia y lo ubica como la piedra angular.

2. La resurrección en el Nuevo Testamento

Es en el Nuevo Testamento donde la doctrina de la resurrección se desarrolla con mejor propiedad. Jesucristo hace alusiones directas y claras al tema y luego el se constituye como el prototipo de la resurrección al haberse levantado Él mismo de entre los muertos. Ahora es el apóstol Pablo quien magistralmente desarrolla esta doctrina en epístolas como I de Corintios o Tesalonicenses.

En el N.T. lo primero que encontramos son las predicciones de Cristo con respecto a su propia resurrección: *el hijo del hombre será crucificado pero el tercer día resucitará... así como Jonás estuvo en ... tres días* y *tres noches, así el hijo del hombre*... Todos estos versículos nos indican la manera como Jesús preparó el terreno para que este extraordinario acontecimiento no tomara por sorpresa a sus discípulos. Entre los pasajes más importantes que mencionan este acontecimientos están los siguientes: Mt.16:21, 17:23, 20:17-19, 26:12,28,31; Mr.9:30-32, 14:8,24,27; Lc.9:22,44,45, 18:21-34, 22:20; Jn.2:19-21, 10:17,18, 12:7

3. Teorías racionalistas sobre la resurrección de Cristo

El racionalismo humano ha tratado de desvirtuar la resurrección de Jesucristo. En tal sentido ha esgrimido una serie de teorías para dar un explicación lógica y sensata de algo que ellos mismos creen que es absurdo. El racionalismo considera cualquier teoría, por absurda que sea, como una posible respuesta y siempre desechará, lo que no es una teoría sino una realidad, la resurrección del hijo de Dios y la inauguración de una nueva era para la humanidad. En este numeral serán objeto de estudio las teorías más importantes esgrimidas por el racionalismo.

a. La teoría del traslado del cuerpo

La explicación más antigua de la tumba vacía es que los discípulos robaron el cuerpo. No obstante, esta sugerencia ha sido abandonada. Es imposible, tanto desde el punto de vista psicológico como ético. Los discípulos no eran precisamente el tipo de gente que hubiese podido llevar a término esta empresa, por mucho que se estire la imaginación; tampoco se puede conciliar un fraude deliberado de esta naturaleza ni con sus caracteres ni con su conducta posterior. Incluso si unos cuantos hubiesen actuado con independencia del grupo, es inconcebible que nunca lo hubiesen dicho a los otros. ¿Acaso es razonable que ninguno de ellos, ni bajo tortura o martirio, admitiese nunca el engaño? Nunca se ha conocido ni un murmullo de un rumor semejante dentro de la iglesia.

Más plausible es la sugerencia de que o bien las *autoridades judías o las romanas, o bien José de Arimatea, se hubiesen llevado el cuerpo del sepulcro.* Pero ¿por qué? Cuanto más se estudian las hipotéticas razones para este traslado, junto con las ocasiones y circunstancias sugeridas, menos probables parecen. Pero hay una consideración aún más decisiva. Si las autoridades trasladaron el cuerpo, ¿por qué no lo dijeron, abortando de esta forma la predicación de la resurrección? Hemos de recordar que al cabo de siete semanas Jerusalén estaba hirviendo a causa de esta predicación. Las autoridades no sólo deseaban aplastar esta peligrosa herejía, sino que también se quejaban de que los apóstoles intentaban *echar sobre nosotros la sangre de este hombre.* Los seguidores de Cristo acusaron públicamente a las autoridades de haber negado al Santo y al Justo y de dar muerte al Autor de la vida. ¿Por qué el Sumo Sacerdote no hizo una declaración de que el cuerpo había sido trasladado bajo sus órdenes o cumpliendo órdenes de los romanos? ¿Por qué las autoridades no tomaron por testigos a los que habían tomado parte en el traslado? ¿Por qué no indicaron la verdadera tumba, o, como último recurso, no presentaron los restos corrompidos del cadáver de Cristo? ¿Por qué, en lugar de todo esto, aquella mísera calumnia contra los discípulos?

b. La teoría de la leyenda

Otros utilizan un término algo más amable y describen los relatos de la resurrección como leyendas. ... Estas dos teorías, la de la invención deliberada y la de la leyenda, se desmoronan delante de la realidad de la tumba vacía. Pocos eruditos las consideran seriamente.

La debilidad de la teoría de la leyenda, es que una leyenda no se forma en siete semanas, sino que es objeto de un proceso que tarda muchos años en constituirse. Este no es el caso de una doctrina que puso a Jerusalén y al mundo de cabezas en cuestión de semanas.

c. La teoría de la tumba equivocada

Otra sugerencia es que las mujeres fueron a una *tumba equivocada.* No conocían Jerusalén demasiado bien y llegaron allí en la incierta luz de la madrugada; y se perdieron. Un joven que se encontraba por allí se dio cuenta de sus propósitos, y les dijo: *Buscáis a Jesús... No está aquí. Mirad* (señalando a otra tumba) *el lugar donde lo pusieron.* Pero las mujeres se llenaron de pavor y salieron corriendo. Después llegaron a creer que el joven era un ángel con el anuncio de que su Señor había resucitado de entre los muertos.

Esto es muy ingenioso, aunque implica la omisión arbitraria de la frase *Ha resucitado* justo en el centro de las palabras del joven. Es significativo, no obstante, que los proponentes de esta teoría se dan cuenta que no es tan fácil como parece, viéndose impulsados a introducir interpretaciones en la misma. Por ejemplo, añaden por lo general que cuando las mujeres huyeron de la tumba no informaron inmediatamente a los apóstoles de lo que había sucedido. Pero ¿por qué los apóstoles no comprobaron los hechos, o no comenzaron a predicar la resurrección en el acto, sin aquel retardo de siete semanas? Los proponentes de esta hipótesis explican esta falta de contacto entre las mujeres y los apóstoles con la suposición de que los apóstoles ya habían huido de Jerusalén a Galilea, y que no regresaron hasta unas tres semanas después con los relatos de las apariciones en Galilea. Las mujeres no contaron la historia de su visita a la tumba hasta que los apóstoles regresaron a Jerusalén. Pero ¿por qué todos los apóstoles hubieron de huir tan precipitadamente? Sin duda que Jerusalén no era un lugar demasiado seguro para ellos en aquellos momentos, pero en este caso ¿por qué habrían de dejar las mujeres atrás? Una acción así hubiese sido totalmente cobarde y vil. Y las mujeres ¿por qué no los habrían de seguir? ¿Por qué se quedaron solas por tres largas semanas, en contra de sus costumbres normales y en circunstancias aparentemente peligrosas? Todo resulta muy difícil y oscuro.

Pero esta teoría y la anterior se rompen en el mismo punto. ¿Por qué, si así fue, los sacerdotes no presentaron al joven y denunciaron todo el engaño? ¿Por qué no señalaron la tumba verdadera o enseñaron el cuerpo? ¿Y por qué no leemos de ningún rumor de la antigüedad mencionando alguna otra posible tumba como lugar de peregrinación y de reverencia? Parece que sólo hay una respuesta: todos, tanto los amigos como los enemigos, conocían la verdadera tumba y sabían que estaba vacía.

4. La realidad de la resurrección de Cristo

¿Se pueden marginar o racionalizar las mismas apariciones del Señor? Ya hemos visto que no pueden ser descartadas como mentiras o leyendas; fueron testificadas por testigos oculares que estaban convencidos de su veracidad. Todo esto es generalmente admitido por eruditos competentes. ¿Cómo, pues, podemos esquivar sus implicaciones? y una de esas implicaciones fue la transformación que experimentaron no solamente los discípulos sino todas las personas alrededor de ellos. El temeroso Pedro se convirtió en un predicador elocuente que desafió a todos los poderes temporales, Jacobo y Esteban no tenían ningún temor de morir, sino lo contrario, murieron como mártires dando testimonio de Jesucristo. Definitivamente algo había ocurrido, Jesús había resucitado, ellos lo sabían y esto había cambiado completamente la perspectiva de su vida.

Este hecho fue la base y sustancia de la predicación apostólica, y fue predicada a pocos minutos del camino de la tumba de José. ¿Cómo podemos explicar los miles que creyeron, a pesar de la feroz oposición, y el gran número de sacerdotes que se adhirieron a la fe? La respuesta parece decisiva: el hecho básico de la tumba vacía era indiscutible.

Aún más, ¿cómo explicamos el extraño intervalo de siete semanas entre el acontecimiento y su primera proclamación? Ningún inventor de falsas evidencias y ningún soñador de leyendas hubiese fabricado esta historia así. La única explicación adecuada es la que aparece en los registros mismos: Los discípulos pasaron los primeros cuarenta días en comunión intermitente con su Señor resucitado. Durante los diez días siguientes esperaron, como les ordenó Cristo, por «la promesa del Padre», el Espíritu Santo, que había de infundirles poder.

5. La resurrección de Cristo como causa de un nuevo orden de seres

Las resurrecciones de las demás personas que registra el Texto Sagrado fue un volver a la vida anterior, ellos tuvieron que experimentar nuevamente la muerte. En cambio, en la caso de Cristo, Él resucitó con un cuerpo espiritual en personalidad glorificada y exaltada. De ahí que Colosenses menciona a Jesús como *el primogénito de la resurrección 1:18* y de esta misma manera ocurrirá con los seres humanos. El día de la resurrección, el hombre resucitará con el mismo cuerpo glorificado con el cual resucitó Jesús, por eso se dice que Él es el primogénito, el primero.

En virtud de lo anteriormente afirmado, se concluye que la resurrección de Jesucristo da origen a un nuevo orden de seres, que no existen en la actualidad y que nunca han existido, pero que existirán conforme a la promesa divina.

6. El Día del Señor como conmemoración de la Resurrección

En virtud de una controversia que ha existido en Latinoamérica con la Iglesia Adventista, quienes guardan el sábado de la misma forma legalista que hacían los judíos, es menester abordar este tema. Para ellos el sábado comienza el viernes a las 6:00 PM y termina el día siguiente a la misma hora. La Iglesia observa el domingo aunque no de la manera legalista que el día de reposo es observado por los judíos. Si examinamos el Texto Sagrado vamos a encontrar varias hechos: 1) En el período que comprende desde Adán hasta Moisés, no hay indicio bíblico en donde se le mande al hombre a guardar el sábado, se cree que Israel guardó el sábado hasta que salió de Egipto. 2) En el período que va desde Moisés hasta Cristo, la ley estipulaba el guardar el sábado de una forma rigurosa y legalista so pena de muerte si había violación. 3) En la era de la Iglesia, no existe ningún registro que después de la muerte de Cristo, algún cristiano guardara el sábado; mas bien hay exhortaciones a no guardar días, meses, tiempos y años (Gál.4:9-10). En cambio abundan los pasajes en los cuales se nos dice que la Iglesia se reunió para adorar al Señor el primer día de la semana que es el domingo.

Lo cierto es que salvación del hombre no depende de las obras que éste haga sino de la fe que tenga en Jesucristo. La observancia de un día no es tampoco una doctrina cardinal de la Iglesia y no afecta la esencia de la misma. Lo importante no es la observancia de un día, lo importante es la adoración en espíritu y en verdad que Dios requiere en todo momento del hombre. El Señor resucita un domingo, eso es cierto, la Iglesia se reunió siempre los domingos para adorar al Señor, eso también es cierto, que los romanos adoraban al sol y no laboraban ese día también es cierto. Ahora, decir que la Iglesia adopta el domingo para emular la fiesta pagana de Roma, es una exageración gratuita.

El día no es el centro del universo. Mi relación con Dios sí. Esto es lo que determina mi condición.

B. La ascensión y el ministerio actual de Cristo

La ascensión de Cristo no debe interpretarse de una forma literal, aunque literalmente el fue visto ascender. La paradoja debe ser entendida en el contexto que Jesús es Dios y por lo tanto es omnipresente, lo que *ipso facto* significa que no está sujeto a espacio. Por lo tanto no puede ascender ni descender. Por eso no debe entenderse literalmente este acontecimiento, aunque literalmente ocurrió, es una paradoja como aquella que mencionó Jesús: *El que gana su vida la pierde... quien pierde su vida la gana...*

La pregunta que surge en la mente de las personas es ¿Cómo interpretamos la ascensión de Cristo entonces? Como la Teología es razón, una explicación plausible es que se trata de un acto oficial divino por el cual Jesús termina la misión que se había propuesto y transfiere a los hombres la responsabilidad de ser instrumentos de propagación para la salvación de aquellos que no le conocen. El ministerio terreno de Cristo ha llegado a su final, la Iglesia inicia un ministerio de proclamación, enseñanza, comunión, discipulado y servicio.

El estudio de este interesante tema se realizará de la siguiente manera: La ascensión de Cristo (1) y el ministerio actual de Cristo (2).

1. La Ascensión de Cristo

Cuarenta días después de la pascua, Cristo ascendió al cielo en medio de sus discípulos, volviendo a Su padre para ser glorificado. La ascensión es el sello y la consecuencia necesaria de la resurrección de Jesús. Después de su *kenosis* Él ha sido exaltado, se ha sentado a diestra de Dios Padre, ha recibido todo poder en el cielo y en la tierra. Estando en la presencia de Dios cumple con un ministerio de intercesión en su calidad de Sumo Sacerdote. Él es nuestro abogado y está presto a acogernos en su trono de gracia. Allí se encuentra preparando lugar para nosotros *para que donde Él esté nosotros también estemos.*

La ascensión de Cristo está estrechamente relacionada con su retorno. El Señor volverá de la misma manera que fue llevado, esto es corporal y visiblemente, sobre las nubes, repentinamente con gloria y con sus ángeles. El regresará al mismo lugar desde donde ascendió, el Monte de los Olivos.

Es importante entender que lo anterior no debe interpretarse literalmente. Cristo en realidad no ascendió, ya que siempre estuvo en el cielo, en la tierra y en todo lugar por ser Él mismo Dios, pero que en el contexto en que estudiamos este tema sí podemos hablar de ascensión. De la misma manera debe entenderse el resto de los detalles como el *sentarse a la diestra del Padre, que prepara lugar para nosotros...* etc. Estas son figuras retóricas que hay que entender en su contexto.

2. El Ministerio Actual de Cristo

El ministerio actual de Cristo en el cielo es sumamente amplio y de una trascendental importancia. En este numeral será objeto de estudio los diferentes aspectos que involucra este ministerio.

B. La ascensión y el ministerio actual de Cristo

a. El Ejercicio de su autoridad universal

En Mateo 28:18 leemos: toda *potestad me es dado en los cielos y en la tierra*. El primer detalle es reconocer que este versículo no puede entenderse literalmente. Pues a Jesús no se le ha dado ninguna autoridad, ya que Él es Dios y Dios es autoridad. La única interpretación plausible a esto es simplemente hacer hincapié a los discípulos que Él tiene la autoridad.

El otro detalle acerca del ejercicio de su autoridad universal es que Dios siempre ha ejercido una autoridad universal, Él es Dios. Lo único que cabe destacar en este caso, es que esta es la primera vez que tal ejercicio se efectúa desde una nueva dimensión, la Iglesia. Esta es la primera vez que existe una institución a la cual se le llama el cuerpo de Cristo, regenerado por la fe en Cristo y en su sacrificio vicario y Dios le ha dado autoridad a este cuerpo que constituye *ipso facto* el reino de Dios en la tierra a través del cual Dios se manifiesta.

De manera que el ejercicio de la autoridad universal de Jesucristo debe entenderse en el contexto de lo anteriormente explicado.

b. Cabeza sobre todas las cosas

En colosenses 1: 18 leemos: *Él es también la cabeza del cuerpo que es la Iglesia, y es el principio, el primogénito de entre los muertos, para que en todo tenga la preeminencia*. Aquí deja claro que en la actualidad uno de los ministerios claves que desempeña la Segunda Persona de la Trinidad es la de gobernar la Iglesia. No es el obispo, o el superintendente, o la Asamblea, es Jesucristo la cabeza. Desdichadamente el hombre se olvida de esto y muchas veces se encuentra dando pleitesía que le pertenece a Dios al hombre.

Cabe señalar que Jesucristo es cabeza y tiene la preeminencia en todo, no a partir de la ascensión, sino desde siempre. Lo que ocurre después de la ascensión es una nueva dimensión que comienza con el ministerio de la Iglesia en la tierra.

c. El que prodiga dones

Está suficientemente claro que el propósito de los dones es la edificación del cuerpo de Cristo no el exhibicionismo humano o alimentar el ego de algún ministro. Los dones los da Dios a quien Él quiere, pues es un acto soberano del altísimo.

Para el desarrollo de la Iglesia y el cumplimiento del plan, por Dios diseñado, es necesario que haya hombres capacitados en todos los sentidos, y esto solo puede ser obra de Jesucristo quien es la cabeza de la Iglesia. Esta realidad es realmente calmante, pues no es el hombre quien nombra o reparte *puestos* es un acto soberano de Dios.

d. El Ministerio de intercesión

En la oración sacerdotal del Jesús en Juan 17, observamos el ministerio de intercesión de Jesús, quien ora por la Iglesia, su cuerpo. No cabe la menor duda que dicho ministerio sigue siendo ejercido en la actualidad. Otra vez, tenemos que comprender que dicho ministerio no puede entenderse literalmente, porque el Hijo es también el Padre, de manera que una plausible conclusión puede ser el planteamiento que nos hace el escritor de la epístola a los Hebreos en el sentido que tenemos un Sumo Sacerdote que puede compadecerse de nosotros porque ha experimentado lo que nosotros vivimos en este mundo.

Intercesión podría entenderse como comprensión, compadecimiento debido al hecho de la humanidad de Dios en su ministerio terreno. Este hecho obra en nuestro favor y puede perfectamente ser considerado como un ministerio actual de Cristo.

e. Cristo como abogado

I Juan 2:1 reza de la siguiente manera: ... *si alguno hubiere pecado, abogado tiene para con el Padre*... abogado es la persona que representa a otra en un juicio o en una diligencia sin importar su índole. Tampoco este Texto puede entenderse literalmente, porque normalmente no se puede ser juez y parte, empero lo curioso de este pasaje es que nos está diciendo que Dios es juez y parte y esto como es obvio es más que conveniente para nosotros y obra en nuestro favor de una forma espectacular.

El cristiano no es una blanca palomita que solo le hacen falta las alas para estar en el cielo, es un individuo que tiene que bregar con la naturaleza de pecado, con la concupiscencia, la cual es activada por cualquier situación que Satanás presenta y que puede llevar al cristiano a cometer un pecado. La consecuencia de su conducta será la pérdida del gozo, la paz, empero la buena noticia es que si la persona confiesa su pecado, Dios actúa como parte y como juez, lo que garantiza cien por ciento el perdón y el establecimiento de la relación.

B. La ascensión y el ministerio actual de Cristo

Esta es una de las actividades claves de Jesucristo en la actualidad a favor de la Iglesia y es que no podría ser de otra manera.

f. Cristo preparando mansiones celestiales

En Juan 14: 1-3 Cristo señala que prepara lugar para nosotros. Nuevamente, es un Texto que no debe interpretarse en su literalidad, ya que Dios no necesita preparar nada, su palabra es suficiente y está arreglado. Una interpretación plausible es que Dios deja que su plan corra hasta que el mismo llegue al final de su cumplimiento. En ese sentido todo lo que ocurre con la Iglesia es parte de ese plan, que en realidad es una preparación para ese momento en cual estaremos en la presencia de Dios por la eternidad.

En este capítulo hemos hecho un recorrido por la historia de la Iglesia desde sus orígenes hasta nuestros días. Hemos visto la forma como la misma ha ido evolucionando hasta llegar a ser lo que es hoy en día. En Latinoamérica, la Iglesia es relativamente nueva, el catolicismo llegó hace más 500 años y el la Iglesia Protestante a penas a finales del siglo XIX. A pesar de este hecho, la Iglesia Protestante en Latinoamérica ha experimentado un desarrollo vertiginoso y el día de hoy cuenta con mega iglesias con liturgias *sui generis* metodología de evangelismo autóctona, formas de gobierno de acuerdo a sus propias necesidades. En fin, una Iglesia que ha incursionado en el campo de los medio de comunicación, de la política y que goza se cierto prestigio en las esferas de poder de ciertos países del continente.

Capítulo XII

Neumatología

L a Neumatología estudia todo lo relacionado a las obras de la tercera persona de la Trinidad, el Espíritu Santo.

Con el avivamiento pentecostal en América Latina, el concepto del Espíritu Santo alcanzó una nueva dimensión. Las Iglesias comenzaron a hablar del bautismo del Espíritu Santo, del derramamiento del Espíritu Santo, de la Unción del Espíritu Santo, del fruto del Espíritu Santo y uno de los elementos distintivos fue los dones del Espíritu Santo. Toda esta terminología surge en un contexto de una predicación fogosa, fundamentada más en la experiencia cristiana que en el Texto Sagrado, dentro de una renovación litúrgica sin precedentes en la historia de la Iglesia y que se mira reflejado en la música y que sin duda tuvo y tiene una gran acogida porque esto coincide con un crecimiento espiritual espectacular dentro de la Iglesia y una aceptación casi total, especialmente por los jóvenes.

En este contexto, el Espíritu Santo es como una fuerza, un poder sobrenatural que reside en el cristiano, que lo hace predicar, adorar, sanar enfermos, echar fuera demonios, incluso, llegar a situaciones extremas como cultos de risas, caídas, manifestaciones místicas, todas atribuidas al Espíritu Santo.

El estudio serio de la Palabra nos enseña que el Espíritu Santo es Dios, en esencia y en potencia es Dios y punto. Que por la fe habita en el corazón del creyente y que la mayor manifestación de Él en nuestro ser es simple y sencillamente una vida de santidad, un gran testimonio al mundo de la obra de regeneración que Dios ha efectuado en nosotros. Está suficientemente claro, que la residencia del Espíritu Santo va a traer en nuestras vidas, un fruto, dones que van ha evidenciar la obra de Dios.

El estudio de las obras del Espíritu Santo en este capítulo se realizará de la siguiente manera: Consideraciones preliminares a la Pneumatología (Sección I), El trabajo del Espíritu Santo (Sección II), Morada y bautismo del Espíritu Santo (Sección III), y finalmente Responsabilidad y llenura del Espíritu Santo (Sección IV).

Sección I

CONSIDERACIONES PRELIMINARIAS A LA PNEUMATOLOGÍA

La pneumatología es la ciencia que estudia las obras de la tercera persona de la Trinidad exclusivamente, a diferencia de la Teología Propia que estudia la persona del Espíritu Santo. Es importante destacar que cuanto es verdad del trino Dios, lo es del Espíritu Santo. Esta afirmación se puede hacer con la misma seguridad acerca del Padre y del Hijo y, se observa en relación con la Tercera Persona de la Trinidad.

Es importante señalar que esta doctrina ha sido objeto de un mal entendimiento y ha dado lugar a una serie de exageraciones que no tiene nada que ver con la majestad del Texto Sagrado.

Una de las incomprensiones más comunes que se observa en la Iglesia Latinoamericana es el desconocimiento que el Espíritu Santo es una Persona, muchas veces se le identifica con un poder mágico que hace que el pastor predique con potencia, sane enfermos, haga exorcismos. Estas señales usualmente son el testimonio que la persona tiene el poder del Espíritu Santo en su vida. Se ha llegado a aseverar que hay iglesias o cristianos sin el Espíritu Santo, incurriendo de esta manera no solamente en un error teológico muy grave sino en una herejía producto del mal entendimiento de la Palabra.

Muchos no han entendido que el Espíritu Santo es una persona, que es Dios mismo que habita por la fe en nuestros corazones y que habita desde el momento que el individuo pasa a formar parte de la Iglesia, y que los dones espectaculares o las características de predicación, o el hablar en lenguas no son una evidencia que la persona es depositaria de esta bendición. Esta incomprensión por un lado, y la falta de tolerancia por el otro, ha provocado un cisma ideológico en el cuerpo de Cristo que ha dañado las relaciones interpersonales y ha alimentado los prejuicios y sospechas ministeriales que han impedido que la Iglesia no avance como debiera.

El Espíritu Santo es Dios, y toda persona que le entrega su vida a Jesucristo y Él opera la obra de la regeneración, Dios mismo viene a morar en la vida de esa persona y esto es por la fe como señaló San Pablo a los Efesios. Como consecuencia de esta relación, Dios dará dones y habrá manifestaciones, pero éstas serán según la soberanía de Dios y en el momento que Él mismo lo estime.

Por todo lo anteriormente expuesto, es de capital importancia abordar este tema con toda responsabilidad, sin incurrir en el afán de hacer ver a unos sabios y a otros ridículos, sino todo lo contrario, aportar elementos para reflexionar y entender de una vez por todas que solo existe un Señor y por lo tanto un solo Espíritu. Como entendemos el asunto nosotros, es otra historia, lo que si debe quedar claro es que debe existir respeto mutuo y nunca permitir que nuestras diferencias nos separen, porque *ipso facto* caeríamos en el engaño de Satanás.

Esta sección se abordará de la siguiente manera: Pneumatología en la Teología Latinoamérica (A), El Espíritu Santo en el Antiguo Testamento (B) y el Espíritu Santo en el N.T. según el dispensacionalismo (C).

A. Pneumatología en la teología latinoamericana

En Latinoamérica, la pneumatología ha estado bien polarizada entre aquellos que aseguran creer en el Espíritu Santo por las señales que hacen y los que no hacen señales ni tienen manifestaciones espectaculares pero afirman creer en Él. La realidad es que un segmento, que en Latinoamérica es mayoritario, asegura haber tenido experiencias y manifestaciones del Espíritu Santo que los llevan a prácticas como el ayuno, oración, exorcismo de demonios, danzas, hablar en lenguas, curación de enfermos, liturgias alegres, etc. En contraposición con otro segmento de la Iglesia que se denomina tradicional que aunque cree en algunas manifestaciones del Espíritu Santo no las práctica como el sector renovado de la Iglesia.

Esto ha provocado acusaciones mutuas y disputas innecesarias que ha causado problemas muy serios al cuerpo. Aquí es donde debe entrar en acción los dos principios anteriormente mencionados: Respeto por unos y tolerancia para otros. La verdad es que el Espíritu Santo es Dios, y Dios no se manifiesta de la misma manera a todas las personas. Dios es soberano y reparte dones para la edificación de su Iglesia, según su propia voluntad, no capricho humano. No es correcto llamar a unos Iglesia muerta y a otros pentecostales fanáticos.

Es menester alcanzar la madurez espiritual que se necesita y que nos enfoquemos contra quien tenemos que enfocarnos, Satanás, no contra el mismo cuerpo. No podemos seguir incurriendo en este error, es necesario levantar cabeza, marchar contra el reino de las tinieblas y edificar el reino de Dios. En este apartado se efectuará una sinopsis de la Pneumatologica en el continente.

1. Los Movimientos Pneumatológicos en América Latina

Cuando se habla de movimientos pneumatológicos nos estamos refiriendo particularmente a los movimientos pentecostales y neo pentecostales, ya que estos comenzaron haciendo énfasis en los dones y las manifestaciones del ES. Hay una diferencia entre los movimientos pentecostales y los movimientos neo-pentecostales. En este sentido Samuel BERBERIAN acota:

> Definiremos como pentecostales a todos los movimientos que tienen su origen a principios de siglo dentro de los llamados "movimientos de santidad". Referiremos como neo pentecostales a todos los que son parte de la renovación y de los movimientos carismáticos.

Tenemos que reconocer que el pentecostalismo y el neo pentecostalismo han venido a mover toda la cimentación ideológica de las iglesias tradicionales. La revolución que estos movimientos han causado en todo el mundo ha contribuido con el crecimiento numérico. Esto ha traído como consecuencia un aumento de su caudal y poder político; ya son tomados en cuenta en las decisiones importantes de algunas de nuestras naciones Latinoamericanas.

Juan MACKAY hace una valoración interesante de los movimientos pentecostales como:

> Los pentecostales tenían algo que ofrecer, algo que hizo vibrar a gente aletargada por la monotonía y desesperanza de su existencia. Millones respondieron al evangelio. Su vida fue transformada, se les amplió el horizonte y el ES –que previamente no había sido sino términos sentimentales ligados al ritual y al folklore– cobraron nuevo significado, llegaron a ser medios por lo cuales se comunicaba luz, fortaleza y esperanza al espíritu humano. La gente se transformó en personas, con un propósito para vivir.

Los movimientos pentecostales han sido saludables y han dado vida a la Iglesia que estaba enclaustrada en cuatro paredes con un mensaje y música que no correspondían a las necesidades y lenguaje de su propia generación. Un elemento distintivo de la fe pentecostal ha sido su orientación al trabajo y su pragmatismo religioso. Bien dice Petter WAGNER en el prefacio del libro *Azuza Street and beyond*:

> *Comparado a otras tradiciones cristianas reconocidas, los pentecostales han sido más hacedores de la palabra, mucho más que oidores de la palabra o aún escritores de la palabra. Esta actitud orientada a tareas de servicio a Dios ha resultado en el movimiento de mayor crecimiento en nuestros días.*

Esta actitud laboriosa ha ido también en detrimento de una definición clara de su propia teología. Miguez BONINO haciendo referencia al profesor e historiador Walter HOLLENWEGER señala:

> *Lo ve como un fenómeno típico de la cultura de las clases populares: es una religión oral, que se expresa en símbolos —canto, danza— y emoción, preconceptual, de la que no se puede esperarse una teología explícita y sistematizada. La perspectiva que se emplea corresponde a una visión para la que hay una especie de progreso de etapas más primitivas, inarticuladas y primarias a otras evolucionadas, caracterizadas por el discurso escrito, capaces de la abstracción y sistematización.*

Hemos visto cómo importantes teólogos han definido o han interpretado el movimiento pentecostal. Todos coinciden que esta revolución espiritual ha traído nuevos aires a la Iglesia y actitudes que deben hacernos reflexionar profundamente.

2. La práctica pneumatológica de la Iglesia Pentecostal en Latinoamérica

La teología Pentecostal tiene un carácter bastante práctico y menos sistemático que la mayoría de los movimientos religiosos. Sus orígenes demuestran ser más una doctrina y práctica eclesiológica que una doctrina capital.

Una de las doctrinas cardinales de los movimientos pentecostales es la del bautismo "*del*" Espíritu Santo con la evidencia de hablar en lenguas. Esta es la doctrina más importante y que primariamente se predicó en la calle Azusa en California. Originalmente se creyó que el nuevo lenguaje que habían adquirido era un don que Dios les había dado para predicar a las tribus africanas que no poseían el Evangelio.

Se definen tres diferentes tipos de lenguas entre los que se mencionan *Glosalalia*: es una forma de hablar que no corresponde a ningún lenguaje conocido. *Akilalia*: es una forma de hablar donde el hablante usa un lenguaje y la audiencia escucha las palabras en diferentes lenguajes. *Xenolalia*: Es un lenguaje conocido aprendido no por medios mecánicos o por aprendizaje. Este último método ha sido considerado como la excepción y no la regla.

El don de lenguas tiene su fundamento en las enseñanzas de San Pablo a los Corintios y en los eventos del libro de los Hechos. La hermenéutica Pentecostal de los pasajes aducidos como fuente de su dogmática obviamente carecen de una exégesis profunda. Esto se debe a su pragmatismo religioso que marcó sus orígenes.

De todas maneras, lo más importante es creer sin importar el contenido de la creencia que pasa a un segundo plano. La necesidad de mantener una fe viva desconectada de una reflexión inteligente es una de las causas para que este movimiento se convierta en una fuerza incontenible en toda América latina.

Su énfasis sobre recibir una segunda obra de gracia encuentra su génesis en los movimientos wesleyanos del siglo XVIII y encuentran su máxima expresión en Juan WESLEY: máximo representante de los movimientos que hacen su énfasis en la segunda obra de gracia. Bien dice Benjamín GUTIÉRREZ:

> Un significativo número de estudiosos considera que el "avivamiento wesleyano" (gestor del metodismo y otras denominaciones santificacionistas) de la Inglaterra del siglo XVIII es el antecesor inmediato del pentecostalismo moderno. La tesis histórica señala que el pentecostalismo surgió de los "círculos de santidad" norteamericanos.

Los movimientos pentecostales se convirtieron en un fenómeno social de carácter global. Su presencia en el mundo ha marcado un hito histórico redefiniendo el concepto de evangélico sostenido por las iglesias históricas desde la Reforma del siglo XVI.

Según Juan Carlos VALLADARES, del Seminario Teológico de Honduras, los problemas de la pneumatología Pentecostal se centran en los siguientes aspectos:

La carencia de una sistematización basada en la exégesis bíblica del Texto Sagrado y el reemplazo de la dogmática bíblica por una dogmática producto de la experiencia. Este fenómeno es tan común en América Latina que amenaza el andamiaje doctrinal evangélico. Como resultado final se han producido híbridos religiosos resultado el sincretismo de fe con la cultura autóctona o bien la disociación de la concepción evangélica legada desde los concilios de la iglesia o bien de la Reforma protestante.

El desmedido énfasis de la experiencia como fuente de dogmática ha hecho que se introduzcan nuevas fuentes de teología. Esto también representa una problemática que con el pasar de los años introduce nuevas fuentes de doctrina tal como pasó con la iglesia católica.

3. Aportes y debilidades de la pneumatología Pentecostal

La pneumatología pentecostal ha hecho aportes muy importantes a la Iglesia del mundo entero y en este numeral, cuando hablamos de debilidades, no queremos decir que es un punto de vista espurio, en ninguna manera, sino que existen puntos sobre los que vale la pena pensar más. De ahí que hemos considerado útiles las consideraciones que en este sentido ha efectuado Juan Carlos VALLADARES:

No podemos hablar del pentecostalismo como una forma confesional sino como un pluralismo confesional. Como tal, la diversidad de matices religiosos es enorme y la variedad de confesión hace imposible la definición formal de una doctrina de la pneumatología.

Por lo demás, el movimiento pentecostal no es monolítico, ni desde el punto de vista teológico ni desde el punto de vista ético. En este aspecto, es más pluralista que el catolicismo. Por ejemplo, hay actualmente pacifistas pentecostales y capellanes militares pentecostales. Hay comunidades que practican el bautismo de niños juntamente con el bautismo de adultos (Robeck). Incluso en cuestiones de ética sexual, de definición de lo que es el bautismo en el Espíritu, de ética social e individual, en el problema de la hermenéutica bíblica, en la doctrina de la Trinidad y en cristología, hay un amplio abanico de opiniones

Ante este caudal de opiniones religiosas surge una pregunta: ¿Cómo puede valorarse toda la gama de opiniones sobre la personalidad del ES?. Antes de intentar tratar de contestar una pregunta tan crucial, debemos aseverar que las iglesias pentecostales, en su mayoría, sostienen las doc-

trinas cardinales de la fe. Por ende, no pueden ser catalogadas en ningún momento como sectas o movimientos sectarios.

La valoración de la dogmática Pentecostal en relación a la pneumatología es un tema importante ya que casi un 70% de la población evangélica del mundo está siendo influenciada por esta avalancha. Las iglesias históricas han perdido su protagonismo religioso, ya han sido relegadas como la minoría evangélica. Por ende, debemos sentarnos a reevaluar nuestra fe y auto analizarnos.

Debemos recalcar que el movimiento Pentecostal ha dado un nuevo vigor a la iglesia. Bien se ha dicho que el Pentecostalismo es "Una nueva reforma a la reforma de la iglesia protestante". Aunque el movimiento tiene más 100 años y se ha mantenido de una manera sana tanto en términos de doctrina; como también en su crecimiento. Se hace necesario pensar en el futuro. Hay que recordar que nunca antes la iglesia había tenido un crecimiento desmedido. Por lo tanto, no se puede juzgar el futuro simplemente mirando hacia el pasado.

Los aspectos más débiles continuarán siendo siempre la capacidad del movimiento de autoevaluarse a la luz de las Escrituras: su práctica como su fe. Las críticas que más se deben realizar a la pneumatología, no es que hablan lenguas, o su énfasis en los dones. Yo creo personalmente que hay que agradecer el hecho que han reavivado los conceptos primigenios de la iglesia cristiana universal. Sin embargo, se hace necesario ir a la exégesis bíblica para entender los conceptos originales tanto de las lenguas como los dones. Por tanto, desde una perspectiva netamente bíblica, la evidencia de la presencia del ES en el individuo no debería ser los dones sino la calidad de vida y los frutos.

La iglesia Pentecostal no debe volverse a la tradición de las iglesias históricas. Porque esto sería una retro evolución. Pero si necesita evolucionar hacia una iglesia más bibliocéntrica y crítica de cualquier nuevo viento o movimiento que surja dentro de la misma. Pero cuando hablamos de volver al Texto se hace necesario que la fe sea sometida perennemente a un escrutinio cuidadoso y a tener la gallardía para reformar aquellos que no se encuentre de conformidad al texto.

Juan Carlos VALLADARES, de una forma magistral y desde una perspectiva de la Iglesia tradicional, reconoce la grandeza y el extraordinario aporte de la Iglesia Pentecostal, empero a la vez, les exhorta a su someter su fe al escrutinio perenne de las escrituras y a reflexionar en algunos de sus dogmas más fuertes como el don de lenguas como la evidencia del bautismo del Espíritu Santo.

B. El Espíritu Santo en el Antiguo Testamento

La Pneumatología tiene que ver más con el Nuevo Testamento que con el Antiguo Testamento, sin embargo para abarcar toda la revelación dada, debemos considerar, también, todo lo sucedido antes de Cristo, pues quiérase o no es el fundamento de este estudio.

1. Desde Adán hasta Abraham

La discusión aquí se restringe a los gentiles y a los primeros dos mil años o más de la historia de la humanidad. El Espíritu Santo ejerce una soberanía constante sobre los negocios de los hombres de todas las clases y de todas las épocas. El estupendo programa de Dios que incluye el origen, surgimiento, carácter y fin de todas las naciones, extendiéndose hasta la mínima concepción de Dios que siempre se origina en la mente más oscura del individuo, es toda la obra soberana del Espíritu Santo.

Antes de Adán se registran en la Biblia cinco referencias al Espíritu Santo llenas de significado y verdades sugestivas: Gén.1:2, 6:3; Job 26:13, 27:2 y 33:4. Por otra parte, el mismo Espíritu Santo que produce y provee la Palabra escrita, produce y provee toda comunicación de Dios al hombre.

2. De Abraham hasta Cristo

Esta división es extensa pues abarca toda la historia del judaísmo, contemplando la inspiración de los sagrados oráculos y la capacitación especial para cumplir obligaciones divinamente encomendadas (*vg.* gobernar, realizar tareas mecánicas y artísticas).

Cabe señalar que una distinción importante de esta era es el hecho de que el Espíritu Santo no mora definitivamente en la vida de ninguna persona (*cfr.* II Reyes 2:9-14; Salmo 51:11), sino que algunos fueron llenos del Espíritu para efectuar algún trabajo particular. En este sentido puede usarse el caso de Sansón, él cual disfrutó en ciertos momentos de su existencia el privilegio de ser usado por Dios.

En el AT específicamente se habla que en los postreros días el Espíritu Santo será derramado. El apóstol Pedro aseguró que en el pentecostés esta profecía tuvo su fiel cumplimiento. Ahora la interpretación *derramamiento* no es ni puede ser literal. Se derraman los líquidos, el Espíritu Santo es Dios. Entonces surge la pregunta ¿Qué debemos entender por *derramamiento* del ES? La interpertración más plausible es que *derramamiento del ES* es un manifestación de Dios al hombre en un momento determinado. Y eso fue exactamente lo que ocurrió en el día de pentecostés, una de las magnas celebraciones del calendario judío en que se dedican las primicias a Jehová. En este contexto el Espíritu Santo, que es Dios estaba iniciando una nueva era para la humanidad, y para eso era necesario capacitar a sus apóstoles, de ahí que el mismo Espíritu les ungió y capacitó para llevar el mensaje de Cristo a todos los confines de la tierra.

El acontecimiento fue tan notorio que curiosos hicieron acto de presencia en aquel lugar y los apóstoles hablaban en los idiomas de los lugares de origen de todos los judíos que habían venido a Jerusalén por razón de la fiesta. Este momento es muy bien aprovechado por Pedro, quien se pone en pie y predica un sermón que compungió a todos los allí presente y que provocó una reacción masiva que trajo como resultado las primeras tres mil personas al Reino de Dios.

C. El Espíritu Santo en el N.T. según el dispensacionalismo

El dispensacionalismo, si bien es cierto es una doctrina relativamente nueva, nunca abordada por los reformadores, también es cierto que ha ganado adeptos de una forma impresionante. Ya no solamente los seguidores de SCOFIELD o los egresados del Seminario de Dallas sino en casi todas las esferas pentocostales y neo carismáticas y algunas iglesias tradicionales han adoptado esta perspectiva teológica.

La importancia que la misma ha adquirido nos obliga a tratar la misma en seis aspectos que describe de una manera eficaz esta postura teológica.

1. Una intercalación

La edad presente es una intercalación extraña a todas las predicciones del Antiguo Testamento referidas al curso y destino final del pueblo de Israel, de las naciones, de los ángeles y de la tierra prometida. Todas esas profecías pasan sobre la era presente del llamamiento de la Iglesia, como si no existiera.

Expresado en otras palabras, estamos viviendo un paréntesis. La sesenta y nueve semana de Daniel se interrumpe y queda en suspenso, se abre un paréntesis. Los dispensacionalista aseguran que Jesús vino a fundar el reino, por eso habla de que el Reino de los cielos de ha acercado, y ordena expresamente a no ir a casas de gentiles sino exclusivamente a casas de Judíos. Cuando estos rechazan al rey y el reino no puede ser fundado, entonces es cuando Dios abre un paréntesis y se crea una edad intercalada y se pone en suspenso la setenta semana de Daniel y ese paréntesis o edad intercalada se le llama la dispensación de la Gracia.

En esta dispensación el Espíritu Santo no está con el creyente sino que habita en el creyente, lo bautiza, lo sella, lo llena, lo unge en fin, otros le han llamado la era del Espíritu Santo.

2. Un nuevo propósito divino

Esta era es el producto de un nuevo propósito divino en su totalidad evidenciada, por ejemplo, por la cosecha tanto de judíos como de gentiles, de un pueblo celestial, el cuerpo y la esposa del Cristo resucitado y glorioso. Esta dispensación, por lo tanto, se señala como única y sin relación a ninguna otra era pasada o futura.

La bendición extraordinaria de esta era, según los dispensacionalistas, es que se derriban las paredes entre judíos y gentiles y la salvación es para todos, ya no existen diferencias y todos tienen acceso por la fe a Cristo. La ley mosaica queda completamente superada y se establece un nuevo pacto, un pacto de gracia fundamentado en la fe en Jesús.

3. Una era de testimonio

Israel fue portador de un testimonio concerniente al Dios único, YHWH, a las gentes de la tierra; pero, nunca tuvieron un evangelio qué predicar, ninguna gran comisión que cumplir ni ninguna empresa misionera que llevar a cabo. En contraposición, los discípulos de Cristo, al final de su capacitación, reciben el mandamiento de ir a todo el mundo para predicar al crucificado y resucitado, dando testimonio de la gracia salvadora provista por el Señor en la cruz.

Ahora, la Iglesia es llamada a hacer misiones hasta los confines de la tierra pues la salvación esta disponible a todas las etnias de la tierra. Esta es por excelencia una era de testimonio.

4. El letargo de Israel

Ahora, Israel está dormida y todo lo relacionado con sus pactos y promesas está en suspenso. Para ellos, como individuos, el privilegio de salvarse solamente es a través de la fe en Cristo. Ahora es cuando «no hay diferencia» entre judío y gentil, aun cuando en tiempos pasados Dios mismo había instituido la más drástica distinción entre estos dos pueblos.

Israel sigue bajo un ceguera espiritual y por lo tanto, alejado de todos los pactos de Dios. Sin embargo, el Apóstol Pablo explica con claridad meridiana como este pueblo será restaurado en el futuro y como Dios guarda un remanente para su gloria. Sin embargo, la gran mayoría de esta comunidad sigue esperando un Mesías que ya vino y que está reinando en la vida de los miembros de la Iglesia.

5. Carácter especial del mal

Cristo en sus parábolas de Mateo 13 asigna un inusitado carácter al mal que aparece en esta edad. También Pablo lo caracteriza en forma de misterio del mal (*Cf.* II Tes. 2:7), advierte de la lucha espiritual que se sostiene contra el mal (*Cf.* Efes.6:10-12) y nos informa acerca de Satanás como el «dios de este siglo» (*Cf.* II Cor. 4:3-4). Finalmente, se anuncia el conflicto de «los últimos días» de la Iglesia sobre la tierra.

Al haber un movimiento mundial misionero y al haber una intensificación por la evangelización de los perdidos, el reino de las tinieblas también ha desatado toda su furia para contrarrestar el avance de la Iglesia. La obra de Satanás se esta viendo en la actualidad como nunca antes en la historia del hombre, de eso no cabe la menor duda. Este movimiento de iniquidad también atestigua el acercamiento de la *parusía* del Señor.

6. Una era de privilegio para el gentil

Ahora los gentiles tienen el privilegio de entrar en el sublime propósito divino y en la gloria. Antes «*estabais sin Cristo, alejados de la ciudadanía de Israel y ajenos a los pactos de la promesa, sin esperanza y sin Dios en el mundo*» (*cfr.* Efes.2:12). Hoy, en cambio la puerta esta abierta para todo aquel que crea al Evangelio, no importa su raza, su lengua, su nación.

Ya no hay velo, ya no hay pared ni hombre que sirva de intermediario. Cada miembro del cuerpo de Cristo tiene libre acceso a la presencia de Dios y puede adorarle en espíritu y en verdad. Ésta es una de las grandes y extraordinarias bendiciones que los gentiles tienen en la actualidad.

SECCIÓN II

EL TRABAJO DEL ESPÍRITU SANTO

A pesar que por momentos pareciera que Dios no tiene control de lo que ocurre en el mundo, la verdad es que sí. Dios controla y tiene la última palabra en todo. Vivimos en el momento en el cual la maldad se ha intensificado a tal grado que podemos afirmar que esta es la hora de las tinieblas. La perversidad ha aumentado, la forma de cometer las maldades se ha sofisticado, se ha perdido el pudor, dignidad, decencia, en fin los valores morales y espirituales andan en quiebra. Empero, en medio de este maremagnun de confusión, el Espíritu Santo ejerce una influencia extraordinaria y controladora que pone freno al reino de las tinieblas. Esto trae paz a nuestros corazones pues nos damos cuenta que a pesar de lo que sucede, Dios siempre tiene la última Palabra y que cada acontecimiento que ocurre tiene su visto bueno. Es muy probable que nos deje pasmados, confundidos, pero Dios siempre sabe lo que hace o deja hacer.

Lo cierto es que no podría ser de otro modo, pues hemos afirmado que Dios es soberano, y que es omnipotente, de manera que el reino de las tinieblas tiene un contralor, una persona que señala límites y que otorga permisos y esa persona es el Espíritu Santo. Es obvio que todo esto obedece a un plan divino, trazado desde antes de la fundación del mundo que probará a la criatura incrédula la sabiduría de Dios y la necedad de Satanás y la de todos aquellos que han seguido su propuesta de vida. Dicho en terminos sencillos, todo lo que acontece en el mundo, aunque nos parezca demasiado malo, obedece a los eternos propósitos de Dios. La mente finita de la criatura no puede entender las dimensiones de todo esto, sin embargo, no puede ser de otra manera, Dios es soberano y punto.

El estudio de esta sección se efectuará de la siguiente manera: El trabajo del Espíritu Santo (A) y El trabajo del Espíritu Santo en la regeneración (B).

A. El trabajo del Espíritu Santo en el mundo

El Kosmos Satánico es el sistema perverso que Satanás ha creado en forma paralela al Reino de Dios para llevar a la criatura humana a una ruina total y asestar un golpe certero al Creador según los malévolos planes de Satanás. Lo interesante de todo esto es que la existencia de este sistema perverso obedece a un decreto permisivo de Dios, y Dios no solamente permite su existencia, sino que interviene en el, ejerciendo un trabajo controlador que es precisamente uno de los temas que abordaremos en este apartado.

Otra dimensión del trabajo del Espíritu Santo es la de convencer a la humanidad incrédula de su error, redarguyéndoles de pecado para que éstos procedan al arrepentimiento de sus pecados y puedan obtener la vida extraordinaria que Dios ofrece. Sin duda, sí el Espíritu Santo no operase de la forma que opera, ningún ser humano sería salvo. Su intervención es absolutamente indispensable.

En este apartado estudiaremos esas dos dimensiones del trabajo del Espíritu Santo en el mundo.

1. Controlador del mundo cósmico

El gobierno divino sobre las fuerzas del mal que operan en el mundo a través de toda ésta época se halla mencionado en II Tes.2:3-10. Allí vemos que antes del día del Señor vendrá la apostasía final y aparecerá el hombre de pecado, aunque no sin que sea primero quitada la restricción que el Espíritu Santo ejerce en todo el mundo. Como es obvio, esta es la interpretación pre - milenialista que habla del levantamiento de un ser carismático llamado anticristo u hombre de pecado, según esta tesis, es en este momento cuando el trabajo controlador del Espíritu Santo mengua para dar paso a un tiempo de ira como nunca ha habido y como nunca habrá y es lo que ellos llaman la gran tribulación. Para los amilenialistas habrá al final de los tiempos una apostasía y un tiempo definitivamente difícil que traerá como consecuencia la *parusía* del Señor sin que ocurran ningún levantamiento de algún anticristo ni ningún acontecimiento señalado por los pre - milenialistas.

Lo que no podemos negar es la existencia de tal restricción y que al final de los tiempos, la misma menguará sustancialmente, en tal sentido, el alcance de esta restricción puede calcularse al comparar el mundo en sus presentes relaciones más o menos civilizadas, su reconocimiento y defensa de los derechos humanos, y su actitud de patrocinio hacia Dios. Por ejemplo, organizaciones como Las Naciones Unidas (ONU) que tiene como objetivo fundamental preservar la paz del mundo o la Organización de Estados Americanos (OEA) que tiene fines similares a la ONU, sirven de una manera u otra para que el mundo no se lance a una carrera de sangre sin precedentes. Los mismos Estados Unidos, un gobierno fundamentado en los principios bíblicos ejerce un papel de gendarme del mundo respecto a los principios del Derecho Internacional como los Derechos Humanos, la democracia, la libertad de culto, en fin, una serie de principios utilizados por Dios para controlar la ira de Satanás. La paradoja de todo esto, es que son las mismas instituciones cósmicas las que Dios usa para controlar la ira de Satanás. Si le parece a Ud. difícil asimilar esto, piense en un momento que sería del mundo si no existieran estas organizaciones y a esto hay agregarle, Amnistía Internacional, La Corte Internacional de Justicia, etc.

Definitivamente Dios ejerce un control sobre este sistema, de lo contrario hace mucho tiempo que la humanidad hubiera colapsado.

2. El que redarguye de pecado

En la empresa de ganar a los perdidos, no hay factor más importante que la obra del Espíritu de convencer o reprobar al sistema mundano respecto al pecado. Nadie es capaz de hacer una decisión inteligente por Cristo aparte de la iluminadora obra del Espíritu Santo que le otorga una correcta visión de Cristo como Salvador y Señor y lo inclina a recibirlo y someterse a Él por la fe. (*Cf.* Juan 4:16-17, 6:39-40,44; Rom.8:28-30; I Cor.1:23, 2:14; II Cor.4:3-4; Efe.2:1).

El pasaje de Juan 16:7-11 nos presenta la tarea triple, invisible, en la mente y el corazón de los no salvos. El Espíritu Santo ilumina (reprueba, condena, convence) para llamar la atención del penitente hacia sí mismo y su pecaminosidad por la que él debe lamentarse y, así, llevarlo hacia Cristo y la verdad de que Cristo mismo ha llevado su juicio, que no necesita hacer otra cosa sino creer en Él para ser salvo.

Si el Espíritu hace toda la obra en el corazón del incrédulo, Él hará todo lo que esta triple operación encierra. La incapacidad total de los no salvos para entender, para ver, para recibir y para creer las cosas de Dios, es vencida por la divina provisión cuando el Espíritu Santo alumbra con relación al pecado, justicia y juicio. *De pecado*: ilumina acerca del fatal pecado de incredulidad al no recibir a Cristo y Su Salvación.

De justicia: ilumina acerca de la justicia divina atribuida al creyente por los méritos de Cristo, que le habilita para ser acepto en Dios. El creyente abandona toda confianza en sí mismo y se deposita en Cristo, justicia de Dios. *De juicio*: ilumina acerca del más grande de los juicios que jamás se ha realizado, pues habiendo creído en Cristo y habiendo, por la fe, sido incluido en el alcance de Su muerte, el juicio que se ha efectuado sobre Cristo una vez, no puede ser repetido contra aquel por quien Cristo murió. Cristo vino a dar libertad a los cautivos y a quitar toda autoridad a Satanás sobre los creyentes.

Cuando el ser humano entiende, por la extraordinaria obra iluminadora del Espíritu Santo, todas estas cosas, es cuando cobra vigencia la doctrina de la *gracia irresistible*, es decir, el hombre no tiene más remedio que implorar el perdón de Dios y entregar su vida sin condiciones y sin reservas de ninguna clase.

B. El trabajo del Espíritu Santo en la regeneración

Esta suficientemente claro que, sin la intervención del Espíritu Santo ningún ser humano puede ser salvo. Nadie tiene la capacidad de buscar a Dios de *moto propio*, es menester la intervención divina, es en este sentido que la iniciativa pertenece a Dios. Tenemos que recordar que el hombre nace completamente corrompido y que no hay nada bueno en él. Este hecho le imposibilita buscar a Dios, es allí cuando se requiere la intervención el ES como lo hemos estado señalando.

Es importante destacar que el nuevo nacimiento, no es meramente el remedio para los fracasos humanos; es una creación de una naturaleza divina, constituyendo a los creyentes legítimos hijos de Dios. A continuación se verá lo que ocurre cuando un individuo es regenerado por Dios.

1. La necesidad

El ser humano desde que nace precisa de experimentar una regeneración, pues nace completamente degenerado del propósito primigenio por el cual fue creado. De ahí que sí el hombre va a disfrutar del Reino de Dios, debe efectuarse en él una obra divina de transformación, a la cual Jesús llamó *Nuevo Nacimiento*. Tal nacimiento es indicado específicamente por Cristo en sus palabras a Nicodemo: *Lo que es nacido de la carne, carne es, y lo que es nacido del Espíritu, espíritu es.* (*Cf.* Jun.3:6)

El escritor John MCARTHUR en su libro el Evangelio Según Jesucristo explica con claridad meridiana lo que significa el Nuevo Nacimiento. Lo primero que asevera es la conversación con Nicodemo está en leguaje alegórico, muy común en aquellos días. Luego entonces, la declaración *tendrás que nacer de nuevo* no debe entenderse en su sentido literal. MCARTHUR explica que lo que Jesús está enseñando es la imperiosa necesidad que el hombre comience desde el mismo principio todo. Esto implica reconocer que se ha equivocado, que ha construido su vida en una arena movediza y necesita destruir todo y comenzarlo de nuevo, esto es precisamente lo que escandaliza al rabino. El era un hombre de edad, de cierto prestigio y reconocer que se había equivocado y que sus enseñanzas estaban equivocadas, era definitivamente algo bien difícil. A esto Jesús sentencia: *El hombre que no naciere de Nuevo, no verá el reino de Dios.*

2. La comunicación de vida

El hecho de recibir la naturaleza divina significa que la persona ha nacido de nuevo y por ende ha recibido vida espiritual, antes estaba muerto espiritualmente. Dios ha llegado a ser su legítimo Padre y él, hijo legítimo del Padre. Este es un cambio tan radical y tan completo que así se ha efectuado el paso de un orden a otro distinto.

En este gran cambio, el individuo experimenta una serie de transformaciones en su vida que no solamente lo dejan pasmado a él sino estupefactos a los extraños. Dios transforma literalmente al individuo, por eso se le llama *Nuevo Nacimiento* o regeneración, porque realmente eso es lo que ocurre.

La vida de Dios, que es eterna, la cual es Cristo mismo, ha sido impartida como el aliento de la vida natural fue impartida por Dios a Adán en la primera creación. Las siguientes son algunas evidencias presentes de la vida de Dios en el creyente: el conocimiento de Dios, una nueva realidad en la oración, una nueva realidad al leer la Palabra de Dios, reconocimiento de la familia y una divina compasión por el mundo perdido. Literalmente su manera de ver al mundo, de actuar, de pensar es completamente diferente.

3. La adquisición de la naturaleza divina

Íntimamente vinculado al don de la vida eterna está el impartimiento de la naturaleza divina, probablemente no se puede trazar distinciones entre ellos. Con eso, el hijo de Dios al recibir estas realidades, entra en una carrera o a un reino de relaciones que pertenecen a otro orden de existencia -la vasta realidad y eternidad de Dios. Cuando se entra a la esfera celestial se habrá entrado al inquebrantable e indisminuible amor, gozo y paz divina y a un mayor entendimiento que en cierto grado es comparable a Dios mismo. Todo esto surgirá de la posesión de la misma naturaleza de Dios.

Es menester señalar que la naturaleza divina coexiste con la naturaleza adámica en el creyente. Esta es una realidad con la cual el creyente tiene que bregar. La fuerza de cualquiera de las dos naturalezas dependerá de cuál sea mejor alimentada y sustentada. Lo cierto es que el creyente responsable, que mantiene una comunicación fluida con Dios, un creyente cuya vida es adoración y compromiso a Dios, logrará aplastar la naturaleza de pecado. No hay que olvidar que la mejor forma de sacar un gas de un cuerpo es derramando líquido. La mejor forma de triunfar sobre el pecado es estar cerca de Dios, en una vida de adoración y comunión.

Sección III

MORADA Y BAUSTIMO DEL ESPÍRITU SANTO

Una de las doctrinas conflictivas en Latinoamérica ha sido lo referente a la morada y el bautismo del Espíritu Santo.

Respecto a lo primero, porque ha habido un sector de la Iglesia que ha creído que el ES no mora en todos los creyentes sino solamente en aquellos que específicamente reciben el Espíritu Santo. Otras han identificado la morada del ES como sinónimo de poder para sanar enfermos, hablar en lenguas y hasta el gritar en un púlpito.

En lo que respecta al bautismo del ES, este ha sido interpretado como el investimiento de poder con la manifestación del don de lenguas.

Es importante apuntar que existe un sector tradicional de la Iglesia que ha obviado la enseñanza de estos temas, creando de esta forma un vació doctrinal en los miembros de sus congregaciones.

Existen pocos estudios que sean verdaderamente ilustrativos e imparciales sobre estos tópicos, usualmente aparecen los fervientes defensores y los flamantes detractores. Es importante evaluar ambas posturas y adoptar aquella que creamos está más acorde con el espíritu del Texto. Es en se sentido que será objeto de estudio ambos temas: La morada del ES (A) y El bautismo del ES (B).

A. La morada del Espíritu Santo

La edad presente se distingue como el período del Espíritu morador, cuya presencia provee toda la fuente para tener el fruto del Espíritu Santo. Esto lleva al individuo a la realización de un diario vivir que glorifica a Dios. La morada del Espíritu, es el resultado de la salvación a través de la fe salvadora y es común a todos los regenerados por igual. El Espíritu Santo se recibe sólo una vez y nunca se separa; pero hay tantas llenuras como necesidades surjan. A continuación se verá todo lo relacionado con esta axiomática experiencia, que es propia de cada persona que ha sido regenerada.

1. En la revelación

Las Escrituras abundantemente sostienen la verdad de la morada del Espíritu, cuyo ministerio se puede estudiar en las siguientes citas: I Samuel 16:14; Salmo 51:11; Lucas 11:13, Juan 7:37-39, 14:16-17; Hechos 5:32, 8:14-20, 11:17, 19:1-6; Romanos 5:5, 8:9, 8:23; I Corintios 2:12, 6:19-20, 12:13; II Corintios 5:5; Gálatas 3:2, 4:6; Efesios 1:13; 4:30 y I Juan 2:27, 3;24, 4:13.

En resumen, Dios tiene su residencia en la vida del creyente y se constituye de esta manera en el centro de su existencia.

2. En relación con el ungimiento

CHAFER afirma que el ungimiento y la morada del Espíritu son la misma cosa, que hablan de la obra del Espíritu Santo y asevera que ambos son también un hecho presente en la vida de cada creyente.

Si analizamos reposadamente estos dos conceptos, observaremos que en realidad no son la misma cosa. La morada del Espíritu es el hecho que Dios habita por fe en el creyente. Ungimiento, como la misma palabra lo indica es el señalamiento o el nombramiento que Dios hace de una persona para un ministerio específico. Es en ese sentido que Saúl era el ungido de Jehová, Dios lo había escogido. En ese sentido lo era David o Pablo. Empero también el término se puede aplicar a un individuo que ha sido llamado a predicar, se puede decir, como usualmente se dice, tiene una predicación ungida.

En Latinoamérica ha habido mucha confusión con este término, en el sentido que ungimiento se ha convertido, erróneamente, en sinónimo de poder. En ese entendimiento se habla de una predicación ungida en lugar de decir una predicación con poder. Se habla del hombre ungido, para significar a un hombre poderoso en hechos.

Otro de los usos erróneos de esta palabra es cuando se habla de recibir la unción y sobre todo cuando se da entender que esta es una responsabilidad humana. En realidad funciona de otra manera.

Ungir es un acto divino, dicho en términos estrictamente teológicos, es un decreto ejecutivo de Dios mediante el cual escoge a una persona para un ministerio determinado. Y la persona sobre la cual recae tal nombramiento es una persona ungida y como consecuencia tiene un ministerio ungido. El éxito, la aceptación de su ministerio será la prueba más elocuente.

3. En la razón

La morada del ES en la vida del creyente es tan cierta, como cierta es la exigencia a todos los salvos a vivir una vida de santidad. Dios no se burla nunca de uno de sus redimidos, poniéndole una tarea sobrenatural sin proveerle al mismo tiempo de los recursos por los que él pueda hacer su Voluntad. Por lo tanto, siendo que se demanda una vida santa, tanto de un cristiano como de otro, y siendo que no hay dos normas para la vida diaria -una para los que tienen el Espíritu y otra para los que no lo tienen- y también siendo que cada requisito aplicado al creyente en su alcance es sobrenatural, el Espíritu Santo mora igualmente en todos.

B. El bautismo del Espíritu Santo

Otra de los hechos controversiales de esta nueva era es el bautismo del Espíritu Santo. Para comprender este fenómeno lo primero que hay que

entender es el significado del vocablo bautismo en el idioma Griego *i.e.*
estar debajo de, de ahí que, bautismo del Espíritu Santo es simplemente
estar bajo la autoridad del Espíritu Santo, es decir de Dios mismo.

El ser humano que somete su vida sin ninguna clase de reservas a la
soberanía de Dios, esa persona, está *ipso facto* bautizada en el Espíritu
Santo. La consecuencia lógica de tal acontecimiento en la vida de una
persona es una vida de santidad no solo en su dimensión ceremonial o
posicional sino en la dimensión ética.

Cuando el individuo que se arrepiente de sus pecados y busca el
perdón de Dios, está ejecutando un acto en el cual expresa directamente su deseo que Dios tome las riendas de su vida. Antes de la regeneración, es decir, en la vida sin Cristo, las riendas de la voluntad del hombre son controladas directamente por Satanás, lo que equivale a afirmar
que está bautizado por el espíritu de este mundo. Empero, cuando, por
la misericordia de Dios, éste tiene la oportunidad de escuchar la Palabra
de Dios y de decidir acerca de su existencia, sí éste confiesa sus pecados
y pide a Dios que tome las riendas de su existencia, esa persona esta
siendo bautizada con el Espíritu Santo *ipso facto*. Por el simple hecho
que su voluntad ha sido puesta bajo la soberanía del Espíritu Santo.

El inicio del recién convertido es como un recién nacido. Nadie
duda de la perfección de sus miembros ni de su naturaleza humana, sin
embargo, es totalmente indefenso y está incapacitado a valerse por sí
mismo. Con el correr del tiempo, ese recién nacido irá creciendo hasta
convertirse en un adulto que pueda valerse por sí mismo y que ayudará
a otros en el proceso del crecimiento. Es exactamente igual en la vida
espiritual de un hombre. A esto se le llama el proceso de maduración espiritual y producto del bautismo del Espíritu Santo.

Sección IV

LOS DONES DEL ESPÍRITU SANTO

No hay nada en el servicio práctico cristiano que sea de mayor importancia que el reconocimiento y el uso de los dones del Espíritu. Aun
cuando muchos cristianos han manifestado tenerlos y los han usado a
través de los siglos, sólo en años recientes la iglesia ha puesto más aten-

ción en este aspecto del ministerio del Espíritu Santo. Como ha sucedido con otros temas doctrinales, hemos llegado a reconocer la importancia de los dones espirituales debido a las confusiones y equivocaciones que han surgido respecto a ellos. Se ha dado tal importancia a ciertos dones, hasta rayar en un franco fanatismo. Empero, hay abundantes pasajes bíblicos que es menester estudiar y enseñar. Las tinieblas jamás han sido expulsadas por una paliza, sino por la entrada de la luz.

En el Nuevo Testamento hay una palabra que denota los dones espirituales; es *carismata*, de la que se deriva el adjetivo *carismático*. En el griego antiguo *caris* es la palabra que se utiliza para decir."gracia". En el griego clásico significaba "hermosura, encanto, atracción" y por extensión "favor, bondad", y en el caso del recipiente, "gratitud".

Cuando los escritores del Nuevo Testamento adoptaron la palabra *caris*, la emplearon para describir el amor espontáneo, hermoso y no merecido de Dios que obra por Cristo Jesús. *Carisma*, nombre sustantivo en forma singular que tiene sus raíces en *caris*, significa literalmente "don de gracia". Representa todas las dotaciones espirituales poseídas por los creyentes en varios grados y formas. Este sentido, por supuesto, se aleja bastante del uso popular de "carisma" para describir lo encantador, lo atractivo, o lo simpático de algún personaje público o alguna estrella del cine.

Carismata, la forma plural de *carisma* significa "dones de gracia". Los *carismata* se definen como "donaciones conferidas divinamente". "Carismático" describe a personas o movimientos que manifiestan y hacen hincapié en los dones de Dios por medio de su Santo Espíritu.

Las palabras *carisma* y *carismata* ocurren 17 veces en el Nuevo Testamento, 16 veces en los escritos del apóstol Pablo y una en 1 Pedro 4:10-11. La extensión de los dones de gracia es amplísima.

Los dones espirituales fueron profetizados en el Antiguo Testamento (Dt. 28:1-14; Is. 28:11s; Jl. 2:28); confirmados por las promesas de Cristo (Mr. 16:17s; Jn. 14:12; Hch. 1:8); e impartidos por el Espíritu Santo después de Pentecostés (1 Co. 12:11). Los propósitos de los dones espirituales son dos: la edificación espiritual de la iglesia (1 Co. 12:7; 14:12; Ef. 4:7-12) y la conversión de los incrédulos (1 Co. 14:21-25).

Existe una lista de 18 dones espirituales, de los cuales todo creyente recibe por lo menos un don del Espíritu (1 Co. 12:7; 1P. 4:10); pero no quita que se pueda recibir más de uno de ellos. En cuatro pasajes se pueden analizar dichos dones.

DONES	Ro. 12:6-8	1 Co. 12: 8-10	Ef. 4:11	I Pe 4:10-11
Palabra de sabiduría		*		
Palabra de ciencia		*		
Fe		*		
Sanidades		*		
Milagros		*		
Profecía	*	*	*	
Discernimiento de espíritus		*		
Lenguas		*		
Interpretación de lenguas		*		
Maestro	*	*	*	
Apóstol		*	*	
Servicio o ayuda	*	*		*
Exhortación o ánimo	*			
Dar	*			
Administración	*			
Misericordia	*			
Evangelismo			*	*
Pastorado			*	

Es necesario distinguir entre los dones del Espíritu Santo y los talentos naturales o los "dones" implícitos en el carácter o la personalidad del individuo, aunque sí existe una estrecha relación entre ellos. Los dones espirituales funcionan a través de las facultades naturales, porque el Espíritu Santo canaliza su poder vitalizante en los dones que nos da.

Aun cuando el Espíritu da los dones espirituales, el aprovechamiento práctico que hagamos de ellos está sujeto a su desarrollo. Es rarísimo que un don surja plenamente desarrollado. Es menester descubrir y desarrollar los dones espirituales, tal como lo hacemos con los naturales. En Romanos 12:6-8, Pablo indica que los dones deben utilizarse conscientemente "*según la gracia que nos es dada... conforme a la medida de la fe... con liberalidad... con solicitud... y con alegría*". De la misma manera que los talentos naturales se perfeccionan y se mejoran por medio de la instrucción y la práctica, los dones espirituales adquieren mayor efectividad a medida que los vamos desarrollando por medio del uso fiel de ellos.

En el capítulo doce de 1 Corintios, Pablo presenta tres principios que rigen la distribución de los dones especiales que el Espíritu da para que sirvamos a Dios: 1) Todos los dones espirituales se dan por su valor o provecho. La medida del valor de cualquier don está dada por el grado en que sirve para beneficio de toda la iglesia (1 Corintios 12:7; 14:6, 19). 2) Los diferentes dones se reparten de acuerdo con la voluntad soberana del Espíritu Santo (Romanos 12:6; 1 Corintios 12:11-18, 28, 30). 3) La variedad de los dones espirituales tiene el propósito de unir y no de dividir a la iglesia (1 Corintios 12:14-27).

El tema de los dones espirituales será objeto de estudio de la siguiente manera: Primera clasificación de dones espirituales (A), Segunda clasificación de dones espirituales (B) y tercera clasificación de dones espirituales (C).

A. Primera clasificación de dones espirituales

La primera clasificación tiene que ver no solamente con dones *per se* sino más bien con ministerios, que como es obvio se necesita capacidad divina para poder ejercerlos. Los cinco dones analizados en este apartados se encuentran en su totalidad en Efesios 4:11 y algunos de ellos se repiten en Romanos capítulo 12.

1. Maestro o enseñanza

Maestro o enseñanza es el mismo don. Enseñanza, del gr. *didaskon* es como aparece en la lista que ofrece Romanos y Maestro como se encuentra en Efesios. Este don consiste en instruir y establecer a otros en la verdad. Otros dones tales como "el hablar con sabiduría" y "hablar con profundo conocimiento", que encontramos en la lista de Corintios, están estrechamente relacionados con la instrucción.

La instrucción es de tal importancia en el trabajo de la Iglesia, que sólo la superan la profecía o la predicación. Aunque existen áreas en común en el significado de estas dos capacidades o dones, la distinción que se hace por lo general es que la predicación pide o espera causar acción, en cambio, el propósito de la enseñanza es instruir. Los estudios del Nuevo Testamento distinguen a menudo entre *kerygma*, la proclamación del Evangelio a todo el mundo, y *didaqué*, la instrucción de los que ya se han convertido.

La instrucción es tarea del púlpito, de la escuela dominical y del hogar cristiano. Consiste en exponer detalladamente lo que se proclama en la predicación. Este don incluye los poderes de la comprensión, la explicación, la analogía y la aplicación práctica, poderes que deben ser dados por el Espíritu Santo si se quiere que haya fruto espiritual.

2. Profecía

"Profetizar", como lo llaman las versiones más antiguas, aparece también en la lista que ofrece la epístola a los Corintios. Es uno de los dones que con mayor facilidad crea confusión. Para el oído moderno, "profetizar" sugiere predecir o pronosticar el futuro. Por supuesto que puede incluir esta acepción.

Pero en el Nuevo Testamento, profetizar significa más que predicción. Pablo lo define en 1 Corintios 14:3, como *"hablar a los hombres para edificación, exhortación y consolación"*. Más que predecir, profetizar significa compartir la Palabra de Dios con los que necesitan oírla. El vocablo griego es *profeteia*, de *pro* (hacia adelante) y *femi* (hablar). En la época del Apóstol se le utilizaba para hacer referencia al que proclamaba un mensaje o interpretaba los oráculos de los dioses, y cuando los cristianos lo usaban, significaba mensajes del único Dios verdadero.

Mientras que el don de la profecía es una característica muy natural de los que predican el Evangelio, debemos advertir que es el don que Pablo recomienda sobre todos los demás a todos los creyentes: *"Seguid el amor; y procurad los dones espirituales, pero sobre todo que profeticéis"* (1 Corintios 14:1). Todo el capítulo catorce presenta un contraste entre el don de la profecía y la práctica de hablar en lenguas desconocidas.

3. Evangelista

La palabra griega se refiere a *aquel que anuncia un mensaje nuevo* y aparece tres veces en el Texto Sagrado. Lucas llamó a Felipe un evangelista (Hech. 2:18), luego Pablo en Efe. 4:11 dice que Dios constituyó a unos evangelistas y Pablo urgió a Timoteo a hacer obra de Evangelista, II Tim 4:5. En síntesis, un evangelista es simplemente una persona que tiene un don especial de Dios para comunicar el Evangelio.

El mensaje del evangelista se centro en la esencia misma del Evangelio, la muerte vicaria de Cristo para perdón de los pecados de aquellos que se arrepienten. Un dato curioso que vale la pena tomar en cuenta es que evangelista no necesariamente es una persona que se dedica profesionalmente a este ministerio, sino un laico que predica el Evangelio. Felipe es la única persona a quien se llama evangelista en las Escrituras y era un diacono no un anciano.

4. Apóstol

La palabra griega para apóstol en el idioma castellano significa *aquel enviado con una comisión*. John STTOT señala que la palabra Apóstol tiene probablemente tres significados: 1) En un sentido general. Se refiere a que todos somos enviados al mundo con la comisión de comunicar este mensaje a las demás personas. 2) La palabra es usada al menos dos veces para significar apóstoles a las Iglesias. (II Cor. 8:23 y Fil. 2:25) Mensajeros enviados de una iglesia a otra. En este caso la palabra puede ser usada para misioneros o personas enviadas a ciertos ministerios. 3) El don de apostolado dado a aquellas personas que estuvieron con Cristo y que fueron discipuladas por Él.

En Latinoamérica, se usa el vocablo *Apóstol* fundamentalmente dentro de la Iglesia Neo Pentecostal para significar status o designar a una persona que tiene un rango mayor al de un pastor, porque es pastor de pastores y líderes. Este es un uso *sui generis*. En sí, no tiene nada malo, sin embargo, puede degenerar en una arrogancia y sentido de superioridad en relación con los pastores de las iglesias de los barrios marginales que no tienen programas de TV o no tienen la fama de estos personajes.

5. Pastor

La única vez que se utiliza el vocablo pastor en el sentido que lo hace la Iglesia en la actualidad es en Efesios 4:11 y Hebreos 13:20. El pastorado es un ministerio que Dios ha dado a ciertos hombres a quienes también ha capacitado para cumplir con el mismo. Las funciones principales de esta persona son el cuidado de los miembros de la Iglesia a través de la realización de otros ministerios como la predicación, la enseñanza, el discipulado, la disciplina, la consejería.

Bíblicamente, no se necesita ser graduado de un seminario para ser pastor, aunque es muy importante que haya estudiado para servir en el ministerio. En Latinoamérica este fenómeno es bien curioso, porque la gran mayoría de las personas que ejercen el pastorado nunca fueron a un centro de educación, incluso, la gran mayoría de estos hablan en contra del estudio en un seminario y muchas veces se refieren a estos como *cementerios* quizás por la proximidad fonética con seminario. Para terminar, es oportuno hacerlo con las palabras de unos de los grandes pastores que ha dado el continente, Manuel CASTAÑEDA: *Hay pastores sin título y títulos sin pastor.*

B. Segunda clasificación de dones espirituales

Los dones objeto de estudio en este apartado tienen una relación directa con capacidades extraordinarios que Dios otorga al hombre para edificación y bendición del cuerpo de Cristo. El mayor número de los dones aquí expuestos se encuentra en la lista de I de Corintios Cap. 12 y se repite en Romanos Cap. 12.

1. La Fe

La palabra *fe* tiene varios significados en el Nuevo Testamento. Se utiliza para describir la confianza obediente con que responde el creyente al mensaje del Evangelio. En este sentido no es uno de los dones –pero sí lo es en el sentido de que toda capacidad humana proviene de Dios. Algunas veces se ha interpretado que Efesios 2:8-9 significa que la misma gracia salvadora es un don directo de Dios: *"Porque por gracia sois salvos por medio de la fe; y esto no es de vosotros, pues es don de Dios; no por obras, para que ninguno se glorie."*

Pero aquí el significado es que la *gracia* es el don de Dios. Por medio de la fe salvadora recibimos el "don de gracia" de la vida eterna (Romanos 6:23).

La *fe* también es usada en el Nuevo Testamento con el significado de fidelidad, o ser fidedigno. Así es usada en Gálatas 5:22-23, en donde se describe el fruto del Espíritu, que incluye *"fe, mansedumbre, templanza"*. Pero la fe como un don del Espíritu no corresponde a ninguna de éstas. Es más bien la fe que describió el Señor Jesús en Mateo 17:20 –*"fe como un grano de mostaza"*– una fe que puede mover las montañas de dificultad. A través de la Iglesia, muchas personas cuyos nombres quizás no aparezcan en ninguna lista de líderes cristianos sobresalientes, están empleando el don espiritual de la fe al enfrentarse al desafío de sus circunstancias.

El don de la fe es importante para alcanzar las respuestas extraordinarias a la oración. La Palabra de Dios produce la fe cristiana básica. La fe para lo extraordinario viene como un don directo del Santo Espíritu. Esta fe que logra resultados es, en verdad, una de las capacidades mayores que cada uno de nosotros debería "procurar" (1 Corintios 12:30).

2. El discernimiento de espíritus

"Distinguir entre los espíritus falsos y el espíritu verdadero" es como la Versión Popular traduce *diakrisis pneumaton*. *Diakrisis* significa "decisión, separación, discriminación, determinación", todos los cuales son aspectos del discernimiento. *Pneuma* es el vocablo griego para *aliento, respiración, aire, espíritu o el Espíritu*. En una sola frase, el discernimiento de espíritus es "La capacidad de distinguir entre los espíritus" como lo expresa Juan:

> "*Amados, no creáis a todo espíritu, sino probad los espíritus si son de Dios; porque muchos falsos profetas han salido por el mundo*" (*1 Juan 4:1*).

En el mundo en el que vivimos, tan lleno de las mentiras de Satanás, y con la realidad de doctrinas y prácticas religiosas ocurriendo en la Iglesia latinoamericana, es muy importante tener este don espiritual y de esta manera evitar ser engañado.

3. Servicio

Servir viene del vocablo gr. *diakonia*. La versión antigua lo traduce como "ministerio". De esta palabra se derivan hoy día diácono y diaconisa. Generalmente se refiere al ministerio de las necesidades físicas de la gente, como por ejemplo, donde habla del repartimiento diario de alimentos y el servicio de las mesas en Hechos 6:1-2.

Pedro también menciona la capacidad para el servicio: ... *si alguno ministra, ministre conforme al poder que Dios da, para que en todo sea Dios glorificado por Jesucristo*... (1 Pedro 4:11).

La persona que sirven a otros movidos por un don del Espíritu a veces hace casi las mismas cosas que otros harían por motivos humanitarios. Pero hay sin embargo, dos diferencias notables. El don espiritual resulta en una eficacia exaltada por el poder infundido del Espíritu y el motivo será, como indicó Pedro: "... *para que en todo sea Dios glorificado por Jesucristo...*"

Un hombre que visitaba una misión en un leprosario se detuvo para observar a una misionera enfermera que limpiaba y vendaba las llagas horribles de sus pacientes.

"Eso no lo haría yo ni por un millón de dólares", dijo. "tampoco yo", respondió la misionera. Yo no lo haría por un millón, pero sí lo hago por el amor de Cristo."

Hay una bendición especial en el don de servicio. Jesús mismo dijo: *"Mas yo estoy entre vosotros como el que sirve"* (Lucas 22:27) y *"el que quiera ser el primero entre vosotros será vuestro siervo; como el Hijo del Hombre no vino para ser servido, sino para servir, y para dar su vida en rescate por muchos"* (Mateo 20:27-28).

4. Administrar

Presidir, gobernar o administrar es el siguiente don en la lista que Pablo ofrece a los romanos. Literalmente significa hacerse cargo de la dirección de las actividades de un grupo. Es indudable que algunos líderes nacen con esta capacidad. Otros llegan a ser líderes en asuntos espirituales por dotación especial del Santo Espíritu de Dios.

La palabra que Pablo usa para calificar el don de la dirección o la administración es el término *solicitud*, a veces se traduce *diligencia*.

La Iglesia todavía tiene una urgente necesidad de más personas que ejerzan un liderazgo auténticamente espiritual. Un aspecto alentador actualmente es el reconocimiento del papel importante que pueden jugar los líderes laicos en las actividades espirituales. El liderazgo requiere visión, paciencia, objetivos consistentes, y el poder para seguir adelante cuando otros tienen deseos de abandonar la obra. Tiene que vislumbrar los objetivos que hay que alcanzar y a la vez establecer el ritmo de trabajo para sus colaboradores. ¡Bienaventurada la iglesia que no apaga el don de la dirección en sus miembros sino que más bien los apoya en sus esfuerzos de poner su don en acción!

5. Sabiduría

El don de sabiduría es el que nos hace comprender y vivir las maravillas de la oración, y de la cruz, y del sacerdocio... y todo esto no con saber teológico aprendido en libros, sino escrito en el corazón por el mismo Espíritu, en personas cultas o incultas, en las que Él quiera escoger, a las que Él se lo quiera regalar... San Pablo habla de *«Palabra de Sabiduría»*... así es que ese regalo no se convierte en Carisma hasta que no se da, hasta que no se pronuncia la palabra que va a ayudar a otro a conocer mejor a Dios, o a vivir con más amor el tesoro de la eucaristía con toda su potestad y grandeza, etc.

"La capacidad de hablar con sabiduría" es la primera *carismata* en la lista de 1 Corintios. La expresión traducida "palabra de sabiduría", es, en el original griego, *logos sofias*. A la par de este don está la "palabra ciencia", el segundo don de la lista.

Estos dos primeros dones de la lista corintiana están en estrecha relación con la enseñanza y la profecía, o sea "hablar a los hombres para edificarlos, exhortarlos y consolarlos". Jesús enseñó que el Santo Espíritu sería nuestro maestro y que nos guiaría a toda verdad (Juan 14:26; 16:15). Por lo tanto Él es la fuente de toda sabiduría y conocimiento espiritual.

Esto no quiere decir que el Espíritu funcione independientemente de nuestras habilidades y capacidades, pero éstas en su estado natural no pueden hacer mucho por sí solas en el área del discernimiento y conocimiento espirituales sin estos dones del Espíritu (1 Corintios 2:7-16).

Con respecto a la *"palabra de sabiduría"*, tanto *logos* como *sofia* son términos con muchas acepciones. *Logos* significa indistintamente "palabra, discurso, enseñanza, doctrina, mensaje, comunicación". *Sofia* se define como "discernimiento, entendimiento, juicio, buen sentido, cordura, habilidad de comprender la verdadera esencia de las cosas, *llegar al meollo*, por así decirlo.

A menudo la capacidad de "hablar palabra de sabiduría" es el don dado a personas que no tienen entrenamiento formal en teología ni en disciplinas bíblicas. Frecuentemente brota de labios de personas humildes y sin educación. La Iglesia de Cristo ha sido ricamente bendecida por medio de este don espiritual empleado por multitudes innumerables, tanto de laicos como de ministros.

6. Palabra de ciencia

Este don lo encontramos en Corintios y es la capacidad de hablar la *"palabra de ciencia"*. Esto no es una repetición inútil de la misma cosa con palabras distintas. La frase griega es *logos gnoseos*. *Gnosis* significa la comprensión de hechos, el reconocimiento de la verdad, o el llegar a conocer. Se traduce como *"el poder de expresar conocimiento"*; y como *"la habilidad de hablar inteligentemente"*.

El captar conocimiento y el comunicarlo están relacionados en gran manera con lo que podría identificarse como inteligencia o habilidad mental. Pero esta capacidad va *más* allá de la inteligencia natural. Es un engrandecimiento sobrenatural de los poderes de comprensión y de comunicación por medio del Espíritu Santo.

Así como hay una sabiduría mundana que se contrasta con la divina, hay una clase de conocimiento que lleva al orgullo. Es la clase de *"conocimiento que envanece"* (1 Corintios 8:1). El conocimiento que es la base de *logos gnoseos*, por otro lado, es conocimiento que contribuye a la humildad genuina. La persona que comparte el conocimiento, que tiene como origen la instrucción del Espíritu, está segura de lo que sabe, pero a la vez está al tanto de lo mucho que no sabe.

7. Animar

El vocablo griego para *animar* es *paraklesis*, y de la misma raíz tenemos la palabra *parakleto*, que significa *Consolador*. Literalmente quiere decir "ir al amparo de otro", cualquiera que sea la ayuda que éste necesite. Algunos traducen esta frase como "el estimular la fe".

El animar o consolar es la aplicación de este don al pasado, "dando corazón" a los que han sufrido una derrota o una pérdida o que están pasando por pruebas. *parakaleo*, la forma verbal de donde tenemos "animar", significa literalmente "llamar al lado", es decir, estar con alguien para ayudarle.

Es posible animar por medio de la presencia misma o por las palabras expresadas. Cuando hay tristeza o pérdida de algún ser querido, se hace necesario que los otros miembros de la comunión cristiana ejerciten este don de consuelo. El que anima, ministra esa "gracia en el desierto" que vemos en Jeremías 31:2, a los que se encuentran en un desierto de soledad, de sufrimiento, de luto o de dudas. En un mundo como éste, el don de animar o consolar siempre se necesitará en abundancia.

La exhortación, por otro lado, es la aplicación de este don al futuro, como un desafío a la gente para que haga algo. Tal vez esta acción sea una entrega a Cristo, bien en arrepentimiento o en consagración, de allí que la palabra tenga también el sentido de exhortar.

8. Compartiendo para los necesitados

"*Compartiendo para las necesidades*" de otros, dar o compartir, es el siguiente *carisma* que menciona el Apóstol. Esto significa más que dar por un sentido filantrópico. Significa dar con un corazón lleno de amor que sólo viene de Dios. Cuando damos, llegamos a ser más como el Maestro que "*dio su vida*" por su iglesia (Efesios 5:25); y como el Padre que "*dio a su Hijo único*" (Juan 3:16).

Este don va más allá de la práctica de la mayordomía cristiana. La mayordomía no requiere un don espiritual. Es parte del discipulado cristiano y la practican todos los verdaderos seguidores del Señor Jesús, cualesquiera que sean las diferencias de significado o de detalle que tengan sus denominaciones.

El don de dar incluye las capacidades de ganar y dar dinero para el avance de la obra de Dios con tal sabiduría y tan grande gozo que los recipientes son fortalecidos y bendecidos. El dar a otros puede ser irresponsable y aun dañino, pero el dar como *carisma* del Espíritu Santo es fortalecedor y de ayuda permanente.

9. Hacer misericordia o tener compasión

El último de los dones serviciales que aparecen en la lista de Romanos se traduce "*hacer misericordia*". Es la compasión, el interesarse o la bondad para con otros. Algunos lo traducen como "*sentir simpatía*". Es precisamente esa habilidad de reconocer los sentimientos y las emociones de otros que sólo ocurren cuando nos situamos en el lugar de otro, o cuando nos imaginamos qué sería "*andar en los zapatos del prójimo*". Tal vez nos extrañe que uno de los dones en la lista sea una cualidad o actitud que se le requiere a todo creyente. El Nuevo Testamento señala repetidas veces que la misericordia que recibimos de Dios está en proporción directa con nuestra misericordia hacia otros. De "*los que tienen compasión de otros*" la Escritura dice que "*Dios tendrá compasión de ellos*" (Mateo 5:7).

C. Tercera clasificación de dones espirituales

La tercera clasificación tiene que ver con los *dones señales* como le llama Billy GRAHAM en su libro sobre el Espíritu Santo. Y el nombre es correcto en virtud que son manifestaciones en las que se mira claras señales e indicaciones de Dios. Uno de los elementos intrínsecos en estos dones es que despierta la curiosidad de las personas. En América Latina se han levantado ministerios fundamentados en la realización de señales, de ahí las llamadas *cruzadas de milagros* realizadas mayormente por evangelistas pentecostales en su momento y luego por los carismáticos.

Todo esto ha provocado una serie de controversias dentro de la Iglesia, entre aquellos que promueven estos movimientos y aquellos que los denigran. La verdad es que este tipo de cruzadas ha traído a multitudes en busca de una sanidad o de un milagro en su vida. La gente común y corriente se ha visto movida ya sea por interés o por curiosidad.

1. Dones de sanidades

Muchas de las versiones modernas han pasado por alto el hecho obvio que en las tres veces que se menciona (1 Corintios 12:9, 28, 30) en el original, tanto la palabra "dones" (*carismata*) como "sanidades", (*iamaton*) aparecen en el plural. No se trata de un *"don generalizado de sanidad"* que pueda aplicarse en beneficio de cualquier enfermo, y de todos los enfermos que pudieran acudir. Más bien, se trata de capacidades específicas para instancias específicas de sanidad. La carta de Pablo está exactamente de acuerdo con Santiago 5:14-15:

> *"¿Está alguno enfermo entre vosotros? Llame a los ancianos de la iglesia, y oren por él, ungiéndole con aceite en el nombre del Señor. Y la oración de la fe salvará al enfermo, y el Señor lo levantará; y si hubiere cometido pecados, le serán perdonados."*

Lo que Pablo escribe está de acuerdo con la experiencia de la Iglesia a través de los siglos en su énfasis en los *"dones de sanidades"*. Que han ocurrido y que ocurren, aún, sanidades milagrosas e inexplicables desde el punto de vista de los médicos es innegable. Pero es igualmente innegable el hecho de que hay veces que la sanidad ha sido negada.

Pocos estuvieron más generosamente dotados con dones de sanidades que el apóstol Pablo mismo. Sin embargo a veces él mismo no pudo echar mano de ellos. Tuvo que dejar a Trófimo, colaborador estimado, enfermo en Mileto (2 Timoteo 4:20). Rogó encarecidamente a Timoteo que se cuidara el estómago que frecuentemente le molestaba

(1 Timoteo 5:23). Oró tres veces por *"un aguijón en mi carne"* (seguramente se trataba de un malestar físico del Apóstol), pero en vez de ser sanado recibió una bendición mayor que la sanidad física, la gracia suficiente de Cristo (2 Corintios 12: 7-10).

El hecho de que haya dones de sanidades no quiere decir que el trabajo consagrado de los doctores y las enfermeras deba rechazarse. Sólo el fanatismo rechazaría las medicinas eficaces y disponibles.

2. Hacer milagros

El "hacer milagros" es el quinto *carisma* en la lista de Corintios. La frase griega es *energemata dynameon*. *Energeia* es la fuente etimológica de nuestra palabra *energía*, y *dynamis* es la raíz de los vocablos *dinamo* y *dinamita*. Los traductores han usado "habilidad, abundancia, hecho, fuerza, milagro, potencia, poder y trabajo" para traducir *dynamis*. Han traducido *energeia* como "función, obra u operación"

En todo el Nuevo Testamento el término *dynamis* es usado para describir resultados que no podrían producirse por agentes ni medios naturales. Hay muchos milagros físicos descritos en el Nuevo Testamento. Muchos de éstos fueron reconocidos como señales o evidencias que autenticaban la misión de Cristo y de los apóstoles. Juan, por ejemplo, describe la transformación del agua en vino como *archen ton semion* ("principio de señales" o milagros, Juan 2:1-11); y a través del cuarto Evangelio, los milagros de Cristo se definen como *"señales"* (véase: 2:11, 23; 3:2; 4:54; 6:2, 14, 26; 7:31; 9:16; 11:47; 12:37; 20:30).

3. Glosalalia o hablar en lenguas

De la misma manera que la palabra griega *carismata* ha viajado del Nuevo Testamento, hasta el idioma moderno en el vocablo "carismático", así se ha establecido también el vocablo *glossolalia*. *Glossa* significa ambas cosas, "lengua", como el órgano del habla que está en la boca, y "lenguaje". *Lalein* significa "hablar". De allí que *glossolalia* ha venido a ser el vocablo técnico que se usa para describir el *"hablar en lenguas"*.

En virtud de ser este un tema que ha suscitado tanta controversia en la Iglesia Latinoamericana, es menester darle un tratamiento más profundo y explorar su significado tanto en la Teología como en el Texto Sagrado.

C. Tercera clasificación de dones

a. El punto de vista de la Iglesia Pentecostal

El énfasis en la *glosolalia* es un acontecimiento que surge a principios del siglo XX. La aserción de que este don es de importancia céntrica, y de que es la evidencia física, inicial, y esencial de la plenitud del Espíritu, fue propuesta por primera vez por Charles F. PARHAM en conexión con la aparición de la *glosolalia* en 1901, en su pequeña escuela bíblica en Topeka, Kansas.

> *Anteriormente habían ocurrido casos documentados de glosolalia, tanto cristiana como no cristiana. Los montanistas, herejes de los primeros siglos cristianos; los albigenses en Italia; los jansenistas de Port - Royal, Francia; los irvingistas de la Inglaterra del siglo XIX; también los mormones y los shakers (una pequeña secta) en los Estados Unidos; todos estos grupos practicaron la glosolalia. Pero no se había llegado a ninguna conclusión teológica basada en esta práctica. El historiador más reciente del movimiento pentecostal en los Estados Unidos le atribuye a Parham la honra de ser el "padre del pentecostalismo moderno".*

En definitiva, el pentecostal mira al don de lenguas como la evidencia que la persona ha recibido el Espíritu Santo, y en tal sentido, el cristiano debe procurar por todos los medios, alcanzar esta bendición que le abre las puertas de una vida cristiana a plenitud.

b. En el libro de Los Hechos

Un examen detenido del libro de Los Hechos revela solamente tres instancias de hablar en lenguajes que la persona involucrada no había aprendido, y éstas estuvieron muy separadas temporal y geográficamente. La primera fue en el primer Pentecostés cristiano (Hechos 2). La segunda ocurrió cinco años más tarde en Cesárea (Hechos 10). La tercera fue en Éfeso, diecinueve años más tarde. Cuando menos podemos decir que el relato histórico no demuestra que hubiera ni una práctica esparcida ni interés especial en hablar en otros lenguajes.

Aquí es importante notar otro punto de la cronología del Nuevo Testamento. Aunque leemos primero el libro de Los Hechos, la Primera Epístola a los Corintios fue escrita alrededor de ocho o nueve años antes de Hechos. Lucas fue el autor de Los Hechos, y por años fue el compañero y "*médico amado*" del apóstol Pablo. Cabe poca duda de que él fuera la persona enviada por Pablo como se menciona en 2 Corintios 8:18. Es seguro que tanto su asociación cercana con Pablo, como su conocimiento directo de la iglesia en Corinto, le familiarizaron con las condiciones descritas en 1 Corintios 14 respecto a la práctica de hablar en lenguas.

A la luz de todo esto, la descripción que Lucas da de los lenguajes en el Día de Pentecostés tiene una importancia decisiva. En Hechos 2, Lucas da una cuidadosa lista de los lenguajes hablados (vv. 9-11). El evangelista menciona dos veces el asombro de la multitud congregada de que *"cada uno"* oyera *"hablar en nuestra lengua en la que hemos nacido"* (v. 8). Y repite: *"Les oímos hablar de las maravillas de Dios en nuestras lenguas"* (v. 11). Es muy posible que esta sea la manera de Lucas de decirles a todos los que pudieran haber oído del fenómeno en Corinto: *"Esto es lo que el don de lenguajes del Nuevo Testamento verdaderamente es."*

En todo caso, no hay duda acerca de la naturaleza del fenómeno del Pentecostés en Jerusalén. Fue la capacidad inspirada por el Espíritu de contar las obras maravillosas de Dios en lenguajes que los apóstoles no habían aprendido, pero que eran comprendidos perfectamente por personas que sí hablaban esos lenguajes.

Pero, ¿en qué consistió el milagro de lenguajes en Pentecostés? ¿En hablar esos idiomas no aprendidos, o en oír en esos lenguajes lo que se estaban diciendo? Ciertamente, Lucas parece decir que los discípulos estaban hablando los lenguajes y los dialectos de las regiones que menciona. Pero sea que fuera milagro de oír o de hablar, seguramente fue un gran milagro de comunicación. Hubo deliberaciones que fueron entendidas por los oyentes sin interpretación alguna.

Los otros dos casos en Los Hechos de los Apóstoles donde los creyentes hablaron otros lenguajes no son descritos detalladamente (Hechos 10:19). No habría por qué suponer que el fenómeno fuera diferente del que hallamos en Hechos 2. En el caso de Cornelio, los discípulos que estaban con Pedro, de acuerdo a la expresión literal del Nuevo Testamento griego, *"les oyeron hablando lenguajes y glorificando a Dios"* (Hechos 10:46), con la implicación de que se les entendió. De igual manera los discípulos de Éfeso *"hablaron lenguajes y profetizaron"* (Hechos 19:6, traducción literal del griego), y aquí también hay la implicación de que fue reconocido lo que se dijo.

Debemos notar que los tres casos del uso de lenguajes que encontramos en el libro de Los Hechos ocurrieron en épocas de transición críticas en el avance de la promulgación del evangelio. 1) En el Pentecostés, el evangelio surgió más allá de los límites del judaísmo hasta alcanzar a hombres devotos dispersos por toda la región mediterránea. 2) En Cesárea, el evangelio avanzó más allá del círculo de la primogenitura judaica hasta incluir a los gentiles prosélitos. 3) En Éfeso, el evangelio rebasó todos los límites raciales, o las previas conexiones con el judaísmo e incluyó a los que habían salido del más absoluto paganismo al creer en Jesucristo.

En cada uno de estos casos, hubo personas de diferentes naciones y lenguajes presentes. El hablar en otros lenguajes era la señal más natural y patente de que había ocurrido un avance espiritual de importancia.

c. Las lenguas en Corinto

Cuando pasamos de Los Hechos de los Apóstoles a la correspondencia de Pablo a los corintios, inmediatamente nos encontramos con dificultades de interpretación. No hay duda razonable respecto al uso de lenguajes extranjeros en situaciones en que fueron reconocidos y entendidos sin necesidad de interpretación alguna. En todo esto no había ni rasgos de alguna lengua desconocida que no comprenden ni el que la habla ni el que la oye, a menos que éste tenga el *carisma*, o don, paralelo de interpretación. Es digno de atención que los vocablos *carisma* y *carismata* no aparecen en el libro de Los Hechos.

El Nuevo Testamento relata abusos del don de lenguas solamente en Corinto. Como ya hemos visto, la lista de *carismata* del Espíritu Santo que Pablo pone en el capítulo 12 de Romanos no incluye el hablar en lenguas. Tampoco lo menciona ningún otro escritor del Nuevo Testamento.

Esto mismo crea problemas de interpretación. Como hemos visto, la iglesia en Corinto tenía muchos problemas serios. Era la menos ejemplar de todas las iglesias descritas en el Nuevo Testamento, aun incluyendo las iglesias de Galacia. Sin embargo, sólo en Corinto hay indicaciones de la existencia de hablar en lenguas.

Un segundo problema de la interpretación de estos datos se encuentra en la divergencia de opinión, honda y casi completa, entre eruditos bíblicos de igual habilidad y devoción, sobre qué estaba ocurriendo en Corinto. Una de las interpretaciones principales es que los lenguajes de Corinto eran como los que fueron habladas en Jerusalén: idiomas humanos hablados bajo la inspiración directa e inmediata del Espíritu Santo. Si bien estos lenguajes no siempre fueron entendidos en Corinto, hubieran sido inteligibles para la persona que hablara esos lenguajes.

Los eruditos que sostienen este punto de vista dicen que exactamente tal como debemos interpretar el simbolismo del Apocalipsis a la luz de lo que se dice claramente en los Evangelios y las Epístolas en vez de viceversa, así debiéramos interpretar 1 Corintios, y especialmente su capítulo 14, a la luz de Hechos 2 y no viceversa.

La otra interpretación principal, que se ha aceptado extensamente en este siglo, es que las lenguas de Corinto eran expresiones extáticas, sin significado alguno ni para quien las hablaba ni para los oyentes, a menos que hubiera un don correspondiente de la interpretación.

Los eruditos liberales que interpretan las lenguas de Corinto como verdaderamente "*desconocidas*", lo hacen basados en su opinión de que los cristianos corintios habían traído a la iglesia las prácticas que habían observado o experimentado en algunas de las religiones misteriosas del primer siglo, en las que se hablaba en lenguas desconocidas. A la vez, un buen número de eruditos conservadores, tanto dentro como fuera del círculo de la práctica pentecostal, consideran las lenguas como un don genuino del Espíritu Santo.

Parte de esta diferencia de opinión sobre lo que realmente aconteció en Corinto surge de la posibilidad de que allí haya habido ambas, lenguas desconocidas y lenguajes extranjeras. Esto se sugiere a base de la diferencia de tono y terminología entre los capítulos 12 y 14, y también por el tacto de Pablo en el capítulo 14, al tratar una situación que él evidentemente consideraba problemática.

En 1 Corintios 12:1, Pablo anuncia su intención de tratar el amplio tema de la *pneumatika*, vocablo que se traduce "*dones espirituales*", en la versión de Cipriano de Valera, o "*las capacidades que el Espíritu da a cada uno*" como dice la Versión Popular, como si tuviera un significado equivalente a *carismata*. *Pneumatika* significa literalmente "*espirituales*" o fenómenos espirituales. La referencia inmediata (vv. 2-3) al culto o adoración gentil de ídolos mudos, y la posibilidad de que una persona bajo el dominio de un espíritu que no fuera el Espíritu Santo pudiera maldecir a Jesús, indica que *pneumatika* incluía dones verdaderos y falsos.

El fundamento teológico está plantado firmemente y se ha anunciado el principio: todo debe juzgarse a la luz del tierno amor de Dios en 1 Corintios 12 y 13. Ahora Pablo se enfrenta a ciertos problemas prácticos que él ve en la iglesia de Corinto.

En 1 Corintios 14, el Apóstol se enfrenta en su capacidad de administrador, a uno de los asuntos críticos de una iglesia enfermiza. Es necesario reconocer que se dedicó todo un capítulo a la *glosolalia*, no porque fuera de tanta bendición sino porque era un problema de tal gravedad.

Hay diferencias notables entre los capítulos 12 y 14. En primer lugar el vocablo *carismata* que se usó cinco veces en el capítulo 12, no aparece en el 14. En lugar de eso, Pablo vuelve al vocablo *pneumatika*, término inclusivo con el que empezó la discusión (12:1 y 14:1) y que incluye manifestaciones tanto verdaderas como falsas.

Segundo, el Espíritu Santo, a quien se menciona diez veces en el capítulo 12, no es mencionado ni una vez en el 14. Nótese que el *espíritu* que se menciona en los versículos 14, 15, y 16, es escrito correctamente con letra minúscula, y el uso de la mayúscula en 14:2 no tiene justificación pues aquí no se alude al Espíritu Santo.

Tercero, la palabra *desconocida* respecto a lenguas no aparece aquí en el Nuevo Testamento griego. Nótese que en la versión de Cipriano de Valera aparece en letra bastardilla para denotar que fue agregada por los traductores aunque no aparecía su equivalente en el original. Hay mucha razón para creer que el adjetivo *"extraña"* (v. 4) como usa la revisión reciente (1960) es más adecuada.

Cuarto, lo que estaba pasando en Corinto, fuese lo que fuese, a Pablo no le complacía. El no escribió para estimular lo que pasaba sino para corregirlo. El Apóstol establece restricciones que jamás le habría impuesto a una manifestación directa e inmediata del Espíritu Santo.

Es posible que nuestra falta de comprensión del capítulo 14 se deba a que Pablo sabía que en Corinto había lenguajes y también lenguas. Algunos estaban hablando en los cultos usando lenguajes que serían comprendidos si personas educadas venían entre ellos. Tres veces se habla de las personas que no podrían comprender, y se les llama *"simple"* o *"indoctos"* y esto parece confirmar esa idea (vv. 16; 23-24). Otros quizás estaban expresando oralmente emociones religiosas sin comprenderlas ellos mismos, ni ser comprendidos a menos que hubiera quien interpretara.

4. Interpretación de lenguas

En su libro sobre el Espíritu Santo, Billy GRAHAM, llega a unas conclusiones muy bíblicas sobre el don de lenguas. 1) Existe un don de lenguas, diferente al expresado en el libro de los Hechos, 2) Lo que habla I Cor. 12 y 14 es acerca de un don del Espíritu Santo no del fruto del Espíritu Santo. 3) Es uno de los dones menos importantes porque no beneficia directamente a otros creyentes como los demás. 4) El don de lenguas no necesariamente es un signo del bautismo del Espíritu Santo. (Obsérvese que el autor usa la palabra *no necesariamente*.) 5) El don de lenguas puede ser abusado fácilmente.

Existe el don de lenguas, esto es innegable, por lo tanto, es necesario que cuando se hable lenguas en la Iglesia, haya quien interprete, de ahí que el don de interpretación de lenguas y su respectiva regulación se encuentre bien definida en el Texto Sagrado.

Sección V

EL FRUTO DEL ESPÍRITU SANTO

El fruto es aquella conducta que caracteriza a una persona, aquello que lo hace diferente de las demás especies. En se sentido cuando se habla del fruto del Espíritu Santo, nos referimos a aquellos aspectos que caracterizan a un individuo que ha sido regenerado por el poder de Dios. El Texto Sagrado nos enuncia de una forma taxativa las nueve peculiaridades de un cristiano, específicamente en Gálatas 5:22. No es posible ser cristiano y no mostrar en nuestro diario vivir el fruto del Espíritu.

Cuando se habla de la evidencia de la vida cristiana, existe una remisión expresa a resultados concretos, es decir, al fruto de esa vida, y ese fruto es la conducta que se observa en las diferentes situaciones de la existencia. Esas situaciones son algunas veces adversas y difíciles y es precisamente en esos momentos cuando se hace evidente que hay un fruto de la relación del hombre con Dios. De ahí que cuando el Texto señala:

Bienaventurado es el varón que no anduvo en consejo de malos ... será como árbol plantado junto a corrientes de aguas, que da su fruto en su tiempo. Salmo 1:1

Esta indicando claramente que el quid de la cuestión es el lugar donde el ser humano está plantado. Porque sí está fundamentado en Cristo, su fruto será diferente a sí esta plantado en los principios del príncipe de las tinieblas. En este mismo sentido puede utilizarse el siguiente Texto:

Permaneced en mi y Yo en vosotros. Como el pámpano no puede llevar fruto por si mismo, sí no permanece en la Vid, así también vosotros sino permanecéis en mí. Juan 15:14

Este Texto ratifica el anterior, en el sentido que cuando se está en Cristo, indefectiblemente va a ser evidente la obra de regeneración en la vida. Sobre este sobrenatural acontecimiento, Carlos SPURGEON comenta:

Otra prueba de la conquista de un alma para Cristo se encuentra en un auténtico cambio de vida. Sí el hombre no vive de forma diferente a la anterior, tanto en casa como fuera, necesita arrepentirse de su arrepentimiento, y su conversión es ficticia. No sólo la acción y el lenguaje, sino también el espíritu y el temperamento deben cambiar... Vivir bajo el poder de cualquier pecado a sabiendas es una señal de que somos esclavos del pecado, porque sois esclavos de aquel a quien obedecéis. Es inútil la jactancia de un hombre que abriga en sí mismo el amor a cualquier trasgresión. Puede sentir lo que quiera, y creer lo que quiera, pero aún estará en la hiel de la amargura y en los lazos de iniquidad mientras haya un solo pecado que gobierne su corazón y su vida. La verdadera regeneración implanta el odio a todo mal; y cuando hay deleite en un pecado. ... Ha de haber armonía entre la vida y la profesión de fe. Un cristiano profesa renunciar al pecado y, si no lo hace, su mismo nombre es un engaño.

SPURGEON establece en una forma brillante que la vida de una persona es la verdadera evidencia de la obra de regeneración en el individuo, pero sobre todas las cosas, una persona que ha sido regenerada y santificada indefectiblemente experimentará una metamorfosis desde la planta del pie hasta su cabeza. No hay posturas eclécticas. Somos o no somos.

Resumiendo, el fruto del Espíritu Santo depende del lugar donde se esté plantado. Cuando el creyente reconoce a Jesucristo como su Salvador es transplantado a un terreno totalmente fértil, que generará una vida con fruto en abundancia. De ahí que la evidencia de esa obra de regeneración va a ser sin ninguna discusión las reacciones del creyente ante los grandes problemas de la vida.

A continuación se efectuará una sucinta exégesis del Fruto de la vida de un hombre santificado. Para su desarrollo se ha dividido este apartado en tres partes: El fruto del Espíritu Santo que se relaciona con Dios (A), El fruto que se relaciona unos con otros. (B) y el fruto que se relaciona con nosotros mismos (C).

A. El fruto del Espíritu Santo que se relaciona con Dios

Tanto el Amor como el Gozo son parte del fruto de una vida santificada que se relaciona directamente con Dios y que a continuación son explicados.

1. Amor

El amor es una categoría que incluye todo lo demás, es en forma única la fuente del resto del grupo, así como un tronco del que salen las ramas, o como un prisma que refleja diversos colores de luz.

Agape es la benevolencia que no admite derrota, la buena voluntad que no se rinde. Es la respuesta de toda persona, lo cual involucra la voluntad, las emociones y el intelecto. No es algo débil y dañinamente permisivo, sino fuerte y disciplinador. I Corintios 13, es el himno del amor que describe mejor su naturaleza.

El amor es la marca distintiva del cristiano. *En esto conocerán que sois mis discípulos, en que os amáis los unos con los otros.* En otras palabras, el mundo dará testimonio de la obra del Espíritu Santo en la vida del creyente cuando vea la conducta observada en forma práctica con los demás hombres.

2. Gozo y Paz

La palabra Gozo viene del vocablo Gr. *Chara*, y Paz del vocablo Gr. *Eirene*, ambos están vitalmente relacionados, razón por la cual se estudian juntos. El gozo es la alegría o felicidad interior que irradia la vida del creyente. Es una exposición exterior de una paz interior, es decir, una tranquilidad, una calma espiritual que trae una gran bendición al alma.

El mundo de hoy está sin gozo, lleno de sombras y desilusión. La libertad está desapareciendo de la faz de la tierra. Con la perdida de la libertad una gran cantidad de "gozos" y placeres superficiales emergen. Ahora las Escrituras enseñan que el gozo espiritual no depende de las circunstancias. Este sistema dominado por Satanás no puede bloquear la fuente del gozo.

B. El fruto del Espíritu Santo que se relaciona unos con otros

Los elementos del fruto del Espíritu Santo que se relacionan unos con otros son la Paciencia, la Benignidad y la Bondad.

1. Paciencia

La palabra paciencia viene del vocablo Gr. *Makrothymía* y puede definirse como la capacidad de sufrir por largo tiempo sin desmoronarse. Su esencia primordial es la perseverancia, la determinación a no rendirse nunca, el congeniar con personas y circunstancias.

La paciencia es la radiante transparencia de un amante y tierno corazón que en su trato con aquellos a su alrededor es bondadoso y amable. La paciencia juzga las culpas de los otros sin una crítica injusta. La paciencia también incluye la perseverancia. La paciencia es parte de nuestra semejanza con Cristo. La paciencia en nuestras vidas brota del poder de Dios basado en nuestro deseo de aprender. En cualquier momento que nosotros somos egoístas, o cuando el enojo o la enfermedad comienza hacer mella en nosotros, o cuando la impaciencia y la frustración de apodera de nosotros, debemos reconocer que nosotros mismos somos la fuente de nuestros problemas y por lo tanto debemos rehusar, rechazar y repudiar esa situación inmediatamente, porque viene de la vieja naturaleza.

La paciencia esta estrechamente relacionada con las pruebas y las tentaciones en la Biblia y eso es lógico. Nosotros necesitamos paciencia en la vida ordinaria, para reaccionar positivamente ante las pruebas y las tentaciones. Este es el momento cuando se necesita el fruto del Espíritu Santo.

2. Benignidad

La palabra benignidad viene del vocablo Gr. *Chrestotes*. Es una clase de bondad en el hombre que es mejor vista cuando perdonamos a otros, y es la más grande bondad que pueda encontrarse en el hombre.

El significado de Benignidad significa más que *hacer el bien*, es en realidad algo más profundo, es el amor en acción. Lleva en sí misma, no solamente la idea de justicia imputada, empero la justicia demostrada en el diario vivir por el Espíritu Santo. Es hacer el bien, producto de un corazón bueno para agradar a Dios sin esperar recompensas. Dios espera que esta benignidad sea la forma de vida de un cristiano en su vida cotidiana.

3. Bondad

La palabra Bondad viene del vocablo Gr. *Agathosyne*. Este término griego se refiere a la bondad que penetra toda la naturaleza del ser humano. Esa gentileza que lava toda aspereza y mal trato. Este es el que menos se presta para una definición precisa.

Que fácil es ser impaciente y áspero con aquellos que han fracasado en la vida. Por ejemplo nuestra actitud ante movimientos como la de los homosexuales, o liberación femenina, hemos reaccionado con aspereza y una crítica mordaz. La Biblia nos enseña que Jesús fue bondadoso y gentil con todas las personas excepto con los hipócritas judíos religiosos, pero con las demás personas fue muy bondadoso. Nunca la bondad es una señal de debilidad en el carácter de la persona, todo lo contrario, es una evidencia de la obra de Dios en su vida.

C. El fruto del Espíritu Santo que se relaciona con nosotros mismos

Finalmente, los elementos que forman parte del fruto del Espíritu Santo que se relaciona con nosotros mismos son la Fe, la Mansedumbre y la Templanza.

1. Fe

La palabra Fe viene del vocablo Gr. *Pistis*. Fe debe interpretarse aquí en el sentido de fidelidad y que describe lealtad, confiabilidad y seguridad. La Confesión Belga de 1561 la definió de la siguiente manera:

> Creemos que esta fe verdadera, forjada en el hombre por oír la Palabra de Dios y por la obra del Espíritu Santo, le regenera y hace de él un nuevo hombre, haciendo que viva una vida nueva, y liberándole de la esclavitud del pecado...

Solamente un acto soberano de Dios, en el cual muestra su misericordia a un individuo depravado y sin ninguna posibilidad de ser salvo, puede crear fe para salvación y santificación en el hombre. Una vez operada la obra transformadora de Cristo, el elemento fe, como parte del fruto de Espíritu Santo, es simplemente una consecuencia lógica del acto de santificación operado. En palabras simples, no hay cristiano sin fe. Si la persona ha sido redimida, la fe es una experiencia cotidiana en su vida.

2. Mansedumbre

La palabra mansedumbre del viene del vocablo Gr. *Praytes* El testimonio de mansedumbre no significa una falta de coraje o de espina dorsal. Mansedumbre es una mezcla de fuerza y de gentileza, y de ser asociada con la verdadera humildad, contraria al orgullo.

En otro sentido, Mansedumbre se puede relacionar con modestia, en lo que se opone con la autoindulgencia. La persona que es mansa es sensitiva a las necesidades y los derechos de las otras personas. La Mansedumbre disfruta de una fuerza silenciosa que confunde a aquellos que piensan que es una debilidad. Esto puede ser observado con claridad meridiana a la respuesta de Jesucristo a todos aquellos hechos que le ocurrieron después de su arresto. Él sufrió y soportó el dolor tanto emocional como físico que le infringieron sus enemigos sin ningún tipo de misericordia. La Mansedumbre es en realidad un amor en disciplina.

3. Templanza

La palabra Templanza viene del vocablo Gr. *Egkrateia*. Es el dominio de sí mismo; describe una restricción de todas las pasiones y los deseos del hombre, y se aplica a ser sexualmente continente. Dios quiere que sus hijos se guarden de la depravación moral del mundo.

Alguien una vez señaló: *hay hombres que puede controlar ejércitos, pero que no pueden controlarse a ellos mismos.* Existen hombres que con sus palabras pueden arrasar multitudes, hombres que no pueden guardar silencio ante la provocación. La más grande señal de la nobleza es sin duda el auto control.

El auto control es uno de los puntos en los que a menudo se peca delante de Dios. No es un asunto de controlar solamente la ira o los deseos sexuales, sino que es algo que tiene que ver, incluso con el apetito, que puede conducir al individuo al pecado de la gula o con los pensamientos que pueden conducir a maquinaciones satánicas y posteriormente a la muerte.

Para el ejercicio correcto del auto control, el cristiano debe tener totalmente subyugada la naturaleza carnal y sometida bajo el poder del Espíritu Santo, caso contrario, el poder del pecado dominará la voluntad del cristiano de tal manera que éste incurrirá en pecado y tendrá que buscar restablecer su relación nuevamente con Dios.

En resumen, la evidencia de que un individuo ha sido regenerado es la presencia del fruto del Espíritu Santo manifestado en su relación con Dios y sus congeneres en la vida cotidiana. Afirmar que existe otra evidencia sobre la vida santa es como buscarle tres pies al gato. Este fruto del Espíritu Santo es una experiencia permanente en la vida del creyente, sin embargo, se hace evidente en aquellas situaciones difíciles y duras por las que atraviesa el cristiano. Cuando la tendencia lógica y normal es la ira, la envidia, el egoísmo, la muerte, la reacción del cristiano debe ser la contraria; amor, paciencia, misericordia, etc. Si bien es cierto, algunas veces cederá en lo que se relaciona con las obras de la carne, rectificará porque su naturaleza divina le influenciará de tal manera que no tendrá otra alternativa. El hombre regenerado, es un individuo que pertenece a otra estirpe.

Cuando el fruto del Espíritu Santo es evidente ante propios y extraños, Dios es glorificado en gran manera y este hecho será utilizado por el Espíritu Santo en su magnifica obra de convencer al mundo de pecado, juicio y justicia. Esta es la forma como el Evangelio crece y se ensancha en el reino de las tinieblas, porque este no es un asunto de palabras solamente, es un asunto de hechos.

SECCIÓN VI

RESPONSABILIDAD Y LLENURA DEL ESPÍRITU SANTO

En esta sección se aborda un tema práctico que se traduce a hechos que el creyente realiza en su diario vivir. Hay cosas que dependen exclusivamente del ser humano y en tal sentido, él es completamente responsable. La llenura del Espíritu Santo, sí bien es cierto, es una obra divina, depende enteramente del hombre regenerado. Ahora posee una naturaleza divina que necesita ser alimentada, nutrida y cuidada. Si él dedica el tiempo y se disciplina y ejercita en lo espiritual, Dios llenará su vida con el Espíritu Santo, dicho en palabras simples, controlará su vida en todos sus aspectos, de esto dependerá su capacidad para vencer las tentaciones y para hacer la voluntad de Dios. Es por esta razón que esta enseñanza y práctica es de capital importancia en la vida del creyente.

Para su estudio, está sección será dividida en dos partes principales, es a saber, La responsabilidad del creyente (A) y la llenura del Espíritu Santo (B).

A. Responsabilidad del creyente

Cuando se habla de la responsabilidad del creyente hay una referencia expresa a acciones que el creyente mismo debe tomar. En el caso específico que nos ocupa, la referencia tiene que ver con la capacidad y la responsabilidad que tiene el cristiano de vencer las tentaciones, de salir victorioso de las pruebas y de no permitir la conexión entre el *mal* que es un poder satánico y la *epithymia* que reside en el creyente, pues tal conexión daría a luz un pecado y es lo que se debe evitar a toda costa.

En esta misma línea de pensamiento, se desarrollará en este literal los dos aspectos de la responsabilidad del creyente: El poder para vencer el mal (1) y el poder para hacer el bien. (2)

1. Poder para vencer el mal

El mal es una realidad espiritual existente con la cual el cristiano tiene que enfrentarse todos los días de su vida. Ningún cristiano está exento de una experiencia cotidiana contra el mal. Es importante señalar que el mal no es una realidad interna en el cristiano, éste al ser regenerado es liberado *ipso facto* del poder avasallador del mal. El mal es ahora una realidad externa que tratará de influenciar cada aspecto de la personalidad del creyente, es a saber, su intelecto, sus sentimientos y su voluntad respectivamente. La buena noticia de todo esto, es que el individuo que ha sido regenerado, es la residencia del Espíritu Santo, es decir, que Dios *habita por la fe en su corazón*. Y como el Texto muy bien señala: *Si el fuerte armado cuida el atrio, segura está la casa.* Si Dios está en el gobierno de nuestras vidas, el mal no tiene ningún señorío sobre la vida del creyente.

Ahora el otro hecho a considerar es que aun existe la *epithymia* en el hombre regenerado y esta es la conexión que intentará hacer Satanás al tratar de influenciar con el mal la vida del creyente. Si no existiera la *epithymia* en la vida del cristiano, el mal no sería ningún problema contra el cual luchar, no habría ninguna posibilidad de pecar. Empero esa no es la realidad. El cristiano tiene que enfrentarse con la realidad del mal en todas sus dimensiones cada día de su vida. La buena noticia es que: *más poderoso es el que está en nosotros que el que está en el mundo*. Es decir, tenemos el poder o la capacidad para vencer el mal.

2. Poder para hacer el bien

Si tenemos la capacidad para vencer el mal, es una consecuencia lógica que tenemos la capacidad para hacer el bien. Dios habita por la fe en nuestros corazones, este hecho nos pone en el plano de poder hacer la voluntad de Dios, de vencer el pecado y cumplir con las demandas del reino de Dios.

La realización del bien ubica al individuo en un plano completamente diferente al resto de los mortales, Dios nos dice que somos *la luz del mundo, la sal de la tierra* pues la vida hombre regenerado es un testimonio del poder de Dios.

B. La llenura del Espíritu Santo

Otro de los aspectos pneumatológicos que es fundamental entender es lo que se refiere a la llenura del Espíritu Santo. El Texto por excelencia para este tema es el que Pablo escribiera a los Efesios: *No os embriaguéis con vino en lo cual hay disolución antes bien sed llenos del Espíritu Santo...* El contraste mismo nos explica con claridad meridiana de que se trata.

La persona embriagada por el alcohol es gobernada por el alcohol *a contrario sensu* la persona llena del Espíritu Santo es controlada por Dios. La única forma de ser lleno del Espíritu Santo es estimular la vida espiritual de la persona, valiéndose de todos los medios de gracia como la Palabra, la oración, los sacramentos *inter alia*. Solamente esto nos asegura el privilegio de ser controlados por Dios.

La característica principal de la llenura, es que la misma es responsabilidad del hombre, si él se abreva de Dios, la consecuencia lógica es la llenura de Espíritu porque la ley esta dada: *Todo lo que el hombre sembrara, esto también cosechará...*

Queda establecida la diferencia entre el bautismo del Espíritu Santo y la llenura. El primero es una obra exclusiva de Dios, previo a una decisión del hombre, en cambio, la llenura es una obra divina que depende exclusivamente del hombre. Sí éste alimenta su hombre interior con los nutrientes de la Palabra, participa de la comunión de los santos, de la oración, sacramentos, la consecuencia lógica es que su naturaleza divina se ira fortaleciendo de tal manera que aplastará a la naturaleza carnal o el viejo hombre. Una vez que el hombre nuevo ejerza todo tipo de control, se puede aseverar que el proceso de llenura ha alcanzado un nivel deseado. Ser llenos del Espíritu Santo significa ser controlados por el Espíritu Santo, pero el Espíritu va a controlar a un hombre nuevo.

Cabe destacar que este es un proceso continuo en la vida del ser humano, nunca cesa mientras se está en este mundo. Esto significa que es necesario participar constantemente de todos aquellos elementos que dan como resultado el gobierno de Dios en la vida del individuo.

Cuando el hombre es regenerado, *ipso facto* es bautizado en el Espíritu Santo, puesto que existe una manifestación de voluntad expresa de poner su vida bajo la soberanía del Espíritu Santo, y no solo la manifestación de voluntad sino el hecho concreto. Empero la llenura del Espíritu Santo es un proceso que toma su tiempo y depende de las circunstancias que rodeen al nuevo convertido. A esto proceso le llama *maduración*.

En este apartado, será objeto de un sucinto tratamiento dos aspectos de la responsabilidad del creyente en relación con la llenura del Espíritu Santo.

1. No contristar

La advertencia divina de no *contristar al Espíritu Santo* es un reconocimiento expreso de la posibilidad que existe de una conexión entre el poder del mal y la *epithymia* del creyente. Como se ha afirmado en otras secciones de este tratado, dicha conexión existe, de allí la realidad de *contristar al Espíritu Santo*. La consecuencia directa cuando un creyente peca es que contrista o entristece a Dios y es en ese sentido que Pablo advierte *no contristéis al Espíritu Santo* que equivale a decir, *no pequen*. Es en este punto donde entra en acción el tema recién tratado sobre la responsabilidad que tiene el creyente para vencer el mal y para hacer el bien.

La mejor manera para no incurrir en la situación de contristar al Espíritu Santo es prevenir la conexión entre el mal y la *epithymia*, en ese sentido el cristiano debe hacer uso de la Palabra de Dios, la oración, los sacramentos, en fin todos los recursos que Dios provee.

Ahora, la pregunta es ¿Qué ocurre sí el cristiano llegara a pecar y entristece al espíritu Santo? Bien, existen provisiones para la restauración de la correcta relación del creyente que peca contra Dios, esas provisiones están consignadas en la Biblia en ciertos pasajes especiales (*Cf.* Sal.51:1-19; Luc.15:1-32; Jn.13:3-11; I Cor.11:31-32; II Cor.7:8-11; Heb.12:5-11; I Jn.1:7-2:2). La cura de los efectos del pecado en la vida espiritual de un hijo de Dios es prometida al que con un corazón arrepentido hace genuina confesión de su pecado.

2. Andar en el Espíritu

La lectura reposada de los últimos tres capítulos de la epístola a los Efesios nos llevará a identificar la existencia de una palabra clave que Pablo repite una y otra vez, y es la palabra *andar*. Esta palabra implica una responsabilidad del creyente y es un verbo que denota acción, pasión y movimiento.

La palabra *andar* se manifiesta en Efesios en dos sentidos, en una acción positiva y en una acción negativa, *v.g.* en el primer caso, *andad en amor, andad como hijos de luz* se le pide al creyente que haga algo. En el otro caso leemos: *no andéis como los otros gentiles*... requiere del creyente que no ejecute una determinada acción.

El corolario de todo lo anterior es *andar en el Espíritu* que equivale a hacer la voluntad de Dios y rechazar la influencia de Satanás para hacer el mal y esto es la responsabilidad del cristiano.

La Iglesia en Latinoamérica es una Iglesia ávida de las manifestaciones del Espíritu Santo, le apasiona todo lo relacionado a los temas pneumatológicos como ser los dones, bautismo, sello, unción del Espíritu Santo. Es por eso que el hombre latinoamericano ha sido tierra fértil del movimiento tanto pentecostal como neo pentecostal y últimamente del de los apóstoles y profetas, y este hecho tiene que ver con la idiosincrasia del mismo. La otra realidad es que el hombre latinoamericano es muy emocional y poco reflexivo. Este hecho ha llevado a que éste defienda doctrinas y practique liturgias que no pueden ser sustentadas con el Texto Bíblico. En ese contexto es que se pretende aclarar con este capítulo todo lo relacionado a esos temas que apasionan al hombre de esta latitud geográfica.

Conclusiones finales

PRIMERO

Existe en Latinoamérica una Iglesia bien establecida y con una trayectoria de más de 100 años; una Iglesia que en los años 60 y 70 del siglo pasado lanzó un primer desafío a sus miembros a hacer Teología desde el contexto cultural y socio - económico de este continente.

Dios ha levantado extraordinarios teólogos que han efectuado reflexiones serias, maduras y pertinentes. En todas ellas se ve un desafío a colmar ese vació de una teología con etiqueta latinoamericana.

A raíz de ese clamor, iniciamos este proyecto de reflexión desde una perspectiva latinoamericana, quizás no para colmar de una manera perfecta tal demanda, empero sí con el propósito de dar un primer paso para que otros mejoren el esfuerzo y llenen cualquier expectativa que la Iglesia del continente tenga.

Esta reflexión teológica no desconoce en ningún momento el trabajo de nuestros antecesores, tanto americanos como europeos. De manera que las estructuras de estos teólogos se encuentran plasmadas en esta reflexión. Ignorarlas so pretexto que esta es una reflexión eminentemente latinoamericana sería faltarle el respeto a una pléyade de hombres de Dios que en su momento hicieron trabajos y aportes que no podemos desconocer.

En este sentido, tomamos como fundamento el trabajo de aquellos que sistematizaron la Teología antes que nosotros y partimos de allí, empero con la salvedad que le hemos dado a cada rama de la Teología Sistemática la debida perspectiva latinoamericana, acorde con nuestra realidad actual.

SEGUNDO

Otro de los puntos que es menester dejar suficientemente claro es que la Teología es una reflexión humana. No es producto de la inspiración divina. De manera que reconocemos, sin temor ni inhibiciones de ninguna clase, que este trabajo esta sujeto a errores, limitaciones e imperfecciones propias de la humanidad. Lo que si podemos afirmar es que el mismo ha sido hecho con responsabilidad y que es el producto de más 20 años de reflexión y 12 años que ha tomado la redacción final.

Es de capital importancia señalar que esta reflexión teológica no pretende ser ni calvinista, ni arminiana, ni pentecostal, ni dispensacionalista y en ese mismo orden, pretende ser una reflexión que respeta la majestad del Texto Sagrado, que reconoce su inerrancia, su inspiración plenaria y verbal. Adopta las doctrinas cardinales de la Iglesia, doctrinas que consideramos no negociables, doctrinas que la Iglesia ha reconocido en el transcurso de los siglos, *verbi gracia* Cristo es Dios, la salvación es por fe en Jesucristo, la realidad del infierno como una retribución para el incrédulo y la bendición de la presencia de Dios como una recompensa a la fe. Las otras doctrinas, que usualmente dividen a la Iglesias, y que nosotros consideramos periféricas, son ampliamente respetadas, nunca ridiculizadas o desechadas, no podemos edificar el cuerpo de Cristo, ofendiendo a otra parte del mismo.

A pesar de la neutralidad que esta reflexión pretende, el estudiante acucioso será capaz de identificar los prejuicios teológicos del autor, realidad, que aunque nos hemos esforzado por suprimirla, al final nos damos cuenta que es muy difícil lograrlo. Empero sí queremos reiterar, el objeto de este trabajo es ser inclusivo nunca exclusivo. Ya basta de ofensas absurdas, ya basta de levantar barreras denominacionales y de ser intransigentes, llegó la hora de ser más tolerantes, de respetarnos los unos a los otros y sobre todo cumplir el mandamiento de *amarnos los unos a los otros*. Nuestros enemigos no son los Pentecostales, o los Bautistas, o aquellos que sustentan una doctrina periférica diferente a la nuestra. Nuestro enemigo es Satanás y contra él debemos luchar.

Lo que si podemos asegurar, es que se ha intentado por todos los medios darle un enfoque Latinoamericano a las diferentes ramas del pensamiento teológico a partir de la gran experiencia que la Iglesia de este continente ha tenido y sigue teniendo, especialmente en campos como la Eclesiología, Pneumatología y Hamartiología.

TERCERO

Teología desde una perspectiva Latinoamericana, no significa darle un enfoque social, y económico a la Palabra, sino exactamente lo contrario, darle a la realidad socio - económica del continente un enfoque bíblico, que quiérase o no, es determinante en la vida de la Iglesia, en su desarrollo, en su liturgia y en su pensamiento.

Esta reflexión tiene como centro de su universo el Texto Sagrado, cualquier situación o realidad gira alrededor de este hecho.

Tampoco pretende maldecir el reino de las tinieblas sino encender una luz, presentar a Jesucristo como lo que Él es, el Salvador del mundo, como aquel que puede colmar la necesidad más profunda de cualquier ser humano, sin importar su condición socio económica.

Uno de los aspectos que se deja claro es que la historia de corrupción gubernamental, la injusticia social, la mala distribución de la riqueza y demás flagelos que abaten nuestra sociedad son una consecuencia directa de la triste condición espiritual del hombre y que debemos centrarnos no sólo en atacar las consecuencias sino en considerar también la causa de la problemática latinoamericana.

Esto nos lleva entonces a la única solución posible, la desobediencia y la rebeldía del hombre es la causa de la realidad que vive Latinoamérica, y esta realidad tiene que ver con la esclavitud histórica de idolatría, prácticas ancestrales inmorales y una serie de costumbres heredadas que solamente pueden ser rotas por el poder de Jesucristo.

CUARTO

Dejar suficientemente claro que esta Teología Sistemática no agota ni pretender agotar toda la temática latinoamericana que se relaciona con la Teología. Colmar cada detalle no es una tarea que nos corresponda.

Lo que sí ha intentado el autor, es dimensionar algunos temas de la Teología Sistemática con la realidad latinoamericana, para que el estudio de Dios tenga más sentido a los habitantes de este continente.

Un ejemplo concreto de lo anteriormente expresado es el tema del *pecado social* que es una categoría nunca antes tratada en ninguna Teología Sistemática. El tema surge de la combinación de dos hechos. El pecado, categoría tradicional de la Teología Sistemática y la realidad socio-económica de Latinoamérica que es un tema de las ciencias sociales. Estos dos hechos dan como resultado una nueva categoría de estudio: El Pecado Social. Y como esta nueva categoría, el lector encontrará otras y el relacionamiento de la Palabra de Dios con la realidad del hombre latinoamericano.

Finalmente, afirmar que este trabajo pretende servir de motivación para que otros autores latinoamericanos continúen reflexionando sobre la verdad de Dios en relación con el pueblo latinoamericano, el cual es un pueblo muy sufrido, heredero de maldiciones ancestrales, empero que con el espectacular despertamiento de la Iglesia, promete mucho.